Kaari Utrio

Evas Töchter

Die weibliche Seite der Geschichte

Rasch und Röhring Verlag

Hamburg – Zürich

Aus dem Finnischen übersetzt von Vilma Vaikonpää,
bearbeitet von Dr. Angela Plöger

Antoine Condorcet
John Stuart Mill
Ignaz Semmelweis

Ich widme das Buch diesen drei Männern,
die die Dankbarkeit und Hochachtung der Frauen
verdienen.

Inhalt

Das Kind tritt in die Geschichte ein

Fern der Welt

Die neue Familie

Dem neuen Tag entgegen

Ich und Er

Von
Mutter Erde
zu Eva

Mutter Erde

Der Boden des reichverzierten Raumes ist rot gestrichen, in der Farbe des Blutes und des Lebens.

Den hinteren Teil des Raumes nimmt eine gelbrote Plattform ein, unter der seit achttausend Jahren eine Mutter und ihre kleine Tochter begraben liegen. Die Leiche der Mutter ist mit Ocker bestrichen, die des Kindes mit Zinnober. Das fast schon zu Staub zerfallene Skelett des reich geschmückten Mädchens liegt etwa fünfzig Zentimeter unter der Plattform. Für seine prachtvollen Armbänder und Halsketten sind weiße, schwarze, blaue und grüne Steine, Hirschzähne und Perlmuttanhänger auf Schnüre gereiht. Die Mutter ist noch prächtiger geschmückt als das Kind, und neben ihr liegt ein Zepter aus bläulich-weißem Kalkstein.

Diese Grabstätte gehört zu Çatal Hüyük, einer prähistorischen Friedhofsstadt im türkischen Anatolien. In jedem Raum finden sich hier zwei Plattformen: unter der größeren liegt jeweils eine Mutter mit ihrem Kind, unter der kleineren in einer Ecke immer ein Mann. Ist es der Vater, der Sohn, der Ehemann, ein Priester oder ein Sklave?

In Çatal Hüyük sind viel mehr Frauen begraben als Männer. Die Stadt, die bereits sechs Jahrtausende vor unserer Zeitrechnung existierte, erstreckt sich über eine Fläche von etwa dreizehn Hektar. Ihre Blütezeit dauerte fast tausend Jahre – länger als das Römische Reich überhaupt bestand.

Im Laufe der Zeit ging man in Çatal Hüyük von der Jagd- und Sammelwirtschaft zu Ackerbau und Viehzucht über, trieb dabei jedoch immer auch Handel. Das Lavaglas zum Beispiel gehörte zu den Modewaren jener Zeit und ließ sich in der Umgebung der Stadt reichlich finden.

Vielleicht läßt sich am Beispiel von Çatal Hüyük jene Entwicklung nachvollziehen, die von einer klassenlosen Gesellschaft, in der beide Geschlechter gleichberechtigt waren, zu der patriarchalischen Ordnung führte, auf der die europäische Zivilisation gründet.

Die heiligen Räume des frühen Çatal waren mit phantasievollen Formen und Tierdarstellungen, besonders mit Leopardenbildern, geschmückt. Später verschwanden die Leoparden und wurden durch zwei neue Gestalten ersetzt: einen Stier und eine schwangere Göttin.

In einer der Kultstätten hängt an der Wand ein Stierkopf aus Gips mit mächtigen, weit ausladenden Hörnern. Ein Gipsrelief an der gegenüberliegenden Wand stellt eine hochschwangere Frau dar, die Arme und Beine wie bei einer Geburt ausbreitet.

Einige Räume ziert rundherum ein Fries aus stilisierten Frauenbrüsten, die aus Ton auf den Unterkieferknochen wilder Eber modelliert sind. In einem anderen Raum erscheinen die Frauenbrüste als Geierköpfe, deren Schnäbel aus den rotbemalten Brustwarzen hervorragen. Daneben krönt ein gewaltiger Stierkopf eine rote Nische. Keilerzähne und Geierschnäbel haben mit den schützenden, nährenden Brüsten der Großen Mutter nicht mehr viel zu tun.

Als Çatal Hüyük die Sammelwirtschaft zugunsten des Akkerbaus aufgab, übernahm es mit der bäuerlichen Gesellschaftsform auch die ambivalente Haltung gegenüber der Frau. In dieser Bauerngesellschaft ist die Spenderin des Lebens immer zugleich auch die Mutter des Todes gewesen. Sie wurde geliebt und begehrt, gefürchtet und gehaßt: die Frau – eine Gefangene ihres Doppelbildes.

Menschliche Wesen bewohnen die Erde schon länger als zwei Millionen Jahre. Fast während dieser ganzen Zeit hat der Mensch als Sammler und Jäger in kleinen Stammesgruppen gelebt und ist auf der Suche nach Nahrung frei umhergewandert.

Unsere Urahnen lebten wie im Paradies. Ihre Bedürfnisse waren einfach und konnten leicht befriedigt werden. Sie hatten genug zu essen und benötigten für die Nahrungsbeschaffung nur einen geringen Teil des Tages. So hatten sie viel Zeit für sich und füreinander. Innerhalb einer Stammesgruppe waren alle Menschen gleichberechtigt. Von größter Bedeutung war sicherlich ihr Gemeinschaftssinn, ohne den sie kaum überlebt hätten. Das Leben basierte auf dem Zusammenwirken und auf der Bereitschaft, alles miteinander zu teilen.

Die Stammesgruppen führten ein friedliches Leben, denn sie hatten genug Raum zur Verfügung. Die Bevölkerungszahl wurde dadurch reguliert, daß man die überzähligen Kinder, besonders Mädchen, tötete oder aussetzte. Das geschah nicht aus Haß gegenüber den Frauen. Wenn man die Anzahl der Menschen konstant halten wollte, war es naheliegend, sich von möglichen Gebärerinnen zu trennen.

Wir wissen nicht genau, warum, wie und wann in diesem Zustand der Glückseligkeit eine Änderung eintrat und der Weg des Menschen zu immer härterer Arbeit und zur Sklaverei seinen Anfang nahm.

Wahrscheinlich ist es in der Entwicklung der Menschheit schon immer um das Verhältnis der benötigten Nahrungsmenge zu den vorhandenen Ressourcen gegangen. So sahen unsere Urahnen sich am Ende der Eiszeit, etwa 10 000 Jahre v. Chr., mit der Tatsache konfrontiert, daß das Großwild, zum Beispiel das Mammut, von den europäischen

Ebenen verschwand. Die Nahrung wurde knapper. Das führte zu gewalttätigem Verhalten, zu Raubzügen und Kriegen zwischen den Stammesgruppen.

Ein anderer Weg, den Nahrungsbedarf zu sichern, ist der Übergang zum Ackerbau.

Nach vorherrschender Auffassung ist der Ackerbau, eine Erfindung der Frauen, der erste Schritt auf dem Weg zur Zivilisation gewesen. Am Anfang dieses Weges bildeten sich Grundbesitz und anderes Privateigentum heraus, und er führte zum Bau von Bewässerungsanlagen in den großen Flußtälern. Für die Verwirklichung dieser Neuerungen wurde ein organisiertes System von Herrschern und Beherrschten gebraucht: ein Staat.

Die Menschen, die Ackerbau und Viehzucht betrieben, lebten in einer patriarchalischen Gesellschaft. Der Mann hatte die Frau unterworfen und sie zu seinem Eigentum gemacht. Ihre sexuelle Aktivität stand unter strenger Kontrolle, und sie galt nicht mehr in dem Maße als Mensch wie der Mann.

Dabei berichten die Nationalepen vieler Länder im Zusammenhang mit der Erschaffung der Welt von einer Frau: entweder schuf sie die Welt, oder sie bewachte das Paradies.

Das Paradies der Sumerer wurde von der Weisheitsgöttin Siduri beherrscht, das Hesperien der Griechen von der Göttin Hera. Der in Gestalt einer Schlange auftretende Wind schwängerte die auf den Wellen tanzende Göttin Euronyme, die dann das Erdenei legte. Im finnischen Nationalepos Kalevala baut eine Tauchente ihr Nest auf dem Knie der im Wasser treibenden Göttin Ilmatar, und aus einem der Tauchenteneier entsteht dann die Welt.

Der uralte und universale Mythos von der Großen Mutter hat die Vorstellung vom Matriarchat geprägt. In der matriarchalischen Gesellschaft ist die Frau die zentrale Figur der Gemeinschaft. Sie herrscht über die Kinder und die Produktionsmittel und entscheidet über die Verteilung der Nahrung. Sexuell ist sie ebenso frei wie der Mann. Sie leitet die religiösen Riten und steht der Gemeinschaft vor.

Für diese Zeit Mutterherrschaft vorauszusetzen ist nur natürlich, denn der Zusammenhang zwischen der geschlechtlichen Vereinigung von Mann und Frau und der Geburt eines Kindes war noch nicht erkannt. Die Gemeinschaft war matrilinear: die Abstammung wurde nach der Mutter bestimmt. Außerdem war sie vielleicht matrilokal: der Ehemann zog zu seiner Frau und nicht umgekehrt.

Obwohl die Gemeinschaften der Jäger und Sammler nicht matriarchalisch waren, hatte die Frau einen ebenso großen Anteil am Leben der Gemeinschaft wie der Mann. Die Arbeit der Frau zur Aufrechterhaltung des Lebens war ge-

Fast alle Völker kennen den Mythos von einer mütterlichen Gottheit, von der fruchtbaren Spenderin des Wachstums und des Reichtums, von der großen Nährerin. Sie ist unter vielen Namen bekannt: Inanna, Ischtar, Astarte, Isis, Gäa, Ceres, Maria. Nur die starken und absolut patriarchalischen Religionen wie das Judentum, der Islam und der Protestantismus haben die weiblichen Gottheiten vollkommen ausgelöscht. Trotzdem ist die Erinnerung an eine allgegenwärtige Mutter in Begriffen wie »Mutter Erde« und »Schoß der Erde« erhalten geblieben.

Die erd ist fruchtbar mit aller krafft/
Gibt öl wein milch most vnd gute safft/
Fleg fögl fische gwechs früchte vnd thier/
Kriechendts vnd alles fleisch speist von jr
Ein mutter ernehrt ir kinder klein/
Mit zarten weiblichen brüstlein fein/

Vnd wie euch ein weib das schwanger ist
Auch also die erd zu aller frist
Sehr gut vnd fein alles geberet
Von irm leib vnd reichlich erneret
Die gantze natur. Merck mit allm fleiß
Gott zu ewigem lob ehr vnd preiß.

Melchior Lorck

nauso notwendig wie die des Mannes, und nichts deutet darauf hin, daß sie weniger hoch bewertet worden wäre. Die großen Gottheiten waren weiblich oder zweigeschlechtig.

Im Laufe der letzten hundert Jahre haben vor allem männliche Wissenschaftler eine Theorie nach der anderen entwickelt, um zu erklären, warum die Frauen unterworfen wurden und wie die patriarchalische Gesellschaft entstand. All diesen Theorien gemeinsam ist, daß sie die Frau als einen Gegenstand betrachten.

Die simpelste Theorie ist auch die am weitesten verbreitete: Die Frau ist von Natur aus unterwürfig, weil sie dümmer und schwächer ist als der Mann.

Die einzigartige Fähigkeit der Frau, Kinder zu gebären, hat ihr Schicksal geprägt. Schon früh war sie die wichtigste und teuerste Handelsware. Auch das universale Inzestverbot hat dabei eine wichtige Rolle gespielt. Innerhalb einer Stammesgruppe von höchstens dreißig Personen konnten kaum Ehen geschlossen werden, weil alle miteinander verwandt waren. Also mußten die Ehepartner anderswo gesucht werden. Nach den Thesen der männlichen Anthropologen wurden zwischen den Gruppen Frauen ausgetauscht. Warum nicht Männer?

In einer Gemeinschaft, die das Fleisch schätzte, auch wenn es nur einen kleinen Teil der gesamten Nahrung ausmachte, galt der Jäger als eine Respektsperson. Die gebärende und stillende Frau, die immer ein Wickelkind zu versorgen hatte oder schwanger war, konnte an der Jagd auf Großwild nicht teilnehmen. Ihr kam die Aufgabe zu, in der Nähe des Lagers nach Wurzeln und Pflanzen zu suchen. Die an ihren Wohnort gebundenen Frauen machten einige der bedeutendsten Erfindungen der Menschheit. Sie begannen als erste, Körbe zu flechten, Tongefäße zu formen, Stoffe zu weben und zu nähen.

Die Frauen verstanden die Bedeutung des Samens und des Säens, und wahrscheinlich waren sie es, die erstmals nützliche Haustiere wie Ziegen und Schafe züchteten.

Doch trotz ihrer Erfindungen spielte die Frau nur eine untergeordnete Rolle. Und in ihrer Geschichte wiederholt sich stets von neuem das gleiche Phänomen: Hat eines der von Frauen erdachten Arbeitsverfahren eine gewisse Entwicklungsstufe erreicht, eignen die Männer es sich an und überlassen den Frauen nur noch die Hilfsarbeiten.

Je weiter sich der Ackerbau, das Privateigentum, die Versklavung der Bauern und die systematische Kriegführung entwickeln, desto mehr verschwindet die Große Mutter im mythischen Dunkel. Die fruchtbare, Sicherheit bringende und lebenspendende Muttergöttin wird durch einen Patriarchen ersetzt, der sein blutiges Kriegsbeil schwingt und für seinen Besitz kämpft.

Die patriarchalische Gesellschaft basiert darauf, daß die Frau bereit ist, nur einem Mann zu gehören, während der Mann entweder offiziell oder inoffiziell mehrere Frauen besitzen kann. Eine Frau, die nicht bereit ist, ihre sexuelle Aktivität auf einen Mann zu beschränken, muß bestraft werden. Der Mann dagegen gilt als um so »männlicher«, je mehr Frauen er in Anspruch nimmt. Eine Schlüsselfunktion hat das Selbstverständnis der Frauen. Das System bricht zusammen, wenn die Frauen sich weigern, die ihnen von den Männern gesetzten Beschränkungen einzuhalten. Deshalb ist es im patriarchalischen System äußerst wichtig, die Frauen glauben zu machen, sie würden durch sexuelle Freiheit verdorben. Der Begriff der ehelichen Treue, der jahrtausendelang nur für Frauen galt, ist ein Beispiel für die Mittel, durch die Frauen dazu gebracht wurden, sich selbst und andere zum Nutzen der Männer zu bewachen. Die Frau hatte einem Gatten treu zu sein, den sie nicht selbst wählen durfte. Ein Verstoß der Frau gegen diese Regeln führte sehr oft zum Tod.

Nach »Codex Urbinata«

Die Unterdrückung der Frau hat mindestens ebensoviel psychische wie physische und wirtschaftliche Gründe.

Bei fast allen Völkern, die nicht lesen und schreiben können, lösen die sexuellen Lebensäußerungen der Frau heftige Angstgefühle aus. Diese Furcht manifestiert sich in Verboten und Vorschriften, den sexuellen Tabus.

Und es entsteht eine doppelte Moral. Schon in den ältesten bekannten Gesetzen wird dem Mann eine weitgehende oder vollständige sexuelle Freiheit zugestanden, während die Frau streng an einen einzigen Mann gebunden ist.

Hält die Frau sich nicht an diese Vorschriften, ist sie »schlecht«.

Der Mann empfindet eine tiefsitzende Angst vor der Frau, weil sie über eine uneingeschränkte sexuelle Bereitschaft verfügt, während seine männliche Potenz begrenzt und leicht zu beeinträchtigen ist. Im Unterbewußtsein hegt er

15

die ständige Befürchtung, »seine« Frau könnte einen potenteren Partner finden. Deshalb muß die sexuelle Aktivität der Frau streng unter Kontrolle gehalten und ihre Untreue, die für den Mann eine Demütigung darstellt, bestraft werden. Ja, ihr muß sogar weisgemacht werden, sie habe eigentlich gar keine sexuellen Bedürfnisse, und wenn doch, dann sei das schändlich.

Die sexuellen Tabus sind also ein nützliches Vehikel für den Mann, wenn er über sein Eigentum wacht, zu dem auch Frau und Kinder gehören.

Am einfachsten ist die Kontrolle dann, wenn die Frau sich selbst bewacht. Und das tut sie, wenn sie glaubt, sie sei während der Zeit ihrer Menstruation, der Schwangerschaft und des Stillens unrein.

Zu den schwierigsten und beängstigendsten Problemen im Leben eines Mannes gehörte die Sorge, ob das Kind, das seine Frau gebar, auch wirklich von ihm war. Deshalb hatte das sorglose, freie Geschlechtsleben in dem Moment ein Ende, als der Mann erkannte, daß die Zeugung der Kinder durch sein Sperma bewirkt wurde. Seine Sorge um die Vaterschaft wurde so groß, daß ihm keine Kontrolle, keine Beschränkung und Unterdrückung der Frau auszureichen schien.

Wurde schon die Frau als eine Erweiterung des männlichen Ichs gesehen, so kam dem Kind und damit der Vaterschaft in dieser Hinsicht fast noch größere Bedeutung zu. Ein Sohn konnte das Ich des Vaters über dessen Tod hinaus fortleben lassen. Nichts war daher so wichtig wie die Treue der Frau, weil von ihr die »Unsterblichkeit« des Mannes abhing.

Die sexuellen Tabus dienten nicht nur zur Kontrolle der Frau, sondern sie schränkten auch das Bevölkerungswachstum ein und reduzierten die sexuell bedingten Auseinandersetzungen unter den Männern. Innere Zwänge bestimmten somit die Einstellung gegenüber der Frau, dem fremden und gefürchteten Wesen.

Für jeden Menschen ist zu Beginn seines Lebens die Mutter eine übermächtige, allgewaltige Gestalt. Erwachsenwerden heißt auch, sich aus dem Einflußbereich der Mutter zu lösen. In der patriarchalischen Gesellschaft verbinden sich mit dieser Loslösung Angst, Haß und Verachtung.

In der Angst vor der Frau hat das Patriarchat seinen Ursprung.

Als Wiege der abendländischen Kultur gilt der Nahe Osten, besonders das Gebiet, das sich vom heutigen Ägypten bis zum Irak erstreckt und den poetischen Namen »Zweistromland« trägt. In den Tälern von Euphrat und Tigris entstanden die ersten Staatsgefüge der Menschheit. In diesem Gebiet etablierten sich im Verlauf von über 2500

Mehr als 2000 Jahre v. Chr. schrieb ein Weiser: »Wenn du ein bedeutender Mann bist, gründe einen Haushalt und liebe deine Frau zu Hause, wie es sich gehört. Fülle ihr den Magen und kleide sie und besorge Salben für ihre Glieder. Erfreue ihr Herz, solange sie lebt: sie ist der gute Acker ihres Herrn. Hüte dich jedoch davor, ihr Macht über dich zu geben. Ihr Blick ist wie der Sturmwind, ihr Geschlecht und ihre Zunge sind ihre Stärken.«

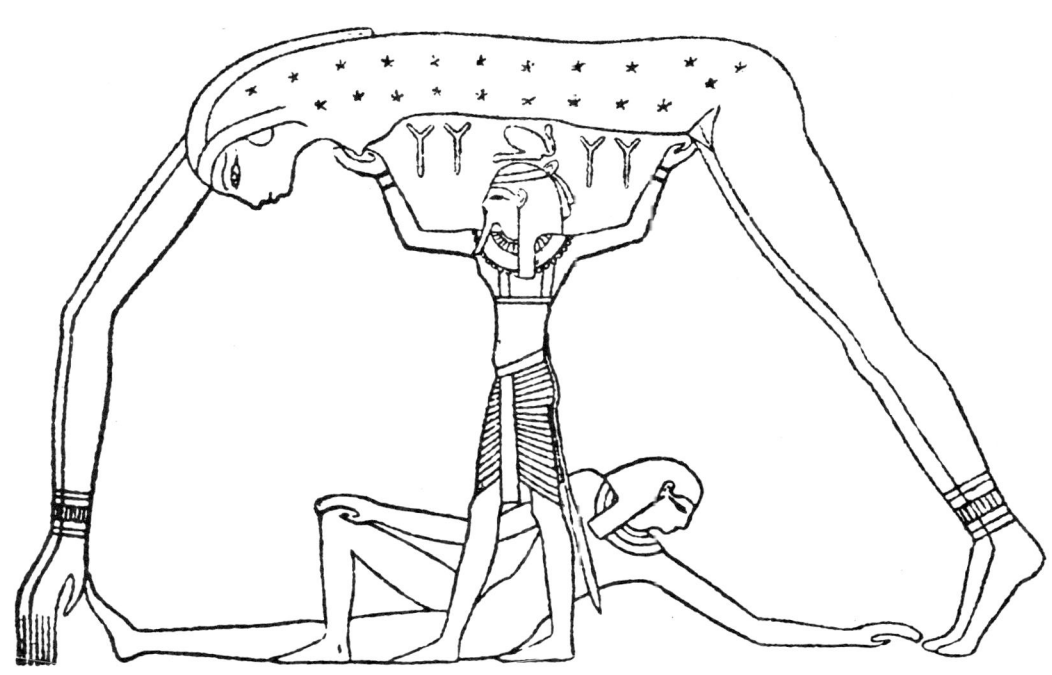

Die Himmelsgöttin Nut wölbt sich über der Erde. Anders als die meisten Kulturen, in denen die Frau mit der Erde gleichgesetzt wurde, war sie für die Ägypter der Himmel. Dies hat man als Beweis dafür gewertet, daß sich in Ägypten die Frau beim Geschlechtsakt entgegen der üblichen und später für einzig richtig gehaltenen Weise über dem Mann befand.

Jahren verschiedene Großmächte wie Sumer, Mesopotamien, Babylonien und Assyrien. Schon 3500 Jahre v. Chr. gab es in Sumer eine Zivilisation. Durch berufliche Spezialisierung und Warenaustausch war eine differenzierte Gesellschaft entstanden. Die Entwicklung der Städte, politische Konzentration und permanente Kriegführung waren wesentliche Bestandteile des Lebens. Parallel dazu erfuhr die Frau eine immer geringere Wertschätzung.

2600 v. Chr. begannen die Herrscher des Zweistromlandes, ihr Gebiet zu erweitern und den »Segen« ihres Namens immer weiter zu verbreiten.

Auf diese Idee war der Mensch nie zuvor gekommen. Den Jägern und Sammlern hatte das wechselnde Wanderungsgebiet genügt, und das vorgeschichtliche Dorf hatte seine Pflanzen, Tiere und kleinen Ackerflächen in nächster Nähe gehabt.

Aus den Göttern des Ackerbaus und der Viehzucht wurden Götter der Herrschaft, der Kraft und der Waffen. Für die weiblichen Gottheiten, die Mutter Inanna in Sumer und die Mutter Ischtar in Babylonien, blieb nur eine Aufgabe: für das Vergnügen der Soldaten zu sorgen.

Die Götter der Völker sind ihren Völkern ähnlich. Die Göttin der Schreibkunst wandelte sich zu einem Gott. Männliche Schreiber füllten die Tempel und Paläste, und die Geschichte wurde von nun an aus dem Blickwinkel derjenigen geschrieben, die meinten, sie auch zu gestalten. Aus den Priesterinnen wurden Frauen für den Harem der Götter, Konkubinen und gewöhnliche Tempelhuren.

Die Frauen waren Eigentum des Mannes, das zuerst dem Vater, dann dem Ehemann gehörte. Nach der Heirat hüllte sich die Frau in einen Schleier, den sie außerhalb des Hauses immer zu tragen hatte. Der Schleier war das Zeichen einer freien Frau und durfte von Sklavinnen und Prostituierten nicht getragen werden.

Das Gesetz forderte von den Frauen Monogamie, nicht jedoch von den Männern. Sie durften Prostituierte besuchen oder sogar eine Konkubine ins Haus bringen.

Im Ehebruch der Frau sah man einen Verstoß gegen das Eigentumsrecht des Mannes. Eine untreue Frau wurde ertränkt, ebenso eine Frau, die dem Mann seine ehelichen Rechte verweigerte. Die Unverletzlichkeit der Familie wurde hervorgehoben, indem der Ehefrau grausamste Strafen angedroht wurden. Wenn sie zum Beispiel nachlässig oder verschwenderisch war, wurde sie ertränkt. War sie faul und führte den Haushalt nicht ordentlich, so durfte sie zwar im Hause bleiben, aber als Sklavin, während ihr Mann sich eine neue Frau nahm. Führte die Frau gewaltsam den Tod des Mannes herbei, um einen anderen Mann heiraten zu können, wurde sie bei lebendigem Leibe gehäutet oder gekreuzigt.

Der Ehemann hingegen war durch die Unverletzbarkeit der Familie kaum gebunden. So konnte er zum Beispiel seine Frau oder die Kinder als Sklaven verkaufen, um Schulden zu bezahlen. Und er konnte sich scheiden lassen, wobei seiner Frau nur die Prostitution blieb, um sich am Leben zu erhalten.

Schon die Gesetze des Zweistromlandes kannten einen Brauch, der in der späteren europäischen Kultur eine große Rolle spielen sollte: den Feuertod der Frau. Auf dem Scheiterhaufen wurde eine Priesterin verbrannt, die Wein verkauft oder eine Weinstube betreten hatte.

3500 v. Chr. wird zum ersten Mal eine Sklavin erwähnt. Von männlichen Sklaven ist erst später die Rede, möglicherweise deshalb, weil im Krieg die Männer des besiegten Volkes getötet wurden, während die Frauen noch verwendbar waren. Körper und Arbeitskraft einer Sklavin gehörten ihrem Herrn. In den Tempeln mußten sich die Sklavinnen zugunsten der Götter – und der Priester – verkaufen. Die wichtigste Rolle aber spielte die Arbeit der Sklavinnen bei der Wollspinnerei und -weberei.

Im Zweistromland wurde also die Frau schon vor 5000 Jahren als Gegenstand betrachtet, ein Gedanke, der bis auf den heutigen Tag fortlebt.

Als Symbol der ägyptischen Frau galt der Geier, als Symbol des Mannes der Skarabäus, der heilige Pillendreher.

Die vornehmen Ägypterinnen pflegten sich sorgfältig. In dem heißen und trockenen Klima bildeten verschiedene Öle und Salben die Grundlage der Schönheitspflege. Die ägyptischen Frauen schminkten sich sehr geschickt, vor allem die Augen, rasierten sich den Kopf kahl, trugen kostbare Perücken und kleideten sich in kühles Leinen.

Demgegenüber war die ägyptische Frau wirtschaftlich relativ selbständig. Sie durfte frei über eigenen Besitz verfügen, ihn verkaufen oder durch Kauf vergrößern und wie ein Mann Verträge schließen. Vor Gericht konnte sie als Zeugin oder als Klägerin auftreten, und sie war als Steuerzahlerin registriert. Allem Anschein nach hatte die Ägypterin keinen Vormund. Die Tochter erbte ebensoviel wie der Sohn. Bei einer Scheidung erhielt die Frau ihre Mitgift zurück, und darüber hinaus mußte der Mann ihren Lebensunterhalt sichern. Ein Recht auf Scheidung hatte die Frau jedoch nicht.

Schon im alten Ägypten herrschte eine doppelte Moral: die Männer waren polygam, die Frauen durften es nicht sein. Eine untreue Frau wurde auf dem Scheiterhaufen verbrannt; die Männer aber gingen ins Bordell und verfügten über ihre Sklavinnen.

Der ägyptische Mann schrieb über seine Frau eher lobend denn feindselig. Sie war eine treue und fürsorgliche Gattin, eine schöne, von Freiern umworbene Prinzessin oder eine in Liedern verherrlichte Geliebte.

Das größte Lob erntete jedoch die Hausfrau und Mutter. Im öffentlichen Leben traten Frauen auch kaum in Erscheinung, es sei denn hier und da als Wirtin eines Speiselokals oder als Leiterin eines Chors, einer Perückenwerkstatt oder einer Webstube. Vor allem aber sollte der Mann der Tatsache gedenken, daß »deine Mutter dich nach langer Schwangerschaft auf dem Arm getragen, dir drei Jahre lang die Brust gegeben und sich nicht vor deinen Exkrementen geekelt hat«. Der junge Mann wurde aufgefordert, seiner Frau die Mutter als Vorbild hinzustellen.

Wie ihre sumerische Schwester war auch die Ägypterin in dieser geschichtlichen Periode bereits vom öffentlichen Leben ausgeschlossen und an den heimischen Herd verbannt. Im Gegensatz zur öffentlichen Arbeit wurde ihre als privat definiert. In ihrem kleinen Reich wurde sie geschätzt, aber wenn sie sich daraus entfernte, galt das nicht mehr.

»Sei auf der Hut vor einer fremden Frau, vor einer, die in der Stadt nicht bekannt ist. Blicke ihr nicht nach, berühre ihren Körper nicht. Sie ist ein tiefes Wasser, dessen Strudel man nicht kennt.«

Wenn es einen Garten Eden gegeben hat, dann muß er auf der Insel Kreta im Mittelmeer gelegen haben.

Das kretische Reich der Bronzezeit erlebte seine Blüte etwa von 3000 bis 1500 v. Chr. In diesen 1500 Jahren lebte das Land in Frieden, während andernorts ständig Kriege geführt wurden.

Kreta war ein Zentrum des Reichtums, des hochentwik-

Porträt einer Frau aus Kreta
(nach einer Wandmalerei)

kelten Handwerks, der Künste und des Gartenbaus. Die Kreter waren nicht aggressiv, denn sie besaßen alles, was sie brauchten. Und wahrscheinlich blieben sie von Überfällen ihrer beutegierigen Nachbarn verschont, weil deren primitive Schiffe und mangelnde Navigationskenntnisse solche Raubzüge nicht erlaubten.

Der Wohlstand der Insel beruhte auf dem individuellen Können und auf der hohen Produktivität der verschiedenen Gewerbe. Kreta betrieb einen lebhaften Handel mit eigenen Erzeugnissen wie Olivenöl und Feigen, Mohn und Gewürzen, Fayenceplastiken und Bronzestatuen. Diese Waren waren kostbar und benötigten beim Transport nur wenig Raum.

Die kretische Kunst unterschied sich in ihren Motiven und in ihrer Art der Darstellung von der übrigen Kunst der Bronzezeit: anstatt zu stilisieren, stellten die kretischen Künstler ihre Umwelt realistisch und mit großem Einfühlungsvermögen dar. Aber nicht Soldaten, besiegte Feinde und verstümmelte Sklaven lieferten ihnen die Thematik, sondern Menschen, Tiere und Blumen. Das häufigste Motiv der Kreter jedoch war die Frau.

In der kretischen Kunst – auf Fresken, Skulpturen, Siegeln und Ringen – ist die Frau eine öffentliche Person. Sie übte verschiedene Tätigkeiten aus, konnte Kauffrau und sogar Seefahrerin sein, aber auf den meisten Abbildungen hat sie mit Bäumen und Gärten zu tun. Eine kleine kretische Skulptur stellt eine Töpferin dar und stammt aus der Zeit, als die Töpferscheibe erfunden wurde. Der Ton ist so dünn wie Porzellan. Die Tonkrüge wurden mit Blumen, Muscheln und tanzenden Frauen verziert.

Schon für die Bewohner Çatal Hüyüks war der Tanz ein wichtiger Bestandteil ihres Lebens. An den Skeletten der in Çatal Hüyük begrabenen Menschen wurden Veränderungen festgestellt, wie sie bei Tänzern auftreten, die ihr Leben lang trainiert haben. Der Tanz könnte die erste Form der Kunst sein, die der Homo sapiens entwickelt hat.

Auch die Kreter liebten den Tanz. Auf den bildlichen Darstellungen tanzen die Frauen zu zweit und in Gruppen. Sie tanzen vor vielen Zuschauern, vor dem Altar und auf der Wiese, sie tanzen zum eigenen Vergnügen und um ihre Priesterin zu ehren. Die Frauen sangen und spielten Flöte und Leier.

Gemeinsam mit den Männern gingen die Frauen auf die Jagd, lenkten die Jagdwagen und tanzten bei den Riten vor den Stieren. Wunderschön sehen die schlanken und geschmeidigen Mädchen und Jünglinge auf den prächtigen Fresken der Paläste aus, wie sie – nur mit einem leichten Lendenschurz bekleidet – über die Hörner der Stiere springen.

21

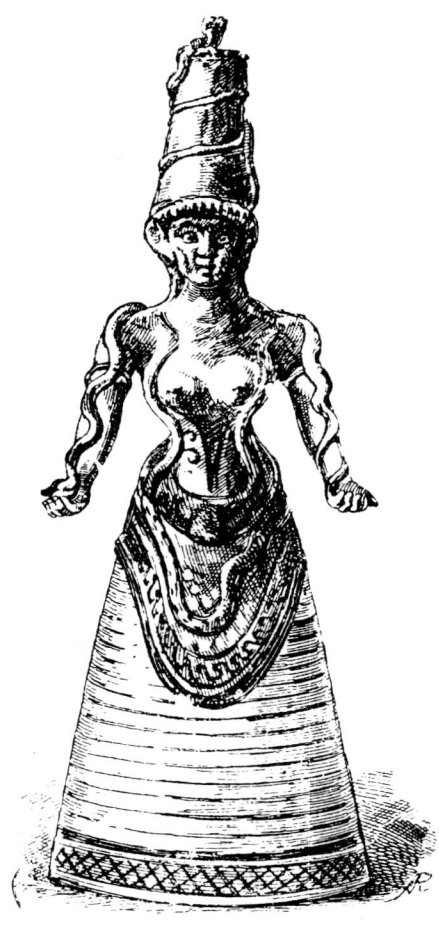

Die zierliche Skulptur einer
Schlangengöttin aus Kreta
zeigt uns eine ganz andere
Schlange als den Inbegriff des
Bösen aus dem Alten Testament. Die ungiftigen Schlangen waren nützlich, weil sie
Mäuse und Ratten fraßen. In
die Häuser auf Kreta waren
besondere Tunnel für Schlangen eingebaut. In vielen östlichen Religionen war die
Schlange ein Symbol für die
Weisheit.

Die Kreter schminkten sich die Augen groß und schwarz
und legten ihr langes Haar in Locken. Die Haare hielten
sie mit einem dekorativen Band zusammen, und nur einige Locken hingen frei ins Gesicht. Hals und Arme
schmückten Reifen, die Taille ein Gürtel aus Metall. Der
Körper und seine erotische Ausstrahlung wurden frei zur
Geltung gebracht: Die Kleidung der Männer betonte den
Penis, und die Frauen ließen die Brüste unbedeckt. Ihre
schlanke Taille betonte ein in Falten gelegter, lang herab-
fallender Rock. Alle Kleider waren prächtig verziert.
Während die mesopotamische Götterwelt männlich und
aggressiv war, wurde die Religion auf Kreta von Frauen
dominiert. Die Göttin Kretas war die Mutter des Universums. Sie herrschte über Himmel und Erde, Leben und
Tod. Ihre Insignien waren der heilige Baum, das Schwert
und die Doppelaxt. Zu ihrem Gefolge gehörten Männer

und Frauen, und ihr Reich wurde von einer Oberpriesterin regiert.

In der Kunst der Kreter fehlt die beliebteste Gestalt der Bronzezeit, der allmächtige männliche Herrscher, der Soldat, der Bezwinger der Völker. Deshalb nimmt man an, daß dem kretischen Reich eine Königin-Priesterin vorstand, die vor allem rituelle Aufgaben hatte.

Die vorminoischen Kreter haben eine humane, auf die menschlichen Bedürfnisse zugeschnittene Zivilisation hervorgebracht, die ihresgleichen sucht.

Dieses Paradies ging irgendwann zwischen 1500 und 1400 v. Chr. verloren. Eine gewaltige vulkanische Explosion zerstörte die Insel Santorin und verursachte Erdbeben und riesige Flutwellen. Ein blühendes Reich sank in Trümmer. Auf diesen Trümmern errichteten die Achäer, die aus dem griechischen Mykene kamen, ein neues Reich.

Die Achäer waren ein indogermanisches Volk, vital, gebildet und kriegerisch. Im trojanischen Krieg kämpften sie zehn Jahre lang um die schöne Helena. Sie wurden durch die von Norden her eindringenden Dorier vernichtet.

Die unterworfene Pallas Athene

Der höchste Gott der Griechen, Zeus, wurde zweigeschlechtlich dadurch, daß er seine Frau verschlang. Durch eine Kopfgeburt brachte er Pallas Athene hervor, die Göttin der Weisheit und des Kampfes. Pallas Athene hatte die Figur einer Frau als Erinnerung an die große und ewige Erdgöttin. Ihrem Wesen nach war sie wie ein Mann, Jungfrau und ihrem Vater unbedingt gehorsam.

Zu Beginn der Zeiten gebar die Erdgöttin Gäa den Himmelsgott Uranos. Aus ihrer Vereinigung mit diesem Sohn entstand das Geschlecht der Titanen, der riesenhaften Ungeheuer. Uranos versuchte, die Geburt seiner schrecklichen Kinder zu verhindern. Die schlaue Gäa aber gab ihrem jüngsten Sohn Kronos, der zugleich ihr Enkel war, eine Sichel. Mit dieser Sichel kastrierte Kronos seinen Vater Uranos. Kronos machte sich so zum Herrscher der Götter.

Kronos wiederum vereinigte sich mit Rhea und zeugte die Götter des Olymps. Jedoch blieb ihm stets in Erinnerung, wie er seinen Vater gestürzt hatte. Um diesem Schicksal vorzubeugen, verschlang er die von Rhea geborenen Kinder. Nur der jüngste Sohn, Zeus, wurde durch eine List Rheas gerettet. Sie übergab an Kronos statt des Kindes einen in Windeln gewickelten Stein.

Als Zeus erwachsen war, zwang er seinen Vater Kronos, die verschlungenen Götterkinder wieder auszuspeien. Im Kampf besiegte er die schrecklichen Titanen und begründete die Herrschaft der olympischen Götter. Er selbst erhob sich zum Vater der Götter und der Menschen.

Das alles berichtet der griechische Dichter Hesiod im achten Jahrhundert v. Chr. in seinem Werk »Theogonia«. Hesiods Theorie von der Entstehung der Zivilisation ist eindeutig patriarchalisch. In der Welt toben schöpferische Kräfte, die weiblich sind. Erst wenn die männliche Intelligenz und Ordnung diese Kräfte beherrscht, kann eine Kultur entstehen. Frau und Natur haben den Charakter ungestümer Gewalten, die der Mann erst dann ordnen kann, wenn er sie unterdrückt und ausnutzt.

Hesiod, der argwöhnische, geizige und steife Bauer, hielt nichts von den Frauen. Und das gilt ebenso für die nachfolgenden Generationen griechischer Männer.

»Schaffe dir zunächst ein Haus, eine Frau und einen Pflugochsen an. Heirate die Frau nicht, sondern kaufe sie dir, und zwar so eine, die nötigenfalls mit dem Ochsen pflügen kann.

Bringe deine Gattin erst dann ins Haus, wenn du zur Ehe bereit bist. Du solltest nicht zuviel unter und nicht zuviel über dreißig Jahre sein. Die Frau soll gerade im fünften Jahr ihrer Geschlechtsreife sein. Heirate eine Jungfrau, damit du ihr Manieren beibringen kannst. Vor allem, heirate ein Mädchen aus deinem eigenen Dorf. Zunächst einmal solltest du dich ganz genau nach ihr erkundigen, damit deine Nachbarn dich nicht hinterher auslachen. Ein Mann kann sich nichts Besseres ins Haus bringen als eine Gattin, wenn es eine gute ist, und nichts Schlimmeres als ein Weib, das nur viel ißt. So eine Person verschleißt den Mann und macht aus ihm, selbst wenn er noch so kräftig ist, vorzeitig einen Greis.«

Hesiod vertrat die Ansicht, daß der Mann immer unglücklich ist, ob er nun heiratet oder nicht. Auch der wird zu einem bedauernswerten Kerl, dem es gelungen ist, einer Heirat und dem durch die Frau verursachten Ärger zu entgehen. Denn im Alter hat er niemanden, der ihn versorgt, sich um ihn kümmert. Und natürlich hat er auch keine Kinder, denen er sein Vermögen hinterlassen kann. In seinem Verständnis verursacht auch die beste Ehefrau Kosten. Im schlimmsten Falle bedeutet sie eine finanzielle Katastrophe für den Mann. Dieser Gedanke ist auch späteren Generationen in der Weltgeschichte nicht fremd.

Die großen Epen Homers aus der Zeit um 1000 v. Chr. berichten von einer Welt der mächtigen und vornehmen Geschlechter. Die Wandlung dieser aristokratischen Ordnung in eine demokratische gehört zu den bedeutendsten Entwicklungen der abendländischen Zivilisation.

Ab 700 v. Chr. entwickelte sich ein demokratischer Stadtstaat, dessen wesentliches Charakteristikum der »oikos«, der Einfamilienhaushalt war. Dazu gehörten der Ehemann als Familienoberhaupt, die Ehefrau und die Kinder sowie die Sklaven, die das Land bebauten.

Der Historiker Hesiod erzählt die Geschichte von der ersten weltlichen Frau: Prometheus hatte den Göttern das Feuer geraubt und es den Menschen geschenkt. Der kleinliche Zeus beschloß, die Menschen für das Feuer bezahlen zu lassen und das nicht zu knapp. Er wollte ihnen eine Plage senden, aber eine, die von den dummen Menschen geliebt würde.

Der hinkende Schmied Hephaistos modellierte eine Frau aus Ton. Die Götter des Olymp gaben ihr Schönheit und Verführungskunst, Schlauheit und die Kunst zu schmeicheln. Die mit diesen Eigenschaften ausgerüstete Pandora, die Allbeschenkte, wurde in die Welt der Menschen gesandt.

Die Menschen waren also Männer, die bis dahin von keiner Plage heimgesucht worden waren. Sie lebten miteinander einträchtig und glücklich, frei von Elend und Schufterei. In dieses Paradies kam nun die schöne Pandora. Sie brachte eine Büchse mit, die Zeus ihr gegeben hatte. Die Büchse durfte sie natürlich nicht öffnen.

Pandora grübelte über die geheimnisvolle Büchse nach, und von Tag zu Tag wuchs ihre Neugier. Das war eine Eigenschaft, die die Griechen an ihren Frauen nicht akzeptierten. Die Neugier der Männer war Wißbegierde und wurde Philosophie genannt. Für die Neugier der Frau wurde immer die gesamte Menschheit bestraft, ganz gleich, ob es sich dabei um den von Eva gepflückten Apfel handelte oder um die von Pandora geöffnete Büchse.

Aus der Büchse der Pandora gelangten alle Übel und Plagen, Krankheiten, Hunger und Streit, Haß und Lüge in die Welt. Nur die Hoffnung blieb darin, als Pandora die Büchse wieder zumachte.

PANDORA

ΕΝΤΙΜΟΣ ΤΑΛΑΙΠΟΡΙΑ

EPIMETHEVS

RO MA

Giulio Bonasone

Der freie Grieche der Oberschicht verbrachte sein Leben vorwiegend in der Öffentlichkeit. Er war ein leidenschaftlicher Politiker und Disputierer. Die Frau hatte dafür zu sorgen, daß im Oikos alles wie am Schnürchen lief, damit der Herr, der »kyrios«, unbesorgt seinen wichtigen Verabredungen auf der »agora«, dem Markt- und Versammlungsplatz, und in den Kolonnaden nachgehen konnte.

Die wachsende Bedeutung der Haushalte in dieser Zeit lenkte die Aufmerksamkeit zunehmend auf die Frau. Ohne sie gab es keinen Oikos. Damit war die Frau nicht länger bloßes Tauschobjekt.

Dennoch war die griechische Frau nie mündig, und stets wachte ein Vormund über sie. Zumeist war das der Vater oder der nächste Verwandte des Vaters, gewöhnlich sein Bruder. Die Gewalt eines solchen Vormunds ging sehr weit: Er konnte die Ehe lösen und die Frau neu verheiraten. Der Ehemann war nur dann der Vormund der eigenen Frau, wenn er mit ihrem Vater verwandt war.

Die Mitgift übergab der Vater dem Ehemann für den Unterhalt. Im Falle einer Scheidung kehrte die Tochter mit dieser Mitgift in den väterlichen Oikos zurück.

Die Frau hatte ihrem Mann Kinder zu gebären, um die Existenz des Oikos zu gewährleisten. Dabei war es äußerst wichtig, daß die Heiligkeit des Oikos nicht durch fremdes Blut entweiht wurde.

Die Legitimität der Erben war von so grundsätzlicher Bedeutung, weil der Oikos als Grundeinheit der Gesellschaft galt. So wurde der Ehebruch nicht nur als eine Verletzung des männlichen Besitzerrechts betrachtet, sondern zugleich als ein Verbrechen, das sich gegen die Gesellschaft richtete. Deshalb machte es sich der Staat zur Aufgabe, über die Sexualität der freien Frauen zu wachen.

Eine athenische Frau, die Ehebruch begangen hatte, durfte nicht mehr an den religiösen Riten teilnehmen. Ihr Mann mußte sich von ihr scheiden lassen. Diese Strafe war grausam, denn Religion und Ehe bildeten den Lebensinhalt der Frauen.

Bei der Ausübung bestimmter religiöser Riten war die Frau dem Mann gleichberechtigt, vorübergehend war sie sogar höhergestellt als der Mann.

Und der Mann, der mit einer freien Frau Ehebruch begangen hatte? Der gekränkte Ehemann durfte ihn töten. Er wurde härter bestraft als ein Vergewaltiger, weil seine Tat die Legitimität der Erben des Oikos in Frage stellte.

Der Vergewaltiger zahlte eine Geldstrafe, aber die vergewaltigte Frau ist ein frühes Beispiel für ein bemerkenswertes Phänomen der Kriminalgeschichte: Das Opfer wird zum Schuldigen. Die vergewaltigte Frau mußte die gleiche Strafe erleiden wie die Ehebrecherin.

Demgegenüber hatten die Spartaner offenbar eine ganz

Giulio Bonasone

Das von Hesiod beschriebene Kindweib, das am besten stumm sein und nichts essen sollte, unterschied sich deutlich von dem Frauenbild der vorhergehenden Jahrhunderte. Homers Epen »Ilias« und »Odyssee« berichten von einer Frau, die als Herrin ihres eigenen Haushalts über beträchtliche Macht verfügte. Helena von Troja und Penelope vertreten diametrale Gegensätze, nämlich verführerische Schönheit und strebsame Treue. Und wie es die Gerechtigkeit verlangte, brachte Helenas Schönheit dem Mann, der seine Leidenschaften nicht zu zügeln vermochte, Verwüstung und Tod. Odysseus dagegen hatte eitel Freude an Penelope, die zwanzig Jahre lang an ihrem Webstuhl saß, während der Ehemann von einem Schoß zum anderen schweifte. In der Dichtung Homers waren die vornehmen Frauen genauso starke Persönlichkeiten wie die Männer. Der Frauenhaß, die Ausgeburt der europäischen Kultur, war noch nicht bekannt.

andere Auffassung vom Ehebruch. Sparta war ein starrer, streng reglementierter Soldatenstaat, der sich nie zu einer Demokratie entwickelt hat. Die Männer waren oft abwesend, weil sie viele Kriege führten. Die Frauen hatten die Aufgabe, neue Soldaten für Sparta zu gebären. Die kultivierten Athener waren entsetzt über den Brauch der Spartaner, ihrer Frau einen Liebhaber zu beschaffen, der Kinder zeugen sollte, falls sie selbst dazu nicht in der Lage waren.

Die athenische Frau der Oberschicht war Gattin und Haushälterin und hatte nach dem Gesetz keinerlei öffentliche Aufgaben zu erfüllen.

»Die Hetäre haben wir für das Vergnügen, die Konkubinen für unsere täglichen Bedürfnisse und die Gattin, damit sie uns legitime Kinder gebiert und getreulich unseren Haushalt versorgt«, schmunzelte Demosthenes, der Schönredner. Daß die Gattin tatsächlich nicht als Quelle erotischer Freuden galt, geht aus einem Satz des Gesetzgebers hervor, nach dem es für den Ehemann schicklich war, wenigstens dreimal im Monat im Bett seiner Frau zu schlafen.

Außer der Ehe hatte die griechische Frau nicht viele Möglichkeiten zur Sicherung ihres Lebensunterhalts. Sie durfte weder Grundbesitz erben noch Verträge oder Testamente unterschreiben und keinen Fernhandel betreiben. Wenn der Ehemann nicht imstande war, für seine Familie zu sorgen, konnte die Frau als Amme tätig werden oder einen kleinen Handel mit Wollwaren und Wein betreiben. Die Sklavinnen besorgten das Spinnen der Wolle und das Weben der Stoffe.

Erwachsene freie, unverheiratete Frauen waren kaum zu

finden, denn es gab wesentlich weniger Frauen als Männer. Das Bevölkerungswachstum wurde durch Kindesmord reguliert, und wiederum wurden Mädchen öfter ausgesetzt als Knaben. »Auch der arme Mann zieht den Sohn auf, und auch der reiche Mann setzt die Tochter aus«, schreibt der Philosoph Posidippos.

Die übliche Art, sich selbst zu ernähren, war für die Frau die Prostitution. Die Prostituierten waren keine freien Frauen. Häufig setzte man Mädchen als Neugeborene in einem Krug aus, damit sie an Frost und Hunger zugrunde gingen oder die Beute wilder Tiere wurden. Wenn aber jemand sich dieser Mädchen annahm und sie acht oder zehn Jahre lang aufzog, konnte er sie an ein Bordell verkaufen oder selbst ein einträgliches Etablissement mit ihnen gründen. Unter den Dirnen waren auch Töchter von Sklavinnen, die sich für den Herrn prostituieren mußten, sowie Töchter aus freien Familien, die verführt worden und nicht mehr Jungfrau waren. Der Vater eines solchen Mädchens hatte das Recht, seine fehlgeleitete Tochter zu verkaufen. Seeräuber und manchmal auch ehrenhafte Händler betrieben Frauenraub. Die Beute wurde an staatliche Bordelle oder an Privatpersonen verkauft.

Die meisten Prostituierten wurden ihr kurzes, namenloses Leben lang ausgebeutet, mußten unter unmenschlichen Bedingungen schuften und wurden mißhandelt.

Die Amazonen waren nach den griechischen Sagen ein kriegerisches Frauenvolk, das zwischen dem heutigen Don und dem Kaukasus am Schwarzen Meer lebte. Unter der Führung ihrer Königin Penthesilea unternahmen sie weite Kriegszüge in den Nahen Osten. Sie waren geschickte Reiterinnen und Kämpferinnen und außerdem sehr intelligent. Eine Amazone mußte einen Mann getötet haben, bevor sie Geschlechtsverkehr haben durfte, und der fand nur zu bestimmten Jahreszeiten statt. Im übrigen lebten sie ganz unter sich. Nur die Töchter wurden aufgezogen. Es wird erzählt, daß die Amazonen den Mädchen die rechte Brust abbrannten, damit diese den Bogen besser spannen konnten, aber das ist eine später entstandene Legende. In der Kunst werden die Amazonen immer mit einer nackten Brust dargestellt.

Die Göttin Hera, Gattin des Zeus, entsprach in der griechischen Götterfamilie der Familienmutter. In ihrem Charakter zeigen sich die Eigenschaften, die die Griechen sicherlich an ihren eigenen, unterdrückten Frauen sahen: Hera war maßlos eifersüchtig auf ihren leichtsinnigen Mann, rachsüchtig gegenüber den Objekten seiner Liebe, ziemlich dumm und jähzornig, herrisch und neidisch. Hera hatte die Aufgabe, das olympische Heim zu hüten und kam nicht so viel in der Welt herum wie ihr Mann. Sie war mit ihrem Los nicht sonderlich zufrieden, sondern oft erzürnt.

Einigen gelang es, durch ihre Erziehung, durch Schönheit und Intelligenz eine Stellung zu erlangen, in der alle positiven Bedingungen vereint schienen: Wohlstand, allgemeine Achtung, freies Leben und geistiger Reichtum. Trotzdem dürfen wir nicht vergessen, daß keine einzige freie, ehrenhafte Ehefrau bekannt ist, die eine Unterhalterin der höheren Klasse, eine Hetäre, geworden wäre. Dagegen gibt es viele Beispiele für Freudenmädchen, die die Stellung einer ehrenhaften Frau anstrebten.

In den alten griechischen Sagen heißt es, die Frau sei ein wildes, zügelloses, kulturfeindliches Wesen. Sie verkörpere die billige, unreine Materie im Gegensatz zu allem Geistigen und Edlen. Nach Auffassung der alten Griechen würde die Frau die Zivilisation zerstören, wenn nicht der Mann sie ständig anleitete und bewachte. Die großen Philosophen Griechenlands, Platon und Aristoteles, erbrachten im 4. Jahrhundert v. Chr. den »wissenschaftlichen« Beweis für diese Auffassung. Ihr Wort lastete fast zweitausend Jahre lang auf der Frau.

Platon wich von der Denkweise seiner Zeit insofern ab, als er die gleiche Erziehung für Mädchen und Knaben befürwortete. Die griechische Frau erhielt gewöhnlich keinerlei Erziehung: wenn sie mit vierzehn oder fünfzehn Jahren heiratete, konnte sie gerade einen Mantel weben, und man hatte sie gelehrt, ihre Wünsche zu unterdrücken.

Platon glaubte, die Frau besitze eine geringere Lernfähigkeit als der Mann. Außerdem brauche die Frau den Mann, während eine umgekehrte Abhängigkeit nicht bestehe. So schrieb Platon: »Die Gebärmutter ist ein Wesen, das sich nach dem Gebären von Kindern sehnt. Wenn sie nach der Geschlechtsreife zu lange unfruchtbar bleibt, wird sie gestört und erkrankt schwer. Sie wandert im Körper umher und verstopft die Atemwege. Sie verhindert das Schwitzen und verursacht der Leidenden schlimmste Qualen und allerlei Krankheiten.«

Noch hundert Generationen nach Platon wußten die Männer, daß die Frau immer schwanger und barfuß gehalten werden muß, und die Geschichte von der wandernden Gebärmutter wurde noch bis in die Neuzeit hinein kolportiert.

Aristoteles vertrat die Ansicht, daß die Frau intellektuell und moralisch unter dem Mann stehe.

Wie seine Zeitgenossen glaubte auch Aristoteles, daß der Anteil des Mannes an der Fortpflanzung entscheidend sei. Der Mann gebe dem Embryo mit seiner Samenflüssigkeit die Form, während die Frau nur das Material, das Menstruationsblut, beisteuere, in dem der Embryo aufwachsen könne. Da die Frau den Samen nur empfing, war sie von der Natur zu einer passiven Rolle ausersehen. Ihr fehlte die natürliche Fähigkeit zur Tugend, aber sie

Zwei der berühmtesten Hetären Griechenlands hießen Lais. Lais von Korinth wurde so reich, daß sie Tempel bauen lassen konnte. Lais von Thessalien war so bezaubernd, daß eifersüchtige Frauen sie schließlich im Tempel der Liebesgöttin Aphrodite erschlugen. Die Schönheit der beiden wurde von Dichtern und Künstlern gefeiert. Beide waren berühmt für den fast unerschwinglichen Preis, der für ihre Gunst zu zahlen war. Die Kurtisanen wurden beschuldigt, geldgierig zu sein, was auch kein Wunder war. Die Karriere war von kurzer Dauer und das Glück launisch. Alter, Krankheiten und Unglücksfälle konnten eine Kurtisane ins Elend stürzen. Die einzige Sicherheit bot das eigene Vermögen.

verfügte über andere Vorzüge, wie zum Beispiel einen schönen Körper und Fleiß. Der Charakter der Frau war von Natur aus defekt.

Im 13. Jahrhundert schrieb der Theologe Thomas von Aquin, daß die Frau – wenn sie auch nicht direkt ein Irrtum Gottes sein konnte, da Gott nicht irren kann – doch nur ein unvollständiger Mann sei. Weitere sechshundert Jahre später bemühte sich auch Sigmund Freud zu beweisen, daß die Frau ein defekter Mann sei, immer neidisch auf den Penis des Mannes.

Die Philosophie des Aristoteles beherrschte das europäische Denken bis zum Beginn der Neuzeit. Im Laufe der zwei christlichen Jahrtausende in Europa blieb Aristoteles die bedeutendste Autorität in den Wissenschaften und in der Einstellung zum Leben und seinen Vorgängen.

Wie sah nun die Wirklichkeit der griechischen Frau aus? War sie so benachteiligt und unterdrückt, wie es nach dem Gesetz und der Philosophie den Anschein hat?

Die Historiker haben versucht, eine Erklärung für den Frauenhaß der Griechen zu finden, der nicht zu dem heroischen und edelmütigen Wesen der Griechen, so wie wir es uns vorstellen, passen will.

Die hohe Kultur der Antike betraf nur die freien Männer der Oberschicht, also einen nur recht kleinen Kreis von Menschen. Und trotz der vorher nie dagewesenen Bildung waren die Griechen zu extremer Grausamkeit, Gefühllosigkeit und Menschenverachtung fähig.

Als Inbegriff der boshaften griechischen Ehefrau gilt Xanthippe, die zänkische Frau des Sokrates. Xanthippe steht in dem Ruf, eine eifersüchtige Großschnauze gewesen zu sein, die mit ihrem Gekeife den armen Philosophen zermürbte und ihn bei Streitereien mit Wasser übergoß.

Wie aber sah das Leben der Xanthippe und ihrer Schwestern aus? Im Grunde war die griechische Frau im Frauenraum, dem »gynaikeion«, eingesperrt. Ein Grieche prahlte einst mit seinen weiblichen Verwandten, die so streng vom sonstigen Leben isoliert waren, daß sie sich entsetzten, wenn ein männlicher Verwandter sie zu Gesicht bekam. Manchmal mußte durch eine Gerichtsverhandlung erst bewiesen werden, daß eine Frau, die sogar Kinder geboren hatte, überhaupt existiert hatte.

»Für die Frau ist es besser, im Haus zu bleiben und sich nicht an der Tür zu zeigen«, sagte Xenophon, »aber für den Mann ist es eine Schande, sich mehr für sein Heim zu interessieren als für öffentliche Angelegenheiten.«

Auch diese Gedanken haben nahezu ewige Gültigkeit erlangt.

Die Frau gebar jedes zweite oder dritte Jahr ein Kind. Der Familienvater entschied, ob das Kind ausgesetzt oder aufgezogen werden sollte. Der Gesetzgeber riet, in jedem Oikos einen Sohn und eine Tochter zu belassen, weil auf diese Art und Weise keine Auseinandersetzungen um das Erbe entstünden. Ein Risiko bedeutete natürlich die hohe Kindersterblichkeit, die alle Erben auf einmal auslöschen konnte. Andererseits wurden ständig neue Kinder geboren.

Die Ehefrau beaufsichtigte die Arbeit der Sklaven. Wie alle Zwangsarbeiter machten sie kaum eine einzige Bewegung freiwillig, so daß der Tag häufig mit Streit und Prügeln verging.

Der Ehemann ließ sich zu Hause kaum sehen. In der Regel war der Altersunterschied zwischen Frau und Mann beträchtlich. Aristoteles hat bei seinen Erörterungen des Wesens der Freundschaft die Beziehung zwischen Ehepartnern überhaupt nicht erwähnt. Xenophon meint, daß es in der Welt des Mannes eigentlich niemanden gab, mit dem er so wenig sprach wie mit seiner Ehefrau.

Oberflächlich betrachtet, scheint das Leben der Xanthippe recht einsam und langweilig gewesen zu sein. Aber war es das wirklich? Sehnte sie sich nach ihrem Ehemann, der nur Befehle erteilte, sich mit Männern abgab und ihr fremd erschien?

Im Griechenland der Antike gehörte ein homosexuelles Verhältnis zur Erziehung des Jünglings. Die Knabenliebe war üblich und Gegenstand der Bewunderung. Die jungen Mädchen wurden streng bewacht, sie waren schüchtern und unwissend. Die Knaben dagegen erhielten eine gute Erziehung und waren in der patriarchalischen Welt für den erwachsenen Mann viel intimere und attraktivere Partner als Frauen.

Vielleicht war Xanthippe einfach froh, wenn der trinkfreudige Sokrates aus dem Hause ging, um auf der Agora über die Tugend zu dozieren und seinen Schüler Platon zu bewundern. Vielleicht lud Xanthippe ihre Nachbarin ein, und sie leerten gemeinsam einen Krug Wein.

Xanthippe konnte auch das Gynäkeion verlassen, um einzukaufen, Verwandte zu besuchen, vielleicht auch, um sich eine politische Rede anzuhören oder sogar ins Theater zu gehen. Zum Abendessen durfte sie ihren Mann nicht begleiten, aber sie konnte sich schon Freiheiten verschaffen, wenn sie wollte. Das Gesetz war nur ein Gesetz, und die Praxis konnte ganz anders aussehen.

Da der Ehemann so fremd und langweilig war, hielt sich die Frau vielleicht einen Liebhaber. Das war durchaus nicht unmöglich. Der Ehemann mußte nur ein Auge zudrücken und hoffen, daß die Sache geheim blieb. Ansonsten wäre er nach dem Gesetz verpflichtet gewesen, sich scheiden zu lassen. Bei der Scheidung mußte er die Mitgift seiner Frau an ihren Vater zurückgeben, und das konnte sich nicht jeder Oikos leisten.

»Oh, Athener, als ich beschloß zu heiraten und eine Frau in mein Haus brachte, bewachte ich sie, so gut ich konnte. Als wir ein Kind bekamen, begann ich, ihr zu vertrauen. Ich dachte, unsere Beziehung wäre nun vollkommen. Aber der Tod meiner Mutter war der Anfang meines Unglücks, denn bei ihrer Beerdigung sah dieser Mann meine Frau. Er bestach das Dienstmädchen, als es auf dem Markt einkaufte...«

Auch die strengste Bewachung machte aus Euphiletos' Frau keine treue Gattin. Eine Gelegenheit ergab sich, wenn man nur wollte.

»Mein Haus hat zwei Stockwerke, die Räume der Frauen sind oben, die der Männer unten. Nachdem ein Kind geboren war, wurde es von der Mutter gestillt. Um die Gefahren des Treppensteigens zu vermeiden, wenn das Kind gebadet werden sollte, zogen die Frauen in das untere Stockwerk, und ich übernahm das obere. Meine Frau ging oft nach unten, um bei dem Kind zu schlafen...«

Neben der Frau schlief außer dem Kind aber auch der Liebhaber, und als Euphiletos zufällig dazukam, blieb ihm nichts anderes übrig, als ihn zu erschlagen.

In der griechischen Kultur und ihrer Beziehung zur Frau gab es einen merkwürdigen Zug. Obwohl die Frau in der Öffentlichkeit überhaupt nicht vorhanden war, befaßte sich die Literatur jener Zeit geradezu leidenschaftlich mit ihr, erforschte und erörterte ihr Wesen. Die großen Tragödiendichter Griechenlands, Aischylos, Sophokles, Euripides und Aristophanes, haben in ihren Dramen den ganzen Frauenhaß der griechischen Kultur, den Schmerz, die Unterwerfung und den wilden Aufstand im Leben der Frauen beschrieben. Die Männer schrieben über den Betrug und den Haß. Die Dichterinnen Erinna und Sappho dagegen schrieben über ihre Liebe zu einer Frau.

Mater familias

Die Römer verfügten über die wunderbare Fähigkeit, sich selbst zu betrügen. Sie eroberten die gesamte zu jener Zeit bekannte Welt, von England bis Ägypten und vom Euphrat bis Gibraltar und redeten sich und anderen ein, daß das alles nur aus Zwang geschah. Sie selbst wären ja nicht in den Krieg gezogen, aber weil die anderen ...
Zum Selbstbetrug der Römer gehörte auch ihre gesamte Vergangenheit. Sie erfanden eine Menge Geschichten von gestrengen und tugendhaften Männern, die angeblich in alter Zeit gelebt hatten, ärgerten sich, daß die Gegenwart diesen Geschichten nicht entsprach, und behaupteten, daß die Moral des Volkes immer schlechter werde. Und daran waren natürlich die Frauen schuld, weil sie nicht mehr so tugendhaft waren wie früher.
In der Frühzeit des Römischen Reiches hatte die Tugend der Frauen geradezu staatspolitische Bedeutung. Eine grobe Verletzung dieser Tugend führte zur Änderung der Regierungsform.
Um 500 v. Chr. herrschte in Rom der Etruskerkönig Tarquinius Superbus. Sein Sohn Sextus Tarquinius schloß während eines Kriegszugs mit seinem Cousin Collatinus eine Wette ab, bei der es um das tugendhafte Verhalten ihrer Frauen während der Abwesenheit der Männer ging. Sie ritten heim, um sich Gewißheit zu verschaffen: Sextus' Frau amüsierte sich auf einem Fest, während Lucretia, Collatinus' Frau, mit den Dienstmädchen am Spinnrad saß; das Spinnen galt den Römern immer als besonders tugendhaft. Collatinus hatte die Wette gewonnen, Sextus Tarquinius aber verliebte sich in die herrliche und tugendhafte Lucretia.
Nach einiger Zeit kam Sextus allein zu Lucretia und bat um ein Nachtquartier, das ihm auch gewährt wurde, denn er war mit Collatinus verwandt. In der Nacht, als alle schliefen, schlich Sextus mit eindeutigen Absichten in das Zimmer von Lucretia. Natürlich versagte sie sich. Da drohte Sextus, sowohl Lucretia als auch einen Sklaven zu töten, dessen nackte Leiche er neben ihre legen würde.

Vor den Römern herrschten in Mittelitalien die Etrusker. Ihre Macht und ihre hohe Kultur erreichten um das Jahr 500 v. Chr. ihren Höhepunkt. Unsere Kenntnisse über die Etrusker basieren auf ihren Gräbern, deren Denkmäler und Wandmalereien zeigen, daß die Frauen in dieser Kultur der Kunst und Lebensfreude eine zentrale Position innehatten. Die Grabdenkmäler der Etrusker sind oft Skulpturen von Ehepaaren. Im 3. Jahrhundert gingen das Volk und die Kultur der Etrusker vollständig im römischen Volk und in seiner Kultur auf.

Morgens würde er erzählen, daß er Lucretia mit ihrem Liebhaber in flagranti ertappt und sie beide sofort getötet habe, was sein gutes Recht war. Was konnte Lucretia anderes tun, als sein Verlangen zu erfüllen?

Am nächsten Morgen rief die gekränkte Lucretia ihren Vater, ihren Ehemann und alle sonstigen männlichen Verwandten zu sich, erzählte, was geschehen war, und erstach sich.

Ihre Leiche wurde auf das römische Forum getragen, und das rasende Volk stürzte den König und seinen widerwärtigen Sohn. So entstand die römische Republik.

Und so lernten die Frauen von Rom, daß Unsittlichkeit noch schlimmer war als der Tod.

Obwohl das Leben der römischen Frau von »patria potestas«, der Gewalt des Vaters über die Familie, geprägt wurde, die für den Mann die freie Verfügung über Leben und Tod von Frau, Kindern und den Sklaven bedeutete, konnte sie ihr Leben und Wirken doch freier gestalten als die griechische Frau.

Das Römische Reich bestand tausend Jahre. In dieser Zeit änderten sich die Gesetze und Verhältnisse, so daß wir nicht generell über die Stellung der Frau im Römischen Reich sprechen können. Eines blieb jedoch stets gleich in der Republik wie während der Kaiserzeit: Der Frau standen keine politischen Rechte zu. Sie konnte keinen Einfluß auf die Entscheidungen nehmen, durch die ihr Leben geregelt wurde. Die Frauen betreffende Gesetze waren streng und anspruchsvoll und bestimmten – zumindest theoretisch –, daß Frauen immer unter Vormundschaft zu stehen hatten.

In der Praxis gab es jedoch einige Dinge, die das Leben der Römerin ganz anders gestalteten als das ihrer griechischen Schwestern.

Die römischen Mädchen erhielten eine Erziehung. Der Dichter Ovid, der Männern und Frauen Ratschläge für ihr Liebesleben erteilte, forderte sogar die leichten Mädchen auf, sich mit der Literatur wenigstens so weit vertraut zu machen, daß sie wußten, worum es ging. Die Fähigkeit zu lesen, zu schreiben und zu rechnen ermöglichte den Frauen dann eine Tätigkeit in verschiedenen Berufen.

Die wirtschaftliche Lage der römischen Frau war gut, besser als in den darauffolgenden tausend Jahren. Die Schwester erbte genausoviel wie der Bruder. Der Vater konnte ein Testament zugunsten seiner Tochter machen, und bei einer Scheidung mußte der Ehemann die Mitgift zurückgeben. Wenn die Frau auch keine politischen Rechte hatte, mußte sie doch immer als Trägerin wirtschaftlicher Macht berücksichtigt werden.

Während der Kaiserzeit häuften vor allem die Frauen aus

Virginia war eine fünfzehnjährige plebejische Jungfrau. Einer der Decemviren Roms, Appius Claudius, verliebte sich in sie. Als Virginia mit ihrem Hauslehrer auf dem Schulweg war, zerrte ein Helfer Appius' sie vor ein Gericht und behauptete, daß sie seine Sklavin sei. Die Sache konnte auf den nächsten Tag vertagt werden, wo Virginias Vater mit ihr zum Gericht kam. Der von seiner Begierde verblendete Appius Claudius verurteilte Virginia dazu, Sklavin zu sein. Der Vater wußte sich keinen anderen Rat, die Ehre seiner Tochter zu retten, als sie zu erstechen. Die Leiche wurde auf dem Forum aufgebahrt, und das entrüstete Volk verjagte seinen sittenlosen Herrscher.

Virginia selbst wurde von keinem Menschen gefragt, ob sie gewillt war, ihr junges Leben dem Ehrgefühl ihres Vaters zu opfern.

Die römische soziale Praxis isolierte die Frau nicht in ihrem Zimmer, auch nicht in ihrem Haus. Die Römerin konnte auf die Straße gehen, ins Theater, zu Besuch, sogar zum Abendessen mit ihrem Mann. Sie ging genauso gern in ein öffentliches Bad wie ihr Mann. Aber es gab für sie auch Beschränkungen. Gaius Sulpicius Gallus verstieß seine Frau, weil sie unverschleiert auf die Straße gegangen war. »Das Gesetz gebietet dir, nur mir zu gefallen. Um meinetwillen sollst du attraktiv sein. Für mich sollst du dich schmükken. Die Geheimnisse deiner Schönheit gehören nur mir. Jeder Blick, den du auf dich ziehst, und sei es ohne dein Zutun, erweckt den Verdacht, daß du ein Verbrechen planst.« Von der römischen Matrone wurde erwartet, daß sie ihre Freiheit durch sittsames und würdiges Benehmen außerhalb des Hauses bezahlte.

den kaiserlichen Familien riesige Vermögen auf, betrieben Fernhandel und legten ebenso wie die männlichen Geschäftsleute Geld an.

Die Römer teilten nicht die Vorstellung der Griechen von einer prinzipiellen Kulturfeindlichkeit der Frau. Als wahrer Patriarch achtete der Römer die Frau, wenn sie die ihr gesteckten Grenzen respektierte.

Der Platz der Frau war das Heim. Sie war die Mutter der Familie, »*mater familias*«. Nach dem ältesten geltenden Gesetz übte sie innerhalb der Familie eine gleich große Macht aus wie der Vater, solange sie tugendhaft lebte und ihrem Mann gehorchte.

Besondere Hochachtung brachte der Römer seiner Mutter entgegen. In der Geschichtsschreibung der Römer waren die Mütter der römischen Helden stets untadelige Matronen von edler Herkunft, die ihr Vaterland über alles liebten.

Der ehemalige Kriegsheld Coriolanus legte in Rom ein so unerträgliches Verhalten an den Tag, daß er schließlich aus der Stadt vertrieben wurde. Aus Rache wurde er zum Verräter und führte eine feindliche Armee vor die Tore Roms. Die vornehmen Abgesandten der Römer verspottete er und jagte sie davon.

Schließlich kam zu Coriolanus eine Gruppe von römischen Matronen, an ihrer Spitze seine eigene Mutter Veturia. Die alte Mutter tadelte ihren Sohn, und der Sohn, dem das Vaterland nichts mehr bedeutete, fügte sich aus Pflichtbewußtsein den Eltern gegenüber. Dieses Pflichtgefühl, »*pietas*«, gehörte zu den höchsten Tugenden der Römer. Coriolanus zog sich mit seiner Armee zurück, auch wenn das seinen neuen Freunden nicht gefiel. Coriolanus erlangte jedoch durch seinen Rückzug Unsterblichkeit. Zwar ist es mehr als fraglich, ob sich die Sache wirklich so zugetragen hat, doch sind Geschichten, die zugleich wahr und gut beziehungsweise lehrreich sind, ohnehin eine Rarität.

Cornelia, die Tochter von Scipio Africanus und vornehmste der vornehmen Frauen, galt denjenigen, die die römische Vergangenheit verherrlichten, als das Musterbeispiel einer römischen Matrone.

Cornelia wurde bereits in jungen Jahren Witwe, als ihr Mann Tiberius Sempronius Gracchus starb. Ihr Mann, der von edler Natur gewesen war, hatte ihr zwei Söhne hinterlassen. Cornelia widmete sich der Erziehung mit all ihrer Intelligenz und einem Eifer, der in Rom allgemein bewundert wurde.

Einmal kam zu Cornelia eine vornehme Freundin, die der Witwe ihre Schmuckstücke und sonstigen Schätze zeigte. Als die Besucherin alles vorgeführt hatte, bat sie Cornelia, nun auch deren Schätze sehen zu dürfen.

Cornelia, die Mutter der Gracchen, eine wohlhabende und gebildete Frau, definierte sich selbst nur im Verhältnis zu ihrem Vater und zu ihren Söhnen. Die Römerin war immer irgend jemandes Tochter, Ehefrau, Schwester oder Mutter. In der Republik erhielten die Töchter nicht einmal einen Vornamen. Ihr Name war der Name der Familie: die Tochter der Familie Claudius hieß Claudia, die Tochter der Familie Aemilius Aemilia, die Tochter der Familie Julius Julia. Wenn in der Familie mehrere Töchter am Leben gelassen wurden – die Römer setzten ihre Töchter genauso wie die Griechen aus –, wurden sie einfach numeriert: Tertia Claudia war die dritte Tochter der Familie Claudius.

Cornelia holte ihre kleinen Söhne, wies auf sie und sagte: »Hier sind meine Schätze!«
Cornelia wartete darauf, daß man sie nicht mehr als Tochter des Scipio, sondern als Mutter der Gracchen bezeichnen würde. Dieser Wunsch ging auch in Erfüllung: Die beiden Söhne entwickelten sich zu mutigen Fürsprechern des armen Volkes, und beide wurden sie im Kampf gegen die reiche herrschende Klasse getötet.
Zur Zeit der Geburt Christi herrschte im Römischen Reich die goldene Zeit des Augustus, die von einigen Geschichtsforschern als die stolzeste und glücklichste Periode in der Geschichte des Abendlandes betrachtet wird. Die Römer selbst waren jedoch nicht zufrieden. Sie fanden, früher sei alles besser gewesen, die Männer aufrichtiger und mutiger, die Frauen demütiger und tugendhafter.
Die römischen Herren Geschichtsschreiber mit Livius an der Spitze sahen in jeder noch so kleinen Freiheit, die die Frauen zusätzlich erlangten, eine Bedrohung für die Grundlagen der gesamten Gesellschaft. In Rom glaubte man, die Gesellschaft würde zugrunde gehen, weil die Frau die Möglichkeit hatte, ihr Vermögen selbst zu verwalten und sich von einem Mann scheiden zu lassen, der ihr nicht gefiel.

Die mythische Vergangenheit Roms mit ihren strengen und kargen Sitten hat es in Wirklichkeit nie gegeben, und bis zum Untergang des Römischen Reiches vergingen nach Livius noch fünfhundert Jahre. Aber die Vorstellung, daß das mächtige Reich an der Macht und der Freiheit der Frauen zugrunde gegangen sei, hat sich bis in unsere Tage erhalten.

Kaiser Augustus beschloß, dieser verderbten Gesellschaft ein Ende zu machen, weil sie nicht einmal die erforderliche Anzahl von Knaben für seine Legionen produzierte. Deshalb erließ er ein neues Gesetz. Zwar befahl er nicht, daß alle glücklich zu sein hatten, aber sie sollten wenigstens heiraten und Kinder zeugen und gebären.

Kehrte die alte glückliche Zeit dadurch zurück? Nein, wahrscheinlich deshalb nicht, weil Augustus vergessen hatte, in seinem Gesetz den Männern das Recht zu entziehen, sich Konkubinen und Geliebte zu halten und mit Sklavinnen zu schlafen. Ihm war überhaupt nicht in den Sinn gekommen, die Bordelle zu schließen oder es als Ehebruch zu ahnden, wenn ein Ehemann mit einer fremden Frau schlief. Er ging auch nicht auf die politischen Eheschließungen ein, bei denen die Frau an den meistbietenden Mann verkauft wurde, der dann entweder in bar oder in Form von nützlichen Beziehungen zahlte.

Augustus selbst verwendete seine Tochter Julia als Köder wie einen Wurm am Haken, indem er sie nacheinander mit jedem seiner potentiellen Thronerben verheiratete. Als sich die arme Frau wehrte, indem sie sich einen Liebhaber nahm, verbannte der »tugendhafte« Vater sie auf eine einsame Insel, wo sie zugrunde ging.

Der Ehebruch war bei den Römern genauso verpönt wie bei den Griechen. Des Ehebruchs machte sich eine freie Frau schuldig, wenn sie mit einem anderen Mann als ihrem gesetzlichen Ehemann schlief. Zur Strafe verlor sie die Hälfte ihrer Mitgift und ein Drittel ihres Vermögens und wurde auf eine einsame Insel verbannt. Wenn ihr Vater sie in flagranti ertappte, hatte er das Recht, den Liebhaber zu töten, unter der Bedingung, daß er auch seine Tochter tötete. Der Ehemann durfte den Liebhaber töten, wenn dieser nicht von hoher Geburt war. Die Ehefrau durfte nicht getötet werden.

Der freie Mann machte sich nur dann des Ehebruchs schuldig, wenn er mit einer freien, verheirateten Frau schlief. Die sonstigen Verhältnisse des Mannes verstanden sich von selbst. Cato, der strenge Sittenwächter der republikanischen Zeit, war erstaunt, als seine Tochter und sein Schwiegersohn seine Gewohnheit mißbilligten, mit einer Sklavin zu schlafen, obwohl die Ehefrau noch lebte. Die Moral der Männer war etwas anderes als die Moral, die die Männer von den Frauen verlangten.

In den ersten Zeiten der Republik geriet die römische Frau durch Heirat mitsamt ihrer Mitgift vollkommen in die Gewalt des Ehemannes. Zwei Jahrhunderte v. Chr. wurde eine Form der Ehe üblich, bei der die Frau unter der Vormundschaft ihres Vaters blieb. Nach dem Tode des Vaters wurde für die Frau ein neuer Vormund bestimmt, sie konnte jedoch den Vormund wechseln, wenn sie mit ihm nicht zufrieden war. Die einzigen mündigen Frauen in Rom waren die Vestalinnen und in der Kaiserzeit diejenigen Frauen, die drei Kinder geboren hatten.

Der Ehebruch der Frau führte ohne weiteres zur Scheidung. Wenn ein Mann, der von dem Ehebruch seiner Frau wußte, sich nicht scheiden ließ, wurde er wegen Kuppelei angeklagt. Die Lage war dabei sicher oft problematisch, denn der Mann verlor bei der Scheidung die Mitgift.

Die Frau, die sich verführen ließ, war ebenso eine Verbrecherin wie eine Frau, die vergewaltigt wurde. Im Gesetz des Kaisers Theodosius aus dem 4. Jahrhundert nach Christus heißt es: »Auch die Jungfrauen müssen bestraft werden, die gegen ihren Willen vergewaltigt worden sind. Sie hätten bis zu ihrem Hochzeitstag sittsam zu Hause bleiben können. Und wenn der Vergewaltiger so unverschämt gewesen wäre, die Tür aufzubrechen, hätte die Jungfrau die Nachbarn zu Hilfe rufen und sich mit allen Mitteln wehren können. Aber wir bestimmen nur eine leichte Bestrafung für diese Mädchen und schreiben vor, daß sie nur das Recht verlieren, Erbinnen ihrer Eltern zu sein.«

Eine vornehme, wohlhabende Frau brauchte sich wegen Ehebruchs nicht zu verantworten, denn sie konnte sich scheiden lassen, bevor es dazu kam. Scheidungen wurden so häufig, daß die Frauen den Mann wie die Kinder das Spielzeug wechselten, und die Männer lebten noch zügelloser, weil ihnen neben der gesetzlichen Ehefrau noch eine ganze Armee von Konkubinen, Dirnen und Sklavinnen zur Verfügung stand. Trotz dieses Karussells wuchs und gedieh das Römische Reich aufs beste, und als es schließlich anfing zu bröckeln, gab es dafür ganz andere Gründe, nämlich die gewaltigen Ausmaße des Reiches, die miserablen Versorgungswege, die einfallenden Barbaren und das Christentum.

Die römischen Frauen spielten eine bedeutende Rolle im religiösen Leben jener Zeit. Die Römer standen den verschiedenen Religionen sehr tolerant gegenüber. Jeder durfte glauben, woran er wollte, wenn er nur die anderen nicht störte oder dem Reich schadete.

Die Römer übernahmen ihre Götterfamilie von den Griechen, nur die Namen der Götter wurden geändert. Dieses olympische Wachsfigurenkabinett befriedigte jedoch nicht die wirklichen religiösen Bedürfnisse der Menschen. Die Mysterien, die sich von Osten her im Reich verbreiteten, wirkten besonders auf die Sklaven und Frauen anziehend. Die Hinwendung des unterdrückten Bevölkerungsteils zu stark gefühlsbetonten und geheimnisvollen, oft strenge Askese verlangenden Religionen ist in der Geschichte immer wieder zu beobachten.

Die ausschweifendste Religion, die schließlich als staatsgefährdend angesehen und verboten wurde, galt dem Kult des Weingottes Dionysos, des römischen Bacchus. Die Bacchantinnen, in Höhlen hausende Einsiedlerinnen, be-

Die Ehescheidung wurde mit der Zeit immer leichter, nur wenige Kinder wurden geboren, und viele Sklaven waren für die Hausarbeit da. Die römische Gesellschaft begann sich zu spezialisieren und verschiedene Dienstleistungen für den Haushalt anzubieten. In der Kaiserzeit konzentrierte sich die vornehme Römerin auf die Mehrung ihres Vermögens, auf die Pflege ihrer Schönheit, auf das gesellschaftliche Leben und eventuell auf politische Intrigen.

rauschten sich, indem sie Fliegenpilzsaft tranken und kleine Kinder verschlangen. Die Geschichte ist nicht so unglaublich, wie sie sich anhört: Der Saft von Fliegenpilzen verursacht tatsächlich Halluzinationen und Bewußtlosigkeit, und ausgesetzte Kinder fanden sich in Rom und seiner näheren Umgebung zur Genüge. Der Genuß von Menschenfleisch gehört zu den uralten religiösen Riten. Die Bacchanalien wurden allgemein verurteilt. Später beeinflußten sie die Einstellung der Römer zum Christentum, zu dessen kultischen Riten es auch gehört, daß man sich in die Einsamkeit zurückzieht und das Abendmahl – Leib und Blut des Herrn – genießt. Die Römer glaubten, daß das Christentum nur eine neue Variante der Bacchanalien war.

Die heiligste und in höchsten Ehren gehaltene religiöse Institution in Rom wurde ausschließlich von Frauen betreut. Im Tempel der Göttin Vesta an der Südostseite des Forums in Rom lebten sechs jungfräuliche Vestalinnen, die die Aufgabe hatten, das heilige, ewige Feuer zu hüten. Die kultischen Riten für die Vestalinnen entstammten einer uralten Tradition. Der Ursprung war schon lange in Vergessenheit geraten. Dennoch war allen bewußt, daß die Versorgung des Staates mit Nahrungsmitteln davon abhing, wie sorgfältig die Vestalinnen ihre Aufgabe ausführten.

Eine neue Vestalin wurde etwa alle fünf Jahre ausgewählt. Sie war ein Mädchen im Alter von sechs bis acht Jahren. Ihre Amtszeit betrug dreißig Jahre. Im Alter von ungefähr vierzig Jahren konnte sie also in das weltliche Leben hinausgehen, meistens als eine sehr wohlhabende Frau. Viele wählten lieber das gesicherte Leben im Tempel als das in der Welt mit ihren Freuden und Gefahren.

Die Vestalinnen genossen dieselbe Hochachtung und Unantastbarkeit wie der Staat, den sie gewissermaßen symbolisierten. Im Theater saßen sie auf den besten Plätzen, und als einzige Frauen in Rom hatten sie das Recht, in einem Wagen zu fahren. Sie konnten einen zum Tode Verurteilten begnadigen und brauchten keinen Eid zu schwören. Vor allem waren sie mündig wie die freien Männer.

Die Keuschheit der vestalischen Jungfrauen galt als Garant für den Wohlstand des gesamten Römischen Reiches. Wenn es dem Staat schlecht erging, wurde den Vestalinnen die Schuld dafür zugeschoben. Es geschah jedoch selten, daß Vestalinnen gerichtlich verurteilt wurden, insgesamt nur zehnmal in der Geschichte des Römischen Reiches. Meistens hatten diese Urteile einen politischen Beigeschmack.

Eine erschütternde Beschreibung der Urteilsvollstreckung an einer Vestalin ist von dem griechischen Geschichtsschreiber Plutarch überliefert worden:

Das Grabmal der Caecilia
Metella außerhalb Roms an
der Via Appia gehört zu den
bedeutendsten Grabdenkmä-
lern, die jemals für eine Frau
errichtet worden sind. Caecilia war die Tochter des Kon-
suls Quintus Caecilius Metel-
lus, des Eroberers von Kreta.

»Es wird eine kleine unterirdische Kammer ausgehoben,
in die man von oben über eine Leiter gelangt. In der Kammer gibt es ein Bett, eine brennende Lampe und geringe
Mengen lebenswichtiger Nahrungsmittel – Brot, einen
Krug mit Wasser, Milch und Öl –, damit die Römer ihren
Seelenfrieden bewahren und niemand behaupten kann,
daß sie eine mit heiligsten Riten geweihte Frau dem Hungertod überantwortet haben.

In einer verhängten Sänfte wird das gebundene und mit
einem Knebel zum Schweigen gebrachte Opfer über das
Forum getragen. Die Menschen weichen stumm zurück
und folgen zutiefst erschüttert dem Geleitzug. Auf der
ganzen Welt gibt es kein grausigeres Schauspiel und in
ganz Rom keinen schrecklicheren Tag.

Wenn der Geleitzug am Ziel angelangt ist, lösen die Helfer
die Fesseln an Händen und Füßen der Vestalin, und nachdem der Pontifex maximus (Oberpriester) still gebetet hat,
indem er die Arme zu den Göttern emporstreckt, als versuche er, die Notwendigkeit der Tat zu erklären, faßt er die
Vestalin, deren Gesicht mit einem dichten Tuch bedeckt
ist, an der Hand und führt sie an die Leiter. Er und die
anderen Priester wenden sich ab, wenn die Vestalin die
Leiter hinabsteigt. Dann wird die Leiter hochgezogen und
die Öffnung der Kammer geschlossen und mit einer dik-
ken Schicht Erde bedeckt, so daß sie von der umgebenden
Erde nicht zu unterscheiden ist.«

Soviel auch von der Freiheit der römischen Frauen die Rede war, man darf nicht vergessen, daß das Römische Reich

patriarchalisch, vaterrechtlich, war. Im Mittelpunkt der Gesellschaft stand der Mann, das heißt der Beamte und der Soldat. Die Frau hatte die Aufgabe, dem Mann zu dienen.

Die sich aufopfernde Mutter und die tugendhafte Ehefrau genossen den Respekt der römischen Männer. Die Furcht und die Feindseligkeit, die der Römer den Frauen gegenüber empfand, ließ er an denen aus, die er sexuell ausnutzte: an seinen Geliebten und an den Dirnen. Sich zu verlieben war für einen richtigen Mann demütigend und erniedrigend, denn die Frau erhielt eine schier grenzenlose Macht über den verliebten Mann. Das konnte eine männlich orientierte Gesellschaft nicht dulden. Sowohl die Geschichtsschreiber als auch die römischen Dichter mißbilligten das Gefühl der Liebe, das den Mann seiner Männlichkeit beraubte.

Im Römischen Reich konnte die Frau nur inoffiziell Macht ausüben. Wenn sie auf Entscheidungen Einfluß nehmen wollte, mußte sie auf die eine oder andere Weise einen Mann zu ihrem Werkzeug machen, das ihren Willen durchsetzte.

Den Römern ist es überhaupt nicht in den Sinn gekommen, daß eine Frau die Macht erben könnte. Während der gesamten Existenz des Römischen Reiches war die Adoption üblich: Sie allein garantierte jeder Familie einen männlichen Erben.

Der Herr, dein Gott

Zur gleichen Zeit, als die Griechen über die Welt philosophierten und die Römer sie eroberten, lebte in einem Winkel der Mittelmeerküste ein unbedeutendes, halbnomadisches Volk und kämpfte um seine Existenz. Dieses Volk, die Juden, war um 1000 v. Chr. mit seinen Zelten und Herden von Mesopotamien nach Westen gewandert. Zunächst lebte es von Raubzügen am Rande des Landes Kanaan, aber allmählich übernahm es die Herrschaft über das Gelobte Land und bildete eine Zeitlang dessen Oberschicht.

Im 6. Jahrhundert v. Chr. jedoch änderte sich die Situation: Die Juden samt ihrer führenden Oberschicht gerieten in babylonische Gefangenschaft, wo sie als unfreie Fronarbeiter leben mußten.

Erstaunlich bleibt es bis heute, daß dieses kleine, allerdings sehr kriegerische Volk nicht im Meer der im Nahen

Eine ordentliche Gattin war wertvoller als Perlen. Wie war sie aber? Die Sprichwörter wissen, daß die Anmut trügerisch und die Schönheit vergänglich ist, gelobt sei jedoch die gottesfürchtige Ehefrau, auf die sich der Mann verlassen kann. Charakteristika der ordentlichen Gattin sind unermüdlicher Fleiß, Mildtätigkeit gegenüber Armen, geschickte Haushaltsführung, die Fähigkeit, ihre Produkte zu verkaufen und die Dienstboten zu beaufsichtigen, gute Laune, Weisheit und Sanftmut.

Biblia pauperum

Die jüdischen und christlichen Interpretationen der Bibel sind bemüht, die erste Schöpfungsgeschichte zu vergessen, nach der auch die Frau ein Abbild Gottes war. Die Frau wurde von ihrer Geburt an als ein schwaches und unvollkommenes Wesen definiert, das sich einer Rippe gleich von der Tugend abbog.

Osten aufeinanderprallenden Völker untergegangen ist. Vielleicht lag das an einer umwälzenden Idee der Juden, die ihnen die Erhaltung ihres Nationalgefühls auf Jahrtausende hinaus auch unter ungewöhnlichsten Verhältnissen garantierte. Umgeben von Hunderten von Göttern und Göttinnen behaupteten sie, daß es nur einen einzigen wahren Gott gebe und daß sie selbst das auserwählte Volk dieses einzigartigen Gottes seien.

Durch diese Doktrin blieben die Juden Juden, auch in der Diaspora. Um sie herum entstanden und verfielen riesige Reiche, ganze Kulturen blühten auf und verschwanden wieder. Die Juden errichteten durch ihre strenge und anspruchsvolle Religion für ihren Geist einen Schutzwall gegen die übrige Welt, und sie machten aus ihrer Geschichte und ihrer Weltanschauung eine Religion. Die Schriftensammlung des Alten Testaments enthält Texte aus der Zeit vor der babylonischen Gefangenschaft. Zu der Zeit aber, als die Schriften zusammengestellt und bearbeitet wurden, war das jüdische Denken stark von einem Geist der Abwehr und von dem Bedürfnis durchdrungen, das auserwählte Volk als eine rechtgläubige Gemeinschaft zu erhalten.

Die Schöpfungsgeschichte des Alten Testaments ist eine von vielen Schöpfungsgeschichten. Da jedoch die Bibel seit vielen Jahrhunderten als »wahr« gilt und die Gläubigen ihr Leben danach gestalten, ist sie für die europäische Kultur von einzigartiger Bedeutung.

Da jeder Satz als Gottes Wort galt, wurden die einfachen Geschichten als Erklärung der Welt interpretiert. Für den christlichen Frauenbegriff war die hebräische Beschreibung von der Erschaffung des Menschen maßgebend.

Eigentlich gibt es im Alten Testament sogar zwei Schöpfungsberichte. Nach Auffassung von Fachleuten haben mehrere Verfasser daran gearbeitet. Der erste Bericht im Buch Genesis, Kapitel 1, Vers 27, lautet:

»Gott schuf den Menschen zu seinem Bilde; zum Bilde Gottes schuf er ihn; und schuf ihn als Mann und Weib.«

Dieser erste Bericht von der Erschaffung der Menschen besagt, daß Mann und Frau gleichzeitig erschaffen wurden, als Ergänzung füreinander, und beide waren Abbilder Gottes.

Im zweiten Kapitel des ersten Buchs Mose finden wir die bekanntere Schöpfungsgeschichte, die älter ist und wie ein Märchen die Geschichte von Adam und seiner Rippe erzählt.

»Aber für den Menschen ward keine Gehilfin gefunden, die um ihn wäre.

Da ließ Gott, der Herr, einen tiefen Schlaf fallen auf den Menschen, und er schlief ein. Und er nahm eine seiner Rippen und schloß die Stelle mit Fleisch.

Und Gott, der Herr, baute ein Weib aus der Rippe, die er von dem Menschen nahm, und brachte sie zu ihm.«

Nach dieser älteren, jahwistischen Auffassung ist die Frau kein eigenständiger Mensch. Sie war nur eine Hilfe für den Mann und nicht einmal ein Abbild Gottes, sondern nur das des Mannes.

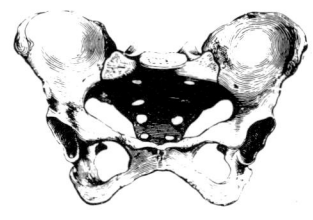

Die Geschichte vom Sündenfall erzählt von der moralischen Schwäche der Frau und von ihrem zerstörerischen Einfluß auf den Mann. Die Schlange verführte Eva zum Ungehorsam. Eva pflückte die Frucht von dem verbotenen Baum und gab davon auch Adam, der ohne Widerrede aß, was ihm geboten wurde. Als die Menschen wegen der Befriedigung ihrer natürlichen Neugier zur Rechenschaft gezogen wurden, beschwerte sich Adam sofort bei Gott:

»Das Weib, das du mir zugesellt hast, gab mir von dem Baum, und ich aß.«

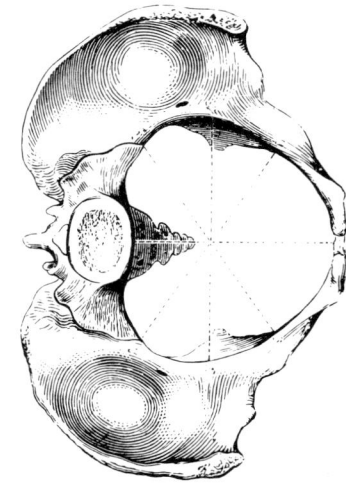

Mit den Schöpfungs- und Sündenfallgeschichten des Alten Testaments ist auch die Sage von Lilith, der ersten Frau der Welt, verknüpft. Als Vorbild für Lilith galt ursprünglich die Dämonin des Zweistromlandes, Lilitu. Gott schuf zunächst Lilith Adam zur Frau, aber Lilith war unverschämt und eigenwillig. Sie konnte sich nicht damit abfinden, daß sie bei der geschlechtlichen Vereinigung unter Adam liegen mußte, und sie behauptete, mit Adam gleichgestellt zu sein, weil auch sie aus Staub erschaffen worden war. Schließlich floh sie. Und die Legende erzählt, daß von ihr alle Dämonen abstammen, die die Welt peinigen. Ihre übelste Tat jedoch war, in Gestalt einer Schlange im Paradies zu erscheinen und die neue Frau Adams, die fügsame und demütige Eva, zu verführen.

Der Verfasser stellte alle natürlichen Vorgänge im Leben der Frau als eine Strafe Gottes dar:

»Ich will dir viel Mühsal schaffen, wenn du schwanger wirst; unter Schmerzen sollst du Kinder gebären. Und dein Verlangen soll nach dem Mann sein; aber er soll dein Herr sein.«

Trotz des Unheil verkündenden Anfangs ist der jüdische Glaube keine prinzipiell frauenfeindliche Religion. Die absolut zentrale Stellung des Mannes und die Vaterrechtlichkeit lassen auch die Vorteile des Patriarchats zur Geltung kommen: den Willen, die schwache Frau zu schützen; den Respekt vor der Mutter, der Gattin und der Ehe. Solange die jüdische Frau tat, was von ihr erwartet wurde, ihrem Mann half und diente, ihm ergeben war und Kinder gebar, konnte sie von ihrem Mann und von der Umwelt Dank und Anerkennung erwarten. Ein Patriarch akzeptierte die Frau, die ihre Grenzen kannte, ja, er liebte sie sogar. Der Weiberfeind, der Misogyn, verabscheute die Frau, gleichgültig, wie unterwürfig sie war.

Der Ruf des Alten Testaments als eines frauenfeindlichen

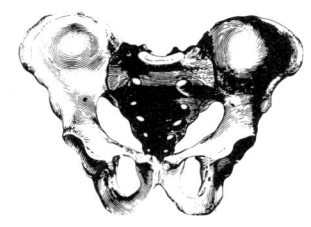

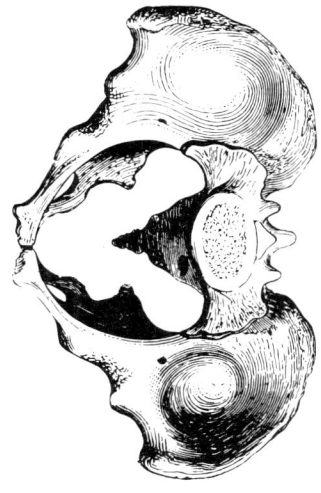

Der tatsächliche Unterschied zwischen dem männlichen und dem weiblichen Skelett besteht nicht darin, daß dem männlichen eine Rippe fehlt, sondern in der Verschiedenartigkeit des Beckens, das bei der Frau für die Geburt eingerichtet ist. Links das knöcherne Becken einer Frau von vorn und von oben gesehen, rechts das Becken eines Mannes.

Buches gründet auf den jüdischen Definitionen von Unreinheit und auf der Angst vor dieser Unreinheit. Viele Tiere galten als unrein, ebenso wie viele ganz natürliche körperliche Funktionen sowohl bei Männern als auch bei Frauen.

Die meisten Unreinheitsbestimmungen regelten hygienische Verhaltensweisen. Sie waren vernünftig und notwendig. Probleme entstanden erst, als die späteren Generationen sie mit Moralvorstellungen verknüpften.

Zur Zeit seiner Entstehung war das Judentum in der damaligen Welt der Grausamkeit eine humane Religion. »Auge um Auge, Zahn um Zahn« lautete ein weit verbreitetes Gesetz im Nahen Osten. »Du sollst nicht töten« war schon eine befremdende Vorschrift, und »Du sollst nicht ehebrechen« ein noch ungewöhnlicheres Gebot, weil es sowohl für Männer als auch für Frauen galt.

Durch diese Vorschriften wurde allerdings nur das Leben innerhalb des jüdischen Volkes geregelt. Außenstehende, also Heiden, durften getötet und ihre Frauen vergewaltigt werden.

Die Ehrbegriffe der Nomaden werden im Alten Testament durch die Geschichte von Dina und ihren Brüdern veranschaulicht.

Dina war die Tochter von Jakob und Lea. Sichem, der Sohn des Landesfürsten Hamor, entführte und vergewaltigte sie. Der Entführer verliebte sich jedoch in sein Opfer und tat, was das Gesetz verlangte: Er bot an, das Heiratsgeld für die Braut zu zahlen und sie zur Frau zu nehmen. Die Söhne Jakobs taten so, als wollten sie auf den Vorschlag unter der Bedingung eingehen, daß sich alle Untertanen Hamors beschneiden ließen. Hamor war damit einverstanden. Aber am dritten Tag, als die beschnittenen Männer am Wundfieber litten, drangen zwei Söhne Jakobs, Simeon und Levi, in die Stadt ein, erschlugen alle männlichen Einwohner und nahmen die Frauen, die Kinder und das Vieh mit sich. Sie holten auch Dina aus dem Haus Sichems. Als Jakob sie tadelte, nicht etwa wegen des Betrugs, sondern aus Angst vor Rache, antworteten diese Männer, die hundert Frauen entführt hatten: »Durfte er unsere Schwester wie eine Dirne behandeln?«

In der Genesis wird nicht berichtet, wie Dina darüber dachte. Vielleicht wäre sie lieber bei ihrem Mann geblieben, der sie liebte, und hätte in Frieden gelebt. Die brüderliche Liebe ging nicht so weit, daß Dina nach ihrer Meinung gefragt worden wäre, und selbst wenn sie sie geäußert hätte, hätte sich kaum jemand danach gerichtet. Dina war im Grunde eine Ware, die einen gewissen Tauschwert besaß. Durch die Vergewaltigung hatte Sichem den Wert der Ware vermindert und die Ehre der Familie Jakobs verletzt.

Wie bei den Griechen und Römern war auch nach jüdischer Auffassung das Opfer einer Vergewaltigung zugleich eine Verbrecherin. Wenn eine Frau in der Stadt vergewaltigt wurde, war sie mit dem Vergewaltiger im Bund, denn sie hätte ja um Hilfe rufen können. Beide mußten zu Tode gesteinigt werden. Wenn die Vergewaltigung auf dem Felde erfolgte, war nur der Mann zu steinigen, denn die Hilferufe der Frau hätte niemand hören können.

Die jüdische Gemeinschaft war die meiste Zeit bedroht. Zu ihrem Schutz schuf sie sich eine äußerst strenge Gesetzesreligion. Jeder einzelne galt als untrennbarer Bestandteil der Gemeinschaft, und sein persönliches Glück hing vom Frieden und von der Ordnung dieser Gemeinschaft sowie von ihrem Fortbestand ab. Nach jüdischem Verständnis gefährdete der Ungehorsam des einzelnen die gesamte Gemeinschaft und ihre Existenz.

Jeder hatte sich selbst und sein Verhalten, auch das sexuelle, unter Kontrolle zu haben. Die Religion ging davon aus, daß alleiniger Zweck der Sexualität die Fortpflanzung war. Die Genesis, das erste Buch Mose, mahnt: »Seid fruchtbar und mehret euch und füllet die Erde.«

Die Vermehrung sollte in der Ehe erfolgen, so daß die Familie und der Stamm jedes Kindes bekannt war. Die Prostitution war bei den Juden verpönt, obwohl aus dem Alten Testament hervorgeht, daß es sie gab.

Der jüdische Mann des Alten Testaments brauchte sich jedoch nicht nur mit einer Frau zufriedenzugeben. Polygamie war weit verbreitet. Schwierigkeiten entstanden dadurch, daß nach jüdischer Auffassung der Geschlechtstrieb der Frau stärker war als der des Mannes. Dafür werden im Alten Testament viele Beweise angeführt: Lots Töchter machten ihren Vater betrunken, um mit ihm schlafen zu können; die Frau Potiphars versuchte, Josef zu verführen; Lea und Rahel feilschten miteinander um die Chance, mit Jakob zu schlafen; Delila brachte Simson ins Verderben; die Königin Isebel verführte ihren Mann, König Achab, dazu, Baal zu dienen.

Die nimmersatten Frauen scheinen bereits Jakob geplagt zu haben, der neben Lea und Rahel noch zwei Mägde, Bilha und Silpa, zu befriedigen hatte. Die beiden schon älteren Frauen gaben ihre Mägde Jakob zur Frau, damit er weitere Kinder zeugte. Jakob tat, wie ihm befohlen, und die Frauen betrachteten die Kinder ihrer Mägde jeweils als ihre eigenen. Die Erzählung des Alten Testaments gibt eindeutig zu verstehen, daß in diesem Zelt keine Eintracht herrschte. Wenn Jakob abends müde von den Feldern nach Hause zurückkehrte, kam ihm immer eine der beiden Frauen entgegen, um ihn in ihr eigenes Bett oder in das Bett ihrer Magd zu beordern.

Bei der Heirat waren die jungen Männer meistens erst

Die Geschichten von dem Baum der Erkenntnis und von der Büchse der Pandora haben viel Ähnlichkeit miteinander, obwohl die Geschichte der Pandora älter ist. Pandora öffnete aus Neugierde die Büchse und ließ damit allen Übeln der Welt freien Lauf. Eva biß aus demselben Grund in den Apfel und verurteilte dadurch den Menschen zu Leid und Schmerz. In beiden Geschichten führte ein männlicher Gott die Frau in Versuchung, indem er ihr einen verlockenden Gegenstand – eine Büchse, einen Baum – gab. Dann untersagte er die Benutzung dieses Gegenstandes, ohne das Verbot zu begründen. Danach brauchte er nur noch abzuwarten, bis die Frau der Versuchung erlag. Die gleiche Geschichte wiederholt sich in unzähligen Varianten in Märchen, in denen meistens jungen Mädchen verboten wird, eine bestimmte Tür, Truhe oder Flasche zu öffnen. Diese Geschichten schärften den Menschen die Bedeutung des unbedingten, nichts hinterfragenden Gehorsams und die erschreckenden Folgen des Ungehorsams ein. Sie sind elementare Geschichten der patriarchalischen Gesellschaft.

Nach »Hortus Deliciarum«

Nach dem Sündenfall wurde
der Mensch verurteilt, hart zu
arbeiten und sein Brot im
Schweiße seines Angesichts
zu essen. Nach der griechischen und jüdischen und
damit auch nach der christlichen Denkweise konnte die
Schuld an allen Leiden der
Menschheit der Frau aufge-
bürdet werden, weil sie es
war, die den Sündenfall verschuldet hatte. Dabei blieb
der Mann moralisch der
Überlegene: alle seine Schwächen stammten ursprünglich
von einer Frau.

fünfzehn Jahre alt und die Mädchen noch jünger. Alle mußten heiraten. In der jüdischen Gemeinschaft gab es keinen Platz für ledige Personen. Witwen mußten möglichst bald eine neue Ehe eingehen, häufig eine Leviratsehe, wie sie im Alten Testament beschrieben ist. Nach diesem Brauch heiratete ein Mann die kinderlose Witwe seines Bruders, und der erste Sohn, der danach geboren wurde, erhielt den Namen des Verstorbenen.

Auf Ehebruch stand die Todesstrafe, sowohl für den Mann als auch für die Frau. Ursprünglich war es für einen Mann sehr einfach gewesen, seine Frau zu verstoßen. Im Laufe der Zeit wurden dann die Scheidungsvoraussetzungen strenger gefaßt, aber Ehebruch war immer ein hinreichender Grund. Die Frau erlangte jedoch unter keinen Umständen eine Scheidung.

In der Frühzeit des Judentums konnte eine Frau nur dann Land erben, wenn sie keine Brüder hatte, aber später erbten auch die Töchter. Eine Witwe verfügte selbst über sich und ihr Vermögen, aber eine Frau, deren Vater oder Ehemann noch lebte, war nicht mündig: Sie durfte keine Verträge ohne Genehmigung des Vormundes schließen. Zur Zeit der Entstehung des Christentums kamen erste frauenfeindliche Züge im Judentum auf, zweifellos unter dem Einfluß der griechischen Philosophie. Diese Entwicklung sollte von schicksalsschwerer Bedeutung für die Herausbildung des christlichen Frauenbildes sein.

Schon zur Zeit der Kreuzigung jedenfalls dankte der jüdische Mann seinem Gott dafür, daß er als Mann und nicht als Frau geboren worden war.

Vor zweitausend Jahren befand sich die Welt um das Mittelmeer in einem religiösen Chaos. Die alte griechische Götterfamilie hatte ihre Anziehungskraft verloren. Die Mysterien des Ostens übten durch ihre außergewöhnlichen Riten eine starke Anziehungskraft auf die Menschen aus. Als Gegengewicht dazu entstanden etliche Philosophien mit negativer Einstellung gegenüber dem weltlichen Leben: Stoizismus, Neupythagoreismus, Neuplatonismus. Diese Philosophien waren meistens dualistisch: Sie nahmen zwei Grundprinzipien des Seins an, Gut und Böse, Licht und Finsternis, Geist und Materie, Reinheit und Unreinheit. Bei dieser Einteilung wurde die Frau zweifellos der Klasse des Bösen, der Finsternis, der Materie und der Unreinheit zugerechnet.

Die dualistischen Philosophien verlangten von dem Menschen eine Reinigung der Seele und ihre Befreiung von der Sklaverei des Körpers. Der Mensch durfte seinen Leidenschaften nicht nachgeben, am allerwenigsten seiner sexuellen Begierde.

Der Geschlechtsverkehr wurde den Menschen als ein erniedrigender, tierischer Akt dargestellt. Die sexuelle Be-

Durch die Menstruation, die sowohl bei den Natur- als auch bei den Kulturvölkern mit vielerlei Tabus und Ängsten verbunden ist, war die Jüdin sieben Tage lang unrein. Die menstruierende Frau übertrug diese Unreinheit auf ihre gesamte Umgebung, so daß jeder, der ihr Bett oder ihren Stuhl oder Gegenstände darauf berührte, ebenfalls unrein wurde. Wenn ein Mann mit einer Frau während ihrer Regel schlief, sollten »beide aus ihrem Volk ausgemerzt werden«.

Eine Wöchnerin war nach der Geburt eines Knaben sieben Tage, nach der Geburt eines Mächens zwei Wochen lang unrein. Die Reinigung nach einer Geburt dauerte dreißig bis sechzig Tage. Durch die Menstruation und die Geburten blieb die Jüdin von einem großen Teil des religiösen Lebens ausgeschlossen, denn war sie unrein, durfte sie nicht an den Riten teilnehmen und den Tempel nicht betreten.

Auch der Geschlechtsverkehr war etwas Unreines. »Und wenn eine Frau bei einem Manne liegt, dem der Samen abgeht, dann sollen sie sich beide mit Wasser waschen und unrein sein bis zum Abend.«

ziehung zwischen Mann und Frau war auf die Fortpflanzung zu beschränken. Nach Möglichkeit hatte der Mensch, also der Mann, im Zölibat, das heißt ehelos zu leben.

Zu Beginn des Christentums traten in der römischen Gesellschaft starke sexualfeindliche Gesinnungen auf.

Von der Sexualfeindlichkeit ist es nur ein kleiner Schritt bis zur Misogynie, dem Frauenhaß: Bei einem Mann, von dem Enthaltsamkeit verlangt wird, besteht leicht die Gefahr, daß er das Objekt seiner Begierde zu hassen beginnt. Indem er die Frau zu einer lüsternen Verführerin abstempelt, befreit er sich von seinen eigenen Schuldgefühlen.

Der Frauenhaß war fest in den Kulturen der Antike verwurzelt. Drama und Dichtung bei Römern und Griechen lebten geradezu von der Geißelung und Verspottung der Frau. Keine wird verschont: die Dirne ist immer geldgierig, die Ehefrau zänkisch. Die Verhöhnung der Ehefrau und der Ehe war ein ständiges Thema der Komödien. Es muß bei den Zuschauern viel Anklang gefunden haben, weil in der Antike Kunst nicht um der Kunst willen, sondern für das Publikum gemacht wurde.

Und selbst wenn die Ehefrau hervorragende Eigenschaften hatte, schön, anmutig, reich, fruchtbar, edel und sittsam war, auch das war nicht recht. Der Dichter Juvenal, der König aller Misogynen, ruft aus: »Wer könnte eine vollkommene Ehefrau ertragen!« Der Patriarch muß sich für etwas Besseres halten können als die Frau, aber der Misogyn muß sie verabscheuen können.

Der Frauenhasser fürchtet sich davor, daß die Frau trotz ihrer Unterdrückung schließlich doch stärker sein könnte als er. Die Welt eines jeden Kindes ist zunächst ganz auf die Mutter ausgerichtet, weil das Kind von der Mutter abhängig ist. Erst im Laufe des Heranwachsens und durch die Erziehung wird seine Welt vom Vater dominiert. Der an seiner Herrschaft festhaltende Frauenhasser glaubt, daß er, wenn er auch nur ein weniges von seiner Macht abgibt, sogleich ebenso unterdrückt wird, wie er selbst es getan hat.

Ins Bild der patriarchalischen Kultur in den Mittelmeerländern gehörte, daß die natürliche Ordnung zugunsten dieser Idee durchbrochen wurde: Die Frau war nicht länger Gebärerin allen Lebens, die Mutter Erde. Pallas Athene ging aus der Stirn ihres Vaters Zeus hervor, Eva aus der Rippe ihres Mannes. Der Anteil der Frau an der Geburt eines Menschenkindes wurde für bedeutungslos erklärt. Die Frau war nur ein Gefäß, dazu bestimmt, den Samen des Mannes in sich aufzunehmen.

Dann aber wurde der Messias, der Sohn Gottes, von einer Jungfrau geboren.

Der Grundstein für eine neue, stolze Welt war gelegt.

Der neue Glaube

Mechtildis

Fliehet die Hurerei

Paulus schreibt in seinem ersten Brief an die Korinther:
»Fliehet die Hurerei! Alle Sünden, die der Mensch tut, betreffen nicht seinen Leib. Wer aber Hurerei treibt, der sündigt am eigenen Leibe.«
So wurde aus der Sexualmoral die einzige Moral.
Der heilige Hieronymus schreibt:
»Ich preise die Ehe, aber nur, weil sie neue Jungfrauen hervorbringt.«
So wurde die Frau, die sich ein natürliches Leben versagt, zum Ideal.
Der Kirchenvater Tertullian schreibt:
»So leicht zerstörtest du den Mann, das Abbild Gottes. Wegen deiner Sünden mußte sogar der Sohn Gottes sterben.«
So wurde die Frau in der neuen Religion zum Objekt des Hasses und der Verachtung.
Wie kam das? Warum wurde aus der Religion der Liebe, der Freude und der Gleichwertigkeit eine Sammlung von männerorientierten, sexual- und frauenfeindlichen Verboten und Geboten? Was war geschehen?
Zu Beginn der Evangelien des Neuen Testamentes wird vom Verhalten Jesu den Frauen gegenüber berichtet, das für die damalige Zeit ganz ungewöhnlich war. Er spricht nie von der Frau als einem minderwertigen Wesen und warnt auch seine Jünger nicht vor ihrer Falschheit oder ihren Verführungskünsten, wie es damals üblich war. Im Gegenteil, die Frauen des Neuen Testaments sind lebendige Wesen, religiös gesinnte Persönlichkeiten, und als solche behandelt Jesus sie, ohne ihre religiöse Sehnsucht gering zu achten.
Jesus sitzt durstig und hungrig an Jakobs Brunnen, weil die Jünger in die Stadt gegangen sind, um Lebensmittel zu kaufen. Da kommt eine samaritische Frau, eine Dirne, zum Brunnen, ein Wesen, das von allen verachtet wird und das ein jüdischer Mann nicht einmal eines Blickes würdigen darf. Ihr, diesem Staub der Erde, verkündet Jesus, daß er der Messias sei.
Als Jesus gestorben und bestattet war, der Sabbat vorüber und der erste Tag der Woche angebrochen, kamen Maria und Magdalena und die andere Maria, die Mutter des Jakobus, um nach dem Grab zu sehen. Da erschien ihnen ein Engel des Herrn und berichtete von der Auferstehung Jesus. Und als sie voll Furcht und großer Freude forteilten, um die Botschaft zu verkünden, kam ihnen Jesus entgegen und begrüßte sie.
So gab sich Jesus als erstes den Frauen zu erkennen und nicht seinen zwölf Aposteln. Obwohl die Bibel immer nur

Nach Ansicht des Kirchenvaters Tertullian ist der Körper der Frau wie ein Tempel mit einer Kloake darunter, denn jede Frau ist eine Eva, das Tor des Teufels. Die Frau hatte ihre Schönheit zu verbergen, denn wenn auch die Schönheit kein Verbrechen war, weil sie von Gott kam, mußte man sie doch fürchten. Die Frauen jeden Alters mußten einen Schleier tragen, denn die Männer gerieten in Gefahr, wenn sie sie nur sahen. Alle Frauen wollten einen Mann, weil ihre Begierde grenzenlos war, und sie wollten den Haushalt des Mannes beherrschen und das von dem Mann durch harte Arbeit verdiente Geld verschwenden.

Die besten Freunde und Schüler des Kirchenvaters Hieronymus waren Frauen. Er fand es überhaupt nicht schändlich, mit dem Geschlecht umzugehen, aus dem die Jungfrau Maria stammte. Die Abbildung zeigt Schülerinnen des Kirchenvaters, denen er seine Bibelübersetzung diktiert. Als Schüler des Hieronymus eigneten sich Frauen, die ihr Geschlecht verleugneten, also Jungfrauen und Witwen. Der Kirchenvater forderte die Frauen auf, so streng zu fasten, daß die Menstruation ausblieb. Er bewunderte die Jungfernschaft fanatisch und geriet außer sich, als ein Gelehrter von Brüdern und Schwestern Jesu sprach. Sollen etwa aus Marias jungfräulichem Schoß, dem Tempel des Heiligen Geistes, scharenweise Kinder zur Welt gekommen sein? Ein abscheulicher Gedanke. Hieronymus fand den Anblick einer schwangeren Frau widerwärtig und Kinder ekelhaft.

von männlichen Jüngern berichtet, ist eindeutig, daß unter seinen Jüngern auch Frauen waren.

Auch wenn in den Evangelien von Frauen wie von vollwertigen Menschen gesprochen wird, steht das Neue Testament in seiner Gesamtheit der Frau und der Sexualität ablehnend gegenüber.

Die Apostelgeschichte zeigt, wie wichtig der Beitrag der Frauen zum Aufbau des neuen Glaubens war. Sie waren die treuesten Bekehrten und verfügten über prophetische Fähigkeiten, sie waren wohltätig und gastfreundlich, sie verkündeten das Evangelium und unterwiesen die Menschen im Glauben.

All das änderte nichts an der Einstellung des Apostels Paulus, der maßgeblich an der Gestaltung und Verbreitung der Lehre beteiligt war. Die Frauen konnten noch so tüchtig und klug sein, in der Kirche hatten sie zu schweigen. Wenn sie etwas wissen wollten, mußten sie zu Hause ihre Männer fragen, und auf keinen Fall durften sie den Mann belehren, das duldete der Apostel nicht.

Paulus' Auffassung von der Frau war traditionell und patriarchalisch und siegte über die Auffassung Jesu, weil sie der Denkweise der Gesellschaft entsprach.

Paulus schreibt: »Hier ist nicht Jude noch Grieche, hier ist nicht Sklave noch Freier, hier ist nicht Mann noch Frau; denn ihr seid alle einer in Christus Jesus.«

Die geistliche Gleichberechtigung wurde den Frauen also

zugesprochen, jedoch unter bestimmten Bedingungen, die in der Praxis der sexualfeindlichen Denkweise entsprachen. Die Ehe war nach Ansicht Paulus' eine ärgerliche Institution, die den Menschen dem Herrn entfremdete und auch sonst allerlei Ungemach verursachte. »Wer also eine Jungfrau heiratet, der handelt gut; wer sie aber nicht heiratet, der handelt besser.«

Die unverheirateten Männer, Witwen und Jungfrauen waren ihm wohlgefällig, doch der Beste von allen war Paulus selbst: »Ich wollte zwar lieber, alle Menschen wären, wie ich bin; doch jeder hat seine eigene Gabe von Gott, der eine so, der andere so.«

Die Gedanken der Paulinischen Briefe über die Frauen galten dem Christentum zwei Jahrtausende lang als Richtschnur. Es sind eher Gedanken eines Patriarchen als eines Christen, sie sprechen eher von Unterwerfung als von Gleichberechtigung vor Gott, sie fordern mehr, als daß sie verheißen. Und weil diese Gedanken von so großer Bedeutung waren und noch sind, ist es angebracht, sie hier so wiederzugeben, wie sie im ersten Brief an Timotheus stehen:

»Eine Frau soll lernen in der Stille und mit aller Unterordnung. Einer Frau gestatte ich nicht, daß sie lehrt, auch nicht, daß sie den Mann zurechtweist, sondern sie sei still. Denn Adam wurde zuerst geschaffen, danach Eva. Und nicht Adam wurde verführt, sondern die Frau wurde verführt und ist der Versuchung erlegen.

Sie wird aber dadurch gerettet werden, daß sie Kinder zur Welt bringt, wenn sie im Glauben bleibt und in der Liebe Heiligung samt der Zucht.«

Die Briefe von Paulus an Timotheus, an die Kolosser und an die Epheser sind erst im zweiten Jahrhundert als die »Paulinischen Briefe« in die Sammlung eingefügt worden. Ein Teil der Texte von Paulus stammt noch aus den siebziger Jahren nach Christus.

Paulus ist ein Patriarch, jedoch kein Frauenhasser. Nur wenige seiner Nachfolger waren den Frauen ebenso gnädig wie er. Aus der übertriebenen Forderung Paulus' nach sexueller Enthaltsamkeit wurde bald lodernder Frauenhaß. Die Äußerung des olympischen Bischofs Methodios, die Frauen seien zwar Töchter des Satans, aber dennoch sei es die christliche Pflicht des Mannes, sie der Sünde zu entkleiden und auf den rechten Weg zu führen, ist dabei noch als ausgesprochen freundlich zu werten.

Für alle großen Kirchenväter galt gleichermaßen, daß sie die Sexualität verabscheuten und zugleich fürchteten. Die Ehe wurde gebilligt, weil Christus sie gebilligt hatte. Aber auch in der Ehe war der Geschlechtsverkehr nur erlaubt, um Kinder zu zeugen. Wünschenswert war absolute Enthaltsamkeit. Einige, wie zum Beispiel der Kirchenvater

Die Jungfräulichkeit war in der Kultur vieler Völker eine magische Eigenschaft. Die Christen erhoben die Jungfrau zum Frauenideal. Der Mythos vom Einhorn ist ein Beispiel für die Macht der Jungfräulichkeit: dieses eigenartige und seltene Tier kann nur mit Hilfe einer unberührten Jungfrau gefangen werden, deren Gesellschaft es im Wald sucht.

Origenes, ließen sich entmannen, was von der Kirche jedoch nicht gutgeheißen wurde, da die Vollkommenheit erkämpft werden sollte.

Johannes I. Chrysostomos von Antiochien war seiner Herde ein liebevoller Hirte, aber der Sexualität stand auch er ablehnend gegenüber

»Wie oft leiden wir, wenn wir eine Frau sehen, tausend Qualen; wenn wir nach Hause kommen, plagt uns unerträgliches Verlangen, tagelang verzehren wir uns in Sehnsucht...«

Ein junger Mann hatte also keinen Grund, die weibliche Schönheit zu bewundern, denn: »... wenn du darüber nachdenkst, was hinter Mund und Wangen steckt, verstehst du, daß der herrlich geformte Körper nichts anderes ist als eine weiße Grabkammer; in ihr ist nichts als Unrat. Wenn du einen Fetzen Stoff siehst, der mit Schleim oder Spucke beschmutzt ist, kannst du ihn nicht einmal mit der Fingerspitze berühren, du kannst nicht seinen Anblick ertragen, und doch zitterst du vor Begierde, wenn du einen Behälter solcher Substanzen siehst.«

Der heilige Augustinus war ursprünglich ein Anhänger des Manichäismus, einer noch sexualfeindlicheren Religion als das Christentum. Er lebte mit einer Frau und ihrem gemeinsamen Sohn zusammen und machte sich ständig Vorwürfe, weil er schwach war. Seine willensstarke, christliche Mutter Monika überredete ihn dazu, zum Christentum überzutreten und zu heiraten. Schließlich gehorchte ihr Augustinus, jedoch heiratete er keineswegs die Mutter seines Kindes, die möglicherweise einem niedrigeren Stand angehörte, sondern verlobte sich mit einem kleinen Mädchen.

Bevor die Braut volljährig, also zwölf Jahre alt, wurde, hatte Augustinus sich bereits eine neue Geliebte genommen. Bald trat er jedoch zum Christentum über. Die Bekehrung bedeutete für Augustinus das Zölibat, die vollkommene sexuelle Enthaltsamkeit.

Und mit der Enthaltsamkeit kamen auch Abscheu, Haß und Angst: der Wunsch, das Objekt der Begierde zu unterwerfen, zu entwürdigen und zu verletzen.

Die Sünde beim Sündenfall war die Fleischeslust. Darunter verstand Augustinus die Unfähigkeit des Menschen, seine Geschlechtlichkeit zu beherrschen. Den Geschlechtstrieb hatte Gott für die Fortpflanzung der Menschheit geschaffen. Wenn jedoch der Trieb mit Begierde einherging, war das sündhaft und schändlich. Da nun die Fortpflanzung nicht ohne die von der Begierde angefachte körperliche Vereinigung erfolgen konnte, mußte sie verdammenswert sein. So wurde jedes Kind von seinen Eltern in Sünde gezeugt und war deshalb von der Erbsünde befleckt.

Und die Ehe? Sie schwächte die Sündhaftigkeit der Begierde etwas ab, machte aus der Lustempfindung der Vereinigung eine unvermeidliche Pflicht. Auch in der Ehe hatte der Geschlechtsverkehr nur der Zeugung zu dienen. Augustinus zeigte jedoch Verständnis für die menschliche Schwäche: wenn sich ein Mann mit seiner Ehefrau vereinigte, ohne ein Kind zeugen zu wollen, war das eine nur geringfügige Sünde.

Doch für den Menschen am besten war es, sich der schmutzigen Sexualität zu enthalten. Und das Los der Frau, die Menstruation, die Schwangerschaft, die Geburten und das Stillen waren keineswegs ein Segen, sondern ein Fluch, mit dem Gott die Frau gestraft hatte.

So wurde aus der Religion der Liebe eine Lehre, die die Liebe, das natürliche Bedürfnis des Menschen, mit einem Verbot belegte. Diese Denkweise erlangte für die gesamte europäische Kultur eine unglaubliche Bedeutung.

Mit Ausnahme von Tertullian lebten alle Kirchenväter im Zölibat ohne ein normales Familienleben – und auch Tertullian schämte sich tief wegen seiner Ehe. Fast alle Kirchenväter hatten eine willensstarke christliche Mutter, die einen entscheidenden Einfluß auf die Gedankenwelt des Sohnes ausübte. Alle Kirchenväter lobpreisen ihre Mutter, und alle verabscheuen sie die Frauen und die Sexualität.

Bereits in den ersten Jahrhunderten wurde aus der Frau und der Sexualität eine Zwangsvorstellung für die christliche Theologie. Die fixe Idee der Kirchenväter verlor im Verlauf des folgenden Jahrtausends keineswegs an Gewicht. Ganz im Gegenteil.

Im Dezember 1945 fand ein ägyptischer Bauer beim Graben auf dem Feld einen ungefähr einen Meter hohen Tonkrug. In der Annahme, der Krug enthalte vielleicht Gold, zerschlug er ihn. Zu seiner Enttäuschung fand er darin nur dreizehn in Leder gebundene Papyrusbücher.

Der Bauer nahm die Bücher mit nach Hause und warf sie auf einen Haufen Stroh neben dem Ofen. Seine Mutter riß Seiten aus den Büchern heraus, um damit den Ofen anzuzünden.

Der Lehrer des Ortes sah die Bücher, und nach vielen Umwegen gelangten sie in das Koptische Museum in Kairo. Erst zehn Jahre nach dem Fund wurden sie genau untersucht.

Ein begeisterter Professor übersetzte die erste Zeile und wollte seinen Augen nicht trauen: »Dies sind die geheimen Worte, die der lebendige Jesus sprach und die sein Zwillingsbruder Judas Thomas aufschrieb.«

Unter den Texten waren mehrere unbekannte Evangelien. In ihnen spricht Jesus ganz anders als in den Evangelien des Neuen Testaments.

Matthias Gerung

Die junge christliche Lehre machte sich im Laufe ihrer Entwicklung alle feindseligen und verächtlichen Gedanken der Antike über die Frau und die Sexualität zu eigen. Die Verkörperung der weiblichen Verführungskunst und Bosheit war die auf einem siebenköpfigen Tier reitende Hure Babylon in der Offenbarung des Johannes.

»... die Gefährtin des Erlösers ist Maria Magdalena. Christus liebte sie mehr als seine anderen Jünger und küßte sie oft auf den Mund. Die anderen Jünger waren gekränkt... Sie sprachen zu ihm: ›Warum liebst du sie mehr als uns?‹ Der Heiland antwortete ihnen und sprach: ›Warum liebe ich euch nicht so, wie ich sie liebe?‹«

Zu der Zeit, als die ursprünglichen Texte des Papyrusfundes geschrieben wurden, vor dem Jahr 140 n. Chr., lebten im Römischen Reich Christen, und es zirkulierten vielerlei christliche Schriften.

Die Bibeltexte, so wie wir sie kennen, wurden Ende des zweiten Jahrhunderts n. Chr. zusammengestellt. Die Bücher, die dafür ausgewählt wurden, repräsentieren die gut organisierte, dem römischen Bischof unterstehende Lehre, die politische Tatsachen berücksichtigte und sich für rechtgläubig hielt.

Um das Christentum, das Judentum und die griechische Philosophie herum waren aber zu jener Zeit viele verschiedene Glaubensrichtungen entstanden, die später, als sie den anderen Richtungen unterlagen, Irrlehren genannt wurden. Die bedeutendste dieser vielen Lehren war die Gnostik. Und solche gnostischen Schriften, die als ketzerisch verurteilt worden waren, als sie etwa im Jahre 400 n. Chr. vergraben wurden, waren die Evangelien des Tonkruges.

Das Christentum als eine Heilsreligion unter vielen mußte anfangs heftig um seine Stellung kämpfen. Von dieser permanenten Auseinandersetzung wurden die christlichen Lehren entscheidend beeinflußt. Der Gnostizismus lehrte, daß jeder Mensch zwei Wesen in sich trägt, ein gutes und ein böses, ein geistiges und ein materielles. Als Schlüssel zum Heil galt die Loslösung des Geistes vom geringgeschätzten Körper. Das erforderte strenge Askese, vor allem eine vollständige sexuelle Enthaltsamkeit.

Die rechtgläubige Kirche konnte das Zölibat aller Gläubigen jedoch nicht akzeptieren, weil Gott den Menschen ausdrücklich befohlen hatte, sich zu vermehren.

Die Gottheit des Gnostizismus war nicht der strenge und eifersüchtige Gott des Alten Testaments, der dem Menschen die Erkenntnis versagte. Über dem Schöpfer gab es eine geheimnisvolle zweigeschlechtliche Gottheit, in der ein männliches und ein weibliches Wesen vereinigt waren. Die Christen dagegen leugneten die Existenz einer weiblichen Gottheit ebenso wie die Juden. Das Alte Testament war eine von Männern für Männer geschaffene Religion; der Gott der Christen war der zornige Patriarch des Alten Testaments.

In der Praxis unterschieden sich rechtgläubige Christen und Gnostiker vor allem in der Auffassung von der Rolle der Frau im kirchlichen Leben. Dieser Unterschied gab

Battoni

In den gnostischen Schriften, im Evangelium der Maria und in der Weisheit des Glaubens, wird Maria Magdalena als eine Lehrerin beschrieben. Nach der Kreuzigung baten die Jünger Maria Magdalena, ihnen zu erzählen, was Jesus sie insgeheim gelehrt hatte. Maria Magdalena unterrichtete sie, bis Petrus wütend fragte: »Sprach er wirklich mit einer Frau unter vier Augen und nicht offen zu uns? Wollen wir ihr alle zuhören? Hielt Jesus sie für etwas Besseres als uns?« Die von der Wut des Petrus erschütterte Maria Magdalena antwortete: »Mein Bruder Petrus, was denkst du eigentlich? Glaubst du, daß ich das alles erfunden habe, oder daß ich über den Erlöser Lügen verbreite?« Da begann Levi zwischen ihnen zu vermitteln: »Petrus, du warst schon immer etwas heftig. Jetzt widersetzt du dich einer Frau wie einem Feind. Wenn der Erlöser sie für wertvoll hielt, wer bist dann du, sie abzulehnen? Unser Herr kannte sie gut. Deshalb liebte er Maria Magdalena mehr als uns alle.«

Anlaß zu heftigen Auseinandersetzungen und Vorwürfen und bewirkte schließlich, daß die Gnostik im Dunkel der Irrlehren verschwand

In der gnostischen Kirche waren die Frauen gleichberechtigt neben den Männern tätig. Der Kirchenvater Tertullian berichtet erbost, daß die Frauen lehren, debattieren, böse Geister verjagen, Kranke heilen und sogar taufen! Die gnostischen Christen ernannten Frauen zu Priesterinnen, ja sogar zu Bischöfen. Frauen prophezeiten, gründeten eigene Gruppen und leiteten sie.

Als Antwort darauf fügten die rechtgläubigen Christen den Paulinischen Briefen die sogenannten pseudopaulinischen Briefe an Timotheus, an die Kolosser und an die Epheser hinzu, in denen gefordert wird, die Frau habe sich dem Willen des Mannes zu unterwerfen.

Kein Patriarch duldet die Einmischung der Frauen, wenn es um Macht geht. Und um Macht ging es, als die Kirche organisiert wurde. Etwa um das Jahr 200 n. Chr. verstummte die Frau in den rechtgläubigen Gemeinden. Die Ämter der Priester und Bischöfe lagen fest in den Händen der Männer.

In dieser Beziehung bildete das Christentum eine deutliche Ausnahme, die nur im Judentum eine Entsprechung hatte. Bei den anderen Religionen waren die Frauen Priesterinnen, die Riten und Zeremonien zelebrierten.

Ein Grund für die Entwicklung wird in dem zunehmenden Einfluß der zum Christentum bekehrten Juden gesehen, ein weiterer in der Tatsache, daß das soziale Ansehen des Christentums im zweiten Jahrhundert allmählich stieg. Von einer Religion der Sklaven und Armen wurde es zu einer Religion des Mittelstandes. Wir haben es hier mit einem in der Geschichte der Frau häufigen Phänomen zu tun: Solange eine Religion oder eine Bewegung um ihre Existenz kämpft, ist die Mitarbeit der Frau willkommen und geschätzt, hat sie aber eine gesicherte Stellung errungen, werden die Frauen beiseite geschoben, und ausschließlich die Männer beginnen, die Früchte der Arbeit zu genießen.

Im dritten Jahrhundert n. Chr. war das Christentum nicht mehr eine Idee des einfachen Volkes. Es war eine hervorragend organisierte, fanatische Bewegung mit klaren politischen Zielen. In den Märtyrerarenen durften die Frauen ihre Haut zu Markte tragen, aber in der Gemeindeversammlung hatten sie demütig das Haupt zu verhüllen.

Als im Jahre 313 das Christentum offiziell geduldet wurde, war die Stellung der Frau im Christentum bereits geklärt. Sie war die Tochter Evas, die Verführerin, der Ursprung der Sünde. Sie hatte den Fluch Gottes auf die Menschheit geladen. Ihre Liebe war niedrigste Begierde, und ihre Kinder waren mit der Erbsünde behaftet. Sie war lasterhaft und verachtenswert, lüstern und furchterregend. Kein Schmähwort war grob genug, wenn die Kirchenväter sich über die Frau äußerten. Nur durch die Verleugnung ihres Geschlechts, als Jungfrau, erhielt sie die Möglichkeit zu religiöser Gleichwertigkeit mit dem Mann.

Der Einfluß des Christentums auf die Stellung der europäischen Frau ist keineswegs eindeutig. Durch ihre Sexualfeindlichkeit setzte die christliche Kirche den Wert der Ehe herab, und die römische Mutter war im Vergleich zu der Jungfrau im Kloster nur eine arme Sünderin. Die Sexualfeindlichkeit und die Idee, Sexualität ausschließlich der Frau zuzuschreiben, waren jedoch keine Erfindung der Kirchenväter. Das Christentum folgte damit lediglich dem damaligen Zeitgeist.

Denn in seinen Grundzügen war das Christentum eine Religion der geistlichen Gleichberechtigung, und obwohl diese Prinzipien oft verwischt und sogar vergessen wurden, hatten sie einen entscheidenden Einfluß auf die Geschichte der europäischen Frau. So war es das europäische Christentum, in dessen Rahmen die Frauen freier leben konnten als in irgendeiner anderen der großen Kulturen.

Das Christentum verbot die Sklaverei, und es forderte jedermann auf, sein eigenes Heil zu suchen. Diese beiden Faktoren haben die gesamte europäische Kultur und deren Haltung gegenüber der Frau geprägt.

Basileia

Die Kaiserin Galla Placidia war die Tochter des Kaisers Theodosius des Großen. Der westgotische König Athaulf entführte und heiratete sie. Athaulf wurde zwei Jahre später ermordet, und Galla Placidia kehrte zu ihrem Bruder, Kaiser Honorius, zurück und heiratete seinen Mitregenten Konstantinus. Als sie erneut Witwe wurde, ging sie nach Konstantinopel zu ihrer Verwandten, der Kaiserin Pulcheria, kehrte jedoch bald wieder nach Ravenna in Italien zurück, wo sie für ihren Sohn Valentinian III. die Regierung übernahm. Galla Placidia starb im Jahre 450. Die Abbildung zeigt Galla Placidia mit ihrem kleinen Sohn Valentinian III.

Zu der Zeit, als die Christen verfolgt wurden, konnten sie sehr gut ihren Grundsätzen gemäß leben. Außerhalb der Gesellschaft angesiedelt, erkannten sie deren Gesetze und Amtsapparate nicht an, erwarteten aber voneinander unbedingten Gehorsam gegenüber den Glaubensbestimmungen. Ein Christ, der als Soldat einen Feind töten mußte, lief Gefahr, für drei Jahre aus der Gemeinde ausgestoßen zu werden. Ein christlicher Richter durfte niemanden zum Tode verurteilen.

Eine entscheidende Änderung trat ein, als das Christentum im Jahre 380 zur römischen Staatsreligion erklärt wurde.

Die Christen, die bis dahin nach ihren eigenen Regeln als Staat im Staate gelebt hatten, wurden nun in den Machtapparat integriert. Das Römische Reich war trotz seines allmählichen Zerfalls noch so gut geregelt und organisiert, seine Traditionen waren so stark, daß sich die Christen an die Bedingungen der Gesellschaft anpassen mußten.

Für diejenigen, die sich nicht anpassen wollten, entwickelte diese Religion ein System – das Klosterwesen –, das ihnen erlaubte, nach eigenen Vorstellungen zu leben, ohne daß die Gesellschaft gestört wurde. Wie groß der Bedarf an Rückzugsmöglichkeiten war, läßt sich an der raschen Verbreitung und der großen Beliebtheit des Klosterwesens ablesen.

Ursprünglich war es eine Laienbewegung gewesen, die den Rückzug aus der Gesellschaft und das Leben in der Askese propagierte und Männern und Frauen die gleichen Möglichkeiten bot, durch die entsprechende Lebensweise Heiligkeit anzustreben. Im Lauf der Zeit wurden aber auch die Klöster ein Teil der christlichen Gesellschaft. Streng nach Geschlechtern getrennt, versahen Nonnen und Mönche ihren Dienst, bei dem auf die persönlichen Frömmigkeitsbezeugungen immer weniger Wert gelegt wurde. Die Klöster erhielten mehr und mehr Aufgaben, die sie an die weltliche Ordnung banden. Ihnen oblag die Mildtätigkeit gegenüber den Armen und die Beherbergung von Reisenden. Seit etwa dem fünften Jahrhundert fungierten die Nonnenklöster auch als eine Art Frauengefängnis, wo vor allem verheiratete Frauen, die Ehebruch begangen hatten, eingesperrt werden konnten.

Das Ende des christlichen, zweigeteilten Römischen Reiches war gekommen, als der westliche Teil von den »Barbaren« Stück für Stück vereinnahmt wurde. Ostrom mit der Hauptstadt Konstantinopel kam ungeschoren davon und bestand noch weitere tausend Jahre. Byzanz als der einzige durch und durch christliche Kulturstaat in Europa war gewissermaßen das Reich Gottes auf Erden. Innerhalb seines Systems standen das Gesetz Gottes und das römische Gesetz miteinander in Einklang. Byzanz war eine wohlhabende, durchorganisierte, hierarchische Gesellschaft, an deren Spitze der Statthalter Gottes auf Erden, der Kaiser, und seine Gattin, die Kaiserin, standen.

Im Römischen Reich hatte die Kaiserin so gut wie keine öffentliche Funktion gehabt. Sie war die Gattin des Kaisers, und die meisten Kaiser wechselten ihre Frauen häufig. Anders in Byzanz.

Dort war die Kaiserin an der Macht ihres Mannes beteiligt. Sie hatte ihren eigenen Bestimmungsbereich, die »basileia«, und es hing allein von ihr ab, wie weit sie davon Gebrauch machte.

Sie konnte ein bedeutender politischer Faktor sein, denn durch sie konnte der Kaiser den Einfluß und das Vermögen riesiger Familiengruppen an sich ziehen. In den Beziehungen zwischen West- und Ostrom spielten die kaiserlichen Frauen eine bedeutende Rolle. In späteren Jahrhunderten, als Europa sich in einem Zustand befand, den die kultivierten Byzantiner Barbarei nannten, waren die byzantinischen Prinzessinnen und adligen Damen auf dem Heiratsmarkt der westlichen Herrscher außerordentlich begehrt.

Die Kaiserin war auch eine Apologetin des rechten Glaubens. Vom Kaiserhaus wurde natürlich die rechtgläubige, organisierte Kirche unterstützt, die ihrerseits dem Kaiser zur Seite stand. In den ersten Jahrhunderten des Christentums bedrohten jedoch weitverbreitete Irrlehren die Einheit der Kirche. Als besonders gefährlich galt der Arianismus, dessen Anhänger behaupteten, Christus sei ein erschaffenes Wesen, das mit Gott nicht wesenseins, sondern nur wesensähnlich ist. Auf dem Hippodrom von Konstantinopel floß Blut, als die Gläubigen sich deswegen schlugen, und durch die Stadt bewegten sich bisweilen gleichzeitig die frommen Prozessionen der verschiedenen Glaubensrichtungen.

Die wichtigste Aufgabe der Kaiserin bestand darin, dem Reich einen Erben zu gebären. Erst nach der Geburt eines Sohnes konnte sie sich ihrer Stellung sicher sein.

Die Kaiserin lebte eingeschlossen im Gynäkeion wie die anderen Griechinnen, und der Kaiser war der einzige Mann, der zu diesen Räumen Zutritt hatte. Eine Vorstellung von der geheimnisvollen Isoliertheit dieses Gynäkeions vermittelt uns die Geschichte von der Kaiserin Theodora und dem Patriarchen Anthemius.

In der ersten Hälfte des 6. Jahrhunderts heiratete Kaiser Justinian, der selbst niederer Herkunft war, Theodora, von der behauptet wurde, sie sei die Tochter eines Bären-

»Hludov-Psalter« aus dem 9. Jahrhundert

Das Vermögen der byzantinischen Kaiserin war groß, und man erwartete von ihr, daß sie es für wohltätige Zwecke verwendete. Der Staat sorgte nicht für die Armen und Elenden, von denen es in den Gassen und Lasterhöhlen einer Großstadt wie Konstantinopel mehr als genug gab. Als Wohltäterin bildete die Kaiserin einen Teil der öffentlichen Gewalt, obwohl die Barmherzigkeit als ihr persönliches Verdienst galt. In der Illustration des »Psalters« aus dem 9. Jahrhundert hat die heilige Barmherzigkeit eindeutig die Gestalt einer gekrönten Kaiserin.

Die vornehme byzantinische Frau lebte nach griechischer Art im Gynäkeion, in den Räumen der Frauen. Sie verließ das Haus vielleicht nur einmal im Leben, um einen Mann zu heiraten, den sie zumeist vor der Hochzeit noch gar nicht gesehen hatte. Dann zog sie in das Gynäkeion ihres Ehemannes, das sie höchstens verließ, um in die Kirche zu gehen. Auf dem Balkon ihres Hauses konnte sie sich nur verschleiert zeigen.

bändigers und sogar Prostituierte gewesen. Die Ehe wurde glücklich. Theodora war eine kluge, willensstarke Frau, die auf ihre Umgebung einen starken Einfluß ausübte. Sie ließ auch ein Haus bauen, in das sich die zahllosen byzantinischen Freudenmädchen von ihrem gefährlichen Leben zurückziehen konnten. Schließlich forderte auch das Christentum zu einer humaneren Einstellung gegenüber mancherlei Mißständen in der Gesellschaft auf, und Prostituierte galten in besonderem Maße als Opfer eines unglücklichen Schicksals. Für sie wurden in Konstantinopel auch später immer wieder Zufluchtsstätten eingerichtet.

Die einzige Meinungsverschiedenheit zwischen Theodora und Justinian gab es in Fragen der Religion. Justinian, der große Gesetzgeber, hielt sich auch für einen Theologen. Seiner Ansicht nach war der Monophysitismus (nach dem Christus nur eine Natur hatte, nämlich eine göttliche), der Vorgänger des heutigen Koptizismus, eine Irrlehre. Theodora dagegen war geneigt, die Monophysiten zu unterstützen. Aber Justinian setzte den monophysitischen Patriarchen von Konstantinopel, Anthemius, ab. Der Patriarch verschwand spurlos. Gefunden wurde er erst, als Theodora zwölf Jahre später starb. Die Kaiserin hatte Anthemius die ganze Zeit im Gynäkeion unter den Frauen versteckt gehalten, ohne daß ihr Gatte Verdacht schöpfte. Diese Geschichte ist um so erstaunlicher, als die Kaiserin sonst außer mit ihren Frauen nur mit Priestern und Palasteunuchen zusammentraf.

Der Kirchenvater Johannes Chrysostomos berichtet, wie die Gebeine von heiligen Märtyrern in feierlicher Prozession zu der Kirche des heiligen Thomas in Konstantinopel getragen wurden. Die Wege und Straßen waren voll von

Menschen, die in religiöser Ekstase schluchzten. Die vornehmen Damen traten aus ihrer Isolation heraus, die mächtigen Beamten verließen ihre Wagen und Sänften, um die gesegneten Gebeine zu begleiten.

»Aber warum von den Frauen oder Beamten sprechen, wenn sie, die ein Diadem und einen Purpurmantel trägt, sich für keinen Augenblick von den Reliquien trennen konnte. Die ganze lange Strecke kümmerte sie sich um die Heiligen wie ein Dienstmädchen und klammerte sich an den Reliquienschrein und an das Tuch, das ihn bedeckte.« So beschrieb Johannes Chrysostomos die Kaiserin Eudoxia.

Viele der kaiserlichen Frauen waren religiöse Fanatikerinnen. Schließlich bildete die Religion für sie und die anderen vornehmen Damen, deren Leben eingeschränkt und langweilig war, die einzige Unterhaltung. Ein weiterer Zeitvertreib waren die Intrigen, und beides ließ sich ausgezeichnet miteinander verbinden.

Das beste Beispiel für die abergläubische Frömmigkeit, die Machtausübung und die Intrigen der byzantinischen Frauen war Pulcheria Augusta, die Tochter des Kaisers Arcadius, die im Jahre 414 mit fünfzehn Jahren zur Mitregentin ihres Bruders Theodosius II. ernannt wurde.

Die fanatisch fromme Pulcheria machte aus ihrem prächtigen Kaiserpalast ein Kloster. Wo früher die reichen, prachtvoll gekleideten Damen Wein und Süßigkeiten genossen hatten, da spannen nun Pulcheria und ihre Schwestern Arcadia und Marina graue Wolle. Der Hof hielt regelmäßig kanonische Andachten, wie sie im Kloster üblich sind: Zu festgesetzten Stunden versammelten sich der Kaiser und seine Schwestern, um religiöse Lieder zu singen und die Bibel zu lesen.

Pulcheria gelobte, ihr Leben lang Jungfrau zu bleiben, und zwang ihre Schwestern zu demselben Gelübde. Das war das Heiligste, was eine christliche Frau tun konnte. So entging Pulcheria der Gefahr einer Ehe und konnte sich ganz der Aufgabe widmen, für ihren kindlichen Bruder die Regierungsgeschäfte zu führen.

Zu ihren großen Leistungen gehört eine umfangreiche Gesetzessammlung, die nach ihrem Bruder Codex Theodosianus genannt wird. Andererseits akzeptierte Pulcheria in ihrem blinden Glaubenseifer, daß ein fanatischer christlicher Mob Synagogen vernichtete und Juden tötete, ja, sie stachelte ihn sogar dazu an. Auf einen solchen Massenfanatismus geht auch die Ermordung der berühmten Philosophin Hypatia in Alexandria zurück.

Von ihrem Bruder, dem Kaiser, konnte Pulcheria keine Keuschheit verlangen. Schließlich war es seine wichtigste Aufgabe, dem Reich zu einem Erben zu verhelfen. Pulcheria mußte einen Teil ihrer Macht abtreten, als die gemä-

Über Byzanz verbreitete sich das Christentum in der zweiten Hälfte des ersten Jahrtausends auf dem Balkan. Die Balkanreiche eigneten sich die byzantinische Kultur von der Schrift bis zur Kleidung an, wie die Darstellung des bulgarischen Zaren und seiner Familie zeigt.

ßigte Partei, die für die alte griechische Kultur eintrat, eine Frau für Kaiser Theodosius fand.

Die neue Kaiserin stammte aus Antiochia im Nahen Osten, war die Tochter des Lehrers einer Philosophenschule in Athen und hieß Athenais. Der Überlieferung nach war sie schön und klug, und im Laufe der Zeit wurde sie auch fromm, weil Voraussetzung für die Ehe mit dem Kaiser das Bekenntnis zum Christentum war. Athenais erhielt den neuen Namen Eudokia. Zunächst war die Ehe zwischen ihr und Theodosius eitel Freude und Sonnenschein: Pulcheria und ihre Schwestern zogen bald aus dem kaiserlichen Palast aus, um das Wollespinnen in ihrem eigenen Hause fortzusetzen.

Eudokia gebar jedoch nur Töchter. Und als der Kaiser wieder seine asketische Lebensweise aufnahm und wie ein Mönch lebte, konnte Eudokia nicht mehr auf einen Sohn hoffen. Sie zog sich in das Heilige Land zurück, lebte in Reichtum und hochgeachtet und wurde mit vielen bedeutenden frommen Frauen bekannt. Pulcheria hingegen war immer noch Jungfrau, ein Vorzug, an dem auch das Alter nichts änderte.

Problematisch wurde die Situation im Jahre 450, als Kaiser Theodosius starb. Im Römischen Reich konnte eine Frau nicht allein regieren, und Theodosius hatte keinen Sohn, in dessen Namen Pulcheria die Macht hätte ausüben können. Ihre einzige Möglichkeit, an die Macht zu kommen, war eine sofortige Eheschließung. Pulcheria wählte Marcianus, einen gebürtigen Römer und verdienstvollen General. Die Ehe bedeutete jedoch keineswegs den Verlust der so magischen Jungfernschaft für die fünfzigjährige Kaiserin. Die Ehe bestand nur formal, Kinder waren ohnehin nicht mehr zu erwarten.

Drei Jahre nach der Eheschließung starb Pulcheria. In ihrem Testament bestimmte sie, daß die Hälfte ihres Vermögens an die Armen in Konstantinopel verteilt werden sollte. Natürlich wurde sie heiliggesprochen, schließlich hatte sie ihr Leben lang die rechtgläubige Kirche, die Jungfrau Maria und die gesetzliche Macht verteidigt. Ihr Bildnis wurde wie das anderer byzantinischer Kaiserinnen zum Andenken auf Münzen geschlagen.

Die schriftlich überlieferte Geschichte ist eine Geschichte der Männer, von Männern für Männer festgehalten. Frauen werden nur dann erwähnt, wenn sie etwas nach Ansicht der Männer Bedeutendes getan oder die ihrem Geschlecht gesetzten Grenzen entweder im Guten oder Bösen überschritten haben: kurz, wenn sie sich verhalten haben wie ein Mann. Ein Mann kann sagen, was er über die Frauen denkt und was er glaubt, daß die Frauen über sich denken, aber die Erfahrungen der Frauen hat er nie erzählen können und das auch nicht für nötig gehalten.

Um so bedeutender ist Anna Komnena, die erste weibliche Geschichtsschreiberin. Sie war eine byzantinische Prinzessin, die Tochter des Kaisers Alexios I., und lebte um das Jahr 1100 in Konstantinopel. In ihrer Jugend versuchte sie zusammen mit ihrer Mutter und ihrem bedeutungslosen Mann, die Macht zu ergreifen, was jedoch mißlang. Nach dem Tod ihres Mannes zog sie sich in ein Kloster zurück und schrieb dort die Geschichte ihres Vaters. Anders als ihre zeitgenössischen Kollegen, die offenbar oft das beschrieben, was ihnen gerade in den Sinn kam, versuchte Anna Komnena, die Dinge neutral zu sehen und alle zur Verfügung stehenden Quellen zu benutzen.

Aus der Geschichte der Anna Komnena ersieht man, wie tief die Frauen die Überzeugung von ihrer Minderwertigkeit verinnerlicht hatten. Nach Annas Meinung ist das Beste, was eine Frau tun kann, ihren Mann treu zu versorgen und ihm zu dienen, sich Sorgen zu machen und zu bereuen.

Außerdem mußte eine Frau zurückgezogen leben, schamhaft und sittsam sein. Alle schlechten Eigenschaften waren weiblich, alle guten dagegen männlich. Anna wiederholt in ihrer Geschichte alle männlichen Gedanken über die Eigenschaften der Frauen.

Anna Komnena, eine Frau von allervornehmster Herkunft und mit einer für die damalige Zeit seltenen Erziehung, intelligent und talentierter als die meisten Männer ihrer Zeit, sah in der Mutterschaft das einzig Positive im Leben einer Frau. Durch die Mutterschaft und nur durch sie hatte eine Frau die Möglichkeit, männlichen Seelenadel zu erlangen.

Die Frauen der Barbaren

Paulus Diaconus erzählt in seinem Werk »Historia Langobardorum« die Geschichte von Rosamunde:

Der langobardische Heldenkönig Alboin führte sein Volk von den Ebenen Pannoniens in das fruchtbare Italien. Im Jahre 567 schlugen die wandernden Langobarden die Gepiden im Kampf. Alboin tötete eigenhändig den König der Gepiden, Kunimund, und ließ aus seinem Schädel eine versilberte Schale fertigen. Die schöne Tochter Kunimunds, Rosamunde, entführte und heiratete er.

Bei einem Fest in Verona zwang König Alboin Rosamunde, aus dem Schädel ihres Vaters Wein zu trinken. Haßerfüllt beschloß sie, sich dafür zu rächen und ihren Mann zu ermorden. An der Intrige beteiligte sich auch der Pflegebruder und Waffenträger des Königs, Helmegis, der in Rosamunde verliebt war. Außerdem sollte noch der kräftige Peredeo für den Plan gewonnen werden, der sich jedoch weigerte, eine solch schreckliche Tat zu begehen.

Da legte sich Königin Rosamunde in das Bett der Magd, die am häufigsten von Peredeo aufgesucht wurde. Als Peredeo kam, schlief er mit der Königin, ohne zu wissen, daß sie es war. Rosamunde gab sich Peredeo zu erkennen und sagte: »Nun hast du eine Tat begangen, Peredeo, nach der du Alboin umbringen mußt, oder er wird dich mit seinem Schwert töten.« Und Peredeo blieb nichts anderes übrig als einzuwilligen.

König Alboin legte sich zu einem Mittagsschlaf hin, und

Rosamunde befahl Ruhe im Palast. Sie nahm alle Waffen Alboins an sich außer dem Schwert, das sie so fest an das Fußende des Bettes band, daß es nicht loszubekommen war.

Und dann ließ die grausame Rosamunde den Mörder Helmegis herein. Alboin schreckte hoch und griff nach dem Schwert, konnte es jedoch nicht ziehen. So verteidigte er sich mit einem Hocker. Aber ach, der tapfere Kriegsheld ging an der Intrige einer kleinen Frau zugrunde!

Helmegis versuchte, das Königreich an sich zu reißen, aber die Langobarden wollten sich an ihm rächen. Rosamunde sandte eine Botschaft nach Ravenna an den Präfekten des byzantinischen Kaisers, Longinus, damit dieser bald ein Schiff sende, um Rosamunde und Helmegis zu holen. Longinus erfüllte den Wunsch der Königin gern.

So flüchteten die beiden, nunmehr Mann und Frau, in der Nacht. Sie nahmen Albsuinda, die Tochter des Königs, und den Schatz der Langobarden mit sich.

In Ravenna forderte der Präfekt Longinus Rosamunde auf, Helmegis zu töten und statt dessen ihn zu heiraten. Da diese Frau zu allen Untaten bereit war und unbedingt Herrscherin von Ravenna werden wollte, war sie einverstanden.

Als Helmegis aus dem Bad stieg, reichte Rosamunde ihm einen Giftbecher und behauptete, daß er einen stärkenden Trank enthalte. Helmegis spürte jedoch, daß er den Todestrunk genossen hatte, bedrohte sie mit seinem Schwert und zwang sie, den Rest aus der Schale zu trinken. So starben die beiden Mörder einen gemeinsamen Tod.

Paulus Diaconus, der zweihundert Jahre später lebte, sah in der Königin Rosamunde all die Untugenden vereint, die die offizielle Kirchenmeinung den Frauen zuschrieb: Rosamunde war hinterhältig und nutzte ihre Sexualität für ihre Intrigen aus, sie ermordete ihren Gatten und war bereit, auch ihren Liebhaber zu ermorden, sie war machtgierig und eine Diebin.

Die Tatsache, daß Rosamundes Vater ermordet und sie selbst mit Gewalt in das Bett des Mörders gezwungen worden war, rechtfertigte ihre Taten nicht. Nach Auffassung von Paulus Diaconus und seinen Zeitgenossen hatte die Frau ihrem Mann treu ergeben zu sein, wenn sie einmal seine Gattin geworden war. Wenn die Frauen ihre Männer mit der Begründung betrogen hätten, daß sie sie nicht selbst hatten wählen dürfen, wäre es in der Folge zu einer Katastrophe, zum Zusammenbruch der Fundamente der patriarchalischen Gesellschaft gekommen.

Die Germanen waren reitende Nomaden, sie kannten den Ackerbau, lebten jedoch hauptsächlich von der Viehzucht

Die Frau herrschte in Skandinavien über Volk und Gut bis zum 19. Jahrhundert. Die Frau eines Wikingers war die Kameradin ihres Mannes und Herrin über einen Großhaushalt, und sie war um so selbständiger, als ihr Mann den größten Teil des Jahres in der Welt herumsegelte, um Böses zu tun. Die Frauen produzierten, die Männer kämpften. In einer Saga sagt die Frau zu ihrem Mann: »Wir haben beide ein gutes Tagewerk geleistet, wenn auch ein unterschiedliches. Ich habe zwölf Ellen Wolle gesponnen, und du hast Khartan getötet.« Die Frauenbildnisse der Wikinger betonen die Schleppe des Kleides und die komplizierte Frisur.

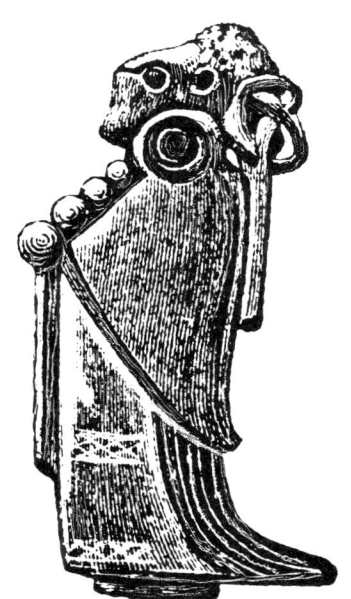

und in den nördlichen Gebieten von der Fischerei. In der Gesellschaft wurden der Mann und sein Schwert hochgeschätzt: Die Frauen kümmerten sich um den Ackerbau. Aber obwohl durch die Arbeit der Frauen ein wesentlicher Teil der Nahrungsmittel für die Bevölkerung erzeugt wurde, hatten die Frauen meistens nicht das Recht, das Land zu erben, das sie beackerten.

»Bis zur fünften Generation erben die Männer der väterlichen Seite das Land. Nach der fünften Generation erbt jedoch die Tochter alles, was von väterlicher und mütterlicher Seite kommt; erst dann geht das Erbe von der Lanze zum Spinnrad über.«

Die Gesetze der germanischen Völker bestimmten im allgemeinen, daß die Frau ihr Leben lang unter Vormundschaft stand. Bei vielen Völkern besaßen die Witwen jedoch einige Freiheiten und oft auch Einfluß: Sie durften sogar ihre Kinder selbst verheiraten.

Die Frau war im Grunde eine Ware, die dem Vormund gehörte, und damit war jede Gewalt gegen Frauen gleichbedeutend mit der Beschädigung einer Ware oder einem Diebstahl.

Der große Wert der Frauen wird aus dem Gesetz der ripuarischen Franken ersichtlich: Wer eine Frau im fruchtbaren Alter tötete, hatte sechshundert Solidi als Sühnegeld zu zahlen. Dieser gewaltige Betrag entsprach dreihundert Rindern oder fünfzig Hengsten. Eine solche Summe war innerhalb einer Generation nicht aufzubringen, und deshalb wurde die Zahlungspflicht auf drei Generationen verteilt. Das Sühnegeld für eine Frau war meistens höher als das für einen Mann und betrug manchmal sogar ein Vielfaches davon.

Jede Heirat war ein Geschäft. Der Bräutigam oder seine Familie bezahlten den Preis für die Braut, und als Gegenleistung bekam er eine gesunde Jungfrau ins Haus. Ein Drittel des Geldes bekam das Mädchen selbst als eine Art Mitgift. Der Kauf einer Frau war in der primitiven Gesellschaft die einzige Möglichkeit, die Beziehungen zwischen Mann und Frau gesetzlich zu regeln. Zweck des Frauenkaufs war es, den Frauenraub zu verhindern. Ursprünglich ist das Gesetz wahrscheinlich zum Schutz der Frauen erlassen worden.

Bei einer Eheschließung war die Familie wichtiger als Braut oder Bräutigam.

Eine isländische Saga berichtet von Gunnlaug Schlangenzunge, der die schöne Helga heiraten wollte. Er ging zu dem Vater des Mädchens, um seine Werbung vorzubringen, wie es das Gesetz und der Brauch forderten. Helgas Vater Torstein hatte jedoch Bedenken, weil er Gunnlaug für leichtsinnig hielt.

Gunnlaug fing gar nicht erst an, seine eigenen Vorzüge

aufzuzählen, sondern erinnerte Torstein an das große Ansehen seines Vaters Illuge: »Mit wem meinst du, daß du
deine Tochter verheiraten kannst, wenn du sie nicht mit
dem Sohn Illuges des Schwarzen verheiraten willst?«
Torstein antwortete ausweichend. Am nächsten Tag kam
Gunnlaug erneut zum Hof Torsteins geritten, diesmal mit
seinem Vater Illuge und einem großen Gefolge. Illuge
sprach: »Mein Sohn Gunnlaug sagt, daß er mit dir gesprochen und um die Hand deiner Tochter Helga angehalten
habe. Ich möchte jetzt wissen, wie du zu seiner Werbung
stehst. Du kennst seine Familie und meinen Besitz, und
ich meinerseits werde es weder an Land noch an Einfluß
fehlen lassen, wenn es nur die Angelegenheit voran-
bringt.«

Als Torstein immer noch unschlüssig war, sagte Illuge:
»Mit unserer Freundschaft ist es aus, wenn ich und mein
Sohn dir nicht gut genug sind.«
Das Tauschobjekt, die Ware Frau, wurde nicht nach ihrer
Meinung gefragt. Ihre Anwesenheit bei der Verlobung war
dementsprechend auch nicht erforderlich. Ihre Person
spielte nur dann eine Rolle, wenn sich später herausstel-
len sollte, daß sie einen körperlichen Fehler hatte.
»Das Beste, was der Bauer in seinem Haus haben kann, ist
seine gesetzliche Ehefrau. Wer ihm seine Frau wegnimmt,
ist der schlimmste und größte Dieb. Und deshalb ist derjenige, der die Frau eines Bauern verführt, mit ihr entflieht
und auf frischer Tat ertappt wird, vor Gericht zu bringen,
zu verurteilen und höher als andere Diebe aufzuhängen.
Wenn der Bauer seiner Frau nicht das Leben schenkt, soll
auch sie vor Gericht gebracht, verurteilt und lebendig begraben werden.«

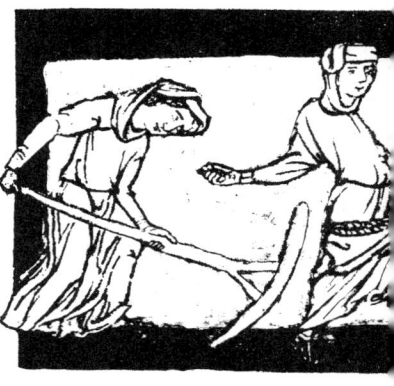

So lautete noch im Jahre 1442 König Christophs nordi-
sches Landgesetz, dessen Bestimmungen auf heidnische
Zeit zurückgehen. Die Plazierung des Paragraphen innerhalb der verschiedenen Gesetze zeigt, daß die Frau zu diesem Zeitpunkt immer noch eine Ware und Eigentum ihres
Mannes war. Man sollte meinen, daß dieser Paragraph
sich im Kapitel Eherecht findet, was jedoch nicht der Fall
ist; vielmehr bildet er den ersten Punkt des Diebstahlge-
setzes.
Überlieferte Erzählungen und archäologische Funde zeigen, daß bei vielen Völkern die Frauen Seite an Seite mit
den Männern jagten und sogar kämpften. In der patriarchalischen Gesellschaft erhöhte jede männliche Tätigkeit, an der sich die Frau beteiligte, deren Wert. Die vornehmen Frauen wurden mit ebenso großem Prunk bestattet wie die Männer, aber auch die Witwenverbrennung
war bekannt.
Den größten Wert hatte die Frau als Hausfrau. Sie hatte die
Schlüsselgewalt und verfügte damit über die Vorräte des

Mittelalterliche Zeichnung

Nach Angaben des römischen Historikers Tacitus machten die germanischen Frauen die ganze Arbeit: Sie sorgten für Kinder, Vieh und Felder und fertigten die Kleidung an, während die Männer ihre Kriegskünste übten und voreinander prahlten.

Hauses. Die Männer – der Vogt, der Großknecht und sogar der Ehemann – hatten keinen Zutritt zu den Speichern, deren Schlüssel am Gürtel der Hausfrau hingen.

Die Germanen hielten die Sexualität nicht für negativ und hatten auch keinen Grund, ihren Frauen zu verübeln, daß diese in ihnen Begierde weckten.

Der Mann hatte das Recht, seine Frau, die Kinder und die Dienstboten zu züchtigen, aber er durfte ihnen keine dauernden Schäden zufügen oder sie töten. In einer Ehe, in der die Frau ihre Minderwertigkeit vollkommen verinnerlicht hatte und gar nicht versuchte zu rebellieren, gab es sicherlich nicht oft Grund zur Züchtigung. Schutz vor Mißhandlung durch ihren Mann bot der Frau ihre Familie, der es oblag, eine Strafe für den Mann zu beantragen, wenn er seine Frau übermäßig viel schlug.

Willensstarke Frauen benutzten den christlichen Glauben als Mittel, um ihr Leben und das Leben ihrer Umgebung zu beeinflussen.

Im 6. Jahrhundert herrschten in Thüringen drei Brüder. Hermanfrid tötete Bertacher, dessen Tochter Radegunde nun Waise wurde. Später kämpften die Franken gegen Hermanfrid und siegten. Einer der Frankenkönige, Chlothar, nahm Radegunde als Beute mit sich und heiratete sie, schließlich war sie Tochter eines Königs (die Ehe hinderte Chlothar jedoch nicht daran, später Radegundes Bruder ermorden zu lassen).

Radegunde trauerte Vergangenem nicht nach. Sie wurde tief religiös, nahm den Schleier und gründete ein Kloster, in das sie sich zurückzog. König Chlothar hatte keine Zeit, sie daran zu hindern, denn er hatte mit seinen übrigen vier Frauen genug zu tun. Königin Radegunde betete Tag und Nacht im Kloster des Heiligen Kreuzes und erlangte so das Wohlwollen der Geistlichen. Nach ihrem Tod wurde sie heiliggesprochen, eine Seligkeit, die ihrem unangenehmen Mann versagt blieb.

In den Jahrhunderten des Chaos' verbanden sich in verblüffender Weise äußerste Grausamkeit und fanatische Religiosität, Falschheit und Frömmigkeit, Bruderhaß und Gottesliebe. Eine typische Tochter dieser Zeit war Chlothilde von Burgund, von der Gregor von Tours in seiner »Fränkischen Geschichte« erzählt.

Der Burgunderkönig Gundobad tötete seinen Bruder Chilperich und ertränkte Chilperichs Gattin, indem er der armen Frau einen Stein um den Hals band. Chilperichs Tochter Chlothilde war ein schönes und kluges Mädchen. Das burgundische Königshaus rühmte sich langer Traditionen in der Christenverfolgung. Chlothilde aber war eine Christin, und, was besonders wichtig war, eine rechtgläubige Katholikin. Der große Frankenkönig Chlodwig I. erfuhr von der Schönheit Chlothildes und wollte sie heiraten. Chlodwig hatte von einer seiner Geliebten bereits einen Sohn, Theuderich, aber er nahm Chlothilde zu seiner einzigen Frau.

Chlothilde versuchte zu wiederholten Malen, ihren heidnischen Mann zum Christentum zu bekehren, aber Chlodwig blieb eigensinnig. Als Chlothilde ihren ersten Sohn gebar, ließ sie ihn christlich taufen. Das Kind starb noch in den Taufkleidern, und der König war verständlicherweise zornig: »Wenn der Sohn meinen Göttern geweiht worden wäre, hätte er ohne Zweifel weiterleben dürfen. Da er aber im Namen deines Gottes getauft wurde, ist er nicht einmal einen Tag alt geworden!«

Die weise Chlothilde antwortete: »Ich danke dem allmächtigen Schöpfer dafür, daß er mich nicht für völlig unwürdig gehalten hat, denn er hat das meinem Schoß entsprungene Kind ins Himmelreich gerufen. Mich betrübt dieses Ereignis nicht, denn ich weiß, daß mein Kind, das in seinem weißen Taufkleid aus dieser Welt fortgerufen wurde, vor dem Angesicht Gottes aufwachsen wird.«

Dies beweist, daß Chlothilde auch eine sehr mutige Frau war.

Dann gebar Chlothilde einen zweiten Sohn, der ebenfalls getauft wurde und bald darauf zu kränkeln begann. Wieder nörgelte der König: »Was kann man denn anderes erwarten? Es wird ihm ergehen wie seinem Bruder: Kaum ist er im Namen deines Jesus getauft, schon stirbt er!« Chlothilde aber betete zu Gott, und das Kind wurde gesund.

Schließlich errang Chlodwig einen großen Sieg über seine Feinde, nachdem er gelobt hatte, sich taufen zu lassen, falls Christus ihm helfen würde. Jesus hielt seinen Teil des Vertrages, und das tat auch Chlodwig, indem er sich und zwei seiner Schwestern sowie mehr als dreitausend Soldaten taufen ließ. Eine der Schwestern starb bald nach der Taufe. Da die Franken wohl nicht besonders häufig mit Wasser in Berührung kamen, könnte das plötzliche kalte Bad durchaus ein Schock für sie gewesen sein. Die andere Schwester war früher eine Anhängerin des Arianismus gewesen. An ihrer Bekehrung hatte die Kirche wahrscheinlich mehr Freude als an der Bekehrung eines Heiden. Diese Lantegilde war ja gewissermaßen ein verirrtes Schaf, das so zu der Herde zurückgebracht wurde.

Die Bekehrung der Franken zum Christentum brachte sie nicht von ihren blutigen Gewohnheiten ab, aber für die Geschichte Europas waren die Bestrebungen Chlothildes von großer Bedeutung. Durch ihren Einfluß nahmen die Franken den römisch-katholischen Glauben an und nicht den arianischen, und der Herrscher des Frankenreiches, des späteren Frankreichs, wurde zu einer Stütze des Papstes von Rom, »Seine allerchristlichste Majestät«.

Die Züchtigung zu Hause war ein wirksames Mittel der Unterdrückung. Aus Angst vor Schlägen lebten Frau und Kinder in Zucht und Ergebung. In einer Zeit, als die Gewalt eine alltägliche Erscheinung war, wurde die körperliche Züchtigung nicht so streng verurteilt wie heute. Sie war eine Selbstverständlichkeit sowohl für den Schlagenden als auch für das Opfer. Alle schlugen einander: der Mann seine Frau, die Hausfrau die Magd, der Bauer seinen Knecht, der Baron den Bauern, der Priester den Sklaven, und sie alle prügelten die Kinder, die ihrerseits aufeinander eindroschen. In der primitiven Gesellschaft war das Schlagen eine Möglichkeit zu zeigen, daß man existierte.

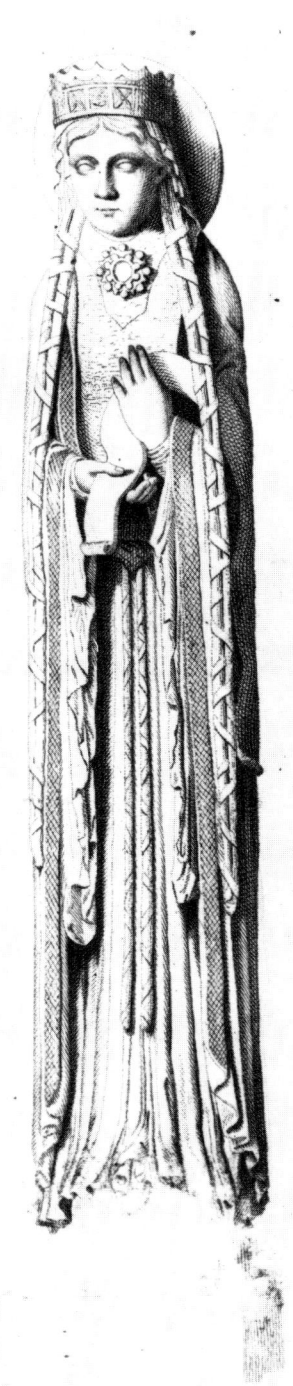

Die heilige Chlothilde (gestorben 548)

Im Jahre 511 starb König Chlodwig, und Chlothilde zog sich in ein Kloster zurück. Die Frömmigkeit hinderte Chlothilde indessen nicht daran, ihre drei Söhne zum Krieg gegen Burgund aufzuhetzen. Ihre Eltern waren ja noch nicht gerächt. Auf diesem Kriegszug tötete Chlodomar, der älteste Sohn Chlothildes, seinen Gegner samt Frau und Kindern, indem er sie in einen Brunnen warf. Dadurch zog er einen Fluch auf sich und fiel dann auch im Kampf. Chlothildes zweiter Sohn, König Chlothar, heiratete die Witwe seines Bruder, und Chlothilde übernahm die Aufgabe, ihre Enkel zu erziehen.

Es dauerte nicht lange, als die erwachsenen Söhne Chlothildes, Chlothar und Childebert, eifersüchtig wurden, weil ihre Mutter die Enkelkinder sehr liebte. Sie fürchteten, daß die Königin die Enkel an der Thronfolge beteiligen würde: so groß scheint Chlothildes Einfluß gewesen zu sein. So ließen sie die Kinder durch eine Arglist zu sich holen und ermordeten zwei von ihnen. Die Begleiter des dritten Kindes dagegen waren gewitzter. Sie schnitten dem Kind die langen Haare, im merowingischen Herrscherhaus Kennzeichen der königlichen Würde, ab und machten den Jungen zum Priester. Später wurde er der heilige Claudius, der keine anderen Verdienste vorzuweisen hatte, als unter übelwollenden Verwandten überlebt zu haben. Zu jener Zeit war das genug des Beweises für Gottes besonderen Schutz.

Später begannen Chlothildes Sohn Childebert und der Sohn ihres Stiefsohns, Theudebert, einen Krieg gegen Chlothar. Chlothilde bewirkte durch Gebete, daß ein verheerender Sturm aufkam, der Childeberts und Theudeberts Truppen zerstreute, Chlothar jedoch verschonte.

Im Jahre 544 starb Königin Chlothilde, von ihren Zeitgenossen in den höchsten Tönen gepriesen. Sie wurde in Paris begraben, und ihre noch lebenden Söhne trauerten sehr um sie. Auch sie wurde heiliggesprochen.

Die heilige Chlothilde und die heilige Radegunde sind beispielhaft für solche Frauen, die die vom Leben gebotenen Möglichkeiten zu nutzen verstanden. Sie verstanden es, sich eine erträgliche Existenz aufzubauen, indem sie sich mit den Tatsachen abfanden und – zumindest für sich selbst – das Bestmögliche daraus machten.

Das Gebot des Christentums, seinen Nächsten zu lieben, war für die barbarischen Völker befremdend. Das Leben war Kampf: um Brot, um Bier, um Geld, um Land, um Frauen, um Macht. Und die Frauen beteiligten sich an diesem Kampf genauso rücksichtslos wie die Männer.

Einmal geschah es, daß die Frau des thüringischen Königs Hermanfrid, Amalaberga, nur den halben Tisch deckte. Der König wunderte sich, was das bedeuten sollte. »Ein König, der nur ein halbes Reich hat, verdient nur den halben Tisch«, antwortete Amalaberga. So ging Hermanfrid hin und enthauptete seinen Bruder, dem die andere Hälfte des Reichs gehörte.

Deuteria, eine vornehme und wohlhabende Frau, hatte ihren Ehemann um König Theudebert willen verlassen. Als ihre Tochter erwachsen wurde, fürchtete Deuteria, der König könnte die Jungfrau begehren. So setzte Deuteria ihre Tochter in einen Wagen, der von wilden Stieren gezogen wurde. Auf einer Brücke stürzte der Wagen um, das Mädchen fiel ins Wasser und ertrank.

König Guntram heiratete zuerst Veneranda, und sie bekamen einen Sohn namens Gundobad. Dann heiratete der König Marcatrude und bekam auch mit ihr einen Sohn. Marcatrude war eifersüchtig auf den kleinen Gundobad. Sie schickte dem Jungen eine Schale mit Gift und beseitigte ihn so. Bald starb auch ihr eigener Sohn. Der König hatte genug von Marcatrude und trennte sich von ihr.

Sie verschwinden in der blutigen Versenkung, die Mörderinnen, die unversöhnlichen Rächerinnen, die von Geldgier, Haß und Machthunger durchdrungenen Frauen wie zum Beispiel Brunhilde und Fredegunde, die vier Jahrzehnte lang gegeneinander kämpften und Menschen wie Tiere hinschlachteten. Sie wüteten wie die Furien, um am Leben zu bleiben. Sie hatten mit niemandem Mitleid, und wahrscheinlich liebten sie auch niemanden, nicht einmal ihre eigenen Kinder. Die Kinder waren für sie nützliche Mittel im Kampf um die Gunst des Mannes. Die Söhne waren potentielle Thronerben, die Töchter eine Handelsware. Das waren sie selbst auch gewesen. Wo auch hätten sie es lernen sollen zu lieben und zu bemitleiden; niemand hatte sie jemals geliebt.

Ein Mann, Besitz und Macht waren die nach außen hin sichtbaren Garanten der Sicherheit. Und nur die Klügsten verstanden, daß die Religion noch mehr Sicherheit bot. Indessen hatten nur wenige die Möglichkeit, sich dem religiösen Leben hinzugeben. Die Klöster waren für die Reichen da, und die Töchter der Reichen wurden geboren, um verheiratet zu werden, mit ihrer Hilfe wurden Bündnisse geschlossen und wurde Einfluß gewonnen.

In all ihrer Rücksichtslosigkeit waren die Frauen doch immer abhängig vom Mann. Sie konnten den Mann verführen und ihm ihren Willen aufzwingen, sie konnten ihn auch umbringen, aber dann mußten sie sofort einen neuen haben, denn ohne Gatten waren sie Freiwild für jedermann.

Die geradezu unfaßbare Habgier der Menschen war ein Diktat der gnadenlosen Zeit. Der Mensch konnte sich nur auf das verlassen, was er fest in Händen hielt. Es gab keinerlei soziale Sicherheit: Man mußte arm und elend sterben, wenn man nicht imstande war, sich selbst zu ernäh-

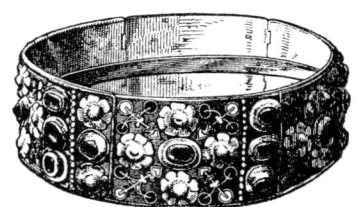

Die eiserne Krone der Langobarden ist ein 82 Millimeter breiter, mit goldenen Blumen und Edelsteinen geschmückter, grün emaillierter Reif, auf dessen Innenseite ein schmaler eiserner Streifen eingesetzt ist. Nach der Sage hat Königin Theudelinde die Krone im Jahre 593 für ihren Gatten Agilulf fertigen lassen. Der Durchmesser der Krone betägt 16 Zentimeter, und sie dürfte im 9. Jahrhundert ein Armreif gewesen sein. Nach dem Ende von Macht und Blüte der Langobarden ist die eiserne Krone bei der Krönung Karls des Großen und anderer deutscher Könige zum König von Italien verwendet worden. Die Langobardenkrone wurde auch von Napoleon und dem österreichischen Kaiser Ferdinand I. verwendet. Sie wird heute im Dom von Monza aufbewahrt.

Die abgebildeten gefangenen germanischen Frauen gefielen dem römischen Historiker Tacitus sehr. Sie waren gesund, fleißig, gebaren viele Kinder und waren beispielhaft sittsam. Obwohl Tacitus die Großartigkeit der Germaninnen sicherlich übertrieb, um sie den römischen Frauen seiner Zeit als Vorbild hinzustellen, können die germanischen Frauen sehr wohl treuer gewesen sein als die Römerinnen. Die Folgen der Untreue waren verhängsnisvoll: der Ehemann hatte das Recht, die Frau und ihren Liebhaber zu töten.

ren. Es gab auch keine Geldinstitute, sondern jeder sorgte selbst für sein Vermögen. Die Menschen trugen ihre Schätze, Silber, Gold und Edelsteine, oft in ihren Kleidern versteckt bei sich. Größere Schätze wurden in einer Kiste an einem sicheren Ort aufbewahrt.

Diese Schätze wurden jedoch ständig geraubt. Die oberste Bevölkerungsschicht des Reiches, der Militäradel, wurde durch die wechselseitigen Plünderungen bald arm, bald reich. Die Menge der Schätze blieb ungefähr gleich, nur wanderten sie von einem Besitzer zum anderen. Das Kriegsglück wirkte sich entscheidend auf das Vermögen aus. Kriege zu führen war unumgänglich: es war die einzige Möglichkeit, reich zu werden.

Die Frauen pflegten ihre Schätze am Körper zu tragen. Sie trugen eine Unmenge von Schmuck, barbarisch klobige und massive Stücke. Die Kleider waren einfach: der mit Naturfarben gefärbte Wollstoff war wie ein Sack genäht, hatte oben Öffnungen für die Arme und in der Mitte ein Loch für den Kopf. Von diesen Kleidungsstücken wurden zwei übereinander getragen: ein Hemd aus Leinen und ein Rock aus Wolle. Darüber wurde ein Mantel aus Wolle oder Leder getragen. Als Dekoration dienten schwere, mit Gold- und Kupferstiften oder Edelsteinen verzierte Gürtel, ein Dolch und ein Schlüsselbund sowie Ohrschmuck, Anhänger und Stirnband. Die Pracht konnte blendend sein, aber jeder stolze Schritt war unsicher: »Gleich als Herzog Rauching ermordet worden war, rannte einer seiner Diener zu der Frau des Herzogs, um ihr die Nachricht zu überbringen. Die Frau wurde gerade in einer Pferdesänfte durch die Straßen Soissons getragen. Sie hatte sich mit feinen Edelsteinen, teuren Schmucksteinen und glänzendem Gold behängt. Vor ihr ging eine Schar von Dienern, und eine andere folgte ihr. Sie war unterwegs zu einer Messe in der ›Kirche der Heiligen Chrispinus und Chrispinianus‹, weil gerade der Festtag dieser beiden gesegneten Märtyrer war. Als sie den Boten erblickte, bog sie sofort in eine Seitenstraße ab, warf allen Schmuck von sich und suchte Schutz in der Kirche des Heiligen Bischofs Medardus.«

Vom Geschäft
zum
Sakrament

Vom Zusammenleben
der Menschen

Cesarius, der Bischof von Arles, unterteilte die Menschen nach ihren Sünden in drei Klassen. Die erste Klasse bildeten die Priester, deren Sünden wegen ihrer Stellung noch betrüblicher waren als die der anderen. Die zweite Klasse bestand aus den Kaufleuten, deren spezielle Sünde in der Habsucht zu sehen war. Zur dritten Klasse gehörten die trunksüchtigen und gottlosen Bauern.

Erst in karolingischer Zeit, das heißt in den letzten drei Jahrhunderten des ersten Jahrtausends, gelangte das Christentum zur großen Masse der Bauern, und zwar zunächst in Gestalt vordergründiger Mythen. Den Angehörigen der höheren Stände galten die leibeigenen Bauern nicht viel mehr als Vieh. In ihrer extremen Armut lebten und starben sie wie Tiere, sie wußten nichts und verstanden nichts. Das einzig Nützliche an ihnen war ihre Arbeit – mit der sie alle anderen ernährten.

Das Leben einer Bäuerin war kurz, es dauerte etwa dreißig Jahre – so wie heute in den Entwicklungsländern. Sie heiratete unmittelbar nach dem Beginn der Pubertät und gebar während ihrer fruchtbaren Jahre ein Kind nach dem anderen, durchschnittlich alle dreißig Monate eines. Durch die unterschiedlichen Voraussetzungen bei der Nahrungsbeschaffung hatten die Tochter eines Leibeigenen und das wohlhabende, freie Mädchen von Anfang an ungleiche Chancen. Die gut ernährte Frau der Oberschicht lebte länger, gebar mehr Kinder und konnte sich auch solchen Dingen widmen, die nichts mit dem Kampf um das bloße Überleben zu tun hatten.

Der Mensch des Mittelalters war ein untrennbarer Teil der Gemeinschaft. Er gehörte jedem Mitglied der Gemeinschaft, und andererseits war er verantwortlich für die Taten eines jeden Mitglieds der Gemeinschaft im Verhältnis zu anderen Gemeinschaften. Ein altes spanisches Gesetz bestimmt: Wenn eine ehrbare Frau beleidigt worden ist, haben der Ehemann oder die Verwandten der Frau das Recht, eine Verwandte des Beleidigers zu vergewaltigen und zu mißhandeln. So mußte eine unschuldige Frau für die Schandtaten ihres männlichen Verwandten büßen.

Die persönliche Sphäre eines Menschen war nicht so scharf gegen die der anderen abgegrenzt wie bei uns heute. Das Leben war gewissermaßen öffentlich, ein Privatleben gab es nicht, und niemand vermißte es. Allein zu sein war verdächtig und bedeutete, von den anderen abgelehnt zu werden. Allein konnte man in der rauhen Welt von da-

Holzschnitt aus dem 16. Jahrhundert

Das blühende, gut organisierte Landleben des römischen Gallien verschwand im blutigen Chaos der düsteren Jahrhunderte. Die Ernten waren schlecht, und oft konnte nichts geerntet werden, wenn ein Feldherr die Felder abbrannte. Die Geschichte berichtet von furchtbaren Hungersnöten, an denen die Menschen zugrunde gingen oder die sie sogar zum Kannibalismus zwangen. Die Gesellschaft des frühen Mittelalters lebte ständig an der Grenze ihrer Existenz, und jede Störung, von Heuschrecken bis zu Überschwemmungen, erschütterte sie schwer. Die oberen Klassen, die Herrscher, Soldaten und Prediger, lebten von den geringen Überschüssen der Landwirtschaft.

mals nicht zurechtkommen. Man benötigte die Unterstützung und den Schutz der Gemeinschaft, dafür hatte man sich ihrem Willen zu fügen.

Wenn jemand ins Kloster ging, wurde er Teil einer Organisation, und nur dieser galt fürderhin seine Treue.

In der stark männerorientierten und kriegerischen Welt des frühen Mittelalters bildeten die Kameradschaft der Soldaten untereinander und die Treue zum Lehnsherrn den Lebensinhalt eines Edelmannes: Die Ritter der Tafelrunde König Artus' wollten neben ihren Kameraden beigesetzt werden. Roland, der Held des Rolandsliedes, verschwendete im Augenblick seines Todes keinen Gedanken an seine Eltern, nicht einmal an seine Braut, Aude die Schöne, die jedoch von Rolands Tod so erschüttert war, daß sie vor Kummer starb. Rolands letzte Gedanken galten seinem König, Karl dem Großen.

Im weltlichen Leben hatte die Frau außerhalb der Familie keinen Kreis, mit dem sie sich hätte identifizieren können. Die Familie war jedoch ein Teil der Gemeinschaft, so wie der einzelne Mensch auch. Damit war die Frau im Frühmittelalter unmittelbar Mitglied der Gemeinschaft. In späteren Jahrhunderten dagegen war sie es nur noch durch ihren Mann.

Im Frühmittelalter gab es viel weniger Frauen als Männer, so daß unverheiratete Frauen eine Seltenheit waren. Solche Frauen arbeiteten dann zumeist im Haushalt ihres Bruders, und die unverheirateten Töchter der adligen Familien gingen ins Kloster. Wollte oder mußte eine Frau ins Kloster, gab es dafür zwei Gründe: entweder die religiöse Sehnsucht der Frau oder eine Verletzung oder Krankheit, wegen der die Frau nicht verheiratet werden konnte.

Unverheiratete Männer gab es viel mehr als unverheiratete Frauen. In einer Gesellschaft, in der auf 100 Frauen 130
bis 150 Männer kamen, reichten die Frauen einfach nicht
für alle. Viele Männer konnten auch deshalb nicht heiraten, weil sie wirtschaftlich nicht in der Lage waren, eine
Familie zu ernähren. Dies betraf besonders die unterste
Schicht des Bauernstandes, die Nachkommen ehemaliger
Leibeigener. Viele wollten auch gar keine Ehe schließen:
das Klosterwesen verbreitete sich, die heidnischen fernen
Länder im Osten und Norden verschlangen so viele Märtyrer, wie die Klosterschulen nur produzieren konnten.
»Joonam, ein Leibeigener, und seine Frau, die Leibeigene
Actildis: sie haben ein Kind namens Frotgaudus. Martinus,
ein Leibeigener, und seine Frau, die Leibeigene Wandre-
verta, sind Leute von Saint-Germain und haben die Kinder Gislehardus, Jenesia und Waldedrudis.«
»Nadalfridus, ein Leibeigener, und seine Frau, die Leibeigene Radohis, sind Leute von Saint-Germain, sie haben
fünf Kinder, Constantinus, Adalbruc, Nadalia, Radohilt,
Ratberga.«
Das mächtige Kloster Saint-Germain-des-Prés bei Paris
hatte im 8. Jahrhundert auf seinen Landgütern Tausende
von Bauern, von denen die meisten Leibeigene waren. Eine Bauernfamilie hatte höchstens acht oder zehn Mitglieder, meistens war sie kleiner. Je größer die Familie, um so
weniger Mädchen gab es unter den Kindern. Ein armer
Mann konnte sich nicht viele Mädchen leisten: Warum
sollte man eine Tochter bis zum Alter von zwölf oder fünfzehn Jahren aufziehen, die dann doch nur für einen anderen Mann arbeiten würde, sobald sie zu etwas nützlich
war? Außerdem erwarteten die Töchter vielleicht eine
Mitgift. Und wenn sie nicht heirateten, dann blieben sie im
Haushalt ihres Bruders und fielen ihm zur Last. Ein kleines Stückchen Land konnte nur eine begrenzte Anzahl
von Menschen ernähren. Wenn in einer Generation zwei
Frauen vorhanden waren, konnte die nächste nur eine ernähren und in schlechten Zeiten überhaupt keine. Deshalb mußte die Anzahl der Töchter reguliert werden.
Ein Bauer, der mit Mühe und Not ein Kind zehn Jahre lang
ernährte, konnte sich natürlich keine Dienstboten halten.
Er hatte auch nicht so viele Kinder wie die Reichen. Je
mehr Land eine Familie hatte, um so mehr Kinder hatte
sie. Sie konnten am Leben gelassen werden und lebten
auch besser, weil sie mehr zu essen bekamen als die grin-
digen, mageren und ewig wimmernden Kinder der Leibeigenen.
Die großen Haushalte der Adligen gingen unmittelbar auf
die von der Sklavenarbeit lebenden Familien der Antike
zurück. Je nach Stellung und Vermögen gehörten zum
Haushalt eines mächtigen Mannes einige Dutzend, bis-

Die Jahrhunderte des Frühmittelalters brachten viele
bedeutende Erneuerungen in
der Landwirtschaft mit sich:
der Hakenpflug wurde durch
einen starken, mit Rädern
versehenen Flügelpflug ersetzt; man lernte, die Zugtiere
richtig einzuspannen; der
Dreschflegel, die Egge und
die Dreifelderwirtschaft wurden erfunden. Die Neuerungen verbreiteten sich jedoch
nur langsam. Die meisten
Bauern konnten sich das
Ochsenpaar nicht leisten, das
für den großen Pflug erforderlich war, ganz zu schweigen von acht Ochsen oder
dem besten Lasttier, einem
Pferd. Erst um das Jahr 1000
besserte sich der Lebens-
standard des Bauern spürbar.
Ein wichtiger Grund dafür
war die Erwärmung des
Klimas.

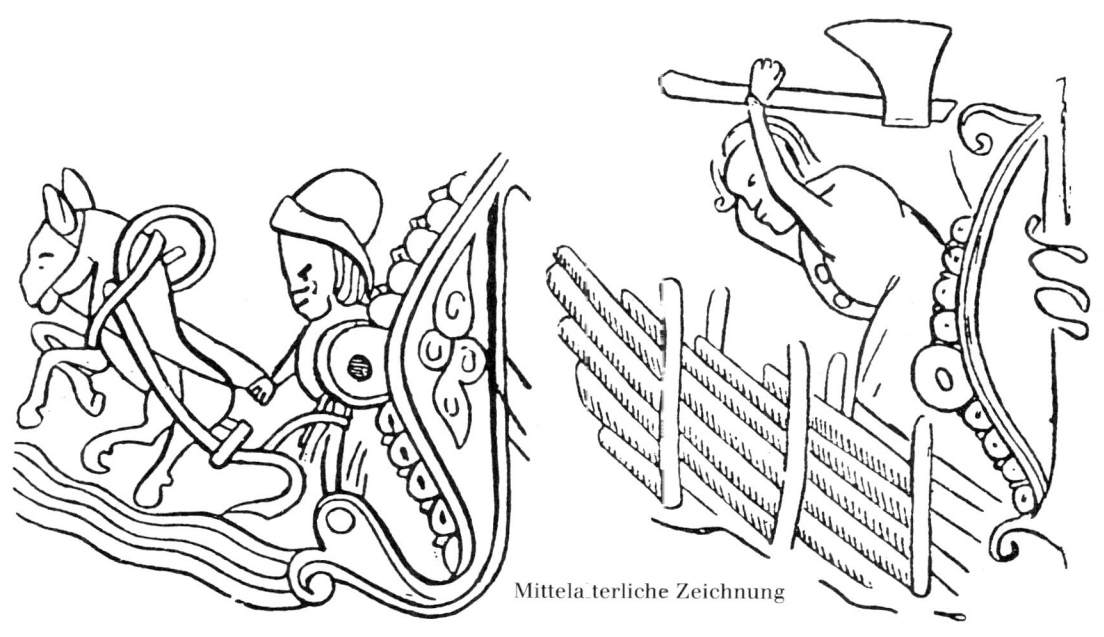

Nach »Hortus Deliciarum«

Mittelalterliche Zeichnung

weilen sogar bis zu zweihundert Personen. Dabei handelte es sich teils um Dienstboten, teils um Schützlinge verschiedenen Ranges.

Die Stellung eines Dienstboten unterschied sich kaum von der Stellung eines Sklaven. Er arbeitete oft nur gegen Verpflegung und schlief, wo es sich gerade traf. Wenn er Lohn bekam, dann nur, wenn es dem Herrn gerade paßte. Der Dienstbote lebte unter der ständigen Kontrolle der Familie, und die Herrschaften konnten ihn züchtigen, wenn sie es für nötig hielten oder schlechte Laune hatten. Der Dienstbote mußte je nach Haushalt nahezu jede Art von Arbeit verrichten. Auf dem Bauernhof half ein Dienstmädchen bei den Haushaltsarbeiten und bei der Kinderpflege, besorgte die Molkereiarbeiten, unterstützte die Hausfrau im Kräutergarten und in Zeiten mit hohem Arbeitsanfall die Männer auf dem Feld.

Ein Dienstbote konnte erst heiraten und einen eigenen Haushalt gründen, wenn er ausreichend Geld gespart hatte, um Land zu kaufen. So viel Geld brachte er aber nie zusammen, und niemand verkaufte Land an einen Fremden. Doch konnte ihm der Herr ein Fleckchen Erde zum Bebauen geben.

Der Dienstbote war vom Familienoberhaupt völlig abhängig. Eigentlich bestand kein großer Unterschied zwischen einem Kind und einem Dienstboten: Die Dienstboten waren oft junge Menschen oder Kinder, und andererseits mußten die Kinder lernen zu dienen, das war einer der Grundgedanken der Erziehung.

Dem mächtigen Lehnsherrn lag viel daran, mit seinem Reichtum zu protzen. Das tat er, indem er möglichst viele Personen in seinem Haushalt aufnahm. Er wurde ständig von zahlreichen Schmarotzern, Söhnen und Töchtern von Verwandten und Vasallen, einigen mittellosen, vornehmen Witwen und einer Reihe von Priestern begleitet und umschmeichelt.

Den Kern dieses Haushalts bildete die eigene Familie des Lehnsherrn, die sehr unterschiedlich zusammengesetzt sein konnte. Dazu gehörte eine Frau, die erste, zweite oder dritte. Dazu gehörten Kinder von zwei oder mehreren Ehefrauen. Einige Kinder waren schon erwachsen, die Töchter verheiratet oder im Kloster. Wenn die Frau Witwe war, hatte sie vielleicht auch eigene Kinder mit in die Ehe gebracht. Viele mächtige Barone und Grafen gründeten auf ihren Ländereien ein kleines Kloster für die Frauen der Familie. Einen der Söhne hatte man bei der Kirche untergebracht, um die Beziehungen dorthin zu pflegen. Der älteste Sohn war vielleicht schon verheiratet, und die Schwester der jungen Ehefrau lebte vorläufig mit im Haushalt.

Die jüngeren Söhne jenseits der Pubertät hatten Geliebte.

J. de Cuba: Hortus Sanitatis 1491

Die Bäuerin schuftete mindestens ebenso hart wie ihr Mann. Für die eigentliche Haushaltsarbeit wurde kaum Zeit aufgewendet: das Essen bestand aus Brot und Brei, manchmal gab es Zwiebeln, Bohnen oder Käse. Die Sauberkeit war in der Hütte eines Leibeigenen ein unbekannter Begriff. Die Kinder wurden versorgt, wenn Zeit dafür übrigblieb. Den größten Teil des Tages verbrachte die Bäuerin mit der Pflege des Viehs und des Gemüsegartens sowie mit dem Weben von Stoffen. Die Frau eines Bauern stand vor ihrem Mann auf und ging erst nach ihm zu Bett. Den ganzen Tag über molk sie und butterte, buk und kochte, spann und webte, mahlte sie das Getreide mit Handsteinen oder brachte sie es in die Mühle des Lehnsherrn, bearbeitete sie das Leinen, stillte das eigene und vielleicht auch ein fremdes Kind.

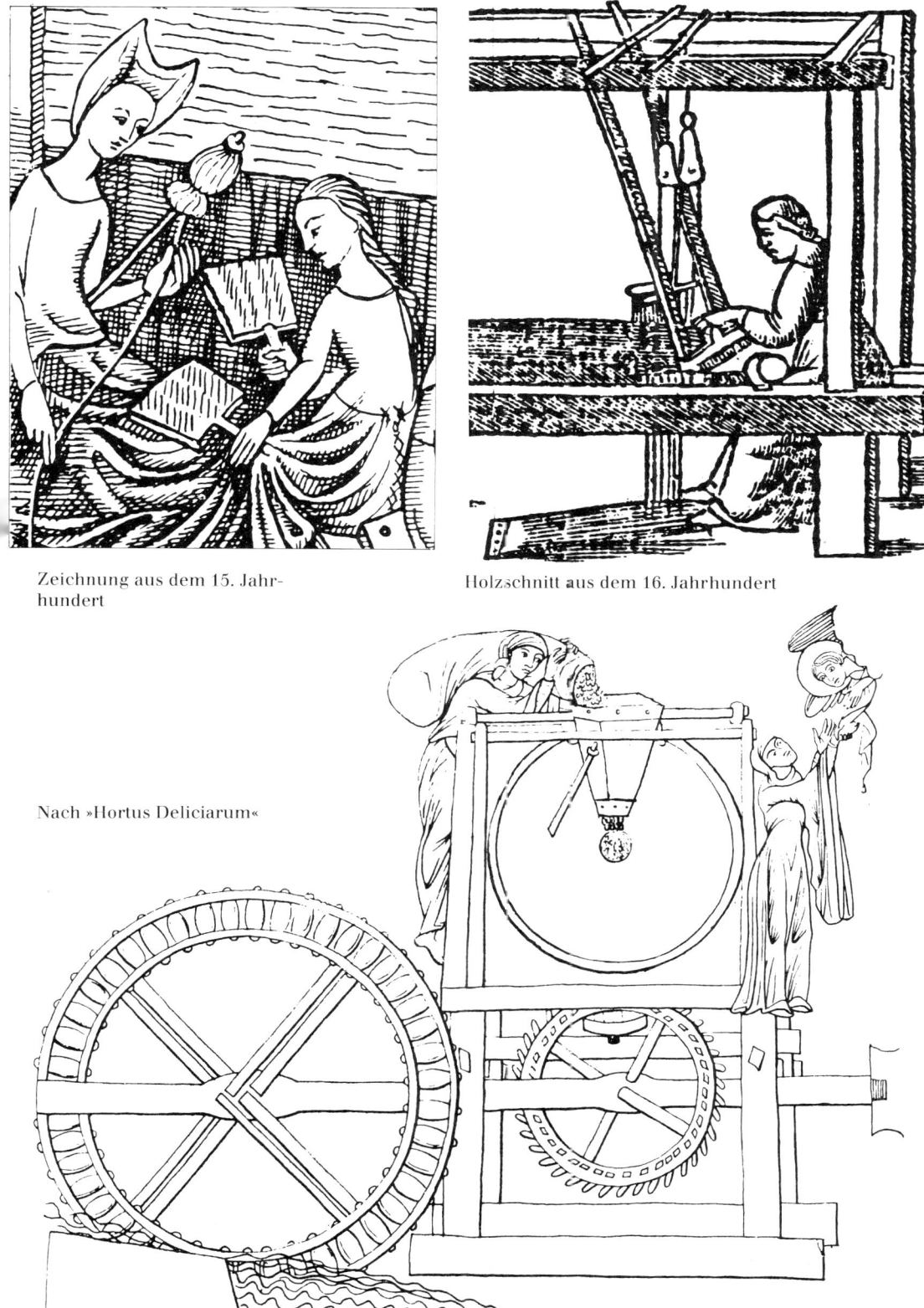

Zeichnung aus dem 15. Jahrhundert

Holzschnitt aus dem 16. Jahrhundert

Nach »Hortus Deliciarum«

Das waren meistens Verwandte geringerer Vasallen, die zu der Burgherrin geschickt worden waren, um hausfrauliche Fertigkeiten zu erlernen. Solche Beziehungen wurden akzeptiert und konnten jahrelang dauern. Sie endeten, wenn für den Sohn der Familie eine Frau gefunden wurde, die wohlhabend genug und politisch von Bedeutung war. Dann wurde die Geliebte mit einem anderen Mann verheiratet. Sie bekam eine Mitgift, aber die aus der Beziehung hervorgegangenen Kinder blieben beim Vater, schließlich floß in ihnen das kostbare Blut der edlen Familie.

Der Lehnsherr konnte auch eine Kebsfrau und mit ihr Kinder haben. Der Unterschied zwischen den ehelichen und unehelichen Kindern war unbedeutend: Die ehelichen Kinder erbten zwar das Land der Familie, aber meistens schenkte der Vater auch seinen unehelichen Kindern ein gewisses Vermögen, so daß sie nicht schlechter gestellt waren. In einer Gesellschaft, in der die Stellung des Mannes sehr stark war und die keine moralischen Hemmungen hatte, spielte die Herkunft der Mutter keine große Rolle. Ein Merowingerkönig zum Beispiel heiratete zwei Töchter eines armen Webers. Seine dritte Königin war die Tochter eines Schafhirten. Wilhelm der Eroberer, ein englischer König aus dem 11. Jahrhundert, war ein illegitimer Sohn des Herzogs der Normandie. Seine Mutter war die Tochter eines Gerbers.

Holzschnitt aus dem 16. Jahrhundert

Die gesetzliche Ehefrau war verpflichtet, die Kebsfrau und die außerehelichen Kinder zu dulden. Der Haushaltungsvorstand war der absolute Herr im Hause. Nach seinem Willen wurde alles entschieden. Wollte die Frau etwas erreichen, mußte sie den Willen des Mannes zu beeinflussen suchen.

Die Kindersterblichkeit war hoch. Nur etwa die Hälfte aller Kinder erreichte das Erwachsenenalter, das bei den Germanen bei fünfzehn Jahren lag. Trotzdem war die Geburtenrate so hoch, daß nur eine systematische Bevölkerungsrestriktion und plötzliche Phasen extrem hoher Sterblichkeit das Wachstum der Bevölkerung in Grenzen hielten. Die primitive Landwirtschaft konnte nur eine bestimmte Anzahl von Menschen ernähren: Wenn die Bevölkerung über die kritische Grenze hinauswuchs, folgten Hungersnöte und Epidemien, die das Gleichgewicht wiederherstellten.

Die Bauern selbst bedienten sich der bereits aus der Antike bekannten Methode zur Verringerung der Bevölkerung: Sie töteten die überflüssigen Kinder, besonders die Mädchen, allerdings anders als im klassischen Altertum. Im Frühmittelalter dürfte es üblich gewesen sein, das Neugeborene zu vernachlässigen, bis es umkam. Das Kind konnte auch im Schlaf erdrückt werden: Die Eltern nahmen das Neugeborene mit in ihr Bett, und ein Elternteil, meistens die Mutter, wälzte sich im Schlaf so auf das Kind, daß es erstickte. Dieses Verfahren war noch im 17. Jahrhundert üblich.

Die christliche Kirche stellte die Kindermorde unter strengstes Verbot und erreichte allmählich, daß Kaiser und Könige entsprechende Gesetze erließen. Die Gesetze hatten jedoch keine praktische Bedeutung, weil niemand ihre Einhaltung zu überwachen vermochte. Wie konnte man behaupten, ein Kleinkind sei ermordet worden, das eine Zeitlang geweint hatte und dann weggestorben war,

Auf einem mittelalterlichen Rittergut lebte eine große Familie, zu der neben dem Hausherrn und der Hausfrau sowie ihren Kindern auch nahe und entfernte Verwandte sowie Söhne und Töchter von Vasallen gehörten. Die Jünglinge waren auf das Gut geschickt worden, um die Kriegskünste zu üben, und die jungen Mädchen, um die Haushaltsführung zu erlernen. Die jungen Leute konnten einander treffen, aber über ihre Heirat bestimmte allein der Vater.

Zeichnung aus dem 16. Jahrhundert

Die Taufe des in der Erbsünde gezeugten Kindes war ein außerordentlich wichtiges Ereignis. Das Kind wurde meistens bereits am zweiten oder dritten Tage seines Lebens getauft, indem es dreimal in geweihtes Wasser getaucht wurde. Die ungetauft gestorbenen Kinder kamen nicht in die Hölle, aber auch nicht in den Himmel. Sie irrten für ewig im Limbus, in einem Grenzbereich, herum, in dem sich auch die Philosophen der Antike und andere große Männer befanden, die vor Christus gelebt hatten. Der Limbus war ein düsterer Ort, in dem es weder Freude noch Trauer, weder Furcht noch Hoffnung gab.

in einer Zeit, als so viele Kleinkinder starben? Und wer kümmerte sich überhaupt darum?

Aus den Personenverzeichnissen französischer Klöster geht hervor, daß in den Familien zwei-, drei-, sogar viermal soviel Knaben wie Mädchen vorhanden waren, eine Situation, die nicht durch reinen Zufall erklärt werden kann. Das System funktionierte so präzise, daß in einem Haushalt mit vielen jungen Frauen Mädchen kaum oder überhaupt nicht am Leben gelassen wurden. Je wohlhabender ein Bauer war, desto größer waren die Chancen seiner Tochter, dieser »Bevölkerungsbeschränkung« zu entgehen.

Eine genaue Aussage darüber, wie häufig die Tötung von Kindern in Europa war, ist nicht möglich. In der Antike war sie jedoch ein allgemein gebräuchliches und legales Verfahren. Romulus' legendäres Gesetz befahl dem römischen Vater, alle Söhne aufzuziehen, von den Töchtern jedoch nur die älteste am Leben zu lassen. Da das Christentum das einzige Hindernis für den Fortbestand dieser Sitte war und die Religion im Leben der Bauern vor dem Jahr 1000 kaum eine Rolle spielte, ist anzunehmen, daß dieser Brauch nahezu unverändert fortbestand.

Das Kind war für die Eltern eine Fortsetzung ihrer selbst, ein Besitz, eine Ware, mit der man beliebig umgehen konnte. Der Philosoph Aristippos bemerkt: »Werfen wir nicht auch Speichel, Läuse und sonstiges unnützes Zeug fort, das doch auch in uns entstanden und herangewachsen ist?« Hier haben wir den Hinweis eines Mannes auf die Vorstellung, daß das Kind ein fremdes Wesen war, das im Schoß seiner Mutter lebte wie ein Besucher im Hause des Gastgebers.

Der Tod eines Kindes ließ die Menschen nicht nur gleich-
gültig, sondern er wurde oft geradezu herbeigewünscht,
ohne daß dieser Wunsch immer wirklich bewußt war.
Die Sagen der Antike kennen viele Beispiele dafür, wie die
Väter und Mütter eher den Tod ihres Sohnes wünschten
als seine »Rückkehr aus dem Kampf ohne seinen Schild«.
Der fliehende Soldat warf nämlich seinen Schild fort; das
heißt, die Söhne durften nicht als Verlierer zurückkehren.
Die Liebe der Eltern stellte strenge Bedingungen.
Die Geschichten aus dem frühen Mittelalter sind voll von
Kindesmorden. Das Kind wurde als ein Teil seiner Eltern
begriffen, ein Verbrechen der Eltern war auch sein Verbrechen, auch wenn es nur ein Wickelkind war. Das Kind
wurde bestraft, wenn die Eltern bestraft wurden, es wurde
beseitigt, wenn die Eltern für den Herrscher gefährlich
waren oder wenn man sich an ihnen rächen wollte.
Eigentlich ist es nicht verwunderlich, daß in einer Atmo-

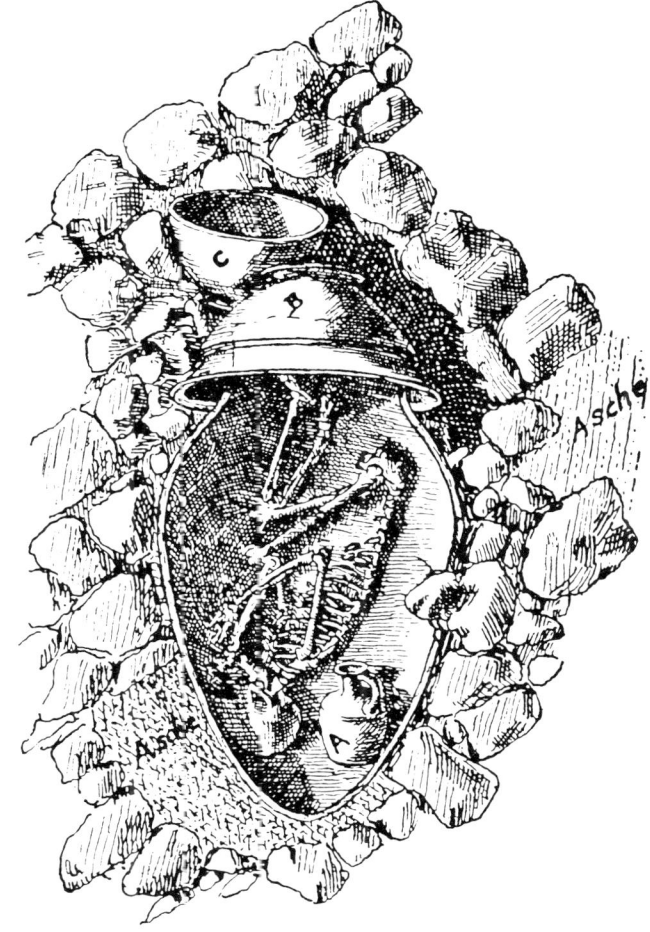

Das im Krug versteckte, geop-
ferte Kind zeigt, daß die
öffentliche Tötung von Kindern in der Vergangenheit
nicht unbekannt war. Die
Geschichte von Isaak im Alten Testament macht deutlich,
daß Kinderopfer den Israeli-
ten nicht fremd waren. Die
grausamen Götter des Nahen
Ostens und Nordafrikas forderten das Leben von unendlich vielen Kleinkindern.
Auch in Rom wurden Kinder
geopfert, jedoch heimlich,
desgleichen bei den barbarischen Völkern in Irland und
in Skandinavien. Bei einem
Kindesopfer tötete der Erwachsene ein Kind, um unter-
bewußt bei seinen Eltern
etwas gutzumachen. Das vor-
dergründige Motiv war, die
Gunst des Gottes (eigentlich
der eigenen Eltern) zu erlangen.

sphäre, in der auch das Leben eines Erwachsenen nicht viel wert war, ein kleines Kind als bedeutungslos galt.

Für den Lebensunterhalt von Kindern aufzukommen, bedeutete für die Erwachsenen eine beträchtliche Belastung. Etwa ein Drittel der Bevölkerung war unter vierzehn Jahre alt. Die Kinder mußten zwar schon früh mitarbeiten, nämlich spätestens im Alter von sieben Jahren, der Ertrag der Arbeit eines Kindes war jedoch so gering, daß es sich erst mit etwa fünfzehn Jahren selbst ernähren konnte. Dann galt es auch als volljährig. Wegen der geringen Lebenserwartung war die Zeit, in der ein Erwachsener die volle Arbeitsleistung erbrachte, nur kurz. Im Mittelalter mußte die arbeitsfähige Bevölkerung auf dem Lande, die nur einen kleinen Teil der Gesamtbevölkerung ausmachte, eine große Anzahl von nichtproduktiven Menschen miternähren.

Für die Menschen im Mittelalter galt die Kindheit nicht als eine besondere Lebensphase, so wie wir sie heute verstehen. Die besonderen Bedürfnisse und Eigenschaften des Kindes wurden nicht verstanden, und man wußte auch nicht, zu welchen Leistungen es in welchem Alter fähig war. In den Schulen des Mittelalters saßen die Sieben- und Siebzehnjährigen nebeneinander. Die Künstler des Mittelalters malten ein Kind nicht mit kindlichen Formen, sondern sahen in ihm einen kleinen Erwachsenen. Daß die Kinder auch jener Zeit gespielt und sich des Lebens gefreut haben, zeigen die Spielzeugfunde seit der Antike. Viele Geschichten berichten von der Zuneigung und Zärtlichkeit der Eltern für ihre Kinder, wenn auch andererseits die liebenden Eltern ihre Kinder in einer Weise züchtigten, die wir heute als Mißhandlung bezeichnen würden. Der Vater hatte meistens sehr wenig mit seinen Kindern zu tun.

Königin Bertrada

Das soll der Mensch nicht scheiden

Der erste König des karolingischen Herrschergeschlechts, Pippin der Jüngere, verlegte die moralischen Fragen der Kirche in den Geltungsbereich der weltlichen Gesetzgebung: nur Männer, die ihre Frauen wegen Ehebruchs verstoßen hatten, durften erneut heiraten, wenn die vorige Ehefrau noch lebte. Diese Vorschrift machte die Ehescheidung fast unmöglich. Mit dieser Strenge fing sich Pippin in seiner eigenen Schlinge, als er später versuchte, seine Gemahlin und Königin Bertrada, die Mutter Karls des Großen, loszuwerden, um eine andere Frau zu heiraten. Während der Ära Karls des Großen wurde die Linie noch schärfer: nicht einmal der Ehebruch der Frau war ein Scheidungsgrund. Eine unsittliche Ehefrau konnte man verjagen, aber der Mann konnte keine neue Ehe eingehen, solange die Frau lebte.

Die Auffassungen der frühmittelalterlichen Menschen von Verwandtschaft und Familie gerieten durcheinander, als die Gesetze und Bräuche der barbarischen Völker und die der Römer aufeinanderprallten. Die Familie der Germanen war eine weitläufige Sippengemeinschaft, deren Aufgaben und Verantwortung durch Gesetz und Gewohnheitsrecht genau geregelt waren. Das römische Gesetz dagegen stellte den einzelnen mit seiner eigenen Freiheit und Verantwortung in den Mittelpunkt.

Sowohl nach römischem als auch nach germanischem Recht war die Ehe ein Vertrag, durch den die Rechte der Ehegatten und die wirtschaftlichen Beziehungen zwischen ihnen geregelt wurden.

Das sich immer stärker durchsetzende Christentum verstand die Ehe als einen Teil des christlichen Lebens, als eine geistige Verbindung zwischen Mann und Frau, die in der vollkommensten Form die Sexualität völlig ausschloß. An der Regelung von Vermögensverhältnissen und Rechten war die römisch-katholische Kirche nicht interessiert. Dagegen begann sie bereits im Altertum mit einem oft als vergeblich empfundenen Bemühen: durch Gesetze die Moral der Menschen zu regeln.

Die Folge waren ein unglaubliches Chaos und eine totale Verwirrung. Jahrhundertelang konnten nicht einmal die wichtigsten Fragen beantwortet werden. Wer durfte heiraten und wen? Durften Ehegatten sich scheiden lassen, und wenn ja, in welchen Fällen? Sollte man nur einen Ehegatten haben, oder durften es mehrere sein? Wann war eine Ehe gültig?

Das Christentum trat für die Monogamie ein. Die Einehe war Bestandteil des Strebens nach dem christlichen Ideal, der Gleichwertigkeit der Menschen. Dies betraf allerdings nur die Männer: theoretisch durfte jeder Mann nur eine Frau haben. In der Praxis indessen verfügte ein Graf über eine größere Anzahl von Frauen als ein Leibeigener, der vielleicht Schwierigkeiten hatte, auch nur eine einzige Frau zu bekommen.

Das römische Gesetz verbot es den Männern nicht, sich eine Geliebte zu halten. In einigen Fällen gestattete es diesen Brauch ausdrücklich: Die Statthalter der Provinzen durften ihre Ehefrauen nicht mit an ihren Dienstort nehmen, weil man befürchtete, daß die Frauen zu mächtig werden und anfangen könnten zu intrigieren. Statt dessen konnte der Statthalter mit seiner Geliebten leben, die es offenbar verstand, sich still und unauffällig zu verhalten.

Die Gesetze der germanischen Völker erlaubten sowohl Kebsfrauen als auch die Polygamie, vor allem bei den herrschenden Familien.

Der fromme Bischof Gregor von Tours berichtet in seiner fränkischen Geschichte aus dem 6. Jahrhundert von Frankenkönigen, die vier oder fünf Königinnen und daneben noch Kebsfrauen hatten.

Als König Lothar bereits Ingunda geheiratet hatte und sie von ganzem Herzen liebte, schlug ihm die Frau folgendes vor: »Mein Herr, du hast bereits deinen Willen mit mir, deiner Magd, verwirklicht und mich in dein Bett genommen. Damit mein Glück vollkommen werde, höre, was ich dir zu sagen habe. Ich bitte dich, für meine Schwester, die auch in deinem Haushalt lebt, einen ordentlichen und wohlhabenden Ehemann zu wählen, damit ich mich ihretwegen nicht zu schämen brauche. Vielmehr hätte ich dann Grund, auf sie stolz zu sein, und ich könnte dir noch treuer dienen.«

Lothar, ein eifriger Schürzenjäger, konnte der Versuchung nicht widerstehen. Als er Ingundas Rede vernommen hatte, wurde er von Leidenschaft zu Aregunda erfüllt. Er ging in Aregundas Haus und heiratete sie. Als Lothar mit Aregunda geschlafen hatte, ging er zurück zu Ingunda. »Ich habe mein Bestes getan, um deine freundliche Bitte zu erfüllen«, sagte er. »Ich habe überall nach einem klugen und reichen Mann gesucht, mit dem ich deine Schwester verheiraten könnte, aber ich konnte keinen so gut geeigneten finden wie mich selbst. So heiratete ich sie. Das wird dich doch gewiß nicht betrüben.« – »Du handelst natürlich wie du es für richtig hältst«, antwortete Ingunda. »Ich bitte dich nur, mir deine Gunst nicht zu entziehen.«

Und König Lothar entzog ihr seine Gunst anscheinend nicht, denn Ingunda gebar ihrem König sechs Kinder und Aregunda nur eines.

Durch die Heirat mit Aregunda machte sich König Lothar des Inzestes schuldig, der nach Ansicht der römisch-katholischen Kirche zu den schlimmsten Verbrechen gehörte. König Lothar wußte sicher um seine Schuld und Bischof Gregor auch.

Das Christentum hatte das Inzestverbot von den Juden übernommen. Die Bräuche der germanischen Völker waren auch in dieser Beziehung wiederum ganz anders. Als Inzest wurden nur die Ehen zwischen Eltern und Kindern sowie zwischen Geschwistern angesehen.

Die Kirche mußte jahrhundertelang um das Inzestverbot kämpfen. Noch im 6. Jahrhundert akzeptierte Kaiser Justinian die Ehen zwischen Geschwisterkindern. Ehen zwi-

Bis zum Ende des Mittelalters war die Scheidung unmöglich geworden. Die einzige Chance der Ehegatten, sich voneinander zu trennen und einen anderen Partner zu heiraten, war die Aufhebung der Ehe. Die Aufhebung bedeutete, daß die ehemalige Ehefrau weder Jungfrau noch Witwe war und die Kinder als unehelich galten und keinen Anspruch auf ein Erbe hatten. Wegen der Kinder wehrten sich viele Frauen mit allen Kräften gegen den langwierigen Aufhebungsprozeß, obwohl es viel leichter und sicherer gewesen wäre, freiwillig auf alles zu verzichten und ins Kloster zu gehen.

Die Anwesenheit eines Priesters bei der Trauung wurde erstmalig schon im 9. Jahrhundert gefordert. Es dauerte noch Jahrhunderte, bis auch im Norden Europas die bäuerlichen Paare von einem Pfarrer getraut wurden.

Die junge Frau hatte kaum eine Möglichkeit, auf die Wahl des künftigen Ehemannes Einfluß zu nehmen. Noch am Ende des Mittelalters heirateten vor allem die Töchter der oberen Klassen oft, ohne den Bräutigam vor der Hochzeit gesehen zu haben. Dem Bräutigam, vor allem wenn er schon etwas älter oder Witwer war oder eine gute Position erreicht hatte, wurde meistens Gelegenheit gegeben, die Heiratskandidatin vorher zu sehen. Das Mädchen mußte sich mit dem zufriedengeben, was ihre Eltern für sie arrangierten, sie mußte ihrem Mann treu und gehorsam sein, ob er ihr gefiel oder nicht.

schen Verwandten waren in der Welt der Antike nichts Un-
gewöhnliches. In Griechenland konnte ein Onkel seine
Nichte heiraten. Diese Verwandtschaftsehen sollten die
Zersplitterung des Vermögens verhindern.

Die römisch-katholische Kirche gab immer wieder Vorschriften darüber heraus, wer wen heiraten durfte, und
jedesmal wurde der Kreis der verbotenen Verwandt-
schaftsgrade erweitert.

Die Ehe mit Blutsverwandten, sogar mit Vettern sechsten
Grades, war verboten. Aber das genügte der Kirche nicht.
In der Ehe wurden der Mann und die Frau ein Fleisch. Das
bedeutete, daß die Ehepartner auch dann keine Verwandten des anderen Ehepartners heiraten konnten, wenn der
betreffende Ehemann oder die Ehefrau schon tot war.
Auch die Ehepartner der eigenen Verwandten waren
durch die Einheit des Fleisches Blutsverwandte. Ebenso
galten Adoptivkinder als Blutsverwandte. Schwiegerväter
und Schwiegermütter betraf das Inzestverbot ebenso wie
Paten. Die Tatsache, daß auch die Nonnen, die Diakonis-
sen und die inoffiziellen Frauen der Priester zu den verbotenen Graden gehörten, verdeutlicht nur die allgemeine
Konfusion in dieser Sache.

An den ständigen Geboten und Verboten und Tadeln und
Strafen kann man erkennen, daß die Bestimmungen nicht
sonderlich streng befolgt wurden, wenn sie überhaupt bekannt waren. Gehorsam war man dann, wenn es den eigenen Zielsetzungen entgegenkam: Ein Konzil mußte Müttern verbieten, Patinnen ihrer eigenen Kinder zu werden,
weil diese Frauen gehofft hatten, später aufgrund des verbotenen Verwandtschaftsgrades eine Scheidung von ihren
Männern zu erreichen.

Ein Problem, dessen Lösung ebenfalls Jahrhunderte erforderte, war die Frage der Zustimmung. Die Zustimmung der Frau zu einer Ehe wurde nirgends in Europa
vorausgesetzt. Der Vater beziehungsweise der Vormund
hatte das Recht, die Frau nach eigenem Ermessen zu verheiraten. Das Mädchen brauchte bei der Verlobung nicht
anwesend zu sein, und oft bekam sie ihren Verlobten vor
der Hochzeit überhaupt nicht zu Gesicht.

Die einzige Angelegenheit, in der die eigene Meinung der
Frau von den Gesetzen berücksichtigt wurde, war der
Frauenraub. Einige Gesetze bestraften das Mädchen sehr
streng, wenn es in die Entführung eingewilligt hatte, andere wiederum waren milde und ließen unter Umständen
sogar der Frau die Wahl.

Das Christentum, das den Menschen als Individuum, als
verantwortlichen Christen betrachtete, setzte die Zustimmung der Braut zu der Ehe voraus. Aber auch diese Forderung spielte in der Praxis keine große Rolle: Die jungen
Frauen standen noch tausend Jahre lang völlig unter dem

Ein Mann beklagte sich bei
einem kirchlichen Gericht
darüber, daß seine Tochter
zwar mit allen Zeremonien
getraut worden sei, ihr Mann
jedoch nicht mit ihr schliefe.
Beim Verhör erklärte der
junge Ehemann, daß er aus
Angst vor seinem Schwiegervater geheiratet habe, sich
jedoch nicht getraute, seine
Frau anzurühren, weil er
früher ein Verhältnis mit einer Verwandten der Frau
gehabt hatte. Durch die Vereinigung mit der Frau würde
er sich der verbrecherischen
Blutschande schuldig ma-
chen. Nach Ansicht des Gerichts hatte der Mann recht,
die Ehe mußte aufgehoben
werden, und die beiden Ehegatten durften andere Partner
heiraten. Eine Ehe, die nicht
vollzogen wurde, war nicht
gültig.

Unter den armen Leuten wußte man kaum etwas von den Ehescheidungsstreitigkeiten der Kirche und der mächtigen Männer. Das Bauernmädchen heiratete sehr jung einen beträchtlich älteren Mann und diente ihm, bis sie Witwe wurde. Frühere Beziehungen der Frau waren für die Ehen armer Leute ohne Bedeutung. Die Ehe zerbrach, wenn sich einer der beiden Ehegatten weit genug entfernte, was jedoch selten war. Der Mann konnte seine Frau wegen Ehebruchs auch fortjagen, aber die Frau war wehrlos, wenn ihr Mann Ehebruch beging. Die Auffassung der Kirche von der Heiligkeit der Jungfrauenschaft, von der Schwere der verschiedenen Arten von Inzest und von der absoluten Unauflösbarkeit der Ehe drang nur sehr langsam bis in die bäuerliche Gemeinschaft vor. Die Bauern lebten nach ihren eigenen Traditionen, so wie sie immer gelebt hatten, und so ging es noch jahrhundertelang weiter.

Einfluß ihrer Eltern. Wenn sie sich widersetzen wollten, gab es genug Mittel, sie gefügig zu machen. Anfangs wurden sie geprügelt, später setzte man sie psychisch unter Druck.

Nach christlicher Auffassung war die Ehe unlösbar. Jesus hat gesagt: »Was Gott zusammengefügt, das soll der Mensch nicht scheiden.«

Für die christliche Kirche war die Sexualmoral die wichtigste Moral, deren Auslegung die im Zölibat lebenden hohen kirchlichen Würdenträger unverhältnismäßig viel Zeit und Kraft kostete. Völlig unverständliche, befremdliche und für das praktische Leben ungeeignete Bestimmungen in einer Gemeinschaft durchzusetzen, die sich dem auf das heftigste widersetzte, bedeutete jahrhundertelang eine große Belastung für die Kirche. Es verursachte unendlichen Zwist und sogar Kriege zwischen Herrschern und Kirche. Der Versuch der christlichen Kirche, ihre Moralvorschriften auch auf Wirtschafts- und Erbschaftsangelegenheiten anzuwenden, führte in der mittelalterlichen Gesellschaft immer wieder zu Konflikten. Aber die Herrscher wechselten, Generationen sanken ins Grab, und die Gegner wurden müde. Die Kirche jedoch ermüdete nicht, die Kirche war ewig, und schließlich setzte sie ihren Willen durch.

Im Römischen Reich war eine Scheidung leicht durchzusetzen, und beide Ehepartner konnten sie verlangen. Die germanischen Völker erlaubten lediglich dem Mann, eine Scheidung einzuleiten.

Die meisten Scheidungen der damaligen Zeit erfolgten aufgrund gemeinsamer Vereinbarungen.

Seit dem sechsten Jahrhundert versuchte die Kirche immer nachdrücklicher, auf die gemeinhin üblichen Scheidungspraktiken Einfluß zu nehmen. So forderte sie, daß die Gründe für eine Scheidung dem Bischof zumindest vorgetragen werden sollten. Einige Zeit später versuchte die Kirche eine Bestimmung durchzusetzen, der zufolge kein Ehegatte verstoßen werden durfte, nur weil er zu krank war, den ehelichen Pflichten nachzukommen. Einschränkend gestattete man aber dem Mann, sich unter der Bedingung eine neue Frau zu nehmen, daß er für seine erste sorgte. Der Frau wurde eine solche Freiheit jedoch nicht gewährt, wenngleich sie zum Beispiel in Skandinavien das Recht hatte, ihren Mann zu verlassen, wenn er sich als impotent erwies.

Für eine strenge Scheidungsgesetzgebung trat vor allem Karl der Große ein, dessen eigenes Familienleben nicht gerade ein Musterbeispiel christlicher Moral war.

Die erste Frau Karls war Himiltrude, die ihrem Mann einen Sohn gebar. Politische Gründe erforderten jedoch, daß Karl die langobardische Prinzessin Desiderata heiratete. Der Papst, der die Langobarden haßte und fürchtete, tadelte den Kaiser: »Ich kann es nicht zulassen, daß du sie verstößt, um eine neue Frau zu nehmen, oder daß du dich in blutschänderischer Weise mit einer fremden Rasse vermischst.«

Die Exogamie, das heißt die Heirat außerhalb des eigenen Volkes oder Stammes, wurde allgemein als schändlich empfunden, besonders von den Juden. Erstaunlicherweise bezeichnete der Papst eine Verbindung als Blutschande, die davon in Wirklichkeit weit entfernt war. Es dürfte ihm dabei jedoch vor allem darum gegangen sein, Karls Ehe mit einer Langobardin als zutiefst verabscheuungswürdig zu brandmarken. Die Königin Himiltrude verliert sich im Dunkel der Geschichte. So erging es auch der Langobardenprinzessin Desiderata, die ein Jahr nach der Heirat von Karl verstoßen wurde. Der Chronist behauptet, daß niemand den Grund dafür kannte.

Der Grund war anscheinend die schöne Hildegard von Schwaben, die einen äußerst günstigen Einfluß auf Karl ausgeübt haben soll. Die Ehe kam ihn jedoch teuer zu stehen. Adelardus Korbinian, ein Cousin Karls und unter den fränkischen Bischöfen der bedeutendste, verzichtete lieber auf die Pracht und den Komfort bei Hofe als einer Frau zu dienen, die er als Ehebrecherin betrachtete. Vielleicht war Karl davon so beeindruckt, daß er die weiteren Königinnen bis zu ihrem Tode behielt. Er hatte jedoch kein großes Glück mit ihnen: die Ehe mit Hildegard dauerte zwölf Jahre, die vierte Ehe mit der machtlüsternen und verhaßten Fastrada elf Jahre und die fünfte und letzte Ehe mit Liutgarde sechs Jahre.

Karl hatte stets mehrere Kebsfrauen, und nach dem Tode Liutgardes heiratete er nicht wieder, sondern lebte mit vier Geliebten zusammen.

Der Gedanke von der Unlösbarkeit der Ehe hatte jedoch begonnen, auch in den Köpfen der eigensinnigen Franken Wurzeln zu schlagen. Karl der Große verstieß Fastrada trotz mehrfacher Aufforderung nicht, obwohl die Stimme der Kirche bei den beiden ersten Frauen überhaupt keinen Einfluß auf seine Entscheidungen gehabt hatte. Ludwig, der Sohn Karls des Großen, weigerte sich, seine zweite Frau Judith zu verstoßen, obwohl man sie des Ehebruchs bezichtigte.

Der Gegensatz zwischen politischen Interessen und christlichen Moralforderungen wird in der Art deutlich, mit der Karl der Große seine Töchter behandelte. Keine seiner Töchter hat geheiratet. Nach der frommen Anmerkung eines Chronisten liebte der Vater seine Töchter so sehr, daß er nicht auf ihre Gegenwart verzichten wollte. Viel wahrscheinlicher ist aber, daß Karl keine Schwiegersöhne haben wollte, die in der ohnehin komplizierten Po-

So fröhlich die Feste in den
Burgen der Mächtigen auch
gefeiert wurden, die Stim-
mung war doch oft gereizt.
Aus der Bestrebung, den
Grundbesitz ungeteilt zu erhalten, entstand vom 12. Jahrhundert an die Primogenitur,
das ungeteilte Erbrecht des
erstgeborenen Sohnes. Die
jüngeren Söhne bekamen
nichts und konnten keine
eigene Familie gründen, sondern mußten sich mit Kebsfrauen zufriedengeben, deren
Kinder auch nichts erbten. Da
die Ehe nur wenigen Men-
schen gestattet war, und zwar
denen, die auch Land und
Macht besaßen, und da der
Mann nur durch die Ehe
selbständig werden konnte,
wurde die Ehe zu einem
Gegenstand der Sehnsucht
und des Neides.

litik des Reiches nur noch zusätzliche Verwirrung gestiftet
hätten. Die Töchter lebten in den Palästen ihres Vaters,
bändelten an, mit wem sie wollten, und gebaren Bastarde
von edlem Geblüt. Nach dem Tode Karls verbannten die
Moralisten die Frauen auf das Land.
Bereits zur Zeit Karls des Großen ging die weltliche Gesetzgebung in Eheangelegenheiten mit dem Standpunkt
der Kirche konform. Die Geschichte von Lothar II. und seiner Frau Teutberga zeigt, daß ein Merowingerkönig nicht
mehr ohne weiteres zwei oder drei Frauen heiraten, eine
Königin verstoßen und durch eine neue ersetzen konnte.
Der lothringische König Lothar, ein Urenkel Karls des
Großen, wollte im Jahre 858 die Ehe lösen, die er vier Jahre zuvor mit der politisch bedeutenden Teutberga geschlossen hatte. Lothar wollte seine Geliebte Waldrada
heiraten, die aus edlem Geschlecht stammte und ihm Kinder geboren hatte, während Teutberga kinderlos geblieben war.
Anders als Karl der Große konnte Lothar Teutberga nicht
einfach in ein Kloster stecken oder sie umbringen lassen.
Zudem setzte Lothar den Scheidungsprozeß denkbar un-

geschickt in Gang, indem er behauptete, die Königin habe sich noch vor der Heirat des Inzestes schuldig gemacht. Teutberga kam von dieser Anschuldigung durch ein Gottesurteil frei. Außerdem war es undenkbar, daß Lothar vier Jahre mit ihr verheiratet gewesen wäre, ohne sich darum zu kümmern, daß sie am Tag der Hochzeit keine Jungfrau mehr war. So etwas nahmen die Männer jener Zeit nicht hin; ja, am Morgen nach der Hochzeitsnacht wurde aller Welt das blutige Bettuch gezeigt.

Nach dem ersten Mißerfolg hielt Lothar die Königin unter solchen Bedingungen gefangen, daß die arme Frau bald bereit war, die Ehe gegen das Kloster einzutauschen. Sie wollte jedoch nicht öffentlich gestehen, des Inzestes schuldig zu sein.

Die Königin wurde entweder gefoltert oder mit der Folter bedroht, und in der nächsten Bischofskonferenz gestand sie auch, vor ihrer Ehe Inzest getrieben zu haben. So wurde sie verurteilt, öffentlich Buße zu tun.

König Lothar bekam jedoch nicht die Erlaubnis, erneut zu heiraten, bevor die Angelegenheit noch einmal geprüft war. Die Bischöfe Lothringens allerdings waren den Forderungen des Königs nicht abgeneigt, weil sie an ihre eigenen Köpfe und auch an das Schicksal des Reiches denken mußten für den Fall, daß der König ohne Erben blieb. Sie ermöglichten die Eheschließung mit Waldrada.

Teutberga, die gar nicht daran dachte, sich in ihr Schicksal zu fügen, appellierte an den Papst, der daraufhin eine Sitzung einberief und das Verhalten Lothars verurteilte. Auf Geheiß des Papstes sollten die Verwandten des Königs und die fränkischen Bischöfe den ehebrecherischen König veranlassen, der Königin ihren rechtmäßigen Platz zurückzugeben.

Aber erst elf Jahre nach diesen Ereignissen erschien Lothar demütig beim Papst in Rom, bereute und erhielt die Absolution.

Damit hatte die Kirche einen – wenn auch verspäteten – prinzipiellen Sieg errungen, jedoch dauerte in der Praxis der Streit um die Scheidungen mächtiger Männer noch Jahrhunderte an.

Im 9. Jahrhundert wurde der Vasall Fulrich angeklagt, weil er seine erste Frau verstoßen und eine neue geheiratet hatte. Fulrich wurde exkommuniziert, bis er den Prozeß durch den Beweis gewann, daß seine erste Frau nur eine Kebsfrau war, weil zwischen ihnen keine förmliche Verlobung stattgefunden hatte. Und eine Kebsfrau durfte man verstoßen, wann man wollte. Auf der Grundlage dieses und einiger anderer Fälle definierte die Kirche die Gültigkeit der Ehe.

Die Ehe war nur dann gültig, wenn um die Hand der Braut angehalten worden war, ihr gesetzlicher Vormund seine

Nach »Hortus Deliciarum«

Auch wenn die Frau eine wohlhabende Witwe war, die sich selbst ernähren konnte, schickte es sich nicht für sie, sich einen Liebhaber zu halten, zumindest aber durfte sie nicht schwanger werden. Sonst erlitt ihre »Tugend« oder ihre »Ehre« einen nicht wiedergutzumachenden Schaden. Wenn die Frau jedoch reich und vornehm genug war, konnte sie tun, was sie wollte, und kaum jemand konnte es sich leisten, ihr Verhalten zu kritisieren. Zur Verhütung der Schwangerschaft wurde der Coitus interruptus praktiziert, aber man benutzte auch ein primitives Pessar sowie einen mit verschiedenen Kräutersuden getränkten Woll- oder Baumwollbausch.

Zustimmung gegeben der Priester sie mit Gebeten und mit der Hostie gesegnet hatte (die erste klare Forderung, daß bei der Hochzeit ein Priester anwesend sein muß) und die nächsten Verwandten der Braut sie und ihre Mitgift dem Bräutigam feierlich übergeben hatten. Die Brautleute mußten drei Tage lang sittsam beten, damit sie Kinder bekamen und dem Herrn gefielen. So sollten ihre Kinder eheliche Kinder und gesetzliche Erben werden.

Die Forderung nach der Zustimmung des Vormundes zusätzlich zu der der Frau verursachte Streitigkeiten innerhalb der Kirche. Die Tochter Karls des Kahlen, Judith, ist ein Beispiel für eine Frau, die sich den Geboten der Kirche nicht beugte.

Judith war die erste gekrönte Königin in Europa. Im Jahre 856 verheiratete ihr Vater sie mit dem schon bejahrten König von Wessex, Ethelwulf. Ein paar Jahre später starb Ethelwulf, aber Judith wollte weiterhin Königin bleiben. Trotz der Mißbilligung ihrer Umgebung heiratete sie den Sohn ihres Mannes, Ethelbald, und machte sich so des Inzestes schuldig. Auch Ethelbald starb bald, und Judith beschloß, in das Land ihrer Väter zurückzukehren.

Karl der Kahle sperrte seine blutschänderische Tochter ins Gefängnis, um auf eine geeignete Partie zu warten; die Tochter eines Königs war zu kostbar, als daß sie Witwe bleiben konnte. Aber eine Frau wie Judith wartete nicht lange im Gefängnis, sie entfloh und heiratete den Grafen Balduin von Flandern.

Vater Karl mißfiel die Eigenmächtigkeit seiner Tochter. Er versuchte, ein weltliches Gericht dazu zu bringen, den Fall als Frauenraub zu verurteilen, weil die Zustimmung des Vormunds für die Heirat fehlte. Das kirchliche Gericht exkommunizierte Judith und ihren Ehemann daraufhin. Balduin wandte sich an den Papst, und dieser versöhnte Schwiegervater und Schwiegersohn, so daß Judith in Frieden als Gräfin von Flandern leben konnte. Innerhalb der Kirche entstand jedoch Unsicherheit darüber, ob eine ohne Zustimmung des Vormundes geschlossene Ehe überhaupt gültig war.

Bei der Krönung des Königs Birger von Schweden im Jahre 1302 wurde der jüngere Bruder des Königs, Waldemar, zum Herzog von Finnland ernannt und mit Christine Tyrgilsdotter verheiratet. Deren Vater, Marschall und Regentschaftsrat Tyrgils Knutsson, war der eigentliche Herrscher des Landes. Die Ehe stärkte die Verbindungen des Marschalls zum schwedischen Königshaus, erwies sich jedoch als lästig, als die Brüder gegen König Birger revoltierten. Der Marschall blieb an der Seite des Königs. Niemand weiß, was die zwischen Vater und Ehemann stehende Herzogin Christine empfand.

Im Jahre 1306 wurde Tyrgils hingerichtet. Christine Tyrgilsdotter war fortan für niemanden mehr nützlich, und Herzog Waldemar verstieß sie wegen sogenannter »geistlicher Verwandtschaft«: Marschall Tyrgils war der Pate von Waldemar gewesen, was Waldemar und Christine zu geistlichen Geschwistern machte. Somit hatten sie die ganzen Jahre im Inzest gelebt. Die Kirche fragte nicht einmal, warum der Herzog das nicht früher bedacht hatte. Die kinderlose Christine Tyrgilsdotter verschwand aus der Geschichte. Herzog Waldemar ging eine neue Ehe mit Ingeborg, der Tochter des norwegischen Königs Erich Magnusson, ein. Ingeborg gebar Waldemar einen Sohn. Der Herzog hatte jedoch nicht lange Freude an seinem Erben, denn König Birger nahm seine beiden Brüder gefangen und ließ sie im Kerker verhungern.

Die Geschichte der Christine Tyrgils zeigt, daß die Ehe ein weltlicher Vertrag war, den man um der Vorteile willen schloß. War die Frau nicht mehr nutzbringend, so konnte man sie zwar nicht ohne weiteres verstoßen, aber ein Grund ließ sich immer finden. In diesem Fall besann man sich auf die Vorschriften, die besagten, daß eine Ehe auch zwischen »geistlichen« Verwandten ausgeschlossen war.

Die christliche Ehe entwickelte sich langsam, weil für das frühe Christentum die Ehe überhaupt nicht interessant war: Das Zölibat war das Ideal, und die ganze Zeit wartete man auf das zweite Erscheinen von Christus. Im Laufe der

J.de Cuba: Hortus Sanitatis

Die Entfernung von Ungeziefer war eine Freundschaftsbe-
zeugung und Frauensache:
sie entfernten sowohl einander als auch den männlichen
Familienmitgliedern die
Läuse und Flöhe.

Jahrhunderte mußte sich die Kirche jedoch immer wieder
und wieder mit der Ehe befassen und sie regeln, um das
Gesetz Gottes zu verwirklichen, das nach Ansicht der Kirche über dem weltlichen Gesetz stand. Wenn das weltliche
Gesetz und das Gesetz Gottes im Widerspruch zueinander
standen, war die Kirche verpflichtet, dem Gesetz Gottes
Geltung zu verschaffen.

Im 11. Jahrhundert bestanden zwei verschiedene Auffassungen von der Ehe: die weltliche mit dem Zweck, die
Erbfolge und dadurch die gesellschaftliche Ordnung zu sichern, und die kirchliche, die die göttliche Ordnung und
die Rettung der Seelen sichern sollte. Diese beiden Ehe-
vorstellungen existierten parallel und gerieten oft in Widerspruch zueinander.

Die gewaltige Kraft der Kirche lag in ihrer Kontinuität. Ein
Fürst hatte es eilig, einen Sohn zu zeugen, die Kirche
konnte zweihundert Jahre warten.

Der englische König Heinrich II. hatte in den fünfziger
Jahren des 12. Jahrhunderts den mächtigen und reichen
Heinrich von Essex zum Vertrauten. Heinrich von Essex
hatte eine kleine Tochter namens Agnes. Als Agnes drei
Jahre alt war, wurde sie mit Geoffrey, dem Bruder des Earl
von Oxford, Aubrey de Vere, verlobt. Das Kind wurde zunächst in den Haushalt des Earls von Oxford und dann zu
seinem künftigen Mann Geoffrey gebracht, um dort aufzu-
wachsen.

Als Agnes ungefähr elf Jahre alt und fast im heiratsfähigen
Alter war, kam sie erneut in das Haus des Earls von Oxford. Der Earl war zweimal verheiratet gewesen, hatte jedoch keine Kinder. Nun war Aubrey de Vere in den Fünfzi-
gern und hatte es eilig, einen Erben zu bekommen.

Agnes wurde also mit dem Bruder des Verlobten ihrer Kin-
derzeit verheiratet. Anscheinend hatte sie nichts gegen
diese Regelung, und wie konnte sie auch: Sie hatte nur ihre Zustimmung zu äußern und ihrem Ehemann zu gehorchen.

Gleich nach der Eheschließung büßte Agnes' Vater seine
Machtposition ein. Er verlor seine Ländereien, und seine
Tochter besaß keinen Wert mehr. Die Familie de Vere ver-
suchte, Agnes so schnell wie möglich loszuwerden. Sie
war zu jung, um Kinder zu gebären, und nunmehr ohne
Vermögen oder einflußreiche Beziehungen.

Die de Veres bemühten sich deshalb um eine Annullierung der Ehe, da Agnes zuvor mit dem Bruder ihres jetzi-
gen Ehemannes verlobt gewesen war. Völlig unbeachtet
blieb, daß die de Veres selbst für diese Regelung verantwortlich zeichneten und die Ehe mit Agnes als gültig betrachtet hatten, solange ihr Vater noch an der Macht gewesen war.

Die Ehe ließ sich jedoch nicht so einfach annullieren, wie

es sich der mächtige Earl von Oxford vorstellte. Die Kirche verlautbarte unumwunden, daß sie die erste Verlobung von Agnes nicht als bindend betrachtete. Das Kind wäre viel zu jung gewesen, um überhaupt zu verstehen, worum es ging, geschweige denn, um seine Zustimmung zu geben. Die Ehe von Agnes und Aubrey de Vere wurde als rechtmäßig angesehen, und es gab keine Möglichkeit, sie zu lösen.

Der Earl war darüber so erbost, daß er Agnes im Turm der Burg einsperrte, damit sie über die Sache nachdachte. Aber das zwölfjährige Mädchen bewies erstaunlichen Mut und Entschlossenheit: Obwohl sie ihren Mann nicht selbst gewählt hatte, war sie doch seine Ehefrau und besaß damit gewisse Rechte.

Agnes appellierte an den Bischof von London. Als nichts geschah, wandte sie sich an den Papst. Die kirchlichen Mühlen mahlten langsam, was teilweise auch auf diverse politische Ereignisse zurückzuführen war, aber schließlich, zehn Jahre nach Gefangennahme, forderte der Papst den Earl definitiv auf, Agnes zurückzunehmen.

Aubrey de Vere war nun schon über sechzig, und es blieb ihm kaum eine andere Wahl, wenn er noch einen Erben haben wollte. Die Kirche und Agnes blieben unerschütterlich.

Aubrey de Vere mußte zugeben, daß er verloren hatte. Agnes, jetzt etwa zwanzig Jahre alt, gelangte endlich in das Bett ihres Mannes und erwies sich als eine hervorragende Ehefrau: Die Ehe dauerte über zwanzig Jahre, und es gingen daraus vier oder fünf Kinder hervor.

Das von der Kirche aufgebaute Modell der christlichen Ehe setzte sich praktisch immer mehr durch, wenn nur die Frau hartnäckig blieb und die politischen Verhältnisse nicht allzu schwierig waren. Aubrey de Vere hätte Agnes im Gefängnis lassen und neu heiraten können, aber das hätte zu erheblichen Schwierigkeiten geführt: Die Kirche hätte die Ehe – wegen Bigamie – nicht anerkannt, und die potentiellen Kinder wären unehelich gewesen. Die Stellung desjenigen, der den Titel und das stattliche Vermögen erben sollte, mußte absolut unanfechtbar sein. Deshalb mußte sich Aubrey dem kirchlichen Verlangen beugen.

Die Kirche wollte die Ehe zu einer so dauerhaften und festen Institution wie nur irgend möglich machen. Schon im 12. Jahrhundert konnte eine nach dem gesetzlichen, die Zustimmung beider Gatten bedingenden Verfahren geschlossene Ehe nicht mehr geschieden werden, es sei denn, beide Gatten lebten in einem inzestuösen Verhältnis.

Zu Beginn des Jahrtausends war der Inzest für die Kirche ein so verabscheuungswürdiges Vergehen, daß fast jeder-

Eine vornehme Jagdgesellschaft in einem Bauerndorf. Daran nahmen Männer und Frauen teil. Auf dem Bild rechts im Vordergrund reiten zwei Frauen jeweils hinter einem Mann seitlich sitzend, wie es zu jener Zeit üblich war. Weiter oben ein kleines Heiligenbild, ein Mann, der gerade sein Schwert abgelegt hat, ein von zwei Pferden gezogener Flügelpflug, ein Hinrichtungsrad und ein Galgen. Links oben eine Burg mit Wallgraben und Brücke und ein Dorf mit einer kleinen Kirche. Im Fluß Wasserrad und Mühle.

mann auf dieser Grundlage eine Annullierung seiner Ehe
erreichen konnte. Die europäischen Fürstenhäuser waren so eng miteinander verschwägert, daß es meistens
keine Schwierigkeiten bereitete, innerhalb der letzten sieben Generationen einen Fall von Inzest nachzuweisen.
Die gemeinsamen Vorfahren waren dann in der Zeit vor
hundertfünfzig Jahren zu suchen. So weit reichte das ge-
nealogische Gedächtnis, wie man meinte.
Der Inzest erwies sich allmählich als das größte Hindernis
bei den Bemühungen der Kirche, die Ehe zu stabilisieren.
Es galt zu entscheiden, was wichtiger war, das Inzestverbot oder die Unlösbarkeit der Ehe. Die Kirche entschied
sich für die Unlösbarkeit der Ehe, und bei dieser Entscheidung blieb sie. Die Laien mußten nachgeben, und es wurde immer seltener, daß eine Ehefrau verstoßen wurde.

Die Kirche beherrschte durch ihre Vorschriften den wichtigsten Schritt im Leben der Menschen, die Heirat, und dadurch ein weites soziales Feld.

Am schärfsten kontrollierte die Kirche die Angehörigen der Oberschicht. Unter dem einfachen Volk herrschte lange Zeit Verwirrung: Man wußte nicht recht, welche Ehe letztlich gesetzlich war. Nach Ansicht der Kirche war schon das bloße Eheversprechen für beide Beteiligten das ganze Leben lang bindend. Damit waren Bauer oder Weber schwerlich einverstanden. Die Situation war verzwickt: Die Kirche akzeptierte eine Verbindung nicht, wenn sie ohne die erforderlichen Zeremonien zustande gekommen war. Wenn eine solche Verbindung jedoch einmal bestand, war es eine gültige und unlösbare Ehe.

Was passierte nun, wenn sich ein Laie den Ehevorschriften der Kirche widersetzte? Aus welchem Grunde war ein Mann bereit, einen so unendlich mühseligen Prozeß in Gang zu setzen?

Im Jahre 1193 begann der französische König Philipp II. August sich nach Verbündeten umzusehen. Er hatte Zwistigkeiten mit den Engländern, und da kam ihm die Idee, daß die Dänen geeignet wären, wieder einmal die englischen Küsten zu plündern. Zur Besiegelung dieses Bündnisses erbot sich der verwitwete Philipp, eine dänische Prinzessin zu heiraten. Die Braut war Ingeborg, Tochter des Königs Waldemars des Großen und Schwester Knuts VI. Nach den Chronisten soll Ingeborg »schön und unschuldig« gewesen sein, wie es alle Prinzessinnen sind. Philipp und Ingeborg wurden in Amiens getraut, und Ingeborg wurde zur Königin von Frankreich gekrönt.

Mitten im Hochzeitstrubel aber besann sich Philipp. Wozu sollte er sich bei einem unbedeutenden dänischen König einschmeicheln, wo er doch die Beziehungen zum Kaiser des Heiligen Römischen Reiches pflegen konnte? So teilte Philipp Ingeborg am Morgen nach der Hochzeit mit, daß die Ehe nun vorbei sei, weil die Ehegatten – für alle überraschend – Blutsverwandte seien, und daß sie in ihre Heimat zurückkehren könne. Philipp begann, seine Hochzeit mit der Cousine des Kaisers, Constantia, vorzubereiten.

Constantia aber war nicht gewillt, das gleiche Schicksal wie Ingeborg zu erleiden, sondern heiratete heimlich den Sohn des sächsischen Herzogs Heinrich des Löwen. Ingeborg kehrte nicht nach Hause zurück, sondern floh in ein Nonnenkloster und schrie von dort das ihr widerfahrene Unrecht in alle Lande. Die Dänen waren außer sich vor Wut, appellierten an den Papst und stellten sich im Krieg auf die Seite der Engländer.

Philipp versuchte, die ganze Sache zu ignorieren. Er brachte seinen Onkel, den Erzbischof von Reims, dazu, die Ehe mit Ingeborg für ungültig zu erklären, heiratete seine

Geliebte Agnes von Meran und ließ sie zur Königin krönen.

Zur gleichen Zeit verkaufte Ingeborg ihre Brautkleider und Juwelen, um einen Boten für eine Reise nach Rom zum Papst auszurüsten. Diese Mühe zahlte sich aus.

Innozenz III., der mächtigste aller Päpste, exkommunizierte den französischen König. Wohin Philipp von nun an auch kam, wurden die Altäre schwarz verhängt, die Kruzifixe verhüllt, die Sakramente nicht ausgeteilt, die Toten nicht eingesegnet, die Kinder nicht getauft und die Kirchenglocken nicht geläutet. Um den König bildete sich ein stummer, leerer Raum.

Die Kirche wußte, was sie tat. Philipps Seele war kaum in Gefahr, wohl aber sein Reich. Philipp war gezwungen nachzugeben, und er gab nach, aber auf seine Weise: Sieben Jahre nach der Verstoßung war Philipp II. August bereit zuzugeben, daß Ingeborg seine gesetzliche Ehefrau war. Das war aber auch alles, was er tat. Ingeborg kam vom Regen in die Traufe, vom Nonnenkloster in die Burg, wo sie gefangengehalten und von den Wärtern brutal behandelt wurde. Philipp lebte weiter mit Agnes, die ihm ein zweites Kind gebar. Agnes starb bald nach der Entbindung. Ingeborg verbrachte noch zwölf Jahre in Gefangenschaft, bevor Philipp einsah, daß weder die Königin noch der Papst nachgeben würden.

Erst im Jahre 1213, zwanzig Jahre nach der Verstoßung, nahm Philipp Ingeborg zu sich und behandelte sie als französische Königin. Sie lebten noch zehn Jahre zusammen, und man fragt sich unwillkürlich, worüber die beiden wohl miteinander geredet haben mögen.

Philipp II. August, zu seiner Zeit mächtigster Herrscher Europas, verlor seinen Kampf gegen den Papst und gegen seine hartnäckige Frau. Allerdings konnte er den Papst dazu bringen, seine Kinder mit Agnes von Meran als ehelich anzuerkennen. Philipp hatte aus seiner ersten Ehe mit Isabella von Hainault nur einen Sohn. Ein weiser Monarch sorgt immer für seine Nachkommen.

Die Frau hatte in der Ehe dreierlei Aufgaben: sie hatte Kinder zu gebären, für den Haushalt zu sorgen und ihren Mann während seiner Abwesenheit zu vertreten, und sie hatte vorteilhafte politische und wirtschaftliche Beziehungen zu schaffen. Auch die Tochter, meistens war es nur eine, die zur Braut Christi bestimmt wurde, diente demselben Ziel: Sie pflegte die Beziehungen zur Kirche und zu Gott.

Die Braut wurde nicht nach ihrer Meinung gefragt, wenn über ihre Heirat verhandelt wurde. Die Kirche setzte ihre Zustimmung und ein Lebensalter von zwölf Jahren voraus, es sei denn, »es ging um den Frieden«. Bei Ehen zwischen den Mitgliedern von Königshäusern ging es immer um den Frieden, und das junge Mädchen war verpflichtet, seinen Eltern zu gehorchen.

Die vornehmen Bräute waren meistens sehr jung, eigentlich noch Kinder, wenn sie aus der vertrauten Umgebung, von den sie beschützenden Menschen fortgerissen und in ein fremdes Land mit einer fremden Sprache geschickt wurden. Sie hatten als Gegenstand ihrer Gefühle und ihres Gehorsams einen fremden Mann zu akzeptieren, der ihnen oft genug wie ein Greis vorgekommen sein muß. Sie wurden leicht hilflose Opfer politischer Intrigen und viel zu früh schwanger. Allzuoft starben sie bei der Geburt, und der Wind der Geschichte verwehte ihre Spur.

Wenn aber die kleine Prinzessin mit dem Leben davonkam, wenn sie Kraft, Intelligenz und Sinn für die jeweilige Situation besaß, konnte sie in ihrem neuen Land eine bedeutsame Rolle spielen. Gegen Ende des Mittelalters wurde die Lage einer fremden Königin schwieriger: Der Nationalismus machte sich bemerkbar, und in der »fremden Frau« wurde oftmals die Wurzel allen Übels gesehen.

Die Ehen der unteren Klassen unterschieden sich von denen der Aristokraten in bezug auf Vermögen und Macht, aber es gab auch Gemeinsamkeiten: Die Kinder wurden nach langwierigen Verhandlungen miteinander verheiratet, bei denen penibel über die Interessen des Bauern oder Handwerkers gewacht wurde. Die Mitgift, die der Vater der Braut der neuen Familie für den Unterhalt seiner Tochter zahlte, bestimmte den Wert der Frau. Die Bauern beurteilten die Braut auch nach ihren Kräften und ihrem Fleiß, ihre Arbeitskraft war gleichsam ein Teil der Mitgift. Gefühle kamen in den Ehen der unteren Klassen kaum mehr vor als in denen der oberen. Das bedeutet keineswegs, daß diese Ehen unglücklich gewesen wären. Anders als heute wurden an die Ehe auch keine gefühlsmäßigen Erwartungen geknüpft. Der Bauer hatte nie von der romantischen Liebe gehört, und der Ritter verband diesen Begriff mit etwas ganz anderem als mit der Ehe.

Was erwarteten also die Menschen von der Ehe? Wahrscheinlich vor allem wirtschaftliche Sicherheit, gesellschaftliches Ansehen im eigenen Kreis, vielleicht Kameradschaft und Hilfe bei der Arbeit. Der Ehemann erwartete, daß die Frau ihm gehorchte. Die Frau hoffte, daß der Mann gutmütig war und kein peitschenschwingender Trunkenbold. Beide wollten Kinder, die sie ernähren würden, wenn sie selbst nicht mehr arbeiten konnten. Bei so bescheidenen Erwartungen konnten die Menschen in ihrem Leben eine gewisse Zufriedenheit erlangen.

Heiligkeit
und
Stille

Elizabeth

Heilige Frauen

Das Christentum gewährte den Frauen in seiner Entstehungsphase die Möglichkeit, sich als tapfere Verteidigerinnen seiner Ideologie zu entfalten.

Viele Fälle, in denen die Frauen ihr Leben der Religion weihten, erscheinen uns heute makaber, ja geradezu unsinnig. Man darf jedoch nicht vergessen, daß viele Frauen auf diese Weise die für sie einmalige Gelegenheit erhielten, so zu leben und zu sterben, daß sie selbst und ihre Glaubensbrüder sie respektierten.

Das Schicksal eines Märtyrers galt als erstrebenswert. Die in den blutigen Arenen umkommenden Märtyrer wußten, daß sie das »ewige Leben« gewinnen würden; auch auf Erden, denn ihr Opfer würde nie vergessen werden. Zum Märtyrertum wurde man von der Kirche angespornt und ermutigt, denn jeder einzelne Blutzeuge stärkte ihr Ansehen.

Das christliche Frauenideal des Mittelalters spiegelt sich in den vier großen Märtyrerjungfrauen wider: die heilige Katharina von Alexandria, die heilige Barbara, die heilige Margareta und die heilige Dorothea. Ihre Legenden sind eine erstaunliche Mischung aus Sadismus, Pornographie und Ekstase und waren das ganze Mittelalter über außerordentlich beliebt.

Das Märtyrertum war das heiligste vom Heiligen, aber das ewige Leben im Verzeichnis der Heiligen war auch auf einfachere Weise zu erreichen: durch Frömmigkeit, Weisheit, Hilfsbereitschaft, Mildtätigkeit. Gute Beispiele dafür sind zwei Heilige namens Melanie aus dem 4. und 5. Jahrhundert, die ältere und die jüngere.

Melanie die Ältere war die reichste Frau von Antiochia. Als sie zum Christentum übertrat, befreite sie alle ihre 8000 Sklaven, zog nach Jerusalem und gründete auf dem Gipfel des Ölberges ein Kloster. Ihre Enkelin, Melanie die Jüngere, war eine im ganzen Reich bekannte, gelehrte Frau, eine genaue Beobachterin ihrer Zeit: Sie bereiste die Mittelmeerländer, verkehrte in den vornehmsten Kreisen, hörte die Kirchenväter dozieren und war eine Freundin der byzantinischen Kaiserin Eudokia. Sie lebte einfach, war sehr mildtätig und krönte ihre Karriere als Heilige durch die Gründung zweier Klöster in Palästina.

Die sicherste Art, Glorie zu erlangen, war jedoch das Bewahren der Jungfräulichkeit auch unter den schwierigsten Umständen und mit den absonderlichsten Mitteln.

Die Jungfer Margarita empfand ein solches Grauen vor der Ehe, daß sie nach ihrer Verlobung aus dem Zimmer floh, ihre langen Haare abschnitt, sich als Mann verkleide-

Die berühmteste und am meisten verehrte Märtyrerjungfrau war Katharina von Alexandria. Nach der Legende soll diese ungewöhnlich schöne, weise und gelehrte alexandrinische Jungfrau von königlicher Herkunft gewesen sein. Als sie 18 Jahre alt war, veranstaltete Kaiser Maxentius einen Redestreit zwischen ihr und fünfzig begabten Philosophen. Katharina bewegte diese Philosophen, die Gattin des Kaisers, den Chef der Leibgarde und eine große Anzahl von Soldaten dazu, zum Christentum überzutreten. Den Bekehrten war später das Glück eines Märtyrertodes vergönnt. Katharina wurde gerädert, aber ein Engel kam ihr zu Hilfe. Schließlich wurde sie enthauptet, und der Engel trug ihre Leiche auf den Berg Sinai, wo sie später gefunden wurde. An dieser Stelle wurde ein berühmtes Kloster gegründet.

Der Legende wurden später Szenen aus der Kindheit und Jugend Katharinas, von ihrer Bekehrung und ihrer Verlobung mit dem Jesusknaben hinzugefügt. Katharina wurde in der Kunst mit den Symbolen Hinrichtungsrad oder Schwert, manchmal auch mit einem Buch, einem Verlobungsring oder einer Siegespalme dargestellt. Ihre Anbetung begann in Byzanz im 10. Jahrhundert und in den westlichen Ländern im 11. Jahrhundert. Im 13. Jahrhundert war sie eine der beliebtesten Heiligen. Das Fest der heiligen Katharina ist am 25. November.

te und in ein Kloster eintrat, in dem Mönche und Nonnen lebten. Margarita, die sich als Mönch Pelagius nannte, war so überaus fromm, daß sie Vorsteher des Klosters, Prior, wurde. Als eine Nonne, die Pförtnerin des Klosters, schwanger wurde und Pelagius beschuldigte, wurde ihr Glauben geschenkt und Pelagius aus dem Kloster vertrieben. Jahrelang lebte sie als Einsiedler in einer Höhle. Erst nach ihrem Tod stellte sich heraus, daß sie eine Frau gewesen war, und man erklärte sie für unschuldig.

Der heidnische König von Portugal hatte eine christliche Frau. Sie bekamen Sieblinge, von denen ein Kind die außerordentlich schöne Jungfrau Wilgefortis war. Das Mädchen war eine fromme Christin und beschloß, ihr Leben der jungfräulichen Meditation zu widmen. Dem Vater gefiel diese Idee nicht, und er verlobte das Mädchen mit dem König von Sizilien. Wilgefortis betete um Hilfe, und Gott erhörte ihr Gebet, wenn auch auf eine sonderbare Weise: Der Jungfrau wuchs ein langer, lockiger Bart. Trotzdem ließ der Vater die Hochzeit ausrichten, bei der die Braut verschleiert auftrat. Wilgefortis gelang es jedoch, den Schleier so weit zu lüften, daß der Bräutigam sie sah, aus der Fassung geriet und die Heirat rückgängig machte. In seinem Zorn ließ der Vater die bärtige Tochter ans Kreuz schlagen.

Obwohl das Bewahren der Jungfräulichkeit eine Frau schon auszeichnete, war es für sie noch ehrenhafter und erstrebenswerter, ein Mann zu sein. Die Einstellung zur Jungfräulichkeit gründet auf der Doktrin des Kirchenvaters Hieronymus, nach der eine Frau aufhört, eine Frau zu sein, wenn sie unberührt bleibt und keine Kinder gebiert; sie sollte dann ein Mann heißen.

Wie verbreitet diese Einstellung im mittelalterlichen Denken war, belegen die Geschichten um viele heilige Frauen.

Auch die heilige Perpetua erlebte im Traum, wie sie in ein Amphitheater getragen, ausgezogen und in einen Mann verwandelt wurde.

Die Kirche akzeptierte es, wenn Frauen sich als Männer verkleideten, aber der umgekehrte Transvestismus, die Bestrebung, als Angehöriger des weiblichen Geschlechts aufzutreten, wurde nicht geduldet. Die männlichen Heiligen erreichten keine Glorie durch Verkleidung als Frau. Für die Frau, für das schwächere Geschlecht, war es schicklich, die Männlichkeit anzustreben. Dagegen bedeutete die Umwandlung eines Mannes in eine Frau das Hinabsteigen eines höheren Wesens auf eine niedere Ebene. Nicht einmal in den Legenden, die die Demut verherrlichen, wird der Mann jemals so gedemütigt, daß ein Wunder ihn in eine Frau verwandelt.

Verschiedene Arten von Kasteiung und Bußübungen wa-

Der Engel durchsticht mit dem goldenen Pfeil das Herz der heiligen Therese von Avila. Die heilige Therese (gestorben 1582) ist neben dem heiligen Jakob die Nationalheilige von Spanien. Sie war eine Mystikerin und Seherin, aber gleichzeitig eine willensstarke Frau mit Organisationstalent, die den alten Karmeliterinnenorden reformierte und das religiöse Leben ihrer Zeit nachhaltig beeinflußte.

ren wohlgefällig, wenn die Jungfräulichkeit bereits verloren war. Einige trugen 42 Jahre lang unmenschlich schwere Ketten wie die heilige Marana, einige standen jahrzehntelang in merkwürdigen Stellungen, andere bewegten sich nur kriechend vorwärts.

Die weiblichen Heiligen des Spätmittelalters erlangten die Seligkeit zumeist nicht durch den Märtyrertod so wie im ersten Jahrtausend. Die Linie der frühen Bekehrerköniginnen setzte sich in der heiligen Hedwig von Polen über die Jahrtausendwende fort. Die heilige Birgitta von Schweden gilt als eine der politischen Seherinnen und die heilige Katharina von Siena in Italien als eine der sanften Leidenden.

Die heilige Hedwig von Polen wurde im Jahre 1370 als jüngste Tochter des Königs Ludwig von Polen und Ungarn geboren. Im Alter von sieben Jahren wurde sie dem Herzog Wilhelm von Österreich verlobt. Sie war zwölf, als König Ludwig starb. Mit sechzehn Jahren wurde Hedwig von den Polen gezwungen, ihrem Verlobten Wilhelm eine Absage zu erteilen und den heidnischen Fürsten Jagiello von Litauen zu heiraten, der in demselben Jahr unter dem Namen Wladislaw Herrscher von Polen wurde.

Die Ehe von Hedwig und Jagiello verband zwei große Reiche, Polen und Litauen. Jagiello war bereit, für die Verbindung einen guten Preis zu zahlen: er trat zum Christentum über und zwang auch seine Untertanen dazu. Hedwigs Verdienst war es, daß es nicht nur bei einer oberflächlichen Bekehrung blieb. Hedwig war auf eine zutiefst persönliche Weise fromm und verstand es, ihren Mann von den Vorzügen des Christentums zu überzeugen.

Die heilige Hedwig war nicht nur eine vorbildliche Christin, sondern auch eine aktive Herrscherin, geschickte Unterhändlerin, Protektorin der Kultur und sogar Feldherrin, wenn es die Grenzstreitigkeiten erforderten. Ihre bedeutendste Leistung war die Gründung der Universität von Krakau.

Eine der beliebtesten Wundergeschichten des Mittelalters erzählt von der heiligen Elisabeth von Ungarn. Täglich brachte sie ihren hungerleidenden Untertanen Lebensmittel aus dem Schloß, obwohl ihr strenger Ehemann damit nicht einverstanden war. Eines Tages sah der Landgraf, wie seine Frau mit einer prall gefüllten Schürze aus dem Schloß eilte. Er forderte sie erregt auf zu zeigen, was sie forttrug. »Rosen, mein lieber Gemahl, nur Rosen«, antwortete die Landgräfin und wies ihm den Inhalt der Schürze vor: es waren Dutzende von glühendroten Rosen. Diese Geschichte wird jedoch mehreren Heiligen zugeschrieben, darunter auch der heiligen Casilda von Spanien.

Elisabeth war die Tochter des ungarischen Königs Andreas II. Vierjährig wurde sie im Jahre 1211 mit dem Landgrafen Ludwig von Thüringen verlobt, der elf Jahre alt war. Elisabeth kam an den Hof ihrer Schwiegereltern und wurde dort erzogen. Bei der Eheschließung war sie vierzehn, und die Ehe dauerte nur sechs Jahre. Sie soll sehr glücklich gewesen sein, und es ist kaum glaubwürdig, daß der liebende Ehemann seiner jungen Frau wegen ihrer Mildtätigkeit zürnte.

Nach Ludwigs Tod wurde die junge Elisabeth mit ihren drei Kindern von dem Bruder ihres Mannes von der Burg verwiesen. Schutzlos und ohne Nahrung irrte Elisabeth herum, bis sie bei ihrem Onkel ein Obdach fand. Sie verließ ihre Kinder und widmete sich ganz der Mildtätigkeit. Elisabeth hatte schon als Kind große Frömmigkeit bewiesen und unter der Anleitung des fanatischen Schwärmers Konrad von Marburg qualvolle Selbstkasteiung geübt. Als sie mit 24 Jahren starb, geschahen an ihrem Grab so viele Wunder, daß der Papst sie schon vier Jahre nach ihrem

Der Vater der heiligen Barbara war ein überzeugter Heide. Als er bemerkte, daß seine Tochter eine Christin war, ließ er sie foltern. Barbara wurden die Brüste abgeschnitten, die jedoch später nachwuchsen. Schließlich ließ der Vater sie enthaupten. Im Augenblick ihres Todes wurde der Vater vom Blitz getroffen. Aus diesem Grund wird die heilige Barbara bei Gewitter und Feuersbrünsten angerufen. In den katholischen Ländern ist sie die Schutzheilige der Artillerie. Auf Bildern wird sie mit einem Turm, einem Palmenzweig oder einer Monstranz in der Hand dargestellt. Das Fest der heiligen Barbara ist am 4. Dezember.

Tod heiligsprach. Der heiligen Elisabeth zu Ehren wurde im 19. Jahrhundert eine Schwesterngenossenschaft der Elisabethinerinnen gegründet, deren Mitglieder bis heute Laienkrankenschwestern sind.

Eine Art Gegenkulturheilige war die heilige Klara, die Schwesternheilige des heiligen Franz von Assisi. Franz war der Sohn eines reichen Kaufmanns in Assisi, ein erfahrener Kaufmann, Soldat und Diplomat und gar nicht so naiv, wie die Geschichten uns glauben machen wollen. Seine Aufforderung zu apostolischer Armut war für die Kirche gefährlich: Schließlich war sie die reichste Institution in Europa. Sie erwies sich jedoch als anpassungsfähig und erlaubte die Gründung von Bettelorden.

Als Franz begann, seine Brüder zu sammeln, stand ihm Klara zur Seite. Sie war die Freundin seiner Kindheit und seine geistliche Schwester, die beharrlich und unermüdlich die Gründung des Schwesternordens der Franziskaner, den Klarissenorden, durchsetzte.

Die Klarissen stellten für das Klosterwesen eine genauso revolutionäre Organisation dar wie die Franziskaner. Während die Klöster sonst Häuser für bessere Leute waren, in denen die Nonnen durch Schenkungen versorgt wurden, verschmähten die Klarissen irdischen Besitz, lebten in äußerster Armut, bettelten und arbeiteten. Da sie nicht wie die Franziskanerbrüder umherwandern konnten, was für ehrbare Frauen unschicklich gewesen wäre, lebten sie in einfachen Klöstern und halfen den Brüdern auf traditionelle Weise, indem sie ihnen Essen und Kleidung bereiteten.

In der Märtyrerzeit konnte auch eine gewöhnliche Frau aus dem Volke durch Leiden eine Heilige werden. In den späteren Jahrhunderten des Mittelalters stammten die meisten weiblichen Heiligen aus den oberen Gesellschaftsschichten.

Die heilige Birgitta von Schweden, eine der eindrucksvollsten Heiligengestalten aller Zeiten und die bedeutendste Frau Skandinaviens, gewann internationalen Einfluß durch ihre Visionen und durch die Kraft ihrer Persönlichkeit.

Birgitta, die Tochter eines mächtigen schwedischen Mannes, wurde mit 13 Jahren verheiratet und bekam acht Kinder, bevor sie mit etwas über dreißig Jahren Witwe wurde. Frau Birgitta war auch schon vorher für asketische Frömmigkeit bekannt; nun begann sie aus ganzer Kraft und ohne weltliche Beschränkungen Visionen zu haben und sie aufzuschreiben. Sie war stark von der Brautmystik des 14. Jahrhunderts beeinflußt. Ihre Visionen wurden die beliebteste Lektüre des Jahrhunderts, und man untersuchte sie sogar in den Universitäten des Mittelalters, wo die Frauen sonst nichts zu suchen hatten.

Als Frau Birgitta von dem schwedischen König Magnus Erikson genug hatte, der der Seherin nicht immer gehorchte, zog sie nach Rom und begann dort, die Angelegenheiten der Christenheit in Ordnung zu bringen. In jener Zeit, im 14. Jahrhundert, saßen die Päpste als Befehlsempfänger des französischen Königs in Avignon. Die euro-

Im Jahre 1213 starb eine für ihre große Heiligkeit und Weisheit bekannte Frau, Maria von Oignies. Diese Laiin vertrat eine neue religiöse Denkweise. Sie hatte sich von Jugend an nach Armut und Einfachheit als der wahren Form von Religiosität gesehnt. Nachdem sie ihre Kinder großgezogen hatte, ging sie mit ihrem Mann in ein Krankenhaus für Aussätzige, um diese von allen verachteten Menschen zu pflegen. Einige Jahre später bezog sie in einem Kloster eine kleine Kammer, lebte dort in Armut und verbrauchte nur soviel, wie sie durch Spinnen verdiente. Um sie sammelten sich Schüler, Frauen und Männer, darunter auch etliche Priester.

Maria von Oignies predigte nicht, obwohl sie es gern getan hätte. Eine predigende Frau war dem Scheiterhaufen gefährlich nahe. Maria lehrte in aller Bescheidenheit, obwohl sie über beträchtlichen Einfluß verfügte.

päischen Heiligen sammelten ihre Kräfte, um den Heiligen Vater zur Rückkehr nach Rom zu bewegen. Birgitta schloß sich diesen Bitten an, aber den eigentlichen Erfolg errang erst ihre Tochter, die heilige Katharina Ulfsdotter, zusammen mit der heiligen Katharina von Siena.

Charakteristisch für die Kraft und Beharrlichkeit Birgittas ist die Tatsache, daß sie den Papst trotz seiner ablehnenden Haltung gegenüber der Gründung neuer Frauenorganisationen dazu brachte, der Gründung des Birgittenordens zuzustimmen, dessen zentrales Kloster in Vadstena in Schweden lag.

Das Kloster von Vadstena war ein Wallfahrtsort. In Rom befindet sich in dem Haus an der Piazza Farnese, in dem die heilige Birgitta gewohnt haben soll, nach wie vor ein Kloster des Birgittenordens.

Maria von Oignies gehörte zu einer Bewegung, die überall in Europa auftrat: zu den Beginen, den frommen Frauen, die miteinander lebten, arbeiteten und Andachten hielten. Die Bewegung der Beginen hatte eigentlich keinen Anfang, keine Regeln und keinen geistigen Führer, und sie trat vor allem in den Städten auf, wo es viele unverheiratete Frauen gab. Die Frauen legten kein Gelübde ab, sie ernährten sich durch ihre eigene Arbeit, waren nicht von Männern abhängig und hatten keinen kirchlichen Führer. Oft führten sie ein religiöses Leben in völliger Unabhängigkeit: Sie zelebrierten ihre Riten selbst und nahmen sich gegenseitig die Beichte ab.

Die Beginen unterhielten Krankenstuben, Schulen und Werkstätten. Offensichtlich verband diese Bewegung auf ideale Weise die Versorgung des immer größer werdenden Frauenüberschusses mit der Befriedigung des religiösen Hungers vieler Frauen.

Es versteht sich von selbst, daß die Kirche nicht lange mitansehen konnte, wie Frauen in ihrem religiösen Leben ohne die Führung von Männern auskamen. Im Jahre 1274 verbot der Papst jegliche Gründung von neuen religiösen Gemeinschaften. Die bereits vorhandenen Beginengemeinschaften durften bestehenbleiben, vielleicht deshalb, weil viele Geistliche nur Gutes darüber zu berichten wußten.

Die Tätigkeit der Beginen war ein unbeabsichtigter Be-

Caterina Benincasa oder Katharina von Siena, wie sie auch genannt wurde, war ein Kind aus dem armen Volk und fast ihr Leben lang Analphabetin. Schon in ihrer Jugend wurde sie Mitglied einer Laienorganisation der Dominikaner und kasteite sich. Dreimal täglich geißelte sie sich, schnürte sich die Taille mit einer Eisenkette, betete die ganze Nacht hindurch und aß nie Fleisch. Sie blieb drei Jahre in ihrer Kammer und ging nur zur Messe aus. Sie war sehr mildtätig. Sie verlobte sich mit Christus und überantwortete ihr Herz dem Heiland, sogar die Wundmale Christi traten an ihrem Körper auf. Katharina von Siena stand in dem Ruf außerordentlicher Heiligkeit. Sie starb, als sie etwas über dreißig Jahre alt war, und wurde die Schutzpatronin von Italien. Ihr Herz ist im Dom von Siena begraben, und ihr Grabmal steht in Rom in der Kirche Santa Maria Sopra Minerva.

weis für die Selbständigkeit dieser Frauen. Viele von ihnen
blieben jedoch nicht bei den Beginen, sondern versuchten, ihre Ketten völlig abzulegen, was äußerst gefährlich
war.

Die Deutsche Christine von Stumbelen lief mit dreizehn
Jahren von zu Hause fort, um sich den Beginen von Köln
anzuschließen, unterzog sich erbarmungsloser Selbstkasteiung, hatte epileptische Anfälle und Visionen. An ihrem
Körper trat die Stigmation auf, eine zu jener Zeit als
äußerst heilig angesehene Erscheinung, bei der durch Au-
tosuggestion an der Haut die Wundmale Christi auftreten.
Christine von Stumbelen war eine Ekstatikerin, die ohne
den Schutz der Dominikaner sicherlich auf den Scheiterhaufen gekommen wäre.

Aber auch der höchste Schutz reichte nicht aus, wenn die

Frau zu selbständig war. Christine von Stumbelen lebte mit ihren Wundmalen zurückgezogen in ihrer Kammer und wurde heiliggesprochen.

Die Französin Marguerite von Porété dagegen verfaßte umfangreiche geistliche Schriften und verbreitete sie in ganz Frankreich. Außerdem predigte sie öffentlich, sogar in Paris, und was das schlimmste war, sie übersetzte die Bibel in die Sprache des Volkes. Marguerite wurde mit ihren Schriften auf dem Scheiterhaufen verbrannt. So erging es auch der Italienerin Manfreda, die behauptete, eine neue Epoche zu begründen: Sie würde Päpstin, und alle ihre Kardinäle wären Frauen. Die Predigerin Prous Boneta wurde verbrannt, weil sie prophezeite, daß die Zeit des Heiligen Geistes anbrechen würde.

Die meisten der namenlos verbrannten Frauen konnten anscheinend lesen und schreiben. Oft wurden sie beschuldigt, die Bibel in die Volkssprache übersetzt und die Übersetzungen unter dem Volk verbreitet zu haben. Laien aber durften nicht in der Bibel lesen, denn sie waren angeblich nicht imstande, sie richtig zu verstehen.

Es ist schwierig, etwas über die Tätigkeit der Frauen in Erfahrung zu bringen, die für ihre Überzeugung starben. Es lag im Interesse der Gesellschaft, sie möglichst schnell zu vergessen. Ihnen wurden auch keine Denkmäler gesetzt, so wie dem in Prag verbrannten großen Häretiker Jan Hus. Einige von ihnen scheinen gesellschaftliche Veränderungen gewollt zu haben wie Jeanne Dabenton. Sie gehörte der französischen Sekte der Turlupinen an, die nichts Natürliches für schimpflich hielt (ein unmöglicher Gedanke in einer Gesellschaft, der nahezu alles Natürliche als unrein galt). Jeanne Dabenton und ihre Freunde wurden möglicherweise deshalb auf dem Scheiterhaufen verbrannt, weil sie versucht hatten, die Armen dazu zu bringen, sich zu organisieren.

Kaum eine dieser Frauen stellte eine wirkliche Gefahr für die Gesellschaft dar. Einige waren praktische Erneuerer, andere Schwärmer oder gar Geisteskranke. Sie wurden vernichtet, weil immer und überall gezeigt werden mußte, daß Ungehorsam einen schrecklichen Tod zur Folge hatte.

Die Klöster

Das größte geistliche Geschenk des Christentums für die Frauen war das Klosterwesen. Obwohl die Frauen ihre gleichberechtigte Stellung in der Kirche im Laufe von knapp zwei Jahrhunderten verloren, konnten sie im Rahmen des Klosterwesens noch tausend Jahre lang relativ selbständig leben. Das Leben im Kloster unterlag natürlich der Klosterregel, die Hierarchie war starr und die Disziplin oft streng. Der Ausgangspunkt war jedoch ein anderer als im weltlichen Leben. Jede Nonne war ein geistliches Individuum, das die Möglichkeit hatte, sein Heil selbst zu suchen.

In der Welt der Völkerwanderungen, der politischen Anarchie und der fortwährenden Kriege, der Hungersnöte und der immer wieder wütenden Epidemien blieben die Klöster Stätten des Friedens und der Bildung.

Ursprünglich war die Entstehung des Klosterwesens ein Protest gegen die strenge Rangordnung innerhalb der Kirche. Wie in jedem erfolgreichen System verbreiteten sich auch in der christlichen Kirche schon früh Amtsneid, Korruption und Machtgier. Viele Christen erkannten die römische Kirche nicht als ihren geistlichen Führer an. Die kirchliche Hierarchie stellte die Laien auf eine sehr niedrige Stufe, beließ sie gewissermaßen außerhalb der Kirche. Und am weitesten abseits standen die Frauen, denen schon gegen Ende des 2. Jahrhunderts fast alle Möglichkeiten genommen waren, innerhalb der Kirche tätig zu werden.

In Wüsten entstanden riesige Einsiedlergemeinschaften, die sich allmählich zu Klöstern mit unterschiedlichen Klosterregeln formierten. Es soll sogar Riesengemeinschaften von 2000 Mönchen und 1800 Nonnen gegeben haben. Die Schwestern großer Kirchenväter gründeten fast immer ihre eigenen religiösen Gemeinschaften. Macrina, die Schwester des heiligen Basilius, erarbeitete für ihre Organisation eine Regel, die später von ihrem Bruder übernommen wurde. Dennoch gilt nicht sie, sondern er als Verfasser der ersten Klosterregel. Benedikt von Nursia verfaßte eine Klosterregel, die neben den üblichen Andachten auch körperliche Arbeit zur Pflicht machte. Seine Schwester Scholastika lebte als Einsiedlerin in der Nähe seines Klosters und unterstützte und beriet ihn.

Es gab zweierlei Klöster: schwerreiche, von vornehmen Frauen bewohnte mächtige Klöster sowie einfache, bescheidene und unbemittelte für die Töchter des einfachen Volkes.

Die großen englischen Nonnenklöster Whitby und Ely verfügten über bedeutenden Grundbesitz und galten als Bildungszentren. Neben den Wissenschaften wurde in ihnen weltliche und kirchliche Politik gelehrt. Ihre Gründerinnen, die heilige Hilda und die heilige Ethelreda, waren beide königlicher Abstammung. Angelsächsischer Herkunft war auch die heilige Lioba, Äbtissin verschiedener deutscher Klöster und Beraterin deutscher Fürsten.

Das reichste und mächtigste der Nonnenklöster war das deutsche Gandersheim, das Zentrum der weiblichen Kultur in Westeuropa.

Das ewige Problem der Klöster war das Bestreben der Bischöfe und sonstigen Geistlichen, sie in die kirchliche Hierarchie einzugliedern. Die allmächtige Äbtissin von Gandersheim brauchte sich um den Neid der Kirchenfürsten nicht zu kümmern. Ihre Macht reichte weit über die Klostermauern hinaus und ihr Einfluß noch weiter, bis hin zum königlichen Rat, dessen Mitglied sie war. Außerdem war sie nur dem König untertan, verfügte über ein eigenes Gericht und sogar über eine eigene Armee.

Die Klöster waren die einzigen Orte, in denen ein Mädchen Unterricht bekommen konnte. Die Töchter der vornehmen Familien wurden oft für einige Jahre ins Kloster geschickt, damit ihnen eine Erziehung zuteil wurde, die ihrer hohen gesellschaftlichen Stellung entsprach. Sie sprachen Griechisch und Latein, kannten die Schriften von Platon, Seneca und den Kirchenvätern, sie sangen, spielten verschiedene Instrumente und stickten wunderschöne Bildteppiche. Diese Mädchen wurden in alle europäischen Länder verheiratet. Aus dem gelehrten Frieden des Klosters gerieten sie in die blutige Wirklichkeit des Schwertes, an die Seite eines Ehemannes, der des Lesens und Schreibens unkundig war, mußten mit den Kebsfrauen des Mannes an einem Tisch sitzen und erlauchte Kinder gebären wie eine edle Stute. Einige nahmen die Zügel selbst in die Hand und lebten ihr eigenes Leben, ohne sich um die Welt der Männer zu kümmern, gründeten neue Klöster und schickten ihre Töchter dorthin.

Nicht alle Klöster waren Stätten der Frömmigkeit und der Bildung. Es gab auch solche, die von den Bewohnern als eine Art Pension angesehen wurden. Viele mächtige Familien riefen Klöster ins Leben, die von der Macht und dem Wohlstand ihrer Gründer künden sollten. Das Kloster hatte auch andere, praktische, Zwecke: Es fungierte gewissermaßen als Bank in einer Zeit, in der es noch keine Banken gab. Dem Kloster konnte man sein Vermögen anvertrauen und ihm Ländereien schenken, die in der Zukunft immer zur Verfügung standen, da die kirchlichen Institutionen Grundbesitz nicht weitergeben durften. Das Kloster diente als Herberge für die Gäste der Familie, als

Deutscher Holzschnitt aus
dem 16. Jahrhundert

Eine gelehrte Nonne in ihrer
Kammer. Viele von den Nonnen der Benediktinerinnenab-
tei Gandersheim waren Heilige oder berühmte Gelehrte.
Die bekannteste war die
Dichterin und Dramatikerin
Hrotsvit, die im 10. Jahrhundert hier lebte. Sie schrieb
sechs Theaterstücke mit dem
beliebten Thema: Wie kann
man in der bösen Welt seine
Jungfräulichkeit bewahren?
Zu Beginn ihrer Stücke
entschuldigt sich Hrotsvit zunächst dafür, daß sie überhaupt angefangen hat zu
schreiben. Es sei natürlich
schwierig für eine Frau, die
Kunst der Daktylen zu be-
herrschen, aber mit Hilfe des
gütigen Himmels wolle sie es
versuchen. Als ihren Lehrmeister bezeichnet Hrotsvit
den Römer Terenz, was be-
weist, daß sie mit Klassikern
vertraut war. Terenz muß sich
in seinem Grab über diese
literarische Beziehung ge-
wundert haben. Die Komö-
dien von Terenz handeln vom
Leichtsinn der Frauen, während Hrotsvit eine gestrenge
Verfechterin der Sittsamkeit
ist.

Heim für alte und als Gefängnis für unbequeme Verwandte. Es brachte Heilige hervor, die die Ehre der Familie
mehrten, und wenn für das Kloster eine kostbare Reliquie
angeschafft werden konnte, wie etwa ein Splitter vom
Kreuz Christi, ein Faden aus dem Gürtel der Jungfrau Maria oder der Kopf Johannes des Täufers, wurde es ein Wallfahrtsort für Reisende, die von weither kamen.
Das 13. Jahrhundert war eine Zeit der großen religiösen
Sehnsucht. In Europa wurden die religiösen Frauen zu einem Problem, da es viel weniger Klöster für Nonnen als
für Mönche gab und die gemischten Klöster der früheren
Jahrhunderte verschwunden waren. Sie wurden durch
Mönchsklöster ersetzt, zu denen jeweils ein Nonnenkloster gehörte, und die Nonnen dienten den Mönchen, indem sie Handschriften kopierten.
Im Hochmittelalter führte die religiöse Begeisterung die
Frauen meistens in die bestehenden Klöster. Ihr Ansturm
war so groß, daß er die Männer bald erschreckte. Vom Beginn des 13. Jahrhunderts an trafen die Frauen bei ihrem
Streben nach geistlichem Leben immer häufiger auf Wi-
derstände. Die bestehenden Zusammenschlüsse konnten
nicht noch mehr Frauen aufnehmen, und der Papst verbot
die Gründung neuer.
Die negative Einstellung zur Religiosität der Frauen war
auf einfache Machtfragen, aber auch darauf zurückzuführen, daß die Kirche den Frauen gegenüber bestenfalls eine
verächtliche, meistens jedoch eine direkt feindselige Haltung an den Tag legte. Die Berufung der Frauen wurde

nicht ernst genommen, die Frauen waren ja wankelmütig und nicht imstande, fest hinter einer Überzeugung zu stehen. Außerdem wurde angenommen, daß es Frauen unmöglich war, sich der Disziplin des Klosterlebens oder überhaupt irgendeiner Disziplin zu unterwerfen. Zweifellos verstand die Kirche, daß die religiöse Begeisterung durch die Gründung neuer Frauenorganisationen in den Schoß der Kirche hätte gelenkt werden können. Ihre starre Denkweise ließ es jedoch nicht zu, daß die Frauen ihr religiöses Leben selbst in die Hand nahmen. Im Jahre 1215 verbot das vierte Laterankonzil die Gründung neuer Organisationen. Dadurch stieß die Kirche selbst unzählige Frauen, die nach geistlicher Nahrung hungerten, auf den gefährlichen Weg der Irrlehren und somit in die Flammen der Scheiterhaufen.

Die meisten Nonnenklöster wurden nach der Klosterregel des Benedikt von Nursia geführt. Die Regel war sorgfältig konzipiert, und zwar so, daß sie sowohl die Rolle Marias als auch die Martas berücksichtigte und für ein harmonisches Gleichgewicht zwischen geistlichen und körperlichen Aktivitäten sorgte. Gegen Ende des Mittelalters verschwand die Rolle der Marta in vielen Klöstern ganz: Die alltäglichen Arbeiten wurden von einer Dienerschaft verrichtet. Nur in den ärmsten Klöstern kochten die Nonnen sich das Essen selbst, machten sauber und nähten sich ihre Kleider.

Das wichtigste im Leben einer Nonne waren die regelmäßigen Gottesdienste von der nächtlichen Matutin bis zur abendlichen Komplet. Die Gebetsstunden folgten in etwa dreistündigem Abstand aufeinander. Der Verfall des Klosterwesens gegen Ende des Mittelalters zeigte sich unter anderem in der nachlässigen Einhaltung der kanonischen Stunden: man kam zu spät, ging vorzeitig wieder fort und schwatzte und kicherte während der Gebete. Diese wurden möglichst schnell heruntergeleiert, und das Niveau des Chorgesanges sank.

Prinzipiell herrschte im Kloster Stillschweigen. Wenn die Schwestern etwas ausdrücken wollten, dann machten sie mit den Händen Zeichen. Im Laufe der Zeit wurde das Schweigegebot immer weniger streng befolgt, zumal die Klöster ihre Türen in wachsendem Maße auch Laien öffneten. Die Nonnen besuchten oft ihre Verwandten und Freunde in der Außenwelt. Zu der heftigen Reaktion der Männer auf die religiöse Selbständigkeit der Frauen gehörte auch die päpstliche Bulle, in der die Nonnen aufgefordert wurden, in ihren Klöstern zu bleiben. Aber die Nonnen kümmerten sich nicht um solche Vorschriften. Der Bischof von Lincoln, der in ein Kloster kam, um dort die Bulle zu verlesen, wurde von den Nonnen bis zum Klostertor gejagt, wo sie ihm die Bulle an den Kopf warfen.

Das Kind der Päpstin Johanna
wird bei einer Prozession
geboren

Die Mahlzeiten wurden schweigend im Refektorium eingenommen. Während der Fastenzeit gab es Fisch und Erbsensuppe, sonst Fleisch und Brot mit Bier. In reichen Klöstern konnte der Tisch wahrhaft üppig gedeckt sein, während man sich in den armen Klöstern in einer Bescheidenheit übte, die von der Not diktiert war.

Von den Nonnen wurde erwartet, daß sie am Nachmittag arbeiteten: nähten, Gartenarbeiten machten, Stoffe webten, Kräuter kochten oder studierten.

Gegen Ende des Mittelalters begann die großartige kulturelle Tradition der Nonnenklöster zu verfallen. Die lateinische Sprache wurde nicht mehr verwendet: Im England des 14. Jahrhunderts schrieben die Bischöfe die Anweisungen für die Nonnenklöster auf französisch und im nächsten Jahrhundert auf englisch, weil auch die Französischkenntnisse vergessen waren.

Gegen Ende des Mittelalters gab es keine gelehrten, politisch bewußten und einflußreichen Nonnen mehr wie die heilige Hildegard von Bingen oder die Äbtissin des Klosters Hohenburg, Herrad von Landsberg, die eine der ersten Enzyklopädien in Europa schrieb und ihr den reizenden Namen »Hortus Deliciarum«, »Lustgarten«, gab. Hinter dem Namen der Autorin kann man eine Gelehrte vermuten, der die intellektuelle Tätigkeit – die sie nur im Kloster ausüben konnte – Freude bereitete.

Obwohl die Modetorheiten und Schoßtiere der Nonnen, ihr Gerede und ihr Leichtsinn dazu führten, daß die Klöster zur Zeit ihres Verfalls in den Ruf schwacher, ja, sogar unmoralischer Institutionen gerieten, darf man nicht vergessen, daß das Kloster die einzige ehrenhafte Alternative für eine Frau der oberen oder der bürgerlichen Klasse war, wenn sie sich nicht durch eine Ehe binden wollte. Es war auch die einzige Möglichkeit, sich zu bilden und sein geistliches Ich zu entwickeln. Für viele Frauen war selbst ein armes Kloster ein wirkliches Zuhause.

Ein weiterer wichtiger Grund für den Verfall der Klöster war auch ihr ständiger Geldmangel. Die Klosterwirtschaft basierte auf dem Grundbesitz. Als Europa gegen Ende des Mittelalters zur Geldwirtschaft überging, kamen die Klöster in große Schwierigkeiten. Die Nonnen waren keine Geschäftsleute, die Gesetze wirtschaftlicher Tätigkeit waren ihnen nicht beigebracht worden, und so wurden sie oft nach Strich und Faden betrogen. Feuersbrünste und sonstige Unglücksfälle beschleunigten die Verarmung. Je ärmer ein Kloster war, um so weniger Schenkungen bekam es, und um so seltener schickten reiche Familien ihre mit einer ansehnlichen Mitgift ausgestatteten Töchter dorthin. Aus der Armut gerieten viele Klöster in wirkliches Elend, und ihr Niveau sank in jeder Beziehung.

Zu Beginn des 16. Jahrhunderts war das gesamte Klosterwesen reif für grundlegende Erneuerungen. Diese kamen von zwei Seiten: die protestantische Reformation nahm den Frauen gänzlich die Möglichkeit, ihr eigenes Leben zu leben, und die katholische Gegenreformation reinigte die Klöster mit eisernem Besen und zog die Zügel straffer.

Dadurch, daß die Frauen von kirchlichen Ämtern ausgeschlossen waren, blieben ihnen nur die Nonnenklöster, in deren Rahmen sie ein Leben lang christliche Grundsätze verwirklichen konnten.

Im 13. Jahrhundert begann eine erstaunliche Geschichte von einer Päpstin in Europa zu zirkulieren. Die Kirche behauptete sofort, daß daran nichts Wahres sei. Das Verzeichnis der Päpste sei vollständig. Nirgends sei eine Lücke zu finden, die von der Päpstin Johanna hätte ausgefüllt werden können.

Aber die Legende lebte hartnäckig fort, zumal man sich an viele als Männer verkleidete Einsiedlerinnen erinnerte. Nach dieser Legende soll die Päpstin Johanna den Heiligen Stuhl in den fünfziger Jahren des 9. Jahrhunderts innegehabt haben. Sie war eine gebürtige Engländerin und trat deshalb unter dem Namen Johannes Anglicus auf. Ihr Vater, der ein gelehrter Mann war, nahm sie mit nach Mainz, wo sie lesen und schreiben lernte. In Mainz verliebte sich Johanna in einen Mönch namens Ulfilias. Ulfilias lebte in dem großen Mönchskloster von Fulda. Auf

Die prächtige Frauenfigur im
Buch »Hortus Deliciarum« der
Äbtissin Herrad symbolisiert
die Einheit der Heiligen Jungfrau und der Kirche.

seine Aufforderung hin verkleidete sich Johanna als Mann
und trat als Mönch in das Kloster ihres Geliebten ein. Später begab sich das Paar auf eine Pilgerreise durch Europa.
Auf ihren Reisen kamen Ulfilias und Johanna auch nach
Athen. Dort studierten sie zehn Jahre lang Philosophie,
Theologie und sonstige Wissenschaften, bis Ulfilias starb.
Die um Ulfilias trauernde Johanna beschloß, nach Mainz
zurückzukehren, immer noch in der Kleidung eines Mannes. Unterwegs besuchte sie Rom und stellte dort fest, daß
der Ruf des gelehrten Johannes Anglicus ihr in die Ewige
Stadt vorausgeeilt war. Ihre ehemaligen Schüler baten sie,
in Rom zu unterrichten, was sie auch tat.

Dank ihrer Begabung und Gelehrtheit stieg Johanna in
der kirchlichen Hierarchie rasch auf. Vom Assistenten
wurde sie bald zum Kardinal befördert, und nach dem Tode Leos IV. im Jahre 855 wurde sie zum Papst gewählt.

In ihrem einsamen Amt verliebte sich Johanna in einen
spanischen Mönch namens Florodos und wurde schwanger. Sie soll ihren Zustand verdeckt haben, so daß niemand etwas bemerkte. Nach einer anderen Version hatte
sie keinen Liebhaber, sondern ihr Genius schwängerte
sie.

Der Papst Johannes Anglicus gab keinen Anlaß zum Tadel.
Er weihte Kirchen ein und vertrieb Heuschrecken wie die
anderen Päpste auch. Aber eines Tages, als die Päpstin
Johanna in einer Prozession von der Peterskirche zur La-
terankirche unterwegs war, wurde sie zwischen dem Co-
losseum und der Kirche des Heiligen Clemens von den
Geburtswehen überrascht.

Vom Ende der Geschichte gibt es verschiedene Versionen.
Nach der einen starben Johanna und das Kind bald nach
der Geburt, nach der anderen wurde aus dem Kind später
Papst Hadrian III., und nach der dritten wurden Johanna
und das Kind an Ort und Stelle gesteinigt. Auf jeden Fall
wurde Johanna an der Stelle begraben, wo sie entbunden
hatte, und auf dem Straßenpflaster war noch jahrhundertelang das Bild von einer Frau mit Kind zu sehen.

Unabhängig davon, ob die Geschichte auch nur teilweise
der Wahrheit entspricht, ist sie aufschlußreich und sehr
interessant. Die Erzähler dieser Geschichte glaubten
nämlich, daß eine Frau aufgrund ihrer Fähigkeiten das
höchste Amt der Welt erreichen konnte. Darin aber mußte
die männerorientierte christliche Kirche eine akute Gefahr sehen, wohl deshalb leugnete sie, daß es die Päpstin
Johanna jemals gegeben hat.

Heilkundige Nonne

O dulcis Maria

Die bekannteste und in der Kunst am häufigsten dargestellte Frauenfigur des westlichen Kulturkreises und vielleicht der ganzen Welt ist die Jungfrau Maria, die Mutter
Jesu. Die Entstehung und Entwicklung der Marienverehrung zeugt von der tiefen Sehnsucht der Menschen nach
der Mutter.

In den morgenländischen Religionen gab es viele Göttinnen, die später durch die Heilige Jungfrau verdrängt wurden. Die ägyptische Isis, die um den toten Osiris trauert,
erinnert an Maria, die ihren gekreuzigten Sohn beweint.
Am meisten trug zu der Verbreitung und Intensivierung
der Marienverehrung der Kult der Muttergöttin Kybele
bei. Die Heilige Jungfrau war die Schutzheilige alles
Wachsenden, der Ehe, der Geburt, der Ernte. Zwischen
Marias Jungfräulichkeit und der Fruchtbarkeit wurde
kein Widerspruch gesehen. Maria war die Gottesgebäre-
rin, auf griechisch *Theotokos*, auf lateinisch *Deipara*.

Für die katholische Christenheit war die Heilige Jungfrau
eine Mediatrix, eine Vermittlerin, die die Gebete an Vater
und Sohn weiterleitete, aber im Volk wurde aus Maria
selbst eine Göttin und ein Objekt der direkten Verehrung,
eine Wundertäterin und schließlich das am meisten geliebte Mitglied der christlichen Götterfamilie.

In der Bibel wird Maria nur einige Male erwähnt. Im Brief
des Paulus an die Galater heißt es: »... sandte Gott seinen
Sohn, geboren von einer Frau...« Die ursprünglichen
Briefe des Paulus wurden ungefähr im Jahre 57 geschrie-
ben und gehören zu den frühesten Schriften des Neuen
Testaments.

Im Markus-Evangelium kommt die Mutter Jesu zweimal
vor. Im Evangelium des Johannes wird Maria im Zusammenhang mit der Hochzeit von Kana und der Kreuzigung
erwähnt. In der Apostelgeschichte beteiligt sich Maria an
einem gemeinsamen Gebet. Außer auf Golgatha richtet
Jesus nur ein paarmal das Wort an seine Mutter, und diese
Worte drücken einen Tadel aus.

So sind auch die Angaben, die dem Marienkult zugrunde
liegen, hauptsächlich in den Berichten von Matthäus und
Lukas über die Schwangerschaft Marias und über die Ge-
burt und Kindheit Jesu zu finden. Diese Berichte sind erst
spät, nämlich gut achtzig Jahre nach den beschriebenen
Ereignissen, aufgezeichnet und zu den ursprünglichen
Texten hinzugefügt worden. Sie beruhen auf mündlicher
Überlieferung.

Die Annuntiation, Mariä Verkündigung, war ein beliebtes
Motiv für Künstler. Der Engel Gabriel verkündigt der

Als die Jungfrau Maria in das heiratsfähige Alter kam, wurden alle Witwer Israels eingeladen, um sie zu werben. Jeder sollte einen Stab mitbringen. Der Stab des alten Josef begann zu grünen, und er wurde vom Herrn zu Marias Gemahl erkoren. Josef ist für die Kirche eine problematische Figur. Im Neuen Testament wird Jakob, der Bruder des Herrn, erwähnt. Die christliche Denkweise konnte sich jedoch keinen leiblichen Bruder Jesu vorstellen: die Jungfrau Maria war vor, während und nach der Geburt unberührt. Josef durfte seine Frau nicht anrühren. Deshalb stellte man sich ihn als Greis vor. Die Brüder des Herrn waren Josefs Kinder aus seiner vorigen Ehe und Stiefbrüder Jesu. Diese Erklärung befriedigte den Kirchenvater Hieronymus, den Anbeter der Jungfräulichkeit, nicht. Nach seiner Auffassung war Josef, dem die Ehre zuteil wurde, als Stiefvater Jesu zu fungieren, unberührt und kein seniler alter Mann mit einer Schar von Nachkommen. In der Kunst wird Josef bald als ein Greis dargestellt, der alt genug wäre, um Marias Großvater zu sein, bald als schöner Jüngling.

Jungfrau Maria, daß sie den Sohn Gottes gebären werde. Maria eilt zu ihrer Verwandten Elisabeth, von der sie als Mutter des Herrn begrüßt wird. Maria spricht die großartigen Worte des Magnifikats: »Meine Seele erhebet den Herrn, und mein Geist freut sich über Gott, meinen Heiland...«

Das Kind wird in Bethlehem geboren und in den Tempel gebracht, wo der alte Simeon ihn als den Messias des Herrn erkennt. Zu der Geschichte gehören die himmlischen Heerscharen, die Weisen aus dem Morgenland, die Flucht nach Ägypten und die frühe Weisheitsbezeugung Jesu im Tempel.

Die Evangelisten Matthäus und Lukas sind sich darüber einig, daß bei der Geburt Jesu Wunder geschahen, daß er aus dem Hause David war, daß seine Mutter Maria und sein Vater Josef hieß und daß sein Geburtsort Bethlehem war. Im übrigen weichen die Berichte voneinander ab.

Um die dürftige mündliche Überlieferung von der Mutter Jesu herum rankte sich im Laufe der Jahrhunderte eine Unzahl von Geschichten. Für Maria wurde eine weitläufige Verwandtschaft erfunden, und deren wichtigstes Mitglied war die heilige Anna, die Mutter der Jungfrau.

In der Bibel werden die Eltern der Jungfrau nicht erwähnt. Die wichtigste Quelle für Marias Leben und auch das ihrer Mutter ist das sogenannte Jakobsbuch. Es gehört zu den Apokryphen und wurde nicht in die Bibel aufgenommen. Wahrscheinlich ist es im 2. Jahrhundert entstanden. Von den späteren Erzählungen seien erwähnt die Geschichte von der Geburt Marias, die offenbar im 9. Jahrhundert von dem Gelehrten Paschasius Radbertus aufgeschrieben wurde, sowie die Goldene Legende von Jacobus de Voragine aus dem 13. Jahrhundert.

Das Jakobsbuch berichtet von einem älteren jüdischen Ehepaar, Joachim und Anna:

Joachim war ein wohlhabender und frommer Mann. Jedes Jahr teilte er sein Vermögen in drei Teile. Einen Teil übergab er dem Tempel, den zweiten den Armen, und den dritten behielt er selbst.

Anna und Joachim waren jedoch traurig, weil Anna kein Kind bekam. So konnte die Familie Joachims aus dem Stamm Juda nicht fortbestehen. Und die Stellung einer kinderlosen Frau in der jüdischen Gesellschaft war beklagenswert.

Als Joachim wieder einmal mit seinen Gaben in den Tempel ging, tadelte ihn der Oberpriester wegen seiner Kinderlosigkeit. Der Herr wäre Joachim nicht gnädig und nähme sein Opfer nicht an. In seinem Kummer flüchtete Joachim für vierzig Tage in die Wüste.

Zu Hause legte Anna ihr Brautkleid an und ging weinend im Garten umher. Plötzlich erschien ihr ein Engel, der ihr

Die lieb ist leydes anefang
Es stehe gleich kurtz oder lang
So nympt sie trawrige auf gang.

Die Liebe ist allen Leides Anfang. Die weltliche Liebe war das Gegenteil der göttlichen Liebe und konnte ihrem Opfer nur Leid und Schmerzen verursachen. Die großen Liebenden der Ritterdichtung Tristan und Isolde sowie Lanzelot und Ginover waren Opfer der schändlichen sinnlichen Leidenschaft und als solche tragisch und zum Untergang verurteilt. Die Leidenschaft war vom Teufel, die enthaltsame Liebe von Gott.

Die heilige Anna und Joachim begegnen sich an der Goldenen Pforte in Jerusalem. Neben ihnen Karl der Große.

128

verhieß, daß ihr und Joachim ein Kind geboren würde. Derselbe Engel erschien Joachim in der Wüste und brachte ihm die gute Nachricht. Anna und Joachim liefen in ihrer Freude einander entgegen und trafen sich an der Goldenen Pforte von Jerusalem.

Die Begegnung von Anna und Joachim war sowohl im Hinblick auf die religiöse Tradition als auch auf die kirchliche Kunst des Mittelalters wichtig. Im Moment dieser Begegnung wurde die Jungfrau Maria gezeugt.

Es war der Augenblick der unbefleckten Empfängnis, »immaculata conceptio«, der Entstehung einer der beliebtesten und umstrittensten Mythen des Mittelalters und der katholischen Kirche. Die christlichen Lehrmeister haßten und fürchteten die Frau und die körperliche Leidenschaft. Die Jungfrau Maria, das Symbol alles Reinen und Jungfräulichen, mußte von der Erbsünde der Zeugung in Leidenschaft frei sein.

Die Auseinandersetzungen um die unbefleckte Empfängnis dauerten tausend Jahre. Das Dogma der römisch-katholischen Kirche wurde erst im Jahre 1854 verkündet, doch wurde schon seit Hunderten von Jahren von der gesamten katholischen Christenheit am 8. Dezember der Tag der unbefleckten Empfängnis begangen.

Das Motiv des alten Ehepaars, das sich nach einem Kind sehnt, ist ein beliebtes Thema von Volksmärchen. Für die Geschichte von Joachim und Anna gibt es in der Bibel mehrere Vorbilder. Im Alten Testament bekommen Abraham und Sara noch in hohem Alter einen Sohn. Offensichtlich hat auch Hanna, die Mutter des Propheten Samuel, den Verfasser des Jakobsbuches inspiriert. Und im Lukasevangelium des Neuen Testaments wird Zacharias und Elisabeth von einem Engel verkündet, daß sie einen Sohn, Johannes den Täufer, bekommen werden.

Das Mittelalter war eine Zeit der Visionen und Wundergeschichten. Die heilige Anna war im Spätmittelalter eine so beliebte Heilige, daß eine ganze Reihe von Legenden über sie entstand und die Menschen Visionen von ihr hatten.

In der ersten Hälfte des 15. Jahrhunderts hatte die Tochter eines französischen Schreiners, Colette Boilet, die folgende Vision:

Die Mutter der heiligen Anna, Esmeria oder Emerentia, war als junges Mädchen Mitglied des Karmeliterinnenordens. Im Kloster hatte sie eine Vision, aus der ihre Klosterschwestern verstanden, daß sie zu einer Vorfahrin des Heilands bestimmt war. Damit sich dies erfüllen konnte, wurde Esmeria aufgefordert, das Kloster zu verlassen und zu heiraten, was Esmeria dann auch tat. Sie hatte nacheinander fünf Ehemänner, die alle von dem bösen und eifersüchtigen Satan getötet wurden. Erst während der Ehe mit einem gewissen Stollanus gebar Esmeria die heilige Anna.

Die heilige Anna war eine weltlichere, leichter zugängliche Gestalt als die Jungfrau Maria. Sie war eine alltägliche Erscheinung, Witwe und Mutter einer großen Familie. Ihre Reliquien wurden in europäischen Kirchen aufbewahrt: der Kopf war in Köln, eine Hand in Wien und andere Körperteile in französischen Kirchen. Wie die Jungfrau Maria, so ging auch die heilige Anna in die Volksdichtung ein. In der finnischen Volksdichtung ist die heilige Anna bekannt als Annikki die Waldfrau, als reiche und freigebige Magd des Waldgottes Tapio, die Schwiegertochter des Hauses Päivölä. Die Jäger mußten Annikki besänftigen. Der Hirte bat sie, seine Hunde sowie die Wölfe und Bären im Zaum zu halten.

Die heilige Anna wurde gegen Ende des Mittelalters als Anna Selbdritt dargestellt: eine große Muttergestalt mit ihrer Tochter und ihrem Enkel.

Casper

Ein andechtigs gepet zu der heyligen frawen sant Anna vnser lieben
frawen muter fur die pestilentz.

Egrusset bistu Maria wol genaden der her ist mit dir Dem genad sey mit mir Gebe=
net bistu vnder allen frawen Vnd gesegnet sey der heyligen muter Anna von welicher
geporen Maria on sund on vnreynikeyt dem heyligen vnd zuarer leichnam Aus welich
ein geporn ist Ihesus cristus Amen

Babst Allexander der yetz ein babst ist het allen crist glaubigen menschen geben die vor dem pild sampt
anne dis obgescheiben gepete dreymal sprechen Zehentausent iar ablaß todlicher sund Vnd zwen
tzigtausent letzlicher sund! Vnd ist an dem nechsten vergangen ostertag auff ytzundern von seynem
Babstlichen stul vnd selbs mit seynen henden angeschlagen an all kirchthur die zu Rom seind Vnd
also von seyner heyligkeyt bestetiget. In dem iar als man zalt Nach Crist gepurt vnsers lieben herren
A°. CCCC. vnd in xciiii.

In den Jahrhunderten der Mystik wunderte sich niemand über diese Geschichte. Ihre Glaubwürdigkeit wurde auch nicht dadurch gemindert, daß Colette Boilet sich vergeblich um die Mitgliedschaft bei den Karmeliterinnen bemüht hatte.

Bei der Betrachtung des Stammbaums der Maria wird man auf die maßgebliche Stellung der Frauen aufmerksam, die in diesen Geschichten zu erkennen ist. Die Abstammung der Heiligen Jungfrau wird matrilinear, also mütterlicherseits, hergeleitet. Die Männer, die Väter, fungieren nur als Gehilfen.

Jacobus de Voragine erklärte in der Goldenen Legende die Abstammung der Brüder des Herrn mit Hilfe der heiligen Anna.

Die heilige Anna hatte drei Männer: Joachim, Cleophas und Salome. Allen dreien gebar sie jeweils eine Tochter, die alle den Namen Maria erhielten. Die Heilige Jungfrau hatte also zwei gleichnamige jüngere Halbschwestern. Die beiden Marien gebaren ihrerseits Kinder, die dann »Brüder des Herrn« waren.

Josef nahm seine Verlobte Maria wegen der Volkszählung mit nach Bethlehem. Unterwegs kam für Maria die Zeit ihrer Niederkunft. Josef brachte sie in eine nahe gelegene Höhle und suchte mit seinen Söhnen nach einer Hebamme. Während der Geburt stand über der Höhle eine Lichtwolke, und die erstaunte Hebamme erkannte das Wunder. Eine andere Frau, Salome, zweifelte an der jungfräulichen Geburt und untersuchte Maria. Alsbald schrumpfte ihre Hand unter Qualen zusammen. Der Engel forderte sie auf, das Jesuskind auf den Schoß zu nehmen, und ihre Hand wurde wieder gesund.

Nach einer anderen Version gebiert Maria im Stall, wo Ochse und Esel das Kind verehren.

Während der Flucht nach Ägypten geschahen zahlreiche Wunder: Drachen, Löwen und Leoparden verehren das Kind. Unter den Füßen der Heiligen Familie entspringen Quellen, die Palmen neigen sich, um den hungrigen Wanderern ihre Früchte darzubieten, die Götzenbilder zerbrechen. Die beiden Räuber, die später am Kreuz auf Golgatha Christus begegnen werden, rauben die Reisenden aus, aber einer von ihnen bereut die Tat, und Jesus erbarmt sich seiner.

Zu Hause in Nazareth bewirkt das Jesuskind Wunder. Es erweckt einen kleinen Jungen von den Toten, verlängert die von Josef zu kurz gesägten Bohlen, weiß in der Schule alles und macht seine Lehrer sprachlos.

In den ersten Jahrhunderten des Christentums wurde Maria als die erste Heilige, als Mutter Jesu, aber als ein menschliches Wesen verehrt. Im 4. Jahrhundert nahm in

Die Verehrung Marias als Himmelskönigin erreichte ihren Höhepunkt im 13. Jahrhundert. Sie hatte im weltlichen Leben eine Entsprechung: Frankreich, das mächtigste Reich Europas, wurde von der Königin Blanka in Vertretung für ihren kleinen Sohn regiert. Blanka war eine kastilische Prinzessin, eine überaus fromme und machtgierige Frau. Sie war zwölf Jahre alt, als ihre Großmutter, die sagenhafte Königin Eleonore, sie zur Gemahlin des französischen Thronerben bestimmte. Blanka war sechsundzwanzig Jahre mit König Ludwig VIII. von Frankreich verheiratet und gebar elf Kinder. Als der König starb, war der Thronerbe Ludwig noch klein. Blanka hielt die streitsüchtigen Lehnsherren geschickt in Schach. Sie regierte das Reich energisch und konnte nur schwer davon lassen, als der Sohn selbst die Regierung übernahm. Blanka ließ sich selbst und ihren Sohn wie auf religiösen Gemälden darstellen. Ludwig hält die königlichen Insignien, Reichsapfel und Zepter, in der Hand, und die gekrönte Königinmutter erhebt die Hand zu ihrem Sohn. Ludwigs Frau Margaretha ist nicht zu sehen. Blanka hat ihren Sohn nicht umsonst fast zu einem Heiland erhöht: aus dem König Ludwig IX. wurde der beliebteste Heilige Frankreichs, Ludwig der Heilige.

Die himmlische und die weltliche Königin. Die Jungfrau Maria war die Himmelskönigin Regina Coeli so wie ihr Sohn der König des Himmels war. Die Krone auf ihrem Haupt erinnert die Gläubigen auch an die Macht, die die Kirche über die gesamte Christenheit hat. Die Jungfrau wird in Gold und Seide dargestellt, geschmückt wie eine weltliche Herrscherin.

der christlichen Kirche ein leidenschaftlicher Jungfräu-
lichkeitskult seinen Anfang.

Mit dem Sammeln von Reliquien wurde bereits in früheren Jahrhunderten begonnen, ebenso mit der Anbetung
von Orten, an denen Heilige ihr Leben verloren hatten.
Niemand konnte mit Sicherheit sagen, wo die Jungfrau
Maria gestorben war, obwohl viele Orte diese Ehre für
sich beansprucht haben. Meistens wurde Jerusalem als
Sterbeort angegeben, aber auch Ephesos in Kleinasien
kam in Geschichten vor.

Da die Jungfrau ohne Zutun eines Mannes ihren Sohn
empfangen und geboren hatte und ihr Körper deshalb
nicht unrein geworden war, zerfiel ihr Leib nach ihrem
Tod nicht. Ihr Sterbeort ist nicht bekannt, und es gibt kaum
Reliquien. Beides bildete eine gute Voraussetzung für die
Entstehung der Legende von ihrer Himmelfahrt.

Auch im Alten Testament gibt es Geschichten von der Aufnahme in den Himmel, zum Beispiel von Enoch und Elias.
Der Tod Mose ist ebenso geheimnisvoll wie der Tod der
Jungfrau, sein Sterbeort ist gleichfalls nicht bekannt. Die
Vorstellung von der Erhaltung des Körpers nach dem Tod
war im Mittelalter allgemein verbreitet. Als ein Zeichen
der Heiligkeit galt gerade die Tatsache, daß die Leiche
nicht zu Staub zerfiel, sondern im Gegenteil noch lange
herrlich duften konnte.

In den Jahrhunderten des Spätmittelalters verblaßte das
Bild der Jungfrau Maria als einer in den Himmel aufgefah-
renen Königin der Christenheit, und sie wurde immer
mehr als Braut und Mutter verstanden.

Die Brautmystik basierte auf dem vielleicht schönsten
Liebeslied der Welt, dem Hohenlied von Salomo.

Die Heilige Jungfrau wurde als die Braut des Hohenliedes,
als die Geliebte des Christen schlechthin verstanden. Der
heilige Bernhard von Clairvaux war der leidenschaftlich-
ste Anbeter der Jungfrau. Bernhard, ein strenger Asket des
12. Jahrhunderts und Prediger der Kreuzzüge, liebte die
Jungfrau so, daß er seine Zuhörer manchmal wegen seiner Heftigkeit um Verzeihung bitten mußte. In seinen
Worten, in seinen zwingenden, betörenden Predigten
kommt die Jungfrau Maria zu jedem Sünder. Bernhard
gab seinem Publikum mit den Worten des Hohenliedes anstelle der Himmelskönigin eine sanfte, herrliche Geliebte.
Zu der Zeit, als der heilige Bernhard von der Tugend und
Schönheit der Jungfrau Maria betört wurde, priesen die
weltlichen Sänger sinnlichere Frauen. Die Blütezeit der
Ritterminne und der Höhepunkt der Marienverehrung fielen zeitlich zusammen.

Die Auffassung der Kirche von der erstrebenswerten Liebe war jedoch anderer Art als die der Minnesänger. Im

13. Jahrhundert wurden die Sänger der Lebensfreude in eine christliche Form gepreßt: Das irdische Leben mußte man verleugnen, um das himmlische zu erlangen.

Der letzte Troubadour der Provence gibt zu: »Oft glaubte ich früher, von der Liebe zu singen, obwohl ich nicht wußte, was die Liebe ist, denn meine Torheit nannte ich Liebe. Nun zwingt mich die Liebe, eine Frau anzubeten, die ich nicht genug verehren und fürchten, und der ich nicht genug dienen kann, so wie sie es verdiente.« Giraut Riquier war intelligent genug, sich der Situation anzupassen: Hinter ihm, in der Vergangenheit, lagen die schrecklichen Albigenserkriege, in denen eine halbe Million Männer, Frauen und Kinder getötet wurden, weil sie anders dachten als die Kirche des Papstes, und am Horizont zeichneten sich die Feuer der Hexenverbrennungen ab.

Es war nur erlaubt, die Heilige Jungfrau zu preisen, nur sie durfte Liebe und Leidenschaft wecken. Die himmlische Liebe brachte die Erfüllung. Die Liebe zu Gott und der Gott der Liebe waren Gegensätze.

Eine Auffassung von der Jungfrau Maria, die die Protestanten übernahmen, ist das in der Kunst weltweit am häufigsten dargestellte Motiv: die Madonna, die Jungfrau Maria, mit dem Jesuskind.

Die Himmelskönigin stieg von den Höhen des Himmels auf die Erde herab und wurde eine demutsvolle Mutter, die von dem Künstler sogar dargestellt wurde, wie sie barfuß und auf der harten Erde sitzend ihr Kind stillte. Die Milch Marias war Milch des Paradieses, die Wunder wirkte. Einzelne Milchtropfen wurden in kostbaren Reliquienschreinen aufbewahrt. Legenden erzählen, wie die Heilige Mutter Milch aus ihren Brüsten auf Wunden preßte, die sofort heilten.

Von der sanften Mutter bekam das Marienbild einen neuen Wesenszug, die Demut, »humilitas«.

Im 13. Jahrhundert lebte der bekannteste und am meisten geliebte Heilige des Mittelalters, Franz von Assisi. Ein wichtiges Postulat, auch seines Frauenideals, das sich rasch in ganz Europa verbreitete, war die Demut.

»Ecce ancilla Dei«, sagte Maria zu dem Engel Gabriel. »Siehe, ich bin des Herrn Magd; mit mir geschehe, was du gesagt hast.« »Docilitas«, der Gehorsam, war eine Eigenschaft Marias, die die Kirche gern hervorhob und von allen Gläubigen erwartete.

In der Kunst wurde die Mutter dargestellt, wie sie demütig vor ihrem kleinen Sohn kniet. Aus der Himmelskönigin war eine Frau geworden, die sich unterzuordnen verstand. Sanftmut. Schwäche, Gehorsam und Geduld wurden als wesentliche Eigenschaften einer Frau herausgestellt. Die Eigenschaften, die ursprünglich als ein Ideal gegolten hatten, avancierten zu angeblich wirklichen Eigenschaften: Die Frauen waren aus biologischen Gründen unterwürfig, von Natur aus gehorsam und brauchten einen Gebieter und Anleiter. Dieses Gedankenkonstrukt wurde jahrhundertelang aufrechterhalten.

Die katholische Ethik entwickelte damit ein Frauenideal, das nicht mehr allein von der Jungfernschaft abhing. Das wurde zu einem Problem. Wie konnte eine Religion, die in der Frau alle Laster vereint gesehen hatte, sie gleichzeitig mit christlichen Tugenden ausstatten? Diese Tugenden waren wohl Christus und den Geistlichen eigen, jedoch keineswegs den Männern allgemein. Trotzdem waren die Männer edlere und höhere Wesen als die Frauen. Nun entstand ein neues Frauenbild, dessen Eigenschaften sie tugendhafter machten als der Mann es war. In der Gottesmagd können wir die viktorianische, durch Verherrlichung unterdrückte blasse Lilie erahnen.

In der Mitte des 14. Jahrhunderts erlitt die Menschheit weltweit den schwersten Schock, den sie bis dahin erlebt hatte. Der Schwarze Tod, die Pest, breitete sich vom fernen Osten her in der gesamten bekannten Welt aus. Innerhalb von vier Jahren erlebte ihre Weltanschauung eine Erschütterung, nach der nichts mehr so war wie zuvor.

Der Tod wurde eine mächtige Gestalt im Denken der Menschen. Der sanfte Tod von früher, die demütige und wundervolle Resignation vor dem Unabwendbaren, wurde zu blindem Lebensdurst, zu einer Abwehrhaltung gegenüber dem Tod, der dem Menschen sein einziges Leben nimmt.

Die Religiosität konzentrierte sich nunmehr auf morbide Dinge. Der qualvolle Tod Christi wurde hervorgehoben, und aus der sanften Madonna wurde »Mater dolorosa«, die Schmerzensmutter, die unter dem Kreuz ihres Sohnes Tränen vergoß. Auf diese Weise beteiligte sich Maria an der Heilsaufgabe des Erlösers.

In der Todesangst wurde die Jungfrau Maria zum Ziel der Gebete. Die barmherzige Jungfrau breitet ihren schützenden Mantel über die Sünder und schützt sie vor Tod und Höllenqualen. Die Teufel und Dämonen der Hölle fürchten sie, weil sie auch die Königin der Hölle ist, vor der sich sogar der Satan verneigen muß. Die barmherzige Jungfrau betet zu ihrem Sohn für die im Fegefeuer leidende arme Seele.

Das Vaterunser ist allen Christen gemeinsam. Die am häufigsten gesprochenen Worte der römisch-katholischen Welt lauten:

»Ave Maria, gratia plena, Dominus tecum; benedicta tu in mulieribus, et benedictus fructus ventris tui Jesus. Sancta Maria, Mater Dei, ora pro nobis peccatoribus nunc et in hora mortis nostrae. Amen.«

Das Avemaria wurde bereits im 6. Jahrhundert in der Li-

Robert Campin

Eine der schönsten Erscheinungsformen der religiösen Sehnsucht des Menschen ist die Jungfrau Maria, die Mutter Jesu. Sie steht für all das, was für den Menschen human und gut ist. Einem gewöhnlichen Christen stand sie näher als ihr göttlicher Sohn. Im Laufe des Mittelalters wurde die Jungfrau Maria für die Christenheit die am innigsten verehrte Gestalt.

turgie verwendet, aber allgemein wurde die Verwendung erst im 11. Jahrhundert. Die letzte herzzerreißende Bitte wurde erst nach dem Schwarzen Tod im 15. Jahrhundert hinzugefügt: »Heilige Maria, Mutter Gottes, bitte für uns Sünder, jetzt und in der Stunde unseres Todes.«

In der Kunst wird Maria, die Schmerzensreiche, mit dem von sieben Schwertern durchbohrten Herzen dargestellt. Die sieben Schmerzen der Jungfrau sind: die Weissagung des Simeon, als das Jesuskind zur Beschneidung gebracht wurde: »Auch durch deine eigene Seele wird ein Schwert dringen«, die Flucht nach Ägypten, die Suche nach Jesus im Tempel, die Begegnung mit Jesus auf dem Weg nach Golgatha, die Kreuzigung, die Kreuzabnahme und die Grablegung.

Erst die protestantische Reformation stürzte die Jungfrau Maria und zerstörte die Heiligenbilder. Der Mensch brauchte keinen Vermittler mehr, um sich Gott zu nähern. Aber indem die Patriarchen der Reformation, Calvin, Zwingli und Luther, die Vermittlerin abschafften, nahmen sie der Frau auch die Verteidigerin, Vertraute und Freundin. Mit dem Protestantismus erreichte das Patriarchat im Verlauf der christlichen Zeit seine volle Blüte.

Die Glaubensvorstellungen des Volkes wurden jedoch nicht durch ein Machtwort des Königs und des Bischofs geändert. Die Jungfrau Maria mit ihren Heiligen lebte noch lange in den Herzen der Menschen, »leuchtete wie der heilige Tag, glänzte wie das goldene Kreuz«.

Im protestantischen Glauben hat Maria nichts zu suchen, außer zu Weihnachten. An der Krippe siegt der uralte Mythos von der Muttergöttin über den allmächtigen Patriarchen.

Aus den
Minneliedern
in die
Küche

Ritterromantik

»Eine vornehme Dame hatte einem edlen Ritter ihre Gunst unter der Bedingung gewährt, daß er in Gesellschaft nie mit ihren Reizen prahlen durfte. Eines Tages nun hörte der Liebhaber, wie jemand schlecht über die Dame seines Herzens redete. Nun konnte er sein Versprechen nicht mehr halten, sondern ließ sich dazu hinreißen, seine Gebieterin beredsam zu verherrlichen. Als die edle Dame davon erfuhr, entzog sie ihm ihre Gunst, obwohl der Ritter seinen Fehler einsah und um Gnade flehte. Hat sie recht gehandelt?«

Marie, die Gräfin von Champagne, berät die Angelegenheit mit ihrer Mutter, der Königin, und mit anderen hochgestellten Damen.

»In diesem Fall war die Geliebte des Ritters im Unrecht. Sie hat von ihrem Liebhaber Unmögliches verlangt. Dieses Gericht beschließt, daß die Dame dem Ritter ihre Gunst wieder zu erweisen hat.«

»Den Richtern der Liebe wird die Frage gestellt: Kann die Liebe in einer Ehe bestehen?«

Alle verstummen und hören zu, die betagten vornehmen Damen, die neuvermählten jungen Frauen, die ihren Schleier noch als ungewohnt empfinden, die zehnjährigen kleinen Fräulein, die Handelsware der Ehemärkte, die übermütigen jungen Männer, die Ritter und Waffenträger und die an den Seiten des großen Saales sitzenden Priester und Schreiber.

»Obwohl die Regeln der Ritterliebe besagen, daß die Ehe kein Hindernis für die Liebe sei, ist es kaum denkbar, daß zwischen Eheleuten die ideale Liebe bestehen könnte.«

Der Hof von Poitiers war ein Reich der Frauen. In den besten Zeiten lebten dort sechzig vornehme Damen, die Spitzen der weltlichen Bildung und Eleganz jener Zeit. An diesem Hof herrschte ein reges gesellschaftliches Leben. Besucher kamen von weither, um das Liebesgericht zu bestaunen, um die sehnsuchtsvollen Lieder der weiblichen und männlichen Troubadoure zu hören und um die wunderbarste Frau des Mittelalters, Eleonore von Aquitanien, zu sehen. Die Hochsaison am Hofe war im Frühjahr, nach der Fastenzeit, von Ostern bis Johanni. Nach Johanni wurde die Waffenruhe aufgehoben, und die Männer wandten sich ihrer Lieblingsbeschäftigung zu: sich in Armeen mit Tausenden von Soldaten in ganz Europa zu schlagen.

Den eleganten Hof von Poitiers störten die brutalen Kämpfe der Männer nicht. Dort wurde über Liebe und Kleider geplaudert – die Preise für Pelze und Stoffe hatten sich seit

Ein wesentlicher Bestandteil der Ritterkultur waren die Turniere, die auch dann noch veranstaltet wurden, als die Frauen nicht mehr in der früheren Weise verehrt wurden. Beim Turnier kämpfte Ritter gegen Ritter. Es ging darum, den Gegner mit der Lanze aus dem Sattel zu heben. Den Abschluß bildete meistens »melei«, ein Kampf der Rittermannschaften. Das Kriegspferd des Ritters, »destrarius«, war auf das Kämpfen trainiert und sehr wertvoll. Bei den Turnieren passierten oft Unfälle. Im 12. Jahrhundert kam der Sohn des englischen Königs Heinrich II., Geoffrey, bei einem Turnier ums Leben. Im 16. Jahrhundert bekam der König Heinrich II. von Frankreich beim Turnier eine Lanze ins Auge und erlag später seinen Verletzungen.

Auch wenn in den Ritterburgen Feste gefeiert wurden, sollten sie in erster Linie der Verteidigung dienen, und Komfort für die Bewohner war nicht vorgesehen. Herzstück des Kernturmes bildete eine große Halle, in deren Mitte ein rauchendes Feuer brannte. Auf dem mit Stroh belegten Fußboden herrschte ein geschäftiges Treiben: da gab es streitende Männer und sich balgende Hunde, Speisereste und Exkremente, Wein und Bier in Hülle und Fülle, zugige Fensteröffnungen mit Vorhängen aus Leder und Fensterläden aus Holz. Der Belustigung dienten mißgebildete oder geistesgestörte Menschen und Zwerge. Kein Wunder, daß sich die vornehmen Frauen, die oft eine Erziehung im Kloster genossen hatten, nach etwas Besserem sehnten.

der Gründung des Hofes verdoppelt –, über Liebe und Dichtung, über Liebe und Tod, über Liebe und Erotik: Am Hof lebte die bedeutendste Dichterin des Mittelalters, die temperamentvolle und erotische Marie de France. Luxus und Eleganz waren unentbehrlich. Ein entrüsteter Chronist schreibt:

»Früher begnügten sich sogar der Bischof von Limoges und der Vicomte von Comborn damit, sich in Schaf- und Fuchsfelle zu kleiden. Heute dagegen würden sich sogar die niedersten Stände schämen, sich in so einfachen Kleidern zu zeigen. Jetzt sind ihre Kleider aus teuren verzierten Stoffen genäht, und sie kleiden sich in Farben, die ihrer jeweiligen Laune entsprechen. Die Jünglinge haben lange Haare und tragen spitze Schuhe.« Und die Frauen sind das letzte: »Nach den Schleppen zu urteilen, die sie hinter sich herschleifen, sind sie Schlangen.«

Der Ritterhof von Poitiers bildete den Mittelpunkt der Ritterromantik. Die Königin des Hofes, Eleonore von Aquitanien, war eine Frau, deren Leben auf vielfache Weise die ambivalente Stellung der Frau im Mittelalter widerspiegelt.

Schon Eleonores Herkunft wirkte sich maßgeblich auf die Entstehung der Ritterromantik aus. Sie wurde im Jahre 1122 in der Troubadourenfamilie der aquitanischen Her-

zöge geboren. Sie war erst fünfzehn Jahre alt, als ihr Vater starb und sie Herzogin von Aquitanien und Gräfin von Poitou wurde.

Ein auffallender Zug am europäischen Feudalwesen war, daß eine Frau unermeßlich große Lehensgebiete erben konnte. Eleonore war Herrin von fast halb Frankreich, über sich hatte sie nur noch den König.

Die kriegerische Atmosphäre des Hochmittelalters, die Streitigkeiten der mächtigen Männer, die Kämpfe der Ritterarmeen und die Kreuzzüge brachten unzähligen Männern einen frühen Tod. Es gab in Europa viele Erbinnen und Witwen, die durch ihr eigenes Recht die Treue von Dutzenden, ja Hunderten oder Tausenden von Rittern in Anspruch nehmen konnten.

Solche Frauen waren begehrte Preise. Der Lehnsherr einer Witwe oder einer Waise hatte das Recht, sein Mündel zu verheiraten, mit wem er wollte. Die Könige sammelten an ihren Höfen ganze Scharen von Mädchen und Witwen, die dann an verdienstvolle Untergebene verkauft oder verschenkt wurden. Mit der Frau erhielt der Ehemann auch das Lehen mit allen seinen Schlössern und Rittern.

Als Eleonore Waise wurde, war sie jeden Augenblick in Gefahr, wegen ihrer riesigen Lehen entführt zu werden. Ihr Vormund, der König von Frankreich, hatte auch über ihre Heirat zu entscheiden. Ludwig der Dicke tat das ein-

Die Kreuzzüge waren die große Völkerwanderungsbewegung des Hochmittelalters. Auch Kinder wurden zu Kreuzzügen mitgenommen, und mit der für die damalige Zeit typischen Naivität wurde angenommen, Gott werde die Wanderung der Unschuldigen beschützen. Die Kleinen kamen auf der Reise um oder wurden als Sklaven in den Nahen Osten verkauft.

Auf dem Bild schwören der französische König Ludwig VII. und seine Königin Eleonore den Kreuzzugseid. Auf dem mißlungenen Kreuzzug begegnete Eleonore dem Ritterideal, ihrem Onkel Raymond, dem Fürsten von Antiochia. Raymond war ein stattlicher, tapferer und lebenslustiger Mann. Die Priesterchronisten hatten ihre Freude daran, Eleonore durch die Behauptung in Verruf zu bringen, sie habe ein Verhältnis mit ihrem Verwandten gehabt.

Eleonore, Königin von Frankreich und England, Herzogin von Aquitanien und Gräfin von Poitou durch ihr eigenes Recht, war eine der bedeutendsten Frauen des Mittelalters. Entsprechend dem damaligen Brauch wurden ihre Kinder bereits in zartestem Alter an die europäischen Höfe verheiratet, um so die Politik ihrer Eltern zu fördern. Mathilda war elf, als sie mit dem sächsischen Herzog, Heinrich dem Löwen, verheiratet wurde. Eleanora wurde mit neun Jahren Königin von Kastilien und Joanna mit elf Jahren Königin von Sizilien. Der dreijährige Heinrich wurde mit einer zweijährigen französischen Prinzessin verlobt, der vierjährige Richard mit der kleinen Schwester dieser Prinzessin, der gleichaltrige Johann mit einer einige Monate alten Erbin, der siebenjährige Geoffrey mit der kleinen Herzogin der Bretagne. Das europäische Netz der Macht, das mit Hilfe der königlichen Kinder geknüpft worden war, zerriß jedoch, als der Familienvater, der englische König Heinrich II., es versäumte, gute Beziehungen zu seinen Schachfiguren zu pflegen.

zig Mögliche: er verheiratete Eleonore sofort mit seinem Sohn und Erben, dem Prinzen Ludwig, und erhielt so die Gebiete Poitou und Aquitanien.

Die Ehe hatte gute Voraussetzungen, harmonisch zu werden. Der Bräutigam war nur zwei Jahre älter als die Braut, er hatte eine zierliche Figur und einen sanften Charakter. Ludwig war ursprünglich für den Kirchendienst vorgesehen, aber der Tod des älteren Bruders machte ihn sehr jung zum Thronfolger und König. Vielleicht machten gerade die in der Klosterschule verbrachten Jahre Ludwig zu einer Ausnahmeerscheinung: er war nicht wie die typischen Ritter seiner Zeit grob, gefräßig, tölpelhaft, gewalttätig und oft betrunken. Ludwig war fromm wie ein Mönch und für die starke Geistlichkeit leicht zu lenken.

Das führte zu einem Bruch. Die Chronisten beschreiben Eleonore als eine bezaubernde, lebhafte und elegante Frau. Man kann sich leicht vorstellen, daß die junge Königin von Frankreich bald mit dem asketischen heiligen Bernhard, der Ludwig auf einen möglichst schmalen Pfad mit vielen Dornen zu führen versuchte, in Konflikt geriet. In 15 Ehejahren wurden dem Königspaar nur zwei Töchter geboren. Das war ein schwaches Ergebnis. Vielleicht hatten Ludwigs überaus fromme Lebensgewohnheiten etwas damit zu tun.

Im Jahre 1147 begaben sich Ludwig und Eleonore auf einen Kreuzzug in das Heilige Land. An diesem Kreuzzug nahmen auch andere gekrönte Häupter aus Europa teil, das Ergebnis war jedoch umstritten und wohl ein Mißerfolg.

Auf der Rückreise suchte das französische Königspaar den Papst auf. Eleonore hatte genug von dem Leben mit einem Mönch. Es gelang dem Papst jedoch, die Eheleute zu versöhnen; es heißt, er stellte ihnen ein Bett zur Verfügung und nahm selbst an ihrem Bettrand Platz.

Aber die Ehe war nicht mehr zu retten. Eleonore war unbeliebt, von fremdem Blut, und sie konnte ihre dynastische Verpflichtung, Söhne zu gebären, nicht erfüllen. Die Ehe wurde wegen Blutsverwandtschaft für nichtig erklärt. Eleonores Töchter, von denen die kleinere knapp zwei Jahre alt war, verblieben beim König.

Die reichste Erbin Europas war wieder frei. Eleonore wußte, daß es ihr unmöglich war, unverheiratet zu bleiben. Sie war eine Gefangene ihres Erbes. Also mußte sie so schnell wie möglich einen Mann finden, der sie beschützte, denn ohne eheliche Bindung lief sie wiederum Gefahr, die Beute des ersten besten Entführers zu werden.

Eleonore versetzte durch ihre Entscheidung ganz Europa in Erstaunen. Sie heiratete den elf Jahre jüngeren Heinrich von Plantagenet, den Herzog der Normandie, der bald König von England wurde. Nach dieser Heirat besaß der englische König mehr Land in Frankreich als der französische König.

Sowohl Eleonore als auch Heinrich waren temperamentvolle Persönlichkeiten, sie hatten gemeinsame Aufgaben und Ziele und bekamen acht Kinder. Die Ehe war sicher recht befriedigend, bis nach ungefähr 15 Jahren die Zerrüttung begann.

Im Mittelalter war es üblich, einem fremden Ritter ein Bad zu bereiten. Dafür mußte eine große Menge Wasser erhitzt werden. Das Dienstmädchen facht mit dem Blasebalg das Feuer unter dem Wasserkessel an. Die Frauen der Familie des Ritters baden den Besucher, kredenzen ihm Wein und kleiden ihn wieder an.

Der sichtbare Grund für die schlechten Beziehungen des Königspaares war die schöne Rosamond Clifford, die Geliebte des Königs. Es dürfte Eleonore kaum etwas ausgemacht haben, daß Heinrich andere Frauen hatte; der König war berühmt für seine Unersättlichkeit. Die Zölibatchronisten seiner Zeit schwelgen in Geschichten darüber, wie weder die Frauen noch die Töchter der Vasallen vor dem König in Sicherheit waren, wie er Geiseln verführte und sogar die Braut seines Sohnes.

Die mächtigen Männer jener Zeit pflegten ihre Leidenschaften nicht zu zügeln, obwohl die Kirche versuchte, auch in dieser Angelegenheit für eine gewisse Ordnung zu sorgen. Die Männer, die es sich leisten konnten, waren praktisch polygam.

Kränkend für Eleonore war jedoch anscheinend die Tatsache, daß Heinrich Rosamond Clifford der Öffentlichkeit als seine Konkubine präsentierte. Eine dramatische Geschichte erzählt, wie die stolze Königin in ihrem Zorn die schöne Rosamond vor die Wahl stellte: Dolch oder Gift.

Die Geschichte wird indes nicht wahr sein, denn nach zehnjährigem Verhältnis zog sich Rosamond in ein Kloster zurück, wo sie starb. Die Nonnen verehrten ihr Grab, indem sie es mit Kerzen und kostbaren Stoffen schmückten. Der entsetzte Bischof ließ die Leiche an einem anderen Ort vergraben. Die ehrbaren Frauen hätten sonst glauben können, daß man für Ehebruch auch noch wie eine Heilige verehrt wurde.

Eleonore begab sich auf ihr Lehensland, nach Poitiers, und gründete ihren eigenen Hof. Dort war sie der bewunderte Mittelpunkt. Ihr wurden Dutzende von Liebesliedern gewidmet, und aus allen Teilen Frankreichs strömten junge Männer herbei, um der herrlichsten Königin Europas ihren Minnedienst darzubringen.

Die schlechten Beziehungen zwischen Eleonore und Heinrich gipfelten darin, daß Eleonore ihre Söhne im Kampf gegen den Vater unterstützte. Der Aufstand schlug fehl, und der König nahm seine Frau gefangen. Eleonore mußte 16 Jahre, bis zum Tode Heinrichs im Jahre 1189, im Gefängnis sitzen.

Eleonores Gefangenschaft im Salisbury Tower macht die Situation der Frau im Mittelalter deutlich: sie konnte noch so mächtig, reich, gebildet und berühmt sein, ihre Stellung gegenüber dem Ehemann war nicht viel besser als die einer Sklavin. Sie konnte nicht fliehen, sie konnte an niemanden appellieren, sie konnte sich nicht einmal beschweren, wenn der Mann sie mißhandelte, denn der war dazu berechtigt. Andererseits wurde ihre Ehe als Ehefrau nicht dadurch befleckt, daß ihr Mann sie schlecht behandelte, weil das zu seinen Rechten gehörte. Als Heinrich starb, begann Eleonore, das Reich in Vertretung für ihren

Sohn Richard zu regieren, und ihre lange Gefangenschaft hatte sie in keiner Weise entehrt.

Eleonore arbeitete noch 15 Jahre lang unermüdlich für das Wohl ihres Reiches. Richard geriet auf einem Kreuzzug in Österreich in Gefangenschaft, und Eleonore mußte das Lösegeld für den König von ihren Untertanen eintreiben. Richards machtgieriger jüngerer Bruder Johann war eine Quelle ständiger Intrigen und Unruhen, denen Eleonore zu trotzen hatte. Noch im Alter von fast achtzig Jahren beschaffte die tatkräftige Eleonore für den Enkel ihres ersten Mannes eine Braut von jenseits der Pyrenäen.

Eleonore war zweiundachtzig, als sie starb. Sie wurde in der Abtei Fontevrault neben ihrem Gatten Heinrich II. begraben. Unzählige Lieder und Geschichten künden noch heute von ihrem Glanz.

Die in der Ära Eleonores in Südfrankreich, in der Provence, entstandene Ritterromantik entfaltete sich zu voller Blüte. Die gesamte Ritterkultur wäre undenkbar ohne die hochgestellten Damen, die durch ihr eigenes Recht Macht ausübten. Die Ritterromantik beruhte darauf, daß in Mittel- und Südeuropa die Frau sowohl Lehnsherrin als auch Vasallin sein konnte.

Nach einer von vielen Erklärungen ist die höfische Dichtung so entstanden, daß ein wandernder Troubadour vergebens versuchte, mit dem üblichen Lied über kriegerische Helden das Interesse der Schloßherrin zu erregen. Die Dame, deren Mann nach dem Brauch der Zeit irgendwo weit entfernt im Krieg war, zeigte sich abweisend. Besorgt um sein Mittagessen, begann der Troubadour, statt der Kämpfe die Schönheit und Freigebigkeit der Dame zu besingen. Dieses Lied lohnte die Mühe und erwies sich auch später als zweckmäßig in einem Land, in dem eine Burg neben der anderen stand, deren Herren allesamt abwesend waren.

Auf jeden Fall setzte die Verbreitung der höfischen Dichtung das Vorhandensein von Frauen voraus, die den Willen und die Mittel hatten, die Troubadoure zu schützen, und die stark genug waren, ihr männliches Gefolge von den Ritteridealen zu überzeugen.

Wer waren die jungen Männer, die die Ritterromantik brauchte, um aufzublühen? Sie waren jüngere Söhne adliger Familien, für die kein Land da war, weil der älteste Sohn alles erbte. Der Beginn der Ritterromantik fiel in die Zeit, in der die Bedeutung der Erstgeburt bei Erbschaftsangelegenheiten entscheidend wuchs.

Diese jungen Männer hatten keine Chance, zu heiraten und einen eigenen Hausstand zu gründen. Sie begnügten sich mit Geliebten aus niederen Ständen, und zum Zeichen ihres höheren Standes leisteten sie einer adligen Dame den Minnedienst. Gegenstand der Verehrung war zu-

Die strengen Ehebruchbestimmungen der Gesetze und der Kirche zwangen dazu, das theoretische Gebäude der Ritterliebe auf dem scheinheiligen Fundament der platonischen Liebe zu errichten. »Umarmung ohne Vereinigung« heißt dieses Bild, auf dem sich zwei Liebende mit gekrönten Häuptern und ernstem Gesicht sehr intim umarmen. »Die Probenacht der Liebe« war ein lustiger Versuch, bei dem die Liebenden einander entkleideten, sich ins Bett legten und ein entblößtes Schwert als Zeichen ihrer Sittsamkeit zwischen sich legten. In Wirklichkeit handelte die höfische Dichtung von der brennenden körperlichen Leidenschaft. Kaum ein Troubadour hätte seine Liebenden wegen eines unschuldigen Kusses zugrunde gehen lassen.

Der Keuschheitsgürtel wurde
zur Blütezeit der Ritterliebe
erfunden. Er war jedoch so
unpraktisch und unbequem,
daß seine Verwendung sicherlich eher die Ausnahme als
die Regel war. Wir wissen
nicht, wie die Einstellung der
Zeitgenossen – und vor allem
der Frauen – dazu war und ob
diese Einrichtung überhaupt
allgemein bekannt war.

meist die Gemahlin des eigenen Lehnsherrn. Die Ritterromantik funktionierte in zwei Richtungen: die aggressiven Jünglinge, auch die verbitterten, konnten ihre Energie im Minnedienst abreagieren, und gleichzeitig wurden sie durch die Tatsache befriedigt, daß sie eigentlich die Frau ihres Herrn zum Ehebruch verlockten. Der Lehnsherr wiederum verwendete seine Frau als Köder: je schöner und berühmter die gnädige Frau war, um so mehr Männer traten in den Dienst des Freiherrn.

Die Ritterkultur versuchte für die unruhige, wurzellose Gruppe der jungen Männer eine Art Verhaltenskodex zu schaffen, durch den die von ihnen in der Gesellschaft verursachte Störung so gering wie möglich gehalten wurde. In der Ära der Königin Eleonore wurden die Regeln der Ritterromantik in einem Buch festgehalten. Mit dieser sonderbaren Aufgabe wurde der Kaplan der Gräfin von Champagne, Andreas Capellanus, betraut.

Andreas Capellanus macht ganz klar, daß die Ritterliebe mit der Ehe nichts zu tun hat. »Die Kraft der Liebe kann nicht zwischen zwei Menschen zum Tragen kommen, die miteinander verheiratet sind.« Die Ehen wurden ja aus politischen und wirtschaftlichen Gründen geschlossen. Der Ehemann hatte bis dahin praktisch frei seine Gefühle einer Geliebten oder Konkubine zuwenden können. Die Ritterromantik bot auch der Ehefrau eine Möglichkeit, ihren Liebeshunger auf elegante Weise zu stillen. Denn die Liebe, von der die Ritterromantik sprach, war nicht im mindesten unschuldig, obwohl in späterer Zeit dergleichen behauptet worden ist.

Dem rechtschaffenen Kaplan hat es sicherlich Kopfzerbrechen bereitet, daß sein »Tractatus De Amore« eigentlich eine Sammlung komplizierter Regeln für den Ehebruch war. Denn darum handelte es sich, auch wenn Andreas es sehr feinfühlig umschreibt: »Liebe ist eine angeborene Leidenschaft, die beim Anblick oder bei unmäßiger Vorstellung der Gestalt des anderen Geschlechts entsteht, worüber man über alles die Umarmung des anderen wünscht und alle Gebote der Liebe aus beiderseitigem Wunsch nach Umarmung heraus erfüllen will.« In seiner Not unterscheidet Capellanus später die reine Liebe von der Wollust: »Sie besteht aus Nachsinnen und aus der Zuneigung des Herzens; dazu gehören Küsse und Umarmungen und eine leichte Berührung des nackten Körpers der Geliebten, unter Vermeidung der vollständigen Befriedigung.«

Eigentlich unterstützte die Ritterliebe die politischen Ehen, da sie vor allem den Frauen eine Möglichkeit zum Abreagieren bot. Für die Burgherrinnen, deren Männer jahrelang im Heiligen Land Kriege führten, stellte sie einen großartigen Zeitvertreib dar.

Donna Soremonda war die Gattin von Raimon, dem Burgherrn von Roussillon. Sie war jung, bezaubernd und liebeshungrig. Guillem de Cabestaing verehrte Donna Soremonda, sang ihr zu Ehren viele Lieder und gelangte schließlich in ihr Bett, wo der Ritter Raimon die Liebenden überraschte. Donna Soremonda entfloh aus dem Raum. Der Ritter Raimon tötete Guillem, riß ihm das Herz aus der Brust und ließ daraus eine Mahlzeit zubereiten. Die Geschichte aus der Provence vergißt nicht zu erwähnen, daß es eine Pfeffersauce dazu gab. Als Donna Soremonda das schmackhafte Gericht pries, eröffnete ihr Ritter Raimon, daß sie sich gerade das Herz ihres Liebhabers zu Gemüte geführt hatte. »Mein Herr, Ihr habt mir eine so edle Speise aufgetischt, daß ich danach nie mehr einen Bissen zu mir nehmen werde!« rief Donna Soremonda aus und sprang vom Balkon in den Tod.

Höfische Dichtung wurde in Hülle und Fülle verfaßt, und die Frauen schwiegen durchaus nicht in dieser Gemeinde. Die Dichterin Marie de France, die am Hof von Poitiers wirkte, war möglicherweise eine Prinzessin aus der Familie Plantagenet oder eine Schwester des Königs Heinrich II. Ihre Lieder sind von offener Erotik und messen der Ehe keinen großen Wert bei. Beatrice, die Gräfin von Dia, seufzt und sagt zu ihrem Geliebten: »Du mußt wissen, daß ich alles darum geben würde, um dich an der Stelle meines Ehemannes zu sehen, aber nur unter der Bedingung, daß du tust, was ich will.«

Die Ritterromantik war eine Kultur der oberen Klasse. Der Minnedienst kam nur adligen Damen zu, und nur sie hatten das Recht, den Liebhaber grausam zu behandeln oder ihn zu demütigen. Die gesellschaftliche Ordnung wäre aus den Fugen geraten, wenn ein Ritter sich in eine bäuerliche Frau verliebt hätte. Davor warnt Andreas Capellanus: »Wenn du dich zufällig in eine bäuerliche Frau verliebst, vergiß nicht, sie zu loben, und wenn du einen geeigneten Ort gefunden hast, zögere nicht, dir das zu nehmen, was du begehrst, und sie zu umarmen, wenn nötig, mit Gewalt. Denn du wirst ihre Steifheit kaum so weit erweichen können, daß sie dir ihre Umarmung stillschweigend gewährte oder dir erlaubte, deine Sehnsucht zu stillen, wenn du nicht etwas Gewalt anwendest als eine Art Heilmittel für ihre Schüchternheit. Das sagen wir nicht, um dich dazu zu bringen, dich in eine solche Frau zu verlieben, sondern damit du in dem Fall, daß du es aus lauter Unvorsichtigkeit getan hast, weißt, was du zu tun hast.« Wo die gnädige Frau verehrt wurde, mußte sich die Bäuerin mit einer Vergewaltigung begnügen.

Das berühmteste Ritterepos war der umfangreiche Rosenroman, »*Roman de la Rose*«. Er erzählt von einem Mann, der im Garten des Traums eine herrliche Rose sieht und sie pflücken will. Bei der Suche nach der Rose begegnet er verschiedenen allegorischen Gestalten, die ihm bald behilflich, bald hinderlich sind. Der Rosenroman umfaßt 22 000 Verse und hat zwei Verfasser. Begonnen wurde er um 1230 als eine gewöhnliche allegorische Dichtung von Guillaume de Lorris. Guillaume verfaßte nur 4000 Verse. Den größeren Teil schrieb vierzig Jahre später Jean de Meun, und er ist ganz anders als die lyrischen Lobeshymnen des ersten Teils. Der Text von Jean de Meun ist eher eine Satire, die von der Ritterromantik, dem Minnedienst und den Frauen kündet.

Gegen Ende des 13. Jahrhunderts begann die Ritterromantik, sich gegen sich selbst zu wenden, schal und lächerlich zu werden. Sieger war die Kirche, die den Menschen eingeredet hatte, daß die ideale Liebe tugendhaft und ihr wahrer Gegenstand die heilige Jungfrau sei. Die Entstehungsorte der Ritterdichtung in der Provence wurden in einem überaus grausamen Kreuzzug gegen die ketzerischen Albigenser zerstört. Und der in der Gesellschaft immer latent vorhandene Frauenhaß machte sich wieder bemerkbar.

Viele Dichtungen, die ursprünglich zur Unterhaltung des Adels verfaßt worden waren, verbreiteten sich in einfacherer Form auch bei den unteren Klassen. Diese Geschichten wurden in vielfach variierter Form noch lange in den Bauernstuben erzählt, noch zu einer Zeit, als in den Rittersälen auch die letzte Laute längst verklungen war.

Das ist die Geschichte von Floris und Bianceflora: Der heidnische König Fenix von Apolis nahm eine christliche französische Frau gefangen. Diese hatte eine Tochter von unvergleichlicher Schönheit, Bianceflora, »Weiße Blume«. Der Sohn des Königs Fenix, Floris, verliebte sich in Bianceflora, aber der Vater akzeptierte ihre Liebe nicht, sondern schickte Floris auf eine weite Reise. Inzwischen verkaufte er Bianceflora an einen reichen Kaufmann, der sie seinerseits an den König von Babylonien verkaufte. Als Floris von der Reise zurückkehrte, erfuhr er, was Bianceflora widerfahren war. Als Kaufmann verkleidet, ging er nach Babylon, wo er erfuhr, daß Bianceflora einen Monat später den König von Babylonien heiraten sollte. Durch List und Bestechung gelangte Floris in den Jungfrauenturm zu Bianceflora, wo die Liebenden vom König in flagranti ertappt wurden. Zunächst wollte er Floris töten, gestattete ihm dann aber, zum Zweikampf gegen den tapfersten Ritter Babyloniens anzutreten, den Floris dann besiegte. Nach ihrer gemeinsamen Heimkehr wurde Floris zum König gewählt. Floris und Bianceflora begaben sich nach Frankreich, wo Floris sich und seinen Hof taufen ließ. Als die Ehegatten achtzig Jahre alt wurden, verabschiedeten sie sich voneinander und gingen ins Kloster.

Die Abenteuer des Königs Artus und der Ritter seiner Tafelrunde waren sehr beliebt, ebenso die tragische Geschichte von Tristan und Isolde, die spannende Geschichte von dem Löwenritter Iwein und die exotische Geschichte von Floris und Bianceflora.

Zu ihrer Zeit war die Ritterromantik ein Vergnügen der reichen Adligen. Sie hatte keinerlei Einfluß auf die Stellung der Frau zum Beispiel in der Gesetzgebung, sie befreite die Frau von keiner einzigen Beschränkung, und sie gewährte ihr keinen Schutz vor der Tyrannei des Ehemannes.

Zwei Grundgedanken der Ritterromantik standen in scheinbarem Widerspruch zu den Interessen der patriarchalischen Gesellschaft und den von Thomas von Aquin verkündeten Idealen: einerseits das Recht der Frau, selbst ihren Geliebten zu wählen und mit ihm ein physisches Verhältnis einzugehen, das das Besitzrecht des Mannes an der Ehefrau bedrohte, und andererseits das Ideal, nach dem die Frau die Herrin war und Geschenke verteilte und der Mann ihr Diener.

Diese Widersprüche waren jedoch nur scheinbare. Der Minnedienst war genauso organisiert wie das Feudalverhältnis: die Frau war Lehnsherrin und der Mann ihr Vasall. Indem das Feudalverhältnis auf das Niveau des Ideals erhoben wurde, trug es zu dessen Stärkung bei. Das Ende der Ritterromantik war gekommen, als der Feudalismus allmählich zerfiel und einer neuen Welt Platz machte.

Die Legalität der Erben setzte eheliche Treue der Frau voraus, aber auch dafür gab es ein Gegengewicht: Wenn die Frau ein wertvolles Lehen mit in die Ehe gebracht hatte, konnte der Mann gegen den Leichtsinn der Frau kaum etwas tun. Für den Edelmann war es wichtiger, sein Lehen zu behalten, als sicher zu wissen, daß sein Sohn von ihm war. Viele erinnerten sich gewiß an Eleonore von Aquitanien, die ihrem Mann bei der Scheidung das halbe Reich wieder wegnahm und es dem nächsten Ehemann schenkte. Die Verstoßung einer untreuen Frau war, auch wenn die Kirche sie akzeptiert hätte, eine wirtschaftliche Angelegenheit und als solche genauer Überlegung wert.

In ihrer Blütezeit war die Bedeutung der Ritterromantik geringer als in den späteren Jahrhunderten. Im 18. Jahrhundert wurde sie neu belebt und aus ihren Idealen ein Verhaltensmodell für die oberen Stände entwickelt. Die Frau hatte das Recht, selbst ihren Geliebten zu wählen, der Mann hatte die geliebte Frau zu verehren, die Liebe veredelte den rohen menschlichen Charakter, vor allem den des Mannes, die tragische Liebe war etwas Erhabenes; die Begriffe der Ritterliebe erlebten in der Welt der Romantik eine neue Blüte.

Das Bild, das die Romantiker von der Ritterkultur besaßen,

war von der Wirklichkeit weit entfernt. Trotzdem hat die Ritterromantik, auch wenn sie ausschließlich die oberen Bevölkerungsschichten betraf, die europäische Sittenkultur und die Beziehungen zwischen Frauen und Männern wesentlich beeinflußt.

Frau und Beruf

Die Ritterromantik verleitet leicht zu der Annahme, daß die angebetete Burgherrin den lieben langen Tag in ihrer Kammer saß, sich nach den Liebesdiensten ihres Ritters sehnte und sie entgegennahm. Die Wirklichkeit war davon weit entfernt. Im Mittelalter gab es kaum eine Frau, die nicht gearbeitet hätte.

Zu den Aufgaben der adligen Frau gehörte vor allem das Führen der Wirtschaft. Der mittelalterliche Hausstand bestand nicht nur aus Eltern und Kindern, sondern es gehörten Dutzende, ja Hunderte von Mitgliedern wie Verwandte, Dienstboten, Priester und Schützlinge dazu. Alle mußten verpflegt und gekleidet werden, und dafür war die Hausfrau verantwortlich. Der Hof oder die Burg der Feudalzeit versorgte sich im Prinzip selbst, alles, was man nur konnte, stellte man selbst her. Der Burgherr kümmerte sich meistens überhaupt nicht um die Wirtschaftsführung. Er herrschte über Soldaten, Pferde und Ausrüstungen, die Frau über Mägde, Knechte und Bauern.

Die große Schriftstellerin des Mittelalters Christine de Pisan beschreibt die vielfältigen Verpflichtungen der Burgherrin. Sie mußte die Gesetze einigermaßen kennen, weil sie während der Abwesenheit ihres Mannes Recht zu sprechen hatte; sie mußte über die Landwirtschaft Bescheid wissen, damit sie den Vogt beaufsichtigen konnte, und sogar in der Kriegführung mußte sie bewandert sein, damit sie die Burg im Fall eines Angriffs verteidigen konnte, während ihr Mann die Burg des Nachbarn belagerte.

Besonders klug und genau mußte die Hausfrau in Geldangelegenheiten sein, weil sie über große Beträge zu verfügen hatte. Sie mußte Geld für Almosen haben, die zu jener Zeit die Sozialfürsorge bildeten und eine Verpflichtung darstellten und nicht etwa ein freiwilliges Geschenk. Sie mußte die Aufwendungen des Haushalts kalkulieren, das Geld mußte für die Bezahlung einiger Bediensteter ausreichen, und außerdem mußten noch die Geschenke berücksichtigt werden, die mehr oder weniger regelmäßig zu verteilen waren.

Beim Übergang vom Mittelalter zur Neuzeit wurde aus der geschäftigen Hausfrau des feudalen Großhaushalts eine prächtige Edelfrau, deren Hauptaufgaben neben dem Gebären von Kindern darin bestand, sich herauszuputzen und am gesellschaftlichen Leben teilzunehmen.

Bei der Erfüllung ihrer Aufgaben war die Burgherrin ständig von jungen adligen Mädchen umgeben, die auf diese Weise für den Beruf der gnädigen Frau vorbereitet wurden. Wenn ein Mädchen im Alter von zwölf bis fünfzehn Jahren verheiratet wurde, mußte es imstande sein, eine so große wirtschaftliche Einheit wie einen Feudalhof zu verwalten.

Gegen Ende des Mittelalters erfolgte in der Stellung der Burgherrin allmählich eine Veränderung. Die Burg wurde zum Wohnpalast, und Fachleute wie Vögte und Haushälterinnen kümmerten sich um die Verwaltung und Bewirtschaftung des Schlosses und der Landgüter. Die vormals fleißige, tüchtige und einflußreiche Hausfrau wurde zu einem dekorativen Gegenstand, dem die Aufgabe blieb, Kinder zu gebären und sich dem gesellschaftlichen Leben zu widmen, das zu dieser Zeit immer mehr an Bedeutung gewann.

Das Leben der gnädigen Frau wurde leichter, vielleicht auch heiterer, und sie begann, sich ab und zu ihren Kindern zuzuwenden. Gleichzeitig hörte sie aber gewissermaßen auf, eine öffentliche Person zu sein, und ihre Möglichkeiten, auf ihr eigenes Leben Einfluß zu nehmen, verringerten sich; sie wurde zunehmend zu einer Puppe, die leicht gegen eine neue ausgetauscht werden konnte, weil von ihr nichts anderes erwartet wurde als ein fruchtbarer Schoß.

Die Kaufmannswitwe Margery Russell erhob Klage, weil die Spanier ihr in Santander in Spanien Handelswaren im Wert von 800 Pfund gestohlen hatten. Sie erhielt die Genehmigung, eine entsprechende Menge Waren von Spaniern in England zu beschlagnahmen. Margery befolgte diesen Rat, und die Spanier reichten eine Klage gegen sie ein.

Die Kaufmannswitwe Alice de Horsford erhob Klage darüber, daß der Vogt von Billingsgate ihren Anteil an dem Schiff »Seynte Mariebot« beschlagnahmt hatte mit der Begründung, es gehöre jemand anders. Alice wies ihr Eigentumsrecht nach und erhielt ihren Anteil zurück.

Die ersten Kaufmannsgilden wurden gegen Ende des 12. Jahrhunderts gegründet. Die Hersteller mußten ihre Waren verkaufen, und für einen Weber zum Beispiel war es unmöglich, durch Europa zu wandern, um seine Stoffballen zu verkaufen. Die Gilden, Zusammenschlüsse mächtiger Kaufleute, wurden ein bedeutender Faktor in Europa. Die Handelsgilden waren so fest mit der jeweiligen Stadt und ihrer Verwaltung verbunden, daß die Mitgliedschaft in der Gilde mit dem Bürgerrecht identisch war. Aber nur für Männer.

Den Eltern der fünfjährigen Elena ist es dank erheblicher wirtschaftlicher Opfer gelungen, ihr Kind bei einem Kürschner in die Lehre zu geben. Elenas Vater ist Weber und ihre Mutter Spinnerin: Sie hoffen, daß der Beruf der Kürschnerin ihrer Tochter ein besseres Auskommen bietet, als sie selbst es hatten. Sie haben alle ihre Ersparnisse für Elenas Lehrgeld aufgewendet und erwarten, daß Elena ihre Eltern versorgt, wenn sie alt werden. Beide sterben jedoch, bevor Elena fünfzehn Jahre alt wird; diese heiratet dann den Sohn des Kürschners, Mark, der gerade sein Meisterstück gefertigt hat.

So hat Elena einen Beruf, sie steht unter dem Schutz der Kürschnerzunft, hat eine Werkstatt, in der sie gemeinsam mit ihrem Mann arbeitet. Weil von ihren Kindern nur eine Tochter am Leben geblieben ist, stellen sie einen Lehrjungen ein, der ihr Schwiegersohn werden soll. Da stirbt plötzlich der Kürschner Mark. Elena hat jetzt mehrere Möglichkeiten: Sie kann den Beruf allein ausüben und einen Gesellen aufnehmen. Sie kann einen anderen Kürschner heiraten, was den Erfolg der Werkstatt am besten garantieren würde. Sie kann einen Mann heiraten, der nicht Kürschner ist, aber in diesem Fall verliert sie die Mitgliedschaft in der Zunft und kann nicht Mitglied einer anderen Zunft werden. Elena beschließt, in ihrem Beruf zu bleiben. Sie muß jedoch den Fortbestand des Geschäfts sichern. Sie verheiratet ihre Tochter, die gerade eine Lehre macht, mit dem vor langer Zeit eingestellten Lehrling, der inzwischen seine Gesellenprüfung abgelegt hat und bald soweit ist, daß er sein Meisterstück machen und die Stelle des Kürschners Mark in der Leitung der Werkstatt überneh-

men kann. Die jungen Leute
kommen gut miteinander aus,
denn sie sind Freunde seit
ihrer Kindheit. Elena hat ein
bißchen Angst, neue Lehr-
linge einzustellen. Während
ihrer gesamten Lehrzeit und
ihrer Ehe hat sie zuerst ihrer
früheren Hausfrau bei der
Haushaltsführung und später
ihrem Mann in der Werkstatt
geholfen. Sie hat keine Zeit
für selbständige Arbeiten gehabt, im Haushalt gab es
immer eine Menge zu tun,
und viele Kinder sind nacheinander erst krank gewesen
und dann gestorben. Die
Zünfte erlegen Witwen Geld-
bußen auf, wenn diese Lehrlinge aufnehmen und dann
nicht ausbilden können. Bei
vielen Frauen bleiben die
beruflichen Fertigkeiten hinter denen der Männer zurück,
weil die Frauen neben der
Berufsarbeit auch den Haushalt und die Familie versorgen müssen.

Die Seidenindustrie lag im
Mittelalter praktisch ganz in
den Händen von Frauen. Auf
dem Bild sammelt die eine
Frau die Kokons der Seiden-
raupe, die andere webt Sei-
denstoff.

155

Die Gilden hatten als Mitglieder jedoch auch Frauen, die umfangreichen Fernhandel betrieben, wie das Beispiel von Margery Russell zeigt. Zumeist waren das Witwen, die die Geschäfte ihrer Männer fortführten. Frauen, Mönche und Ausländer konnten nicht Bürger einer Stadt werden. Das Bürgerrecht setzte voraus, daß die Stadt mit Waffen verteidigt wurde, eine Aufgabe, für die sich schwache Frauen, friedliche Mönche und unzuverlässige Ausländer nicht eigneten.

Im Jahre 1364 versprach Agnes, die Frau eines Londoner Messerschmiedes, ihr Lehrmädchen Jusema für den Beruf des Messerschmiedes auszubilden, es zu verpflegen und zu kleiden und nicht mit einem Stock oder einem Messer zu schlagen. Jusema wiederum versprach, während der Lehrzeit nicht zu heiraten, sich nicht in Kneipen herumzutreiben, die Geheimnisse ihrer Meisterin nicht auszuplaudern und ihr nicht mehr als sechs Penny im Jahr zu stehlen.

Wenn Jusema nicht heiratete, konnte sie sich durch ihren Beruf ernähren, wie es viele Frauen taten, die man als »femmes soles« bezeichnete. Aber auch wenn sie heiratete, konnte sie ihren Beruf ausüben, ohne daß der Ehemann etwas dazu sagte – was natürlich von dem Ehemann abhing. In diesem Fall wurde sie vom Gesetz als eine alleinstehende Frau behandelt, und ihr Mann war für ihre Handlungen und ihre Schulden nicht verantwortlich, wie er es sonst gewesen wäre.

Meistens war die Frau in einer Handwerkerfamilie, auch wenn sie den Beruf erlernt hatte, nur Gehilfin ihres Mannes. Sie war unersetzlich und verdiente zweifellos ihr Brot, aber als ihre Hauptaufgabe galt dennoch das Gebären von Kindern und die Führung des Haushaltes. Nur als Witwe hatte sie die Möglichkeit, ihren Beruf selbständig auszuüben.

Fast alle Berufe des Mittelalters waren für Frauen offen. Es gab Fleischerinnen, Goldschmiedinnen, Eisenwarenhändlerinnen, Schuhmacherinnen, Gürtlerinnen, Beutlerinnen, Gerberinnen, Buchbinderinnen, Vergolderinnen, Malerinnen, Kleinhändlerinnen, Spinnerinnen, Weberinnen, Bierbrauerinnen, Bäckerinnen...

Die Vertreter der verschiedenen Berufe gehörten einer Zunft an, die das Niveau der Arbeit ihrer Mitglieder überwachte und ihre Interessen gegenüber den anderen Zünften und dem Staat vertrat. In Frankreich gab es viele Zünfte, die nur Frauen als Mitglieder hatten: In Paris waren 15 Zünfte für Frauen und achtzig für Männer bestimmt. Aus England sind keine Zünfte bekannt, die ganz in den Händen von Frauen gelegen hätten, nicht einmal in der Seidenherstellung. Die meisten Zünfte waren jedoch für Männer und Frauen offen.

Das Spinnen war seit jeher die wichtigste Arbeit der Frauen. Das Spinnrad wurde zu Beginn der Neuzeit erfunden. Bis dahin waren Spindel und Spinnrocken Arbeitsgeräte einer jeden Frau. Sogar einer Königin wurde manchmal eine goldene Spindel mit ins Grab gelegt.

Viele Frauen verdienten durch den Verkauf von Speisen einige Münzen. Hier ein Bäckerladen aus dem 15. Jahrhundert. Vielleicht hat die Frau die Brote, die sie verkauft, selbst gebacken. Später akzeptierte die Bäckerzunft keine Frauen mehr als Mitglieder.

Die Männer wurden aufgefordert, ihren Beruf während der Lehrzeit zu wählen und dabei zu bleiben, aber die Frauen konnten tun, was sie wollten. Das war eine volkswirtschaftliche Notwendigkeit. Die größten und wichtigsten Erwerbszweige, die Fertigung von Stoffen sowie die Herstellung und Verteilung von Speisen und Getränken, waren Nebenberufe der Frauen.

Das Spinnen war eine Arbeit, die von fast allen Frauen verrichtet wurde. Die Spindel gehörte schon in die Hand des kleinen Mädchens und blieb dort, bis Krankheit oder Tod sie der Frau aus der Hand nahm. Ein Weber brauchte fünf Spinnerinnen als Zulieferer. Das Weben war hauptsächlich ein Beruf für Männer, aber auch Frauen webten. Oft produzierten die Familie des Webers und deren Mägde das Garn. Vor allem alleinstehende Frauen verdienten sich ihr Brot, indem sie für einen Weber spannen. Wie häufig Frauen diesen Beruf ausübten, kann man daraus ersehen, daß das englische Wort »spinster«, alte Jungfer, ursprünglich Spinnerin bedeutete.

Die Bierbrauerei war fast ausschließlich Frauenarbeit. Neben dem Spinnen und Bierbrauen konnte die Frau Kohlen brennen und verkaufen und Kleinhandel mit Kurzwaren treiben. Es galt, wo es nur ging, ein paar Pfennige zu verdienen, und das war im Rahmen der streng spezialisierten Zünfte nicht möglich. Eine Frau, die mehrere Berufe ausübte, konnte keiner Zunft angehören. Sie blieb unweigerlich eine Außenseiterin, eine Art Hilfsarbeiterin, die für jede Arbeit dankbar sein mußte: Wäschewaschen und Backen, Nähen und Stillen ...

Bei der Festsetzung des Lohnes ging man davon aus, daß die Frau nur etwas zum Lohn des Mannes hinzuverdiente, daß sie nicht sich selbst oder ihre Familie zu ernähren brauchte. Das war jedoch ein Trugschluß, der sich noch jahrhundertelang auswirkte, obwohl der tatsächliche Sachverhalt sehr wohl bekannt war. Im Frankreich des 14. Jahrhunderts machte auf dem Land der Lohn einer Frau drei Viertel des Lohnes eines Mannes aus, im 15. Jahrhundert die Hälfte und im 16. Jahrhundert noch weniger. Und es gibt kaum einen Grund anzunehmen, daß die Situation in den Städten und anderswo in Europa anders gewesen wäre.

Vom 14. Jahrhundert an begannen die Zünfte, der Beschäftigung von Frauen Hindernisse in den Weg zu legen. Nur die Frauen und Töchter der Meister durften die Handwerkerberufe ausüben, damit »die Männer, die doch dem König in seinen Kriegen Dienst leisten, dieses Land verteidigen und ausreichend in einem Beruf ausgebildet sind, nicht müßiggehen«. Die feindselige Einstellung der Zünfte gegenüber der Frauenarbeit gründete darauf, daß dafür nur niedrige Löhne gezahlt zu werden brauchten. Viele Meister stellten gern fachkundige Frauen ein, die die Arbeit im Vergleich zu den Männern für weniger als den halben Lohn ausführten. Das war ein Teufelskreis, der die Erwerbstätigkeit und das Auskommen der Frauen jahrhundertelang behinderte.

Gegen Ende des Mittelalters wurden die kleinen Werkstätten in den Städten Mittel- und Südeuropas größer. Die Meister stellten immer mehr Lehrlinge ein, die für immer im Dienst des Meisters bleiben mußten, weil sie keine Möglichkeit hatten, jemals eine eigene Werkstatt zu gründen. Außerdem beschäftigten die großen Kaufmannsgilden Tausende von ungelernten Arbeitskräften, vor allem in der Tuchweberei. Diese Hilfskräfte hatten keinerlei Rechte und Sicherheit. Man bezahlte sie nach Belieben und schickte sie wieder fort, wenn es dem Arbeitgeber paßte.

Die Frauen und Töchter dieser ewigen Gesellen und Hilfskräfte bildeten in den Städten ein großes Potential von beweglichen, ungelernten und ungeschützten Arbeitskräften. Sie gingen arbeiten, und die Kinder mußten mitgenommen werden. Ganz kleine wurden durch beruhigende Kräuter betäubt, in Pflege gegeben oder einfach getötet, weil sie hinderlich waren. Ein drei- oder vierjähriges Kind konnte der Mutter schon ein bißchen zur Hand gehen, und ein paar Jahre später mußte es schon außer Hause arbeiten, um seinen Teil zu dem äußerst knappen und unsicheren Lebensunterhalt der Familie beizutragen.

Die Entwicklung in der Textilindustrie verlief von der
Spindel über das Spinnrad bis
hin zu komplizierten Geräten,
die die Arbeitsproduktivität
steigerten.

Das Industrieproletariat war entstanden, und die Frauen
und Kinder bildeten von Anfang an einen Teil davon.
Obwohl Frauen im Mittelalter in Dutzenden von Berufen
tätig waren, lebten und arbeiteten doch die meisten Frau-
en in der Landwirtschaft. Die Bewirtschaftung des Hofes
war Aufgabe der Hausfrau, und die Verwandten und Mägde halfen ihr dabei. Die Versorgung der Haustiere, die
Milchwirtschaft und der Anbau von Gemüse oblag den
Frauen, und ebenso waren Schafschur sowie das Spinnen
und Weben der Wolle für den eigenen Bedarf Frauenarbeiten. Außerdem mußten die Frauen in den Zeiten mit dem
größten Arbeitsanfall den Männern auf dem Feld helfen.
Aus den Konten der Gutshöfe geht hervor, daß Frauen für
fast alle landwirtschaftlichen Arbeiten eingestellt wurden,
außer für das Pflügen. Sie legten Erbsen und Bohnen, jäte-
ten Unkraut, deckten Strohdächer, schnitten und banden
Getreide und droschen. Und auf der Parzelle des armen
Bauern zog die Frau den Pflug, wenn der Mann pflügte.
Das Leben verlief eintönig, Jahr für Jahr, Generation für

159

Generation immer gleich. Die alten Bräuche und Erkenntnisse waren Garanten der Sicherheit, der Mensch wußte, wo er hingehörte. Nur langsam vollzogen sich in der Landwirtschaft Veränderungen.

Und was für die Gutsherrin die Ritterromantik, war für die Bäuerin die Religion: Abwechslung und Unterhaltung. Es gab eine prächtige Kirche mit all ihrem Zierat, Skulpturen der Jungfrau Maria und der Heiligen und spannende Geschichten von heiligen Menschen. Das Leben war stark ortsgebunden, die Kenntnis der Außenwelt gering, und die Menschen hatten kaum Vergleichsmöglichkeiten.

Mit dem 14. Jahrhundert beginnt die Verelendung der Bauern. Das Klima wird kälter, die Mißernten häufen sich, es gibt zu viele Menschen, und die Nahrungsmittel reichen nicht für alle. Die Bevölkerung in Europa beginnt in den zwanziger Jahren des 14. Jahrhunderts sich infolge der großen Hungersnöte zu verringern. Und in der Mitte des 14. Jahrhunderts vernichtet die Pest etwa ein Drittel der Bevölkerung.

»Wenn es üblich wäre, die kleinen Mädchen in die Schule zu schicken und sie in denselben Fächern zu unterrichten wie die Jungen, würden sie genausogut lernen und alle Feinheiten der Wissenschaften und Künste verstehen.«

So schreibt Christine de Pisan, die gelehrteste Frau des Mittelalters. Und sie spricht auch die folgende Wahrheit

Zwischen dem Hochmittelalter und dem 19. Jahrhundert gab es in der Landwirtschaft keine großen Veränderungen. Die Sichel wurde durch die Sense ersetzt, der Ochse durch das Pferd. Die Windmühle wurde im 13. Jahrhundert erfunden. An der Ernte beteiligten sich die Frauen, indem sie das Getreide zu Garben banden.

aus: »Wenn sie weniger verstehen, dann ist es darauf zurückzuführen, daß sie nicht ausgehen und verschiedene Orte und Dinge kennenlernen, sondern zu Hause bleiben und arbeiten. Denn es gibt nichts, wodurch ein vernünftiger Mensch mehr lernen könnte als durch das Erleben verschiedener Dinge.« Christine de Pisan konnte mit gutem Recht so sprechen, denn ihr eigenes Leben hatte sie einiges gelehrt.

Christines Vater war ursprünglich ein Gelehrter aus Venedig, der gegen Ende des 14. Jahrhunderts an den Hof des Königs von Frankreich ging. Durch ihren Vater lernte Christine de Pisan die Intelligenz von Paris kennen. Der Vater verheiratete die fünfzehnjährige Christine mit einem Notar. Die Ehe war glücklich, und das Paar bekam drei Kinder. Dann starben kurz nacheinander Christines Vater, der König, der sie beschützt hatte, und der liebende Gatte. Mit 25 Jahren war Christine eine Witwe, die drei kleine Kinder, ihre alte Mutter und eine Nichte, die anständig verheiratet werden mußte, zu versorgen hatte.

Die Situation war verzweifelt für eine Frau, die keiner Zunft angehörte. Christine begann das zu tun, was sie konnte: Bücher zu kopieren.

Vor der Erfindung der Buchdruckerkunst gab es nur wenige Bücher, und sie waren sehr kostbar. Jedes Werk wurde von Hand kopiert. Die religiösen Bücher wurden in Klö-

Obwohl schwere Arbeiten das Leben des Bauern und seiner Frau erfüllte, war es keineswegs freudlos. Zum Jahreskreislauf in der Landwirtschaft gehörten viele Feste, die fröhlich gefeiert wurden. Außerdem brachte das Kirchenjahr Dutzende von kirchlichen Festen sowie Hochzeiten und Beerdigungen mit sich, die auf traditionelle Weise begangen wurden.

stern kopiert, wo Tausende von Mönchen und Nonnen ihr Leben lang diese Arbeit ausführten. Aber auch profane Werke wurden in speziellen Werkstätten kopiert. Möglicherweise hat Christine Schriften in einer solchen Schreibstube kopiert. Dadurch hatte sie die Möglichkeit, eine gewaltige Menge von Schriften jener Zeit kennenzulernen. Da die Bücher meistens durch Zeichnungen, kleine Bilder, illustriert wurden, arbeiteten in den Schreibstuben auch Künstler, Männer und Frauen. Christine erwähnt in ihrem Buch »Cité des Dames« eine Künstlerin, Anastaise, deren Arbeiten in Paris sehr bewundert wurden.

Die Staatsverwaltung, die Zünfte und die privaten Händler erzeugten eine Menge von Dokumenten, so daß die Kopisten immer zu tun hatten. Diese Arbeit war jedoch nicht besonders inspirierend und auch nicht gut bezahlt. Christine de Pisan wurde Schriftstellerin. Sie war die erste Frau, die sich und ihre Familie durch Schriftstellerei ernährte.

Christine war eine vielseitige Schreiberin. Sie begann mit Gedichten und Romanzen, die ihren Namen bekannt machten und ihr einen Beschützer und das tägliche Brot sicherten. Während der ganzen Zeit ihrer schriftstellerischen Tätigkeit verdiente Christine offensichtlich die nötigen Mittel für ihren Haushalt durch das Schreiben von romantischen Geschichten. Aber daneben schrieb sie Werke über Erziehung und die Geschichte von Frauen, sie schrieb politische und moralische Bücher verschiedener Art sowie Abhandlungen über Philosophie, internationale Angelegenheiten, Gesetze und Kriege.

Christine de Pisan war Urheberin der Diskussion, die Anfang des 15. Jahrhunderts in Frankreich über die Frauen, ihr Wesen und ihre Stellung in der Gesellschaft geführt wurde. Sie ging davon aus – und wurde in dieser Ansicht auch unterstützt –, daß es kein wahrheitsgemäßes Bild von den Frauen geben konnte, da es immer Männer gewesen waren, die über die Frauen geschrieben hatten, und die Frauen selbst nie etwas dazu hatten sagen dürfen. Christine rühmte die harmonische eheliche Liebe und Kameradschaft und hielt für wesentlich eine Erziehung, die den Frauen Natürlichkeit und Würde verleiht.

Noch über hundert Jahre nach Christine de Pisan schrieb die protestantische Schriftstellerin Agrippa d'Aubigné an ihre Töchter: »Außerdem gibt es noch die Tatsache, daß eine übermäßige Geistesbildung dazu geeignet ist, Hochmut zu erzeugen. Daraus entstehen meiner Meinung nach zwei Übel, nämlich die Verachtung der Haushaltsführung, der Armut und des weniger klugen Ehemannes sowie Zwietracht.« Diese Agrippa, die ihren Töchtern eine gute Erziehung gegeben hatte, forderte die jungen Mädchen

Christine de Pisan beim Schreiben

162

Cy commence le liure de la cite des dames ouquel le premier chapitre parle pourquoy et pour
quel mouuement le dit liure fu fait.

Elon la coustume ma
niere que iay en vsaige
et aquoy est disposee le ex
ercite de ma vie cest assa
uoir en la frequentacion
destude de lettres vn iour comme ie feusse seant
en ma celle auuironnee de plusieurs volumes
de diuerses matieres mon entendement acelle
heure aucques trauaille de recueillir la pesteur
des sentences de diuers aucteurs par moy lo
ng piece estudies dreçay mon visaige ensus
du liure deliberant pour celle fois laisser en
paix chose soubtilles et mestudier et regarder
aucune ioyeusete des dist des pouetes et comme
adonc en celle entente ie cerchasse entour moy
dauqun petit liure entremains me vint en
auenture vn liure estrange nomme de mes
volumes qui auec autres liures ma uoit
este baillie si comme en garde adonc ouuert
cellui ie vy en lintitulacion que il se cla
moit matheolus loxe en soubriant pour
ce que oncques ne lauoie veu et maintes
fois ouy dire auoir quentre les autres li
ures cellui parloit bien a la reuerence des
femmes me pensay quen maniere de so
las le yreferoie mais regarde ne los mie
longue espace quant tesmoing a celle de la bone
mere qui me porta pour prendre l auesse
cion du souper sont leure estoit ia venue
et pour moy pur tofant le beau lendemain le
delaissay acelle heure le matin ensuiuant
rassise en mon estude si que iay de coustume
nouuelay por mettre a effect le conlong
qui mestoit venu de visiter ycellui liure
de matheolus adonc print a lire et passe

auf, ihre Fähigkeiten und ihre Klugheit zu verbergen – vor allem vor ihren künftigen Ehemännern.

Christine de Pisan, aus deren Feder eine grundlegende Anleitung für die Erziehung von Mädchen stammt, forderte für Mädchen die gleiche Ausbildung wie für Knaben. Eine Frau, die in ihrem Leben außer Spinnen auch noch etwas anderes getan hatte, bewältigte leichter die beiden großen Probleme des Frauenlebens: das waren nach Christine die Witwenschaft und die dadurch bedingte Armut und Schutzlosigkeit sowie die unsinnige Verliebtheit, die von der Ritterromantik verherrlichte Leidenschaft, bei der die Frau nach Ansicht Christines nur Opfer und Spielzeug eines zynischen Mannes war.

Als Christine dies schrieb, dachte sie vielleicht an eine Frau, die 300 Jahre vor ihr in Paris lebte und für ihre Gelehrtheit und ihre Liebesgeschichte bekannt war.

»Da ich an ihr alle die Eigenschaften sah, die einen Mann Liebe fühlen lassen, fand ich es richtig, sie mit Liebesbanden an mich zu binden; ich glaubte, das leicht zu schaffen. So großartig war mein Ruf zu jener Zeit, und so stolz waren meine Jugend und meine schöne Gestalt, daß ich keine Weigerung von einer Frau befürchtete, die ich nur meiner Liebe würdig fand.«

So schrieb der große Philosoph des Mittelalters Pierre Abélard Anfang des 12. Jahrhunderts, nachdem er das wunderbare und kluge Mädchen Héloise kennengelernt hatte. Héloise war mit ihrem Onkel, dem Kanonikus Fulbert, nach Paris gekommen. Der Kanonikus liebte seine junge Verwandte sehr und brachte ihr alles bei, was er selbst wußte. Héloise, damals vielleicht vierzehn oder fünfzehn Jahre alt, war bald in der ganzen Stadt für ihre Schönheit und Bildung bekannt. Es ist schwer zu erraten, worin diese Bildung bestand: Latein, Griechisch, Aristoteles, die Kirchenväter? In einer Zeit, in der die Kenntnisse der Menschen sehr gering waren, kam man leichter in den Ruf eines Gelehrten als heute.

Dem bescheidenen Philosophen Abélard, der vielleicht nicht ganz so jung war, wie er sich einbildete (er war zwanzig Jahre älter als Héloise), gelang es auch, die Jungfrau zu verführen, und zwar so gründlich, daß sie ein Kind bekam. Héloise gab das Kind nach dem Brauch jener Zeit aufs Land in Pflege und heiratete Abélard. Ihre Briefe zeigen, daß sie von der Idee der Ehe nicht besonders begeistert war. Sie fürchtete auch, die Karriere von Abélard zu behindern, und hatte damit völlig recht: Abélard war Priester, und Priester durften eigentlich nicht heiraten.

Héloises Onkel bekam einen verspäteten Wutanfall und ließ den Verführer von gedungenen Männern überfallen, verprügeln und entmannen.

Abélard blieb in dieser Situation nichts anderes übrig, als

Fig. 2.   Fig. 3.   Fig. 1.

Die Erfindung der Buch-
druckerkunst in der Mitte des
15. Jahrhunderts machte
einen Beruf überflüssig, mit
dem unzählige Frauen ihren
Lebensunterhalt verdient hatten: den Beruf des Kopisten.
Es wurden auch keine Minia-
turen mehr auf die Buchsei-
ten gemalt, und die Künstlerinnen mit den sensiblen
Fingern verloren ihre Arbeit.
Den Frauen blieb nur übrig,
als Gehilfinnen des Setzers in
der Druckerei zu arbeiten.

ins Kloster zu gehen. Aber damit nicht genug: Auch Héloise mußte sich aus der Welt zurückziehen. Im Kloster
schrieben sich Abélard und Héloise Briefe, die Abélard
später veröffentlichte. Die Geschichte von Abélard und
Héloise wurde eine der bekanntesten Liebesgeschichten
der Welt.
Diese Geschichte ist ein Beispiel dafür, weshalb Christine
de Pisan von der Frau als Opfer eines Verführers schreibt.
Abélard war Héloises Lehrer. Völlig kaltblütig plante er,
den Gegenstand seiner Leidenschaft zu erobern, wobei er
den gutgläubigen, vertrauensvollen Onkel ausnutzte und
in seinen Briefen verspottete.
Christine de Pisan starb um 1430 im Kloster. Noch vom
Kloster aus hatte sie das Zeitgeschehen verfolgt. Ihr letztes Gedicht hat sie der Jungfrau von Orleans zu Ehren geschrieben. Christine de Pisan war eine Ausnahme unter
den Frauen ihrer Zeit. Ihre Arbeit wurde von der Öffentlichkeit anerkannt. Die meisten Frauen mußten sich damit begnügen, im Schatten der Männer oder völlig namenlos zu arbeiten.

Mit der Gründung der Universitäten wurden den Frauen
alle Möglichkeiten wissenschaftlicher Tätigkeit genommen. Die Universitäten waren für Priester bestimmt, weshalb die Frauen keinen Zugang zu ihnen hatten. Das hatte
verheerende Folgen: Die Gesellschaft wurde komplizierter, die Verwaltung umfangreicher, die Beamtenschaft immer zahlreicher. Die Frauen hatten nicht die Ausbildung,
die für die Ausübung der neuen Berufe notwendig war,
und sie konnten sie auch nicht bekommen, nicht einmal
die Damen des höheren Standes.

So wurde die Frau von allen öffentlichen Einrichtungen ausgeschlossen, von der Verwaltung, von der Rechtsprechung und bald auch von den Handwerksberufen, als die Zünfte begannen, den Zugang für Frauen einzuschränken.

In den Nonnenklöstern war die wunderschöne und dekorative Gobelinkunst entstanden. Die Altartücher, Wandbehänge, Meßgewänder, Hausschuhe und alle nur möglichen Stoffgegenstände wurden mit kostbaren Garnen, mit gutem Geschmack, höchster Kunstfertigkeit und unendlicher Geduld bestickt. So entstanden wunderbare Kunstwerke durch die Kunst der Frauen, die oft vergessen wird, weil das Material vergänglich ist.

Seit dem 14. Jahrhundert ist die Gobelinkunst ein Paradebeispiel dafür, was mit Frauenarbeit geschieht, sobald sie beliebt und geschätzt wird. Mit dem steigenden Wohlstand gab es einen fast unbegrenzten Markt für Gobelins. In diesem Moment wurde die Herstellung der Gobelins von den Klöstern in die Obhut der Zünfte verlegt und entwickelte sich zu einer großangelegten Industrie. Für die Arbeit wurden zunehmend Männer eingestellt. Den Frauen überließ man nur schlecht bezahlte Hilfstätigkeiten wie das Sortieren von Garnen.

Da die Herstellung von Gobelins rentabel war, wurde Kapital darin investiert, unter anderem für die Entwicklung neuer technischer Geräte, wodurch die Distanz der Frauen zu der ursprünglichen Arbeit immer größer wurde. Bereits im 14. Jahrhundert wurde schwangeren und menstruierenden Frauen die Arbeit an den großen Gobelinwebstühlen verboten. Das war eine eindeutige Sperre für weibliche Arbeitskräfte.

Gottes Irrtum?

»Wozu sind Frauen auf der Welt?« überlegte der Dominikanerdoktor Thomas von Aquin im 13. Jahrhundert in seinem Buch »Summa Theologica«.

Thomas von Aquin war der größte Theologe des Mittelalters. Er klassifizierte die Welt nach den Grundsätzen des Christentums und der aristotelischen Philosophie, und in dieser Ordnung mußte auch der Frau ihr Platz zugewiesen werden.

Für Thomas von Aquin war die Frau kein Irrtum Gottes, weil Gott nicht irren kann. Alles hatte seinen Sinn, sogar die Frau, auch wenn er sich einem nicht sofort erschließt:

Obwohl der Geschlechtsverkehr in der Ehe nur eine
mindere Sünde war, konnte
er leicht zu einem widerna-
türlichen Laster werden, das
Sodomie genannt wurde.
Nach Thomas von Aquin gab
es nur eine einzige akzepta-
ble Stellung, nämlich die, bei
der die Frau unter dem Mann
lag und die zugleich die
Ordnung der Natur versinn-
bildlichte: der Mann war ein
höheres, die Frau ein niede-
res Wesen. Als Sodomie
wurde auch die Homosexualität bezeichnet, die von der
Kirche verabscheut wurde.
Demgegenüber wurde die
lesbische Liebe zwischen
Frauen kaum beachtet. Vielleicht hatten die in ihrem
Kämmerlein schreibenden
Herren von einem solchen
Laster noch nichts gehört,
oder vielleicht dachten sie,
daß man von zwei so niederen Wesen wie Frauen ohnehin nichts Besseres erwarten
kann.

Die Frau war als Hilfe für den Mann geschaffen worden,
natürlich nicht als Hilfe bei gewöhnlichen Arbeiten, denn
dabei hilft einem Mann am besten ein anderer Mann. Die
Frau hilft ihm bei der Fortpflanzung, damit der Mann für
eine wichtigere, nämlich für die geistige Tätigkeit frei
wird. Wenn auch die Frauen unvollkommen und sozusa-
gen ein Mißgebilde sind – wenn man sie als Einzelwesen
betrachtet, haben sie als Teil des Menschengeschlechts
doch ihre Bedeutung.
Zweitens ist die Frau als Bürgerin immer dem Mann untertan, weil die Untertänigkeit für die Aufrechterhaltung
der Ordnung notwendig ist. Der Mann ist ein höheres Wesen als die Frau, weil bei ihm die Vernunft obwaltet.
Drittens muß es in der Welt Versuchungen geben, sonst ist
sie unvollkommen.
Im Widerspruch zu seiner Erklärung, daß die Frau als Gebärerin eine Hilfe für den Mann sein sollte, stand Thomas
von Aquins feste Überzeugung, daß die Jungfräulichkeit
heiliger war als die Ehe.
Als Thomas von Aquin Gott und Aristoteles addierte, kam
er zu dem Ergebnis, daß Gott dem Kind die Seele gibt, der
Vater die Gestalt und die Mutter nur die Materie. Deshalb
hatte das Kind den Vater mehr zu lieben als die Mutter.

Eine gute Frau war ebenso selten wie der Vogel Phönix, und auch wenn man zufällig eine fand, brachte die Ehe auf jeden Fall nur Kummer und Sorgen. Der hohe Geistliche Gualterus Mapes dachte über die Frauen genauso wie der boshafte Hesiod zweitausend Jahre vor ihm. Mapes erzählt den im Mittelalter sehr beliebten Witz, mit dem Frauen verspottet wurden:

»Ein gewisser Pacuvius jammerte mit Tränen in den Augen seinem Nachbarn Arrius vor: ›Ich habe in meinem Garten einen Baum, der keine Frucht trägt und an dem sich meine erste Frau erhängt hat, dann die zweite und gerade eben auch die dritte!‹ Darauf erwiderte Arrius: ›Es wundert mich, daß du über einen so großartigen Glücksfall weinst. Bedenke doch, wie teuer dich die Früchte zu stehen gekommen sind, die jetzt an dem Baum hängen. Lieber Freund, gib mir doch auch ein Reis von dem Baum, damit ich es in meinem Garten pflanze!‹«

Der Frauenhaß des Mittelalters konzentrierte sich auf zwei Ärgernisse: die Lüsternheit und den Ungehorsam der Frauen. Ein französisches Heldenlied erzählt von Girart, dem Sohn Garins. Girart war ein tapferer Ritter Karls des Großen. Als Belohnung für seine Dienste wurde ihm die Herzoginwitwe von Burgund versprochen. Bevor die Ehe geschlossen wurde, besuchte Karl der Große die Herzogin und war von ihr dermaßen entzückt, daß er beschloß, sie selbst zu heiraten. Der Herzogin gefiel jedoch der junge und stattliche Girart besser. Als Girart sie besuchte, war die Frau kühn genug, ihm vorzuschlagen, daß sie sofort heiraten sollten, bevor der König dazwischenkam. Darüber war Girart ganz entsetzt: »Was sind das für Zeiten, wo die Frauen herumlaufen und die Männer bitten, sie zu heiraten! Ich schwöre dir, daß zwei Jahre vergehen werden, bevor ich mit dir oder überhaupt mit jemandem Hochzeit mache. Du kannst dir anderswo einen Mann suchen – wenn es dir überhaupt gelingt, jemals einen zu kriegen. Mich bekommst du nicht, das sage ich dir geradeheraus. Daran zweifelst du doch wohl nicht?« Die arme Herzogin betete zu Gott, er möge ihr den unhöflichen Girart zum Ehemann geben, aber als die Antwort ausblieb, mußte sie sich mit Kaiser Karl dem Großen begnügen.

Girart war natürlich entsetzt über den vermeintlichen Betrug der Herzogin, aber Karl der Große besänftigte ihn durch ein bedeutendes Lehen.

Als Girart in die Brautkammer ging, um dem Kaiser seinen Dank abzustatten, lag Karl bereits im Bett. Girart verbeugte sich, um dem Kaiser den Fuß zu küssen, aber da schob die Königin ihre Zehen dazwischen, und der Ritter küßte diese.

Als der Vorfall bekannt wurde, wertete man ihn keines-

Eine spezifische Eigenschaft der Frauen war ihre Lüsternheit, die sie dazu veranlaßte, ständig Männer in Versuchung zu führen, so wie sich hier die Frau Potiphars bemüht, den unschuldigen Josef zu verführen. Außerdem waren die Frauen betrügerisch, gierig, leichtsinnig, empfänglich für Schmeicheleien, unfähig, Geheimnisse zu wahren, hochmütig und boshaft. Die Frauen neigten überhaupt dazu, Böses zu wollen und zu tun, aber auch wenn sie durch eine Laune des Zufalls einmal helfen wollten, brachte das nur Ärger.

wegs als ein Liebeszeichen der Herzogin, sondern als Beleidigung für Girart, der daraufhin sogar einen Krieg gegen Karl den Großen begann. Der böse Geist der Geschichte ist natürlich die ausschweifende Herzogin, die sich einbildete, ihren Ehemann selbst wählen zu dürfen.

Das zänkische Weib war seit dem Altertum, angefangen bei Xanthippe, ein ständiges Thema der profanen Literatur. Die Satiren des Mittelalters griffen jedoch eher die Ehe an als die Ehefrau, und das war kein Wunder: Wenn zwei Menschen, die einander nicht freiwillig erwählt hatten, ihr ganzes Leben miteinander verbringen mußten, führte das unweigerlich zu Auseinandersetzungen.

Über böse Weiber wurden zwar allerlei Geschichten erzählt, sie waren jedoch zumeist gemütlicher Natur und mit dem derben Humor des Mittelalters gewürzt. Es ist schwer vorstellbar, daß die Autoren die Frauen wirklich gehaßt hätten.

Die vielleicht liebenswerteste Gestalt der Literatur des Mittelalters ist Lady Alice, eine kecke und selbstbewußte Frau, der nicht als erstes Demut und Gehorsam in den Sinn kamen. Diese Frau aus Bath in den Canterbury-Erzählungen von Geoffrey Chaucer war ein zungenfertiges Frauenzimmer, das kein Blatt vor den Mund nahm und sich durch Kleinigkeiten nicht aus dem Konzept bringen ließ. Sie scheint der Inbegriff der Frau des Hochmittelalters zu sein: Obwohl die Frau dem Mann vollständig untertan war, hing es von ihr ab, wie der Mann seine Macht gebrauchte.

Die Frau aus Bath überlebte fünf Ehemänner, genoß sie alle sehr gründlich, begrub und beerbte sie. Sie ließ sich nie von ihren Männern kommandieren, obwohl einer von ihnen ihr ein Ohr taub schlug. Lady Alice liebte das Leben und besonders die Freuden des Bettes. Sie hatte eine ganz andere Meinung vom Wesen der Sittsamkeit als die Kirche.

>»Denn, wäre Jungfernschaft uns insgesamt
Von Gott befohlen, so wär auch verdammt
Der Ehestand, und ohne Saat könnt's eben
Auf dieser Welt auch keine Jungfern geben.
Paul durfte kaum gebieten solches Ding,
Zu dem vom Herrn ihm kein Befehl erging.«

Durch die Worte der Lady Alice aus Bath drückt Geoffrey Chaucer aus, wie einseitig das Bild von einer Frau ist, das entsteht, wenn nur die Meinung der Männer schriftlich festgehalten wird:

>»Unmöglich ist's – darin mögt Ihr mir trauen –,
Daß von den Damen Gutes spricht ein Schreiber.
Zwar lobt er stets das Leben heil'ger Weiber,
Doch andre Frauen preist er nimmermehr!
Doch, wer malt uns den Löwen? – Sagt mir, wer?
Bei Gott! Wenn Weiber schrieben die Historien,
Wie Schreiber tun in ihren Oratorien,
So wären Schlechtigkeiten auszukramen
Von Männern, die der ganze Adamssamen
Nie büßen kann! – Die Kinder von Merkur
Und Venus sind verschiedener Natur.«*

Den Gegensatz zu der energischen Frau aus Bath bildet in der Literatur des Mittelalters die geduldige Griselda. Ihre Geschichte ist eine Art patriarchalischer Wunschtraum und wurde unter anderem von Boccaccio und Chaucer erzählt. Es heißt, daß der ernsthafte Petrarca das *»Decameron«* seines fröhlichen Freundes Boccaccio nicht sonderlich schätzte, aber das Schicksal der Griselda fand er so erbaulich, daß er die Geschichte ins Lateinische übersetzte, damit sie für alle Ewigkeit erhalten blieb.
Walter war ein königlicher Markgraf, den seine Untertanen aufforderten zu heiraten, weil für die Familie ein Erbe gebraucht wurde. Der Markgraf wählte die Tochter eines Leibeigenen. So meinte er, eine mit Sicherheit dankbare und gehorsame Frau zu bekommen.

>»Ich frage Dich: bist Du mit Herz und Willen
Bei Tag und Nacht zu meiner Lust bereit?
Willst Du Dich fügen jeder meiner Grillen,
Ob sie Dir Freude machen oder Leid?
Entsagst Du jedem Widerspruch und Streit?
Willst Du in Wort und Mienen niemals schmälen?
So schwör's, und ich beschwöre, Dich zu wählen.«*

* Übertragung ins Deutsche von Adolf von Düring

Eine Frau hatte erheblich größer Chancen, in die Hölle zu kommen, als ein Mann. Sie schmückte sich – aber die Männer stolzierten mindestens ebenso herausgeputzt einher. Die Frau verwendete Liebestränke, denn wie wäre es sonst zu erklären, daß die charakterfesten und edlen Männer so verrückt nach ihr sein konnten? Die Frau war abergläubisch – die an Hexen glaubenden Männer waren es nicht. Die größte Sünde der Frau war, daß sie von Eva abstammte, die auf die gesamte Menschheit einen Fluch geladen hatte. Die Frau, die bewußt oder unbewußt eine Versuchung für den Mann darstellte, trug beim Jüngsten Gericht die Verantwortung für die Seelen der armen Männer.

Was blieb Griselda anderes übrig, als Treue und Gehorsam zu schwören. Und wirklich wurde Griselda ihrem Markgrafen eine ausgezeichnete Ehefrau: sie hatte gute Manieren, war edel und nahm bald die Untertanen des Markgrafen für sich ein. Und wenn der Markgraf verreist war, besorgte Griselda die Regierung zur Zufriedenheit aller.

Nach einer angemessenen Zeit gebar Griselda eine Tochter. Da wurde der Markgraf von einem unüberwindlichen Drang gepackt, seine Frau auf die Probe zu stellen. Er befahl Griselda, die Kleine einem als grausam bekannten Diener zu übergeben. Demütig fügte sich Griselda: ihr Herr konnte nichts tun, was sie betrübte, und als Ehefrau empfand sie für niemanden so viel Zuneigung wie für ihren Mann. Sie bat nur, das Kind so tief in der Erde zu begraben, daß die wilden Tiere im Wald es nicht ausgraben und fressen konnten.

Bald gebar Griselda einen Sohn, dem es ebenso erging. Griselda fuhr unbeirrt fort, ihrem Mann zu dienen, viele Jahre lang, bis er ihr mitteilte, daß er sich eine neue, junge Frau nehmen wollte. Griselda kehrte in die elende Hütte ihres Vaters zurück, nur mit einem Hemd bekleidet, aber

171

»Bestehst du nicht aus ekelhaftem Schleim? Bist du nicht immer unrein? Fressen dich nicht am Ende die Würmer?« Die letzte Stufe in der Einstellung der strengen Kirchenmänner zur Frau, die ihnen theoretisch verboten war, bestand darin, der Frau jeglichen Wert abzusprechen. In der Praxis hatte fast jeder Priester in seinem Hause eine Wirtschafterin, die sich nicht nur um seinen Haushalt kümmerte, sondern auch seine Geliebte war. Obwohl die misogynen Geistlichen im allgemeinen nur füreinander schrieben und untereinander über die Frauen schimpften, blieb die kirchliche Einstellung zwangsläufig nicht ohne Einfluß auf die weltliche Denkweise, deren Frauenhaß ein Erbe aus der Antike war.

still und gehorsam. Von dort aus ging sie täglich ins Schloß, um die Räume für die neue Markgräfin vorzubereiten. Die Untertanen des Markgrafen wunderten sich über die Behandlung der von ihnen geliebten Griselda und mißbilligten sie, aber als die neue, strahlend schöne Braut in einem Festzug ankam, meinte man, der Markgraf habe richtig gehandelt.

Da erst erklärte Walter den wahren Sachverhalt. Die neue Braut war Griseldas totgeglaubte Tochter, die bei der Schwester des Markgrafen in Bologna aufgezogen worden war, wo sich auch Griseldas Sohn befand. Walter war nun mit der Ergebenheit seiner Frau zufrieden und liebte sie sehr.

Anstatt ihren psychopathischen Mann zu erschlagen, bedankte sich Griselda bei ihm dafür, daß er die Kinder am Leben gelassen hatte, und brachte ihre Freude über so viel Liebe und Gunst zum Ausdruck. Und dann lebten sie alle glücklich bis an ihr Ende.

Den Männern zur Warnung
seien all die beherzten und
edlen Männer genannt, die
den Frauen auf den Leim
gegangen sind: David und
Salomo, Simson und Hektor
sowie Lot, der von seinen
eigenen Töchtern verführt
wurde. Die Geschichte von
Lot ist auf diesem Bild dargestellt: im Hintergrund werden
Sodom und Gomorra vernichtet, Lots Weib ist wegen ihrer
Neugierde zur Salzsäule
erstarrt – wieder wurde eine
Frau für dieselbe Eigenschaft
bestraft wie Eva und Pandora.
Im Vordergrund haben die
Töchter ihren Vater betrunken gemacht und schlafen
mit ihm. Die Moralisten vergessen gern, daß Lots Töchter
dabei nicht den Zweck verfolgten, ihre Gelüste zu befriedigen, sondern den, Kinder zu bekommen, weil der
gesamte Stamm vernichtet
war.

Im Gegensatz zur adligen galt die bürgerliche Frau wegen
ihrer Arbeit als gleichwertig mit dem Mann, obwohl das
Gesetz ihr kaum Rechte zugestand. Die profanen Spottgedichte der Bürger gehen zwar mit den Frauen, vor allem
mit den zänkischen, gnadenlos ins Gericht, aber sie schil-
dern sie als Partnerin, und sei sie noch so streitsüchtig und
unerträglich.

Die Stimme der großen Mehrheit der Bevölkerung, der
Bauern, fand keinen Eingang in die geschriebenen Texte.
Es kann sein, daß unter den Bauern die Vorstellung von
der Frau als zweiter Ernährerin der Familie am längsten
erhalten blieb. Etwas Derartiges läßt sich aus einem Lied
erahnen, das von aufständischen Engländern gesungen
wurde:

>>Als Adam pflügte und Eva spann,
wo war denn da der Edelmann?<<

In den ersten Jahrhunderten des 2. Jahrtausends erweiterte sich Europa nach Norden und Osten. Neue Völker
gerieten unter den Einfluß des Christentums, im Osten die
Slawen, im Norden die Skandinavier.

Die Wikinger hatten das Christentum kennengelernt, als
sie Europa verwüsteten. Aber sie nahmen Christus nicht
mit nach Skandinavien. Das taten Missionare, die vor dem
Märtyrertod nicht zurückschreckten. Die Zuhörerschaft
der Priester bestand aus Frauen, die an allem Neuen interessiert waren.

Die archäologischen Funde bezeugen, daß die Frauen im Norden hohe Wertschätzung genossen: Die Frau des Hauses wurde ebenso prachtvoll bestattet wie ihr Mann. Oft hatte sie auch im Totenreich eine Lanze bei sich, als Beweis dafür, daß sie jagen konnte. Die große Bedeutung der Frauen wird verständlich, wenn man bedenkt, daß die Männer den ganzen Sommer über unterwegs waren, um die Kirchen und Städte Europas zu plündern. Die Felder mußten von den Frauen beackert, die großen Höfe bewirtschaftet werden. Der Schlüsselbund hing am Gürtel der Hausfrau, nicht an dem des Hausherrn.

Die alte Volksdichtung und die Heldenepen der nordischen Völker, wie »Kalevala« und »Edda«, sehen die Frau als ein starkes, selbständiges Wesen. Das herausragende Beispiel dafür ist die im »Kalevala« besungene Nordlandherrin. Das Nordland wird von einer Frau beherrscht, obwohl es auch den Nordlandherrn gibt. Von einem Sohn des Nordlands ist keine Rede, wohingegen die Tochter und ihre Heirat in den Geschichten des »Kalevala« eine wichtige Rolle spielen. Die Nordlandherrin ist auch eine Zauberin, die jede beliebige Gestalt annehmen kann.

Im »Kalevala« kommt auch die ewige, allen Völkern gemeinsame Muttergestalt vor. Die Mutter von Lemminkäinen harkt die Teile ihres zerstückelten Sohnes aus dem Totenfluß und bringt durch ihre Gebete den Herren des Himmels dazu, den Toten wieder lebendig zu machen. Der Bogen der um ihren Sohn trauernden Mutter spannt sich von der ägyptischen Isis über die Jungfrau Maria bis hin zu der Bäuerin des fernen Nordlandes.

Wie leicht fand sich diese nordische Frau, die sehr wohl um ihren Wert wußte, damit ab, daß sie im Verständnis des Christentums ein lasterhaftes, böses, unreines Wesen sein sollte, die Ursache für den Fluch, der auf der Menschheit lastete, und die Verführerin des tugendhaften Mannes? Die alte Dichtung der nordischen Länder kennt keinen Frauenhaß. Wie leicht gab die Herrin über Haus und Hof zu, daß sie schwächer und dümmer war als ihr Mann?

Das böse Weib ist auf jeden Fall auch in der Volkstradition schnell zur Stelle. So wird in einem Gedicht, das von dem Tod des finnischen Märtyrers, des Bischofs Heinrich, berichtet, eine Bäuerin zum Sündenbock gemacht.

Der Bischof kommt mit seinem Knecht in ein Haus und bittet um eine Mahlzeit. Die Frau des Hauses, Kerttu, ihrem Namen nach eine Christin, lehnt das ab. Wir wissen nicht, warum. Vielleicht war die Ernte schlecht, und es gab nicht genug Lebensmittel, vielleicht war das Verhalten des Bischofs kränkend, vielleicht hat die Hausfrau einfach nicht verstanden, was der Bischof will, denn der war ein gebürtiger Engländer und wird kaum Finnisch gesprochen haben, da er zum Zeitpunkt dieser Ereignisse

Die Frauen der nordischen Länder jagten zusammen mit ihren Männern. Die junge Lappin dagegen ist für die Haushaltsarbeit angezogen, obwohl sie an den Füßen merkwürdige Schuhe, nämlich Skier, trägt. Die Vorstellungen des italienischen Künstlers Cesare Vecellio von den nordischen Völkern basieren auf den Berichten von Reisenden. Wegen der schrecklichen Finsternis dort nahmen die Frauen einen brennenden Kienspan in den Mund, wenn sie nach draußen gingen. So wurde die nordische Nacht beleuchtet, und die Frau blieb still. Die christliche Frau legt einen weiten Weg zurück, um ihre Kinder zur Taufe zu bringen, natürlich auf Skiern und mit Stock. Bemerkenswert ist, daß die Kinder nicht gewickelt und nicht angezogen sind, obwohl die Mutter Pelzkleidung trägt. Der Zeichner Cesare Vecellio wollte durch die nackten Kinder vielleicht darauf aufmerksam machen, daß die Kinder in den nordischen Ländern nicht gewickelt wurden oder vielleicht bei der Taufe schon groß waren.

erst seit gut einem Jahr im Land war. Das Gedicht vermittelt den Eindruck, als habe die Bäuerin dem Bischof die Bitte aus purer Bosheit abgeschlagen, was sehr unglaubwürdig erscheint. Die Pflicht der Gastfreundschaft war heilig in diesem Land, in dem die Entfernungen groß und das Klima hart waren.

Der Bischof nimmt sich schließlich, was er will, und hinterläßt dafür Geld auf dem Tisch des Hauses. Voller Zorn sieht Kerttu den Männern nach, und als ihr Sohn Lalli nach Hause kommt, fordert die Bäuerin ihn auf, an dem Bischof Rache zu nehmen. Lalli läuft dem Bischof auf Skiern nach und tötet ihn. Die finnische Kirche hat ihren Märtyrer.

Die Geschichte erinnert an unzählige mittelalterliche Geschichten, in denen berichtet wird, wie Frauen gute Männer zugrunde richten.

Trotz der strengen Ehebruchgesetzgebung der Germanen und obwohl die Germanin immer unter Vormundschaft stand, war sie eine wichtige und angesehene Person. In der Mystik der Germanen spielen die weiblichen Geister und Wahrsagerinnen eine wesentliche Rolle. Es dauerte Jahrhunderte, bis es dem Frauenhaß des Christentums gelang, das sachliche und ehrerbietige Verhalten der Germanen gegenüber den Frauen zu zerstören.

Maßgeblich für die Stellung der Frau war im frühen Mittelalter, daß zwischen öffentlichem und privatem Leben nicht streng unterschieden wurde. Die Königin war Gemahlin, Mutter und zugleich die offizielle Person, die sich um die Geschenke für die dienenden Ritter, also um deren Lohn, kümmerte. Außerdem verwaltete die Königin die großen Ländereien der Krongüter, und während der Kriegszüge des Königs vertrat sie ihn.

Auch in den Burgen und auf den Gutshöfen kümmerte sich die Gattin des Hausherrn um die Angelegenheiten des Hauses, zu denen neben der vollständigen Selbstversorgung auch die Rechtsprechung, die Wahrung der Ordnung und erforderlichenfalls auch die Verteidigung des Hauses oder der Burg gehörten.

Wirtschaftlich war die Frau des Frühmittelalters relativ gut gestellt. Sie hatte zu ihrer Sicherheit die Mitgift und für den Fall der Witwenschaft die Morgengabe des Mannes. Nach dem Gesetz durfte der Ehemann das Vermögen seiner Frau nicht vergeuden. Andererseits nahm ihr Vermögen aber auch nicht zu: Die Frau hatte kein Recht auf das Einkommen der Familie. Die Beschränkungen der alten germanischen Gesetze, nach denen die Frau kein Land erben konnte, wurden derart geändert, daß die Frau entweder immer Land erben konnte oder zumindest dann, wenn keine männlichen Erben vorhanden waren.

Unter bestimmten Bedingungen genoß die Frau eine besonders hohe Wertschätzung. So hing zum Beispiel die Stellung des Kindes von der Stellung seiner Mutter ab. Das Kind einer freien Frau und eines Leibeigenen war frei. Deshalb bemühten sich die Leibeigenen um eine freie Frau. Die Angelegenheit hatte im Bauerndorf keine praktische Bedeutung, war aber maßgeblich für die Rangordnung unter den Dorfbewohnern. »Tersia, die Tochter unserer befreiten Frau Honoria«, heißt es in einem Testament. Der Vater interessierte nicht, das Kind wurde nach der Mutter benannt.

Der Name der Mutter, das Matronymikon, wurde auch bei einigen anderen Gelegenheiten an Stelle des väterlichen Namens, des Patronymikons, verwendet. Die Tochter des Priesters Sergius, Fasana, wurde Tochter von Maroccia genannt. Der Sohn des Bischofs von Florenz, Ugo, bezeichnete sich als Sohn der Minuta.

Die Kirche verlangte von ihren Priestern, daß sie im Zölibat lebten. Die Idee der Ehelosigkeit blieb aber im ersten Jahrtausend noch graue Theorie. Im Jahre 960 wurden die Priester von Vercelli aufgefordert, ihre Ehefrauen zu verstoßen. Die Priester antworteten: »Wenn unsere Frauen nicht für uns sorgen, sterben wir vor Hunger und Nacktheit.«

Für die Haushaltsführung in den Priesterfamilien kam die Frau auf: Der Priester hatte seine Aufgaben in der Gemeinde, für die er nur geringe Beträge einnahm und auch diese nur sporadisch. Die Kirche, die die Kebsfrauen der Priester so verabscheute, lebte teilweise auf deren Kosten. Diese Frauen spielten in ihrer Umgebung sicherlich eine bedeutsame Rolle. Ihre Kinder nannten sich lieber nach der Mutter als nach dem Vater.

Ähnlich wie die Situation der Frau des Priesters war die der Burgherrin. Auch ihr Mann hatte seine Arbeit, die Kriegführung. Wenn er auf die Marsfelder zog, blieb der Frau die Aufgabe, sich um alles zu kümmern, was zu Hause anlag. Und wenn der Mann auf seinem Kriegszug fiel, mußte die Witwe in alleiniger Verantwortung für ihre kleinen Kinder und für ihr Vermögen sorgen. So geschah es vor allem in Südfrankreich und in Spanien, wo die Gesetze der Frau gegenüber wohlwollend waren. Ebenso wie die karolingischen Königinnen gaben auch die spanischen Burgherrinnen ihren Rittern Land, den Lohn der damaligen Zeit.

Eine solche Frau, Gräfin oder Herzogin, war unter den unruhigen Verhältnissen jener Zeit die tatsächliche Herrscherin über große Gebiete. Es ist kein Wunder, daß sich ihre Kinder leichter mit ihr identifizierten als mit dem Vater, den sie vielleicht nie zu sehen bekamen. »Ritter Arduinus, Sohn der Edelfrau Joscende«, »Artaldus, Ritter von Calamont, Sohn der Alatrudis«, »Guidoctus, Sohn der Domina Navilie«, »Godesio Didaci, Sohn der Gräfin von Geluira«.

Ganze aristokratische Familien konnten systematisch den Namen der Mutter verwenden, auch wenn sie ihre Stellung und den Hauptteil ihrer Ländereien von den Vätern erbten. Selbst ein so hochgestellter Herr wie Wilhelm, der Herzog von Aquitanien, gibt im 11. Jahrhundert an, daß »Graf Wilhelm, Sohn der Gräfin Agnes, regiert«.

Für die Männer war die Welt von Kindheit an ein unendliches Schlachtfeld. Unter dem Kölner Dom ruht in einem hölzernen Sarg in einer Kammer aus Stein ein kleiner fränkischer Prinz, vielleicht sechs Jahre alt. Um ihn herum liegen sein Helm in Kindergröße und die volle Ausrüstung eines erwachsenen Mannes: Schwert, Lanze, Bogen und Pfeile, Streitaxt.

Die Frauen und die Geistlichen waren fähig, komplizierte Gedankenkonstrukte zu errichten, wie sie für friedliche Lösungen notwendig waren. In der Geschichte des Frühmittelalters gab es immer wieder eine Zusammenarbeit von vornehmen Frauen und Kirchenfürsten, und zwar nicht nur in religiösen Angelegenheiten, wie bei der Gründung von Klöstern, sondern auch im politischen Leben. Bei den endlosen Ehestreitigkeiten, die sich auf die Geschicke der Reiche auswirkten, wandten sich die Frauen oft an den Papst, und dieser stellte sich fast ausnahmslos auf ihre Seite. Wie aus der Geschichtsschreibung jener Zeit ersichtlich wird, erkannten die Frauen, daß die Kirche ihnen Schutz bot. Gleichzeitig waren sie an den Höfen Stützen und große Mäzene der Kirche.

Erst die gregorianische Kirchenreform im 11. Jahrhundert, bei der der tiefe Frauenhaß der Kirchenväter ausgegraben wurde, brachte das Vertrauen zwischen den Frauen und der Kirche ins Wanken.

Ein Musterbeispiel für Gewalt, Intrigen und ganz Europa umfassende Ehepolitik ist die Geschichte der Adelheid.

Die Geschichte beginnt bereits vor der Geburt Adelheids, Anfang des 10. Jahrhunderts. Graf Hugo von Arles, ein Abkömmling Karls des Großen, hatte es sich in den Kopf gesetzt, Kaiser zu werden. Außerdem wollte er König von Italien werden.

Hugo war ein energischer Mann und brachte den italienischen Adel dazu, ihn zum König zu wählen. Durch Morde und Intrigen wurde er seine Konkurrenten los, ließ seinen Sohn Lothar zum Mitregenten krönen und blieb zwanzig Jahre auf dem italienischen Thron; unter den damaligen Verhältnissen kam das einem Wunder gleich.

Zum Kaiser konnte ein Herrscher jedoch nur vom Papst gekrönt werden. Also mußten gute Beziehungen zum

Mathilde, die Markgräfin von Tuszien, war die bedeutendste Frauenfigur des 11. Jahrhunderts. Ihre Erbländer reichten von den Alpen bis Perùgia in Italien. Mathilde war zweimal verheiratet, aber beide Ehen scheiterten. Sie war klug und politisch aktiv. Im Streit zwischen dem Kaiser und dem Papst unterstützte sie die Politik des Papstes. Dadurch schadete sie gewissermaßen sich selbst, denn die von ihr begünstigte Kirchenreform ließ den leidenschaftlichen Frauenhaß der Kirchenväter aufkommen. Mathildes Wirken war für die Geschichte der römisch-katholischen Kirche von so großer Bedeutung, daß sie ein Grabmal in der römischen Peterskirche erhielt – eine Ehre, die nur sehr wenigen Frauen zuteil geworden ist.

Papst hergestellt werden. Der Papst saß in Rom. Die Stadt und der Papst wurden von dem aristokratischen Senator Theophylact beherrscht. Die Frauen seiner Familie, seine Gattin Theodora und die Töchter Marozia und Theodora, waren alle außerordentlich am Heiligen Stuhl interessiert. Alle drei waren Geliebte des Papstes.

Am weitesten brachte es Marozia. Sie war zunächst mit dem Marchese von Spoleto, dann mit dem Marchese von Toscana verheiratet. Als sie wieder einmal Witwe wurde, bot sie ihre Hand Hugo von Arles, dem König von Italien, an. Als Köder verwendete sie das Versprechen, daß Papst Johannes XI., der ein unehelicher Sohn von Marozia war, seinen künftigen Stiefvater zum Kaiser krönen würde.

Hugo paßte diese Regelung ausgezeichnet. So wurde Marozia Königin von Italien, aber diese Freude währte nicht lange. Noch bevor Hugos Krönung zum Kaiser stattfinden konnte, schritt Marozias Sohn aus ihrer ersten Ehe, Alberic, ein. Er verjagte seinen Stiefvater aus Rom, steckte seine Mutter ins Gefängnis und ließ sie dort umbringen.

Ein Jahr vor der Eheschließung von Hugo und Marozia, im Jahre 931, bekamen Rudolf, der König von Burgund, und seine Frau, Bertha von Schwaben, eine Tochter, die auf den Namen Adelheid getauft wurde.

Als Adelheid sechs Jahre alt war, starb ihr Vater, und ihr junger Bruder Konrad wurde König von Burgund. Da eilte Hugo herbei, um Burgund an sich zu reißen. Er heiratete Konrads Mutter Bertha und verlobte seinen Sohn Lothar mit Adelheid.

Adelheid und Lothar heirateten, als Adelheid 16 Jahre alt war. Drei Jahre später starb Lothar. Wieder erschien ein machtgieriger Mann, denn die junge Witwe mit ihrem Reich übte eine unwiderstehliche Anziehungskraft aus. Der Landgraf von Ivrea, Berengar, übernahm die italienische Krone. Adelheid wurde gefangengenommen und mißhandelt, und ihre Schätze wurden geraubt. Berengar gedachte, Adelheid wegen ihrer Ländereien und Verwandtschaften mit seinem Sohn Adalbert zu verheiraten.

Adelheid hielt sich nicht lange damit auf, ihr Schicksal zu beweinen. Insgeheim sandte sie eine Nachricht an den mächtigsten Herrscher der Christenheit, den deutschen König Otto den Großen.

Der edle Ritter beeilte sich, der bedrängten Frau zu Hilfe zu kommen. Adelheid war es gerade gelungen, aus der Burg von Como zu fliehen, und da Otto Witwer war, heiratete er sie sofort. Ihr Einfluß war sehr groß, und die Verwandten des Königs rebellierten schließlich. Der Aufstand konnte jedoch niedergeschlagen werden. Adelheid gelangte auf den Gipfel ihrer Macht, als der Papst sie im Jahre 962 neben Otto zur Kaiserin krönte. Zu diesem Zeitpunkt war sie 31 Jahre alt.

Die Königin Margarete von Dänemark, Norwegen und Schweden war neben ihrer Zeitgenossin, der heiligen Birgitta von Schweden, die bedeutendste Frau der nordischen Länder. Margarete war die Tochter des dänischen Königs Waldemar IV. Atterdag und wurde im Alter von zehn Jahren mit dem schwedischen und norwegischen König Håkon verheiratet. Die Tochter der heiligen Birgitta, Frau Märta Ulfsdotter, erzog die talentierte kleine Königin, die bereits in jungen Jahren ihren viel älteren Gatten beraten konnte. Als Margaretes Ehemann und ihr einziger Sohn starben, wurde sie zur »souveränen Frau« von Dänemark, Schweden und Norwegen gewählt. Margarete gründete einen Bund der drei Reiche, die Kalmarer Union. Sie herrschte über ihre großen Reiche geschickt und weise bis zu ihrem Tod im Jahre 1412. Zum Thronerben erzog sie ihren Großneffen Erich von Pommern.

Zehn Jahre später starb Otto der Große, und im Leben Adelheids begann eine Zeit der Schwierigkeiten und Sorgen. Der neue Kaiser, der Sohn Adelheids und Ottos, Otto II., war erst 18 Jahre alt. Als letzte ehrgeizige Tat hatte Otto der Große seinen Sohn mit einer byzantinischen Prinzessin, der Tochter des Kaisers Romanos II., Theophanu, verheiratet.

Adelheids Vorstellung von der Beherrschung des Reiches mit Hilfe des jungen Otto verwirklichte sich nicht. Otto war begabt und eigensinnig, und die Mutter mußte sich zurückziehen. Außerdem erwies sich die byzantinische Prinzessin als klug und machtgierig, obwohl sie erst 16 Jahre alt war. Das Verhältnis zwischen Schwiegermutter und Schwiegertochter war nicht besonders gut.

Otto II. starb nach zehn Regierungsjahren. Sein und Theophanus dreijähriger Sohn Otto III. erbte die Macht. Gemeinsam fungierten Adelheid und Theophanu als sein Vormund, doch Theophanu hatte nach einem Jahr genug von Adelheid und sandte sie nach Italien. In Deutschland unterstützten hohe Kirchenfürsten Theophanu, und in Italien war sie Kaiserin, »Imperatrix«, durch ihr eigenes Recht. Der Heilige Stuhl war nach wie vor in den Händen römischer Adelsfamilien, die ihr in Gehorsam ergeben waren.

Als Theophanu hochgeachtet im Alter von 35 Jahren starb, sollte Adelheid die Zügel wieder in die Hand nehmen. Aber die alte Kaiserin war müde, ihr fehlten die Energie und die Entschlossenheit, vielleicht auch die Intelligenz ihrer Schwiegertochter. Deutschland litt unter den Angriffen der Wikinger und der Slawen. Mit 14 Jahren wurde Otto III. volljährig und fing an zu regieren.

Adelheid zog sich in das von ihr gegründete Kloster Selz im Elsaß zurück, wo sie im Jahre 999 in dem für die damalige Zeit ungewöhnlich hohen Alter von achtundsechzig Jahren starb. Zwei Jahrhunderte später wurde sie heiliggesprochen.

Die Frau des Frühmittelalters hatte mit ihrer heutigen Schwester gemein, daß sie nicht nur Tochter, Ehefrau und Mutter war, sondern auch einen wichtigen Platz in der öffentlichen Gesellschaft einnahm. Das Leben des männlichen Europas wurde von zwei Dingen beherrscht: vom Krieg und von der Kolonisierung.

In großen Teilen Europas herrschte das Recht des Stärkeren. Die Duodezfürsten, Herzöge und Grafen führten untereinander nicht enden wollende Kriege, die ihren Lebensinhalt bildeten. Die Söhne der oberen Klassen wurden vom siebenten Lebensjahr an militärisch ausgebildet, sie hatten nichts anderes gelernt als kämpfen. Oft verschlimmerten die Herrscher der Reiche das Chaos, wenn sie versuchten, es zu vermindern: die schwache Zentralgewalt mußte fast pausenlos gegen ihre Untertanen vorgehen.

Auf der einen Seite war Europa also ein Kampfplatz. Im Süden hatte man angefangen, Spanien von den islamischen Mauren zurückzuerobern. Gleichzeitig ergoß sich nach Norden und Osten ein stiller, beharrlicher Strom von Bauern, Neusiedlern, die sich ein Stück Erde zu eigen machten und mit geduldiger Zähigkeit selbst dann daran festhielten, wenn die Wogen der Kämpfe über ihren Feldern zusammenschlugen.

Diese beiden Dinge, die Kolonisierung und die Kriege, hatten erhebliche Auswirkungen auf das Leben der Frau im Frühmittelalter.

Um die Jahrtausendwende gab es in Europa etwa vierzig Millionen Einwohner. Knapp die Hälfte davon waren Frauen. Der bereits aus dem Altertum bekannte Frauenmangel war bestehen geblieben als ein Resultat der Tötung von kleinen Mädchen und der hohen Frauensterblichkeit bei Geburten und Krankheiten. In den Städten hingegen gab es ebenso viele Frauen wie Männer, manchmal sogar mehr. Die Städte waren klein und lagen weit auseinander. In der größten Metropole der Christenheit, Konstantinopel, gab es in der Ära des Kaisers Justinian im 6. Jahrhundert vielleicht 300 000 Einwohner, deren Zahl sich in der Folgezeit kontinuierlich verringerte. In Europa gab es keine einzige Stadt mit mehr als 50 000 Einwohnern.

Überall in Europa winkten die Frauen zum Abschied ihren Männern, die fortgingen: entweder in den Krieg oder um anderswo Land urbar zu machen. Im nördlichsten Europa winkten die Wikingerfrauen an der Küste, und der Schlüsselbund klapperte an ihren Gürteln. Die mitteleuropäische Bäuerin wandte sich ihrer Parzelle zu, um gemeinsam mit ihren Kindern und einigen Greisen zu arbeiten, bis der Mann sie in das neue Haus holte. Vom Turm des Gutshofes winkte die vornehme Dame mit ihrem Taschentuch aus Leinen ihrem Grafen, der auszog, um seinen König oder Nachbarn oder aber den Wikinger umzubringen, den die nordische Frau gerade auf den Weg schickte.

Es war das Schicksal der Frauen, daheim zu bleiben. Es war ihre Aufgabe, das normale Leben, den Haushalt, die Produktion aufrechtzuerhalten.

Dieses Schicksal war vielleicht gar nicht so schlecht. Die Frau war von klein auf dazu erzogen worden, für den Haushalt zu sorgen, das war der Inhalt ihres Lebens. Oft war sie heilkundig, Kräuterfrau und Hebamme. Die Gutsherrin konnte auch das geistliche Zentrum ihrer Umgebung sein. Wenn der Mann fortging, brauchte sie sich nicht mehr vor den ewigen Schwangerschaften und Ent-

Die Prinzessin Theophanu war die Tochter des byzantinischen Kaisers Romanos II. Sie wurde mit dem jungen deutschen Kaiser Otto II. verheiratet. Theophanu war wie alle vornehmen byzantinischen Frauen im Gynäkeion, in den Frauenräumen des Palastes, aufgezogen worden. In ihren Adern floß das aristokratischste Blut der ganzen Christenheit. Sie war an jeden erdenklichen Komfort und an eine zivilisierte Umwelt gewöhnt und kannte die griechischen und lateinischen Klassiker ebensogut wie die gelehrtesten Männer Westeuropas. Die Umsiedlung von dem gebildetsten Hof Europas in eine deutsche Burg muß für sie ein entsetzlicher Schock gewesen sein: Dort konnten nur die Priester und einige im Kloster erzogene vornehme Frauen lesen. Es gab keinerlei Komfort und kein Privatleben, und es wurde auch gar nicht vermißt. Die Sitten waren rauh, die Behausungen schmutzig, das Essen primitiv. Im Mittelpunkt der Gesellschaft stand anscheinend das Pferd. Im hierarchischen, eisern durchorganisierten Byzanz war der Kaiser nahezu gottgleich; im Heiligen Römischen Reich Deutscher Nation dagegen mußte der Kaiser ständig um seine Stellung kämpfen und wurde nicht besser behandelt als ein gewöhnlicher Lehnsherr. Theophanu war eine energische und kluge Frau, die einen bedeutenden Einfluß auf ihre Umwelt ausübte. Wie so viele Königinnen in alter Zeit akzeptierte sie die gegebenen Verhältnisse und versuchte, daraus das Beste zu machen.

bindungen zu fürchten. Und wenn der Mann boshaft war und seine Frau oft verprügelte, waren Burgherrin und Bäuerin gleichermaßen froh, wenn er fortzog.

Mit dem Niedergang des Mittelalters spezialisiert sich die Gesellschaft allmählich, und die Lebensmöglichkeiten der Frau ändern sich. Ihre Beteiligung an den öffentlichen Aktivitäten der Gesellschaft reduziert sich und hört bald ganz auf. An der Wende vom Mittelalter zur Neuzeit erlebte Europa einen großen geistigen Aufschwung, die Renaissance. Die allseitige Anregung des geistigen Lebens, die Suche nach Neuem und die neue Beschäftigung mit dem Alten, die Geburt des Individuums und die Befreiung des Geistes im 15. und 16. Jahrhundert rüttelten an ganz Europa.

Als tonangebend für das Brauchtum der Renaissance gelten die vornehmen Fürstinnen der italienischen Höfe. Elisabetta Gonzaga von Urbino und Isabelle d'Este von Mantua sind Prototypen der gelehrten, befreiten Frau der Renaissance. Sie waren sagenhafte Gestalten, reich, geistvoll, elegant, sprachkundig, und wurden verehrt. Aber wie befreit waren sie eigentlich? Hatten die Frauen eine Renaissance?

Im Mittelalter hatte die Frau der vornehmen Gesellschaft das Recht, Land zu erben und Lehen zu halten. Sie war ein bedeutender kultureller Faktor bei der Entwicklung der Ritterromantik. Durch Geburt, Erbe, Ehe und ihren Geist konnte sie auch ein politischer Machtfaktor werden.

Die Renaissancefürstin war nichts von alledem: alle Macht in der Gesellschaft und in der Familie war auf den Mann übergegangen. Von einer Frau, auch von einer vornehmen Frau, wurde nicht erwartet, daß sie Macht ausübte. Wenn sie das tat, dann nur indirekt über eine andere Person, meistens über den Ehemann. Ihr Einfluß hing noch mehr als in früheren Jahrhunderten von ihrer Persönlichkeit ab. Um ihren Willen durchzusetzen, mußte sie zu den uralten, von den Frauenhassern verurteilten Mitteln greifen: zu Schmeichelei, Betrug und Verführung.

»Ich bin der Meinung, daß die Schönheit für die Frau wichtiger ist als für den Mann, denn wahrhaftig, wenn einer Frau die Schönheit fehlt, dann fehlt ihr viel...« Diese vielsagende Feststellung findet sich in Baldassarre Castigliones Buch *»Der Hofmann«*.

Für die Frau und auch für den Mann ist es notwendig, anderen zu gefallen und sich charmant zu benehmen, sich in Musik und Malerei auszukennen, mehrere Sprachen zu sprechen, zu tanzen und andere zu unterhalten. Aber die Hauptsache im Leben des Mannes bleiben doch die Kriegskünste, während für die Frau das wichtigste ist, anderen und besonders ihrem Ehemann zu gefallen.

La Fornarina

Simonetta Vespucci

Dieser Gedanke Baldassarre Castigliones enthält das Frauenideal der Renaissance. Die Fürstin war der kostbarste Schmuck am Hof ihres Mannes. Die italienische Renaissancefürstin war immer eine Kunstmäzenin, das gehörte zu ihrer Stellung. Aber die Künstler und ihre Arbeit dienten der Verherrlichung des Fürsten.

In den Klöstern widmeten sich die Frauen weiterhin der Malerei, aber für eine Laiin war es äußerst schwierig, Künstlerin zu werden, auch wenn sie wirklich begabt war. Der Künstler jener Zeit war ein Handwerker, der eine zehnjährige Lehre in einer von der Zunft anerkannten Werkstatt absolvieren mußte, bevor er seine Bilder verkaufen durfte. Die Künstler mußten lernen, Farben zu mahlen und zu mischen, Holzpaneele als Grundlage für die Gemälde herzustellen, verschiedene Wandmalereitechniken anzuwenden und das hauchdünne und kostbare Blattgold aufzutragen. All das war auch sehr teuer. Es gab mehr Knaben, die bei den Meistern in die Lehre gehen wollten, als diese ausbilden konnten. Die Lage der Mädchen war in dieser Situation hoffnungslos.

Die begabten jungen Frauen, die einen Künstler oder Gelehrten zum Vater hatten, waren privilegiert. Die meisten Künstlerinnen wurden von ihren Vätern ausgebildet. Viele von ihnen konnten sich sehr gut von ihrer Malerei ernähren. Es war leichter, sein Brot mit Bildern zu verdienen als mit Büchern: die Künstlerinnen malten Porträts und Still-

Das bekannteste Renaissancemodell war die Kaufmannsfrau Simonetta Vespucci aus Florenz, die von Botticelli als Madonna und als Primavera gemalt wurde und in jungen Jahren starb. Das Lieblingsmodell von Raffael war seine Geliebte La Fornarina, die schöne Bäckerstochter. Von dem Porträt La Belle Ferronière, Leonardo da Vinci, das heute im Louvre hängt, heißt es, es sei das Porträt einer Geliebten des Königs Franz I. von Frankreich. Die Stirn der Schönen ziert ein Kettchen mit Anhänger, der nach ihrer Trägerin Ferronnière genannt wurde. Angeblich verdeckte der Schmuck einen Syphilisfleck, der die herrliche Stirn verunstaltete. Der eifersüchtige Ehemann, ein Rechtsanwalt oder Metallarbeiter, hatte in seiner Wut seine Frau mit Syphilis angesteckt, damit auch der König die Krankheit bekäme.

La Belle Ferronnière

184

leben, nach denen eine lebhafte Nachfrage herrschte. Gemälde von der Heiligen Familie, der Madonna und anderen Heiligen entstanden ebensogut in den Ateliers von weiblichen wie von männlichen Künstlern. Die Zünfte versuchten, die Beteiligung der Familienmitglieder an der Arbeit des Meisters einzuschränken. Der Künstler sollte seine Frau und Kinder nicht unterrichten dürfen. Ihnen sollten nur einfache und unbedeutende Arbeiten wie das Schüren des Feuers zugewiesen werden.

Für eine aristokratische Frau gehörte es sich nicht zu malen, denn trotz aller Bewunderung war der Künstler nur ein Handwerker, der sich durch eigene Arbeit ernähren mußte, und kein Renaissancefürst konnte selbst Leonardo da Vinci für seinesgleichen halten. Für eine vornehme Person war es schicklich, ein Musikinstrument zu spielen, und sie mußte das sogar tun, denn das war eher Vergnügen als Kunst und gehörte zu den Fertigkeiten eines jeden gebildeten Menschen.

Im *Hofmann* von Castiglione beteiligen sich die Frauen nicht an den Gesprächen der Männer. Ihnen obliegt es zuzuhören, zu bewundern und gegebenenfalls Tanz und Spiele zum Vergnügen der Männer zu veranstalten.

Die Renaissancefürstin war hoch gebildet, das wußten alle, aber sie durfte von dieser Bildung keinen Gebrauch machen. Die gnädige Frau durfte ihre Kenntnisse und Fertigkeiten nicht einmal mehr bei der Erziehung der eigenen Kinder verwenden.

Im Mittelalter hatten die Mädchen ihre Ausbildung im

»Stellen Sie sich vor, wie ungrazil eine Frau aussieht, die die Trommel rührt oder Flöte, Horn oder ein ähnliches Instrument bläst; das liegt daran, daß der schneidende Ton dieser Instrumente die süße Sanftheit zunichte macht, die sonst alles verschönt, was eine Frau tut.« So schreibt Baldassarre Castiglione in seinem Buch »Der Hofmann«. Für eine Frau schickte es sich dagegen, elegant die Zither zu zupfen, deren Klang nicht so schneidend war und die die Backen nicht aufblähte. Eigentlich ging es um das Aussehen der Frau und nicht um den Klang der Instrumente, weil ja die Männer unbesorgt dieselben schneidenden Töne blasen konnten.

Elisabetta Gonzaga, die Herzogin von Urbino, war die vollkommene Fürstin im »Hofmann«, dem Lehrbuch von Baldassarre Castiglione für das gute Benehmen. Gemälde von Raffael

Die Wissenschaften und Künste wurden gern als Frauengestalt dargestellt, wie diese Geometria mit Zirkel und Rechteck. Das bedeutete jedoch nicht, daß die Frauen in der Geometrie unterrichtet worden wären. Der bekannte Humanist Pietro Bembo meinte, daß es für die Frauen gut sei, etwas Latein zu können, weil das ihren Reiz erhöhte.

Haushalt einer vornehmen Frau bekommen. In der Renaissance kam man von diesem Brauch ab. Mädchen und Knaben wurden von einem hochgebildeten humanistischen Hauslehrer unterrichtet. Dieser Lehrer war ein Mann, weil die Frauen nicht zu den Universitäten zugelassen wurden, um eine höhere Bildung zu genießen.

Mit der mächtigen Feudalfrau verschwand auch die Ritterromantik. Die sinnenfreudigen Troubadoure, die die fleischlichen Genüsse besungen hatten, wurden durch fade Gelehrte ersetzt, die lange und öde Gedichte zu Ehren ihrer ätherischen Geliebten verfaßten. Dichter wie Dante und Petrarca machten sich keine Gedanken über das Wesen ihrer Geliebten, nicht einmal über die Liebe, aus der alle Erotik verschwunden war, sondern vor allem über ihre eigene, sonderbare Welt. Die Geliebte ist ein vages Bild im Hintergrund, und eigentlich konnte sie genausogut tot sein; Dantes Beatrice war auch tot, und die Laura Petrarcas eine ehrbare Ehefrau.

Die ideale Liebe war jetzt etwas Vergeistigtes und Erhabenes, und der elegante Ehebruch der Ritterromantik kam

Lucrezia Borgia

überhaupt nicht mehr in Betracht. Nach Castiglione durfte sich die Frau nur in einen Mann verlieben, den sie heiraten konnte – die Sexualität wurde an die Ehe gebunden. Wenn sich eine verheiratete Frau trotz allem in einen anderen Mann verliebte, durfte sie ihrem Geliebten nur ihre geistige Liebe geben; ihre Sexualität durfte sie weder durch Gesten noch durch Blicke andeuten.

Fern waren die Zeiten, als zu der außerehelichen Liebe »das Küssen und eine geringe Berührung der nackten Geliebten unter Vermeidung der endgültigen Befriedigung« gehörten. Es ist schwer zu sagen, welcher Ausgangspunkt scheinheiliger ist. Die Ritterromantik billigte jedoch der Sexualität der Frau eine größere Freiheit zu. Der Liebesbegriff der Renaissance bindet die Frau mit patriarchalischer Strenge an die Tugend. Da war die stumme, bleiche Geliebte Dantes mit der die Mutterschaft preisenden Haushälterin des Kaufmanns kombiniert, die streng auf die eheliche Herkunft der Erben achtete.

Elisabetta Gonzaga, laut Castiglione die ideale Fürstin, hatte die Beschränkungen ihrer Sexualität so gründlich verinnerlicht, daß sie sich keinen Liebhaber nahm, obwohl ihr Ehemann, der Kriegsheld Guidobaldo Montefeltre, impotent war. Die Ehe blieb kinderlos, aber nicht einmal das dringende Erfordernis eines Erben brachte Elisabetta dazu, die Hilfe eines Dritten in Anspruch zu nehmen. Die Doppelmoral blühte wie immer dann, wenn ein Patriarch hingerissen die Sittsamkeit seiner Frau verherrlichte. Die Sittsamkeit der anderen Frauen war nicht so wichtig, vor allem, wenn sie ins Wanken geraten war und dies dem Patriarchen zugute kam. Der die vergeistigte Liebe predigende Pietro Bembo lebte jahrelang mit seiner Geliebten zusammen, die ihm drei Kinder gebar. Daneben hatte Bembo ein leidenschaftliches Verhältnis mit Lucrezia Borgia, einer verheirateten Frau, deren Moral er als Neuplatoniker hätte schützen müssen. Außerdem war Bembo Priester, der im Zölibat zu leben hatte.

Lucrezia Borgia, die Tochter des Papstes Alexander VI., bildet anscheinend einen Gegensatz zu den tugendhaften Fürstinnen der italienischen Höfe. Der Gegensatz ist jedoch nur vordergründig: Lucrezia wurde in ihren drei Ehen genauso streng von ihren Männern bewacht wie die Herrinnen von Mantua und Urbino. Lucrezia Borgia ist ein Musterbeispiel dafür, wie rücksichtslos die Frau bei den Machtintrigen der Männer als Köder benutzt wurde.

Lucrezia Borgia wurde im Jahre 1480 geboren. Ihr Vater, Kardinal Rodrigo Borgia, wurde bald zum Papst gewählt und nahm den Namen Alexander VI. an. Die kleine Lucrezia, deren Anmut und Lebhaftigkeit selbst von ihren Feinden gerühmt wurden, war ein wichtiges politisches Objekt. Der Papst benutzte seine Tochter, um die Stellung sei-

nes Sohnes Cesare im Machtkampf der italienischen
Kleinstaaten zu stärken.

Im Alter von 13 Jahren wurde Lucrezia mit dem viel älteren Herzog von Pesaro verheiratet. Der Ehemann war jedoch nicht nützlich genug, und so wurde die Ehe mit der
skandalösen und ganz offensichtlich erlogenen Begründung aufgehoben, der Ehemann sei impotent und die Ehe
nicht vollzogen worden. Als nächstes bekam Lucrezia einen gleichaltrigen Ehemann, den Herzog Alfonso von Bisceglia. Die Ehe war glücklich, aber kurz, weil Alfonso auf
Geheiß von Cesare Borgia vor den Augen Lucrezias ermordet wurde. Der Witwe ließ man nicht viel Zeit zum
Trauern, sondern verheiratete sie schnellstens mit dem
Erben von Ferrara, Alfonso d'Este, wodurch sie Schwägerin der tugendhaften und wunderbaren Isabella d'Este
wurde. Lucrezia blieb zwanzig Jahre lang Herzogin von

Die Doppelmoral erforderte, daß die tugendhafte Frau zu Hause blieb und durch ihre Verwandten, ihre Bildung und ihre Mitgift ihrem Mann Ehre machte. Der Mann hatte mindestens eine Geliebte, wenn nicht mehrere, mit denen er ein ganz anderes Leben führte als mit seiner Gattin. Die Ehen wurden ohne Gefühle geschlossen, aber der Mann hatte die Möglichkeit, sich daneben ein zweites Leben zu gestalten, während die Frau eine Gefangene ihrer Ehe war.

Ferrara, fügte sich in ihr Schicksal, betätigte sich ihrer Stellung entsprechend als Mäzenin für Künstler und Humanisten und gebar ihrem Mann ein Kind nach dem anderen. Die Ruhe der letzten Lebensjahre wurde vielleicht deshalb nicht mehr gestört, weil ihr Vater, der Papst, inzwischen gestorben war und Lucrezia niemandem mehr nützte.

Der schlechte Ruf Lucrezias wurde von den politischen Gegnern ihrer Familie begründet: Sie soll sowohl die Geliebte ihres Vaters als auch ihres Bruders gewesen sein. Die Borgias waren genauso geldgierig, rücksichtslos und gewalttätig wie die übrigen machtgierigen Renaissancefürsten. Es gibt jedoch keinerlei Fakten, die die Gerüchte über Lucrezias Verderbtheit erhärten würden. Keiner ihrer Ehemänner hat jemals irgendwelche Beschuldigungen gegen sie erhoben. Es war jedoch eine allgemeine und beliebte Sitte, den politischen Gegner zu verunglimpfen, indem man sein sexuelles Verhalten angriff. Lucrezia war sicherlich sittsamer als ihr Mann Alfonso d'Este, der mehrere außereheliche Kinder hatte.

Vom 13. Jahrhundert an trat in Europa ein Problem auf, das die Frauenfrage genannt wurde: Wo es früher weniger Frauen als Männer gegeben hatte, gab es nun mehr.
Für diese Entwicklung gab es mehrere Gründe. Die verbesserte Ackerbautechnik hatte den Lebensstandard erhöht, so daß man die kleinen Mädchen nicht mehr zu töten brauchte und die Lebenserwartung der Frauen stieg. Ferner hatten das ganze Mittelalter hindurch fortgesetzte Kriege die männliche Bevölkerung dezimiert, und Tausende und aber Tausende von Männern waren in den Dienst der Kirche getreten oder ins Kloster gegangen.
Das Problem des Frauenüberschusses, das vor allem in den Städten bestand, war bekannt und wurde viel diskutiert, aber zu seiner Lösung konnte und wollte man nichts tun. Es sieht sogar so aus, als seien die Frauen mit voller Absicht zu einer der unteren Gesellschaftsschichten degradiert worden. Während die Zahl der Frauen in den Städten immer weiter anwuchs, wurde es gleichzeitig immer schwieriger für sie, sich selbst zu ernähren.
Die Stellung der Frau in der Familie hing weitgehend davon ab, ob sie mit Geld zum gemeinsamen Haushalt beitragen konnte. Der Mangel an Arbeitsmöglichkeiten schwächte ihre Stellung auf vielerlei Weise: sie wurde immer abhängiger vom Familienoberhaupt, ob das nun der Vater, der Bruder oder der Ehemann war. Sie hatte keine Möglichkeit, sich von der Familie zu lösen, weil sie ihren Lebensunterhalt nicht verdienen konnte, auch wenn sie es wollte.
Als Folge des Frauenüberschusses und der frauenfeindlichen Politik der Zünfte wurden viele Frauen arbeitslos. Als einziges Mittel, um zu überleben, blieb ihnen nur die Prostitution. Die Gesellschaft jedoch wollte den Zusammenhang zwischen der Prostitution und der Arbeitslosigkeit nicht verstehen, sondern war der Ansicht, daß die Prostituierten von Natur aus lasterhaft waren.
Unverheiratete Frauen waren in der Gesellschaft nicht vorgesehen. Sie wurden als Versager abgestempelt und wurden gnadenlos ausgebeutet: als Mägde ihrer Verwandten, als unbezahlte Arbeitskräfte in den Werkstätten oder als Dirnen, die jedermann zur Verfügung standen.
Die politischen Philosophen konstruierten eine neue Staatsidee: Der Staat war eine Gemeinschaft, die aus Individuen bestand. Aber den Denkern kam überhaupt nicht in den Sinn, daß das Individuum auch eine Frau sein könnte.

192

Es ist eine interessante Frage, ob dieses Abschieben der Frauen in die unterste Schicht der Gesellschaft ein willentlicher Akt war.

Die Kirche akzeptierte die Frau nur als Teil der Familie und verachtete sie ansonsten: Eine von der gesamten Gesellschaft getragene Ideologie hielt die Frauen für die Ursache allen Unglücks in der Welt.

Die von den Zünften und Handelsgilden gegen die Frauen gerichteten Bestimmungen waren wohldurchdacht und eindeutig das Ergebnis bewußter Überlegungen.

Infolge dieser geistigen und wirtschaftlichen Diskriminierung verringerten sich die Möglichkeiten der Frauen, auf ihr eigenes Leben Einfluß zu nehmen, ganz entscheidend.

Zu Beginn der Neuzeit ist die europäische Frau in einer Situation, in der sie nirgends Unterstützung für ihre Existenz als Einzelperson bekommt. In den protestantischen Ländern hat sie die Klöster, den Dorfpfarrer und die Jungfrau Maria verloren: sie ist völlig in der Hand ihres Mannes. Wirtschaftlich gibt es sie eigentlich gar nicht, denn der Ehemann verfügt über ihr Vermögen. Den Kern ihrer minimalen Erziehung macht die Forderung aus, dem Mann zu gefallen. Die Frau ist ein Wesen der untersten Schicht der Gesellschaft geworden, dessen Lebensrahmen, abgesehen von den familiären Gefühlen, sich kaum von den Möglichkeiten eines Sklaven der Antike unterscheidet.

Die unterdrückte Frau steht dem Haß, der Verfolgung und dem direkten Massenmord an ihren Geschlechtsgenossinnen hilflos gegenüber. Sie hat keine Möglichkeit, sich zur Wehr zu setzen, sie kann nur schweigen und sich der Umwelt anpassen – und nicht einmal das hilft immer. Es genügt, daß sie alt oder verschroben oder schön oder klug ist. Wenn das Opfer wehrlos gemacht ist, kann das Schlachten beginnen. Auf den Plätzen der Städte leuchten die Feuer der Hexenverbrennungen.

Hexen-
verfolgungen

Eigentliche Abbildung der ehemali[

Die Greuel der Dämonen

An einem Tag in der Mitte des 17. Jahrhunderts sandten die Behörden der englischen Stadt Newcastle einen Ausrufer auf die Straßen, der seine Glocke schwenkte und den Bewohnern eine Botschaft besonderer Art verkündete: Es war gelungen, einen echten schottischen Hexensucher in die Stadt zu bekommen! Alle ordentlichen Bürger konnten nun ihren Verdacht gegen solche Frauen anmelden, von denen sie annahmen, daß sie Hexerei betrieben. Der erfahrene Hexensucher würde sie einer Untersuchung unterziehen, und auf diese Weise würde die Stadt Newcastle bald von den Greueln der Hexen befreit.

Die Behörden hatten sich Mühe gegeben, um den Stadtbewohnern etwas Gutes zu tun. Sie hatten zwei Stadtdiener nach Schottland gesandt, die mit dem Hexensucher verhandeln sollten. Als Ergebnis des Feilschens hatte der Experte versprochen, sich die Hexen von Newcastle anzusehen: Dafür bekam er als Entlohnung zwanzig Schilling pro Hexe und kostenlose Hin- und Rückreise.

Nun erinnerten sich die ordentlichen Bürger ihrer verendeten Kühe, ihrer kranken Kinder und verbrannten Brote, ihrer Fehlgeburten, ihrer Impotenz, ihrer Alpträume und juckenden Ausschläge. Binnen kurzem brachte man dreißig der Hexerei verdächtigte Frauen zur Untersuchung ins Rathaus.

Es war allgemein bekannt, daß eine Hexe durch verschiedene Verfahren überführt werden konnte. Die Ungebildeten bevorzugten zwei Methoden: das Abwiegen als Gegengewicht zur Kirchenbibel (die oft sehr groß und schwer war) und die Wasserprobe. Bei der Wasserprobe wurden die rechte Hand der Verdächtigen am linken Fuß und die linke Hand am rechten Fuß festgebunden und das Bündel ins Wasser geworfen. Wenn die Frau an der Oberfläche blieb, war es ein Zeichen dafür, daß die »unnatürliche« Hexe von dem »natürlichen« Wasser verschmäht wurde. Wenn sie versank, versuchte man, sie herauszufischen, bevor sie ertrank.

Die Theologen, die gelehrten »Hexendoktoren«, wandten raffiniertere Methoden an.

Jede Hexe trug ein Zeichen, das ihr der Teufel durch Drücken, Kneifen, Kratzen oder Beißen beigebracht hatte. Dieses Zeichen blutete nicht. An einer solchen Stelle, die man durch Nadelstiche ausfindig machte, konnte man die Hexe mit Sicherheit erkennen. Einige Hexen hatten eine überzählige Brustwarze: Sie diente dem Stillen des Genius.

Der Hexensucher von Newcastle verstand sein Handwerk.

Als Europa vom Christentum beherrscht wurde, waren alle, die davon abwichen, Häretiker, Ketzer. Die Ketzer stellten für die Machtstrukturen eine Bedrohung dar, weshalb sie vernichtet werden mußten. Die Katholiken verbrannten ihre Ketzer meistens – darunter viele Protestanten –, und die Protestanten verbrannten, ertränkten oder erhängten ihre Ketzer – darunter viele Katholiken. Insgesamt ist es diesen Predigern der Nächstenliebe gelungen, eine ungeheure Menge von Menschen zu vernichten, deren genaue Anzahl nicht einmal annähernd zuverlässig geschätzt werden kann, die aber im Laufe der Jahrhunderte sicherlich eine sechsstellige Zahl erreichte. Auf der Abbildung ein spanisches Autodafé, ein christliches Fest, bei dem bisweilen Dutzende, ja Hunderte von Ketzern auf einmal verbrannt wurden.

Er stach eifrig mit Nadeln auf die Frauen ein und stellte für zwanzig Schilling pro Stück fest, daß fast alle Hexen waren.

Als sich der Oberst, der die Prüfung beaufsichtigte, wunderte, wie es möglich war, so schnell eine Frau als Hexe zu erkennen, die wie ein ehrbarer Mensch aussah, versicherte der »Hexendoktor«, daß er Hexen bereits aufgrund ihres Aussehens erkenne. Als ein neues Opfer hereingebracht wurde, das hübsch und tugendhaft aussah, wandte der Oberst ein, daß es bei dieser sicherlich nicht notwendig sei, sie mit Nadeln zu stechen. Der Schotte aber bestand auf einer Prüfung.

Dann zog er der Frau vor allen Leuten die Kleider über den Kopf, so daß ihr Unterleib nackt war. Wegen des Schreckens und der Schande aber sammelte sich das Blut der Frau nur in einem Körperteil. Der Hexendoktor stach ihr die Nadel in die Hüfte und ließ plötzlich die Röcke fallen. Nun fragte der Hexendoktor die Frau, ob sie in ihrem Körper etwas fühlte, was von einem Mann stammte, aber nicht blutete. Die arme Frau konnte vor Schrecken nichts antworten. Der Hexensucher steckte seine Hand wieder unter ihre Röcke, zog die Nadel heraus und schob die Frau zu der Gruppe der für schuldig Befundenen.

Der Oberst aber hatte bemerkt, wie sich das Blut nur in einem Teil des Körpers gesammelt hatte, und befahl dem

Hexensucher, seine Nadel noch einmal in das Opfer zu stechen, dessen Kleider diesmal nur auf die Hüfte hochgezogen wurden. Die Einstichstelle blutete sofort, und der Hexensucher mußte zugeben, daß diese Frau nicht ein Kind des Teufels war.

Nach der erfolgreichen Tagesarbeit setzte der Hexensucher seinen Weg nach Northumberland fort, wo er Hexen zu einem noch besseren Preis als in Newcastle fand, nämlich zu drei Pfund das Stück. Die Adligen der Grafschaft jedoch duldeten in ihrem Einflußbereich keinen solchen Ruhestörer, und der Mann mußte nach Schottland fliehen. Dort wurde er gefangengenommen, und auf dem Weg zum Galgen gestand er, den Tod von 220 Frauen verschuldet zu haben.

Der Schurke dieser englischen Geschichte ist natürlich der Hexensucher, nicht die abergläubische und böswillige Bevölkerung, die auf Aufforderung sofort wehrlose Frauen ins Rathaus schleppte.

Im Gebiet von Trier ging es den Menschen gegen Ende des 16. Jahrhunderts schlecht. Menschen, Tiere und Äcker litten unter Unfruchtbarkeit. Eine solche Heimsuchung kam natürlich vom Teufel und von den Hexen, deren sich der Teufel als Gehilfen bediente. Ein rasender Volkszorn richtete sich gegen die Hexen und wurde von den Beamten geschürt, die hofften, von den Hexenverfolgungen zu profitieren. Spezielle Ankläger, Verhörer, Notare, Schreiber, Richter und Gerichtsdiener zerrten mit großem Eifer Menschen vor Gericht, zum Verhör, zur Folter und zum Scheiterhaufen. Der Henker wurde immer reicher, und seine Frau war ebenso aufgeputzt wie die adligen Damen. Die Kinder der Verurteilten – die man oft gezwungen hatte, gegen ihre Eltern auszusagen, und die vor dem Scheiterhaufen des Vaters oder der Mutter ausgepeitscht wurden – wurden vertrieben und ihr Vermögen beschlagnahmt.

Die Verfolgungen dauerten ohne Unterbrechung sechs Jahre lang an. Niemand war in Sicherheit. Getötet wurden ein Oberrichter, zwei Bürgermeister von Trier, mehrere Ratsherren, Kanoniker der Kirche, Hilfsrichter, Gemeindepfarrer, Diakone und einfaches Volk. Innerhalb von sechs Jahren wurden im Gebiet von Trier 368 Hexen verbrannt. In zwei Dörfern blieb jeweils nur eine einzige Frau am Leben.

Die Chronik berichtet nicht, ob dieses Opfer die Fruchtbarkeit des Bodens und des Viehs vermehrte.

»Kürzlich haben wir zu unserem großen Bedauern erfahren, daß in einigen Regionen im Oberdeutschen... viele Frauen und Männer, ihrer Seligkeit nicht achtend..., zusammen mit dem Teufel, der sich mit ihnen als Mann oder als Frau vereinigt, böse Taten begehen und durch ihre

Die Jungfrau von Orleans Das arme Bauernmädchen aus Domrémy, Jeanne d'Arc, erlebte den Höhepunkt ihres kurzen Lebens im Sommer 1429 im Alter von 17 Jahren. Drei Monate lang hatte sie für Frankreich gekämpft und das geschwächte Vaterland vor den englischen Eroberern gerettet. Nun stand sie in der Kathedrale von Reims bei der Krönung ihres Königs Karl VII.. Zwei Jahre später wurde die Jungfrau von Orleans auf dem Marktplatz von Rouen als Hexe verbrannt.

Jeanne begann im Alter von dreizehn Jahren Stimmen zu hören. Sie war davon überzeugt, daß die Stimmen übernatürlich waren und aus dem Reich Gottes kamen. Der Erzengel Michael, die heilige Katharina und die heilige Margareta erschienen ihr und forderten sie auf, Frankreich, das sich im Zustand äußersten Elends befand, zu retten. Es ist möglich, daß Jeanne seit der Pubertät an den Ménière-Symptomen, an Ohrensausen, Gleichgewichtsstörungen, Übelkeit und Lichterscheinungen litt. Solche Patienten interpretieren das Ohrensausen oft als Worte. Im Zusammenhang mit den Stimmen sah Jeanne auf ihrer rechten Seite ein helles Licht, in dem lauter kleine Heilige schwebten. Der Erfolg Jeannes ist auf ihren eigenen festen Glauben, auf Massensuggestion, auf die Gelegenheit und auf die Zeit zurückzuführen. Historisch war sie eigentlich eine Unmöglichkeit: die Aristokraten Frankreichs hören auf das niedrigste aller Wesen, eine Bäuerin. Der alte religiöse Geist und der neue Patriotismus, kombiniert mit magischer Jungfräulichkeit und einer Zeit, die Eigentümlichkeiten liebte und mit dem Tod tanzte, brachten die Jungfrau von Orleans hervor, verbrannten sie und machten

aus ihr die heilige Johanna. Der Tod der Jeanne d'Arc war eine politische Notwendigkeit. Die Engländer mußten beweisen, daß die Stimmen, die sie hörte, vom Teufel kamen, und auch für alle anderen war sie als Märtyrerin nützlicher denn als Lebende. Was hätte man mit ihr auch angefangen, wenn sie hätte leben dürfen? Sie war eine Transvestitin, kleidete sich also wie ein Mann. Sie war von niedriger Geburt und nur durch Zufall in die vornehme Gesellschaft geraten. Sie wollte doch wohl nicht etwa dort bleiben? Jeanne war eine Frau, und als Frau hatte sie alle Grenzen überschritten und alle Fesseln gesprengt, die Gott und die Männer den Frauen angelegt hatten. Als eine Selige im Himmel war sie viel ungefährlicher, als wenn sie auf Erden den anderen ein gefährliches Beispiel gab. Es dauerte fast 500 Jahre, bis Jeanne d'Arc heiliggesprochen wurde, aber schon vorher hatte sie ein Reiterdenkmal bekommen.

Sprüche und sonstige schrecklichen Zaubereien und Hexenverbrechen. durch Lasterhaftigkeit und Vergehen die Entbindungen von Frauen, die Jungen von Tieren, die Gaben des Bodens ... sowie Menschen verderben ...«

Im Jahre 1484 erließ Papst Innozenz VIII., ein dem Weltlichen zugeneigter Humanist, Förderer und Schirmherr berühmter Renaissancemaler, die Bulle »*Summis desiderantes affectibus*«, die als öffentliches Zeichen für den Beginn der Hexenverfolgungen gilt. Zwei Jahre später veröffentlichten zwei deutsche Dominikanermönche das Handbuch für die Hexensuche, den »*Hexenhammer*«, auf Lateinisch »*Malleus Maleficarum*«.

Es war die Blütezeit der Renaissance mit ihrem von der Antike geprägten Menschenbild, mit ihrer hochentwickelten Kunst. Vorbei waren die finsteren Jahrhunderte der Scholastik. Europäische Gelehrte wie Bacon, Montaigne, Lipsius, Grotius, Descartes und Pascal bestimmten das Denken. Doch kaum einer der großen europäischen Philosophen beschäftigte sich mit der Tatsache, daß auf den Marktplätzen ihrer Städte Zehntausende von Frauen bei lebendigem Leibe verbrannt wurden. Keiner von ihnen stand auf, um sich dieser Hysterie zu widersetzen.

Der große italienische Renaissancephilosoph, Giordano Bruno, wurde im Jahre 1600 wegen seiner Lehre auf dem Campo dei Fiori in Rom verbrannt. Das war eine Warnung für die anderen Philosophen. Außerdem waren die meisten der verbrannten Hexen Frauen, also nicht so wichtig. Als der Papst und die Dominikanerbrüder ihre Hexentheorie aufbauten, schufen sie damit nichts Neues. Hexen hatte es immer gegeben. Ihre Verfolgung dagegen war, außer bei den Juden, neu. Das Gesetz Mose verpflichtete dazu, eine Hexe zu töten, und dieses Gesetz wurde befolgt. Das römische Gesetz unterschied zwischen guten und bösen Hexen und bestrafte lediglich die bösen mit der Todesstrafe.

Das Christentum dagegen hielt die Hexenidee für heidnischen Aberglauben. Die Geistlichen erklärten dem abergläubischen Volk, daß die Hexen nicht das Wetter beeinflussen konnten, weder zum Guten noch zum Schlechten, daß Liebestränke Unsinn waren und die auf dem Besenstiel reitenden Hexen Halluzinationen.

Die Verfolgung von Hexen war im Frühmittelalter auch praktisch unmöglich: Der Großteil der Bevölkerung bestand aus Bauern, die nach Meinung der Adligen und Pfarrer kaum besser als Tiere waren. Vom christlichen Glauben konnten sie nicht abweichen, solange sie ihn noch gar nicht angenommen hatten.

Erst im 16. Jahrhundert, zur Zeit der Reformation und der Gegenreformation, kann man von einem christlichen Europa sprechen, die Randgebiete ausgenommen. Zur gleichen Zeit setzten die Hexenverfolgungen mit aller Macht ein.

Seit dem 13. Jahrhundert zerbrach die geistige Vorherrschaft der römisch-katholischen Kirche: verschiedene Irrlehren drangen in den durch Reichtum verweichlichten Leib der Kirche ein.

Die universale Kirche, die Institution, die im damaligen Europa über alles Wissen verfügte und die für den Sünder den einzigen Weg zur Rettung darstellte, konnte keine Konkurrenz dulden. Für den Kampf gegen die Irrlehren wurde das Heer der Dominikanermönche mobilisiert, dessen Speerspitze die Inquisition bildete.

Aber die Hexen waren keine Ketzer. Und da man eine Hexe als solche noch nicht zum Tod durch den Scheiterhaufen verurteilen konnte, mußte sie der Ketzerei überführt werden. Das war nicht schwierig. Wenn jemand mit dem Teufel in Verbindung stand und wußte, daß das Sünde war, dann war das zwar eine Sünde, aber keine Ketzerei. Aber wenn jemand mit dem Teufel in Verbindung stand und das nicht für eine Sünde hielt, dann wich er von den Lehren der Kirche ab und war also ein Ketzer.

In der ersten Hälfte des 14. Jahrhunderts wurden Hexenprozesse vor allem in Frankreich, Deutschland und England geführt. Sie hatten politischen Charakter und sehr wenig mit der Theorie der Hexerei zu tun.

Die christliche Kirche hat die Namen von Hunderten von Märtyrern, die für ihren Glauben gestorben sind, für die Nachwelt bewahrt. Auch das Andenken der Märtyrer der

Hans Vindler: Flores Virtutum. 1486

Ursprünglich bestand die Hexerei aus einfachen Kunststücken: man sah die Haustiere mit bösem Blick an, kochte Liebestränke, bewirkte, daß das Brunnenwasser übel roch und die Milch einer stillenden Mutter versiegte, oder änderte das Wetter nach Belieben. Da die Hexen meistens böse alte Weiber waren, zauberten sie schlechtes Wetter, wie diese Alte, die einen Hagelsturm heraufbeschwört.

Reformation wird in Ehren gehalten. Für die mit der Waffe in der Hand Gefallenen werden Denkmäler errichtet. Von den Zehntausenden von Hexen aber, die auf dem Scheiterhaufen sterben mußten, wird nur einer gedacht, der Jungfrau von Orleans, die ein politisches Opfer war.

Vom Ende des 14. Jahrhunderts an nahm die Anzahl der Hexenprozesse stetig zu. Dazu trugen die vom Schwarzen Tod hinterlassene Todesstimmung, die gesellschaftliche Furcht und Unruhe sowie die Änderung der Rechtspraxis bei, wonach die Beweislast vom Ankläger zu den Gerichten überging. Früher wurde derjenige bestraft, der einen anderen angezeigt hatte, die Richtigkeit seiner Beschuldigung aber nicht beweisen konnte.

Von der Mitte des 15. Jahrhunderts an genügte die einfache Hexerei nicht mehr: Der Satan kommt nach Europa. Die Urchristen waren an den Teufeln nicht sonderlich interessiert. Teufel und Dämonen gab es überall, denn die Götter, Geister, Nymphen und Satyre des Altertums hatten nur neue Namen bekommen. Aber der Satan selbst war ein fernes Wesen, das keinen Einfluß auf das Leben der Menschen hatte. Es war Papst Gregor der Große, der bei der Gestaltung der Mythen des Christentums den uns vertrauten Teufel schuf: Hörner und Klauen kamen von Pan und von germanischen Waldgeistern, der rote Bart und der Schwefelgeruch von dem Donnergott Thor, das Hinken von Vulcanus und Wotan, die schwarze Farbe von dem römischen Saatgott Saturn und die Fähigkeit, das Wetter zu beherrschen, von dem griechischen Gott Zeus.

Anfang des 15. Jahrhunderts beginnt der Satan, sich aktiv an den Angelegenheiten der Menschen zu beteiligen, er erscheint hier und da und verführt Frauen. Er ist ein Feind Gottes und der Menschen, und sein einziges Bestreben ist es, die Menschen dazu zu bringen, von Gott abzufallen. Ihm helfen kleine Teufel, deren Namen und genaue Anzahl bekannt sind: Es sind 7 405 926 Teufel. Die kleinen Teufel sind organisiert wie die Kirche selbst, und im Laufe der Zeit wird sogar eine eigene Messe für den Satan entwickelt. Er herrscht über die Hölle, deren Konstruktion, Flora, Fauna und Klima bekannt sind. Die Hölle ist nicht sehr groß, ein paar hundert Meilen Durchmesser, aber geräumig genug, denn innerhalb einer Raummeile finden hundert Billionen Seelen Platz, vorausgesetzt, daß sie so eng gepackt sind wie die Heringe in der Tonne!

Im Jahre 1539 wurde im Genf der Reformation die Bäuerin Jeannette Clerc verhaftet. Zu ihrem Unglück hatte sie die kranke Kuh des Nachbarn mit Heilkräutern behandelt, die aber trotzdem starb. Jeannette stritt sich mit einem anderen Nachbarn, und danach verweigerten dessen Ochsen die Arbeit. Sie biß ein Pferd, und das Pferd wurde verrückt. Sie gab einem kleinen Mädchen einen Apfel, und das Mädchen wurde später krank. Sie gab einem Bauern zu essen, und der erbrach nach der Mahlzeit eine schwarze Flüssigkeit. Sie hatte vor Jahren einen Verwandten ihres Mannes getötet, indem sie ihm irgendein Pulver ins Gesicht geschüttet hatte.

Vor Gericht gestand Jeannette Clerc, daß sie, nachdem sie ihre neuen Schuhe verloren hatte, aus lauter Ärger darüber einen Pakt mit dem Teufel geschlossen habe. Sie hatte durch Hexerei alles getan, wessen sie angeklagt wurde. Außerdem hatte sich Jeannette Clerc einem großen, schwarzen Teufel hingegeben, der eine tiefe Stimme hatte und Simon hieß. Simon gab ihr Münzen, die sich am nächsten Tag in Eichenblätter verwandelten. Dann ritt Jeannette Clerc auf dem Rücken Simons in die Synagoge – eine allgemein gebräuchliche Bezeichnung für den Hexensabbat, die Hexenversammlung, den Blocksberg –, wo Satan sie von hinten nahm wie ein Tier, eine Stellung, die Thomas von Aquin streng verurteilt hatte. Der Samen des Satans war eiskalt, und unnatürlich kalt war auch sein linker Arm, den Jeannette Clerc als Zeichen ihrer Verehrung küßte. Danach markierte der Satan sie, indem er ihr in die rechte Wange biß. Jeannette verkündete mit lauter Stimme, daß sie sich von Gott und der Heiligen Jungfrau abgewandt habe. In der Hexenversammlung wurde es lustig: Man sang und tanzte zum Rhythmus der Tamburins, aß Äpfel und Weißbrot und trank Weißwein, aber das gebratene Fleisch war ekelerregend rosa.

Als das Fest zu Ende war, gab Simon Jeannette Clerc ein

Weil die Dämonen selbst kein Sperma erzeugen und keine Kinder gebären konnten, mußten sie zu komplizierten Tricks greifen. Ein italienisches Handbuch für Hebammen berichtet, wie ein Dämon zum Geschlechtsverkehr mit einem Menschen kommt: »Der Dämon muß sich in den Körper einer toten Frau begeben und tun, als wäre er eine Hure. So kann er sich mit einem Mann vereinigen und bekommt dessen Sperma. Er kann auch Sperma von denen stehlen, die nächtliche Samenergüsse haben oder sich willentlich besudeln. Dann eignet sich der Dämon den Körper eines Mannes an… Auf diese Weise bringt er als Incubus, als ein Teufel in Mannesgestalt, in den Körper einer Frau das Sperma, das er sich als Sukkubus, als ein Teufel in Frauengestalt, beschafft hat.« Aus solchen Samen entstanden Hexenkinder, Wechselbälger. Einen Wechselbalg erkannte man daran, daß er mehr als andere Kinder weinte.

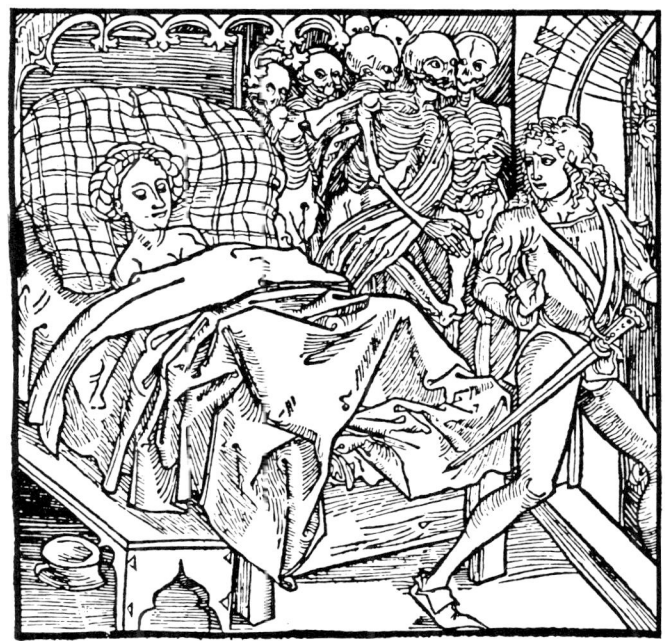

kleines weißes Hölzchen und eine Dose mit Salbe. Um wieder zum Hexensabbat zu kommen, brauchte Jeannette nur das Hölzchen mit der Salbe einzureiben und zu rufen: »Weißes Holz, schwarzes Holz, bring mich hin, wohin ich will: marsch, im Namen des Teufels, marsch!«

Das war eine vollkommene, fachmännisch ausgeführte Hexenanklage. Was oberflächlich wie einfache Hexerei ausgesehen hatte, erwies sich als ekelerregende Diabolie, nachdem die Angeklagte innerhalb von 14 Tagen viermal einem Verhör mit Folter unterzogen worden war.

Jeannette Clerc wurde hingerichtet und ihr Vermögen konfisziert.

Die bei den Hexenverhören angewandten Methoden trugen dazu bei, daß sich da, wo zunächst nur eine relativ unbedeutende Hexe gewesen war, nach der Folterung zwei oder mehr Feinde der Menschheit fanden. Bei den blutigen Verfolgungen im Bamberg der zwanziger Jahre des 17. Jahrhunderts wurde sogar der Kanzler des Bischofs gefangengenommen, der bei seinen Urteilen verdächtige Milde hatte walten lassen. Natürlich hatte er versucht, seine Komplizen zu schützen! Und richtig, nach Folterungen gestand er, daß er beim Hexensabbat fünf Bamberger Bürgermeister hatte tanzen sehen. Die Bürgermeister wurden natürlich verbrannt, aber auch das war noch nicht genug. Einer von ihnen gestand nach schweren Folterungen, daß er sich von Gott abgewandt hatte, dem Teufel ergeben und bei einem Hexensabbat 27 seiner Amtsbrüder gesehen habe. Es gelang dem armen Mann, vor seinem Tod einen Brief an seine Tochter zu schreiben, in dem er behauptete, daß alle seine Geständnisse falsch seien: »Alles ist erlogen und erfunden, ... sie hören mit der Folter nicht auf, bevor man ihnen nicht etwas erzählt ...«

Das römische Recht hatte Folterungen in gewissem Umfang bei bestimmten rechtlichen Untersuchungen zugelassen. In den »finsteren« Jahrhunderten geriet das römische Recht in Vergessenheit und damit auch die Folter beim Rechtsprozeß. Im 12. Jahrhundert wurden die Rechtsgelehrten wieder auf das römische Recht aufmerksam, und damit kam man wieder auf die Folter. Zunächst wurde sie nur von den Inquisitionsgerichten der Kirche angewandt, bald aber auch von den weltlichen Gerichten. Die Foltermethoden waren im Prinzip in allen Ländern, in denen das römische Recht galt, gleich. Es gab verschiedene Arten von Pressen, mit denen die Finger- und Zehenspitzen zerquetscht wurden, die Folterbank, auf der der Körper gestreckt und die Gelenke zerrissen wurden, während die inneren Organe mit einem Brett zerdrückt wurden, den »Strappado«, der den Körper plötzlich in die Luft warf und die Schultern auskugelte, den Nagelstuhl, der von unten erhitzt wurde, Zangen, mit denen die Fingernägel herausgerissen, und Nadeln, die in den Kopf getrieben wurden. Als eines der schrecklichsten Folterinstrumente galt der spanische Stiefel. Das war eine Art Schraube, die die Wade zerquetschte und das Schienbein zertrümmerte. Eine häufige Folterart war *tormentum insomniae*, bei der das Opfer tage- und nächtelang am Einschlafen gehindert wurde.

Das Verhör unter der Folter bestätigte auch die im »*Hexenhammer*« definierte Theorie der Hexerei. Der Verhörende hielt in einer Hand das Handbuch, in der anderen das Rad zur Regulierung der Marterbank und stellte dem zu Verhörenden Fragen aus dem Handbuch, bis er die gewünschte Antwort erhielt. Je mehr Hexen auf diese Weise behandelt wurden, um so weiter verbreitete sich die Theorie.

Die Autoren des »*Hexenhammers*«, Jakob Sprenger und Heinrich Institoris, behaupteten, daß es durch göttliche Vorsehung in der Welt Dämonen gebe, die sich mit Hexen verbündeten, um den Menschen zu schaden.

Charakteristisch für die Tätigkeit der Hexen war, daß sie – im Gegensatz zu allem »Natürlichen« – »unnatürlich« war. Es gibt natürliche geheime Kräfte wie die, daß ein Magnet Eisen anzieht. Unnatürliche geheime Kräfte dagegen sind zum Beispiel solche, durch die Hexen einen Sturm entfesseln, um die Ernte zu vernichten, oder Leidenschaften, um eine Ehe zu zerstören.

Gott ließ die bösen Taten der Dämonen zu, denn die Vollkommenheit des Universums leidet ohne das Böse. Die Macht der Dämonen war jedoch nicht grenzenlos: Sie waren nicht imstande, ein neues, vollkommenes Wesen zu schaffen. Das konnte nur Gott. Dagegen konnten sie mit Hilfe des Samens der Elemente aus Schlamm und Schmutz unvollkommene Wesen, etwa Insekten und Frösche, schaffen, die nach Auffassung von Aristoteles ohnehin von allein aus dem Staub der Erde entstanden.

Besonders besorgniserregend war nach Meinung der Dominikaner und des Papstes die beunruhigende Zunahme der männlichen Impotenz. Die Angst hatte vielleicht eine wirkliche Ursache: die extreme Sexualfeindlichkeit des Christentums, die Verbindung der natürlichen Sexualität mit großen Schuldgefühlen und schwerer Schande sowie die Auffassung, daß der menschliche Körper etwas Abscheuliches sei, können durchaus Impotenz hervorgerufen haben. Es ist jedoch befremdlich, daß die Kirche, die sich jahrhundertelang bemüht hatte, die sexuelle Betätigung der Christen auf ein Minimum zu reduzieren, sich nun sorgte, als es so aussah, als ob die Hexen diese Arbeit für sie erledigten.

Der »Hexenhammer« berichtet, wie die Hexe durch Zauberei Impotenz verursachen könnte – der Dämon war zwar nicht imstande, den Penis des Mannes ganz verschwinden zu lassen, aber er konnte ihn vorübergehend weghexen. So erging es einem Jüngling, der die Beziehung zu seiner Liebsten abbrechen wollte: Plötzlich fiel ein Zauber auf ihn, und er konnte seinen Penis nicht mehr sehen noch fühlen, sondern nur glatte Haut an seiner Stelle. In seiner Not ging der Mann in ein Gasthaus, um seinen Kummer zu ertränken, und berichtete einer Frau von seinen Sorgen. Die schlaue Frau forderte den jungen Mann auf, die Hexe notfalls mit Gewalt zu zwingen, den Zauber rückgängig zu machen.

Der Mann befolgte den Rat, traf seine Freundin an einem einsamen Ort und verlangte sein Glied zurück. Die Frau beteuerte ihre Unschuld, und der Mann würgte sie, bis sie am Ersticken war. Erst als die Frau schon ganz schwarz im Gesicht war, berührte sie den Mann zwischen den Schenkeln. Da wußte der Mann, ohne hinzusehen oder hinzulangen, daß sein Penis wieder da war.

Um 1400 entschieden weltliche Gerichte, daß der Geschlechtsverkehr mit dem Teufel ein mit dem Tod zu bestrafendes Verbrechen war. Die Schwierigkeit für die kirchlichen Gerichte bestand darin, daß sie selbst kein Blut vergießen wollten – in der kirchlichen Hierarchie gab es keinen Henker. So übergaben die kirchlichen Gerichte die durch die Folterung entkräfteten Opfer an die weltliche Gewalt mit der sanftmütigen Empfehlung, Blutvergießen zu vermeiden. Die weltliche Macht entsprach dieser Empfehlung buchstäblich: Die Hexen wurden meistens verbrannt oder gehängt.

Die Hexerei war ein Verbrechen, das von den Juristen jener Zeit »*crimen exceptum*« genannt wurde und auf das die üblichen Methoden der Rechtsprechung nicht angewandt werden konnten.

Die mittelalterlichen Verfahren der Gerichtsbarkeit änderten sich allmählich. Die Rechtsprechung wurde eine Aufgabe der Zentralgewalt, also der öffentlichen Ämter. Die Rechtsgelehrten setzten sich dafür ein, daß die Geschworenen keinen Vorteil aus der Verurteilung des Angeklagten ziehen durften, das Geständnis ohne Drohung oder Gewalt abgelegt werden sollte, die Tat einen Augenzeugen haben mußte und die Zeugen nicht bestochen oder bedroht werden durften.

Bei den Hexenverbrechen war das Verfahren genau umgekehrt: Der Angeklagte mußte gefoltert werden, damit er um seiner Seligkeit willen ein Geständnis ablegte. Als Zeugen konnten Personen auftreten, die sonst nicht zugelassen wurden: vorbestrafte Verbrecher, Personen, die aus der Verurteilung des Angeklagten Nutzen zogen, Kinder und Frauen. Die Aufrichtigkeit der Zeugenaussagen wurde nicht geprüft, denn der Zweck der Hexenprozesse war nicht die Wahrheitsfindung, sondern die Vernichtung der Hexe.

In der schwedischen Stadt Gävle waren zwei mächtige Männer, der Pfarrer Fontelius und der Bürgermeister Falck, miteinander verfeindet. Der Pfarrer hatte versucht, in einem Streit zwischen dem Bürgermeister und einem der Ratsherren zu vermitteln, wodurch er sich aber nur den Haß des Bürgermeisters zuzog. Außerdem hatten die beiden Herren und ihre Gattinnen Meinungsverschiedenheiten über die Sitzordnung in der Kirche – zu jener Zeit einer der häufigsten Streitpunkte. Schließlich waren die Beziehungen zwischen ihnen so schlecht, daß die Familie des Bürgermeisters Falck nicht einmal zur Hochzeit der Tochter des Pfarrers Fontelius kam.

Die Verstimmung ging so weit, daß die Familie des Bürgermeisters Falck anfing, in der Stadt Gerüchte über die Frau des Pfarrers zu verbreiten: Frau Katarina Bure – die Frauen behielten damals auch nach der Heirat ihren Namen – sei eine Hexe.

Eine solche Behauptung war eine Ehrverletzung. Als die Familie Fontelius aber einen Prozeß anstrengte, dauerte es nicht lange, bis man vor dem Hexenprüfungsausschuß stand, Frau Katarina Bure Angeklagte und nicht mehr Klägerin war und von allen Seiten Zeugen herbeiströmten, um zu bekunden, was doch der Pfarrer und seine Familie schon immer für zweifelhafte Leute gewesen seien.

Der Pfarrer hatte angeblich sowohl von der Kanzel als auch privat behauptet, daß das Hexenwesen nichts als leeres Geschwätz und das Produkt überhitzter Phantasie sei.

Zum Hexensabbat flogen die Hexen in wachem Zustand und im Schlaf, sichtbar und unsichtbar, auf einer Ziege, einem Stück Holz, einem Stuhl oder einem sonstigen Gegenstand, den sie mit einem aus den Knochen von ungetauften Kindern gekochten Fett beschmiert hatten. Der Hexensabbat konnte eine große Volksversammlung sein. Es wird sogar von Versammlungen mit mehr als zwanzigtausend Hexen berichtet. Dort wurden ekelhafte Gebräue gekocht, kleine Kinder geopfert, es wurde schamlos getanzt und mit Dämonen und dem Teufel in verbotenen Stellungen gebuhlt.

Buts-Bergs
Berrichtung.

Besonders hatte der Pfarrer die Eltern davor gewarnt, sich Hexenerzählungen ihrer Kinder anzuhören – aufgrund derer in Schweden viele Urteile ausgesprochen wurden –, und sie aufgefordert, den Kindern eine ordentliche Tracht Prügel zu verabreichen, wenn sie solchen Unsinn plapperten und verbreiteten. Außerdem hatte der Pfarrer im Kirchengebet die Stelle ausgelassen, wo um den Schutz vor der Macht des Teufels gebetet wird, und als er selbst Vorsitzender des Hexenausschusses war, hatte er mehrere Angeklagte, die ganz offensichtlich Hexen waren, freigesprochen.

Gegen Frau Katarina Bure zeugten zwanzig Kinder, darunter ein Sohn des Bürgermeisters Falck. Frau Katarina hatte nach den Aussagen der Kinder einen Ehrenplatz beim Blåkulla, dem schwedischen Hexensabbat, innegehabt. Auch ihre eigenen Kinder wurden als Zeugen geladen, wußten aber nichts von den Hexenbeschuldigungen. Der Pfarrer und seine Frau hatten streng darauf geachtet, daß ihren Kindern nichts von der unsinnigen Hysterie zu Ohren kam.

Die Pfarrersfrau selbst versuchte dem Gericht zu erklären, daß die Kinder, wenn man ihnen spannende Geschichten vom Reiten auf einem Besen und von Blåkulla erzählte, bestimmt inspiriert wurden, neue Geschichten zu erfinden, zu träumen und den Erwachsenen alles zu erzählen, was ihnen dazu einfiel, weil sie Angst hatten und Beachtung suchten.

Das hohe Gericht entschied, daß die Reden von Frau Katarina Bure sinnloses Gefasel waren. Sie war nicht imstande zu beweisen, daß die gegen sie erhobene Anklage auf Bosheit und Mißgunst beruhte, vor allem von seiten des Bürgermeisters Falck und seiner Familie.

Frau Katarina Bure wurde zum Tode verurteilt. Da sie jedoch früher eine gute Ehefrau und die Gattin eines hochgestellten Mannes gewesen war, wurde sie nicht verbrannt, sondern enthauptet und die Leiche auf dem Friedhof begraben. Das war im Jahre 1675.

Frauenmord

Mehr als achtzig Prozent der Hexen waren Frauen und davon fast die Hälfte Witwen. Nur wenn der Hexenwahn, die kopflose Hysterie und Panik in einer Gegend ausbrachen, wurde auch eine nennenswerte Anzahl von Männern wegen Hexerei verurteilt.

Die Hexerei, das äußerste menschliche Böse, verhielt sich zu den Frauen so wie die Heiligkeit, die äußerste menschliche Güte, zu den Männern. Der Anteil der Frauen an den Hexen war genauso groß wie der Anteil der Männer an den Heiligen.

»Alle Hexerei rührt von der Geilheit des Leibes her, die bei den Frauen unendlich ist«, heißt es im »Hexenhammer«. Der französische politische Theoretiker und angesehene Philosoph Jean Bodin setzte sich gegen Ende des 16. Jahrhunderts mit diesem Thema auseinander und kam zu dem Ergebnis, daß die ausschweifende Hexerei der Frauen nicht auf die Schwäche dieses Geschlechts zurückzuführen war – viele Frauen waren ja unerträglich eigensinnig! –, sondern sie wurden von ihrer animalischen Lüsternheit zu dieser extremen Bosheit getrieben. Jedermann konnte ja sehen, daß die inneren Organe der Frau mehr Platz beanspruchten als die des Mannes, dessen Wollüstigkeit nicht so hemmungslos war wie die der Frau. Andererseits besaßen die Männer einen größeren Kopf und dadurch mehr Verstand als die Frauen.

Nach den Theorien jener Zeit sind Frauen nicht in der Lage, ihren Fanatismus und ihre unendliche fleischliche Gier zu zügeln, die leicht dazu führte, daß sie den bösen Blick bekamen. Während der Menstruation waren sie so voller Säfte, daß ihr melancholisches Blut kochte. Giftige Dämpfe wallten beim Atmen aus ihren Nasen und Mündern und verhexten, was ihnen in die Quere kam.

Außerdem bewies schon ihr lateinischer Name *femina* ihre Kleingläubigkeit, die zu der Hexerei führte: *femina* war aus den lateinischen Wörtern *fe*, Glauben, und *minus*, weniger, zusammengesetzt. Soweit die wissenschaftliche Begründung.

Der Geschlechtsverkehr mit dem Teufel war eine wichtige Kraftquelle für die Hexe, und ein Großteil des von ihr verursachten Schadens hatte mit der Sexualität zu tun: Impotenz, unnatürliche Leidenschaften, Zank und Streit zwischen den Ehegatten, kopflose Verliebtheiten und Unfruchtbarkeit.

Es verwundert nicht, daß die im Zölibat lebenden sexualfeindlichen Mönche ein Buch schrieben, das von sexuellen Mißdeutungen, Ängsten, Pornographie und Sadismus strotzt.

Es zeugt von dem in der ganzen Gesellschaft verwurzelten Frauenhaß, daß dieses unsinnige Zeug enormen Anklang fand, innerhalb von zwei Jahrhunderten noch Tausende von Seiten einschlägigen Textes dazugeschrieben und aufgrund dieses Textes dann Zehntausende von Frauen getötet wurden.

Die christliche Kirche erhob den Frauenhaß in tausend Jahren zu einer wissenschaftlichen Theorie, die in den systematischen Hexenverfolgungen ihre praktische Anwendung fand. Die Hexenverfolger waren keine sexuell abartigen kreischenden Hysteriker: sie waren Gelehrte, belesene Männer, hohe Beamte, die über beträchtliche Macht verfügten, und Juristen, die auf ihr logisches Denken stolz waren. Zu ihnen gehörten Männer wie Luther, Calvin und Zwingli sowie der englische König Jakob I.

Die Hexerei machte die Frauen zu verantwortlichen Verbrecherinnen. Früher waren die Frauen unmündig und standen kaum je vor Gericht, weil ihre Väter und Ehemänner die gesetzliche Verantwortung für ihre Taten trugen. In zweihundert Jahren wurden wegen Hexerei mehr Frauen getötet als aus allen anderen Gründen zusammengenommen. Nachdem die Frauen jahrhundertelang praktisch außerhalb des Rechtssystems gestanden hatten, mußten sie sich jetzt massenhaft wegen zweier fast ausschließlich gegen Frauen erhobener Anklagen vor Gericht verantworten: wegen Hexerei und wegen Kindesmordes.

Die ideale Frau der patriarchalischen Gesellschaft war sittsam, demütig, sanft und gehorsam.

Eine alleinstehende Frau, die zu stark von diesen Forderungen abwich, galt als Hexe, war zumindest aber schon von vornherein verdächtig.

Der Gedanke an eine Verschwörung von Frauen, von Hexen, war zugleich faszinierend und furchterregend, da er das Eindringen von Frauen in männliche Domänen bedeutete – war es doch jahrhundertelang ein Privileg von Männern, verschiedene Interessengemeinschaften zu gründen. Man glaubte, die übernatürlichen Kräfte der Frau seien um so größer, je geringer ihre irdischen Kräfte waren. Diese Furcht führte leicht zu einer allgemeinen Panik.

Im Jahre 1632 wurde in Tyrvää in Finnland eine alte Frau namens Maria Kynders als Hexe verbrannt. Sie war keine Dilettantin auf diesem Gebiet. In ihrem wohlhabenden Haus gab es eine Bibliothek, in der es unter anderem Bücher über Hexen und über den katholischen Glauben gab, sogar in französischer Sprache. Der Vater von Maria Kynders war, soweit man weiß, als Hexer verbrannt worden, und ihre Tochter Valpuri stand in dem Ruf, eine große Hexe zu sein. Valpuri wurde in der finnischen Stadt Turku der Wasserprobe unterzogen, wobei sie nicht versank. Unverkennbar eine Hexe, sagten die Sachverständigen, aber Valpuri erklärte, daß sie einfach den Mund zugemacht habe, um nicht unterzugehen. Offensichtlich hatte Valpuri mächtige Beschützer, weil sie den Scheiterhaufen nicht zu besteigen brauchte.

Maria Kynders und ihre Tochter Valpuri Kyni waren als Hexen sicher wenigstens halbprofessionell und glaubten auch selbst an ihre Hexerei. Sie hatten die Aufgabe, Men-

Der »Hexenhammer«, das Standardwerk der Hexerei, meinte, daß der natürliche Grund für die maßlose Lasterhaftigkeit der Frauen die Tatsache sei, daß Frauen lüsterner sind als Männer. Diese widerwärtige Lüsternheit bringe sie dazu, sich mit Teufeln und Dämonen einzulassen. Außerdem sei schon die erste Frau falsch gewesen, weil sie aus einer gebogenen Rippe erschaffen wurde, die sich vom Mann abwandte. Und weil sie wegen dieses Mangels ein unvollkommenes Wesen sei, meinten die im Zölibat lebenden Dominikanerbrüder, werde sie immer betrügerisch und voller Laster bleiben.

schen und Vieh zu heilen und die Ernten zu verbessern, aber sie verkauften ihre Künste auch für schädliche Zwecke: Der Käufer bestellte, was er sich wünschte, und die Hexe lieferte die Leistung. Maria und Valpuri Kynders waren zudem wohlhabende und innerhalb ihrer Gemeinschaft vermutlich angesehene Leute, bis sie sich den Haß eines mächtigen Mannes, vielleicht des Pfarrers, zuzogen und ihre Künste ihnen zum Verhängnis wurden.

Die volkstümliche Heilkunst lag fast ausschließlich in den Händen von Frauen, denn das gewöhnliche Volk hatte kein Geld für Ärzte. Die ungefährlichsten und am häufigsten angewandten ärztlichen Mittel waren Gebete. Sie unterschieden sich von den Zaubersprüchen der Hexen dadurch, daß in ihnen der Name der Heiligen Jungfrau oder der eines Heiligen genannt wurde. Die Doktoren verwendeten auch Zaubergeräte; zur Unterscheidung von denen der Hexen wurden sie Reliquien genannt.

Durch die Hexenverfolgungen wurde die Heilkunsttradition der Frauen erstickt. Es wurde ebenso gefährlich, Kamillentee zu kochen wie Gift oder einen Liebestrank.

Die Frauen hatten keine Möglichkeit, professionelle Ärztinnen zu werden, weil sie keinen Zugang zum Universitätsstudium hatten, und nur jemand, der die Universität absolviert hatte, durfte diesen Beruf ausüben. Im Jahre 1322 beschuldigte die medizinische Fakultät der Universität von Paris eine Frau der ungesetzlichen Ausübung des Arztberufes. Diese Jacoba konnte lesen und hatte nicht näher definierten Unterricht in Heilkunde bekommen. Sie heilte Krankheiten und Geschwüre, untersuchte Urin und fühlte den Puls, und ihre Patienten waren mit ihr zufrieden: Viele von ihnen waren erst dann zu Jacoba gekommen, als die professionellen Ärzte schon die Hoffnung aufgegeben hatten, und sie hatte ihnen geholfen. Jacoba wurde nicht wegen Inkompetenz – inkompetent war sie offensichtlich nicht – angeklagt, sondern weil sie sich als Frau erdreistet hatte, Menschen zu heilen.

Im Hexenprozeß wurde aus dem heilkundigen Weib eine Vertreterin des Bösen, der Finsternis und der Zauberei gemacht, während der Doktor, der das angebliche Opfer der Hexerei untersuchte, das Gesetz, die Wissenschaft, Gott und die Moral vertrat.

In die Hexenprozesse spielte vielerlei mit hinein: unzeitgemäßes Heidentum, Volksglauben, Böswilligkeit und Bezahlung alter Schulden, sexuelle Hysterie und Halluzinationen, der Wunsch, Aufsehen zu erregen, richtige Krankheiten wie Geisteskrankheiten und Epilepsie, ernsthaft betriebene Zauberei und volkstümliche Heilkunst. Abgesehen von der Volksmedizin würde heute keiner dieser Faktoren ausreichen, um ein Gerichtsverfahren anzustrengen, geschweige denn ein Todesurteil zu fällen.

Die heilkundigen weisen Frauen kannten unzählige Kräuter gegen verschiedene Leiden. Einige von ihnen werden heute noch verwendet: Atropin, Belladonna, Digitalis, Mutterkorn. Die Heilkunst der Frauen beruhte auf dem von Generation zu Generation weitergegebenen Wissen davon, welche Krankheit von welchen Pflanzen günstig beeinflußt wird. Die Medizinstudenten jener Zeit befaßten sich mit Aristoteles, Galen und Soran und sahen während ihrer gesamten Studienzeit keinen einzigen Patienten, ganz zu schweigen davon, daß sie gewußt hätten, wie es in seinem Inneren aussieht. Zu den medizinischen Künsten der Frauen gehörte anscheinend auch die Kenntnis von Verhütungsmitteln. Möglicherweise benutzten die Frauen zur Empfängnisverhütung einen mit Essig getränkten Wollbausch in der Scheide. Die Einstellung der Kirche und der Medizin zur Geburtenregelung war bis ins vorige Jahrhundert hinein absolut negativ, weshalb die Verbreitung derartiger Informationen nicht erlaubt war.

Viele Hexen gestanden ohne Folter die phantastischsten Dinge oder zeigten sich sogar selbst freiwillig an. Geisteskrankheiten, Massensuggestion und verschiedene Betäubungsmittel verursachten Wahnvorstellungen. Zwei häufige Plagen, Zahnschmerzen und Rheumatismus, wurden zum Beispiel durch das Abbrennen von Blättern des Schwarzen Bilsenkrautes im Herdfeuer gelindert, was Halluzinationen erzeugte.

Bei den Hexenverfolgungen gab gewöhnlich entweder ein öffentlicher oder ein von außen kommender Faktor den Anstoß für den Ausbruch der Angst. In fast jedem Dorf gab es eine Person, die sich als Hexe eignete, eine alte Jungfer oder Witwe, die als Zauberin, Kräuterweib oder als boshafte Person bekannt war. Die Kinder neckten sie, und die Erwachsenen schimpften oder lachten vielleicht auch über sie, aber sie wurde geduldet. Sie hatte ihre Aufgaben: durch ihre Mixturen wurden Tiere und manchmal auch Menschen geheilt, sie diente als Kinderschreck und verhinderte möglicherweise auch, daß neue Kinder gezeugt oder bereits gezeugte geboren wurden. Sie demonstrierte die Grenze des von der Gemeinschaft gebilligten Verhaltens, indem sie sich nahe an dieser Grenze bewegte. Ärgerliche Vorkommnisse wurden ihr in die Schuhe geschoben, aber sie stellte keine wirkliche Bedrohung für die Ge-

meinschaft dar. Die ortsansässige Hexe wurde so gut wie
nie auf Veranlassung der eigenen Gemeinschaft gefoltert
oder ungesetzlich getötet, obwohl es vorkommen konnte,
daß sie mit Kuhfladen beworfen oder angespuckt wurde.

Dann aber kam ein Fremder in das Dorf, ein Pfarrer, ein
Hexensucher oder sonst jemand, der mehr Autorität besaß
als die Dorfbewohner. Diese Autorität gründete sich
schon darauf, daß der Betreffende mehr wußte als die
Dorfbewohner oder zumindest von anderen Dingen gehört hatte als sie.

Während des amtlichen Hexenverhörs amüsierte es die
Dorfbewohner zunächst vielleicht etwas, daß gerade ihr
Kräuterweib eine richtige Hexe sein sollte. Als jedoch
während des Verhörs schreckliche, diabolische Dinge ans
Tageslicht kamen, die auch andere Menschen betrafen,
bekamen sie Angst.

Bald genügte ein einziges Hexenverhör, um die Gemeinschaft in Angst und Schrecken zu versetzen. Ein Hexenprozeß war niemals ein alltägliches Ereignis wie das Verhör und die Verurteilung eines Diebes. Alle wußten, daß
bei einem Hexenprozeß die Folter angewandt wurde, und
damit konnte sich niemand mehr sicher fühlen. Die ge-

Das typische Opfer der Hexenverfolgungen war eine arme, unwissende und alleinstehende Frau. Zum Opfer wurde sie oft nach einem Unglück, das die Allgemeinheit betraf, einer Mißernte oder einer Epidemie. Solche Frauen waren Sündenböcke, auf die sich der allgemeine Haß konzentrierte.

quälte Hexe konnte jeden als ihren Komplizen bezeichnen.

Wenn ein Gemeinwesen, ein Dorf oder eine Stadt, vom Hexenwahn ergriffen war, kannten Angst oder Wut der Menschen keine Grenzen mehr, die verständigen und bewährten Führer der Gemeinschaft verloren den Verstand und manchmal auch das Leben, jedermann wurde vom Grauen gepackt, die gepeinigten Opfer schrien in ihrer Qual den ersten Namen hinaus, der ihnen einfiel, und bald röchelte der so Angezeigte in derselben Folterkammer und schrie neue Namen hinaus, immer neue Namen... Und die Verfolgungen konnten fünf Jahre, zehn Jahre, zwölf Jahre dauern...

Im Talgebiet von Lothringen konnte ein Reisender Tausende und aber Tausende von Säulen aus den Scheiterhaufen ragen sehen. Entsetzlicher Gestank stieg von den Opfern auf, die außerhalb der Stadtmauern verbrannt wurden.

Bäuerinnen und Mägde, adlige Damen, Jungfrauen und Mütter von zehn Kindern, Universitätsrektoren und Richter, die allzuviel Milde hatten walten lassen, Schuhmacher und Gelehrte, sogar drei- und vierjährige Kinder, von de-

215

nen behauptet wurde, daß sie mit dem Teufel gebuhlt hätten, mußten den Flammentod sterben.

Wie war das möglich? Man lebte in einer Zeit des Glaubensfanatismus und der Intoleranz: außer den Hexen verbrannten die Katholiken Protestanten und die Protestanten Katholiken und beide gemeinsam die Juden. Europa lebte in einer Zeit, die von den Historikern die Große Krise genannt wird. Die Glaubenskriege tobten über den brennenden Kontinent, die Menschen waren von der Angst beherrscht – und die Angst mußte sich entladen, benötigte einen Sündenbock. Und ein solcher bot sich wie von selbst an: die alleinstehende Frau.

Zur gleichen Zeit, als die große Hexenjagd begann, änderten sich die Heiratsgewohnheiten der Europäer: Das Alter der Brautleute zum Zeitpunkt der Eheschließung rückte immer näher an die Dreißig heran, viele Frauen heirateten überhaupt nicht, und die Witwen heirateten nicht mehr sofort wieder. Deshalb gab es plötzlich eine große Anzahl alleinstehender Frauen. Eine solche Frau war ein leichtes Opfer, denn niemand verteidigte sie. Nur knapp die Hälfte der Opfer der Hexenprozesse war zur Zeit der Anklage verheiratet.

Es ist auch zu vermuten, daß gerade zu jener Zeit die Stellung der Frauen auf dem Lande besonders schlecht war. Der Lohn einer weiblichen Arbeitskraft war dort im Vergleich zu dem einer männlichen niedriger als jemals vorher oder nachher. Nur wenige Bauern konnten lesen und Bauersfrauen überhaupt nicht.

Das typische Opfer der Hexenverfolgungen war eine arme, unwissende, alleinstehende Frau. Und oft wurde ihr dieses Schicksal nach einem allgemeinen Unglück, nach einer Mißernte oder einer Epidemie zuteil.

Mit der Großen Krise waren auch große soziale Spannungen verbunden, Unruhen auf dem Land, Bauernaufstände – der Eifer der Amtsgewaltigen bei den Hexenprozessen zeugt von dem Bemühen der herrschenden Klasse, das Interesse des einfachen Volkes von der irdischen Mühsal ab- und auf das übernatürliche Böse hinzuwenden. Zu der herrschenden Klasse gehörten auch die Wissenschaftler, jene Gelehrten, die wilde Theorien vom Wesen der Bosheit der Hexen entwickelten und die an Grausamkeit und Intoleranz die eigentlichen Beamten oft noch übertrafen. Die Verbreitung ihrer Lehren wurde durch die Erfindung der Buchdruckerkunst wesentlich erleichtert.

In all den Jahrhunderten, in denen die Scheiterhaufen in Europa brannten, gab es beherzte Männer, die den Mut hatten, ihre Stimme gegen den Wahnsinn zu erheben. Darunter waren sowohl Laien als auch Geistliche der katholischen und der protestantischen Kirche, Ärzte und Philosophen. Aber diese Männer, die der Zeit oft unter Gefährdung ihres eigenen Lebens trotzten, verstanden das Wichtigste nicht: die Hexenverfolgungen können nicht von der Denkweise der frühen Neuzeit getrennt werden. Die damalige Kosmologie, die Lehre vom Zustand der Welt, machte die Dämonologie und die Hexen möglich. Bevor die Dämonen verschwinden konnten, mußte sich die Kosmologie ändern. Und sie änderte sich.

Die Hexenlehre verschwand vor Beginn der Industrialisierung, ohne daß wissenschaftlich, philosophisch oder gerichtlich bewiesen worden wäre, daß sie falsch war. Sie verlor ganz einfach ihre politische Bedeutung, als der Einfluß der Religion abnahm.

Wie viele mögen es letztendlich gewesen sein, diese namenlosen Frauen, die im Dunkel der Geschichte ihre Schmerzen in die Welt schreien mußten und die so konsequent vergessen wurden, daß umfangreiche Bücher über die europäische Geschichte geschrieben werden konnten, ohne daß die Hexenverfolgungen darin auch nur mit einem Wort erwähnt wurden?

Es ist so gut wie unmöglich, die Zahl der Opfer der Hexenverfolgungen zu ermitteln, denn die Archive sind unvollständig.

Die Schätzungen, die häufig einer realen Grundlage entbehren, gehen in die Millionen. Zu solchen Zahlen kommt man, wenn man alle diejenigen berücksichtigt, die in Europa ihrer Gedanken wegen verbrannt worden sind. Man darf auch die Juden nicht vergessen, deren Verfolgung das spezielle Hobby der Spanier und Polen war. Die Polen haben aber auch die Hexen nicht vernachlässigt.

Kriminalhistoriker geben aufgrund der erhaltenen Akten eine Zahl von etwa hunderttausend Opfern an. Da nur ein Teil der Akten erhaltengeblieben ist, muß die tatsächliche Zahl höher sein.

Angesichts der heutigen Massenvernichtungsmittel ist das nur eine geringe Zahl – heute ist der Mensch in der Lage, zehn Millionen Scheiterhaufen mit einemmal zu entzünden.

Frau
und
Familie

Die Fruchtbarkeit

Anfang Oktober 1347 lief ein genuesisches Schiff den Hafen der größten Stadt Siziliens, Messina, an. Das Schiff war voll mit Kranken und Toten, und aus Angst vor Ansteckung wurde niemandem erlaubt, an Land zu gehen. Nur die Ratten durften ungestört die Ankertaue entlanglaufen. Innerhalb von zwei Wochen war ganz Sizilien von der Pest verseucht.

Die Pest war von der Wüste Gobi ausgegangen und hatte sich über die Handelswege in der gesamten östlichen Welt verbreitet. Sie hinterließ Millionen und aber Millionen von Toten. In Europa hatte sie Auswirkungen wie der Weltuntergang selbst. Innerhalb von vier Jahren kamen durch diese Krankheit zwanzig bis dreißig Millionen Menschen um. Der Erste Weltkrieg forderte achteinhalb Millionen Opfer, der Zweite Weltkrieg rund zwanzig Millionen.

Und die Pest verschwand keineswegs nach diesen vier schicksalsschweren Jahren. Bis zum Beginn des 18. Jahrhunderts kehrte sie immer aufs Neue zurück. Die gefürchtetste Krankheit des Mittelalters war der Aussatz gewesen, der jedoch in Europa zu Beginn der Neuzeit beinahe verschwunden war. Auf den Aussatz folgten die Schrecken der Pest, und nach der Pest brach eine Pockenepidemie aus.

Der englische König Karl II. war ein Schürzenjäger, wie er im Buche steht: Er war nicht nur hinter den Frauen her, sondern er liebte sie auch, und sie liebten ihn. Die schönste von seinen vielen Geliebten war La Belle Stuart, die junge Frances Stuart, die als die schönste Frau Europas galt. Ihr Bildnis wurde auf Münzen geschlagen: Sie stellte Britannia, das Selbstbewußtsein einer aufkommenden Weltmacht, dar. Aber die Pocken nahmen keine Rücksicht auf den zarten Teint und die strahlenden blauen Augen ihres Opfers. La Belle Stuart wurde eine von Hunderttausenden Pockennarbigen. Am häufigsten erkrankten und starben junge Menschen und Kinder, und fast alle Erwachsenen waren von Pockennarben gezeichnet.

Die Pocken wurden schließlich durch eine Impfung besiegt, die von der englischen Lady Mary Wortley Montagu nach Europa gebracht wurde.

Bis zur zweiten Hälfte des 18. Jahrhunderts war die Bevölkerungsentwicklung in Europa durch Krisen verschiedener Art gekennzeichnet: die von Krankheiten und Hungersnöten verursachten hohen Sterblichkeitsziffern hemmten den Bevölkerungszuwachs.

Die normale Sterblichkeitsquote der Bevölkerung lag bei drei Prozent (heute in Europa bei etwas mehr als einem

Das Haus des schottischen Webers ist geprägt von dem, was für die großen Massen der europäischen Bevölkerung bestimmend war: von der Armut. Von den sechs Kindern werden mindestens drei vor ihrem 15. Lebensjahr sterben. Eines der Kinder ist vielleicht zum Stillen gegen Bezahlung übernommen worden. Das Haus, dessen Boden nur aus Erde besteht, ist äußerst dürftig eingerichtet. Diese Menschen konnten sich nichts anderes leisten als das, was sie zum Überleben brauchten, und nicht einmal immer das. Bei einer Krise war die alte Großmutter wahrscheinlich das erste Opfer und der Säugling das zweite. Ihnen wurde vielleicht nichts mehr zu essen gegeben, nicht aus Bosheit, sondern weil sie die am wenigsten produktiven Mitglieder dieser Gemeinschaft waren. Die Überlebenschancen der anderen verbesserten sich, wenn ein paar hungrige Mäuler weniger da waren. Die Großmutter ging betteln, das Kind verwahrloste. Der Familienvater, der das Brot verdiente, bekam zu essen, wenn etwas vorhanden war.

Prozent). In Krisenzeiten stieg die Sterblichkeitsquote auf sechs bis zehn Prozent An einigen Orten konnte ein Drittel oder sogar die Hälfte der Bevölkerung durch Hunger und Krankheiten umkommen.

Eine typische schwere Bevölkerungskrise trat in den neunziger Jahren des 17. Jahrhunderts in Finnland ein. Mehrere aufeinanderfolgende Mißernten führten dazu, daß sogar das Saatgetreide verbraucht wurde und im darauffolgenden guten Jahr nichts mehr für die Aussaat vorhanden war. Die Regierung des Landes verschlimmerte die Situation durch ihre Weigerung, den an Hunger und Armut sterbenden Bauern auch nur ein Faß Getreide kostenlos abzugeben. Getreide wurde erst importiert, als die Katastrophe bereits eingetreten war, und es war so teuer, daß die Bauern es nicht einmal als Saatgut kaufen konnten. Das Desaster wurde durch den Typhus vervollständigt, der ein Drittel der durch die Leiden geschwächten Bevölkerung hinraffte.

Die Geburtenziffer lag um ein Prozent höher als die Sterblichkeitsziffer. So dauerte die Erholung von einer kleinen Krise ungefähr fünf und von einer großen Krise etwa dreißig Jahre. Sie wurde dadurch beschleunigt, daß die Menschen nach einer Krise jünger heirateten und mehr Zeit hatten, Kinder zu bekommen. Wegen der häufigen Krisen

Frances Stuart lebte in der zweiten Hälfte des 17. Jahrhunderts und war eine Geliebte des englischen Königs Karl II. Sie war sehr schön, und ihr Bild wurde auf Münzen geprägt, aber weder die Gunst des Königs noch ihr vielbewundertes Aussehen konnten sie vor der schrecklichen Heimsuchung jener Zeit, den Pocken, retten.

wuchs die Bevölkerung bis zum 18. Jahrhundert nur langsam.

Der wichtigste Faktor bei der Regulierung der Geburtenziffer ist die Dauer des fruchtbaren Alters der Frau, die Zeit zwischen der Menarche und der Menopause.

Früher dachte man, der Zeitpunkt der ersten Regelblutung hänge vom Klima dergestalt ab, daß bei den Mädchen der kälteren Regionen die Menstruation später beginnt als bei denen der wärmeren Regionen. Diese Vermutung hat sich als falsch erwiesen: Der Eintritt der ersten Menstruation, die Menarche, hängt von dem allgemeinen Lebensstandard ab. Je größer der Wohlstand und je besser der Ernährungszustand der Bevölkerung, desto früher tritt die erste Regelblutung ein.

Sichere historische Angaben über das Einsetzen der Menstruation gibt es nur aus dem vorigen Jahrhundert aus einigen west- und nordeuropäischen Ländern. Danach setzte in der ersten Hälfte des 19. Jahrhunderts in Norwegen die erste Regelblutung im Alter von gut 17 Jahren und in der zweiten Hälfte des 19. Jahrhunderts in Norwegen, Schweden, Finnland und Deutschland im Alter von etwa 15 Jahren ein.

Eine das Mittelalter betreffende Angabe stammt von Thomas von Aquin, der behauptete, daß die Menarche bei den zwölfjährigen Mädchen eintrete. Diese Information wird jedoch kaum auf Untersuchungen beruhen, denn mit dergleichen gaben sich die Wissenschaftler des Mittelalters nicht ab. Eher wird es sich darum handeln, daß ein zwölfjähriges Mädchen nach dem Gesetz alt genug war, um einer Ehe zuzustimmen. Heutige Forscher nehmen an, daß die Menarche im Mittelalter und zu Beginn der Neuzeit bei den Mädchen mit 14 Jahren eintrat. In den nordischen Ländern, wo die Ernährungslage schlechter war als in Süd- und Mitteleuropa, lag dieser Zeitpunkt möglicherweise später.

Über das Aufhören der Menstruation, die Menopause, heißt es in den wichtigen gynäkologischen Werken des Mittelalters »Trotula Major« und »Trotula Minor«: »Die Menstruation dauert an bis zum 50. Lebensjahr, wenn die Frau schlank ist; bis zum 60., 65. oder 55. Lebensjahr, wenn die Frau feucht ist; bis zum 35. Lebensjahr, wenn sie relativ dick ist.«

Diese Uninformiertheit über den Zeitpunkt des Aufhörens der Menstruation kann sehr gut darauf zurückzuführen sein, daß nur wenige Frauen so lange lebten, daß sie die Menopause überhaupt erreichten. Zu Beginn der Neuzeit gebar die Frau ihr letztes Kind meistens mit ungefähr vierzig Jahren.

So blieben der Frau also 25 fruchtbare Jahre. Die Sache ist jedoch nicht ganz so einfach. In einer Gesellschaft, in der

Die herkömmliche Gesell-
schaft sah in der Ehe die
einzig mögliche Lebensform.
Ein Teil der Frauen blieb
jedoch ledig, weil es weniger
Männer als Frauen gab. Die
unverheirateten Frauen wurden verspottet und verachtet
und bisweilen auch grausam
behandelt, so wie auf diesem
Bild, wo die Männer alte
Jungfern vor den Pflug
gespannt haben.

jede sexuelle Betätigung auf die Ehe beschränkt blieb,
war deren Dauer für die Bevölkerungsdichte entscheidend, da die weitaus meisten Kinder in der Ehe gezeugt
wurden. Zu Beginn der Neuzeit, etwa zwischen 1500 und
1750, wurden nur zwei bis fünf Prozent der Kinder unehelich geboren.

Die theoretischen Positionen der Gesellschaft und die Ge-
gebenheiten der Praxis waren darauf ausgerichtet, auf jede erdenkliche Weise das außereheliche Zeugen von Kindern zu verhindern. Dafür gab es mehrere Gründe. Der
außereheliche Verkehr befreite die Frau von der Aufsicht
des Mannes. Die primitive oder nicht vorhandene Sozialfürsorge war nicht in der Lage, eine große Anzahl unverheirateter Frauen und deren Kinder zu versorgen. Der
wichtigste Grund, den man sich jedoch gar nicht bewußt
machte, war der, daß sich durch die unkontrollierte Geburt von unehelichen Kindern die Bevölkerung explosionsartig vermehrt hätte. Die Wirtschaft des damaligen
Europa hätte die unbeschränkte Bevölkerungszunahme
einfach nicht verkraften können.

Im Hinblick auf das Heiratsalter gibt es einen deutlichen
Unterschied zwischen West- und Osteuropa. Die gedachte
Grenzlinie verläuft zwischen dem heutigen Leningrad
und Triest. Östlich dieser Linie heirateten die jungen Leute sehr früh, gleich nach Erreichung der Geschlechtsreife.
Fast alle heirateten, lebten in Großfamilien und gebaren
viele Kinder.

Westlich der Linie Leningrad–Triest dominierte das sogenannte europäische Ehemodell. Das Durchschnittsalter
der westeuropäischen Frauen bei der ersten Eheschließung betrug etwa 25 Jahre. Dieses Alter verkürzte die
fruchtbare Zeit der Frau um zehn Jahre. Das Heiratsalter
der Männer lag noch ein oder zwei Jahre höher.

Der vielleicht wichtigste Grund für das hohe Heiratsalter der Frauen war wirtschaftlicher Art. Es wurde von der Frau erwartet, daß sie einen finanziellen Grundstock mit in die Ehe brachte. Wenn der der allgemeinen Vorstellung entsprechende Betrag zusammengespart war, konnte geheiratet werden. Bei den niedrigen Löhnen der Frauen, die meistens nur die Hälfte von dem Lohn eines Mannes ausmachten, konnte das zehn, sogar 15 Jahre dauern. Das gleiche galt für die Männer.

Wegen des späten Heiratsalters verkürzte sich die fruchtbare Phase der Frau auf rund 15 Jahre. Aber auch diese Zeit war in der Wirklichkeit noch kürzer. Oft endete die Ehe durch den Tod des einen oder des anderen Ehegatten, bevor die Frau die Menopause erreicht hatte. Ein großer Teil der Ehen dauerte knapp zehn Jahre, wobei die Ehen der wohlhabenden Leute von längerer Dauer waren als die der Mittellosen. Man kann annehmen, daß die Ehen durchschnittlich 13 Jahre bestanden, wobei es allerdings große nationale und regionale Unterschiede gab.

Eine Wiederheirat vergrößerte natürlich die Chancen einer Witwe, noch mehr Kinder zu gebären. Witwen heirateten aber nicht so oft wieder wie Witwer. Und eine Pause zwischen zwei Ehen, auch wenn sie kurz war, verringerte ebenfalls die Anzahl der Schwangerschaften.

Außer durch das späte Heiratsalter wurde das Bevölkerungswachstum durch die hohe Zahl der unverheirateten Frauen wirksam reguliert. Etwa zehn bis zwanzig Prozent der Frauen heirateten überhaupt nicht, fast ein Fünftel der Frauen einer jeden Generation blieb kinderlos.

Die Annahme, daß zu Beginn der Neuzeit die fruchtbare Phase der Frauen 13 bis 15 Jahre dauerte, bedeutete jedoch nicht, daß sie ein Dutzend Kinder gehabt hätten, denn vielerlei Faktoren verlängerten die Abstände zwischen den Geburten. So sah schon die katholische Kirche etliche Beschränkungen für den ehelichen Verkehr vor: Während der Fastenzeit und der Adventszeit, in den Nächten vor kirchlichen Feiertagen und gewöhnlichen Fastentagen sowie während der Trauerzeit hatte man Enthaltsamkeit zu üben. Aber auch die vielen Krankheiten und die schwere Arbeit verringerten die Gelegenheiten zum Verkehr und damit die Möglichkeit einer Schwangerschaft.

Die häufigen Mißernten bewirkten, daß Frauen oft unterernährt waren, auch wenn keine wirkliche Hungersnot eintrat. Die Unterernährung verhinderte den Eisprung, die Menstruation blieb aus, und es konnte keine Befruchtung stattfinden.

Nach der Entbindung dauert es eine Weile, bis die Regelblutung wieder beginnt. Wenn die Mutter das Kind selbst stillte, konnte der Fettgehalt ihres Körpers nicht leicht auf

Tobias Stimmer: Die Lebens-
phasen der Frau

Holzschnitt aus dem 15. Jahrhundert

Die durchschnittliche Lebenserwartung der Menschen war niedrig, so daß es in der Gesellschaft wenig alte Menschen gab. Das Alter wurde mit Krankheit und Schwäche gleichgesetzt. Die älteren Frauen der Bauernfamilien wurden wegen ihres Wissens respektiert. Ein alter Mann hatte seine Kraft verloren, und in einer Gesellschaft, in der die körperliche Kraft von entscheidender Bedeutung war, hatte ein alter Mann keinen guten Stand. Der Begriff »edler Greis«, der Alter und Weisheit verbindet, wurde erst im Zeitalter der Aufklärung im 18. Jahrhundert geprägt.

Mindestens seit dem Hochmittelalter ist die Lebenserwartung der Frauen höher als die der Männer. Da überdies nach allgemeinem Brauch der Ehemann bedeutend älter war als seine Frau, gab es in der Gesellschaft viele Witwen. Im Mittelalter heirateten noch fast alle Witwen ein zweites Mal, vor allem auf dem Land. In der Neuzeit unterließen immer mehr Frauen eine erneute Heirat. Vor allem in den Städten stieg die Anzahl der Witwen, die allein oder mit einer Schicksalsgenossin zusammenlebten.

Hans Burckmair

die 20 bis 25 Prozent steigen, die für einen Eisprung notwendig sind.

Eine Aussage über die Dauer und Häufigkeit des Stillens zu machen ist problematisch. Fast in ganz Europa war es üblich, das Kind einer Amme zu übergeben. Die Bäuerinnen stillten ihre Kinder jedoch wahrscheinlich selbst. Die Dauer des Stillens war regional sehr unterschiedlich. Zu Beginn des 17. Jahrhunderts empfahl die medizinische Literatur eine Stillzeit von zwei Jahren. Gegen Ende des 18. Jahrhunderts waren es nur noch neun Monate. Aus dem Mittelalter gibt es Informationen, nach denen die Mädchen ein Jahr, die Knaben zwei Jahre gestillt wurden.

Die Zeit von der Heirat bis zur Geburt des ersten Kindes, vorausgesetzt, daß die Braut bei der Hochzeit nicht schwanger war, betrug fast eineinhalb Jahre. Die weiteren Entbindungen folgten in ziemlich regelmäßigen Abständen von etwa 30 Monaten. Je mehr Kinder eine Frau gebar, um so länger wurden die Abstände zwischen den Entbindungen, bis hin zu drei oder vier Jahren.

So konnte die Frau während ihrer fruchtbaren Jahre fünf bis sechs Kinder gebären. Wenn sie erst mit 28 oder 29 Jahren heiratete, wie es in vielen Gegenden üblich war, entfiel noch ein Kind.

Von den sechs Kindern, die die Frau der frühen Neuzeit gebar, starben zwei im Alter von unter einem Jahr. Ein drittes Kind starb, bevor es zehn Jahre alt wurde, und möglicherweise noch ein viertes vor Vollendung des 15. Lebensjahres. Grob gesehen war annähernd jede zweite Entbindung vergebens – die Mutter gebar das Kind und mußte es fast unmittelbar darauf zu Grabe tragen.

Dennoch hätten diese durchschnittlich etwa zweieinhalb Kinder pro Elternpaar ausgereicht, um die Bevölkerung innerhalb von siebzig Jahren zu verdoppeln. Und doch trat dieser Fall zu Beginn der Neuzeit nicht ein: Viele Frauen heirateten überhaupt nicht, und andere waren wegen Krankheiten oder infolge schwieriger Entbindungen unfruchtbar geworden. Außerdem wurde vor allem in wohlhabenderen Kreisen zweifellos Empfängnisverhütung betrieben, obwohl die Kirche sie streng verurteilte. Das wichtigste Verhütungsmittel war der *Coitus interruptus*.

Am stärksten wurde der Bevölkerungszuwachs durch Krankheiten und Hungersnöte beeinträchtigt, auf die der Mensch keinen Einfluß hatte. Als die großen Epidemien und die schweren Hungerjahre im 18. Jahrhundert zu Ende waren und die Arbeitsproduktivität stieg, begann ein ungestümes Bevölkerungswachstum.

Das europäische Ehemodell – späte Heirat, wenige Kinder und viele Unverheiratete – kam der europäischen Wirtschaftsform hervorragend zupaß.

Die Bauern bemühten sich, die Zersplitterung der Höfe zu

Schon immer in der Geschichte haben sich Frauen- und Männerkultur deutlich voneinander unterschieden. Abgesehen von der kurzen Zeit der Partnersuche in der Jugend waren die Geschlechter am liebsten unter sich, die Frauen unter Frauen und die Männer unter Männern. Noch im 19. Jahrhundert konnte es vorkommen, daß eine Schwester der Braut die junge Frau auf der Hochzeitsreise begleitete. Im alltäglichen Leben hatten die Geschlechter kaum Kontakt miteinander, und somit bestanden auch keine Voraussetzungen dafür, die Erfahrungen und die Denkweise des anderen zu verstehen. Da die Männer die öffentliche Seite der Gesellschaft darstellten, wurde ihre Art, die Welt zu sehen, zu handeln und Probleme zu lösen, für die einzig mögliche gehalten.

Albrecht Dürer

verhindern. Der ganze Hof sollte einem der Söhne, meistens dem ältesten oder dem jüngsten, vererbt werden. Die Kinder, die nichts erbten, durften vielleicht als Knechte und Mägde im Hause bleiben, aber sie durften nicht heiraten. Die meisten wurden in die Welt geschickt, um dort, meistens als Dienstboten, ihr Glück zu suchen und mit dem langwierigen und sicherlich oft als hoffnungslos empfundenen Sparen für das Heiratskapital zu beginnen. Bei der Heimindustrie waren die Voraussetzungen anders. Er webte, sie spann, und die Kinder gingen ihnen zur Hand. In dieser Situation, so könnte man meinen, ist frühe Heirat und eine große Kinderzahl für den Arbeitnehmer von Vorteil, da ja auch die Kinder Arbeitskräfte waren.

Das europäische Ehemodell dominierte jedoch auch in den Gegenden mit Heimindustrie.

Vielleicht war die Denkweise, die eine späte Heirat begünstigte, so stark, daß eine Heirat in jungen Jahren mißbilligt wurde. Auch die Anschaffung eines Häuschens und eines Webstuhls konnte die Arbeit von Jahren erfordern. Erst in der zweiten Hälfte des 18. Jahrhunderts, als sich auch sonst die Verhältnisse in Europa veränderten, begann das Heiratsalter der Heimindustriearbeiter zu sinken und die Kinderzahl zu wachsen.

Die traditionelle Familie

Um den Menschen dieser Epoche (von der Reformation bis zur Französischen Revolution) und sein Leben verstehen zu können, müssen wir uns mit der traditionellen Denkweise vertraut machen, die sein Verhalten bestimmte.

Die Menschen im Mittelalter sahen keinen großen Unterschied zwischen sich selbst und ihrem Nächsten. Der Mensch war nie allein, und er verbarg seine intimen Handlungen nicht vor den anderen, denn sein Leben war ein Teil des Lebens der Gruppe. Der Mensch und seine Nächsten bildeten ein Ganzes, von dem das Individuum nicht zu trennen war.

Gegen Ende des Mittelalters beginnt die Individualisierung. Die Manieren werden feiner: Es gehört sich nicht mehr, den abgenagten Knochen in die gemeinsame Suppenschüssel zurückzuwerfen, sondern er muß jetzt über die Schulter auf den Fußboden geworfen werden. Am Eßtisch darf man nicht mehr ungeniert in der Nase bohren, sondern muß sich dabei abwenden, und es schickt sich nicht mehr, splitternackt durch die Stadt in die öffentliche

Die traditionelle Gemeinschaft vertrug keine freie Sexualität. Zumal den Frauen wurden Beschränkungen auferlegt. Die sexuelle Freiheit hätte das Fundament der gesellschaftlichen Machtstrukturen erschüttert und zu einem gefährlichen Bevölkerungswachstum geführt. Wenn eine Frau einem anderen Mann Gefühle entgegenbringen wollte als dem, den ihre Eltern ihr aus finanziellen Erwägungen ausgewählt hatten, mußte sie äußerst vorsichtig vorgehen. Ein Liebesverhältnis zu haben, war für eine Frau wegen kleiner Wohnungen und neugieriger Dienstboten schwierig. Der Ehemann dagegen hatte die Möglichkeit, seine Sexualität mit einer Geliebten auszuleben, nicht jedoch mit der Frau eines anderen Mannes. Das traditionelle Objekt der männlichen Sexualität war die Dorfhure, meistens eine unverheiratete Mutter, oder eine Prostituierte in der Stadt.

Badeanstalt zu laufen. Jeder bekommt sein eigenes Eßbesteck. Früher hatte man zu zweit von einem Teller gegessen, aus einem Becher getrunken und denselben Löffel verwendet. Die Gabel ist ein höchst individuelles Eßbesteck, das zu Beginn der Neuzeit in die vornehmen Kreise eingeführt wurde. Jeder trug seine Gabel bei sich.

Der gebildete Mensch fing an, sein Ich zu suchen und seine Persönlichkeit sowie seine Einzigartigkeit zu betonen. Die Ansicht, daß jeder Mensch ein Individuum sei, war dem größten Teil der Bevölkerung zwar noch fremd, sie war jedoch vorhanden und sickerte durch die Schichten der Gesellschaft allmählich von oben nach unten.

Für die traditionsbestimmten Menschen zu Beginn der Neuzeit war das gemeinschaftsorientierte Denken typisch. Sie gaben den Ansprüchen der Gemeinschaft Vorrang vor ihren eigenen Wünschen. Sie waren bereit, ihre Heirat aufzuschieben oder ganz darauf zu verzichten, damit Hof und Haus der Familie gediehen. Sie wollten nicht anders aussehen und sich nicht anders verhalten als die übrigen Mitglieder der Gemeinschaft.

Diese Solidarität war generell notwendig, damit die Gemeinschaft überleben konnte.

Der moderne Mensch ist in erster Linie ein Individuum. Der Anspruch auf Freiheit und Unabhängigkeit wird heute den Interessen der Gemeinschaft vorangestellt. Die jahrhundertelange Entwicklung von der traditionellen gemeinschaftsorientierten Denkweise zur modernen individualistischen ist eine der beiden klaren kontinuierlichen Entwicklungslinien der Neuzeit. Die andere ist die Wandlung in der Einstellung zu den Kindern.

Die traditionelle Gedankenwelt wurde von einigen grundlegenden Ideen beherrscht, die den Menschen von heute befremden, damals aber selbstverständlich waren.

Der traditionelle Mensch wollte glauben, daß es andere Menschen gab, die klüger waren als er, und er wollte sich deren Bestimmungsrecht unterwerfen, ganz gleich, ob es sich dabei um Philosophen, Könige, Familienväter oder ältere Brüder handelte. Viele Behauptungen des Aristoteles wurden noch jahrhundertelang als wissenschaftlich fundierte Wahrheiten verkündet, nachdem sie längst als falsch erkannt worden waren, denn man glaubte einer Autorität lieber als der eigenen Erfahrung.

In der Familie bedeutete Autoritätsgläubigkeit, daß man sich dem Familienvorstand, dem Herrn des Hauses, freiwillig unterwarf. Die jungen Leute fanden sich damit ab, daß die Eltern den Ehepartner und den Beruf für sie wählten, die Ehefrau fügte sich in allem den Wünschen ihres Mannes, und die Dienstboten – die mehr oder weniger als Kinder betrachtet wurden – unterwarfen sich der Zucht ihres Herrn.

Der traditionelle Mensch war konservativ, weil das Festhalten am Alten Sicherheit bedeutete. Jede Spontaneität und Kreativität bedeutete eine plötzliche Veränderung, die eine kleine, am Rande ihrer Existenz balancierende Gemeinschaft nicht verkraften konnte. Die Kontinuität des Lebens hing davon ab, daß alles genauso gemacht wurde, wie es immer gemacht worden war, auch wenn jemand etwas Besseres wußte. Die gemeinsamen Traditionen, das Wissen darum, wie alles zu regeln war, hielten die Gemeinschaft zusammen.

Vor allem bei der Regelung der zwischenmenschlichen Beziehungen war die Tradition eisern: Die Zeremonien bei der Brautwerbung mußten bis hin zur Kleidung genauestens eingehalten werden, das Verhalten der Schwiegereltern und des jungen Paares war bis ins einzelne festgelegt ebenso wie das der unverheirateten Personen.

Ein Schreckgespenst, eine ständig unter der Oberfläche schwelende, verdrängte Gefahr stellte in der kleinen Gemeinschaft die zur Natur des Menschen gehörende spontane Sexualität dar. Auch die stabilste Dorfgemeinschaft, Gilde oder Familie wäre mit der freien Äußerung der Sexualität nicht zurechtgekommen.

Die Ehe war ein Geschäft, das die Familie stärken und nicht die Hoffnungen auf persönliches Glück erfüllen sollte.

Die Menschen lebten zusammen, niemand durfte die Gemeinschaft um seines Privatlebens willen verlassen. Liebe und Leidenschaft galten als ein Zustand, der der Geistesverwirrung vergleichbar war und mit allen Mitteln erstickt werden mußte. Lebenslange Monogamie war eine uneingeschränkte Forderung auch dann, wenn die Ehegatten ganz offensichtlich nicht zusammenpaßten.

Der Übergang zur modernen Denkweise wird am deutlichsten in der Familie und in der Stellung des Kindes. Heute findet man es verachtenswert, den Ehepartner aufgrund finanzieller Erwägungen zu wählen, und unnatür-

Vecellio

Je traditioneller und patriarchalischer die Denkweise
war, um so strenger wurden
die Frauen der Familie beaufsichtigt. Die sizilianische
adlige Dame war beim Kirchgang in einen Mantel gehüllt,
der sich kaum vom Schleier
der mohammedanischen Frau
unterscheidet. Das junge, unverheiratete Mädchen in Venedig trug einen Schleier,
und das spanische Fräulein
war kaum als Frau zu erkennen.

lich, ein Kind gleich nach der Geburt zu Fremden in Pflege
zu geben und es mit sieben Jahren ganz von zu Hause fort-
zuschicken, wie es früher oft selbstverständlich war.
Infolge der Privatisierung haben sich das Leben und die
Denkweise der Familie geändert, dennoch ist die Familie
auch heute an bestimmte Regeln gebunden, die jeder
kennt und zu befolgen versucht.
Wenn wir an die Familie der »guten alten Zeit« denken,
hegen wir den Mythos von einer großen Schar von Menschen und von einem Haus, unter dessen Dach Großel-
tern, Kinder und Enkel, Onkel, Tanten und Vettern wohnen.
Diese Vorstellung von der Großfamilie trifft jedoch nur auf
die osteuropäische Familienform zu. In den osteuropäischen Ländern wurden die Ehen früh geschlossen. Das
gesetzliche Heiratsalter für Mädchen war 13, für Knaben

15 Jahre. In der Regel wurden diese Altersgrenzen eingehalten. Man weiß aber auch von Ehen, die in einem noch früheren Alter geschlossen wurden, vor allem von solchen, bei denen ein zehnjähriger oder noch jüngerer Knabe mit einer zwanzigjährigen Frau verheiratet wurde: in diesen Fällen herrschte im Haus offenbar ein offensichtlicher Mangel an Arbeitskräften. Das Gesetz verbot solche Ehen, weil sie zu Unzucht und Inzest – im osteuropäischen Ehesystem mußte sich die Schwiegertochter auf Annäherungsversuche des Schwiegervaters gefaßt machen – und sogar zu Vatermorden führten.

Die Frau für den Sohn wurde von den Eltern aufgrund ihrer Arbeitsfähigkeit und Folgsamkeit ausgewählt. Die traditionelle Aufgabe der Schwiegermutter war es, die Schwiegertochter zu quälen, die Aufgabe der Schwiegertochter, zu schuften und Kinder zu gebären.

Praktisch alle Menschen heirateten. Das osteuropäische System sah keine Unverheirateten vor. Der Grundbesitzer konnte einen Bauern bestrafen, der erwachsene unverheiratete Töchter besaß.

Sehr junge Menschen hatten keine Möglichkeit, wirtschaftlich selbständig zu sein, aber das wurde auch gar nicht erwartet. Das junge Paar bekam seinen Platz innerhalb der Großfamilie zugewiesen. Die meisten Haushalte bestanden aus mehreren Familien: aus drei Generationen und mehreren Ehepaaren mit Kindern. Oberhaupt der Großfamilie war der Großvater, manchmal die Großmutter. Dienstpersonal gab es nicht. Der Bedarf an Arbeitskräften wurde befriedigt, indem durch Heirat neue Mitglieder in die Familie aufgenommen wurden.

Als Beispiel für eine Großfamilie außerhalb des Systems der Leibeigenschaft wollen wir das Gut Kotila in der Unterpfarre Heinävesi der finnischen Gemeinde Rantasalmi betrachten.

In der zweiten Hälfte des 18. Jahrhunderts wurde das Gut von vier Brüdern bewirtschaftet. Die Leitung der Großfamilie ging von einem Bruder auf den anderen über und nach dem Tod der Brüder jeweils auf einen ihrer Söhne, ohne Berücksichtigung der Altersfolge, sondern wahrscheinlich nach ihrer Fähigkeit und Eignung. Die untere Führung war geteilt: Ein Bruder oder Vetter war für Ackerbau und Gartenarbeit zuständig, ein anderer Bruder für sonstige Außenarbeiten und für die Fischerei. Die Leitung der Frauenarbeiten oblag der Frau des jeweils führenden Hausherrn, für die Viehzucht war jedoch lange Zeit ein und dieselbe Frau verantwortlich, die, nach den Ergebnissen zu beurteilen, erfolgreiche Arbeit leistete.

Zum Haushalt gehörten zeitweise 42 Personen. Sie wohnten in vier großen Gebäuden und in 17 Schlafspeichern. In dem Anwesen gab es insgesamt fünfzig Zimmer, aber nur

In der traditionellen Familie gehörten die Dienstboten zur Familie. Das war ganz natürlich: die Dienstboten waren oft Verwandte oder Kinder, alle lebten von morgens bis abends zusammen und schliefen sogar in einem Bett. Die Dienstboten standen genauso unter der Vormundschaft des Hausherrn wie die Kinder. Züchtigung im Hause war erlaubt, und sie wurde reichlich praktiziert. Das Bild aus Deutschland illustriert einen berühmten Fall, bei dem ein Dienstmädchen sich erdreistet hatte, der sie prügelnden Hausfrau Widerstand zu leisten.

Häusliches Leben bei einem Bildhauer. Werkstatt und Wohnung sind ein und derselbe Raum. Im Vordergrund der Eßtisch, vor dem eine Figur aus Holz geschnitzt wird. Weiter hinten wird eine Orgel gebaut und ein Altarbild gemalt, links ein astronomisches Gerät getestet. Ein Kind schreibt auf einer Schiefertafel, ein anderes bezieht Prügel und ein drittes liest. Vorne links die Feueresse und davor ein Schmied.

Schlafordnung einer Familie. Hausherr und Hausfrau schlafen im großen Bett, das Baby ist an seinem Bettchen festgebunden – eine Wiege ist nicht vorhanden. Im anderen Bett schlafen die älteren Kinder. Die allein schlafende Frau ist offensichtlich ein Dienstmädchen, das zugleich eine Verwandte der Herrschaft sein kann. Die Menschen schliefen das ganze Mittelalter hindurch und noch zu Beginn der Neuzeit nackt. Nachthemden waren Luxus und galten als unmoralisch.

zwei Küchen. Eine davon gehörte zur Gästestube, weshalb anzunehmen ist, daß die ganze Großfamilie aus einer einzigen Küche versorgt wurde. Die Großfamilie von Kotila wirtschaftete anscheinend sehr gut, denn der Hof wurde immer reicher, und der Vogt konnte nur Gutes berichten.

Die Auswirkungen der Struktur von Großfamilien auf ihre einzelnen Mitglieder sind sehr wenig untersucht worden. Es wird angenommen, daß die Beziehung zwischen der Mutter und den Kindern nicht besonders eng war. Die Mutter mußte hart arbeiten, und das Kind wurde von dem versorgt, der gerade Zeit hatte, wenn überhaupt jemand Zeit hatte. Es gab viele Bezugspersonen und viele Kinder. Die Kindersterblichkeit lag bei fast fünfzig Prozent. Von Bedeutung war sicherlich auch, daß die meisten Mitglieder der Großfamilien nie die Chance erhielten, sich als Bauer oder Bäuerin selbständig zu machen. Die meisten blieben ihr Leben lang in der Stellung eines jüngeren Familienmitglieds.

Innerhalb der Großfamilie konnten die zwischenmenschlichen Beziehungen sehr gespannt sein. Die Bräute wurden vor der bösen Schwiegermutter und dem hartnäckigen Schwiegervater gewarnt, der die Finger nicht von der jungen Frau lassen konnte. Die Schwestern des Mannes und die Frauen seiner Brüder quälten den Neuling ebenso, wie sie früher gequält worden waren. Der Neid und die Streitsucht unter den Familienmitgliedern sind Gegenstand zahlloser Geschichten, ebenso die bösen Stiefmütter und die neidischen Brüder, die sich mit viel Phantasie die übelsten Streiche ausdachten.

Innerhalb der Großfamilie mußten die Menschen in einem System vielfacher Unterwerfung leben. Auch die anpassungsfähigste Frau hatte es schwer, wenn der Ehemann das eine befahl, die Schwiegermutter das andere.

Andererseits bot die Großfamilie ihren Mitgliedern Schutz und Geborgenheit, Zusammengehörigkeit, wirtschaftliche Sicherheit und das Gefühl, Teil einer klar definierten Gesamtheit zu sein. Die Großfamilie selbst war Teil einer noch größeren Gesamtheit, der Dorfgemeinde, und verband somit ihre Mitglieder zu einer Gemeinschaft, die die bäuerliche Welt bildete.

Die Familienform in Westeuropa unterschied sich in wesentlichen Punkten von der östlich der Linie Leningrad–Triest. Die westeuropäischen Ehen wurden in ziemlich späten Jahren geschlossen, und es wurden fünf oder sechs Kinder geboren, von denen nur die Hälfte das Erwachsenenalter erreichte.

Lange Zeit hat man geglaubt, daß die Kleinfamilie ein Ergebnis der Industrialisierung sei. In der beständigen, traditionellen ländlichen Umwelt lebten die großen, aus mehreren Generationen bestehenden Familien, deren

Das Ungeheuer der alten Märchen war die böse Stiefmutter. Unter der Verfolgung der Stiefmutter und der Stiefschwestern hatten das westliche Aschenputtel und die östliche Wassilissa zu leiden. In den Märchen ergeht es der Stiefmutter im allgemeinen schlecht. Psychologen vermuten, daß das Kind mit Hilfe der Stiefmuttermärchen die Aggressionen abreagieren kann, die es zwangsläufig seiner Mutter gegenüber empfindet. Ganz gewiß spiegeln die Stiefmuttermärchen auch die Wirklichkeit wider. Wenn in einer Familie die Frau starb, mußte der Mann so bald wie möglich wieder heiraten. Die Knaben konnten sich gegen die Bosheit der Stiefmutter besser wehren. Sie arbeiteten draußen auf den Feldern und lebten ihr eigenes Leben. Die kleinen Jungen und die Stieftöchter dagegen waren ziemlich hilflos, wie aus den Märchen ersichtlich wird. Die Verwandten der toten Mutter, besonders deren Geschwister, hatten der Stieftochter zu helfen. Meistens nahm eine Tante die Stieftochter zu sich, und es dauerte nicht lange, bis die Verlobung der Stieftochter mit ihrem Vetter verkündet wurde.

Der Altersunterschied der Ehegatten konnte in der zweiten Ehe sehr groß sein, was die Situation der Stiefmutter nicht gerade erleichterte. Die böse Stiefmutter war oft auch eine unglückliche Stiefmutter: ein junges Mädchen wurde mit einem viel älteren Witwer verheiratet, dessen Kinder fast so alt waren wie sie selbst und die sich ihr gegenüber ablehnend verhielten – kein seltenes Schicksal. Die neue Frau konnte auch eine Witwe mit Kindern aus erster Ehe sein. Dann versuchte sie natürlich, Partei für ihre eigenen Kinder gegen die im Haus bereits vorhandenen zu ergreifen.

Schwierigkeiten anderer Art entstanden, wenn ein Witwer, der erwachsene Söhne hatte, eine junge Frau heiratete. Die unterdrückte Sexualität vor allem bei den Söhnen, die wußten, daß sie vielleicht nie würden heiraten können, richtete sich leicht auf das nächstliegende Objekt. Anklagen wegen Inzest, also wegen solcher Fälle, in denen der Schwiegervater der Schwiegertochter, der Vater seiner Tochter oder der Stiefsohn seiner Stiefmutter beigewohnt hatte, waren in den ländlichen Regionen Ost- und Westeuropas keine Seltenheit, obwohl die Familienformen unterschiedlich waren.

In der traditionellen Familie gab es oft eine Stiefmutter oder einen Stiefvater, so wie sie auch heute nach Scheidungen häufig vorkommen. Eine Untersuchung darüber, wie sich die Massenverwaisung auf die Psyche der Menschen damals auswirkte, steht noch aus.

Oberhaupt ein absoluter Herrscher war und die Hochachtung aller Familienmitglieder genoß. Diese Familienform war der Idealzustand, und die Rückkehr zu ihm mußte den Menschen der industrialisierten Zeit mit ihren vielfältigen Verfallserscheinungen erstrebenswert erscheinen. Tatsächlich aber gab es nichts, wohin sie hätten zurückkehren können. Die Großfamilie ist nie ein wesentlicher Bestandteil des europäischen Lebens gewesen. Die Industrialisierung an sich hat die Familien nicht verkleinert. Sie waren schon vor der Industrialisierung klein, und erst im 20. Jahrhundert sind sie noch kleiner geworden. Ein englischer Haushalt bestand im 17., 18. und 19. Jahrhundert aus durchschnittlich 4,75 Personen. Heute gehören durchschnittlich 3,04 Personen zu einer Familie – kein wesentlicher Unterschied.

Der heutigen Kleinfamilie entsprechende Familien gab es in den großen Städten schon vor der Industrialisierung. Im Jahre 1755 gehörten zu einer Familie in Amsterdam im Durchschnitt ebenso viele Menschen wie heute in England, nämlich 3,04. In Brüssel betrug die Zahl 3,2, und 1427 lebten in Florenz in einem Haushalt durchschnittlich 3,8 Personen. Ein deutlicher Unterschied zwischen Stadt und Land bestand bereits im Mittelalter. Die städtischen Familien waren kleiner als die Bauernfamilien. Einer der Gründe dafür könnte die in den Städten größere Kindersterblichkeit gewesen sein.

Die von dem ältesten Mann der Familie beherrschte, aus mehreren Generationen bestehende Großfamilie war in Europa sehr selten. Zu der normalen Bauernfamilie gehörten zwei Generationen, Eltern und Kinder.

In der traditionellen Familie gab es Kinder jeden Alters. Die Kinder wurden vom fünften Lebensjahr an als Arbeitskräfte betrachtet, obwohl sie sich erst mit etwa 15 Jahren selbst ernähren konnten. Es war allgemein üblich, die Kinder im Alter von unter zehn Jahren auf nahegelegenen Höfen in Dienst zu geben, so daß man sie zu Hause nicht zu ernähren brauchte und sie ihre geringen Einkünfte nach Hause brachten.

Außer den Kindern konnte im Haus auch ein unverheirateter Bruder oder eine unverheiratete Schwester des Hausherrn als Knecht beziehungsweise Magd leben. Solche Verwandten hatten keine Möglichkeit, eine Familie zu gründen.

Die heranwachsenden Kinder lösten sich von dem elterlichen Hof, sobald es möglich war. Meistens blieb nur ein Sohn auf dem Hof. In Europa war das vielerorts der jüngste Sohn, der erwachsen werden und abwarten konnte, bis der Vater bereit war, den Hof zu übergeben. Dabei handelte es sich eigentlich nicht um die Übertragung von Vermögen, sondern von Verantwortung. Der Hof des Bauern war kein Vermögen in dem Sinne, wie wir es verstehen, sondern ein Produktionsmittel, das einer Generation nach der anderen zu dienen hatte.

Der auf dem Hof verbleibende Sohn – oder auch die Tochter – konnte nicht heiraten, bevor er den Hof übernommen hatte. Die Wirtschaft des Hofes verkraftete zwei wachsende Familien einfach nicht.

Für den Altbauern und die Altbäuerin stand das von der vorherigen Generation hinterlassene Häuschen bereit, in das sie einzogen, wenn ihre Arbeitskraft nachließ. Es gab keine genaue Regel darüber, mit wieviel Jahren Bauer und Bäuerin auf das Altenteil zu gehen hatten. Alles hing von der Entscheidung des Hausherrn selbst ab. Das Leben

Eine große Familie aus dem 17. Jahrhundert, aber keine Großfamilie. Das Gemälde stellt die goldene Hochzeit des Oberhauptes der schwedischen Familie Hildebrand dar. In der Mitte das alte Paar, um sie herum ihre Kinder mit Ehegatten und deren Kinder. Die jüngsten Kinder sind zwei oder drei Jahre alt. Noch jüngere waren bei einer Amme. Sie zählten als Familienmitglieder erst dann, wenn sie die gefährlichen ersten Lebensjahre überstanden hatten.

des Sohnes, der die Nachfolge des Hausherrn antreten sollte, konnte nervenaufreibend sein: Der Alte war vielleicht starrsinnig und wollte den Hof überhaupt nicht übergeben, der Sohn hatte vielleicht schon insgeheim eine Braut ausersehen und wollte endlich erwachsen und selbständig sein.

Wenn die Entscheidung über das Altenteil endlich getroffen und die dem alten Paar zustehenden Leistungen genau vereinbart waren, heiratete der junge Bauer schnellstens: ein Bauernhof konnte ohne Bäuerin nicht existieren. Kinder wurden geboren, und eine Weile lebten auf dem Hof drei Generationen. Dabei handelte es sich jedoch nicht um eine Großfamilie, denn das alte Paar und die junge Familie lebten in verschiedenen Haushalten. Die drei Generationen lebten aber nur kurze Zeit nebeneinander,

237

denn die alten Leute starben meistens nach wenigen Jahren. Der Tod der Alten war eine Voraussetzung für die Existenz der jungen Familie, denn für die meisten Höfe waren die Altenteilleistungen auf die Dauer eine große Belastung.

Eine Besonderheit der traditionellen Familie war, daß ihre Mitglieder einer ständigen Fluktuation unterlagen. Die Familie von heute formiert sich bald nach der Gründung, und ihre Mitglieder bleiben jahrzehntelang dieselben. Die traditionelle Familie hatte nur kurzen Bestand, und ihre Zusammensetzung änderte sich immer wieder: fast alle ihre Mitglieder konnten wechseln. Kinder wurden geboren, starben oder verließen das Haus. Dienstboten kamen und gingen. Wenn der Bauer den Hof gerade übernommen hatte, brauchte man auswärtige Arbeitskräfte, entweder Geschwister des Bauern und der Bäuerin oder fremde Leute. Wenn die Kinder größer wurden, konnte man auf Dienstboten verzichten, aber wenn sie den Hof endgültig verließen, mußten wieder Dienstboten eingestellt werden.

Frau und Mann

Zu Beginn der Neuzeit oblag die Wahl des Ehepartners den Eltern der jungen Leute. »Ehre deinen Vater und deine Mutter«, heißt es in der Heiligen Schrift, und dieses Gebot wurde befolgt. Die Kinder wurden zu einem so absoluten Gehorsam erzogen, daß es kaum einem auch nur einfiel, sich dem Willen der Eltern zu widersetzen. Ein ungehorsamer Mensch hatte es schwer.

In der Mitte des 15. Jahrhunderts wollte die Tochter einer reichen Kaufmannsfamilie, Elizabeth Paston, ihren Ehemann selbst wählen. Um die Tochter zur Vernunft zu bringen, sperrte ihre Mutter Agnes sie monatelang allein in einem Zimmer ein, und sie durfte nicht einmal mit den Dienstboten sprechen. Dort wurde sie ein- oder zweimal die Woche, in den schlimmsten Zeiten zweimal am Tag so verprügelt, daß sie an zwei Stellen einen Schädelbruch erlitt und schließlich nachgab. Die fleißige, geschickte und ehrbare Agnes Paston war jedoch keine Sadistin, sie glaubte, zum Besten ihrer Tochter zu handeln.

Die wirtschaftliche Lage der heranwachsenden Kinder war vor allem in den höheren Gesellschaftsschichten so schlecht, daß sie nicht ohne Hilfe der Eltern heiraten konnten. Als sich im 17. Jahrhundert in England die Denk-

William Hogarth

Sowohl die Kinder als auch die Eltern verfolgten mit der Heirat das Ziel, Sicherheit und materiellen Vorteil zu erlangen. Meinungsverschiedenheiten entstanden nur selten. Den jungen Leuten wurde beigebracht, was die Eltern wußten: Die Liebe war nur ein Phantasiegebilde von kurzer Dauer und keine Grundlage für etwas Bleibendes. Auf dem Bild verhandeln die Väter eines jungen Paares über den Ehevertrag. Der Herr mit dem gichtkranken Bein hat eine uralte Familie anzubieten, der andere, offensichtlich ein reicher Kaufmann, viel Geld. Braut und Bräutigam haben anscheinend schon jetzt genug voneinander.

weise zu ändern begann, durften die Kinder allmählich selbst entscheiden, welche Partie für sie am vorteilhaftesten war. Um eine Liebesheirat aber ging es immer noch nicht.

Ein bezeichnendes Beispiel ist die Ehe des Engländers Simonds D'Ewes aus dem 17. Jahrhundert. Simonds war ein 24jähriger Rechtsanwalt, erwachsen und wirtschaftlich unabhängig. Er wollte eine Frau aus einer guten, alten Familie heiraten. Für einen Vertrag, der der Braut ein regelmäßiges Einkommen aus Gütern der Familie D'Ewes für den Fall garantieren würde, daß Simonds vor seiner Frau starb, brauchte Simonds die Einwilligung seines Vaters. Dieser interessierte sich aber überhaupt nicht für alte Familien und dergleichen. Er wollte einfach Geld, und Geld hätte er bekommen, wenn Simonds eine reiche Erbin geheiratet hätte. Damals bekam der Vater des Bräutigams die Mitgift und nicht der Bräutigam.

Simonds benannte seinem Vater die Erbin einer vornehmen alten Familie als Braut und auch noch eine zweite. Der Papa bot ihm ein paar steinreiche Kaufmannstöchter zur Auswahl, die Simonds aber sofort ablehnte. Dann begannen die Verhandlungen über Anne, die Erbin der reichen Familie Clopton. Simonds Vater und Annes Großmutter, die ihr Vormund war, zogen die Sache in die Länge, bis endlich alles vereinbart war.

Da hörte der alte D'Ewes von einer noch besseren Beute, einem Mädchen, das eine geradezu riesige Mitgift hatte. Simonds erklärte seinem Vater, das Mädchen einmal gesehen zu haben: Er könne für dieses Mädchen, das so grob und unsympathisch aussehe, nicht die geringste Zuneigung empfinden.

So mußte der Vater D'Ewes erneut mit der Großmutter Clopton Verhandlungen aufnehmen, die schließlich auch zu einem befriedigenden Ergebnis führten. Als nächstes inspizierte Simonds seine junge Braut, die inzwischen 13 Jahre alt war. Simonds hatte sie schon einmal gesehen, als sie noch klein war, aber Anne besaß wahrscheinlich keine Vorstellung von ihrem zukünftigen Mann, und bei den Verhandlungen wurde sie nicht nach ihrer Meinung gefragt.

Danach begann Simonds, Anne öfter zu treffen, und sie gewannen sich sehr lieb. Annes Großmutter war jedoch nicht bereit, einer frühen Ehe zuzustimmen. Damals war man der Meinung, daß ein früh begonnenes Sexualleben das Wachstum des Mädchens beeinträchtigen und ihrer Gesundheit schaden würde. Die Großmutter war auch der Meinung, daß zärtliche Gefühle keine ordentliche Basis für eine Ehe bildeten. Doch schließlich stimmten die Verwandten der Heirat unter der Bedingung zu, daß Simonds seine Frau einstweilen nicht anrühren durfte.

In der Ehe praktizierten Simonds und Anne gemeinsam aktiv ihren kalvinistischen Glauben und kamen gut miteinander aus.

Diese Geschichte zeigt, wie noch im 17. Jahrhundert die Eltern auch die Ehe eines erwachsenen Sohnes arrangierten, wie sie kleine Erbinnen wie Vieh verkauften und mißtrauisch wurden, wenn die Parteien des Ehevertrags plötzlich Zuneigung zueinander faßten.

Die Geschichte zeigt auch, wie der Bräutigam die vorgeschlagene Braut nur deshalb ablehnen konnte, weil ihm ihr Äußeres nicht gefiel, und wie der Vater diese Ablehnung ohne Widerrede akzeptierte. Der Bräutigam hatte das Recht, sich die Braut anzusehen, bevor der Ehevertrag unterzeichnet wurde.

In den unteren Gesellschaftsschichten war die Aufsicht der Eltern wahrscheinlich nicht so streng. Wenn die Kinder unter zehn Jahren von zu Hause fort- und in die Lehre geschickt wurden und jahrelang in der Fremde lebten und arbeiteten, ohne ihre Eltern überhaupt zu sehen, achteten sie wahrscheinlich nicht so sehr auf deren Meinung, wenn sie dann im Alter von fast dreißig Jahren begannen, eine Heirat zu planen. Das bedeutet jedoch nicht, daß die Handwerker und Manufakturarbeiter Liebesehen geschlossen hätten.

Die Eheschließung war auch bei ihnen eine finanzielle

Henry Robert Morland

Das bügelnde Dienstmädchen auf diesem Gemälde könnte auch die Französin Marie Caton sein, die in der zweiten Hälfte des 18. Jahrhunderts im Krankenhaus von Lyon an Tuberkulose starb. Marie war acht Jahre zuvor vom Land in die Stadt gezogen und hatte drei verschiedene Stellungen gehabt: eine als Stubenmädchen bei einem Pfarrer und zwei als Arbeiterin in unterschiedlichen Seidenfabriken – eine völlig ungeeignete Tätigkeit für eine Lungenkranke. Bei ihrem Tod hinterließ Marie Caton bescheidene Ersparnisse, 100 Livre, das Ergebnis von acht arbeitsreichen Jahren. Sie hatte nur das Allernotwendigste gekauft, manchmal neue Schuhe oder einen Rock. Alles andere hatte sie für die künftige Ehe gespart. Einen Bräutigam hatte Marie Caton wahrscheinlich nicht, denn niemand kam, um nach ihren Ersparnissen zu fragen. Durch Vermittlung eines Brautwerbers ließ sich normalerweise ein Bräutigam finden, wenn die Aussteuer zusammengebracht war.

Wolfgang Strauch

Der Altersunterschied der Ehegatten konnte sehr groß sein. Wenn ein junger Mann eine alte Frau heiratete, ging es meistens um Geld. In den östlichen Großfamilien konnte man auch einen kleinen Jungen mit einer erwachsenen, arbeitsfähigen Frau, sogar einer Witwe, verheiraten, um eine Arbeitskraft ins Haus zu bekommen. Eine Ehe zwischen einer alten Frau und einem jungen Mann galt nicht als empfehlenswert. Es konnte für den Jüngling schwierig werden, als Familienoberhaupt aufzutreten, wenn seine Frau älter war und mehr Geld hatte.

und juristische Maßnahme, mit der immer eine beträchtliche Übertragung von festem und beweglichem Besitz von der Familie der Braut an die Familie des Bräutigams (Mitgift) und gleichzeitig von dem Bräutigam als Witwenschutz an die Braut (Morgengabe) verbunden war. Die Mitgift der Braut wurde an den Vater des Bräutigams gezahlt, der diesen Betrag im allgemeinen dazu verwendete, die Mitgift für eine seiner Töchter zu bezahlen.

Wegen der Mitgift stellten die Töchter eine erhebliche Belastung für die Familie dar, obwohl mit ihrer Hilfe soziale und politische Beziehungen geknüpft werden konnten.

Die Mitgift schränkte auch den Kreis beträchtlich ein, aus dem eine Frau gewählt werden konnte. Die Ehen wurden innerhalb der Gesellschaftsklassen geschlossen, denn nur ein Mitglied der eigenen Klasse konnte eine standesgemäße Mitgift erbringen.

Ohne Mitgift konnte man nicht heiraten. Schon gegen Ende des Mittelalters wurde es üblich, Mildtätigkeit zu üben,

241

indem man armen ehrbaren Mädchen eine Mitgift schenkte. Oft betrachteten sich die Verwandten mütterlicherseits in gewisser Weise als verantwortlich für die Beschaffung der Mitgift, wenn der Vater dazu nicht in der Lage war.

Im Frankreich des 18. Jahrhunderts bildeten die Töchter der Kleinbauern, Landarbeiter, kleinen Handwerker und ungelernten Arbeiter die größte Frauengruppe. Sie wurden auf Höfen geboren, die nicht imstande waren, auch nur zwei oder drei Kinder zu ernähren, und mußten spätestens mit zwölf Jahren fortgehen, um für sich selbst zu sorgen. So ein Mädchen war wahrscheinlich Analphabetin, unterernährt und litt an Krankheiten, die durch Vitaminmangel entstehen. Es war leicht, sie zu unterjochen, sie konnte nichts fordern, sie versuchte nur, am Leben festzuhalten – und ihr übermütiges Ziel war, eine Mitgift zusammenzubringen, damit ein armer Kerl, gleich ihrem Vater, sich herabließ, sie zu heiraten und sie aus der Knechtschaft der Seidenfabrik in die Knechtschaft der eigenen Hütte zu holen.

Die Angehörigen der höheren Stände kamen mehr herum als die Landbevölkerung, aber auch sie wählten den Ehepartner aus einem sowohl gesellschaftlich als auch räumlich begrenzten Kreis. Die Pfarrer heirateten Pfarrerstöchter, die Pfarrersfrauen waren die besten Hausfrauen und auch von ihren Kindern blieben mehr am Leben als von denen anderer Leute. Die Handwerker, die Gesellen, wanderten viel und hatten Gelegenheit, unterwegs nach einer Braut Ausschau zu halten. Der Bauer aber heiratete innerhalb des eigenen Dorfes oder zumindest innerhalb des eigenen Kirchspiels.

Die Aufsicht der Gemeinschaft, nicht nur der Eltern, war so streng, daß ein Abweichen von der allgemeinen Konvention den Betreffenden sowohl wirtschaftlich als auch psychisch in eine unerträgliche Lage versetzte. Die Ehe mußte mit der richtigen Person und auf die richtige Weise geschlossen werden, sonst lief man Gefahr, von der Gemeinschaft ausgeschlossen zu werden.

»Der Ehemann befestigt ein Halfter an ihrem Hals und führt sie auf den Markt, wo sie versteigert wird wie eine Stute oder ein Rind. Meistens ist der Handel mit dem Käufer im voraus abgemacht.« Die Scheidung des armen Mannes erfolgte in England noch gegen Ende des 18. Jahrhunderts durch den Verkauf der Ehefrau. Sie geschah mit Zustimmung der Frau, und das Verfahren war genau vorgeschrieben. Unter anderem mußte dem Aufsichtsbeamten des Marktes ein gebührendes Honorar gezahlt werden. Dieses Verfahren war unter dem Volk ebenso gesetzlich wie die teuer erkaufte Scheidung der Aristokratie, die vom Parlament gewährt wurde.

Auf dem Lande spielten bei der Wahl des Ehegatten neben der Mitgift auch die Konstitution und die Gesundheit der Frau eine Rolle. Der Bauer heiratete keine Schönheit, sondern Kraft und Ausdauer. Die Frau mußte auch den Eindruck machen, daß sie leicht gebären würde – in vielen Gegenden war es üblich, die Ehe erst dann zu schließen, wenn die Braut schwanger geworden war. Der Bauer konnte sich weder eine unfruchtbare Frau noch eine unfruchtbare Kuh leisten.

Wolfgang Strauch

Die Bigamie war relativ einfach und häufig. Die nicht seßhaften Personen wie wandernde Gesellen, Landarbeiter, Söldner und dergleichen konnten Ehefrauen an mehreren Orten hinterlassen. Es gab keinen Informationsfluß, eine Person, die sich versteckte, war schwer ausfindig zu machen, besonders wenn sie ins Ausland ging, und die Obrigkeit war machtlos. Auf dem Bild blendet die eifersüchtige Frau eines Söldners ihren Mann und dessen neue Frau.

Zwischen der Aristokratie und dem einfachen Volk stand die Mittelklasse, die finanziell nicht in der Lage war, eine Scheidung zu beantragen, die aber auch nicht die Frau am Halfter zum Markt führen konnte, um sie zu verkaufen. Die wohlhabenden Kaufleute, die Handwerker, Lehrer und Pfarrer mußten mit dem ihnen bestimmten Ehepartner bis ans Ende ihres Lebens, das meistens nicht lang war, zusammenbleiben, weil mit der Reformation in England die Möglichkeit der Annullierung einer Ehe abgeschafft worden war.

In den protestantischen Ländern Nordeuropas wurde unter bestimmten Umständen die Scheidung von der Kirche akzeptiert. Die Ehegatten konnten geschieden werden, wenn einer von ihnen Ehebruch begangen hatte, jedoch nicht, wenn beide es getan hatten. Die Einstellung der Kirche zum Scheitern einer Ehe war bestimmt durch den Willen zu strafen. Durch verschiedene Bett- und Wohnregelungen und durch öffentlichen Tadel wurden die streitsüchtigen Ehegatten diszipliniert, damit sie sich wieder vertrugen. Eine Scheidung zu erreichen, weil die Ehegatten nicht zueinander paßten, war ein unglaublich komplizierter und langwieriger Prozeß, der den kühnsten Hitzkopf zermürben konnte. Nach einer Scheidung wegen Ehebruchs durfte der für schuldig befundene Ehegatte so lange nicht heiraten, wie der unschuldige noch lebte und nicht wieder geheiratet hatte. Die Genehmigung für die neue Ehe mußte von dem früheren Gatten oder sogar vom König eingeholt werden.

Bis zum 18. Jahrhundert konnte der Ehegatte eines zu lebenslänglicher Gefängnishaft Verurteilten ebenso wie der Ehegatte eines unheilbar Kranken nicht wieder heiraten, obwohl in der Praxis dem Ehegatten eines Leprakranken die Scheidung bewilligt wurde. Im 18. Jahrhundert wurde eine lebenslängliche Gefängnisstrafe als Verlassen des Ehegatten gewertet, wodurch Scheidung und Wiederheirat möglich wurden. Ferner wurde eine unheilbare Geisteskrankheit als Scheidungsgrund anerkannt.

Die landwirtschaftliche Gemeinschaft duldete keine Scheidung. Ihre Produktionsweise setzte voraus, daß die Familie eine feste Einheit bildete. Das völlige Fehlen einer sozialen Sicherung ließ keine unvollständigen Familien zu. Eine Scheidung hätte eine Teilung des Vermögens erforderlich gemacht und so die Erbschaftsangelegenheiten verkompliziert.

Einige Wissenschaftler meinen, daß mit dem Sinken des Heiratsalters und dem Steigen der durchschnittlichen Lebenserwartung die Zahl der Scheidungen zunahm.

»Ich war ziemlich blau... Sie brachten mich in die Bierstube, aber ob ich getraut worden bin oder nicht, das kann ich nicht mit Sicherheit sagen. Die Frau behauptete, daß wir

verheiratet seien, und so lebten wir seither zusammen.«
So berichtete ein gewisser Robert Wilson in der ersten
Hälfte des 18. Jahrhunderts von seiner Ehe. Als er in die
Bierstube ging, hatte er schon eine Frau, aber die Alte war
ihm weggelaufen, und Robert Wilson wußte nicht, ob sie
lebte oder tot war.

Das lose Volk der Städte erledigte seine Eheangelegenheiten nach eigenem Gutdünken. Zu Beginn der Neuzeit zogen immer mehr Menschen vom Land in die Stadt. Die
Verbindungen zur früheren Heimat brachen leicht ganz
ab. Niemand fragte danach, ob der Zuwanderer verheiratet war und Kinder hatte. Es war leicht, zweimal zu heiraten, und es kam auch häufig vor. In England war die Bigamie vor dem 17. Jahrhundert vor weltlichen Gerichten
überhaupt kein Verbrechen. Im Jahre 1578 bestellte John
Loggan das Aufgebot für seine Ehe mit Mary Hewitt und
erklärte glaubhaft, daß seine Frau Jane ihm fortgelaufen
sei und einen Mann aus Kent geheiratet hatte. So meinte
John, nun wieder heiraten zu können, denn wer hätte
schon seine weggelaufene Frau aus Kent zurückholen
sollen?

Die Leute hatten oft keine klare Vorstellung davon, wann
man verheiratet war und wann nicht. Die Laien waren
nicht gewillt, der Kirche das Recht zuzugestehen, über eine so wichtige wirtschaftliche Angelegenheit wie die Ehe
zu bestimmen. Auch wollte man keine lebenslange Verbindung eingehen. Die Kirche hielt das bloße Eheversprechen für verbindlich und konnte wegen eines früheren
Versprechens sogar eine solche Ehe für nichtig erklären,
aus der Kinder hervorgegangen waren. Die Laien dagegen fanden, daß das Eheversprechen ein Vertrag war, den
man lösen konnte wie jeden anderen Vertrag.

Die unklare Vorstellung davon, was die Ehe eigentlich war
und wie sie geschlossen werden mußte, führte zu mancherlei Schwierigkeiten. Nach dem Tod eines ehrbaren
Handwerkers stellte sich heraus, daß zwei Witwen Anspruch auf die Erbschaft erhoben. Mitunter geschah es,
daß übelbeleumdete Frauen wohlhabende Jünglinge in
das Hinterzimmer eines Lokals lockten, wo ein Pfarrer für
die Trauung bereitstand, oder daß brutale Vermögensjä-
ger reiche Erbinnen raubten und einen unmoralischen
Geistlichen bestachen, damit er die Trauung vollzog.

Geheime Ehen wurden aus verschiedenen Gründen geschlossen: Witwen verloren ihre Rente, wenn sie wieder
heirateten, Lehrlinge durften nicht heiraten, der andere
Ehegatte war ja minderjährig. Diese Ehen waren für die
Kirche gültig, wenn ein Pfarrer sie geschlossen hatte. Auf
der anderen Seite war es schwierig, eine geheime Ehe vor
Gericht zu beweisen, wenn die gegnerische Partei sie ab-
leugnete.

Je vornehmer das Brautpaar,
desto prunkvoller die Hochzeit und desto wichtiger die
Zeremonie, mit der das
Brautpaar zum Hochzeitsbett
geleitet wurde. Auf dem Bild
die Hochzeit des schwedi-
schen Königs Karl X. Gustav
mit Hedwig Eleonora von
Holstein-Gottorp. Das Hochzeitsbett steht im Reichssaal
des alten Schlosses in Stockholm. Dem Brautpaar folgen
der Hof und der Erzbischof
sowie der »Hochzeitsschim-
mel«, der von Hofleuten
getragene Baldachin. Die Ehe
wurde als gültig angesehen,
wenn Bräutigam und Braut in
einem Bett lagen und das
Betttuch über sie gezogen
war.

J. Ovens

Christoph Murer

Romantische und sexuelle Liebe oder eine Vorstellung davon konnte man dort finden, wo sie im 12. Jahrhundert entdeckt worden war, in vornehmen Fürstenhäusern. Dort gab es entwurzelte junge Menschen, die darauf warteten, daß die älteren und stärkeren über ihr Leben bestimmten. Die Mädchen und Jünglinge am Hof hatten viel Freizeit, sie konnten sich ohne strenge Aufsicht treffen. Sie hatten die Möglichkeit, die zeitgenössische Dichtung kennenzulernen, wie zum Beispiel Shakespeares Werke, in denen Romantik und Erotik ein Wert beigemessen wird, den sie im Alltagsleben nie besaßen.

Als die unklaren Verhältnisse in England schließlich im Jahre 1753 durch eine präzise Eheverordnung beendet wurden, geschah es nicht, um die Lebensweise des einfachen Volkes zu bereinigen, sondern um die Söhne und Töchter der besten Familien des Landes nicht mehr durch unbestimmte Ehen herabzuwürdigen.

Das Gefühlsleben der Menschen zu Beginn der Neuzeit war durch Jähzorn, Mißtrauen, Gewalt und dadurch gekennzeichnet, daß die Menschen nicht einmal zu ihren Nächsten herzliche gefühlsmäßige Bindungen zu schaffen vermochten. Als Freunde bezeichnete man solche Leute, von denen man sich irgendeinen Nutzen versprach. Junge Leute wurden aufgefordert, arrogant aufzutreten und eher Furcht zu erregen als Zuneigung.

Solche Gemeinschaften mit unterdrückten Gefühlen haben die Anthropologen auch anderswo in der Welt gefunden. Die europäischen Kinder wurden vernachlässigt und mißhandelt, ihr Wille wurde in frühestem Alter gebrochen. Dem Baby fehlten die Mutterliebe, die Eltern, die Geschwister und die Angehörigen; der Leib des Säuglings wurde in feste Wickel und später in Korsetts eingeschnürt. Das fast völlige Fehlen von Empathie und Mitgefühl machte aus den Kindern Erwachsene, deren Haltung gegenüber den Mitmenschen berechnend und feindselig war, die andere Menschen als Bedrohung empfanden und für die es nur die Alternative gab, entweder den anderen oder sich selbst zu unterwerfen.

Es versteht sich von selbst, daß in den Ehen solcher Menschen das Gefühl, das wir heute Liebe nennen, nicht vorhanden sein konnte.

In vornehmen Häusern waren die Beziehungen der Ehegatten distanziert, im besten Fall freundlich und höflich. Durch die Führung des großen Haushalts, die Betreuung der Ländereien und das gesellschaftliche Leben trennten sich die Wege der Gatten. Wirtschaftliche Dinge, Politik und Jagd interessierten den Hausherrn, das gesellschaftliche Leben, die Betonung der eigenen sozialen Stellung und die verwandtschaftlichen Beziehungen die Hausherrin. Die Gatten hatten selten Gelegenheit oder auch nur das Bedürfnis, zu zweit zu sein.

Das äußerst strenge Festhalten an den Geschlechterrollen trennte auch den Bauern und seine Frau während des Tages, außer wenn die Hilfe der Bäuerin auf den Feldern gebraucht wurde. Es ist schwierig, etwas über das Gefühlsleben einer Bauernfamilie jener Zeit zu erfahren, weil diese Menschen nicht schreiben konnten und selbst wenn sie es konnten, berichteten sie nicht von ihren Privatangelegenheiten.

Die Frau und die Töchter eines schwedischen Bauern gingen hinter den Männern der Familie her, die Ehefrau durf-

Hans Seb. Behar

Die Sprichwörter der französischen Bauern über das Weibervolk: »Reich ist der Mann, dessen Frau tot und dessen Pferd am Leben ist«, »Die beiden herrlichsten Tage im Leben eines Mannes sind: der Tag seiner Hochzeit und der Tag, an dem seine Frau beerdigt wird« beweisen keine sonderlich große Zuneigung. Der Bauer, der so inbrünstig auf den Tod seiner Frau wartet, konnte sich auf eine unangenehme Überraschung gefaßt machen. Mit großer Wahrscheinlichkeit holte Freund Hein den geizigen Bauern vor seiner Frau, denn die Männer starben in der Regel früher als die Frauen. In europäischen Sprichwörtern wird die Frau im allgemeinen grausam und mit Verachtung behandelt. Lob und Anerkennung zollen die Sprichwörter einer Bäuerin so gut wie nie. Bestenfalls machen sie sie lächerlich.

Das wichtigste am traditionellen Eheideal war die gegenseitige Achtung. Die Ehegatten sollten voneinander keine Schönheit oder Attraktivität erwarten. Ein seriöser Protestant fragte sich: »Ist diese Person ehrbar und von freundlichem Wesen?« Wenn die Antwort positiv war, hatte die Ehe alle Aussichten zu gelingen. Die Liebe entstand in der Ehe durch die gemeinsamen Erfahrungen und die Kinder. Das schwedische Ehepaar des Gemäldes aus dem 16. Jahrhundert, Henrik Brahe und Lena Thott, scheint ideal zu sein: Es sind fromme, wohlhabende, ernsthafte Menschen, die der Herr mit sechs Kindern gesegnet hat.

Von der protestantischen Reformation rührte die Idee her, daß der Ehe mehr Respekt entgegenzubringen sei. Daneben wurde die Ehe und besonders die Ehefrau wie eh und je verspottet und gehaßt. Gegenstand der Spottgedichte und Karikaturen war kaum jemals der Haustyrann, sondern fast immer die zänkische Frau, und sie vermittelten von der Ehe gern die Vorstellung, daß dazu immer zwei Dinge gehörten: eine rauchige Stube und ein keifendes Weib.

P. Hartman

Zur Bändigung der streitsüchtigen Frau wurden allerlei Mittel erdacht. Auf den Bildern ein Maulkorb, der die Bewegung der Zunge verhinderte, sowie ein Stuhl, auf dem die zänkische Frau als Strafe für ihren Eigensinn ins Wasser gelassen wurde.

te nie neben ihrem Mann gehen. Sie setzte sich auch nicht gemeinsam mit den Männern an den Eßtisch, sondern stand hinter dem Stuhl des Hausherrn und bediente diesen während der Mahlzeit. Sie selbst aß erst, wenn die anderen gegessen hatten, im Stehen oder am Rand der Feuerstelle sitzend.

Im 18. Jahrhundert begannen Pfarrer und Ärzte, das Bauernleben zu beschreiben. Sie gehörten jener Gesellschaftsgruppe an, die die Bedeutung der Zuneigung und der Partnerschaft für die Ehe als erste erkannt hatte. Sie mißbilligten die schroffe und rüde Art, mit der der Bauer seine Frau behandelte.

Ein französischer Beamter entsetzte sich darüber, daß der Bauer bereit war, dem Tierarzt nahezu jeden Preis zu zahlen, daß er aber kein Geld für den Arzt verschwenden wollte, wenn seine Frau krank war. »Der Verlust eines Haustiers bekümmert den Bauern mehr als der Tod seiner Frau. Ein neues Tier muß mit Geld bezahlt werden; die alte Frau aber kann durch eine neue ersetzt werden, die ihre Ersparnisse und vielleicht auch Möbel mitbringt und das Haus dadurch bereichert und nicht ärmer macht.« »Der Bauer interessiert sich mehr für seine Kuh als für seine Frau: Für die Kuh könnte er ein paar Goldstücke bekommen. Aber wenn es um seinen alten Vater oder seine alte Mutter geht, zögert er, kalkuliert und fürchtet die Ausgaben. Sie haben schon lange genug gelebt, meint er, wenn der Tod auf sich warten läßt; schließlich gibt er dem Tadel der Nachbarn und des Pfarrers nach und holt einen Arzt aus der Stadt, aber dieser Besuch bleibt der einzige, und der Arzt wird nie etwas über den weiteren Verlauf der Krankheit erfahren.«

Der bayerische Müller Georg Zöll war kein besonders guter Müller. Er trank und verprügelte seine Frau Theresa. Theresa wiederum war eine erbärmliche Hausfrau, die ständig an ihrem Mann wegen seiner schlechten Arbeit und seiner Trunksucht herumnörgelte. Nach zehn Ehejahren kam er 1750 vor Gericht.
Das Gericht verurteilte Georg Zöll zu einer kurzen Gefängnisstrafe, jedoch nicht, weil er getrunken und seine Frau geschlagen hatte, sondern weil er nicht regelmäßig in die Messe ging und sein Haus verwahrlosen ließ. Die Ehe kümmerte noch dreißig Jahre dahin, und noch nach dem Tod seiner Frau versuchte Georg Zöll seiner erwachsenen Tochter die Führung der Mühle zu verbieten, weil sie ihn zu sehr an ihre Mutter erinnerte.
Zölls Gemeinwesen, das Dorf, in dem er wohnte, interessierte sich überhaupt nicht für die Eintracht oder Zwietracht in seiner Ehe. Wichtig war, wie der Müller und seine Frau ihre Aufgaben in der Gemeinschaft erfüllten: daß sie das Korn der Dorfbewohner mahlten, ihr Haus und ihr Gesinde in Ordnung hielten, ihre Erbschaftsangelegenheiten so regelten, wie es der Brauch verlangte, und ihre Familie und die Dienstboten so versorgten, daß sie die Gemeinschaft nicht belasteten.
Die äußeren Umstände begünstigten die Entstehung und das Zeigen von gefühlsmäßigen Bindungen nicht. Die Bauernhäuser waren klein, und die Familie lebte mit den Dienstboten zusammen in einem Zimmer, in dem gearbeitet, gegessen und geschlafen, gezeugt, entbunden, gelitten und gestorben wurde. In einem Bett schliefen zwei oder drei Personen, oft verschiedenen Geschlechts. Im Bett des Bauernpaares schlief neben den Kindern vielleicht noch ein Dienstmädchen, das oft noch ein Kind war. Eine Ausnahme von dem allgemeinen Fehlen einer Intimsphäre bildete der in den nordeuropäischen Ländern allgemein übliche Brauch, in Speichern zu schlafen. Für junge Menschen boten die sommerlichen Nächte im Speicher eine Gelegenheit zum traditionellen und von der Gemein-

schaft akzeptierten Umgang miteinander. Oft schliefen junge Ehepaare auch den ersten Winter über im Speicher. Man meinte, daß sie sich gegenseitig ausreichend wärmten.

Der Mensch von heute ist an die von Gefühlen bestimmte Kernfamilie gewöhnt und entsetzt sich über die Kälte in der traditionellen Familie. Die Vergangenheit kann man jedoch nicht durch das Prisma der heutigen Denkungsart betrachten: Man erwartete von der Ehe keine Wärme, Liebe und treue Freundschaft. Im besten Fall wurden die Ehegatten Kameraden, gewöhnten sich aneinander und hatten sich vielleicht auch gern. Mehr verlangten sie nicht. Die organisierte Ehe war ein wirtschaftlicher und politischer Vertrag, kein romantisches Märchen.

Das Kind
tritt in
die Geschichte ein

Die Wiege des Todes

Ein zentrales Ereignis in der alten Frauenkultur war die Geburt. Dafür richtete man eine Stube her und holte Frauen zu Hilfe. Es mußten ehrbare, verheiratete Frauen sein, die auch beim Tod eines Mannes zu prüfen hatten, ob seine Witwe schwanger war, und die sich im Streitfall der Jungfernschaft eines Mädchens vergewissern mußten. Wenn der Verdacht bestand, daß eine geheime Entbindung oder ein Kindesmord stattgefunden hatte, gingen diese Frauen von Haus zu Haus und preßten die Brüste der jungen Frauen um festzustellen, ob Milch herauskam, und so die Wöchnerin herauszufinden.

Die Anzahl der Geburtshelferinnen hing von dem Vermögensstand der Gebärenden ab, weil jede Helferin für ihre Mühe entschädigt werden mußte. Manchmal war eine so große, störende Schar von Frauen anwesend, die dem Geburtsbier zusprach, daß in einigen Städten die Anzahl der Helferinnen von Amts wegen auf höchstens vier festgesetzt wurde.

In den nordischen Ländern gehörte zur Geburt immer ein Bad. In Finnland wurde in der Sauna entbunden, und dieser Raum wurde heilige Stube genannt. Die Entbindung in der Sauna ist eine Tradition aus heidnischer Zeit. Als die Jungfrau Maria eine Stätte suchte, wo sie ihr Kind zur Welt bringen konnte, bekam sie in einem finnischen Volkslied den Rat:

> »Geh zu Orten ohne Pfarrer,
> zu Ländern nicht getauften,
> dort sind Saunen gezimmert
> für die kleine Feier der Magd,
> für das Schmerzenszimmer der Frau.«

Eine Geburt war mit Gefahr verbunden. Die Geburtshelferinnen verfügten über keine anderen Kenntnisse als die in der Praxis erworbenen. Man verstand es nicht, die Schmerzen der Mutter zu lindern, und man hielt das auch nicht für notwendig, weil nach der Bibel die Geburtsschmerzen ganz eindeutig als Strafe für den Ungehorsam Evas galten.

Wenn die Entbindung nicht so verlief, wie sie sollte, war man auf Reliquien, Gebete, Zaubersprüche und Zauberkünste angewiesen. Im Mittelalter war es üblich, das Kind zu »lösen«, indem alle Knoten im Hause gelöst wurden. Der Gürtel der Jungfrau Maria – von denen es mehrere gab – war eine wirksame Reliquie, aber nur wenigen zugänglich. Der Gebärenden half ein Stück Pergament, das ihr am Hals hing und auf dem der bekannte Vers aus dem Johannesevangelium stand: »Wenn eine Frau ein Kind zur

Welt bringt, muß sie leiden, denn ihre Stunde ist gekommen. Wenn sie aber das Kind geboren hat, denkt sie nicht mehr an die Angst aus Freude darüber, daß ein Mensch zur Welt gekommen ist.«

Die langjährige Erfahrung der Geburtshelferinnen, die Überlieferung und die Kenntnis der Heilkräuter waren bei einer normalen Geburt sicherlich eine Hilfe. Für die Helferinnen selbst konnte ihr Wissen und Können allerdings gefährlich werden: Der Hexensucher machte keinen Unterschied zwischen einem giftigen Gebräu oder einem nützlichen Mutterkornextrakt.

Der Beruf der Hebamme war in der Neuzeit verachtet: die Hebammen standen in dem Ruf, schmutzig, unwissend und trunksüchtig zu sein. Der Beruf erfreute sich erst dann höherer Wertschätzung, als männliche französische Hebammen Verbesserungsvorschläge gemacht hatten: man lernte, das Kind im Mutterleib so zu drehen, daß es in der Steißlage, mit dem Steiß voran, geboren wurde, anstatt quer steckenzubleiben und so den Tod der Mutter herbeizuführen. Im 18. Jahrhundert wurde eine wirksame Geburtszange entwickelt, mit der das Kind herausgezogen werden konnte. Die früher verwendeten Haken töteten das Kind und zerrissen den Leib der Mutter so, daß sie später daran starb.

Zu den Aufgaben der Geburtshelferin oder der Hebamme gehörte es, das Neugeborene sofort zu taufen, wenn es schwächlich wirkte. Wenn das Kind nur teilweise herauskam und zu sterben drohte, mußte die Geburtshelferin den sichtbaren Teil taufen. Im Mittelalter wurde das Kind sogar im Mutterleib mit Hilfe einer eigens dafür entworfenen Kanne mit langer Tülle getauft. Dieser Brauch wurde von den Protestanten abgelehnt.

Wenn die Mutter ledig war und einen Bankert gebar, mußte die Hebamme sie verhören, um den Namen des Vaters zu erfahren. Wenn die Gebärende den Namen nicht sofort mitteilte, mußte die Hebamme sich weigern, ihr beizustehen, bis sie den Namen preisgab. Die Geburtshelferinnen sorgten auch dafür, daß die Nachgeburt in der Erde vergraben oder verbrannt wurde. Sonst verfolgten böse Geister das Kind sein Leben lang.

Komplikationen bei der Geburt oder im Wochenbett waren möglicherweise bei Frauen die häufigste Todesursache. Besonders gefürchtet war die »Leichengeburt«, bei der die Mutter mit dem Kind im Leibe stirbt und dieses erst geboren wird, wenn die sich in der Leiche entwickelnden Gase es ausstoßen. Dieses Phänomen ist ganz natürlich, aber man stellte sich vor, daß die »gebärende Leiche« später als Gespenst umging. Deshalb wurden Instrumente in den Sarg gelegt, von denen man glaubte, daß sie die Entbindung erleichtern.

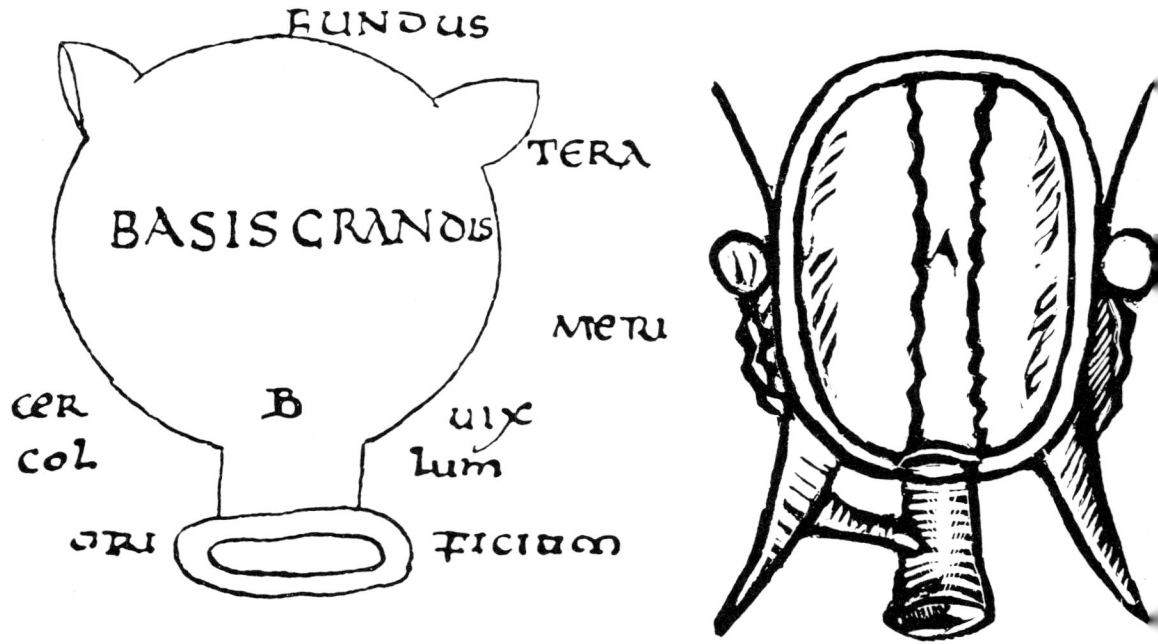

Die im Wochenbett sterbende Frau war für die katholische Kirche ein Problem. Die Wöchnerin war unrein, und wenn sie vor der Aussegnung beim ersten Kirchgang starb, war sie einer Heidin vergleichbar und durfte nicht in geweihter Erde bestattet werden. Eine Kirchensynode nach der anderen verbot die Beerdigung von Wöchnerinnen in der Kirche und auf dem Kirchhof. Häufig gaben die Angehörigen den Priestern Geld, um die Wöchnerin in Ehren bestattet zu sehen.

Außer körperlichen Schmerzen litt die Gebärende auch unter dem bedrückenden Gedanken, daß das Kind in Sünde gezeugt war, daß sie selbst während der Entbindung eine Heidin war und daß man sie außerhalb des Friedhofszaunes begraben würde, wenn sie im Wochenbett starb. Andererseits wußte sie aber auch, daß das Gebären von Kindern für sie der einzige Weg war, auf der Erde und im Himmel akzeptiert zu werden, nachdem sie ihre Jungfernschaft verloren hatte.

Die Geburt und alles, was damit zusammenhing, war für die christlichen Männer furchterregend und abstoßend. Nach dem Kirchenvater Augustinus war die Wöchnerin wegen des Harns und Kots unrein, die bei der Geburt des Kindes abgingen. Der Kirchenvater Hieronymus fand, daß die Schwangerschaft etwas Ekelhaftes und die Kinder widerliche Wesen waren.

Das schwedische Landrecht erkannte jedoch den bei einer Geburt anwesenden Frauen in einem Paragraphen des Erbrechts die ausschlaggebende Stimme zu: »Nun sagen die Angehörigen des Kindes, das Kind sei tot geboren,

Bis zur Renaissance hatten die Menschen von ihrer Anatomie nur eine sehr vage Vorstellung. Sie konnten ihre anatomischen Kenntnisse nicht vervollkommnen, weil das Sezieren von Leichen als Sünde galt. Nach Auffassung von Aristoteles war die Gebärmutter ein Organ, das ohne Verankerung im Körper der Frauen umhertrieb und durch seine Bewegungen ernsthafte Krankheiten verursachen konnte. Erst im 16. Jahrhundert begann die genaue Erforschung des menschlichen Körpers. Der große Arzt und Anatom Andreas Vesal (gestorben 1564) begann selbst Leichen zu sezieren, was früher die Barbiere getan hatten, wenn man sich überhaupt die Mühe gemacht hatte, so etwas an der Universität zu tun. Vesal stellte fest, daß der antike Arzt Galen, der bis dahin als Autorität angesehen worden war, den menschlichen Körper – offenbar aufgrund des Körperbaus von Affen – falsch dargestellt hatte. Gegen Vesals Untersuchungen regte sich heftiger Widerstand. Er wurde als ein gottloses, unwissendes Ungeheuer beschimpft. Vesal blieb die Anerkennung, die er verdient hätte, bei Lebzeiten versagt, aber seine Arbeit wurde zum Vorbild für eine neue wissenschaftliche Denkweise, die nicht auf Autoritäten, sondern auf die Forschung vertraute.

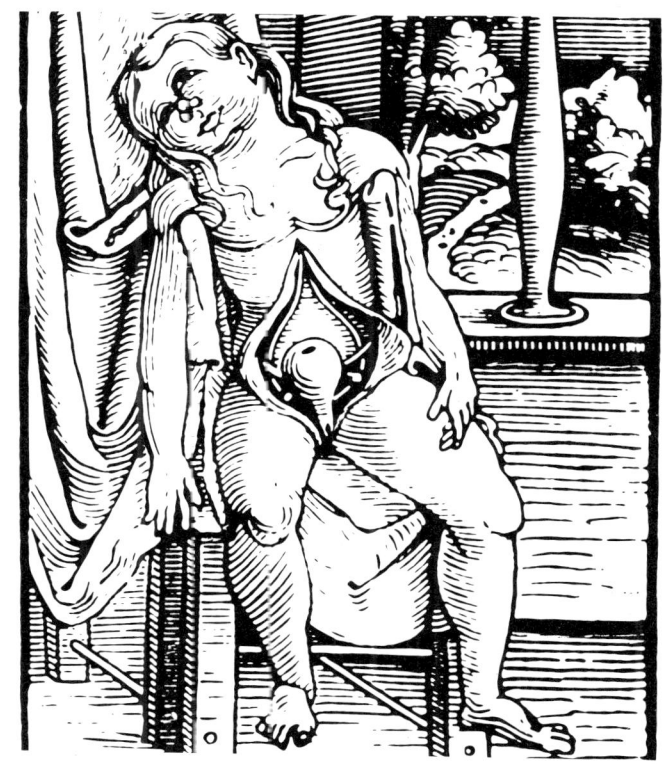

und die Mutter sagt, das Kind sei lebend geboren und getauft. In diesem Fall ist das Zeugnis einer bei der Geburt anwesenden Frau ebenso rechtsgültig wie das Zeugnis von zwei Männern. Dann wird die Mutter Erbin ihres Kindes.«

Das Neugeborene wurde im allgemeinen erst nach ein paar Tagen getauft, was richtig war, denn im ersten Lebensjahr schwebte es ständig in Lebensgefahr. In Mitteleuropa lag die Sterblichkeitsrate der Kinder unter einem Jahr bei zehn bis zwanzig Prozent; bei den härteren klimatischen Verhältnissen im Norden jedoch wesentlich höher, nämlich bei dreißig bis vierzig Prozent. Im Binnenland war die Sterblichkeit höher als an der Küste, in Städten höher als auf dem Land, in armen Familien höher als in reichen und bei Kindern, die einer Amme überlassen wurden, höher als bei denen, die bei der Mutter blieben.

Kleinkinder starben so häufig, daß man innerhalb einer Familie bisweilen zwei lebenden Kindern denselben Namen gab, weil man davon ausging, daß eines von ihnen ohnehin bald sterben würde. Noch im 19. Jahrhundert gab man einem Neugeborenen oft den Namen eines früher gestorbenen Geschwisters; das tote Kind wurde gewissermaßen durch das neue ersetzt.

Im 18. Jahrhundert beklagte der französische Edelmann

257

Henri de Campion den Tod seiner vierjährigen Tochter: »Trotz ihres Alters war sie so unterhaltsam, daß sie allen großes Vergnügen bereitete, die mit ihr zusammenkamen.« Henri de Campion entschuldigt sich, weil er so tief um seine Tochter trauert, die nur ein Kind gewesen war. »Wenn nun jemand sagt, daß eine solche Zuneigung zu erwachsenen Menschen verständlich, zu Kindern aber unpassend sei, so antworte ich, daß meine Tochter mehr gute Eigenschaften hatte als irgendein anderes Kind in ihrem Alter.«

Henri de Campion war eine Ausnahme, weil er offensichtlich seine Tochter als einen einzigartigen Menschen verstand und es sonst nicht üblich war, um Kinder zu trauern. Die großen Denker der Zeit vertraten die Ansicht, daß ein Kind keinen Wert habe, da es nichts wisse und könne und über keinerlei Erfahrungen verfüge. Die Kindheit sei die unbedeutendste und jämmerlichste Phase im Leben eines Menschen.

Der Tod eines kleinen Kindes interessierte auch deshalb nicht, weil man das Wesen des Kindes nicht erkannte: ein Kind entwickelte sich gewissermaßen von einem tierhaften zu einem menschlichen Wesen erst im Alter von vier oder fünf Jahren. Kinder unter zwei Jahren wurden kaum als Familienmitglieder betrachtet, weil sie höchstwahrscheinlich nicht lange leben würden. Ohnehin waren sie bei der Amme, und so blieb es den Eltern erspart, ihren Tod aus der Nähe mitzuerleben.

Die Geburtshaltung war je nach Zeit und Ort sehr unterschiedlich. In den nordischen Ländern wurde in uralten Zeiten im Kniestand entbunden, wobei der Gebärenden zwei Helferinnen zur Seite standen. In der Austriebsphase stellte sich die Frau auf alle viere, und das Kind wurde von hinten entgegengenommen. Schon im Jahre 100 n. Chr. kannte der römische Arzt Soran den Entbindungsstuhl, der bald in ganz Europa gebräuchlich wurde. Die Hebamme brachte ihn zur Entbindung mit.

Die Konstellation der Sterne im Augenblick der Geburt bestimmte das künftige Schicksal des Kindes. Der Astrologe erfüllt seine Pflicht, während sich die Gebärende im Stuhl anstrengt. Das Badewasser steht bereit.

In Rückenlage zu gebären war neben anderen Stellungen offenbar zu allen Zeiten üblich. Auf dem Bild wird in einem wohlhabenden französischen Haus des 17. Jahrhunderts ein Kind in einem besonderen Entbindungsbett geboren, das in der Nähe der Feuerstelle steht.

Abraham Bosse

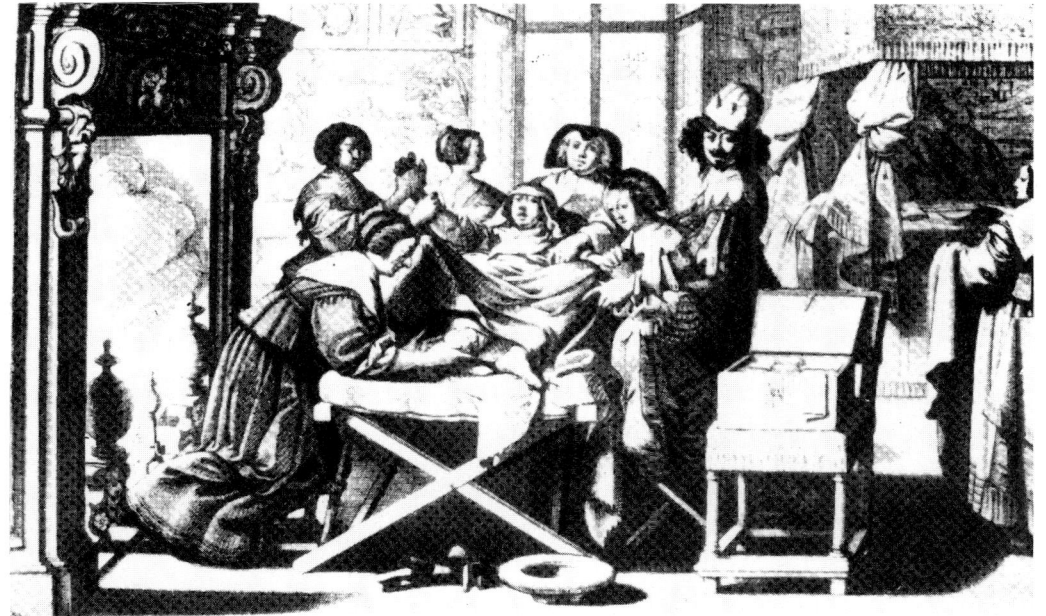

Im Mittelalter wurden die Kinder einfach irgendwo begraben. Die Eltern ruhten in der Kirche, die Kinder irgendwo auf dem Kirchhof, vielleicht sogar im Massengrab. Die Namen der toten Kinder wurden nicht vermerkt, auch nicht in den Familienstammbäumen.

Bis zum 19. Jahrhundert war es in Europa ein häufiges, ja normales Verfahren, für ein Neugeborenes eine Amme zu nehmen. Sehr reiche Eltern holten eine Amme ins Haus, wobei sie auf die Gesundheit, die Milchproduktion und die Lebensweise der Amme achten konnten. Die meisten aber schickten ihre Neugeborenen aufs Land, wo sie von Bäuerinnen gestillt wurden. Die Kinder blieben zwei oder drei Jahre bei der Amme.

Besuche wurden selten gemacht, viele Eltern sahen ihr Kind während der Stillzeit überhaupt nicht.

Arme Leute, Manufakturarbeiter und Heimindustriearbeiter, mußten ihre Kinder oft sehr weit fortschicken – je weiter entfernt die Amme wohnte, um so geringer war der Lohn, den sie für ihre Dienste nahm. Je niedriger der Lohn war, um so mehr Kinder mußte sie in Pflege nehmen und um so weniger bekam jedes einzelne Kind zu essen.

Die Bäuerinnen stillten ihre Kinder im allgemeinen selbst, oft jedoch waren sie unterernährt oder krank und hatten zu wenig Milch. Und diejenigen, die Kinder zum Stillen annahmen, mußten ihre eigenen Kinder vernachlässigen. Die eigene Milch der Amme reichte oft nicht einmal für

Der christliche Brauch, die Frau beim ersten Kirchgang nach einer Geburt auszusegnen, beruht auf Anweisungen im dritten Buch Mose des Alten Testaments, wo es heißt, daß eine Wöchnerin erst 40 Tage nach der Geburt eines Knaben und 80 Tage nach der Geburt eines Mädchens den Tempel betreten darf. Da Jesus' Eltern sich an diese Regel hielten, war man der Ansicht, daß sie für Christen verbindlich sei.

Wie die Jungfrau Maria, so betrat auch die Wöchnerin die Kirche 40 Tage nach der Entbindung. Sie trug eine brennende Kerze in der Hand. Wenn sie eine wohlhabende Frau war, wurde sie von einem großen Gefolge begleitet. Die Wöchnerin blieb an der Tür stehen und wartete auf den Pfarrer. Der Pfarrer kam ihr entgegen und sprach ein Gebet, das bei ehelichen und unehelichen Kindern unterschiedlich lautete. Danach wurde die Frau in die Kirche

Eine jüdische Gebärstube im 18. Jahrhundert

geleitet, erneut in die Gemeinde aufgenommen und mit Gebeten, Weihwasser und Weihrauch ausgesegnet.

Zur Aussegnung gehörten Geschenke, die dem Pfarrer mitgebracht werden mußten. Sie waren meistens bescheiden. Es gab in der Kirche oft einen besonderen Frauenaltar, an dem die Wöchnerinnen ausgesegnet wurden und wo sie ihre Geschenke niederlegten. Auf dem Bild haben zwei wohlhabende schwedische Frauen aus dem 17. Jahrhundert, eine Wöchnerin und vielleicht deren Nachbarin, ihre Geschenke auf dem Altar dargebracht: eine Pastete, drei Brote und einen Käse.

Wer heimlich eine Geliebte oder Dirne zur Aussegnung zu bringen versuchte, hatte eine Strafe von einer halben Mark zu zahlen. Andererseits hatte auch der Pfarrer eine Strafe zu zahlen, wenn er sich ohne triftigen Grund weigerte, eine Frau auszusegnen.

ein einziges Kind aus. Einige hatten neben dem eigenen Kind zwei, drei und mitunter sogar acht Kinder in Pflege – das Stillen war eine der wenigen Möglichkeiten für Frauen, sich ihren Lebensunterhalt zu verdienen. Wenn die Milch nicht ausreichte, griff man zu Ersatzmitteln. Das Kind bekam eine Suppe, für die Mehl oder Brotkrumen in Kuh- oder Ziegenmilch gekocht wurden, bis sie sämig wurde. Die Betreuerin verfütterte die Suppe mit der Fingerspitze an das Kind. Die einfachste Methode war es, das Kind am Euter einer Ziege saugen zu lassen, deren Beine gefesselt waren.

Die Sterblichkeit der Kinder, die in der Obhut einer Amme lebten, war erschreckend hoch, fast doppelt so hoch wie bei den Kindern, die von der eigenen Mutter gestillt wurden. Diese Tatsache war wohlbekannt. Der Engländer Simonds D'Ewes beklagte, daß die Amme seiner Kinder eine »arme Frau war, deren böser Ehemann sie mißhandelte und fast verhungern ließ«. Die Söhne von D'Ewes starben bei der Amme; dennoch schickte die Familie ganz hilflos ein Kind nach dem anderen in diese Umgebung.

Noch im Jahre 1780 schätzte der Polizeipräsident von Paris, daß von den 21 000 Kindern, die jährlich in Paris geboren wurden, 17 000 aufs Land zum Stillen geschickt und 2000 bis 3000 in Kinderheime abgeschoben wurden, 700 zu Hause eine Amme hatten und nur 700 die Milch der eigenen Mutter erhielten.

Jost Amman

In einer deutschen Frauenstube des 16. Jahrhunderts ist das Kind gerade geboren. Die Wöchnerin bekommt zu essen und zu trinken, das Kind wird gebadet, und die Wiege steht bereit. In derselben Stube speisen auch die anderen mit Hingabe, und selbst ein Hund fehlt nicht.

In vielen Ländern Mitteleuropas war es üblich, daß die Schwangere, besonders wenn sie einem höheren Stand angehörte, sich einige Zeit vor der Geburt von den Menschen zurückzog und in Erwartung der Niederkunft zwei bis drei Wochen in einem für diesen Zweck bestimmten Raum verbrachte. Nach der Entbindung lag die Wöchnerin zehn Tage im Bett, wenn es möglich war. Eine Bäuerin mußte meistens sehr bald aufstehen, oft sogar noch am Tag der Entbindung, um ihre Arbeit wieder aufzunehmen.

Das Wochenbett gehörte zu den Höhepunkten der Frauenkultur. Es bot einen willkommenen Anlaß für Besuche auch von weither. Die Frauenstube war meistens voller Menschen: Familienmitglieder und gratulierende Verwandte und Freunde. Eine Geburt in der Königsfamilie war ein öffentliches Ereignis. Im Mittelpunkt stand jedoch nicht die Gebärende, ja nicht einmal ihr Überleben, sondern das Kind, das geboren wurde, und die Feststellung seiner Legalität. Das Kindbettfieber war eine lebensgefährliche Krankheit, die im Laufe der Jahrhunderte schreckliche Ernte hielt. Seine Ursachen sowie Heilmittel dagegen waren nicht bekannt. Die Frau erkrankte meistens zwei Tage nach der Entbindung an hohem Fieber, hatte starke Schmerzen und starb einige Tage später. Erst im Jahre 1847 entdeckte der ungarische Arzt Ignaz Sem-

Die Ammen galten als gierig, schmutzig, nachlässig, moralisch zweifelhaft und abstoßend, als faule und unzuverlässige Personen, die keine Zuneigung zu ihren Pflegekindern empfanden. Der Zorn der zeitgenössischen Bücher über Kinderpflege und Erziehung erinnert an den Ärger der Kirchenmänner über die Frauen und an den Haß der Männer auf die Prostituierten.

Die Ammen waren Sündenböcke. Die Eltern kannten die Verhältnisse, in die sie ihre Kinder schickten, und ebenso das wahrscheinliche Ergebnis: den Tod des Kindes.

Bei den armen Müttern, die lange Tage außerhalb des Hauses in der Seidenweberei arbeiten mußten, ging es in erster Linie ums Überleben. Das Neugeborene durfte die Überlebenschancen der anderen Familienmitglieder nicht mindern. Die Ernährung der Familie hing gleichermaßen von der Arbeit der Mutter wie von der des Vaters ab. Die Mutter konnte nicht die übrigen Familienmitglieder vernachlässigen, indem sie sich um das Kleinkind kümmerte. Das Neugeborene mußte einfach irgendwohin abgeschoben werden. Entweder wurde es einer Amme überlassen oder ausgesetzt.

Aber auch diejenigen, die nicht von wirtschaftlicher Not gezwungen wurden, gaben ihre Kinder fort. In den fast sicheren Tod wurden erwünschte und langersehnte Kinder, Erben mächtiger Adelsfamilien und riesiger Handelshäuser geschickt.

Die bekannte Hebamme Louise Bourgeois, die in der ersten Hälfte des 17. Jahrhunderts lebte, berichtete von einer Frau, die beim Stillen ihres Kindes einschlief. Da setzte sich eine giftige Schlange an ihre Brust und begann, ihre Milch zu saugen. Die Schlange konnte nicht entfernt werden, weil sie sonst die Mutter gebissen hätte. Zehn

melweis (gestorben 1865), daß das Fieber von Schmutz verursacht wurde, der in die Wunden des Geburtskanals eindrang und sie infizierte. Semmelweis bewies die Richtigkeit seiner Entdeckung: In seiner Entbindungsklinik starb nur ein Prozent der Wöchnerinnen, während in anderen Anstalten die Sterblichkeit bei 25 Prozent und höher lag.

Semmelweis' Theorie von der Entstehung des Kindbettfiebers und seine Forderung nach absoluter Keimfreiheit veranlaßte die Ärzte der Geburtsheilkunde zu Hohn und Spott. Noch als Semmelweis schon eine Lösung für das Problem gefunden hatte, starben Tausende von Frauen in den Entbindungsanstalten Europas als Opfer von Dummheit und Vorurteilen. Semmelweis, der große Wohltäter der Frauen, konnte die Demütigungen und die Überheblichkeiten der Unwissenden nicht ertragen, sondern verfiel dem Wahnsinn. Im Krankenhaus starb er, als ob ihn sogar das Schicksal verhöhnen wollte, an einer Blutvergiftung. Das Kindbettfieber ist heute eine überwundene Krankheit.

Monate lang lebte die Schlange an den Brüsten der Frau und ernährte sich von ihrer Milch. Sie wurde abscheulich groß, und die Frau mußte sie in einem Korb mit sich herumtragen, während ihr eigenes Kind zu einer Amme kam. Erst durch einen Zauber konnte dieses zum Symbol des Bösen gewordene Kind von dem Busen der Frau gelöst werden.

Eine aus Norddeutschland nach Bayern gezogene Frau stillte ihr Kind selbst, so wie es in ihrer Heimat üblich war. Die einheimischen Frauen beschimpften die stillende Frau als »dreckig« und »schweinisch«. Ihr Ehemann weigerte sich, an einem Tisch mit ihr zu essen, bis die Frau von dieser »ekelhaften Sitte« abließ.

Nach medizinischer Auffassung war die Muttermilch weißes Blut. So war das an der Brust seiner Mutter saugende Kind ein Blutsauger, das wie ein gieriges kleines Tier die Kräfte seiner Mutter verbrauchte.

Die Mütter waren oft in schlechter Verfassung, litten an Anämie und wegen der ungeeigneten oder nicht ausreichenden Nahrung an Mangelkrankheiten. Wenn das Kind nicht genug Milch bekam, saugte es noch stärker, versuchte noch beharrlicher, am Leben zu bleiben. Für die Mutter war das Kind ein Parasit, der auf Kosten ihres Körpers lebte und wuchs. Das Stillen wurde noch schmerzhafter, wenn das Kind Zähne bekam. Das Zahnen galt als eine gefährliche, oft tödliche Phase im Leben des Kindes. Die Befürchtung konnte insofern zutreffen, als die unterbewußte Abscheu der Mutter vor dem ständig fordernden, unendlich gierigen, saugenden und beißenden Wesen die Milchproduktion verringern konnte.

Das Elend und die Armut der Menschen reichen jedoch allein nicht aus, um die unglaublichen Schwierigkeiten zu erklären, mit denen die Gesellschaft zu Beginn der Neuzeit bei der Ernährung der Säuglinge zu kämpfen hatte. Es gibt arme Kulturen, die mit dem Existenzminimum auskommen müssen und die die Ernährung von Kindern dennoch nicht als Belastung empfinden: Die Mütter tragen das Kind mit sich herum und stillen es, wenn es hungrig ist. Die Sitte, Kinder zu einer Amme abzuschieben, hatte in gleichem Maße psychische wie physische Gründe.

Die medizinischen Autoritäten jener Zeit waren sich darüber einig, daß der Geschlechtsverkehr die Qualität der Muttermilch verschlechterte. Außerdem verbot die Kirche den Geschlechtsverkehr während der Stillzeit. Der Ehemann, der Vater des Kindes, wurde also seines wichtigsten Rechtes für die Zeit beraubt, in der das Kind völlig von seiner Mutter abhängig war.

Es handelte sich um einen Machtkampf zwischen Vater und Kind. Das Kind war für den Vater gefährlich: es zerstörte die Grundlage seiner patriarchalischen Macht,

Deutscher Holzschnitt aus dem 15. Jahrhundert

Auf dem ersten Bild ein Kaiserschnitt aus dem 15. Jahrhundert. Die Ärztin hat den Bauch der Gebärenden aufgeschnitten und zieht ein großes Kind heraus. Für die Mutter ist der Augenblick des Todes gekommen: ihrem Mund entfliegt die nackte kleine Seele, um die Engel und Teufel kämpfen.

Der Kaiserschnitt ist eine Operation, bei der einer Schwangeren Bauch und Gebärmutter durch einen Schnitt geöffnet und durch diesen Kind und Nachgeburt entnommen werden.
Im Mittelalter wurde der Kaiserschnitt nur bei einer toten Frau durchgeführt. Wenn das Kind nach dem Tod seiner Mutter auch nur einen Augenblick länger lebte als sie und zwei bei der Geburt anwesende Frauen dies bezeugten, erbte das Kind die Morgengabe der Mutter, das Vermögen, das der Ehemann der Frau bei der Eheschließung zugeeignet hatte. Der bekannteste Fall eines Kaiserschnitts in den nordischen Ländern stammt aus dem Jahre 1360. Die junge Frau des mächtigen Bo Jonasson Grip, Margareta Porse, starb bei der Geburt. Das noch lebende Kind wurde mit Hilfe eines Kaiserschnitts zur Welt gebracht. Es lebte nur einen kurzen Augenblick, erbte aber das Vermögen seiner Mutter, und der Vater des Kindes, Bo Jonasson Grip, beerbte sein Kind. Das Vermögen der Margareta Porse wäre sonst an ihre Verwandten gegangen.
Zu Beginn des 17. Jahrhunderts wurde der Kaiserschnitt zum ersten Mal an einer lebenden Frau vorgenommen. Wenn die Frau noch bei Kräften war, wurde die Operation in halbsitzender Stellung gemacht. Meistens wurde die Operation möglichst lange hinausgeschoben, so daß die Gebärende schon

Scipione Mercurio. 1621

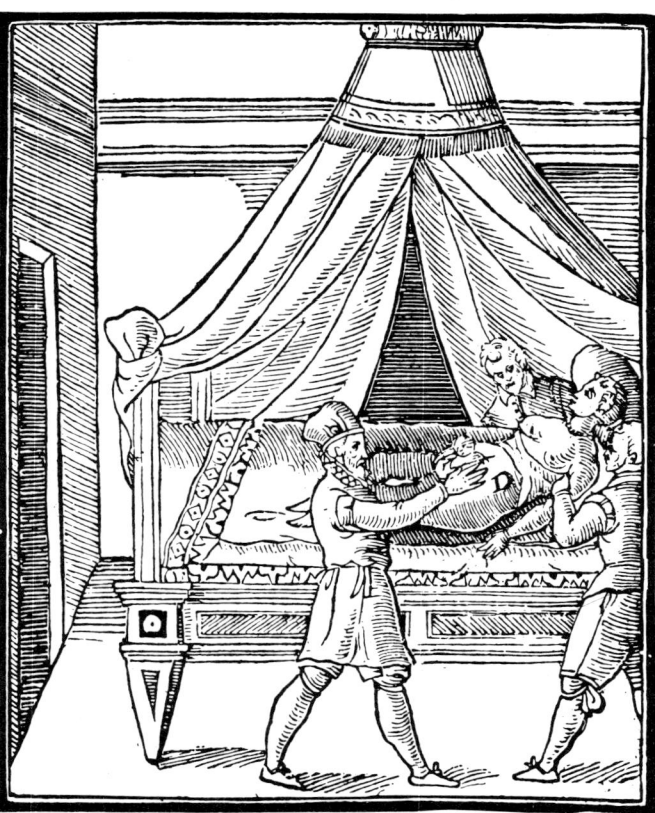

sehr schwach war und sich
bei der Operation in Rückenlage befand. Im 17. Jahrhundert waren bereits alle Ärzte
und Helfer Männer. Von Hygiene hatte man überhaupt
keine Ahnung. Die Mutter
bekam immer eine Infektion.
Eine mit Kaiserschnitt ope-
rierte Frau war auf jeden Fall
todgeweiht, denn die Wunde
an der Gebärmutter wurde
nicht genäht, weil man
meinte, daß die Geburtskon-
traktionen sie ohnehin schließen würden und die genähte
Stelle die Kontraktionen nicht
aushalte.

Im 18. Jahrhundert gab es bei
den Kaiserschnitten zwei verschiedene Methoden: nach
der einen wurde der Schnitt
auf herkömmliche Weise in
die Bauchdecke gemacht, und
nach der anderen wurde in
den Damm geschnitten, so
daß der Geburtskanal erweitert wurde und das Kind
herausgezogen werden
konnte. Narkose und Betäu-
bung waren nicht bekannt, so
daß der Kaiserschnitt für die
Frau eine grauenhafte Marter
vor dem unabwendbaren Tod
war.

In der zweiten Hälfte des 19.
Jahrhunderts wurde eine
neue Operation entdeckt:
beim Kaiserschnitt wurde die
Gebärmutter ganz entfernt
und der Stumpf sorgfältig
vernäht. Viele Mütter über-
lebten diese Operation, die oft
vorgenommen wurde. Nach
dem Kaiserschnitt konnte die
Frau keine Kinder mehr bekommen, aber darauf konnte
man keine Rücksicht neh-
men, denn die Operation war
immer der letzte Ausweg, um
die Frau vor dem sicheren
Tod zu bewahren.

Der heutige Kaiserschnitt
wurde bald nach der Entfernung der Gebärmutter ent-
wickelt. Die Schnittwunde an
der Gebärmutter wurde ge-
näht. Das Nähen, die Narkose
und die verbesserte Hygiene
machten aus dem Kaiser-
schnitt eine alltägliche Operation.

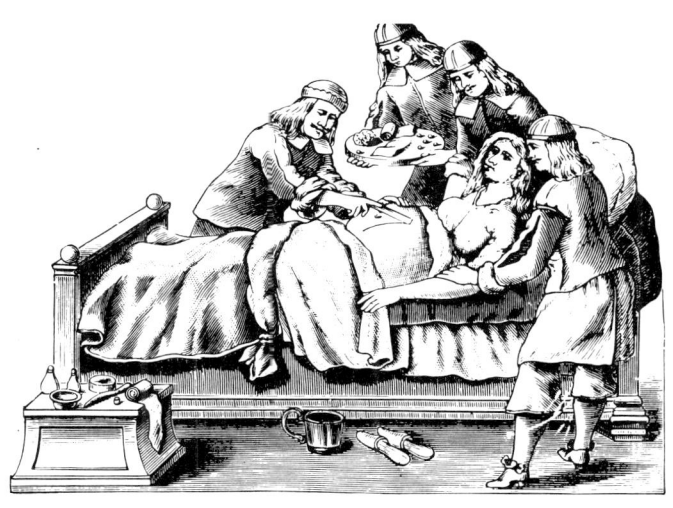

Scipione Mercurio. 1621

wenn es die Aufmerksamkeit der Mutter, der Ehefrau, von
dem Ehemann auf sich lenkte und ihm die sexuellen
Rechte auf die Frau, die er als sein Eigentum betrachtete,
streitig machte. Das Kind mußte also weggeschickt werden, damit es dem Vater keine Konkurrenz machte.

Das gleiche Phänomen blieb bestehen, wenn das Kind in
das Elternhaus zurückkehrte: in den Familien, in denen
der Vater am Leben war, wurde von dem Kind, vor allem
von dem Sohn, eine absolute Zuneigung zum Vater gefordert. Das Verhältnis zur Mutter blieb eher kühl. Die Vater-
gestalt erfüllte die Welt des Kindes ganz, und dazu trug
auch die Lehre bei, die das Kind von klein auf bekam: Der
Mann, der Vater, war der Erwachsene, der in der Gesellschaft als einziger eine Rolle spielte. Die Kleinen lernten
schon sehr früh, die Frauen zu verachten.

Und was empfand das Kind, das kaum jemals die notwendige Nahrungsmenge bekam, das mit anderen um diese
Nahrung konkurrieren mußte und das seine Mutter an
den Vater verlor?

Die Kinder jener Zeit bekamen auch sonst kaum jemals
das, was sie wollten und brauchten. Nach den damaligen
Erziehungsvorstellungen durfte man dem Kind nicht das
Essen, die Kleidung, das Spielzeug oder das Vergnügen geben, die es haben wollte. Dem Kind mußte man das Essen
und die Kleidung geben, die es nicht haben wollte.

W. Marstrand

Diese dänische Frauenstube
in der zweiten Hälfte des
18. Jahrhunderts ist Schau-
platz eines gesellschaftlichen
Ereignisses. Die Wöchnerin
ist elegant gekleidet und in
einen großen Sessel gebettet.
Zahlreiche Damen, eine immer prächtiger als die andere,
kommen, um ihre Aufwar-
tung zu machen. Rechts im
Hintergrund präsentiert ein
Dienstmädchen das gewik-
kelte Kind.

Die kleine Tochter Isabella
der polnischen Prinzessin
Katharina Jagiellonica und
des schwedischen Prinzen
Johann, des späteren Königs
Johann III., wurde in der Gefangenschaft im Schloß Grips-
holm geboren und starb dort
im Alter von zwei Jahren. Das
schöne Grabmal der Kleinen
im Dom von Strängnäs erinnert an ein Ereignis, das in
seiner Häufigkeit kaum noch
beachtet wird: an den Tod
eines kleinen Kindes. Die
Einstellung zum Kind ist jedoch schon so weit entwik-
kelt, daß das Kind naturgetreu
dargestellt wird.

Jede beliebige Krankheit
konnte einem kleinen Kind
zum Verhängnis werden.
Auch wenn es sich nicht um
die gefährlichsten Seuchen
wie Pocken, Malaria oder
Tuberkulose handelte, konnte
die Behandlung das Kind oft
schneller umbringen als die
Krankheit selbst. Brechmittel,
Klistiere und Aderlässe
schwächten die Widerstands-
kräfte des Kindes. Selbst
kleine Kinder wurden täglich
zur Ader gelassen, und da sie
oft an Anämie litten, starben
sie häufig an dem Blutverlust.
Den Kinderkrankheiten ge-
genüber fühlte man sich hilflos. Die hohe Kindersterblichkeit hatte die Menschen die
Schicksalsergebenheit ge-
lehrt: »Der Herr hat es gegeben, der Herr hat es genommen; der Name des Herrn sei
gelobt.« Noch im 19. Jahrhundert gab es in vielen ländlichen Gemeinden der nordischen Länder Widerstand
gegen die Einstellung einer
Hebamme oder eines Arztes.
Sie kamen die Gemeinde
teuer zu stehen, und die
Kinder kamen auf jeden Fall
zu Gott.

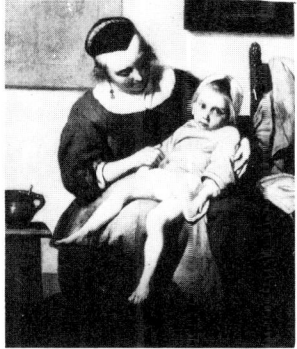

Gabriel Metsu

Vom Säuglingsalter an mußten sich die Kinder daran gewöhnen, daß ihre Bedürfnisse nicht befriedigt wurden. Die ständigen Enttäuschungen bei den Versuchen, ihre Bedürfnisse zu befriedigen, deprimierten die Kinder. Sie begannen zu glauben, daß die Welt böse und die Versuche der Menschen, ihre Verhältnisse zu verbessern, vergebens waren. In ihnen entstand ein grenzenloses Mißtrauen gegen die Welt und die Menschen. Das hat man oft als einen elementaren Charakterzug der Bauern jener Jahrhunderte betrachtet. Das, was die zeitgenössischen Intellektuellen für Faulheit und Trägheit hielten, war eine Verzweiflung, die ihre Wurzeln in den ständigen Enttäuschungen der Kindheit hatte.

Am besten kamen die Kinder zurecht, die schnell lernten, alles zu nehmen, was sie von den unwilligen Eltern bekommen konnten. Die Erwachsenen hielten die Kinder auch für hemmungslos gierig. Allgemein wurde angenommen, daß ein Kind geboren wurde, weil es hungrig war und ihm die Nahrung im Mutterleib nicht mehr genügte. Man sah es den Erwachsenen an, daß sie in der Kindheit ständig um ihre Nahrung hatten kämpfen müssen, denn sie pflegten sich auf widerliche Art und Weise alles zu nehmen, was sie haben konnten, ohne sich um die Leiden der anderen zu kümmern.

Henri de Campion erinnerte sich in seiner Trauer daran, wie amüsant die kleine Tochter gewesen war, als sie noch lebte. Diese Einstellung ist bezeichnend für die Erwachsenen zu Beginn der Neuzeit. »Wir lieben unsere Kinder zu unserem Vergnügen wie Affen, nicht wie menschliche Wesen«, sagte Montaigne.

Die Erwachsenen verhielten sich zu Kindern wie zu modischen Schoßtierchen. Das Kind war ein Zwischending, nicht ganz ein Tier, aber auch kein richtiger Mensch, zu dem man sich erst dann normal verhalten konnte, wenn es bewiesen hatte, daß es ein Mensch war, indem es sprach und auf zwei Beinen ging.

Eine uralte und wirksame Weise, die Kinder ruhig zu halten, war das Wickeln, das bereits in Ägypten bekannt war. Die Kinder wurden nahezu überall in Europa gewickelt. Ausnahmen bildeten die Kulturen von Sparta und Schottland, wo die Kinder durch Abhärtung in der Kälte gequält wurden.

Das Wickeln verlangsamt den Herzschlag und senkt den Blutdruck, das Kind wird schläfrig und verschläft auch den größten Teil des Tages. Gewickelte Kinder weinen nicht viel – ein gereiztes, weinerliches Kind galt damals als ein von Hexen untergeschobener Wechselbalg. Wenn ein gewickeltes Kind unruhig war, wurde es in eine schmale Wiege gesteckt und so stürmisch geschaukelt, daß es das Bewußtsein verlor.

Diese schöne vornehme Dame ist die Geliebte des französischen Königs Heinrich IV., Gabrielle d'Estrées (gestorben 1599). Der König hätte sie geheiratet, aber sie starb, kurz bevor er von seiner Gattin geschieden wurde. Gabrielle gebar dem König drei Kinder, von denen zwei das Erwachsenenalter erreichten. Das Bild spielt in vielfacher Weise auf Gabrielles Fruchtbarkeit an. Im Hintergrund wird ihr Kind von einer Amme gestillt, die dunkel und häßlich ist und als Gegensatz zu Gabrielles lichter Schönheit dient.

Die Kinder wurden abgelegt wie Pakete, wo es sich gerade traf. Ein gestrecktes, vollständig gewickeltes Kind war wie ein Holzscheit, das man sogar als Spielball benutzen konnte. So erging es auch einem französischen Prinzen, der von seiner Kinderfrau und deren Verehrer von einem Schloßfenster zum anderen und zurück geworfen wurde. Der kleine Prinz fiel auf den Hof und starb.

Die medizinischen Autoritäten jener Zeit billigten das Wickeln nicht, standen dieser Sitte aber genauso hilflos gegenüber wie dem Stillen durch eine fremde Amme. Das Wickeln erleichterte die Kinderpflege, konnte aber auch

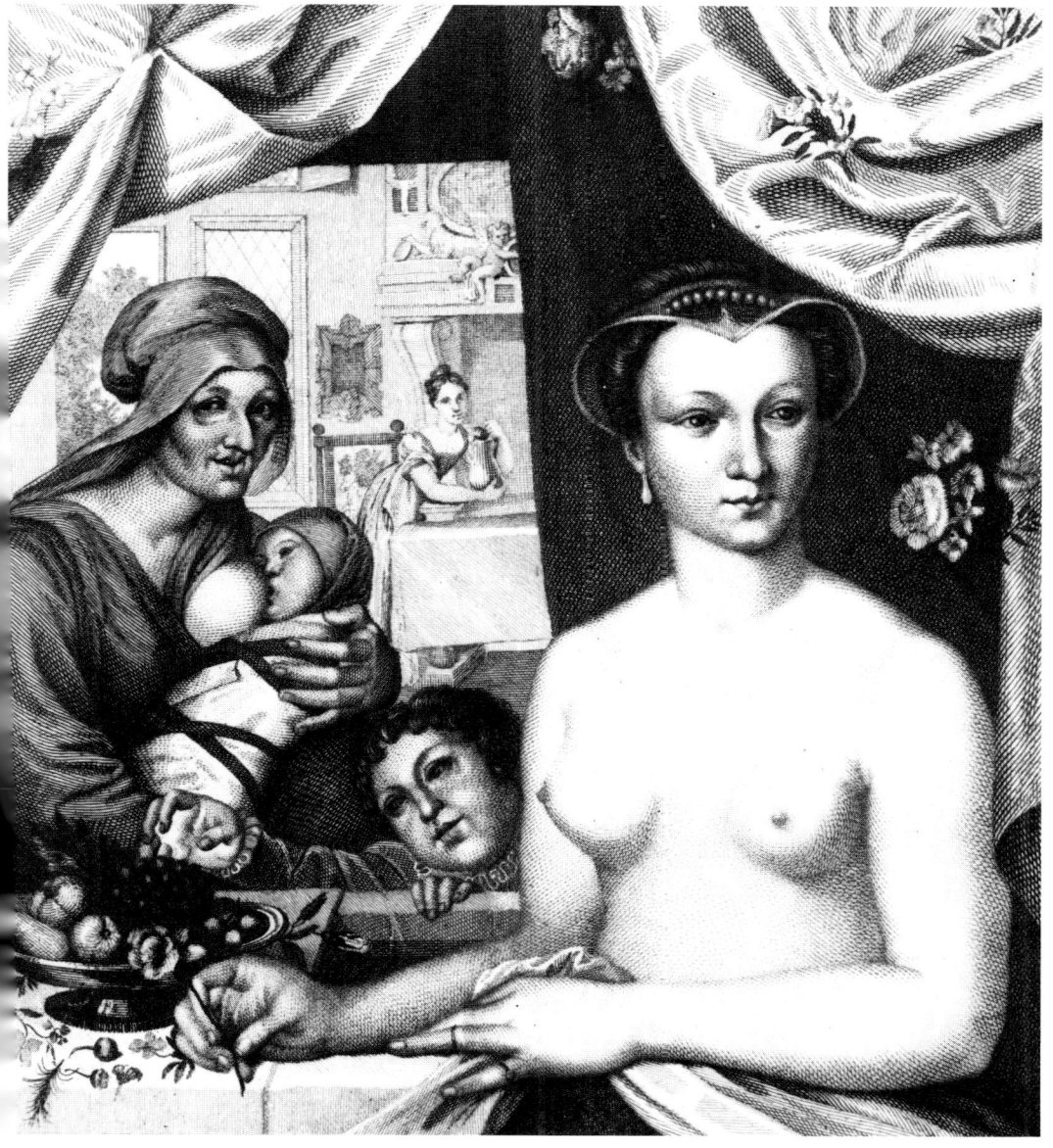

sonst auf vielerei Weise begründet werden. Die Gliedmaßen des Kindes wurden von dem Wickel gestreckt. Man
glaubte, daß sein Körper dann gerade und kräftig würde.
In einer Zeit, in der fast jedes Kind an Rachitis litt, war die
Furcht vor gebogenen Gliedmaßen verständlich. Außerdem hielt das Wickeln die Kinder warm. Im Winter war es
sogar in Mitteleuropa so kalt, daß selbst die Kinder wohlhabender Häuser sich nahe bei der Feuerstelle aufhalten
mußten, damit sie nicht erfroren.

Das Wickeln wurde auch damit verteidigt, daß ein gewik-
keltes Kind sich nicht selbst Schaden zufügen, die Augen
kratzen oder sich an harten Gegenständen stoßen konnte.
Ein sich bewegendes, krabbelndes Kind wurde als wider-
lich empfunden. Dem Kind wurde das Gehen sofort beigebracht, wenn es dem Wickel entwachsen war. Die Hände
des Kindes wurden im Alter von einigen Monaten befreit,
und ungefähr im Alter von neun Monaten wurde das Wik-
kelzeug ganz entfernt.

Das Ergebnis entsprach jedoch nicht den Erwartungen.
Die Kinder entwickelten sich nach unseren Maßstäben
langsam. Während ein Kind heute mit ungefähr zehn bis
zwölf Monaten laufen lernt, konnte es vor 300 bis 400 Jahren vielleicht erst mit zwei Jahren oder noch später laufen. Schuld daran war aber nicht das Wickeln allein, sondern auch die mangelhafte Ernährung, die Vernachlässigung und die Mißhandlungen.

Die Einschränkung der Bewegungsfreiheit des Kindes
war mit dem Wickeln noch nicht zu Ende. Es wurden auch
Zügel verwendet, an denen man die Kinder in die gewünschte Richtung zerren konnte. Oft wurden sie an Möbeln festgebunden, damit sie nicht herumkrabbeln konnten, oder sie wurden in eine Art Fußblock gelegt.

Der Laufstuhl, mit dessen Hilfe das Kind laufen lernen
sollte (der aber eigentlich dazu diente, das gefürchtete
Krabbeln zu verhindern, durch das das Kind an ein Tier
erinnerte), war in ganz Europa sehr beliebt. Stundenlang
mußten die Kinder darin stehen, bis ihre Beine sich verbo-
gen und die Hüften beschädigt wurden.

Die Kinder mußten auch ein Stützmieder tragen, das sie
zwang, gerade zu sitzen. Dazu gehörte meistens eine Art
Stachel, der das Kind sofort stach, wenn es ermüdet zu-
sammenfiel. Das gebräuchlichste Mittel zur Behinderung
der Freiheit und des Wachstums war das Korsett, das Mädchen und manchmal auch Jungen tragen mußten.

Kaum waren die kleinen Mädchen dem Wickelzeug entwachsen, wurden sie ins Korsett gesteckt, das aus Leder,
Knochen, Holz oder Eisen konstruiert war. Als die zwei-
jährige Elizabeth Evelyn starb, gaben die Ärzte als Todesursache das Korsett an, das dem Kind unendliche Schmerzen verursacht, seine Lunge am Wachsen gehindert, das

Das Wickelband war etwa fünf Zentimeter breit und mehrere Meter lang, und der ganze Körper des Kindes bis hin zum Kopf wurde damit umwickelt. Das Wickeln eines Kindes konnte zwei Stunden in Anspruch nehmen. Wenn diese Arbeit getan war, störte das Kind nicht mehr. Man konnte es sogar an einen Haken an der Wand hängen, was man auch oft tat. Das Wickelzeug des kleinen Herzogs von Urbino ist von fürstlicher Pracht.

Brustbein nach unten gebogen, zwei Rippen gebrochen und so auf die inneren Organe gedrückt hatte, daß das Kind nicht mehr atmen konnte, sondern starb.

Dreihundert Jahre später warnten die Ärzte junge Frauen vor dem Schicksal eines Mädchens, das ein so enges Korsett getragen hatte, daß ihre Rippen sich in die Leber bohrten. Und vor knapp hundert Jahren, als die Narkose bereits erfunden war, ließen vornehme Damen die zwei untersten Rippen herausoperieren, um eine extrem schmale Taille zu bekommen.

Zu Beginn der Neuzeit war der Mensch erstaunlich gleichgültig gegenüber seiner eigenen Sauberkeit und der seiner Umwelt. Im Mittelalter wurde gebadet, obwohl die Städte schmutzig waren. Als die Badeanstalten vor allem deswegen geschlossen wurden, weil sie zur Verbreitung der Syphilis beitrugen, hörten die Menschen anscheinend fast völlig auf, sich zu waschen.

Zeitgenössische Beschreibungen der Stätten, wo sie tagaus tagein lebten, sind ekelerregend. Toiletten gab es nicht. Die Menschen benutzten Nachttöpfe, deren Inhalt auf die Straße entleert wurde. Da es kaum eine Kanalisation gab, füllten sich die Straßen bald mit Exkrementen, Speiseresten, Tierkadavern und sonstigem Unrat, der von Zeit zu Zeit weggeschafft wurde, um neuem Platz zu machen.

Den Leuten war es gleichgültig, wo sie ihre Notdurft verrichteten: auf der Straße, auf Höfen, im Haus – in einer Beschreibung des französischen Hofes heißt es: »... im großen Treppenhaus, auf den Korridoren, hinter den Türen, überall sind Tausende von Exkrementenhaufen zu sehen, in die Nase beißt der tausendfache Gestank. Er rührt von der natürlichen Notdurft der Menschen her, die jedermann täglich dort verrichtet.«

Es ist klar, daß die Menschen in einer solchen Umgebung eine andere Einstellung zu ihrem Müll hatten als wir heute. So kümmerte man sich auch nicht um die Sauberkeit der Kinder, solange sie nicht gerade das Bett näßten oder verschmutzten, in dem sie gemeinsam mit den Eltern schliefen. Dann wurden sie natürlich verprügelt.

Die Tatsache, daß die Kinder keine solche Reinlichkeitserziehung bekamen, wie sie heute üblich ist, bedeutet nicht, daß sich die Eltern nicht für die Exkremente der Kinder interessiert hätten. Im Gegenteil, sie gaben sich viel Mühe, um alles aus den Kindern herauszubekommen, was in sie hineingegangen war.

Bevor das Neugeborene gewaschen und gewickelt wurde, bekam es ein Abführmittel aus Honig, Weißwein und Mandelöl. Danach hatte sein Darm keine Ruhe mehr. Einige Ärzte empfahlen eine künstliche Entleerung des Darms jeden Tag im Laufe des ersten Lebensmonats, später in Abständen von einigen Tagen.

Es scheint den Erwachsenen unmöglich gewesen zu sein, die Verdauung der Kinder ihrem natürlichen Rhythmus zu überlassen. Man hatte Angst vor Exkrementen, man meinte, daß sie das Kind füllten und erstickten, sich mit der Milch vermischten und die inneren Organe des Kindes verunreinigten, wenn sein Darm nicht jedesmal vor dem Stillen entleert würde.

Da Exkremente unangenehm aussehen und riechen, stellte man sich vor, daß das Innere der Kinder voll von etwas Bösem und Bedrohlichem, von abscheulichem Eigensinn und Trotz war. Das alles aus dem Darm herauszubekommen war für den Erwachsenen ein Sieg. Im Laufe ihrer ersten Lebensjahre mußten die Kinder Tausende von Klistieren und Zäpfchen über sich ergehen lassen, ihnen wurden alle möglichen Gegenstände, sogar Möhren in den After geschoben, wenn sie nicht oft und regelmäßig Stuhlgang hatten. Diese gewaltsame Behandlung hatte natürlich Folgen: der gestörte Verdauungsapparat und das schwere Essen verursachten den Erwachsenen ihr Leben lang Bauchschmerzen und Verstopfung, und den Zirkus mit Darmspülungen und Klistieren setzten viele ihr Leben lang fort.

Man erwartete von den Kindern, daß sie im Alter von fünf Jahren ihren Darm beherrschten.

Die im Kindesalter verstor-
bene englische Prinzessin
Louise Mary Stuart (gestorben 1712) ist durch Schmuck,
Frisur und Kleidung zu einer
erwachsenen Adelsfrau her-
ausstaffiert worden: Mit Hilfe
eines Korsetts ist die Taille
ihres unreifen Körpers so eng
zusammengeschnürt, wie es
damals Mode war, und auch
ihr Rücken wird von dem
Korsett geradegehalten.

Während die abendländische
Frau in das Korsett hinein-
gezwängt und krankgemacht
wurde, entsetzten sich die
europäischen Reisenden über
die barbarische Sitte der Chi-
nesen, die Füße ihrer Frauen
einzuschnüren. Die Idee war
in beiden Kulturen die gleiche: eine Frau mit einge-
schnürten Füßen konnte
ebensowenig fliehen wie eine
mit zusammengepreßter
Lunge.

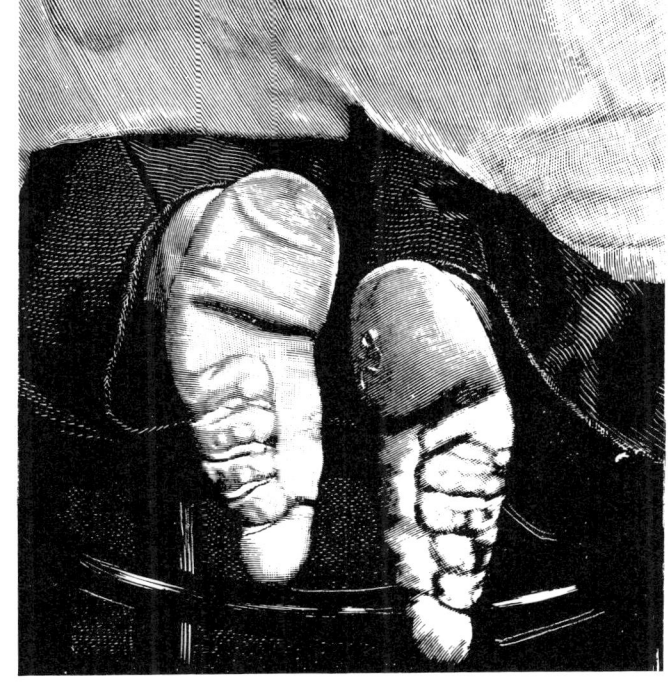

Von der zweiten Hälfte des 18. Jahrhunderts an gingen die Eltern bei der Kindererziehung dazu über, die Klistiere durch das Töpfchen zu ersetzen. Diese Methode wurde ebenso fanatisch und unbarmherzig angewandt wie die zwangsweise Darmentleerung: sie begann bereits im Alter von einigen Monaten, und für ein langsames Lernen wurde das Kind streng bestraft.

Das angeborene Böse

Die patriarchalische Gesellschaft, in der alle Beziehungen auf dem Beherrschen und Beherrschtwerden basierten, war nicht imstande, andere Formen des Zusammenhalts zu entwickeln als die Unterdrückung. Damit der Mensch gehorchte, mußte sein Wille gebrochen werden – wichtigste Aufgabe der damaligen Erziehung. Familie und Staat waren gleichartige Systeme: im Staat herrschte der König, in der Familie der Vater. Die Untertanen waren gehorsam, die Familienmitglieder waren Untertanen des Vaters.

Mit der Zähmung des Kindes wurde sofort begonnen, wenn es dem Wickelzeug entwachsen war, das heißt etwa im Alter von neun Monaten. Jede Äußerung eines eigenen Willens wurde als ein gefährlicher Eigensinn empfunden. Was das Kind von sich aus wollte, war böse, und man durfte es ihm nicht geben. Das Kind mußte sich mit dem begnügen, was die Erwachsenen ihm gaben, und es durfte weder Unzufriedenheit noch Enttäuschung äußern. Es mußte sich den Vorschriften der Erwachsenen fügen und durfte nicht nach deren Gründen fragen.

Die Selbstachtung und das Selbstvertrauen der Kinder wurden durch Drohungen und Mißhandlungen zerstört. Weil die Erwachsenen ebenso launenhaft und unfähig waren, sich selbst zu beherrschen, wie die Kinder, führte die »Erziehung« oft zu bleibenden Schädigungen oder zum Tod.

In der »guten alten Zeit« war das mißhandelte Kind keine Ausnahme, sondern die Regel. Aus dem mißhandelten Kind wurde ein Erwachsener, der sich an seinen Eltern rächte, indem er die eigenen Kinder quälte. So setzte sich die Spirale des Hasses und der Unterdrückung fort.

Ein Beispiel für den Haß einer Mutter ist die adlige englische Dame, die ihre siebenjährige Tochter umbrachte: »Sie hatte sie schon eine ganze Weile geprügelt, als der Ehemann wegen der schrecklichen Schreie des Kindes nervös wurde und seine Frau zu beschwichtigen versuch-

Die achtjährige schwedische Königin Christine in ihrem mit Perlen und Goldstickereien verzierten Kleid schaut uns mit rätselhaftem Blick aus der Entfernung von dreieinhalb Jahrhunderten an. Wahrscheinlich war sie von ganz anderer Art als die Kinder unserer Zeit. Ihr Wesen beruhte vielleicht überhaupt nicht auf den Komplexen des modernen Menschen: die Kinder wurden mindestens anderthalb Jahre lang gestillt, so daß der orale Komplex kaum von Bedeutung war. Reinlichkeitserziehung gab es kaum, weshalb der anale Komplex nicht ins Gewicht fiel. Die Kinder verbrachten sehr wenig Zeit in der Gesellschaft ihrer Eltern, so daß auch der Ödipuskomplex fragwürdig erscheint. Wir können allerdings nicht wissen, was für Komplexe das stramme, jede Bewegung verhindernde Wickeln, die Trennung von der Amme sowie die Mißhandlungen und Demütigungen verursachten.

Das pedantische Tagebuch des Leibarztes Hérouard über die Kindheit des französischen Königs Ludwig XIII. legt ein trauriges Zeugnis davon ab, wie vernachlässigt und unterdrückt selbst die Kinder der allervornehmsten Familien waren. Als Säugling wäre Ludwig beinahe verhungert, weil sein aus mehreren Dutzend Personen bestehender Hof und sein Leibarzt anscheinend nicht imstande waren, dafür zu sorgen, daß der Kleine ausreichend Nahrung, Schutz und Ruhe bekam. Der Wille des kleinen Prinzen wurde bereits in seinen ersten Lebensjahren gebrochen, indem er wegen kleinster Vergehen regelmäßig verprügelt wurde. Die Hofleute vergnügten sich, indem sie das Kind sexuell benutzten. Der Vater, den er anbetete, war entsprechend dem Zeitgeist sehr streng zu ihm, starb aber bald. Die Mutter befriedigte seine Bedürfnisse nie und blieb ihm fremd. Das Ergebnis war ein trauriger, von seiner einsamen Stellung und seinen Pflichten bedrückter Mensch, der erst nach mehreren Ehejahren imstande war, sich in das Bett seiner Frau zu legen, und der niemals lernte, jemanden zu lieben.

te. Die Mutter schleuderte das Kind mit solcher Kraft zu Boden, daß es einen Schädelbruch erlitt; das Mädchen lebte danach nur noch vier Stunden.«

Seit dem Altertum war es ein übliches und allgemein gebilligtes Erziehungsmittel, den Kindern mit Aussetzung und Tod zu drohen und ihnen mit Gespenstern und Ungeheuern Angst einzujagen. Dazu erfand man die verschiedensten Gespenster und Hexen. Nach der Reformation nahm Gott die Stelle der Hexen und Ungeheuer ein: er steckte die kleinen Kinder in den Ofen und machte die Tür zu oder ließ dem Kind einen brennenden Stein auf den Kopf fallen.

Die Eltern und Betreuerinnen fertigten furchteinflößende Puppen und Masken an, um die Kinder zu erschrecken. Abends wurden ihnen grausame Geschichten erzählt, damit sie still in ihren Betten blieben. Die Folge waren Krämpfe, Schlafwandeln und Alpträume, weshalb sie dann wiederum verprügelt wurden.

Die Kinder mußten sich Leichen ansehen und wurden gezwungen, sie zu berühren, angeblich, damit sie keine Angst vor Leichen hätten. Sie wurden mitgenommen zu Hinrichtungen, und nach der Rückkehr wurden sie zu Hause verprügelt, damit sie das Gesehene nicht vergaßen. Sie wurden mit Stöcken, Rutenbündeln, Eisenketten und vielschwänzigen Peitschen geschlagen. Sie wurden mit Pinzetten gekniffen und mit stachelspitzigen Stöcken gestoßen. Ihre Fußsohlen wurden mit dem Messer aufgeschnitten und ihre Handflächen und Münder mit einer Fibula geschlagen, einer flexiblen, langen Platte, deren Ende die Form einer Birne hatte. In der Mitte des breiteren Endes war ein Loch, das beim Schlagen eine sehr schmerzhafte Blase an der Handfläche oder an der Lippe verursachte.

In Knabenschulen war die Auspeitschung von Kindern eine alltägliche Praxis. Das Kind wurde quer über ein Faß, auf einen Stuhl, auf einen eigens zu diesem Zweck aufgestellten Prügelbock oder über den Rücken eines anderen Knaben gelegt, die Hosen wurden heruntergelassen und der Knabe verprügelt, bis er blutete. Erst im 18. Jahrhundert wurde man auf den tatsächlichen Hintergrund dieser Prozedur aufmerksam, nämlich auf die sadistische Homosexualität der Lehrer, die sie an den Knaben auslebten. Vielen Männern blieb als Erinnerung an die Auspeitschungen in der Kindheit die Veranlagung, durch Peitschenschläge ihre sexuelle Befriedigung zu erlangen, und die Prostituierten jener Zeit schwangen geschickt die Peitsche.

Schüler wurden nicht nur wegen eines Vergehens geschlagen, sondern einfach, weil sie einen Fehler gemacht oder etwas von ihrem Lernpensum vergessen hatten.

Die Mißhandlung von Kindern war eine Selbstverständlichkeit. Sie wurde von den sanftmütigsten Erziehern wie Petrarca, Comenius und Pestalozzi befürwortet, die der Auffassung waren, daß eine angemessene Tracht Prügel den Kindern nur gut tut. Der große christliche Dichter John Milton schlug die Kinder seiner Verwandten so, daß seine Frau es nicht mehr ertrug, deren Schreie mitanzu-hören. Königliche Kinder wurden ebenso geschlagen wie Bauernjungen. Kinder unter einem Jahr wurden verprü-gelt und gewürgt, und an den Universitäten wurden zwan-zigjährige Jünglinge öffentlich ausgepeitscht.

Verbrecher wurden grausam behandelt und Kinder nicht geschont – die Engländer pflegten kleine Jungen zu hän-gen, die einen Apfel gestohlen hatten. Man stellte sich vor, daß durch die Peitsche auch erwachsene Außenseiter der Gesellschaft geheilt werden könnten: religiöse Ketzer, Prostituierte, Verbrecher und Landstreicher. Die öffentli-chen Hinrichtungen waren bei den Zuschauern beliebte Veranstaltungen, ebenso die Auspeitschung von Dirnen in der Spinnstube.

Die sexuelle Ausnutzung der Kinder war im Altertum ein üblicher und allgemein gebilligter Brauch. Die Philoso-phen wurden nur dann ärgerlich, wenn es um die Söhne vornehmer Familien ging: sie durften nicht von jedem x-Beliebigen ausgenutzt werden – nach Platon war ein Mann erst dann berechtigt, jeden schönen Knaben zu streicheln, wenn er sich im Leben bewährt und ausge-zeichnet hatte. Der Sklavenhandel bot jedoch genug Op-fer. Wenn die Denker des Altertums die sexuelle Bezie-hung zu Kindern erörterten, meinten sie immer Knaben. Die Mädchen wurden zweifellos mindestens genausooft sexuell mißbraucht, was aber keiner Erörterung wert war. Nach christlicher Auffassung waren die Kinder unschul-dig: sie waren keine sexuellen Wesen. Die Menschen, die Kinder als amüsante Lieblinge betrachteten, kitzelten und streichelten sie zu ihrem eigenen Vergnügen.

Die Erziehungsbücher warnten besonders vor dem Dienstpersonal. Die Kinder schliefen mit den Dienstboten in einem Bett und verbrachten auch sonst viel Zeit mit ihnen. Die Kindermädchen, Mägde, Knechte und sonsti-ges Volk aus den untersten Gesellschaftsschichten waren für die Kinder gefährlich.

Nicht genug damit, daß die Dienstboten das Kind sexuell mißbrauchten: die Erzieher hatten auch die Eltern und ih-re Freunde in Verdacht. Die Kinder hätten allein in einem eigenen Bett schlafen müssen, um ihre Unschuld bewah-ren zu können, was aber unter den gegebenen Verhältnis-sen unmöglich war.

Im 18. Jahrhundert richtete sich der Kampf gegen das Ver-derben der Kinder gegen die Kinder selbst.

Beim Stockholmer Blutbad im Jahre 1520 wurden unter anderem zwei kleine adlige Knaben getötet. Zwischen dem Wesen und den Taten der Kinder und denen ihrer Eltern oder Verwandten wurde kein Unterschied ge-macht, sondern man zog die Kinder dafür ebenso zur Ver-antwortung wie ihre Eltern. Zu Beginn des 16. Jahrhun-derts war jedoch schon eine Ahnung von der Unschuld der Kinder vorhanden, denn das Töten von Kindern wird mit besonderem Schrecken und mit Abscheu erwähnt.

In der traditionellen Gesell-schaft war die Kindheit eine Zeit der Angst, der Mißhand-lungen und der Demütigun-gen. Die Erwachsenen vermochten sich nur selten in das Kind hineinzuversetzen, seine Bedürfnisse zu verste-hen und zu begreifen, zu welchen Leistungen es im jeweiligen Lebensalter im-stande war. Auch wenn die Eltern ihre Kinder liebten,

hielten sie sie für Gegenstände, auf die die Eltern einen totalen Besitzanspruch erhoben. Zweck der Aufzucht und Erziehung von Kindern war, daß sie den Eltern einen möglichst großen Nutzen brachten.

Auf die Juden, auf das Alte Testament ging die Auffassung zurück, daß die Selbstbefriedigung der Erwachsenen Sünde sei. Die Selbstbefriedigung der Kinder wurde vor dem 18. Jahrhundert kaum beachtet. Im darauffolgenden Jahrhundert wurde es zur fixen Idee, daß man die Kinder daran hindern müsse, sich selbst zu befriedigen. Von diesem fanatischen Bestreben blieb kaum ein Kind verschont. Die Erzieher behaupteten, daß die Selbstbefriedigung den Körper auszehre und das Gehirn so lähme, daß Geisteskrankheiten, Impotenz und sonstige schreckliche und schändliche Krankheiten die Folge sein würden. Gelehrte Ärzte vergeudeten ihre Zeit, um Mittel zu ersinnen, mit denen die Selbstbefriedigung der Kinder unterbunden werden konnte. So gab es allerlei Bänder, Stacheln und Glocken, die klingelten, wenn sich im Bett des Kindes etwas Verdächtiges tat. Der Kampf gegen die Geschlechtlichkeit der Kinder ließ erst zu Beginn des 20. Jahrhunderts nach, als sich auch allgemein die Einstellung zu geschlechtlichen Dingen änderte.

»Um acht Uhr gebar meine Frau eine Tochter, die nicht lebensfähig wirkte. Die Hebamme taufte sie im Beisein von Zeugen, als sie Lebenszeichen von sich gab. Sie schrie erst eine Stunde nach der Geburt. Am nächsten Tag wurde sie in der Kirche getauft und am dritten Tag zu einer Amme in sechs Meilen Entfernung geschickt. Am fünften Tag ihres Lebens starb sie.«
So wurde man in einer ehrbaren französischen Familie im 17. Jahrhundert ein unerwünschtes Kind los.
Die Tötung des neugeborenen Kindes war die radikale Form der Verstoßung. Die uneheliche Mutter erstickte ihr Kind und vergrub es im Graben oder im Misthaufen. Das ehelich geborene Kind ließ man verhungern, oder die Eltern erdrückten es im gemeinsamen Bett der Familie – oder die Betreuerin gab dem Neugeborenen einfach einige Tropfen Laudanum, ein Beruhigungsmittel, das das abscheuliche kleine Wesen für immer verstummen ließ.
Aus der Verstoßung konnte man direkten finanziellen Nutzen ziehen, wenn man das Kind verkaufte. Noch im Mittelalter war es üblich, Kinder als Sklaven zu verkaufen. Die Kirche versuchte, diesen Handel einzuschränken, indem sie den Eltern verbot, Knaben, die älter als sieben Jahre waren, zu verkaufen. Das Verbot hatte eigentlich keine praktische Bedeutung, weil niemand die Befolgung kontrollierte, und diese Knaben wurden im allgemeinen auch nicht mehr verkauft, weil sie schon arbeiten konnten.
In der Neuzeit hörte der öffentliche Verkauf von Kindern auf, aber viele Eltern verkauften ihre Kinder heimlich an Bordelle als kindliche Prostituierte.

Bis zur Neuzeit wurde auch der Brauch beibehalten, Kinder vornehmer Familien Fremden als Geiseln zu überlassen. Die Kinder waren Garanten dafür, daß die Eltern einmal geschlossene Verträge einhielten. Kennzeichnend für die allgemeine Einstellung zu den Kindern war, daß Verträge rücksichtslos gebrochen wurden, obwohl die Eltern wußten, daß ihr Kind deshalb geblendet, dem Hungertod überlassen oder sofort getötet würde.

Ein neugeborenes oder kleines Kind konnte man auch ganz einfach auf den Boden fallen und dort liegen lassen. Im 18. Jahrhundert sah man in den Armenvierteln der Großstädte tote, sterbende und weinende Kleinkinder in Straßengräben liegen und an Wänden oder Türen lehnen. Professionelle Kindereinsammler transportierten ganze Wagenladungen voller Kleinkinder vom Lande in die Findelheime von London und Paris. Die festgewickelten Kinder verbrachten zwei oder drei Tage dicht gestapelt auf dem Wagen, bevor der Fahrer seine Ladung, die toten und die lebenden Kinder, vor die Tür des Findelhauses kippte. Mitte des 18. Jahrhunderts mußte das kleine Findelheim von London innerhalb von vier Jahren etwa 15 000 Kinder in Empfang nehmen, von denen 10 000 starben. Die Findelheime waren Orte, wohin die überflüssigen Kinder zum Sterben geschickt wurden.

Eine traurige Zukunft erwartete die wenigen, die nach vielen Prügeln, von der schweren Arbeit entkräftet und unterernährt, das Erwachsenenalter erreichten. Sie mußten in Dienst gehen und unendlich lange Tage für geringen Lohn und ohne jede Hoffnung auf eine bessere Zukunft schuften. Anderen erging es noch schlimmer: Verbrecher kauften den Findelheimen Kinder ab; die Knaben wurden zu Taschendieben ausgebildet, die Mädchen zu Dirnen.

Das Aussetzen und die Vernachlässigung von Kindern kam am häufigsten in solchen Gegenden vor, wo es viel Arbeit für Frauen gab, Kinder als Arbeitskräfte jedoch nicht gebraucht wurden. Die Mütter konnten ihre Kinder nicht an den Arbeitsplatz mitnehmen, und die Arbeit konnten sie auch nicht aufgeben, weil sie dann verhungert wären. Die berufstätige Mutter jener Zeit hatte zwei grausame Alternativen: entweder mußte sie das Kind irgendwo aussetzen oder zu einer Amme schicken.

Die Kinder einer Arbeiterin blieben auf jeden Fall den ganzen Tag über allein und mußten selbst zurechtkommen. Und so erging es durchaus nicht nur ihnen. Die nachlässige Kinderbetreuung war eine Form von Verstoßung. Auch in wohlhabenden Familien wurden die Kinder oft stundenlang alleingelassen. Da passierten viele Unfälle: die Kinder fielen in den Kamin, ertranken im Brunnen, gingen in eine Falle, wurden von Tieren zertrampelt. Die

William Hogarth

Die schrecklichen Folgen des Trinkens: das traurige Schicksal von Kindern, die in äußerster Armut leben. Eine betrunkene, schnupfende Mutter läßt aus Versehen ihr Kind fallen. Eine Mutter gießt ihrem gewickelten Kind Schnaps in den Mund, und ein betrunkener Mann, in der einen Hand einen Blasebalg, in der anderen eine spitze Stange, hat ein Kleinkind aufgespießt. Die entsetzte Mutter rennt herbei, um das Kind zu retten (oder den Blasebalg). Im Hintergrund wird eine tote Frau in den Sarg gelegt. Das Waisenkind sitzt allein neben dem Sarg seiner Mutter.

Gossaert: Kleines Mädchen

278

In Rußland wurden Geschichten darüber erzählt, wie von Wölfen verfolgte Reisende sich retteten, indem sie den Wölfen das kleinste Kind aus ihrer Mitte hinwarfen, das dann von den Bestien zerrissen wurde. Normalerweise nahm man auf langen Waldstrecken ein Ferkel mit, das an einem Seil hinter dem Schlitten hergezogen wurde. Die Wölfe versuchten, das quiekende Ferkel zu erwischen, und ließen den Schlitten unbehelligt. An einer geeigneten Stelle wurde das Seil gekappt, die Wölfe stürzten sich auf das Ferkel, und die Reisenden waren in Sicherheit.

Der wichtigste Grund für die Aussetzung von Kindern war die Armut, eine so trostlose, erschütternde, hoffnungslose Armut, wie sie sich der heutige Europäer kaum mehr vorstellen kann. Der ständig peinigende Hunger demoralisierte die Menschen und versetzte sie in einen Zustand völliger Gefühllosigkeit und Gleichgültigkeit. In der zweiten Hälfte des 17. Jahrhunderts hängte ein Engländer sein Kind, weil es ein Stück Brot genommen und gegessen hatte; ein anderes Kind flehte den Vater an, er möge es nicht erhängen, weil es das Brot nicht angerührt hatte. Auf dem Bild eine von Hungerqualen entkräftete Frau, die in der zweiten Hälfte des 16. Jahrhunderts sich selbst und ihre drei Kinder erhängte.

Nikolaus Schreiber

Eltern waren aufrichtig betrübt wegen dieser Unfälle, ohne zu verstehen, daß sie hätten verhindert werden können, wenn die Kinder beaufsichtigt worden wären.

Die Abschiebung von Neugeborenen zu einer Amme war eine von der Gesellschaft gebilligte Form der Verstoßung. Die zweite Verstoßung erfolgte im Alter von sieben bis zehn Jahren.

Je nach Gesellschaftsklasse änderte sich das Leben eines Kindes von Grund auf, wenn es sieben Jahre alt wurde. Bis auf wenige Ausnahmen wurden die Kinder von zu Hause fortgeschickt. Die Kinder der Armen gingen »in Dienst«, die Kinder der Reichen in die Schule oder zu einer anderen Familie, von der sie erzogen wurden. In Europa fand ständig eine Massenwanderung von Kindern statt. Die unter zehnjährigen Kinder verließen ihre Eltern, mit denen sie auch im besten Fall nur fünf Jahre gelebt hatten, und kamen unter die Vormundschaft einer anderen Familie: als Dienstboten, Lehrlinge, Schüler, Gesellschafterinnen. Die Menschen der vergangenen Jahrhunderte definierten die Jugend nicht altersgebunden wie wir. Die Jugend war die Phase, in der ein Mensch, gleichgültig in welchem Alter zwischen sieben und dreißig Jahren, finanziell abhängig war. Die Jugend begann, wenn das Kind im Alter von etwa sieben Jahren seine Eltern verließ, und endete, wenn der Erwachsene im Alter von fast dreißig Jahren heiratete. Diese Phase konnte bis zu zwanzig Jahren dauern. Der Mensch wurde erst dann erwachsen, wenn er die Mittel hatte, eine Familie zu gründen. Inzwischen mußte die Gesellschaft die jungen Menschen, die vor Kraft und Tatendrang strotzten, deren Sexualtrieb in dieser Zeit am stärksten, die Möglichkeiten, ihn auszuleben, jedoch am geringsten waren, irgendwie im Zaum halten.

Für die allgemeine Zucht und Ordnung sorgten verschiedene berufliche oder örtliche Brüderschaften. Auch die

An den Fürstenhöfen Europas wurde die adelige Jugend dazu erzogen, ihr Äußeres zu pflegen, sich fein zu benehmen und den Wohlstand der Familie zu mehren. Die Disziplin und die Anforderungen waren mindestens ebenso streng wie bei den Bauernkindern. Anstatt auf dem Feld zu schuften, mußten die vornehmen jungen Leute, die als Tauschware galten, lernen, ihre Gefühle vollkommen zu ersticken und die eigenen Interessen stets denen der Familie und des Landes unterzuordnen.

Die jungen Leute der kaiserlichen Familie präsentieren sich in ihrer Eleganz in der 2. Hälfte des 18. Jahrhunderts am Wiener Hof.

Spiele waren ursprünglich auch ein Vergnügen der Erwachsenen. Sie spielten im Mittelalter und noch im 17. Jahrhundert. Allmählich verkam das Spielen zu einer Beschäftigung des einfachen Volkes: zuerst der Bauern, dann der Dienstboten, bis schließlich nur noch die Kinder miteinander spielten. Die Kriegsspiele der Knaben waren wie die meisten anderen Spiele eine Vorbereitung auf zukünftige Tätigkeiten. Auf dem schwedischen Gemälde aus dem 17. Jahrhundert haben die Kinder prächtiges Spielzeug: Steckenpferd, Trommel und Fahne. Seifenblasen bläst die zukünftige Herzogin von Orleans – eine Darstellung aus der ersten Hälfte des 18. Jahrhunderts. Auf dem Rücken des stattlichen, auf Rädern stehenden Pferdes sitzt der künftige König von Schweden Gustav IV. Adolf.

Die Erwachsenen sahen in
ihren Kindern so deutlich das
Bild ihrer eigenen Mutter,
daß sie, selbst die Knaben,
wie erwachsene Frauen kleideten. Hier ein Porträt der
schottischen Königin Maria
Stuart und ihres Sohnes, des
späteren Königs Jakob II. von
England. – 150 Jahre später
wurde die Herzogin von Orleans, die Schwägerin des französischen Sonnenkönigs, mit
ihren beiden Kindern porträ-
tiert. Rechts die künftige Herzogin von Lothringen, links
Philippe von Orleans, der
künftige Mitregent. Die Kleider der Kinder sind bis auf
die kokette Schürze gleich.

Am Kleid der kleinen Holländerin ist eine besondere Ein-
zelheit der Kinderkleidung zu
sehen: Stoffstreifen, die von
beiden Schultern bis zum
Rocksaum herabhängen. Es
sind keine Zügel, sondern ein
Rest von den im 16. Jahrhundert modernen Scheinärmeln.

Pieter de Hooch

obligatorische Wanderschaft der Gesellen war ein Mittel, die jungen Männer zu kontrollieren. Sie konnten ihren Lebensunterhalt verdienen, aber nur ihren eigenen; sie waren abhängig von Meistern ihres Gewerbes; sie hatten ein festes Ziel vor sich, den Meisterbrief; sie konnten noch keine Familie ernähren und wurden so dem Ehemarkt ferngehalten.

Ein Beispiel für vollkommene Abhängigkeit sind die Schüler. Die Altersklassen besaßen noch keine Bedeutung. Wie im Mittelalter drückten auch jetzt Sieben- und Siebzehnjährige gemeinsam die Schulbank und paukten Latein. Lateinkenntnisse waren ein Statussymbol, durch sie unterschieden sich die Schuljungen vom gewöhnlichen Volk, von den Bauern und Handwerkern, aber auch von den Frauen.

Die Jugend der Bauerndörfer bildete jeweils innerhalb ihres Dorfes eine relativ einheitliche Gruppe, innerhalb derer sich die führende Stellung nach dem Alter richtete. Der Führer war Mitte Zwanzig, die Zehnjährigen liefen nur mit.

Die jungen Leute versammelten sich abends und sonntags, die übrige Zeit verbrachten sie bei der Arbeit zusammen mit den Erwachsenen. Der Gruppe der Jugendlichen kamen bestimmte, traditionelle Aufgaben innerhalb der Dorfgemeinschaft zu. Sie beaufsichtigte die Moral und das sexuelle Geschehen im Dorf. Abweichungen von dem gebilligten Verhalten, ein unmoralisches Mädchen, ein alter Mann mit einer jungen Frau, ein Mann, der seine Frau übel mißhandelte, eine Frau, die ihren Mann schlug, wurden erbarmungslos verspottet. Gewalt wurde im allgemeinen nicht angewendet, aber die wilde Schar der Jugendlichen *(Charivari)* konnte jemanden, der ihnen ein Dorn im Auge war, sehr grob behandeln.

Heute versteht man das Kind als Individuum und versucht, seine besonderen Bedürfnisse zu befriedigen. Man erkennt an, daß das Kind einen Anspruch auf jedwede Art von Betreuung hat. Dem modernen Menschen erscheint die Roheit, mit der die Kinder früher behandelt wurden, unfaßbar und schrecklich. Warum war das so?

Wir müssen verstehen, wie unsere Urahnen über das Kind dachten, was das Kind für sie bedeutete. Dabei steht im Vordergrund der Tod: das Kind wurde geboren, um zu sterben. Die Mühen der Schwangerschaft, die Schmerzen bei der Geburt, die Schwierigkeiten der Nahrungsbeschaffung – alles war wahrscheinlich sowieso vergebens. Wenn ein Kind nach dem anderen starb, führte das zu einer maßlosen Frustration, wenn versucht worden war, das Kind am Leben zu erhalten. Meistens versuchte man es, denn das Kind bedeutete für die Eltern das gleiche wie eine Rente oder Versicherung für die Menschen von heute.

Die jungen Leute beaufsichtigen das Leben der unverheirateten Mädchen im Dorf. Die Werbung und der nächtliche Besuch bei den Mädchen waren in West- und Nordeuropa ein allgemein gebilligter Brauch, sexuelle Beziehungen waren jedoch erst nach der Verlobung erlaubt.

Ein Kind lernte bald, daß seine Chancen, der Fürsorge der Erwachsenen teilhaftig zu werden, in hohem Maße von seiner Fähigkeit abhingen, ihnen und besonders den Eltern zu gefallen. Die Kinder mußten hübsch und liebenswürdig sein und lächeln wie kleine Affen, die ihre Frauchen amüsierten. Die Kinder durften keine anderen Bedürfnisse haben als solche, die die Eltern bereit waren zu befriedigen. Auf dem gemeinsamen Porträt von Mutter und Kind, wie sie sehr beliebt waren, reckt das Kind die Arme nach seiner Mutter, während die Mutter vom Kind wegschaut. Kinder wurden für ein Porträt hübsch angezogen und in lustige Posituren gesetzt, so wie hier das in ein Korsett gezwängte kleine Mädchen auf dem Rücken einer Ziege.

Zum zweiten wurden die Eltern von der Armut bedrängt: Das Kind war eine Belastung, ein Blutsauger, der die Mutter an dem für die Familie bitter notwendigen Broterwerb hinderte. Das Kind gefährdete die Existenz der bereits vorhandenen Familienmitglieder. Es war ein furchterregendes und gefährliches Wesen, das man loswerden mußte.

Den Eltern früher fehlte die Empathie, die Fähigkeit, sich in ihre Kinder hineinzuversetzen und zu verstehen, was ein kleines Kind brauchte, wie es sich entwickelte, was es in der jeweiligen Lebensphase wissen und tun konnte und welche Auswirkungen die Maßnahmen der Eltern darauf hatten. Wenn das Kind drei Jahre bei der Amme verbracht hatte und dann nach Hause zurückkehrte, die Mutter nicht erkannte und schon gar nicht liebte, war diese tief beleidigt und böse auf das Kind wegen solcher Gefühlskälte. Die Mutter konnte nicht begreifen, daß das Kind sie völlig vergessen und dafür die Amme liebgewonnen hatte, ebensowenig wie es verstehen konnte, was diese fremde Frau von ihm wollte.

Das Kind war kein eigenständiges Individuum, sondern eine Projektion des Unterbewußtseins seiner Eltern. Es wurde als Teil der Eltern selbst empfunden.

Vor 150 Jahren steckte ein Vater seinen vierjährigen Sohn nackt in den Keller und fesselte und verprügelte ihn, weil er seine Schulaufgaben nicht konnte. Während der Bestrafung forderte der Vater den Sohn mehrmals auf, die Aufgaben zu lernen, und weil der Sohn dazu nicht imstande war, beschuldigte ihn der Vater der Bosheit und des Starrsinns. Nach Auffassung des Vaters hatte sich das Kind vorgenommen, den Willen des Vaters zu überwinden. Der Vater fühlte sich schwach und unglücklich. Er warf seinem Sohn vor, daß dieser ihn zwinge, die Rute zu gebrauchen, was dem Vater Übelkeit verursachte. Der Vater hatte großes Mitleid mit sich selbst.

Als die kleine Tochter eines Pfarrers allein zu Hause war und in den offenen Kamin fiel, meinte der Vater, daß Gott ihn gestraft habe, indem er das Kind ins Feuer warf. Der Vater dachte über seine Sünden nach und fand nicht, daß man dem Kind gegenüber etwas falsch gemacht hatte, als man es allein und ohne Aufsicht zu Hause gelassen hatte. Die Familie änderte deshalb auch ihre Gewohnheiten nicht, die Kinder wurden nach wie vor allein zu Hause gelassen, wo sie Unfällen ausgesetzt waren, und zwei weitere Töchter verbrannten sich schwer. In der nächsten Predigt forderte der Pfarrer alle Eltern auf, darüber nachzudenken, was für Sünden sie begangen hatten, daß die Kinder von solchen Unfällen heimgesucht wurden.

Die Eltern, die im Kind eine Projektion ihrer eigenen Wünsche und Ängste sehen, können das Kind nicht richtig

betreuen, weil es ihnen unmöglich ist, seine Bedürfnisse zu erkennen. Die Eltern sorgen ja für sich selbst. Das muß auch für das Kind ausreichen, das nur ein Teil der Eltern ist.

Die von den Kirchenvätern, in erster Linie von Augustinus, erfundene Theorie der Erbsünde ist ein Ergebnis der sexuellen Projektionen der Erwachsenen auf die Kinder. Man meinte, das neugeborene Kind sei voller Sünde, die es von den ersten Menschen durch Vermittlung seiner Eltern geerbt hatte.

Die Eltern können in dem Kind unbewußt auch einen Ersatz für ihre eigenen Eltern sehen. Das Kind ist nur dazu da, die Wünsche seiner Eltern zu erfüllen. Wenn das Kind seinen eigenen Willen bekundet, deutet der Erwachsene das als einen Mangel an Liebe, als Bosheit, Ungehorsam und Starrsinn: das Kind muß verprügelt werden, damit es gut und liebevoll wird.

Wenn das Kind sowohl eine Projektion des Unterbewußtseins der Eltern als auch ein Ersatz für deren eigene Eltern sein muß, entsteht im Erwachsenen ein gefährliches Doppelbild von dem Kind: es ist sowohl böse als auch liebevoll. Die Einstellung zum Kind wird launenhaft, unberechenbar, gleichzeitig voller Haß und voller Liebe.

Aus heutiger Sicht ist die Geschichte voll von psychotischen Eltern und Kindern. Zu ihrer Zeit lebten diese Menschen mit ihresgleichen und sahen keine andere Möglichkeit. Ihr wichtigstes Anliegen war das Überleben, das für die Kinder wegen des Doppelbildes, das man von ihnen

hatte, besonders schwer war: Sie mußten ständig erreichen, daß die Erwachsenen sie akzeptierten und wenigstens ihre Grundbedürfnisse befriedigten.

Besteht nun die Geschichte der Kinder früherer Zeiten
nur aus Leiden und Angst?

Zweifellos gab es Mütter, die ihren Kindern Liebe und
Empathie entgegenbrachten. Viele Tagebuch- und Briefe-
schreiber loben die Zärtlichkeit und Fürsorge ihrer Mütter – obwohl die Mutter sie zu verprügeln, hungern zu lassen oder im dunklen Schrank einzusperren pflegte. Die
Kinder verstanden, daß sie die Bestrafung verdient hatten.
Sie hielten sich für böse und schuldig. In einer Welt, die
voll von Gewalt war, wurde das als unabdingbarer Bestandteil des Lebens akzeptiert. Das Kind empfand es
nicht unbedingt als ein Zeichen des Hasses, wenn die Eltern es schlugen. Alle anderen Kinder wurden auch geschlagen. Gleichzeitig wurde ihnen aber erklärt, daß die
Eltern sie liebten und die Bestrafung nur zu ihrem Besten
geschah.

Trotzdem gibt es viele erschütternde Berichte von Menschen, die noch als Erwachsene ihre Eltern haßten und
fürchteten und für die die Kindheit bei Tag und Nacht ein
ständiger Alptraum war. Einigen gelang es, die deprimie-
renden Eindrücke der Kindheit zu verdrängen, und sie
erinnerten sich ihrer Eltern mit Dankbarkeit. Anderen
blieben ein gebrochenes Selbstbewußtsein, Schande und
lebenslange Verzweiflung. In der patriarchalischen Un-
terdrückungsgesellschaft war das Kind ein Opfer. Es war
hilflos und wehrlos, so daß alle es unterdrücken konnten,
auch diejenigen, die selbst unterdrückt waren: Mütter,
Kindermädchen, Dienstboten und ältere Kinder.

Trotzdem ist es klar, daß es im Leben der Kinder auch natürliche Freude und Spiel gab, Liebe zu Eltern und Verwandten, Freundschaft mit anderen Kindern, fröhliche
und langerwartete Ereignisse. Die Anpassungsfähigkeit
eines Kindes ist erstaunlich, ebenso seine Fähigkeit, Vergnügen und Heiterkeit zu finden. Solange es nicht das Gefühl hatte, von Grund auf anders zu sein und schlechter
behandelt zu werden als die anderen Kinder, ertrug es die
Bestrafungen und die Gewalt: die Unterordnung war das
gemeinsame Schicksal der Kinder.

Fern der Welt

Glaube und Unabhängigkeit

Gegen Ende des Mittelalters und zu Beginn der Neuzeit erfolgte eine Veränderung in der Lebenslage der europäischen Frau. Sie wurde gewissermaßen unter die Oberfläche des Lebens, ins Unsichtbare versenkt. Die öffentliche Welt, das heißt die staatliche, die wirtschaftliche und die intellektuelle Welt, erkannte ihre Existenz nicht mehr an. Sie verlor die Möglichkeit, Herrin über ihre eigene Person, ihr Vermögen, ihre Kinder, ihren Glauben und ihre Gedanken zu sein. Ihr Heim durfte sie verwalten unter der Voraussetzung, daß sie es dem Willen ihres Mannes entsprechend tat.

Der Humanismus, die intellektuelle Aktivität, schuf eine neue europäische Intelligenz. Die Frauen wurden von diesem geistigen Wachstum mit aller Entschiedenheit ausgeschlossen. Zur Zeit der Renaissance und der Reformation gab es in Europa unzählige Frauen, deren Gelehrsamkeit und Intelligenz der der Humanisten nicht nachstand. Von den großen Geistern der Zeit bekamen sie zu hören, daß ihre Aufgabe darin bestand, eine vollkommene Gattin und Hausfrau zu sein. Die Spindel passe besser in die Hand der Frau als ein Buch. Hervorragende Humanisten waren der Meinung, daß das Studium des Lateinischen und Griechischen die Frau nur dabei störe, sich auf den Ehemann und die Familie zu konzentrieren. Ohne die Kenntnis der klassischen Sprachen gab es zu jener Zeit keinen Zutritt zum Wunderland der Gelehrtheit.

Der Humanismus war nicht imstande, den in der Gesellschaft tief verwurzelten Frauenhaß zu beseitigen oder auch nur zu zügeln, wie der Ausbruch der Hexenverfolgungen gerade zur Blütezeit des Humanismus zeigt. Der Humanismus war als Denkweise ebenso männlich wie der Protestantismus als Religion. Der Menschlichkeit des humanistischen Herrn tat es keinen Abbruch, die Frauen zu schmähen: er fand das nur amüsant.

Die Beschimpfung der Frauen wurde nach Art des Mittelalters und mit uralten Argumenten fortgesetzt. In der Bibel war immer neue Munition zu finden, und wenn sie nicht vernichtend genug war, erdachte man neue. Plötzlich war die Frau aus der Rippe eines Hundes erschaffen worden oder aus dem Schwanz des Mannes.

Für die Ehefrau Geld auszugeben war reine Verschwendung. Die Arbeit und die Mühe, die der Bauer für die Pflege des Viehs verwendete, brachte wenigstens Ergebnisse, aber die Frau war zu nichts nütze.

Die vornehme, allgemein verehrte Burgherrin der Ritterromantik ist jetzt zu einem albernen Huhn geworden, das

Die Reformatoren betrachteten es als eine ihrer wichtigsten Aufgaben, die Nonnen aus den Klöstern zu befreien. Aber durchaus nicht alle Nonnen wollten in die stürmische Welt zurückkehren. Das Klosterwesen hatte jedoch einen Niedergang erlebt, und die Klöster waren größtenteils zu einer Art Halbgefängnis heruntergekommen, in das man überflüssige Töchter abschieben konnte. Viele Nonnen waren fast direkt von der Amme ins Kloster gekommen und hatten ihr Klostergelübde so früh, zum Beispiel mit elf Jahren, ablegen müssen, daß sie seinen Inhalt nicht hatten verstehen können. Solche Nonnen verließen die Klöster scharenweise und heirateten meistens bald. Auch Martin Luthers Frau Katharina von Bora war ein solches Klosterkind. Der katholische Karikaturist zeigt Luther, Katharina und ihre Kinder auf Reisen; als Kinder sind Personen dargestellt, die der Reformation gewogen waren.

von einem zynischen Liebhaber ausgebeutet und verspottet wird. Die Dichter prahlen damit, wie oft und wie schlau sie ihre dummen Liebhaberinnen betrogen haben, wie sie eine Unschuldige durch Vorheucheln aufrichtiger Liebe, eine tugendhafte Frau durch Schmeicheleien zur Hingabe gebracht und eine Geldgierige mit dem Versprechen von Geld gefügig gemacht haben.

Im selben Atemzug beschuldigen diese gebildeten Herren die Frauen, betrügerisch zu sein und einer tiefen und aufrichtigen Liebe unfähig. Der Mann solle die Frau ausnutzen, wie es ihm beliebt, und dann die Reste wegwerfen, denn wenn der Kern verzehrt sei, nutze die Schale nichts mehr, meinte der englische Dichter John Donne, ein leidenschaftlicher und vielbewunderter großer Geist der Renaissance.

Nun sollte man wenigstens von den Protestanten erwarten, daß sie mit den Frauen etwas sanfter umgehen als die sexualfeindlichen katholischen Prediger. Obwohl Luther auf seine übliche taktlose Art abfällige Bemerkungen über den breiten Hintern der Frau machte, war er dennoch der Meinung, daß die Ehefrau und das häusliche Leben das größte Glück des Mannes seien. Aber im Endeffekt wirkte sich die Änderung der Glaubensrichtung nicht wesentlich auf den Frauenhaß, das Resultat der elementaren Ängste des Mannes, aus.

Der Engländer John Milton, der größte aller Puritaner – die Engländer nannten ihre Protestanten Puritaner, die Franzosen Hugenotten –, fühlte sich in der Gesellschaft von Frauen wohl und schätzte die Ehe sehr. In seinem großen religiösen Epos »Das verlorene Paradies« bringt er jedoch den Frauenhaß seiner Zeit auf traditionelle Weise zum Ausdruck. Frauen hätten die klügsten Männer wie Adam und König Salomo ins Unglück gestürzt. Andererseits seien die Frauen so dumm und unbedeutend, daß ein wirklich tugendhafter Mann ihnen widerstehen könne. Und doch verfügten die Frauen über die unbegreifliche und erschreckende Macht, auch den besten Mann zu verführen.

Bei John Milton und vielen anderen großen Dichtern, Philosophen und Politikern der Geschichte hörte das logische Denken auf, sobald sie sich mit einer Frau beschäftigten. Logik, Mäßigung, Realitätssinn, Ehrlichkeit und sogar die klare Vernunft machten blinder Angst und unkontrolliertem Haß Platz. Deshalb sollte man nichts ernstnehmen, was jemals ein Mann im Verlauf der Geschichte über die Frau geschrieben hat.

Die damals sehr beliebten Ehehandbücher konzentrierten sich darauf, der Frau immer wieder die Tugenden Demut, Bescheidenheit und Geduld zu predigen.

Die Frau sollte sich den Befehlen des Mannes unterwerfen, auch wenn sie kränkend oder dumm waren, sie sollte ihren Mann respektieren, ganz gleich, wie er war. Wenn die Frau erkannte, daß sie klüger oder stärker war als ihr Mann, durfte sie sich das nicht anmerken lassen. »Du bist nicht Herrin deiner selbst, und keiner deiner Wünsche darf in Erfüllung gehen, wenn dein Ehemann ihn nicht akzeptiert. Du bist vollkommen in seiner Gewalt; er gibt dir manch unangenehmen Befehl, und auch wenn du es nicht möchtest, mußt du gehorchen«, schwelgte ein Patriarch vom Anfang des 18. Jahrhunderts.

Pflicht der Frau war es, die Züchtigungen des Ehemannes klaglos über sich ergehen zu lassen. Sie hatte unbedingt treu zu sein, auch wenn sie wußte, daß ihr Mann es nicht war. Die Frau sollte wie ein sanftes Lamm sein und Mitleid erregen. Vollkommen unpassend war es, sich der Ungerechtigkeit zu widersetzen, denn in diesem Fall war die Frau wie ein quiekendes Schwein beim Schlachten.

Die scheinheiligen Selbstherrscher behaupteten, daß die Frau eigentlich doch stärker war als der Mann und stets ihren Willen durchsetzte: sie konnte ja ihre Schönheit und ihre Tränen einsetzen. Andererseits war das wieder ein Beweis für die Falschheit der Frau. Was sie nicht durch Bitten bekam, das beschaffte sie sich durch List, und ein solches Verhalten ekelte die aufrichtigen, ehrbaren Männer an.

Der englische Abenteurer und Denker Francis Bacon war kein Frauenhasser wie sein König Jakob I., vielleicht wegen seiner Homosexualität. Eigentlich vertritt Bacon den tragenden Gedanken der Ritterromantik, den veredelnden Einfluß der Frau und der Liebe. Frau und Kinder sind eine Art Anschauungsmaterial für Menschlichkeit, Sanftheit und Mitleid.

Nach Bacon ist die Ehefrau für den jungen Mann Geliebte, für den Mann in mittleren Jahren Kameradin und für den alten Mann eine Betreuerin. Diese positiven Dinge bleiben jedoch zweitrangig neben der wichtigsten Tatsache: Ehefrau und Kinder sind unleugbar ein Hindernis für die Karriere des Mannes. Ohne jede Begründung behauptet Bacon, daß nur unverheiratete oder kinderlose Männer Großes geleistet hätten.

Die religiöse Denkweise pries die Familie, verachtete aber die Frau, und die politische Denkweise pries die veredelnde Wirkung der Frau, fand jedoch, daß die Familie auf die öffentliche Tätigkeit des Mannes einen negativen Einfluß habe.

Niemand fragte danach, wie die Frau darüber dachte.

Die Einstellung der protestantischen Reformation zur Frau war zwiespältig wie die europäische Denkweise überhaupt. Die Reformatoren unterstrichen die persönliche Beziehung eines jeden Menschen zu Gott, und als je-

Der Bapstesel zu Rom

Obwohl die Protestanten die Frau als Mutter und Hausfrau respektierten, konnte die Reformation an der tiefverwurzelten Denkart nichts ändern: wenn ein Protestant das Abscheulichste darstellen wollte, was er nur wußte, nämlich den römischen Papst, gab er diesem Widerling die Konturen eines weiblichen Körpers.

der Mensch galt auch die Frau. Ein wesentlicher Bestandteil der persönlichen Beziehung zu Gott war das Lesen der Bibel, und dazu mußte man lesen können. Die große Idee der protestantischen Reformation, den Menschen aller Gesellschaftsschichten das Lesen beizubringen, wurde erst durch die Erfindung der Buchdruckerkunst möglich. Die Frauen mußten lesen lernen, damit sie ihre Kinder in der religiösen Lebensweise unterrichten konnten. Dieser Denkweise entsprang der besonders in den protestantischen nordischen Ländern übliche Hausunterricht. Drei Jahrhunderte lang waren die Mütter vor allem dieser Länder für den Unterricht der Kinder bei sich zu Hause verantwortlich, und erst im 19. Jahrhundert entstand ein ordentliches Schulnetz. Die Fertigkeiten des Kindes wurden in der Leseprüfung kontrolliert, und ein junger Mensch durfte theoretisch nicht heiraten, bevor er lesen konnte.

Man war der Ansicht, daß die Frau in der protestantischen Welt nicht mehr literarische Bildung brauchte als die katholische Frau. Die Protestanten betonten besonders die Aufgabe der Frau als Gattin und Hausfrau. Wie seinerzeit bei den Griechen des Altertums waren das öffentliche Leben, die Bürgerrechte, die wirtschaftliche Tätigkeit und die Politik Männersache. Die Frauen kümmerten sich um das häusliche Leben, um Kinder, Essen und Vorräte.

Die Hausfrau der protestantischen Familie mußte das Haus für religiöse Versammlungen herrichten. Die Reformation legte größeren Wert auf Hausandachten als auf die Messe. Daß Frauen dabei das Wort ergriffen, war nicht vorgesehen, ihnen war die Rolle der Zuhörerin vorbehalten. Bei diesen Zusammenkünften gab es eine einfache Mahlzeit. Die protestantische Hausfrau wurde auch als eine Marta, als Dienerin der Glaubensbrüder, verstanden. Für die Rolle der Maria, der Denkerin, hatte sie keine Zeit. Auch später, im Leben der Vereine, wurde den Frauen die Rolle der Kaffeekocherinnen und Sekretärinnen zugeteilt. Zu den Zielen der Reformation gehörte es nicht, die Stellung der Frau in der Gesellschaft zu verändern. Dennoch wirkten sich die Gedanken der Reformation in erheblichem Maße auf das Leben der Frauen in den protestantischen Ländern aus.

Martin Luther war überzeugt davon, daß ohne die Frauen sowohl die Familie als auch der ganze Staat zugrunde gehen würde. Auch wenn es möglich wäre, daß Männer ohne Frauen Kinder bekämen, könnten sie nicht ohne Frauen auskommen.

Nach den Worten des Predigers Matthias Zell bedeutete die Ehe Kameradschaft und gemeinsame Verantwortung; sie war eine von Gott gewollte Verbindung. Da die Frau aus dem Mann erschaffen worden ist, kann der Mann seine Vollkommenheit erst in der Ehe erreichen.

Sowohl Luther als auch Zell lobten ihre eigene harmonische Ehe. An die Stelle des katholischen Ehelosigkeitsideals trat nun in den protestantischen Ländern das Eheideal. Das neue Ideal verstand die Frau als einen Menschen, als ein denkendes Wesen. Die gegenseitige Liebe, Freundschaft und Achtung der Ehegatten und die Erziehung der gemeinsamen Kinder wurde nun auch als eine wichtige Angelegenheit im Leben des Mannes angesehen. Doch das Ideal bleibt ein Ideal und wird selten Wirklichkeit. Und dennoch wirkte sich das bloße Vorhandensein dieses Ideals auf die Denkweise aus, die von der Verachtung der Kirche für die Ehe geprägt war.

Die Frauenhasser weigerten sich, den Frauen auch nur eine der Eigenschaften zuzugestehen, die traditionell als männlich galten: Treue, Festigkeit, Aufrichtigkeit.

Wie verhielten sich die schwachen, wankelmütigen, dummen und feigen Frauen in den schrecklichen Stürmen der religiösen Verfolgungen?

Am 15. Januar 1549 wurde die Holländerin Elizabeth Dirks verhaftet. In ihrem Haus hatte man eine Bibel in lateinischer Schrift gefunden. Da Holland zu jener Zeit katholisch war, hätte das allein schon für die Verhaftung genügt. Elizabeth Dirks war aber außerdem noch Anabaptistin, Wiedertäuferin. Die Anabaptisten hielten sich streng an das, und nur an das, was in der Bibel stand. Die meisten von ihnen waren fleißige Handwerker mit guten Auskommen. In ihrer Religion spielte das Geschlecht keine Rolle. Sie glaubten, Erwählte Gottes zu sein, die das weltliche Gesetz nicht zu befolgen brauchten.

Elizabeth Dirks wurde in die Folterkammer gebracht. Sie weigerte sich, ihre Glaubensbrüder zu verraten. Ihr wurden Daumenschrauben angelegt und so festgezogen, daß das Blut unter den Nägeln hervortrat. Der Verhörer befahl ihr ärgerlich, zu gestehen und nicht Gott um Hilfe zu rufen.

Elizabeth gestand nicht. Ihr Bein wurde in den sogenannten spanischen Stiefel gesteckt, in eine zermalmende Schraube, die von allen Foltergeräten als das qualvollste galt.

»Gnädige Herren, schänden Sie mich bitte nicht. Kein Mann hat je meinen Körper berührt«, bat das arme Wesen.

»Jungfer Elizabeth, wir schänden Sie nicht«, sagte der Verhörer höflich.

Die Schrauben wurden fester gezogen, und Elizabeth fiel in Ohnmacht. Man meinte, sie sei tot, aber sie wachte wieder auf. Man versuchte höflich, sie zum Gestehen zu bringen. Sie gestand nicht und bereute auch ihre ketzerischen Ansichten nicht.

So wurde Elizabeth Dirks zum Tode verurteilt, in einen Sack gesteckt und ertränkt.

Die Anabaptisten wurden sowohl von den Katholiken als auch von den Protestanten verfolgt. Sie bedrohten die Grundlagen der gesamten Christenheit, indem sie die Kindstaufe verweigerten, durch die jeder Mensch schon von klein auf ein Mitglied des Systems wurde.

Oberflächlich? Wankelmütig? Feige? Schwach? Tausende Frauen litten und starben wie Elizabeth Dirks.

Als ein Beispiel für die Frau der Reformation, die keine Märtyrerin und keine Fürstin war, sondern als fleißige und treue Hausfrau gewissermaßen die Verkörperung des Frauenideals der Protestanten, habe ich Wibrandis Rosenblatt gewählt. Ihr Leben fiel in die erste stürmische Phase der Reformation. Die Geschichte von Wibrandis Rosenblatt erzählt schlicht von dem Leben jener Zeit und von dem wichtigsten Faktor des damaligen Lebens: vom Tod.

Im Jahre 1524 wurde die kaum zwanzigjährige Wibrandis Rosenblatt mit dem Baseler Humanisten Ludwig Keller verheiratet. Zwei Jahre später starb der Ehemann. Wibrandis blieb mit ihrer kleinen Tochter zwei Jahre lang allein – sehr lange in einer Zeit, in der eine Witwe geradezu gezwungen war, fast schon bei der Beerdigung des vorigen Ehemannes wieder zu heiraten. Offenbar unterstützte Wibrandis' Vater, ein Beamter des Kaisers Maximilian, seine Tochter.

Wibrandis' zweiter Ehemann war Pfarrer und Professor der Theologie, ein bedeutender Gelehrter und eingefleischter Junggeselle, der erst dann anfing, eine Heirat zu planen, als seine alte Mutter, die seinen Haushalt geführt hatte, starb. Professor Oecolampadius war fünfundvierzig – damals ein hohes Alter – und Wibrandis vierundzwanzig. Den Alten hatte sein Freund Wolfgang Capito zu der Heirat überredet. Damals ermutigten sich die Reformatoren gegenseitig, sich zu verehelichen. Der Widerwille der Kirche gegen die Ehe war tief in den Gemütern verwurzelt. Nachdem dieser Widerwille überwunden worden war, genoß man die Freuden des neuen Familienstandes. Oecolampadius schrieb an Capito: »Meine Frau ist genauso, wie ich sie mir gewünscht habe, und ich möchte keine andere. Sie ist nicht streitsüchtig oder geschwätzig und macht nicht zu viele Besuche, sondern führt den Haushalt ordentlich. Sie ist zu einfach, um eitel zu sein, und zu taktvoll, als daß man sie tadeln könnte.«

Während dieser Ehe gebar Wibrandis drei Kinder. Sie hatte ständig einen großen Haushalt zu betreuen, in dem die Gäste wie im Wirtshaus ein- und ausgingen. Wibrandis gehörte zu einem Freundeskreis, dem die Frauen der anderen Reformatoren angehörten. Diese Frauen, wie Katharina Zell, Anna Zwingli, Agnes Capito und Elisabeth Butzer, waren einander in jenen schwierigen Zeiten sicherlich eine gute Stütze.

Die Ehe mit Oecolampadius dauerte knapp vier Jahre. Wibrandis hatte nun vier Waisen zu versorgen. Zur gleichen Zeit, als Oecolampadius starb, erlag auch Wibrandis' gute Freundin Agnes Capito einer Krankheit – Anlaß für die Reformatorenbrüder, Wibrandis und Wolfgang Capito zu einer neuen Ehe zu überreden. Wibrandis gebar Capito zu den von ihr in die Ehe mitgebrachten vier Kindern noch fünf hinzu.

Die Ehe dauerte neun Jahre, bis 1541 die fürchterliche Pest nach Straßburg kam und rund 2500 Menschen dahinraffte.

In der Familie Capito hielt der Sensenmann schreckliche Ernte: der Pest erlagen Capito selbst und vier Kinder. Wibrandis war wieder Witwe. Diesmal blieben fünf Kinder am Leben.

In der befreundeten Familie Butzer hatte sich eine ähnliche Tragödie abgespielt. Martin Butzers Frau Elisabeth hatte 13 Kinder geboren, von denen nur noch fünf lebten. Die Pest brachte vier von ihnen um. Elisabeth selbst erkrankte auch und ließ ihre liebe Freundin Wibrandis holen. An Elisabeths Sterbebett versprach Wibrandis, Martin Butzer zu heiraten und sich um den noch lebenden kleinen Sohn zu kümmern.

Wibrandis Rosenblatt, Gattin dreier Reformatoren

Butzer war erstaunt über die großartigen Qualitäten seiner Frau: »An meiner neuen Frau gibt es nichts auszusetzen, als daß sie allzu sorgsam und mitfühlend ist. Sie kritisiert mich nicht so eifrig wie meine erste Frau ...«

Wibrandis gebar Butzer einen Sohn, der nicht lange lebte, und eine Tochter. Außerdem gehörte zu ihrem Haushalt Wibrandis' kränkliche Mutter und ein mittelloses Mädchen aus der Verwandtschaft. Wibrandis mußte die ganze Verantwortung meistens allein tragen, weil Martin Butzer viel auf Reisen war. Er wurde nach England berufen, um dort zu unterrichten und biblische Texte zu übersetzen. Wibrandis zog mit ihrem großen Haushalt zu ihrem Mann, der an vielen Krankheiten litt und bald starb.

Nach Butzers Tod führte Wibrandis ihre Familie in die Heimat, nach Basel, zurück. Innerhalb von 27 Jahren war Wibrandis viermal verheiratet gewesen und viermal Witwe geworden. Sie hatte elf Kinder geboren und fünf davon begraben, kein seltenes Schicksal für eine Frau im 16. Jahrhundert. Wibrandis Rosenblatt starb 1564 an der Pest.

Im Jahre 1653 kamen zwei Frauen in die Universitätsstadt Cambridge in England. Zum Entsetzen der akademischen Welt begannen diese unverschämten Frauenzimmer zu predigen. Sie behaupteten, daß in jedem Menschen ein göttlicher Funke sei und daß jeder Mensch, Mann und Frau, das innere Licht erleben könne. Ein erleuchteter Mensch dürfe den Krieg nicht durch Steuerzahlungen unterstützen. Er dürfe keinen Eid schwören, weil ein Schwur voraussetze, daß ohne ihn gelogen werde. Die Menschen seien gleichberechtigt, und jeder habe die Gewissensfreiheit, über den Glauben so zu denken, wie es ihm beliebte. Natürlich wußte man gleich, was das für gräßliche Weiber

Die traditionelle Gesellschaft glaubte an die Macht der Folter, wenn es um Religion, Hexerei oder Kriminalität ging. Die Menschen wurden durch Folter gezwungen zu gestehen, und die Angst vor Schmerzen sollte sie dazu bringen, ihrem Glauben abzuschwören.

waren. Quäkerinnen, ekstatische Toren. Mir nichts, dir nichts tauchten sie im Zentrum der gelehrten Welt auf und predigten Männern von der Religion, die seit Jahrzehnten theologische Forschung betrieben! Und dazu waren es noch Frauen, die entgegen dem ausdrücklichen Gebot von Paulus predigten.

Die beiden mutigen Frauen wurden sofort spürbar in ihre Grenzen verwiesen: beide wurden öffentlich ausgepeitscht. Zur gleichen Zeit schleppten in der Universitätsstadt Oxford die gelehrten Herren zwei predigende Frauen in eine Jauchegrube, pumpten ihnen Wasser in den Mund und versetzten ihnen schließlich solche Fußtritte, daß sie bleibende körperliche Schäden davontrugen.

Kaum hatte sich das in Cambridge ausgepeitschte Dienstmädchen Mary Fisher von ihren Verletzungen erholt, als sie schon nach Westindien segelte, um dort zu predigen. Dort erkannte sie plötzlich, daß gerade sie dem Sultan der Türkei die frohe Botschaft zu überbringen hatte. Ohne zu zögern, begab sie sich auf die Reise nach Adrianopel in der Türkei, wo sich der Sultan aufhielt. Mary kam bis Smyrna, wo der englische Konsul sie auf ein Schiff verfrachtete, weil er um ihre Sicherheit fürchtete. Die unbeirrbare Mary überredete jedoch den Kapitän, sie an der griechischen Küste von Bord gehen zu lassen. Von dort marschierte sie zu Fuß durch Mazedonien und über die Berge von Thrakien in die Türkei, von wo aus sie auf unbegreifliche Weise Verbindung zum Großwesir aufnahm, der ihr eine Audienz beim Sultan ermöglichte. Sie erzählte dem Sultan, was sie ihm zu erzählen hatte, und machte sich auf die Rückreise, obwohl der Sultan sie bat zu bleiben. All das geschah Mitte des 17. Jahrhunderts, als das Reisen äußerst schwierig, eine alleinstehende Frau ohne jeden Schutz und der Sultan in ständigem Krieg gegen die europäischen Mächte war.

Mary Fisher war nicht einmal eine Ausnahme unter den Quäkerinnen.

Die »Gesellschaft der Freunde« entstand in dem von politischen und religiösen Auseinandersetzungen geplagten England. Als Gegengewicht zu den theologischen Debatten hatte sie ein ebenso sanftes und tröstliches Programm anzubieten wie die Christenheit zur Zeit der Entstehung. Die Quäker widersetzten sich jeder Gewalt und vor allem jeder Fesselung des Geistes. Sie lebten von Gott und waren alle gleichwertig. Wie auch die frühen Christen glaubten sie, daß die soziale Ordnung der Welt veränderbar war und daß man den Armen und Verfolgten Gerechtigkeit widerfahren lassen konnte.

Die Gesellschaft der Freunde war für Frauen eine zündende und mitreißende Erfahrung in einer Welt, die die Grenzen ihres Daseins schmerzhaft eng gesetzt hatte. Die Quäkerinnen hatten ihre eigenen Aufgaben. Sie kümmerten sich um die finanziellen Angelegenheiten der Quäker und um die Buchführung, beteiligten sich an der Veröffentlichung von Büchern und druckten sie. Sie teilten die Verantwortung für die Bewegung mit den Männern, und viele von ihnen wurden religiöse Führerinnen. Sie hatten unglaublich viel Mut und Selbstvertrauen.

Elizabeth Hooton hatte eine Bitte, die sie dem englischen König Karl II. vortragen wollte. Sie wartete so geduldig, daß einige Soldaten der Leibgarde sie gerührt zum König vorließen, als seine Majestät im Park spazierenging. Zum Entsetzen des Hofes kniete und verbeugte sich Elizabeth nicht, sondern ging neben dem König her und sprach mit ihm. Elizabeth erhielt eine positive Antwort auf ihre Bitte, auf der anderen Seite des Atlantiks in der Kolonie Boston Land erwerben zu dürfen.

So segelte Elizabeth, eine bereits bejahrte Frau, hoffnungsvoll nach Boston, wo die Quäker gehaßt und gefürchtet waren. Die Bewohner der amerikanischen Kolonien, die selbst vor den religiösen Verfolgungen geflohen waren, hatten in ihrer neuen Heimat eine solche Atmosphäre von Intoleranz, Grausamkeit und Verfolgungswahn geschaffen, daß ihre europäischen Brüder daneben wie Waisenknaben wirkten.

In Boston lachte man über den Brief des Königs, Elizabeth wurde hinten an einen Karren gebunden, mitgeschleppt und in drei Städten öffentlich ausgepeitscht. Danach wur-

The Orthodox true Minister,   the Seducer and false Prophet.

Die protestantische Kirche wurde bis zum Anfang des 17. Jahrhunderts eine steife und orthodoxe Institution, die den geistigen Hunger der Menschen nicht zu stillen vermochte. Verschiedene Sekten zogen vor allem Bürger und Handwerker der Mittelklasse an. Die Abweichung von der offiziellen Lehre konnte verhängnisvoll sein. Die Gesellschaft bestrafte die Andersdenkenden durch Auspeitschung und jahrzehntelange Gefängnisstrafen. Glaubensfanatismus, Intoleranz und Hartherzigkeit kennzeichneten die herrschende Religion sowohl im katholischen als auch im protestantischen Europa.

de sie auf den Rücken eines Pferdes geworfen und in die Wüste gejagt. Aber so, wie es in den Heiligenlegenden zu gehen pflegt, kam auch Elizabeth mit dem Leben davon und ging als Missionarin nach Jamaika.

Die Quäkerinnen unterstützten und ermutigten sich gegenseitig und arbeiteten oft zu zweit. Viele begannen ihre Tätigkeit in kleinem Kreise, innerhalb der Familie und der Verwandtschaft, bekamen Selbstvertrauen und dehnten ihre Predigertätigkeit auf Marktplätze und Kirchen aus, obwohl sie die Strenge der Strafe kannten. Sie verloren ihr Vermögen, da sie hohe Bußgelder zahlen mußten, ihre Verwandten sagten sich von ihnen los, und sie wurden verlacht. Sie lebten in der ständigen Gefahr, gefangen und mißhandelt zu werden – in Amerika wurden sie sogar gehängt. Aber das in ihrem Inneren brennende Feuer der Freude und Begeisterung siegte über die Furcht.

Die Frauen der »Gesellschaft der Freunde« hatten das Gefühl, selbständige Menschen zu sein, gleichberechtigt ohne Rücksicht auf Geburt und Stand, fähig zu denken und zu arbeiten wie ein Mann. Den Frauen jener Zeit wurde ihr Leben lang eingeredet, daß sie schwach und dumm seien. Die männlichen Quäker waren in der Anfangsphase der Bewegung offen und empfänglich, sie ermutigten die

297

Frauen, sich gleichberechtigt an der Arbeit der Bewegung zu beteiligen. Kennzeichnend für ihre Vorurteilslosigkeit ist das Verhalten des Quäkerführers William Penn in der Kolonie von Pennsylvania in Amerika. Der einzige Hexenprozeß der Kolonie endete mit dem Freispruch der Angeklagten.

Penn fragte die Frau: »Na, bist du eine Hexe? Bist du auf einem Besenstiel durch die Luft geritten?«

Die Frau gab zu, das getan zu haben. Darauf erwiderte William Penn, daß die Frau das Recht habe, auf dem Besenstiel zu reiten, wenn sie Lust dazu hatte. Penn kannte kein einziges Gesetz, das das Reiten auf dem Besenstiel verboten hätte.

Den Quäkerinnen erging es wie den Frauen in anderen fanatischen Bewegungen. Zu Beginn des 18. Jahrhunderts waren sie bereits in den Hintergrund gedrängt, durften nur mit besonderer Genehmigung predigen, und weibliche Führer gab es bei den Quäkern nicht mehr. Aus der geistlichen Denkerin Maria wurde wieder einmal eine Marta, deren Aufgabe die Sorge für das Wohl der Brüder war.

Die tapferen Quäkerinnen genossen unter den Ihren hohes Ansehen, sie konnten lesen, stammten aus der Handwerkerklasse, viele von ihnen waren im ganzen Land berühmt.

Was geschah, wenn eine an ihrem Glauben hartnäckig festhaltende Frau arm und ungebildet war?

Im Juni 1731 drangen schwedische Beamte in ein Haus in Stockholm ein und nahmen alle Personen fest, die sich dort aufhielten. Es waren merkwürdige Leute: sie kleideten sich in einfache graue Kleider, lebten in äußerster Armut, weigerten sich, in die Kirche zu gehen, und verachteten die »Kinder der Welt«. Sie erwarteten den baldigen Weltuntergang und taten nichts ohne ausdrücklichen und persönlichen Befehl Gottes. Sie konnten Pfarrer nicht ausstehen und waren ein Dorn im empfindlichen Fleisch der protestantischen Kirche Schwedens.

In Schweden herrschte eine Art Religionsfreiheit, die im Gesetz nicht definiert war. Es gab viele Katholiken im Land, die in Ruhe ihren Glauben praktizieren durften.

In der Praxis galt die Religionsfreiheit jedoch nicht für die Protestanten, die Mitglieder der eigenen Kirche Schwedens. Der deutsche Pietismus hatte unter den Schweden festen Fuß gefaßt, und die Kirche führte einen verbissenen und gnadenlosen Kampf gegen ihn. 1726 brachte die Kirche ein Konventikelplakat heraus, eine Verordnung, in der den Menschen verboten wurde, sich zu Andachten zu versammeln. Aufgrund dieser Verordnung wurden die Pietisten zu hohen Bußgeldern und zu Gefängnisstrafen bis zu vierzig Jahren verurteilt.

Getruckt zu München/bey Adam Berg.
Mit Röm. Key. May. Freyheit nit nachzutrucken.

Adam Berg

Die armen Grauröcke wußten, was ihnen bevorstand. Ein
Teil von ihnen, die Männer, flüchteten sofort. Einige bereuten und kamen mit hohen Geldstrafen davon. Drei gewöhnliche Frauen aus dem Volk wurden als Vagabundin-
nen verurteilt, wie Huren behandelt und in die Spinnstube
geschickt. Dort versuchte man, ihnen die richtige Lehre
beizubringen. Aber sie lachten über die Kindstaufe und
die Aussegnung der Wöchnerinnen. Sie weigerten sich zu
essen und zu arbeiten. Sie waren ungebildet und arm, sie
kannten ihre Rechte nicht und konnten sich nicht verteidigen, und niemand half ihnen, aber sie gaben nicht nach.
Etwas später wurden weitere Frauen mit grauen Röcken
verhaftet. Wenn eine über fünfzehnjährige unverheiratete
Frau keinen Beruf ausübte – und das kam sehr häufig
vor –, konnte sie in die Spinnstube geschickt werden. Und
so geschah es auch in diesem Fall. Die Neuankömmlinge
erwiesen sich als ebenso hartnäckig wie die bereits in der
Spinnstube betenden Grauröcke. Um ihren Willen zu brechen, wurden einige von ihnen in den Keller des alten Rat-
hauses gesteckt, jede in eine eigene Zelle. Dort saßen sie
jahrelang in Dunkelheit und schrecklicher Kälte, denn die
Zellen wurden nicht beheizt. Eine der Frauen erblindete
und starb. Die Beamten, die das Gefängnis inspizierten,
bezeugten die schrecklichen Verhältnisse: zu Schmutz,
Ungeziefer, Hunger und Kälte kam noch die Einsamkeit.
In einem normalen Gefängnis konnten die Gefangenen
beieinandersitzen, sich unterhalten und Geschenke ent-
gegennehmen. Aber diesen Frauen war alles Menschliche
genommen worden, und niemand hörte ihr Klopfen und
ihre Schreie.

Dieses unbedeutende und arme Märtyrertum nahm ein kläglichs Ende. Eine der Gefangenen, ein junges Mädchen, wurde schwanger und heiratete den Vater des Kindes. Das brach die anderen, eine nach der anderen bereute: Nach sieben Jahren hatte das System gesiegt.

Kein religiöses System kann den geistlichen Hunger aller Menschen stillen, vor allem dann nicht, wenn es sich organisiert hat und eingefahrenen Bahnen folgt. Die suchenden Menschen wenden sich von dem Hauptstrom ab auf Seitenwege. Die Frau der frühen Neuzeit, die von dem traditionellen steifen und erdrückenden Familienbegriff eingeengt wurde und die für ihren Geist keine Nahrung durch eine Ausbildung bekommen konnte, war leicht geneigt, ihr geistiges Vakuum mit Versprechungen religiöser Bewegungen zu füllen.

Die Frauen erwiesen sich als wissensdurstig, mutig und energisch. Als aber die Zeit der Märtyrer vorbei war und keine Opfer mehr gebraucht wurden, mußte die Frau auf den Platz zurücktreten, den die Gesellschaft für sie vorgesehen hatte: in den Kreis der Familie. Nach einem kurzen Rausch der Gleichwertigkeit und der öffentlichen Tätigkeit wurde sie wieder an Herd und Wiege gekettet.

Höfe und Salons

Der dreihundertjährige Zeitraum von der Reformation bis zur Französischen Revolution in der zweiten Hälfte des 18. Jahrhunderts war in Europa eine Periode stürmischer Entwicklungen. Ganz eindeutig trat Europa in eine Phase der Bildung ein, wie kein Volk der Erde sie je zuvor erlebt hatte.

Der allgemeine Wohlstand in Europa nahm zu, die Bevölkerungskrisen waren im 18. Jahrhundert vorbei (in Finnland gab es eine letzte Bevölkerungskrise in der Mitte des 19. Jahrhunderts), und die Zahl der Einwohner in Europa begann in der 2. Hälfte des 18. Jahrhunderts rapide zu wachsen. In dieser Zeit kamen neue und erstaunliche Ideen auf: Man sprach von dem Recht eines jeden Menschen, sein persönliches Glück anzustreben, einige begannen, Gleichberechtigung in einer Gesellschaft zu fordern, in der grundsätzlich jeder in seinen eigenen Stand hineingeboren wurde und dort auch blieb. Die europäische Gesellschaft war dabei, ein neues Phänomen hervorzubringen, den demokratischen Staat.

All diese Gärung, der Aufbruch, die neuen Ideen und die Brillanz des Intellekts berührten natürlich nur einen klei-

Die händelsüchtigen spanischen Kleinstaaten des 15. Jahrhunderts hatten ein gemeinsames Ziel: die Vertreibung der moslemischen Mauren von der Halbinsel. Von allen Tugenden hatten die soldatischen die größte Bedeutung, und der König mußte ein Soldat sein. Um so ungewöhnlicher ist es, daß 1474 den Thron des wichtigsten spanischen Staates, Kastilien, eine Frau bestieg, die Königin Isabella die Katholische.

Isabella, der von allen spanischen Regenten vielleicht die größte Bedeutung zukommt, erhielt den Thron auf die einzig mögliche Weise: alle Männer um sie herum waren gestorben. Eine Frau durfte nur dann herrschen, wenn es keine Alternative gab. Dabei wurde von ihr erwartet, daß sie die Ratschläge ihres Mannes befolgte. Isabella erwies sich als eine viel tüchtigere Herrscherin als ihre männlichen Vorgänger. Ihrem Mann Ferdinand, dem König von Aragón, übertrug sie auch nicht den kleinsten Teil ihrer Macht. Isabella wurde in vielfältiger Weise aktiv: die Mauren wurden vertrieben, das alte spanische Parlament wurde reaktiviert, Christoph Kolumbus auf die Reise über den Ozean geschickt und die Inquisition begründet, und man begann, die Juden zu verfolgen.

Pehr Hilleström

Die große Leidenschaft im Gesellschaftsleben des 17. und 18. Jahrhunderts war das Glücksspiel. Unabhängig von der gesellschaftlichen Stellung ergaben sich Männer, Frauen und sogar Kinder dem Spiel, das neben Tanz, Flirt und Trinkgelagen der einzige Zeitvertreib war. Die Gespräche waren belanglos und die Sitten nicht gerade fein. Die Versuche der gelehrten Frauen, der Blaustrümpfe, das Niveau des gesellschaftlichen Lebens zu heben, trafen auf den Spott und die Verachtung derjenigen, die es nie weiter als bis zum Kartenspiel brachten.

nen Teil der europäischen Bevölkerung. Die Armen waren arm und blieben arm: eher waren es noch mehr, die sich in die Hoffnungslosigkeit teilten. Das Recht eines jeden Menschen, nach Glück zu suchen, kam ihnen bestenfalls wie ein dummer Scherz vor.

Bei allen Veränderungen blieb doch eines praktisch beim alten: die Stellung der Frau. Sie war in der Familie eingeschlossen, und – abgesehen von ihren allervornehmsten Schwestern – blieb sie dort.

In Europa entwickelten sich zwei bedeutende Faktoren, die sehr viel Macht auf sich vereinten: die Beamtenschaft und die Banken. Beide Bereiche blieben den Frauen verschlossen. Latein, Griechisch und Mathematik waren die Mauern, die sie von der öffentlichen Gesellschaft noch schärfer trennten als ihre schwachen Körperkräfte.

Von dem privaten Charakter der Frau gab es nur eine bedeutende Ausnahme: In der Neuzeit wurden viele europäische Länder von einer Frau regiert. Lediglich den französischen Thron konnte keine Frau erben.

Der englische König Heinrich VIII. heiratete ein um das andere Mal, um einen männlichen Erben zu bekommen. Als er im Jahre 1547 starb, hinterließ er zwei Töchter und einen kränklichen kleinen Sohn. Obwohl die älteste Tochter Maria erwachsen und gebildet war, wurde der schwache, minderjährige Knabe zum König ausgerufen. Das Reich wurde von einem vom Hochadel bevollmächtigten Mitregenten regiert, der alles tat, um Maria loszuwerden. Der junge König starb sechs Jahre später an der Tuberkulose. Maria Tudor wurde Königin, weil im Königshaus nur noch Frauen übrig waren.

Mit der Machtübernahme von Maria Tudor ist eines der mitleiderregendsten königlichen Frauenschicksale verbunden: Lady Jane Grey war die nächste Thronerbin nach den Kindern Heinrichs VIII. Sie hatte eine für ihre Zeit einzigartige Erziehung erhalten und beherrschte Griechisch, Latein, Italienisch und Französisch. Sie war musikalisch und besaß die Mentalität einer wissenschaftlichen Forscherin. Sie war bescheiden und zurückhaltend und hätte das ideale Leben einer gelehrten Frau führen können, wenn sie dem Thron nicht zu nah gestanden hätte.

Als der jugendliche König im Sterben lag, wollte der Mitregent des Reiches seine Stellung sichern: Er verheiratete seinen jungen Sohn Guilford Dudley mit Lady Jane, die damals 16 Jahre alt war. Als der König starb, wurde Lady Jane Grey zur Königin ausgerufen. Die junge Frau selbst wollte auf keinen Fall Königin werden, sie bat flehentlich um Befreiung von dieser schweren und gefährlichen Aufgabe. Aber ihr Vater, der schwache und eitle Herzog von Suffolk, zwang seine Tochter zur Einwilligung.

Jane Grey war neun Tage lang Königin, bevor die Anhänger von Maria Tudor sie dazu brachten, auf den Thron zu verzichten. Ihr Vater hängte seinen Mantel nach dem Wind und wurde sofort ein treuer Anhänger von Maria. Lady Jane Grey mußte eine Stunde nach ihrem Gatten den Kopf auf den Richtblock legen. In jenen Zeiten spielte die Unschuld keine Rolle, wenn es um die Thronfolge ging.

Maria Tudor, eine unglückliche und kranke Frau, bestieg den englischen Thron. Sie war streng katholisch und versuchte, England zu rekatholizieren. Während ihrer Regierungszeit wurden dreihundert protestantische Märtyrer auf dem Scheiterhaufen verbrannt. Ihretwegen ging Maria Tudor unter dem Namen Maria die Blutige in die Geschichte ein. Keiner der europäischen Herrscher, die zehn- oder hundertmal so viele Untertanen haben töten lassen, hat einen so grausamen Beinamen bekommen.

Nach Maria Tudors Tod gab es auf den britischen Inseln zwei regierende Königinnen, Elisabeth in England und Maria Stuart in Schottland. Elisabeth gilt als die bedeutendste englische Herrscherpersönlichkeit, und aus Maria Stuart haben die späteren Dichter eine romantische und tragische Gestalt gemacht.

Der schwedische König Gustav II. Adolf fiel in der Schlacht von Lützen im Jahre 1632, als er nach der Kaiserkrone trachtete. Den schwedischen Thron erbte ein fünfjähriges Mädchen. Die Mutter des Kindes war eine hysterische, unausgeglichene Frau. Sie zwang die kindliche Königin Christine, mit ihr in einem dunklen Zimmer zu leben und das Herz des kriegerischen Königs anzubeten. Nach einem Jahr verstand der schwedische Reichstag, daß das nicht die richtige Art war, eine Königin für das Reich heranzuziehen.

Christine mußte schon in sehr jungen Jahren die Pflichten einer Herrscherin erlernen. Sie war ein Wunderkind,

Maria Tudor, Königin von England. Lady Jane Grey, die Thronprätendentin. Maria die Blutige und Lady Jane Grey konkurrierten um den englischen Thron. Die Lady verlor, und ihr Kopf fiel, wie es damals üblich war.

Elisabeth I., Königin von England. Maria Stuart, Königin von Schottland. Die schottische Königin Maria Stuart versuchte, Elisabeth, der bedeutendsten englischen Herrscherin aller Zeiten, durch Intrigen die Krone abspenstig zu machen. Die Intrige mißlang, und Maria verlor Krone und Kopf.

Maria II., Königin von England. Anna, Königin von England. Um 1700 hatte England zwei herrschende Königinnen, die beide unmittelbar aufeinander folgten. Maria II. und Anna, die Töchter Jakobs II., hatten ihr Leben lang Schuldgefühle, weil sie ihren katholischen Vater vom Thron gestürzt hatten. Maria war mit 15 Jahren aus politischen Gründen mit Wilhelm von Oranien, dem Generalkapitän von Holland, verheiratet worden. Maria war einsam und kinderlos – ihr Gatte nahm sie erst dann wahr, als er neben ihr Mitregent auf dem englischen Thron wurde. Marias Schwester Königin Anna war eine den Idealen der Zeit entsprechende Familienmutter. Ihre Ehe mit einem dänischen Prinzen war harmonisch. Sie gebar 17 Kinder, von denen keines sie überlebte.

frühreif und wißbegierig. »Sie erinnert überhaupt nicht an eine Frau«, lobte der mächtige Kanzler, »sondern ist mutig und verständig.«

Christine wurde eine bedeutende Mäzenin der Wissenschaften und Künste, ihre Persönlichkeitsentwicklung verlief jedoch sehr sonderbar: sie hatte das Talent und die Fähigkeit, eine große Königin zu werden, aber sie war an nichts anderem wirklich interessiert als an ihrer eigenen Person.

An ihren Vater kann Christine keine Erinnerung gehabt haben. Ihr ganzes Leben lang aber stand sie im Schatten des Heldenkönigs, wurde immer mit ihm verglichen, und dieser Vergleich fiel nicht positiv aus. Im Alter von 28 Jahren verzichtete Christine auf die Krone, und als letzte Rache an ihrem Vater, dem obersten Verteidiger der Protestanten, trat sie zum Katholizismus über und ging nach Rom.

Das 18. Jahrhundert war ein Jahrhundert regierender Frauen: eingeleitet wurde es von der Königin Anna in England, den schwedischen Thron hatte für kurze Zeit die Königin Ulrike Eleonore inne, in Rußland gab es vier Zarinnen, und in Österreich herrschte eine Frau, die Erzherzogin Maria Theresia, die gleichzeitig Königin von Ungarn und Böhmen und Kaiserin des Heiligen Römischen Reiches Deutscher Nation war.

Maria Theresia bestieg im Jahre 1740 mit 23 Jahren den Thron. Die unerfahrene Fürstin bewies überraschendes politisches Geschick in einer Situation, in der das Reich von Feinden umgeben war und allenthalben Stücke aus ihm herausgerissen wurden wie aus erlegtem Wild. Maria Theresia mußte während ihrer Regierungszeit mehrere Kriege führen. Es gehörte jedoch zu ihren Grundsätzen, die Angelegenheiten mit billigeren und schlaueren Mitteln zu erledigen. Als Mutter von neun Kindern konnte Maria Theresia das Handbuch der österreichischen Staatskunst wortgetreu verwirklichen: »Bella gerunt alii, tu felix Austria, nube.« – »Laß die anderen Kriege führen! Du, glückliches Österreich, heirate!«

Die Österreicherin Maria Theresia wirkt neben ihrer russischen Zeitgenossin Katharina der Großen etwas farblos. Sie war jedoch eine fähige Herrscherin: ihre Reformen im Schulsystem, im Kriegswesen und in der Verwaltung waren von großer Bedeutung.

Viele herrschende Königinnen hatten eine schwere Kindheit und Jugend, bisweilen war sogar ihr Leben und das ihrer Angehörigen bedroht. Als Folge dieser in der Kindheit erlebten Schutzlosigkeit waren fast alle Regentinnen mißtrauisch, einige litten geradezu an Verfolgungswahn.

Die Königinnen waren nicht von Geburt an für den Thron vorgesehen. Sie waren meistens ein Ersatz. Sie wurden

CATHERINE DE MEDICIS,
Reine de France,
Morte à Blois le 5 janvier 1589 âgée de 70 ans.

Katharina von Medici in Frankreich war keine herrschende Königin, sie verfügte aber durch ihre Söhne praktisch über die Macht eines Königs. Katharina erlitt als junge Frau am französischen Hof zahlreiche Demütigungen, für die sie sich mit fanatischer Machtgier entschädigte, als sie 1560 Mitregentin ihres kleinen Sohnes wurde. Sie war verschlagen und hatte keine moralischen Hemmungen. Katharina hatte das unter religiösen Streitigkeiten leidende Frankreich fast dreißig Jahre lang fest im Griff. Ihr Anteil an der Massenermordung von Hugenotten bei der Bluthochzeit der Bartholomäusnacht im Jahre 1573 ist nicht ganz geklärt.

CHRISTINA
REGINA

Die schwedische Königin
Christine war intelligent und
gebildet, jedoch von Kindheit
an in ihrem Gefühlsleben
gestört. Ein bleibendes Objekt
für ihre Zuneigung fand sie
erst, als sie auf den Thron
verzichtet hatte und zum
Katholizismus übergetreten
war. Der römische Kardinal
Decio Azzolino war ein
Freund und Beschützer der
Königin auch in schweren
Zeiten. Christines Konvertie-
rung war für die römisch-
katholische Kirche ein so
bedeutender Sieg, daß sie ein
Grabmal in der Peterskirche
in Rom bekam.

Maria Theresia von Österreich

Die Regeln des gesellschaftlichen Lebens waren im Detail festgelegt. Man richtete sich viel strenger nach der Etikette als nach den zehn Geboten der Bibel. Die Rangordnung, die Kleidung, das Sprechen, die Verbeugungen – alles richtete sich nach der Etikette. Diese Ordnung, die den Menschen von heute befremdlich erscheint, war ein Ausdruck des gesellschaftlichen Strebens, die Menschen daran zu hindern, sich so zu verhalten, wie sie selbst es wollten. Erst zu Beginn der Neuzeit lernten die Menschen, ihr individuelles Ich zu anderen Menschen in Beziehung zu setzen. Einen überlieferten Kodex für gutes Benehmen und Selbstbeherrschung gab es nicht. Die Etikette schrieb für jede Situation vor, wie man sich zu verhalten hatte. – Die Abbildung zeigt einen Ball am französischen Hof gegen Ende des 16. Jahrhunderts.

Die Dame der Gesellschaft des 18. Jahrhunderts war ein von der Zofe, dem Friseur und der Ankleiderin mit Geschick und Sorgfalt hergerichtetes Kunstwerk. Jedes kleine Detail mußte an der rechten Stelle sein, und die Gestaltung des Ganzen erforderte einen Großteil des Tages der Dame und ihrer Dienstboten. Eine vollendet geschmückte Dame war wie eine Skulptur, mußte auf ihre Bewegungen achtgeben und lernen, auf eine bestimmte Weise zu stehen, zu gehen und zu sitzen. Schnelle Bewegungen und Anstrengungen, zum Beispiel zügiges Gehen, waren unmöglich. Die gnädige Frau hatte in ihrem Leben zwei Aufgaben: ihrem Gatten einen Erben zu schenken und schön zu sein.

Im 17. und 18. Jahrhundert erregte es geradezu Anstoß, wenn Frau und Mann im geselligen Leben gemeinsam auftraten. Die gnädige Frau hatte einen Begleiter, den Cicisbeo, der oft auch der Liebhaber der Dame war. Der Ehemann der Dame wiederum hatte eine andere vornehme Dame zu begleiten. Außerdem hatte er im allgemeinen mindestens eine feste, bezahlte Geliebte, eine Halbweltdame.

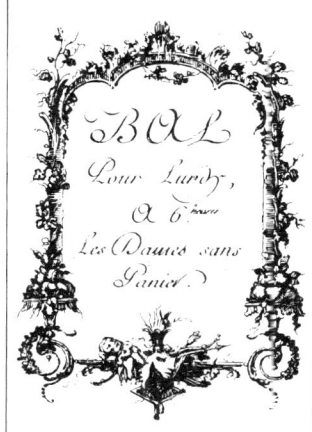

Aus der Einladung zum Ball ist ersichtlich, daß das Fest schon früh, um achtzehn Uhr, begann. Die Damen werden gebeten, keinen Reifrock zu tragen. Reifröcke verschiedener Größe waren seit dem 16. Jahrhundert Mode. Eine Dame mit Reifrock beanspruchte den Platz von zwei Personen.

Gegenstand der Verspottung war die halbgebildete Frau, die »lächerliche Preziöse«, die mit Weisheiten kokettierte, die sie nicht verstand. Die Bildung der Frau blieb oft eine Halbbildung. Anstatt dieser Tatsache dadurch abzuhelfen, daß man den Frauen eine ordentliche Erziehung zugestand, sollten sie auch noch auf das bißchen Bildung verzichten, das sie sich hatten aneignen können.

Das Rokoko des 18. Jahrhunderts brachte eine leichte, heitere Eleganz mit sich. Die vornehmen Leute wandten unendlich viel Zeit und Geld auf, um sich das Image eines vollkommenen Schmetterlings zu verschaffen. Beliebt zu sein war sowohl in sozialer als auch in wirtschaftlicher Hinsicht wichtig. Die Einladungen und Feste bildeten die Arbeit der vornehmen Gesellschaft.

sogar aus sehr bescheidenen Verhältnissen hervorgeholt, wenn für den Thron kein männlicher Erbe vorhanden war.

Die herrschenden Königinnen mußten zwei widersprüchliche Rollen miteinander in Einklang bringen: die Rolle der gehorsamen Ehefrau und die der Führerin der Nation. Einige kombinierten diese Rollen mit erstaunlicher Leichtigkeit, so wie Maria Theresia von Österreich oder Königin Viktoria von England. Andere verweigerten sich ganz und gar den traditionellen Aufgaben einer Ehefrau und Mutter, wie zum Beispiel Elisabeth von England und Christine von Schweden, wieder andere hatten die Kraft, alle Regeln über Bord zu werfen, so wie Katharina die Große von Rußland.

Bei ihrer Aufgabe als Herrscherin versagten einige kläglich wie Christine von Schweden oder Elisabeth von Rußland. Andere wiederum gehörten zu den bedeutendsten Herrschern und Erneuerern ihrer Reiche, so wie Isabella die Katholische von Spanien, Elisabeth von England und Katharina die Große von Rußland. Insgesamt machten sie ihre Sache nicht schlechter als die männlichen Regenten, obwohl sie für die Lenkung des Reiches viel schlechtere Voraussetzungen mitbrachten als die für diese Aufgabe erzogenen Prinzen.

Vom Beginn der Neuzeit an erhielt das gesellschaftliche Leben eine immer größere Bedeutung. Die gelungene Beteiligung am gesellschaftlichen Leben war wirkliche Arbeit und ihre Beherrschung eine Kunst, die man von Männern und Frauen erwartete. Die Kinder der oberen Gesellschaftsschichten wurden von klein auf für die Erfordernisse des gesellschaftlichen Lebens erzogen.

Im gesellschaftlichen Leben ging es meistens darum, gute Beziehungen für sich selbst und für die eigene Familie aufzubauen. Ein geschickter Mann und seine ebenso geschickte Frau mußten genau wissen, wem sie schmeicheln und wem sie den Rücken kehren mußten, wen sie zu welchen Veranstaltungen einladen, welche Einladungen sie wahrnehmen mußten und wie tief die Verbeugung oder der Knicks vor jemandem zu sein hatte. Ob ein Mensch im Leben Erfolg hatte, dafür waren nicht sein Talent, sein Fleiß und seine Aufrichtigkeit entscheidend, sondern seine Fähigkeit, ein unsichtbares, kompliziertes Netz von Beziehungen zu knüpfen und ständig aufrechtzuerhalten.

Gefühle und gesellschaftliches Leben hatten nichts miteinander gemein. Jedermann wählte den Gegenstand seiner Bewunderung und Schmeicheleien so, daß er später Nutzen aus der Zeit und der Mühe ziehen konnte, die er für diesen »Gegenstand« aufgewandt hatte. Wenn der Freund falsch gewählt war, also den Erwartungen nicht

Schon der Wissensdurst der »lächerlichen Preziösen« wurde verspottet, aber das Verlangen der unteren Klassen, sich zu bilden, stieß auf schroffe Ablehnung. Bildung machte das Proletariat verantwortungslos und verstärkte seine angeborene Neigung zur Faulheit. Als Beispiel diese Köchin, die in einem Roman liest, obwohl das Essen anbrennt und die Spinne ihr Netz über die nützlichen Bücher, darunter die Bibel, gewoben hat.

Das gesellschaftliche Leben der unteren Schichten war – abgesehen von dessen religiösem Bereich – ein beliebter Gegenstand des Spottes. Die im Kerzenladen tratschenden Frauen werden für das Laster der Unterhaltung bestraft, indem der Rock der einen Feuer fängt. Die Themen des Klatsches ähnelten sich, ob sich nun vornehme oder einfache Leute miteinander unterhielten.

entsprach, vergaß man ihn und ging dazu über, den nächsten zu belagern, von dem man sich mehr versprach.

Die Familie und die Verwandtschaft spielten im gesellschaftlichen Leben eine große Rolle. Auch ein Anfänger mußte wissen, wer mit wem verwandt und wer der Schützling welcher Familie war. Die jüngeren Mitglieder der Familie übten sich darin, den älteren und würdigeren Mitgliedern der Familie zu schmeicheln. Der Beschützer mußte seine Dankbarkeit für die ihm dargebrachte Bewunderung durch Geschenke und durch Vermittlung günstiger Ehen, Erbschaften, Geschäfte oder Ämter bezeigen. Das System war oft sehr aggressiv: die Mitglieder des einen Kreises konnten mit denen des anderen bis aufs Blut verfeindet sein. Nach damaliger Ansicht war Neutralität undenkbar: wer nicht für mich ist, ist gegen mich.

»In Paris war das Hotel de Rambouillet eine Art Akademie für Intelligenz, Eleganz, Tugend und Gelehrtheit... ein Treffpunkt für hochgestellte und verdiente Persönlichkeiten und ein bedeutendes Gericht, dessen Kritik sowohl auf den Ruf der Angehörigen der vornehmen Gesellschaft als auch auf die Wertung von Büchern Einfluß hatte.«

Catherine, die Tochter des Marchese von Pisano und der italienischen Adligen Julian Savelli, war zwölf Jahre alt, als sie in der ersten Hälfte des 17. Jahrhunderts den Marquis de Rambouillet heiratete. Die junge Marquise brachte das italienische Interesse an der Kultur und die Neigung zum geistreichen, lockeren Geplauder mit. Der königliche Hof mit seiner steifen Etikette hatte für die jungen Leute keinen Reiz. Marquise de Rambouillet öffnete ihr Haus in Paris den Intellektuellen, Schriftstellern, Philosophen und Künstlern jener Zeit. Das aufgeklärte Bürgertum, das keinen Zutritt zum Hof hatte, kam mit seiner Intelligenz und Eleganz in die Salons, von denen viele nach dem Vorbild des Hôtel de Rambouillet entstanden.

Ein charakteristisches Merkmal der Salons war, daß sie stark von Frauen geprägt wurden. Die Salons wurden immer von einer Dame geführt, niemals von einem Herrn. »Nichts ist so ärgerlich wie ein immer anwesender Ehemann!« rief ein Vertreter der Kirche aus, der in einem der Salons zu Gast war.

Das Salonleben des 17. Jahrhunderts erinnerte in gewisser Weise an die Ritterromantik des Mittelalters. Wie früher die Burgherrinnen unterhielten die Salondamen leidenschaftliche geistige Beziehungen zu ihren Bewunderern. Der Unterschied zu den Burgherrinnen bestand darin, daß die Liebe rein platonisch bleiben mußte.

»Das größte Verdienst der feinen Damen ist, daß sie verstanden haben, wie sie den Liebhaber ohne Sexualität zärtlich lieben und eine solide sexuelle Befriedigung von dem Ehemann bekommen können, den sie nicht mögen«,

Das Verfassen von geistreichen, amüsanten und witzigen Briefen wurde eine besondere Kunstform, mit sich vor allem die Frauen befaßten; zu anderen Zwecken zu schreiben schickte sich ja auch nicht für sie. Die bekannteste Briefautorin des 17. Jahrhunderts war die Marquise de Sévigné.

Mit dem zunehmenden Wohlstand kamen im 17. und 18. Jahrhundert verschiedene Genußmittel wie Kaffee, Tee, Kakao und Tabak in Mode. Tabak wurde ursprünglich als eine stark wirkende Heilpflanze betrachtet, mit der man versuchte, unter anderem Hautkrankheiten zu heilen.

Die abgebildete englische Schriftstellerin Mary Pix nahm die schwierigste Hürde: sie begann sich ihr Brot mit geistiger Arbeit zu verdienen. Mary Pix schrieb um die Wende zum 17. Jahrhundert zwölf Theaterstücke, die alle aufgeführt wurden, und einen Roman. Für eine Frau war es schwer, ihre Texte zu veröffentlichen oder aufgeführt zu sehen. Nach der herrschenden Auffassung konnte eine Frau sich nicht schriftlich ausdrücken, und daran war auch etwas Wahres, denn die Mädchen wurden dazu erzogen, den Haushalt zu führen, sparsam zu sein, die Kirche und den Ehemann in Ehren zu halten. Die geistigen Gaben der Mädchen wurden nicht gefördert, weil man meinte, daß es sie nicht gab. Wenn einmal aus irgendeinem Grund das Theaterstück oder der Roman einer Autorin veröffentlicht wurde – die Komödien von Mary Pix waren beliebt –, erklärten schon die Zeitgenossen, daß die Arbeit unbedeutend, schlecht oder unmoralisch sei. Die spätere Kritik bedachte die Arbeiten der Autorinnen nur mit Spott oder strich sie aus der Weltliteratur.

spottete ein Memoirenschreiber über die Atmosphäre der Salons.

Obwohl die Salons weitgehend eine Art Bühne waren, auf der kluge oder sich klug vorkommende Männer unsterbliche Sentenzen von sich gaben, hatten sie doch große Bedeutung als eine Institution, die die Sitten der Gebildeten verbreitete. Im 17. Jahrhundert war auch oberflächliche Höflichkeit und Rücksichtnahme auf den anderen eher die Ausnahme als die Regel.

Für die vornehmen Damen, die von ihrem Leben mehr erwarteten als Religion und Gebären von Kindern, waren die Salons der Himmel auf Erden. Im Salon konnte eine Frau musizieren, Verse rezitieren und, je nach Gesprächspartner, leichte oder tiefsinnige Gespräche führen. Den Salon konnte man nach Belieben gestalten: einige Salons pflegten die Musik, andere die Literatur, dritte befaßten sich mit Politik und vierte mit prominenten Persönlichkeiten. Einige Damen, die einen Salon führten, waren schöpferische Intellektuelle wie zum Beispiel die Marquise du Châtelet-Lomont. Sie übersetzte das Hauptwerk von Newton ins Französische und verfaßte Kommentare zum philosophischen System von Leibniz.

Diese begabte Mathematikerin lebte jahrelang in einem Liebesverhältnis mit Voltaire und gab der Arbeit und dem Ruf ihres Geliebten immer Vorrang vor ihrer eigenen Arbeit.

Eine solche Abweichung von der einzig richtigen Aufgabe der Frau – Dienerin des Ehemannes und der Familie zu sein – mußte heftigen Widerstand erwecken. Haß und Spott hatten denn auch zwei Hauptstoßrichtungen: die eleganten vornehmen Damen waren leichtsinnig und unmoralisch, also Huren. Auf der anderen Seite war nichts so lächerlich wie eine gelehrte Frau, ein Blaustrumpf. Molière, dessen eigener Ruf lange nur von den Salons getragen wurde, schrieb alle Ressentiments und Vorurteile seiner Zeitgenossen in seinem Lustspiel »Die lächerlichen Preziösen« nieder. Wirklich intelligente, begabte und gelehrte Frauen wurden überhaupt nicht gnädiger behandelt als die lächerlichen Preziösen – wenn sie nicht zufällig so hochgestellt waren, daß man nicht wagte, gegen sie zu sticheln.

Heute, wo Frauen wie Männer promovieren, ist das Wort »Blaustrumpf« vergessen. Vor zweihundert Jahren war es eine vernichtende Bosheit, durch die eine aktive, wissensdurstige Seele leicht entmutigt wurde.

Der Name »Blaustrumpf«, der ursprünglich für eine gelehrte, scharfsinnige Person stand, wurde ein Spottname. Als »Blaustrumpf« bezeichnete man eine Frau, die die Frechheit besaß zu glauben, daß Frauen etwas von Kunst, Naturwissenschaften und Philosophie verstehen könnten.

Ein »Blaustrumpf« war häßlich und schlecht gekleidet, frech und neunmalklug, unweiblich, schlampig und trug vielleicht eine Brille. Für eine Frau war es ein vernichtendes Urteil, »Blaustrumpf« genannt zu werden. Die Frauenhandbücher jener Zeit warnten die jungen Frauen eindringlich davor, ihre Klugheit oder ihre Kenntnisse zu zeigen. Sogar ihre gute Gesundheit sollten sie verbergen, damit der Mann sich als der Stärkere fühlen konnte.

Ohne systematische Erziehung, ohne Berührung mit dem öffentlichen Leben oder der praktischen Arbeit, ohne Möglichkeit zu wissenschaftlicher oder künstlerischer Ausbildung, oft von neidischen oder mißgünstigen Ehemännern und Verwandten angefeindet, konzentrierten sich viele intellektuell hungrige Frauen ernsthaft auf ihre schöpferische oder wissenschaftliche Arbeit. Die englische Pfarrerstochter Elizabeth Carter übersetzte den griechischen Philosophen Epiktet: sie las und schrieb zwölf Stunden am Tag, legte sich kalte Kompressen auf Kopf und Bauch oder kaute grünen Tee, um wach zu bleiben, und stand jeden Morgen um vier Uhr auf, um die kostbaren Stunden nicht mit Schlafen zu vergeuden.

Die »Blaustrümpfe« wurden verlacht und galten als Sonderlinge ihres Geschlechts, aber viele von ihnen hatten auch Bewunderer und einen treuen Freundeskreis, der ihnen Hochachtung entgegenbrachte.

Geist und Brot

Ebensowenig wie die Reformatoren wollten auch die Philosophen der Aufklärung die Stellung der Frau in Gesellschaft und Familie ändern. So unterschiedlich ihre Ausgangspunkte auch waren, so ähnlich wirkte sich der Einfluß der beiden Gruppen auf das Frauenleben aus. Die Reformatoren idealisierten die Beziehung des Menschen zu Gott und die Aufklärungsphilosophen die Beziehung des Menschen zur Wissenschaft, und beide wünschten sie, daß zu Hause eine süße kleine Frau mit dem Essen auf sie wartete, wenn sie vom Reformieren des Glaubens oder vom Aufklären der anderen Philosophen heimkamen.

Der Grund dafür war, daß beide Bewegungen vom Bürgertum ausgingen und von den Idealen der bürgerlichen Gedankenwelt geprägt waren.

Die Aufklärungsphilosophen hätten den Frauenbegriff ihrer Zeit erneuern können, wenn sie wirklich so gedacht hätten, wie sie zu denken vorgaben. Sie sagten sich von der traditionellen Denkweise los, nach der die Autorität

B. Pinelli

Die Aufklärungsphilosophen respektierten die Frau nur als Mutter. Für sie besaß die Beziehung zwischen Mutter und Kind einen Wert, den sie nie zuvor gehabt hatte, und sie trugen damit entscheidend zur Entstehung des modernen Muttermythos bei. Den Frauen war diese einzigartige Möglichkeit, ihren geringen Wert etwas zu erhöhen, willkommen. Die Mutterschaft war ein Bereich, mit dem die Männer nicht konkurrieren konnten.

immer stärker war als der empirische Beweis. Nichts war bewiesen, solange die Wissenschaft es nicht untersucht hatte.

Andererseits widersetzten sich die Aufklärungsphilosophen der Kirche. Für sie war die Jungfräulichkeit nicht heilig und die Ehelosigkeit nicht verdienstvoll. Sie glaubten nicht einmal an den Sündenfall.

Somit hätten die Aufklärungsphilosophen die Theorien des Aristoteles von der Dummheit und Schwachheit der Frau und die Lehren der Kirche von ihrer grenzenlosen Lüsternheit widerlegen können. Statt dessen übernahmen sie das Frauenideal des griechischen Altertums: die im Gynäkeion eingeschlossene Hausfrau.

Die ganze Aufklärung, so sehr sie sich auch für gesellschaftliche Angelegenheiten interessierte, kümmerte sich nur sehr wenig um die Stellung und Bedeutung der Frau. Die Frau war bereits eine so private Person, daß nicht einmal die klarsten Köpfe jener Zeit sie als einen Teil der Gesellschaft sahen. Die meisten Aufklärungsphilosophen meinten, daß die Frau sowohl nach dem Gesetz der Natur als auch nach dem der Gesellschaft von geringerem Wert und schwächer war als der Mann.

Für die Aufklärungsphilosophen war Freiheit gleichbedeutend mit der Möglichkeit, sich am politischen Leben zu beteiligen. Die Frau aber vermochten sie überhaupt nicht im Zusammenhang mit der gesellschaftlichen Macht zu sehen. Sie hielten sich für modern, weil sie die Frau als eine gute Gattin und Mutter idealisierten, und hatten damit in gewisser Weise auch recht.

Gemäß der im europäischen Mittelstand aufgekommenen Denkweise legte man großen Wert auf Gefühle im allgemeinen und auf die Zuneigung der Familienmitglieder untereinander, zumal auf die Liebe der Mutter zu ihren Kindern im besonderen. Auf diese Weise begann die Idee von der modernen Kernfamilie mit der Mutter im Mittelpunkt Gestalt anzunehmen. Die Stellung der Frau in der Familie wurde hervorgehoben, während sie sich andererseits immer weniger am öffentlichen Leben beteiligen konnte. Die Situation der Frauen, die keine idealisierte Familie um sich hatten, konnte sich nur verschlechtern.

Von den Aufklärungsphilosophen, die die Stellung der Frau und des Kindes definiert haben, war Jean-Jacques Rousseau (gestorben 1778) der bedeutendste. Rousseau verabscheute intelligente und gelehrte Frauen. Für ihn waren Schüchternheit und Bescheidenheit natürliche Eigenschaften der Frau. Wie die Griechen meinte auch Rousseau, daß die Frauen in keiner Weise imstande seien, die Bildung zu fördern. Sie verfügten nicht über die männliche Intelligenz, und wie bei den Athenern sollten sie von den Männern getrennt sein. Die Frau durfte für nichts anderes erzogen werden als für den Dienst am Mann, weil das ihre wirkliche Aufgabe war.

Es ist schwer zu beurteilen, ob die verächtliche Einstellung Rousseaus zu den Frauen auf seine eigenen Erfahrungen zurückzuführen war oder ob er so dachte, weil es für ihn selbst so am bequemsten war.

Rousseau machte das unbegabte Dienstmädchen Thérèse Le Vasseur zu seiner Geliebten. Thérèse lernte nie, auch nur die Uhr zu kennen, und bildete deshalb keine Gefahr für die Intelligenz Rousseaus. Die eleganten und intelligenten Frauen der noblen französischen Salons hielt Rousseau für eitel und selbstgefällig. Thérèse Le Vasseur gebar Rousseau fünf Kinder. Der Vater schickte die Kinder sofort ins Findelhaus und behauptete scheinheilig, daß sie dort eine bessere Pflege bekämen als zu Hause. Damals wußten alle, daß die Findelhäuser eigentlich große Leichenhäuser waren und die Unterbringung eines Kindes dort einer vorsätzlichen Tötung gleichkam.

Nachdem Rousseau seine eigenen Kinder losgeworden war, schrieb er den großartigen Erziehungsroman »Emile«. Darin verstand er als erster Erzieher, daß die Erziehung bei den Voraussetzungen des Kindes selbst ansetzen muß. Die Mädchen müßten natürlich anders erzogen werden als die Jungen, weil Ausgangspunkt und Ziel unterschiedlich sind. Die aktiven Jungen müssen zu Mitgliedern der Gesellschaft erzogen werden und die passiven und schüchternen Mädchen zum Dienen. »Emile« bedeutete einen entscheidenden Durchbruch für die neue kinderorientierte Denkweise innerhalb der Familie.

Rousseau war unausgeglichen, hatte Minderwertigkeitskomplexe, litt unter Verfolgungswahn und war einseitig in seinem Denken. Dennoch hatte er einen gewaltigen Einfluß auf die Denkweise seiner Zeitgenossen und der späteren Generationen. Rousseau war die Autorität, auf die man sich berief, wenn man kleine Mädchen nur in Religion und Handarbeit unterrichten wollte und wenn man Frauen die höhere Schulbildung verweigerte.

»Nur Personen, die annehmen, Frauen seien keine vollkommenen menschlichen Wesen, können die Frage stellen, ob das weibliche Geschlecht die gleichen Menschen- und Bürgerrechte habe wie der Mann. Wir zweifeln nicht daran... Offensichtlich muß aber die Frage gestellt werden, ob das weibliche Geschlecht von allen seinen Rechten Gebrauch machen will... Im allgemeinen ist die Frau entweder eine Jungfrau oder verheiratet. Wenn sie Jungfrau ist, lebt sie bei ihrem Vater... Wenn sie verheiratet ist, hängt ihre ganze Würde davon ab, ob sie ihrem Mann vollkommen ergeben ist oder zu sein scheint.«

Der deutsche Philosoph J. G. Fichte war der Meinung, daß sich die Frau ihrem Mann nicht aus Zwang unterwarf, sondern weil sie dringend und immerfort nach Unterwerfung verlangte. Es war ihr unmöglich, aus Vernunftgründen die Freiheit zu suchen.

Nach Ansicht Fichtes brauchen die Frauen auch keine Erziehung, weil das natürliche Gefühl der Frau ursprünglich mit dem Verstand eng verbunden ist und den Verstand verdrängen würde, wenn es nicht so wäre. So funktioniert das gesamte Gefühlsleben der Frau gemeinsam mit dem Verstand, und die Frau braucht keine Erziehung außer ihrem eigenen Wesen und dem, was sie von den Gesprächen der Männer zufällig hört.

Der größte der deutschen Philosophen, G. W. F. Hegel, war ebenso wie Augustinus oder Thomas von Aquin ein Gefangener des traditionellen Frauenbegriffs: »Was die sexuellen Beziehungen betrifft, ist zu bemerken, daß die Jungfrau durch ihre Hingabe auf ihre Ehre verzichtet. Das ist bei den Männern nicht der Fall, weil sie neben der Familie noch über ein anderes Gebiet für ihre ethische Tätigkeit verfügen. Das wesentliche Schicksal der Mädchen ist die Ehe und nur die Ehe; darauf ist die Forderung zurückzuführen, daß für sie die Liebe mit der Ehe identisch sein muß ...« Nach Ansicht Hegels unterscheiden sich Männer und Frauen ebenso voneinander wie Tiere und Pflanzen.

Die beiden Philosophen waren keineswegs besonders reaktionär oder frauenfeindlich. Fichte war sogar fortschrittlich insofern, als er forderte, daß der Ehemann sich bei der Wahl vor der Stimmabgabe mit seiner Frau beraten sollte, so daß die abgegebene Stimme von der ganzen Familie kam.

Trotz Aufklärung, Revolution, wachsenden Wohlstands, Industrialisierung und Revolution der Gefühle hatte sich die philosophische Denkweise in diesem Bereich seit Aristoteles und den Kirchenvätern kaum weiterentwickelt.

Die Frau war immer noch ein Gegenstand verwirrter Erörterung, mythischen Denkens und unklarer Theorien. Anscheinend war es den Philosophen völlig unmöglich, die Frau als ein vernünftiges, selbständiges Wesen zu betrachten. Auf fast allen anderen Gebieten vermochten sich die größten Denker der Menschheit von den Wahrheiten, Schemen und Vorurteilen ihrer Epoche zu lösen. Die Einstellung der Philosophen zum weiblichen Geschlecht aber war dermaßen von ihren eigenen, ins Unterbewußte abgesunkenen Erfahrungen geprägt, daß es ihnen unmöglich war, in diesem Zusammenhang ebenso klar und scharf zu denken wie sonst.

Obwohl die Frauen meistens von sich aus die Auffassung übernahmen, die der Mann von ihnen hatte, gab es eine Reihe von Menschen, die die »offizielle« Auffassung von der Frau nicht akzeptierten. Die vielen Autorinnen der zweiten Hälfte des 17. Jahrhunderts hätten ihre Arbeiten

nicht veröffentlichen können, wenn es nicht auch Denk-
weisen gegeben hätte, die wenigstens in gewissem Umfang der Botschaft der Autorinnen entsprachen.

Den großen geistigen Strömungen entgegengesetzte Meinungen hatten es schwer, in die Öffentlichkeit zu gelan-
gen, solange es nur wenige Verlage und Druckereien gab
und das lesende Publikum sehr klein war. Um so erstaunlicher ist die Veröffentlichung der Schriften von Mary
Astell in der zweiten Hälfte des 17. Jahrhunderts.

»Die wirkliche Bedeutung aller Komplimente und leeren
Phrasen ist diese: Er braucht eine, die sich um seine Familie kümmert, eine Haushälterin, die kein Interesse daran
hat, sich gegen ihn zu wenden, und auf die er sich somit
mehr verlassen kann als auf eine bezahlte Dienerin. Er
braucht eine, die sich um seine Kinder kümmert, die Sorgen und Mühen ihrer Erziehung auf sich nimmt, seinen
Namen und sein Geschlecht fortsetzt. Er braucht eine, deren Schönheit, Scharfsinn, gute Laune und reizende Plau-
derei ihn zu Hause unterhalten, wenn er in der Außenwelt
Unannehmlichkeiten und Enttäuschungen erlebt hat. Er
braucht eine, die ihm die Gerechtigkeit widerfahren läßt,
die die böse Welt ihm versagt. Das bedeutet in der Sprache
der anderen: eine, die seinen Stolz kitzelt und seiner Eitelkeit schmeichelt, indem sie immer auf seiner Seite steht,
indem sie sagt, daß er recht hat, während die anderen so
dumm sind zu behaupten, daß er im Unrecht sei... Mit
einem Wort, der Mann braucht eine, die er vollkommen
beherrschen und nach seinen Wünschen formen kann,
die ihr ganzes Leben lang in seinem Besitz bleiben muß,
ohne eine Möglichkeit der Loslösung, ganz gleich, wie er
sie behandelt.«

So sah Mary Astell die Ehe. Sie schrieb schon im Jahre
1694, Jahrzehnte vor den Philosophen der Aufklärung,
daß die unterdrückte Stellung der Frau nicht auf einem
Naturgesetz beruhe, sondern ein Ergebnis von Sitte, Gewohnheit und Erziehung sei. Das Selbstbewußtsein der
Männer sei zerbrechlich, denn es hing davon ab, inwieweit die Frauen immer und überall bereit waren, es zu
stärken, indem sie sich selbst erniedrigten.

Mary Astell verstand auch, wie außerordentlich schwierig
es für die Frau war, Zeit und Ruhe für sich selbst zu finden.
Sie schlug vor, eine Universität für Frauen zu gründen,
und erhielt sowohl geistige als auch materielle Unterstützung für ihr Vorhaben, bis es am Widerstand der Kirche
scheiterte: nach Ansicht des anglikanischen Bischofs hätte die Anstalt zu sehr an ein katholisches Kloster erinnert.
Gleichzeitig gab es an den englischen Universitäten nur
männliche Lehrer und Studenten, doch wurden sie von
niemandem wegen ihres klosterartigen Charakters verurteilt.

Lady Mary Wortley Montagu
(gestorben 1762). Der Name
Blaustrumpf soll in ihrem
Salon entstanden sein. »Wenn
die Männer behaupten, es sei
im Interesse der Frau, sich zu
unterwerfen und zu gehor-
chen, dann denken Sie daran,
daß diese Sprüche von denjenigen kommen, die sich selbst
nie unterworfen haben.«

Catherine Macaulay (gestorben 1791). Ihrer Ansicht nach
wurde von der Frau nur
verlangt, daß sie einem einzigen Mann treu war. Wenn die
Frau dafür sorgte, daß sie bei
einem Liebesabenteuer nicht
erwischt wurde, konnte sie
lügen und betrügen.

Mary Wollstonecraft (gestorben 1797) war der Ansicht,
daß die Ehe für die Frau eine
wirtschaftliche Notwendigkeit
sei. Tatsächlich unterschied
sich die Lage einer Ehefrau
nicht wesentlich von der
einer Prostituierten. Beide
verdienten ihr tägliches Brot,
indem sie ihren Körper dem
Mann verkauften.

316

Lady Mary Wortley Montagu ist vor allem dafür bekannt, daß sie die Pockenimpfung aus der Türkei nach England brachte. Sie war eine vornehme, wohlhabende, hochgebildete und außergewöhnliche Persönlichkeit. Sie brannte mit ihrem ersten Mann durch, verbrachte ein paar Jahre in der Türkei, wo ihr Mann Gesandter war, und schrieb von dort Briefe, die später zu einem Buch zusammengefaßt wurden. Sie kämpfte unermüdlich gegen die englische Ärzteschaft, um die Impfung in England durchzusetzen. Sie hatte ein leidenschaftliches Verhältnis mit dem Dichter Alexander Pope, der sie nach Beendigung des Verhältnisses zur Zielscheibe von Gemeinheiten machte. Sie gab eine politische Zeitschrift heraus und war die führende Persönlichkeit der gebildeten Londoner Gesellschaft. Jahrelang lebte sie im Ausland ohne eine formelle Scheidung von ihrem Mann.

Neben all dem Trubel fand Lady Mary Zeit, scharfe und wohlbegründete Anmerkungen zur Stellung der Frau in der Welt des 18. Jahrhunderts zu schreiben. Wie Mary Astell, die sie sicherlich kannte, behauptete auch Lady Mary, daß man bei Frauen Sitte und Gewohnheit mit ihrem Naturell verwechsle, die doch nichts miteinander zu tun hätten. Die Männer hörten nur auf andere Männer und dächten über die Frauen so, wie es für sie selbst am günstigsten war.

Die dritte Mary, Mary Wollstonecraft (gestorben 1797), veröffentlichte im Jahre 1792, etwa hundert Jahre nach Mary Astell, in ihrem Buch »Rettung der Rechte des Weibes« ihre Gedanken zur Stellung der Frau. Als Hilfsmittel standen ihr die Schriften ihrer Vorgängerinnen, die Gedanken der Aufklärungsphilosophen und die Werke des französischen Marquis Condorcet, der die Gleichberechtigung der Frau bedingungslos befürwortet hatte, zur Verfügung. Condorcet hatte im Gegensatz zu anderen, auch zu späteren Denkern, den Mut sich von der Ansicht loszusagen, nach der das Wesen der Frau durch die »Natur« festgelegt ist. Condorcet fand auch, daß die Menstruation, die als ein schwerwiegendes weibliches Handicap galt, nicht schlimmer sei als die gesundheitlichen Schwankungen, die auch bei Männern auftreten.

Mary Wollstonecraft wurde auch stark von ihrer Zeitgenossin Catherine Macaulay beeinflußt, die zu ihrer Zeit eine bedeutende und produktive Historikerin und eifrige Befürworterin des amerikanischen Unabhängigkeitskrieges war. Catherine Macaulay befaßte sich mit den Auswirkungen der Erziehung auf die Stellung der Frau in der Gesellschaft. Ihrer Ansicht nach waren es die Eitelkeit der Männer und ihr Wunsch, als ein höheres Wesen aufzutreten, die einer soliden Ausbildung der Frauen im Wege standen. Die natürliche Begabung der Frauen wurde nicht akzeptiert: kritisch, schöpferisch und talentiert waren nur Männer.

Man erwartete von den Frauen, daß sie klein, sensibel, zerbrechlich und dumm waren. Laut Catherine Macaulay bewunderten die Männer hervorragende Frauen, liebten aber diejenigen, die sie verachteten. Den Frauen wurde weisgemacht, ihr Glück sei der zufriedene Mann. Das aber stimmte nach Catherine Macaulay nicht: wo die Männer bedient wurden, da waren die Frauen Sklavinnen. Mary Wollstonecraft hat sich sicherlich auch mit den Gedanken der Französin Olympe de Gouges auseinandergesetzt. Olympe de Gouges hatte eine Deklaration der Frauenrechte verfaßt: in den siebzehn Artikeln der Deklaration der Menschenrechte hatte sie das Wort Mann durch das Wort Frau ersetzt. So weit reichten die Menschenrechte nach Auffassung der französischen Revolutionäre jedoch nicht. Olympe wurde als eine unweibliche Fanatikerin abgestempelt und kam auf die Guillotine.

In der »*Rettung der Rechte des Weibes*« zeigte Mary Wollstonecraft die Methoden auf, mit deren Hilfe man den Frauen für alles mögliche die Schuld in die Schuhe schieben konnte. Wort für Wort verriß sie die Gedanken Rousseaus über die Frauen. Sie wies nach, wie unterschiedlich man den Mängeln und Schwächen bei Männern und bei Frauen begegnete: wenn ein Mann in irgendeiner Sache Schwäche zeigte, wurde Hilfe für ihn geholt, während die Schwachheit der Frau als ein Beweis für ihre Unfähigkeit betrachtet wurde. Und weil die Intelligenz der Frau als mangelhaft galt, wurde ihr nicht die gleiche Erziehung zuteil wie dem Mann. Weil die Frauen passiv waren und sich unterordneten, mußte ihnen jede Aktivität verboten werden, die zur Selbständigkeit führen könnte.

»Es macht mich besorgt, daß die Frauen sich systematisch erniedrigen, indem sie die zweitrangigen Komplimente akzeptieren, die die Männer ihnen um ihrer eigenen Männlichkeit willen machen. Eigentlich preisen sie in beleidigender Weise ihre eigene Überlegenheit.« Laut Mary Wollstonecraft war es unsinnig, daß eine Frau sich geschmeichelt fühlte, wenn ein Man ihr sagte, daß sie schwach und närrisch sei. Es zeigte nur, wie gründlich die Frauen dazu gebracht worden waren, die Vorstellungen zu übernehmen, die die Männer von den Frauen hatten.

Mary Wollstonecraft unterstrich den Wert von Erfahrungen, die die Frauen selbst machten. Davon mußte man reden, mußte sagen, wie anders die eigene Erfahrung der Frau vom Frausein war im Vergleich zu dem, was die Männer davon sagten. Solange die Auffassung des Mannes von der Welt für die Auffassung aller stehe, so lange werde die Frau als unnormal gelten. »Die Welt braucht Gerechtigkeit, nicht Wohltätigkeit.«

Die meisten Frauen arbeiteten noch in der zweiten Hälfte des 18. Jahrhunderts in der Urproduktion, d. h. in Ackerbau und Fischerei. Unter den helgoländischen Hummerfängern ist auch eine Frau. Die Frauen beteiligten sich an der Schafschur, obwohl das Viehhüten Männerarbeit war. Bei der Hopfenernte stellten die Frauen einen bedeutenden Anteil an Arbeitskräften, und die Weinlese war nahezu ausschließlich eine Frauenarbeit, die in Europa alljährlich eine große Menge wandernder Arbeiterinnen beschäftigte.

Überall in Europa behandelte der Adel die arme Landbevölkerung mit großer Härte. Eine gnadenlose Bauernschinderin war zum Beispiel »Frau Peinhaus«, Beata Gyllenstierna aus Schweden, von deren Brutalität gegenüber den Landleuten unendlich viele Geschichten erzählt werden. Frau Beata beherrschte das Anwesen Eriksberg in Södermanland. Sie war baltischer Herkunft, ebenso wie ihr finnisches Pendant, Gertrud von Ungern-Sternberg in Elimäki. Beide waren seit ihrer Kindheit an Leibeigene gewöhnt, und die Art und Weise, wie sie die Bäuerinnen und Bauern behandelten, erregte bei den schwedischen und finnischen Bauern maßlosen Zorn.

318

B. Pinelli

B. Pinelli

Im 18. Jahrhundert, zur Zeit der Aufklärung, wurde die unterdrückte Stellung der Frau deutlich erkannt. Die meisten Menschen, Männer und Frauen, akzeptierten jedoch diese Situation. Immer wieder tauchten aber auch abweichende Meinungen auf. Es ist anzunehmen, daß hinter jedem veröffentlichten Widerspruch zahlreiche Kritiker standen, die sich über die strenge Machtverteilung in der Gesellschaft Gedanken machten, sie erörterten und anzweifelten. Allein die Tatsache, daß die Werke der drei Marys Verleger fanden, zeigt, daß es innerhalb der Intelligenz verschiedene Strömungen gab.

Wenn eine Gemeinschaft ein von der Regel abweichendes Mitglied verurteilen will, ist die am häufigsten benutzte Waffe das Geschlechtsleben des Opfers, auch wenn es nichts mit der Tätigkeit der geschmähten Person zu tun hat. Der Mann wird gern als homosexuell abgestempelt, weil die Homosexualität nach jüdischer und christlicher Auffassung die widerwärtigste sexuelle Sünde ist. Bei einer Frau genügt es, sie als Hure zu bezeichnen – aber auch das Gegenteil ist ein Fehler: Mary Astell wurde wegen Scheinsittsamkeit beschimpft, weil sie nicht heiratete.

Das Leben von Lady Mary Wortley Montagu gab Anlaß zum Klatsch: sie lebte von ihrem Mann getrennt und hatte ein Verhältnis mit einem Dichter, der sie später verspottete. Catherine Macaulay leistete sich einen unverzeihlichen sozialen Fehltritt: als sie Witwe geworden war, heiratete sie mit siebenundvierzig Jahren einen einundzwanzigjährigen Jüngling, dessen Herkunft alles andere als passend war.

Mary Wollstonecraft war ein Leckerbissen für böse Zungen. Sie hatte einen Liebhaber und ein uneheliches Kind, und einen neuen Liebhaber, den sie erst heiratete, als sie schwanger wurde. Ihr Mann, der Dichter und Philosoph William Godwin, blieb mit einer kleinen Tochter allein, als Mary Wollstonecraft bald nach der Entbindung starb. Auch die Tochter, die ebenfalls Mary hieß, wurde Schriftstellerin – sie schrieb den klassischen Gruselroman »Frankenstein«.

Die Nachwelt tat praktisch alles, um diese rebellischen Frauen aus der Weltliteratur und der Philosophie zu verbannen. Da ihre Werke anders waren, von ganz neuen Standpunkten und Erfahrungen ausgingen, war es leicht, sie für schlecht, unlogisch und schwer lesbar zu erklären. Es ist schwer oder unmöglich, ihre Werke zu bekommen. Nur die umfangreichsten Konversationslexika kennen eine von ihnen – und auch dann nur als Ehefrau ihres Mannes: Mary Wollstonecraft-Godwin.

»Überall auf dem Land sieht man wilde weibliche und männliche Tiere. Schwarz oder kreidebleich, sonnenver-

Vor allem die Textilindustrie war ein Produktionszweig, der sowohl in die Häuser der armen Landbevölkerung als auch in die städtischen Wohnungen Arbeit brachte. Die Verteiler gingen von Tür zu Tür, brachten Rohmaterial und holten Garne oder fertige Stoffe ab, wobei sie zahlten, was der Unternehmer zu zahlen bereit war. Die lombardischen Frauen spinnen Seide in einer anscheinend wohlhabenden Umgebung.

Diese französische Spitzenklöpplerin arbeitet allein, aber in Spitzenklöppelgebieten mußten schon vierjährige Kinder bis zu zehn Stunden am Tag klöppeln.

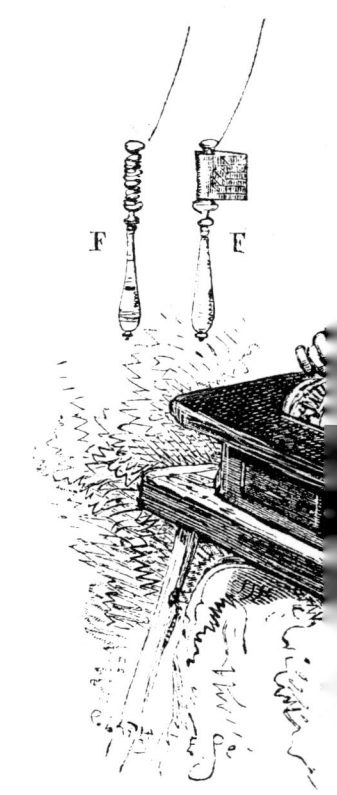

brannt kriechen sie über das Feld, lockern den Boden und graben ihn um. Sie produzieren Geräusche, die an Sprache erinnern. Wenn sie sich auf die Beine stellen, haben sie plötzlich menschliche Gesichter, und tatsächlich, es sind Menschen. Nach Einbruch der Nacht kriechen sie in ihre Gruben und Löcher, wo sie von Schwarzbrot, Wasser und Wurzeln leben. Weil sie schuften, brauchen andere Menschen nicht zu pflügen, zu säen und zu ernten. Sie verdienten etwas Besseres, als ohne das Brot zu bleiben, das sie selbst produzieren.«

So elend war in den Augen eines human gesinnten Schriftstellers die Lage der französischen Landarbeiter genau hundert Jahre vor der großen Revolution. Und auch in England war die Armut nicht leichter zu ertragen.

»Joan Whittle hatte über vierzig Jahre als Magd ihres Bruders im Dorf gelebt. Als sie aber alt und schwach wurde, schob der Bruder sie zur Gemeinde ab, die sie versorgen sollte. Sie wurde beim Betteln im Dorf angetroffen und nach Teddington geschickt, wo sie nach eigenen Angaben geboren war, aber Teddington schickte sie zurück.«

Am schutzlosesten waren Waisenkinder, alte Menschen und landlose Witwen.

»Die arme unglückliche Witwe gab an, seit Mariä Lichtmeß obdachlos zu sein. Sie war seit neun Jahren Witwe und hatte ein verkrüppeltes Kind. Sie lebte von allen Verwandten getrennt, obwohl sie für ein besseres Leben erzogen war. Sie hatte alles verkauft und verpfändet, was sie besaß – sogar die Kleider und Handschuhe, die sie angehabt hatte –, um ihr armes Kind zu ernähren. Sie konnte keine Arbeit bekommen, sie hatte kein Geld, keinen Kredit und keine Wohnung. Ohne Hilfe wird sie verhungern.«

Die Möglichkeiten einer Frau, sich durch eigene Arbeit zu ernähren, waren gering, nachdem die Zünfte zu Beginn der Neuzeit zu verfallen begannen und, um die Arbeitsmöglichkeiten der Männer zu sichern, immer strengere Regeln aufstellten, damit den Frauen jede Möglichkeit zur Ausübung einer beruflichen Tätigkeit genommen wurde.

Die meisten Frauen lebten nach wie vor auf irgendeine Weise von der Landwirtschaft. Mit der allgemeinen Bevölkerungszunahme in Europa wuchs auch der Anteil der landlosen Bevölkerung. Ein Mann ohne Grund und Boden hatte kaum eine andere Möglichkeit, als Arbeiter zu werden. Der Lohn war erbärmlich. Ein alleinstehender Mann konnte damit auskommen, aber um den Lebensunterhalt einer ganzen Familie zu bestreiten, mußten auch die Frau und die Kinder arbeiten. Wenn der Mann starb oder weglief, blieben der Familie eigentlich nur die Alternativen, Hungers zu sterben oder die Armenhilfe der Gemeinde in Anspruch zu nehmen, was keinen großen Unterschied zum Hungertod machte.

Wenn die Tochter eines Landarbeiters Glück hatte, konnte sie Magd auf einem Bauernhof werden. Die Magd hatte etwas, was die Frau eines Landarbeiters nicht unbedingt hatte: Mahlzeiten vom Dienstherrn und ein Dach über dem Kopf. Diesen relativen Wohlstand tauschte die Magd gegen die elende Lage der Frau eines Landarbeiters ein, sobald sie die Mitgift von dreißig Pfund und etwas Wäsche für die Aussteuer beisammen hatte.

Die Frau eines Landarbeiters hatte gewisse Möglichkeiten, das Leben der Familie zu erleichtern. Sie konnte zu Hause Handarbeiten machen, meistens spinnen, oder anderweitig für die Textilindustrie arbeiten.

In der Heimindustrie gab es eine klare Arbeitsteilung. Der Ehemann war Weber. Er webte Stoff aus dem Garn, das die Frau gesponnen hatte. Die Kinder waren Hilfskräfte, sortierten die Wolle und sammelten Wollflocken.

Neben dem Spinnen konnte die Frau die Haushaltsarbeiten erledigen. Die Familie war zusammen, es konnte auch ein fremdes Baby dabeisein, denn die Frau verdiente vielleicht als Amme ein paar Münzen hinzu. Land hatten sie meistens nicht, es sei denn, ein kleines Fleckchen rings um das Häuschen herum.

Die Arbeiter waren dem Arbeitgeber vollkommen ausgeliefert. Sie hatten keinerlei Möglichkeit, auf die Höhe ihrer Löhne Einfluß zu nehmen. Wenn eine Frau nicht bereit

Im 18. Jahrhundert verließen die Heimarbeiterinnen allmählich ihre Wohnungen, um in großen Hallen, Manufakturen und Werken an Maschinen zu arbeiten. Die Frauen, die in der Werkhalle dicht nebeneinander sitzend Seide haspeln, können nicht mehr zwischendurch ihr Kind stillen, und die Tabakblätter schneidenden Mädchen unterliegen dem strengen Reglement der Fabrik. So erfolgte auch für die Frauen eine Trennung von Wohnung und Arbeitsplatz.

war, zum vorgeschlagenen Preis Wolle zu spinnen, fand sich immer eine andere, die es tat. Bei der extremen Armut wurde jedes Stückchen Brot genommen, das sich bot, die Nacht wurde zum Tage gemacht, und das wichtigste an den Kindern war ihre Arbeitskraft.

Diese harte, aber in ihrer Ausgeglichenheit erträgliche Gemeinschaft zerbrach, als die Industrie von den Arbeiterhäuschen in die großen Hallen der Manufakturen zog. Die Löhne waren so niedrig, daß nicht nur der Vater, sondern auch die Mutter in die Fabrik gehen mußte. In einige Werke durfte man auch die Kinder mitnehmen, damit sie dort die Untergestelle der Maschinen reinigten. Nach dem vierzehnstündigen Arbeitstag erledigte die Frau die Hausarbeit und versorgte die Kinder. So mußten die Frauen in ihrer neuen Rolle noch härter arbeiten als vorher, weil die Männer nicht imstande waren, sich der neuen Situation anzupassen und die Arbeiten im Haus und im Garten mit ihnen zu teilen.

Wenn es in den unteren Gesellschaftsschichten für die Frau schwierig war, ihren Lebensunterhalt selbst zu verdienen, war es in den oberen nahezu unmöglich. In den Handwerken gab es so gut wie keine Frauen mehr. Die Männer okkupierten allmählich sogar einen so uralten Frauenberuf wie das Bierbrauen. Die Frauen wurden aus dem Beruf der Bäckerin und der Friseuse verdrängt, und schließlich wurden Männer sogar Hebammen.

In vielen Handwerker- und Kaufmannsfamilien war die Frau zweifellos ebenso unersetzlich wie auf dem Bauernhof. Englische Reisende wunderten sich besonders über die Holländerinnen, die sich in der Mathematik auskannten und die Konten des Handelshauses führten. Zur Verwunderung der Engländer wurden diesen Frauen ebenso hohe Kredite eingeräumt wie ihren Männern. Ein Beobachter äußerte die kühne Vermutung, daß die Blüte der holländischen Handelsmacht im 17. Jahrhundert gerade darauf zurückzuführen war: die Holländer führten ihr Geschäft bis zum Tod weiter in der Gewißheit, daß die Frau das Vermögen danach noch gut verwalten würde.

Und was war mit einer alleinstehenden Frau aus dem Bürgerstand oder dem Adel, die über kein Vermögen verfügte? Die übliche Lösung bestand darin, daß sie das Gnadenbrot der Verwandten aß. Eine solche entfernte Cousine oder Tante wurde allgemein Gesellschafterin genannt. Sie hatte die Aufgabe, sich Beschwerden anzuhören, der Hausherrin und dem Hausherrn zu schmeicheln und als eine Art Vermittlerin zu fungieren. Im 19. Jahrhundert wurden auch fremde Menschen als Gesellschafterinnen engagiert. Ebenso wurde es in wohlhabenden Familien üblich, Hauslehrer und Gouvernanten zu beschäftigen. Die Aufgabe einer Gouvernante setzte jedoch eine relativ gute Erziehung voraus, über die nur wenige Frauen im 17. und 18. Jahrhundert verfügten.

Nach dem in der gesamten Gesellschaft herrschenden Prinzip wurde von der Frau nicht erwartet, daß sie sich selbst ernährte. Die Frau wurde als eine familieninterne Person betrachtet, für deren Unterhalt der Ehemann verantwortlich war. Ein Widerspruch entstand, wenn die Wirklichkeit den Vorstellungen nicht entsprach: wenn der Lohn des Mannes nicht ausreichte, die Familie zu ernähren, und wenn mindestens jede zehnte ledig blieb, so daß der Anteil der unverheirateten Frauen erheblich zunahm. Dreihundert Jahre lang war die Gesellschaft nicht bereit, diesen Widerspruch anzuerkennen. Die Frau wurde auch im Erwerbsleben nur als zweitrangige Mitverdienerin der Familie betrachtet, der man nie einen Lohn zu zahlen brauchte, mit dem sie auch nur sich selbst hätte ernähren können, ganz zu schweigen von Kindern.

Eine Situation, in der eine Frau sich selbst ernähren mußte, wurde als beschämend empfunden. Die Frauen einer wohlhabenden, ehrbaren Familie wurden immer von jemandem versorgt. Den am tiefsten Gesunkenen blieb nur der schwerste und am meisten verachtete Weg, sich selbst zu ernähren: die Prostitution.

Für eine Frau von Stand war es sehr schwierig, ihren Lebensunterhalt durch ehrbare Arbeit zu verdienen. Dieses junge Fräulein hinter dem Ladentisch einer Pariser Buchhandlung in der ersten Hälfte des 17. Jahrhunderts ist sicherlich eine Tochter des Ladenbesitzers, die ihrem Vater hilft, bis für sie eine angemessene Heirat arrangiert wird.

Wessen Freiheit?

Nach Versailles, in den wunderbaren Palast der französischen Könige, strömen am 5. Oktober 1789 sonderbare Leute. Anstelle von lieblichen Menuetten und eleganten Phrasen sind Schreie und Schüsse zu hören. Anstelle von rosa Seidenstoffen und weißgepuderten Perücken sind schäbige Kopftücher, biedere Wollröcke und bürgerliche Hauben zu sehen.

»Brot! Brot!« Seit drei Tagen hat es in Paris kein Brot mehr gegeben.

Sechstausend Frauen sind von Paris nach Versailles marschiert, einen Weg von fast zwanzig Kilometern, durch Regen und Morast, um König Ludwig XVI. um Brot für ihre Kinder zu bitten.

Die Frauen trugen dem König ihre bescheidenen Wünsche vor. »... wir bitten, daß die Männer nicht zu Berufen zugelassen werden mögen, die von Natur aus den Frauen gehören, Schneiderarbeiten, Spitzenklöppeln, Stickerei und Handel mit Modewaren ... Wir bitten, Sire, daß wir einen Beruf erlernen dürfen und daß wir Arbeit bekommen, nicht um den Männern ihre Übermacht zu nehmen, sondern um uns zu ernähren ...«

Die Beteiligung der Frauen an der Französischen Revolution erinnert lebhaft an ihre Beteiligung an religiösen Bewegungen. Sie nehmen mit Begeisterung teil, opfern sich auf, glauben an die Idee und wollen gemeinsam mit den Männern eine bessere Welt aufbauen. Ihre Arbeit war für die Führer der Revolution gut genug, und sie durften, mit Stola und Rosen geschmückt, die Göttin der Vernunft spielen. Als sie aber begannen, von politischen Rechten zu sprechen, wurden Versammlungen von mehr als fünf Frauen verboten.

Den Kern der großen Französischen Revolution bildete der Dritte Stand: Gelehrte, Kaufleute, Beamte, der sich vor allem für Politik und Staatswissenschaft interessierte. Sein Ideal wechselte innerhalb von ein paar Jahren von der begrenzten Königsmacht zur Republik, von der Humanität zum Terror. Den Ideen der Aufklärung gemäß wurden gemeinnützige Gesetze erlassen. Zeit und Kräfte der Nationalversammlung verbrauchten sich jedoch hauptsächlich bei der Abwehr der äußeren und inneren Feinde. Das revolutionäre Frankreich hatte zum Gegner eine mächtige europäische Allianz, deren Herrscher fürchteten, daß sich die Idee der Freiheit und Gleichheit in die demütigen Herzen ihrer Untertanen einschleichen könnte. Frankreich wurde durch die Zerstrittenheit seiner Feinde und durch den Heldenmut seiner Armeen gerettet.

Für die Französische Revolution kämpften auch Frauen. Obwohl keine besonderen Truppenverbände für Frauen gegründet wurden, erhielten viele Frauen Uniform und Ausrüstung, um an der Seite ihrer Väter, Brüder und Ehemänner zu kämpfen. Der Nationalkonvent pries ihre Tapferkeit und ihre unerschütterliche Moral.

Eine größere Gefahr als die mutig abgewehrten Angriffe von außen bildeten das Mißtrauen und die Streitigkeiten unter den Revolutionären. Sie führten allmählich zu einem Terror, wie Europa ihn noch nicht erlebt hatte.

Der Nationalkonvent, der streng auf seine eigene Freiheit sah, kümmerte sich kaum um die Lage der Armen und der Frauen. Zu den Zielen der bürgerlichen Revolution gehörte es nicht, den Teil der Bevölkerung zu befreien, von dem sie Nahrung und Dienstleistungen bezog: die Arbeiter und die Frauen.

Es gab freilich auch Menschen, die anders dachten. Marquis und Marquise Condorcet führten gemeinsam einen berühmten Salon von hohem Niveau. Condorcet trat dafür ein, den Frauen die Bürgerrechte zu gewähren. »Die Menschen sind es so gewohnt, ihre natürlichen Rechte zu entbehren, daß kaum jemand daran denkt, sie auch nur einzufordern, oder überhaupt begreift, daß er ungerecht behandelt wird. Gibt es ein deutlicheres Beispiel für die Macht dieser Gewohnheit als die Tatsache, daß aufgeklärte Männer die Bürgerrechte für drei- oder vierhundert Männer, die sie verloren haben... zurückfordern, nicht jedoch für zwölftausend Frauen?«

Die Gleichheit, die die Revolution den Frauen gewährte, war das Recht, auf derselben Guillotine zu sterben wie die Männer. Olympe de Gouges, die für die Frauen das Recht forderte, auf die politische Rednertribüne zu steigen, weil sie auch auf das Schafott steigen durften, wurde das letztgenannte Recht gewährt, jedoch nicht das erste.

Die Erziehung vermittelte den Frauen des Hochadels zwar überhaupt keine vernünftigen Fertigkeiten, bereitete sie aber darauf vor, mit beispielhafter Würde in den Tod zu gehen. Die Fürstinnen, Gräfinnen und Marquisen betraten die Guillotine so gelassen wie eine Kirche, und die bürgerlichen Frauen taten es ihnen gleich, als die Reihe an ihnen war, auf das Schafott zu steigen.

Die Frauen der großen Französischen Revolution waren in erster Linie Vertreterinnen ihrer Klasse, nicht ihres Geschlechts. Die hungrige und zornige Waschfrau empfand kein Mitleid mit der Gräfin, die ihre Kinder zum Abschied küßte und dann in den Tod ging. Die Frauen der Girondisten und der Jakobiner, der beiden großen Parteien der Revolution, empfanden ebenso tiefen Abscheu füreinander wie die Männer. Trotzdem fanden sich alle Richtungen in gemeinsamem Haß wieder zusammen, als die ex-

Marquis Condorcet

Der Marsch der Frauen nach Versailles ist bezeichnend für die Lage der unteren Klassen Frankreichs gegen Ende des 18. Jahrhunderts. Die Menschen hatten keine Rechte, keine Erziehung, keine Arbeit, aber vor allem fehlte es an Brot. Die viertausend steinreichen Familien der Nation lebten in unvorstellbarem Luxus, der Staatshaushalt war zusammengebrochen, das Land befand sich am Rande des totalen Chaos.

tremen Revolutionärinnen eine Gesellschaft nur für die Frauen, *Femmes répulicaines révolutionnaires*, Republikanische Revolutionsfrauen, gründeten.

In keiner parteipolitischen Richtung gab es Männer, denen gefiel, daß sich die Frauen in die Politik einmischten. Auch für die Männer der Aufklärung waren die Frauen launenhaft. Man konnte sie ebensogut für die Sache der Revolution wie für die der Gegenrevolution begeistern. Der Führer des Terrors, Robespierre, war ein Anhänger der Ideen von Rousseau. Für ihn war die Beteiligung der Frauen am öffentlichen Leben »unnatürlich«.

Die republikanischen Revolutionärinnen forderten vor allem wirtschaftliche Verbesserungen. Sie waren Näherinnen, Wäscherinnen, Büglerinnen, Arbeiterinnen der Manufakturen. Für sie waren die Belange des täglichen Lebens wichtiger und standen ihnen näher als der politische Streit im Nationalkonvent. Sie forderten einen Preisstopp für Lebensmittel – und zogen den Zorn der kleinen Kaufleute auf sich. Der Nationalkonvent, der fürchtete, daß die Frauen das arme Volk zu neuen Brotkrawallen aufhetzen könnten, nahm die Streitereien der Frauen zum Anlaß, um die Gesellschaft der republikanischen Revolutionärinnen aufzulösen und die politische Tätigkeit der Frauen zu verbieten.

Neue Wut gegen die politische Tätigkeit der Frauen entfachte Charlotte Corday. Sie war eine belesene, politisch interessierte junge Frau, die sich den Girondisten, der gemäßigten Partei der Revolution, anschloß. Die zu fanatischer Heldenverehrung neigende Charlotte erfuhr ihre Erfüllung, als sie den Führer der Jakobiner, den blutigen Jean Paul Marat, in der Badewanne ermordete. Zu einer Zeit finstersten Terrors, wo in Frankreich jeden Monat

Tausende von Menschen hingerichtet wurden, erweckte die Bluttat Charlottes besonderen Abscheu, weil es sich bei dem Mörder um eine Frau handelte.

Ganz ohne Belohnung blieben die Töchter der Revolution aber doch nicht. Die Ehe wurde in einen Zivilvertrag verwandelt. Das Gesetz ermöglichte die Ehescheidung, wobei die Mädchen bei der Mutter blieben, die über siebenjährigen Jungen beim Vater. Die Ehefrauen erhielten das Recht auf einen Teil des Familienvermögens, und die Töchter erbten genausoviel wie die Söhne. Die unehelichen Kinder beerbten ihre Eltern, wenn sie anerkannt worden waren. Der Nationalkonvent erließ auch eine Verordnung für einen obligatorischen und kostenlosen Elementarunterricht. Allerdings wurde dieser erst im darauffolgenden Jahrhundert eingeführt.

Für die Befriedigung der religiösen Bedürfnisse der Bürger wurde eine Art Zivilreligion entworfen, die ein »Höchstes Wesen« verehrte. Diese Gottheit wurde als männlich aufgefaßt und hatte die Aufgabe, die republikanische Freiheit zu segnen. Eine Göttin war bei diesem System nicht notwendig, aber an den Zeremonien für das »Höchste Wesen« beteiligten sich Frauen nach der Art des griechischen Altertums in der Eigenschaft, die sie innerhalb der Familie hatten. So wurde das Ideal Rousseaus von der familieninternen, dem Mann dienenden Frau auf das Niveau einer Religion gehoben.

Im Jahre 1795 gipfelten die staatliche und wirtschaftliche Krise, der Mangel an Geld, Arbeit und Nahrung in einem schrecklichen Hungerwinter, in dem sich ganze Familien in die Seine stürzten.

Vor der Revolution konnten nur 27 Prozent der Frauen und 48 Prozent der Männer schreiben. Allein in Paris gab es etwa 70 000 Frauen, die sich durch Prostitution ernährten, Zehntausende von Kindern wurden jedes Jahr ausgesetzt oder kamen durch schlechte Pflege um, und Brotkrawalle waren eine alltägliche Erscheinung. Die Löhne der Frauen waren etwa halb so hoch wie die der Männer.

Nach sechs Jahren des Aufruhrs hatte sich eines geändert: die Oberschicht hatte gewechselt, aber die Armen waren dieselben geblieben. Während unter der alten Regierung die Privilegien durch Herkunft und Familie garantiert waren, ging die Rolle des Garanten unter dem Direktorium auf das Geld über. Die reichen Bürger, Bankiers und Kaufleute, stellten den neuen Geldadel dar, dessen Erziehung und Geschmack jedoch nicht ausreichte, um die Eleganz und den Stil zu entwickeln, die für den alten Adel charakteristisch gewesen waren.

Die Revolution hatte die Lage der Frauen nur wenig verbessert. Die vom Nationalkonvent erlassenen Bürgerrechte wurden nach und nach wieder zurückgenommen.

»Ah, das geht ran, das geht ran, das geht ran! Die Aristokraten an die Laternen!« Das Dienstmädchen singt triumphierend das berühmteste französische Revolutionslied »Ça ira«. Die Revolution versprach Freiheit, Gleichheit und Brüderlichkeit – aber für wen?

Während der Revolution wurde den meisten der bis dahin in den Kompetenzbereich der Kirche fallenden Amtshandlungen ein ziviler Charakter gegeben. Auf dem Bild die Ziviltrauung eines jungen Paares durch einen Beamten, was durch die Unterschrift der Trauzeugen im Eheregister bekräftigt wird. Ein Säugling wird am Altar der Vernunft »getauft«.

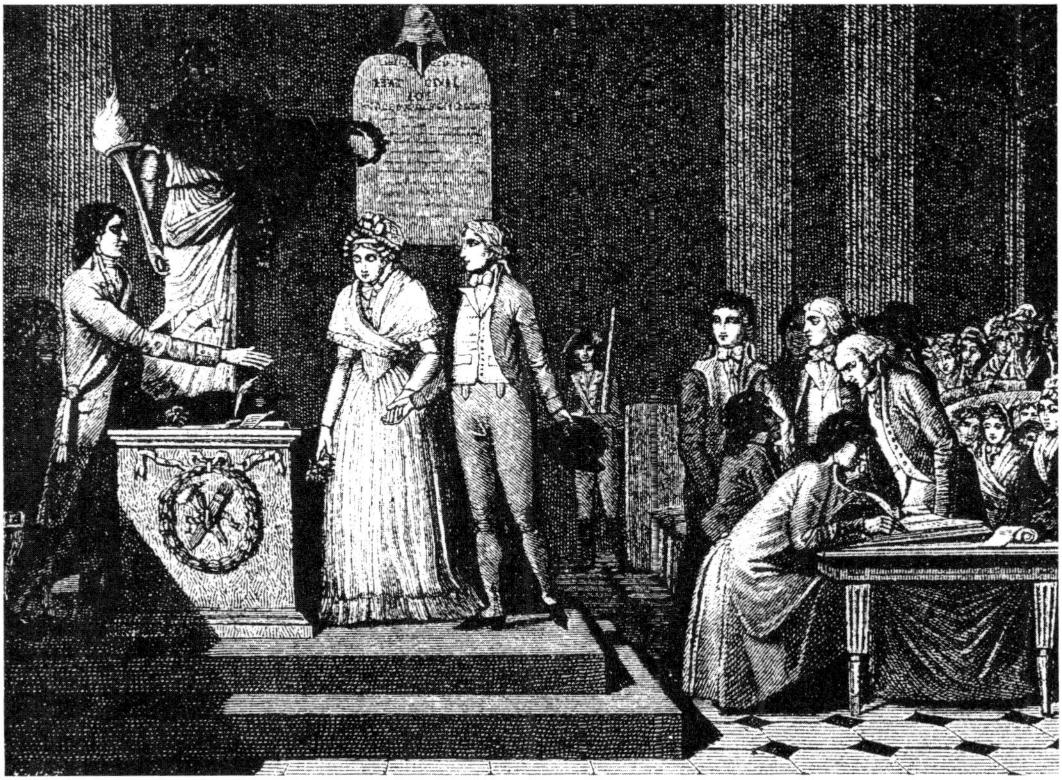

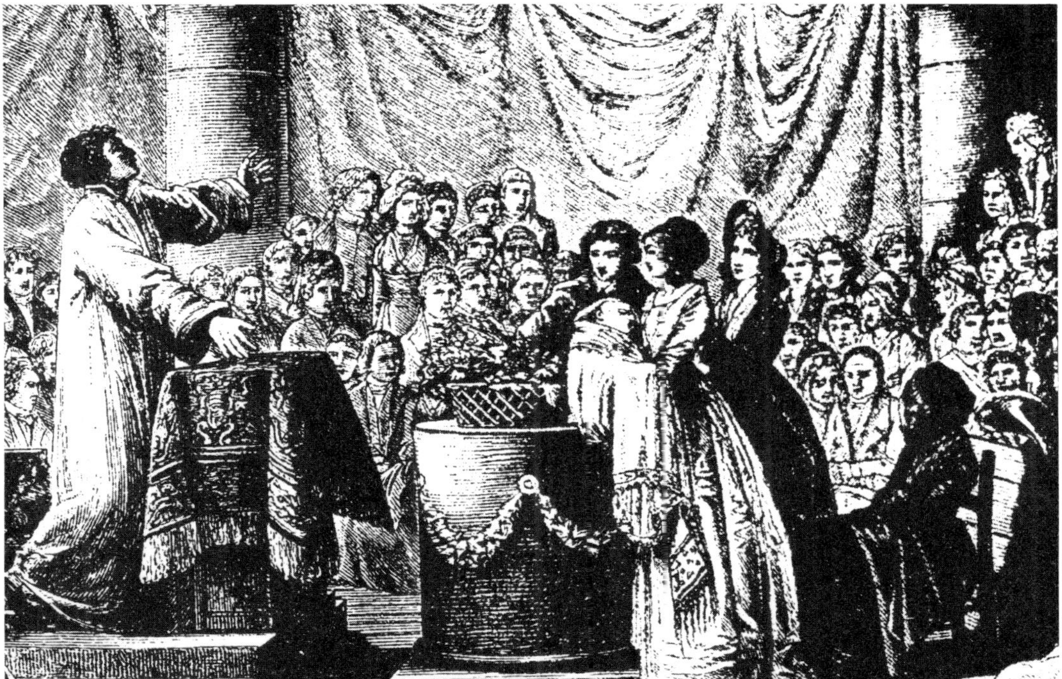

Im darauffolgenden Jahrhundert stand die Französin fast völlig unter der Vormundschaft ihres Mannes. Der geistige Aufruhr jedoch konnte nicht rückgängig gemacht werden: Zum ersten Mal in der Geschichte Europas hatten die Frauen zu den bedeutenden gesellschaftlichen Erneuerungskräften gehört. Ihr Auftreten war so fanatisch und schreckenerregend, daß aus der Frau der Revolution ein Raubtier, eine blutrünstige Megäre, gemacht werden mußte.

Symbolgestalt der großen Französischen Revolution wurde nicht die Hausfrau des Mittelstandes, die um eine ordentliche Ausbildung bat, auch nicht die Näherin, die Brot für ihre Kinder forderte, sondern La Tricoteuse, eine monströse Alte, die zufrieden beobachtet, wie die Köpfe von der Guillotine rollen, und dabei Strümpfe strickt.

Es ist wahr, daß die Hinrichtungen große Zuschauermassen anzogen, wie sie es zu allen Zeiten in allen Ländern getan haben. Hinrichtungen durch Hängen oder Verbrennen sowie Auspeitschungen waren bis zum 19. Jahrhundert, unabhängig von Land und Bildungsstand, beliebte Volksbelustigungen. Wahr ist auch, daß die Frauen der Revolution strickten und strickten: sie mußten die an den Grenzen Frankreichs kämpfenden zerlumpten Armeen kleiden.

Der Name »Strickerinnen« wurde aufgrund einer Bestimmung aus dem Jahre 1793 beibehalten, nach der Frauen und Kinder mit den Männern in den Sitzungen der Kommune anwesend sein und dort stricken durften.

Außergewöhnliche Zeiten, Umwälzungen und Chaos lassen stets außergewöhnliche Menschen an die Öffentlichkeit treten. Die Französische Revolution verband die unterschiedlichsten Frauenschicksale, spätestens auf der Guillotine. Den gleichen Weg gingen Königinnen und Dienstmädchen, Nonnen und Dirnen, Schmetterlinge der feinen Gesellschaft und gelehrte Frauen, Erzkonservative und fanatische Umstürzlerinnen.

Den tragischsten und romantischsten Ruf von all den Frauen, die von den Strudeln der Revolution mit fortgerissen wurden, erwarb sich natürlich die französische Königin Marie Antoinette, die Tochter der Maria Theresia von Österreich. Marie Antoinette liebte den Luxus und war elegant und viel tatkräftiger als ihr weichlicher Gemahl. Sie hielt sich nicht an das traditionelle Lebensschema der Königinnen, die sich der Religion und der Mildtätigkeit widmeten, sondern zog sich den Haß der Franzosen zu, indem sie zugunsten ihres Vaterlandes Österreich politisierte und Unmengen von Geld verschwendete, während die Franzosen hungerten. Allerdings war ihr nicht bewußt, daß sie verschwenderisch lebte. Die Königin hatte keine Ahnung vom Leben des Volkes und keine Kenntnis-

Die Personifizierung der großen Französischen Revolution, »La Tricoteuse«, die Strickerin

Marie Antoinette, Königin von
Frankreich, Erzherzogin von
Österreich

se, aufgrund deren sie sich in einer Krisensituation hätte
vernünftig verhalten können. Es heißt, daß Marie Antoinette auf die Mitteilung, daß die Pariser kein Brot hätten,
fragte: »Warum essen sie dann keinen Kuchen?«
Nach der Erstürmung der Bastille im Jahre 1789 machte
Marie Antoinette einen entscheidenden Fehler, als sie sich
der konservativen Hofpartei anschloß und den König daran hinderte, die erforderlichen Reformen zu erlassen. Die
Politik von Marie Antoinette war kurzsichtig und beruhte
auf Unkenntnis, und sie befolgte immer die schlechtesten
Ratschläge. Das brachte sie und ihre Anhänger schließlich
auf die Guillotine.
Marie Antoinette und Ludwig XVI. hatten vier Kinder, von
denen zwei im Kindesalter starben. Der Sohn Louis, ein
für die Revolution äußerst gefährliches Kind, verschwand
im Schloß Temple, wo die königliche Familie gefangen
war. Die Tochter Marie Thérèse Charlotte wurde an
Österreich ausgeliefert Sie konnte den Thron nicht erben
und bedeutete insofern keine Gefahr für die Revolution.
Sie heiratete später ihren Cousin und arbeitete ihr Leben
lang fanatisch für die royalistische Partei.
Das Gegenteil der Königin war der bezaubernde gute Engel der Girondisten Jeanne Manon Roland. In Madame Roland war die idealistische, rousseausche Begeisterung der

Revolution und der Glaube an eine bessere Zukunft verkörpert. Im Haus von Madame Roland trafen sich die gemäßigten Führer der Revolution, auf deren Denken die intelligente und charmante Madame großen Einfluß hatte. Sie selbst trat nicht an die Öffentlichkeit und brüstete sich in keiner Weise mit ihrem Einfluß. Sie war von ganzem Herzen eine Schülerin Rousseaus: die Frauen können nur Einfluß ausüben, indem sie die Herzen der Männer beherrschen, denn nur Männer haben die Fähigkeit und die Kraft, Politik zu machen. Madame Roland verwirklichte ihre Gedanken buchstäblich, indem sie die Reden ihres Mannes aufsetzte und die Richtung der Girondisten bestimmte.

Nach Auffassung von Madame Roland würde für die Menschheit eine Zeit des Glücks und der Aufklärung beginnen, wenn man nur die alten Regierungsformen abschaffte. Sie bekämpfte die Königsmacht und setzte sich mit ganzer Kraft dafür ein, sie zu stürzen.

Die radikalen Revolutionäre haßten die willensstarke, aber zurückgezogen lebende Madame Roland vielleicht noch mehr als die Königin, denn ihr Einfluß war größer. Als die Girondisten gestürzt wurden, war Madame Roland ein selbstverständliches Opfer. Auf dem Schafott sagte sie: »O Freiheit, was für Verbrechen in deinem Namen begangen werden!«

Mit dem Leben kamen diejenigen Frauen davon, die ihre Schönheit und Sexualität nutzen wollten und konnten. Die phänomenale Thérèse Tallien war die Tochter des spanischen Bankiers Cabarrus, die in jungen Jahren mit dem betagten Marquis von Fontenay verheiratet worden war. Thérèse hatte ihren Mann bald satt, und als dieser aus Angst vor dem Terror aus dem Land floh, ließ sie sich scheiden. Thérèse kam ins Gefängnis und hätte beinahe denselben Weg gehen müssen wie die Königin und Madame Roland. Sie wurde von dem Revolutionsführer Jean Tallien gerettet, der sich leidenschaftlich in seine bezaubernde Gefangene verliebt hatte. Als Thérèse in Todesgefahr schwebte, schloß Tallien sich einer Verschwörung an, die Thérèse rettete und Robespierre – und die Revolution – niederrang.

Die gutherzige Thérèse half vielen Schicksalsgenossen aus dem Gefängnis. Nach dem Ende des Terrors spielte sie in der lebenshungrigen Pariser Gesellschaft eine führende Rolle. Es war Thérèse, die das griechischen Vorbildern nachempfundene Kleid kreierte, dessen Taille bis unter den Busen hochgezogen war und das oft angefeuchtet wurde, damit es den schönen Körper seiner Trägerin besser zur Geltung brachte.

Der Schreiber Tallien konnte seine herrliche Frau nicht halten. Thérèse trennte sich 1802 von ihrem Retter und

»Die Amazone der Freiheit«, Théroigne de Méricourt, war eine ehemalige Kurtisane und Opernsängerin, die beim Marsch nach Versailles die Frauen in einem knallroten Kleid, mit federgeschmücktem Hut auf dem Kopf und einem Degen am Gürtel anführte. Sie war eine theatralische Person von enormer Ausstrahlung. Als sie in Österreich gefangengenommen wurde, ordnete Kaiser Leopold ihre Freilassung an, und spornstreichs eilte Théroigne nach Paris, um die Revolution fortzusetzen. Zu ihrem Unglück schloß sie sich den gemäßigten Girondisten an, die Opfer des Terrors wurden. Théroignes ehemalige fanatische Freundinnen verrieten sie, als sie zu fliehen versuchte. Sie durfte nicht mit Würde auf der Guillotine sterben, sondern wurde nackt auf dem Marktplatz ausgepeitscht. Sie verlor den Verstand und lebte so noch zwanzig Jahre.

Thérèse Tallien, Notre Dame
de Thermidor

Madame Roland

schloß drei Jahre später eine neue Ehe, durch die sie die Fürstin Chimay wurde. Bis zu ihrem Tod war Thérèse unter dem Ehrennamen ›Notre Dame de Thermidor‹, Heilige Mutter des Thermidor, bekannt (Thermidor war der Revolutionsmonat, in dem Robespierre gestürzt wurde und der Terror ein Ende nahm). Thérèse erhielt diesen in ihrem Fall etwas amüsanten Namen zur Erinnerung an ihre Sanftheit und an ihr Mitwirken bei der Beendigung des Terrors.

Neben Katharina der Großen von Rußland war eines der erstaunlichsten Frauenschicksale der Neuzeit das von Marie-Joseph-Rose Tascher de la Pagerie. Das Mädchen wurde auf Martinique, einer französischen Insel in Westindien, als Tochter einer armen Adelsfamilie geboren. Ihre Erziehung war mangelhaft, und sie hatte den Ehrgeiz, in die vornehme Gesellschaft von Paris zu kommen und eine gute Partie zu machen. Mit Hilfe von freundlichen Verwandten konnte sie auch den Sohn des ehemaligen Gouverneurs von Martinique, Alexandre de Beauharnais, heiraten. Die Ehe war ein Fiasko, obwohl daraus ein Sohn und eine Tochter hervorgingen, und die Pariser Gesellschaft nahm Marie-Joseph-Rose, ein unbedeutendes Dummchen aus den Kolonien, nicht zur Kenntnis.

Dann wendete sich das Glück der Marie-Joseph-Rose. Alexandre, der sich aus lauter Eitelkeit und ohne jede Berechtigung den Titel eines Vicomte angeeignet hatte, verlor seinen Kopf auf der Guillotine. Marie-Joseph-Rose, die kaum jemals über irgendeine Sache eine Meinung gehabt hatte, außer vielleicht über die Mode, kam ins Gefängnis. Im Gefängnis lernte sie Thérèse Cabarrus kennen, deren Geliebter der Revolutionsführer Tallien war.

Mit Thérèse erreichte Marie-Joseph-Rose die von ihr angestrebte Stellung in der vornehmen Gesellschaft von Paris, die allerdings jetzt eine ganze andere war als vor 15 Jahren, als die hoffnungsvolle schöne Kreolin ihren Fuß auf französischen Boden gesetzt hatte. Die Gesellschaften bestanden aus reichen Emporkömmlingen, aus den Beherrschern des neuen politischen Lebens und aus dem Bodensatz des niederen Adels, der dem Terror entkommen war. Es wurden Gedächtnisbälle für die Opfer der Guillotine veranstaltet. Die Frauen trugen ein schmales rotes Band um den Hals als Symbol der letzten Augenblicke ihrer Angehörigen.

In Marie-Joseph-Rose de Beauharnais verband sich die Anmut mit einer betörenden Faszination, die von den Zeitgenossen als unwiderstehlich beschrieben wurde. Sie hatte einen unfehlbaren Geschmack und schaffte es, daß die Menschen sich bei ihr wohlfühlten und das Gefühl hatten, geliebt zu werden. Außerdem war sie warmherzig und großzügig und in keiner Weise geldgierig oder egoistisch.

Joséphine de Beauharnais,
die erste Gattin Napoleons
und Kaiserin von Frankreich

Dank dieser Eigenschaften waren ihre Finanzen ihr Leben lang in einem desolaten Zustand. Die hoch verschuldete Marie-Joseph-Rose, Thérèse Tallien und die Ban-
kiersfrau Madame Récamier waren die Stars der Salons.
Marie-Joseph-Rose änderte ihren Namen in Joséphine,
der zweifellos eleganter war als die in den Kolonien übliche Namenskombination.
Im Jahre 1795 begegnete Joséphine de Beauharnais in einem Salon der vornehmen Gesellschaft einem jungen General von kleiner Statur. Der Mann war in keiner Weise
bedeutend, außerdem stammte er von Korsika, aber einflußreiche Freunde Joséphines waren der Meinung, daß
der Mann Karriere machen würde. Der General verliebte
sich unsterblich in die entzückende Frau. Auf Empfehlung
ihrer Freunde und um ihre Finanzen irgendwie in Ordnung zu bringen, heiratete Joséphine de Beauharnais
1796 Napoleon Bonaparte. Beide machten falsche Angaben über ihr Alter, Joséphine machte sich jünger, Bonaparte älter.
Die Ehe dauerte 13 Jahre. In dieser Zeit wurde Napoleon
zum Nationalhelden, ersten Konsul und Kaiser. Joséphine
wurde in Notre Dame zur Kaiserin gekrönt. Ihre Kinder
Eugène und Hortense wurden zu königlicher Würde erhoben. Sie wurde tonangebend für die Mode in aller Welt,
hatte aber keinerlei politischen Ehrgeiz und mischte sich
nie in die Staatsgeschäfte ein. Sie engagierte sich in der
Wohltätigkeit und steckte immer bis über beide Ohren in
Schulden.

Den Brüdern und Schwestern Napoleons gefiel Joséphine überhaupt nicht, da deren ganzes Wesen ihrer traditionellen italienischen Denkweise fremd war. Joséphine war vom Scheitel bis zur Sohle eine elegante Französin geworden, während die Geschwister Napoleons eher an die Spielkarten des Kinderspiels »Quartett« erinnerten.

Auch Napoleon wollte, wie alle Herrscher, eine Dynastie gründen. Da Joséphine keine Kinder bekam, ließ er sich 1809 von seiner Kaiserin scheiden und heiratete die junge österreichische Erzherzogin Marie-Louise. Aus dieser Ehe ging ein Sohn hervor, der spätere König von Rom.

Joséphine lebte zurückgezogen im Schloß Malmaison, wo Napoleon sie einige Male besuchte, und starb 1814. Die Alliierten feierten in Paris gerade ihren Sieg über Napoleon.

Joséphines erstaunliche Lebensgeschichte war möglich in einer Gesellschaft, in der der Wert der Frau von dem ihres Mannes und von ihrem Aussehen und ihrer Attraktivität abhing.

Die Frau in Rußland

Im 18. Jahrhundert begannen die europäischen Staatsmänner und Philosophen immer öfter nach Osten zu blicken. Anfangs legten sie dem Riesen der Steppen gegenüber eine amüsierte und herablassende Haltung an den Tag. Bis zum Ende des Jahrhunderts hatte Rußland sich jedoch einen bleibenden Platz in Europa errungen. Obwohl seine unermeßliche Weite und seine Primitivität Befremden und Furcht erregten, konnte es als ein militärischer und wirtschaftlicher Faktor im europäischen Balanceakt nicht mehr unberücksichtigt bleiben. Fast dieses ganze bemerkenswerte Jahrhundert hindurch wurde Rußland von Frauen regiert. Und von was für Frauen! Die durch die eiserne Etikette gebundenen Herrscher Europas hielten den Atem an wenn sie von den Unternehmungen ihrer russischen Kolleginnen hörten.

Am erstaunlichsten war die Tatsache, daß Frauen über ein Reich herrschten, in dem Frauen nach europäischer Auffassung barbarisch behandelt wurden.

Die Schicksalsmomente in der Geschichte der russischen Frau finden ihre Parallelen in der Unterdrückung und Befreiung der Bauern. Am düstersten sah die Lage der Frau im 17. Jahrhundert aus, als der Bauer endgültig an die Scholle gebunden wurde. Und selbständig begann die Frau um die Mitte des 19. Jahrhunderts zu werden, als die Leibeigenschaft in Rußland aufgehoben wurde.

Zwar war die russische Gesellschaft seit ihrer Entstehung im 10. Jahrhundert n. Chr. patriarchalisch, aber dennoch war die Frau nicht nur ein geschundenes Arbeitspferd.

Rogneda, die Tochter des Fürsten Polozki, gab ihrem Freier Wladimir einen Korb. Wladimirs Vater war der Großfürst Swjatoslaw, seine Mutter die einfache Magd Malusja. Die schöne Rogneda ließ Wladimir hochmütig wissen, daß sie sich nicht dazu herablasse, dem Sohn einer Sklavin die Stiefel auszuziehen, was zu den Hochzeitszeremonien gehörte.

Im frühen Rußland hatte die Frau das Recht, einen Freier abzulehnen, und an diesem Recht hielt Rogneda fest, obwohl die Folgen entsetzlich waren. Wladimir, der damals Fürst von Nowgorod war, ließ ihren Vater und die Brüder umbringen und nahm Rogneda mit Gewalt zur Frau. Danach tötete er seinen eigenen Bruder, den Fürsten von Kiew, und heiratete dessen Frau. Rogneda war mit ihrem Los sicherlich nicht zufrieden, denn Wladimir hatte zeitweise sogar sechs Hauptfrauen und achthundert Nebenfrauen.

Wladimir vollbrachte seine bedeutendste politische Tat mit Hilfe einer Frau. Als Großfürst von Kiew verstand er, wie wichtig es war, gute Beziehungen zu Konstantinopel und zum byzantinischen Reich zu unterhalten. So kaufte er sich eine byzantinische Prinzessin zur Frau. Als Preis wurden einige Landgebiete und Wladimirs Übertritt zum Christentum vereinbart. Auf diese Weise schloß sich das künftige russische Reich im Jahre 989 der östlichen, orthodoxen Christenheit an.

Wladimir befleißigte sich jedoch auch danach keiner christlichen Lebensweise. Was mag die überaus kultivierte Prinzessin Anna gedacht haben, als sie aus den geschlossenen Frauenräumen des konstantinopolitanischen Palastes in den Tumult am Hofe ihres russischskandinavischen Mannes kam?

Vielleicht nahm sich Prinzessin Anna ein Beispiel an der Großmutter Wladimirs, der Großfürstin Olga, die die erste russische Heilige war. Olga, ursprünglich Helga, war die Tochter eines Wikingers, und der Großfürst Igor von Kiew verliebte sich in sie. Olga wurde die Verkörperung der klugen russischen Gattin und Mutter. Sie war nach dem Tod ihres Mannes für ihren kleinen Sohn Regentin des Großfürstentums Kiew und trat in hohem Alter zum Christentum über. Ihr Einfluß dauerte außergewöhnlich lange, denn Igor heiratete sie im Jahre 903, und sie starb 969, als sie nach den damaligen Begriffen schon unglaublich alt war.

Die Europäer fanden die russischen Hochzeitszeremonien besonders widerwärtig, da in deren Verlauf der Brautvater dem Bräutigam eine Peitsche zum Zeichen da-

Der im Norden gelegenen Handelsrepublik Nowgorod blieb die Zerstörung durch die Tataren erspart. Ihre Regierungsform war einzigartig: die Macht lag in den Händen einflußreicher Kaufmannsbojaren, und der Fürst von Nowgorod war ein von den Bojaren gewählter Söldner, der nicht einmal in der Stadt wohnen durfte.

Die von Vecellio gezeichnete Russin könnte Marfa Borezkaja, die »Königin von Nowgorod«, sein. Sie lebte in der zweiten Hälfte des 15. Jahrhunderts und beherrschte die Handelsmacht durch ihre Söhne. Marfa versuchte, Nowgorod mit den westlichen Ländern Polen und Litauen zu verbünden. Sitten und Religion des Westens waren dem Schwarzen Volk Nowgorods jedoch fremd, und es empfing mit offenen Armen den Großfürsten von Moskau, der Großnowgorod sofort der Herrschaft Moskaus unterstellte. Die letzte Herrscherin der unabhängigen Handelsrepublik, Marfa Borezkaja, verschwand mit ihrem kleinen Enkel in der ewigen Dunkelheit der Moskauer Gefängniszellen.

für überreichte, daß der Ehemann das Recht hatte, seine Frau zu züchtigen. Nach der entsprechenden germanischen Hochzeitssitte übergab der Vater dem Bräutigam ein Schwert, weil der germanische Mann die Macht über Leben und Tod seiner Frau hatte.

Die körperliche Züchtigung der Frauen war in Rußland üblich. Es hieß, das Schlagen sei ein Zeichen für die Liebe des Mannes – ein Beispiel dafür, wie aus dem unvermeidlichen Leiden eine Tugend gemacht wurde. Zu Beginn des 19. Jahrhunderts wurden das Schlagen und die Verstümmelung von Frauen zum ersten Mal verboten. Die große Mehrheit der Russen, die Bauern, die zu Beginn des 20. Jahrhunderts noch etwa 85 Prozent der Bevölkerung ausmachten, lebte jedoch nach ihren eigenen überlieferten Sitten, und dazu gehörte bestimmt nicht das Mitleid mit der Ehefrau.

Für die Tötung einer Frau wurde im 12. Jahrhundert eine Bestrafung verordnet. Die Höhe der Strafe richtete sich streng nach der gesellschaftlichen Stellung des Opfers. Mußte für die Tötung einer Frau im allgemeinen halb soviel Wergeld bezahlt werden wie für die Tötung eines Mannes, so kam das Delikt »Tötung der eigenen Ehefrau« im Gesetz überhaupt nicht vor. Dagegen wurde die Frau, die ihren Ehemann umgebracht hatte, bis zum Hals in die Erde eingegraben, und die Vorübergehenden vergnügten sich damit, den armen Kopf zu quälen.

Die Frühgeschichte Rußlands, die Periode der Fürstentümer vor dem Tatareneinfall zu Beginn des 13. Jahrhunderts, war die sagenumwobene Zeit der Helden. Das Rußland Kiews, Nowgorods, Susdals und Wladimirs war relativ wohlhabend, die Städte waren rege und unterhielten lebhafte Beziehungen zum westlichen Europa.

Der Sohn Wladimirs des Heiligen, Jaroslaw der Weise, heiratete Ingegerd, die Tochter des Schweden Olof Schloßkönig. Er verheiratete seine drei Töchter mit europäischen Königen: Elisabeth mit dem norwegischen König Harald dem Strengen, Anna mit dem französischen König Heinrich I. und Anastasja mit dem ungarischen König Andreas I.. Die Stellung der Frau im Kiewschen Rußland war relativ gut im Vergleich zu späteren Zeiten. Die Frauen durften berufstätig sein, und in der Ehe hatten sie als Sicherheit ihre Mitgift, die ihnen selbst zur Verfügung stand. Die Frauen konnten ihr Vermögen jedem ihrer Kinder schenken oder hinterlassen. Jedoch wurde auch das Vermögen der Frau beschlagnahmt, wenn sich der Mann eines Verbrechens schuldig gemacht hatte, und die Frau mußte ihrem Mann in die Verbannung folgen. Der Mann konnte sich scheiden lassen, wenn die Frau verbannt wurde oder Ehebruch begangen hatte. Für die Frau gab es keine Chance, sich aus einer gescheiterten Ehe zurückzuziehen.

So bescheiden die guten Seiten des Frauenlebens im Kiewer Reich auch waren – nach dem Jahre 1240 gehörten sie der Vergangenheit an. Die Eroberung durch die Tataren stürzte die blühenden, aber untereinander hoffnungslos zerstrittenen Fürstentümer in Elend und Knechtschaft, die das Leben in Rußland für lange Zeit prägten.

Der Schwerpunkt der Besiedlung Rußlands verlagerte sich von den milden südlichen Regionen in den Bereich des rauhen nördlichen Klimas. Der Lebenskampf wurde härter, die reine körperliche Kraft wichtiger. Wenn die physische Kraft eine wichtige Rolle spielt, wird die Stellung der Frau schwächer.

Der Handel geriet ins Stocken, der Verkehr hörte auf, die Fürsten wurden Diener der Goldenen Horde der Tataren. Der Tiefpunkt wurde Mitte des 14. Jahrhunderts erreicht, als sich der Schwarze Tod über das leidende Land ausbreitete.

Das Reich begann sich erst in der zweiten Hälfte des 15. Jahrhunderts zu erholen. Iwan III. wurde auf altbewährte Weise Zar von Rußland und Erbe von Byzanz: Er heiratete die Nichte des letzten byzantinischen Kaisers, Zoe Palaiologa. Zoe war von alleredelstem Geblüt, etwas Vornehmeres war in ganz Europa nicht zu finden, obwohl sie keinen Pfennig Mitgift hatte. Iwan III. interessierte sich nicht für Geld, er heiratete die heilige Tradition. Der Großfürst von Moskau wurde Erbe der Kaiser von Konstantinopel, und Moskau wurde das Dritte Rom.

In Rußland erbten die Kinder den Stand ihres Vaters, so wie überall dort, wo die Gesellschaft überwiegend patriarchalisch ist. Es entsprach natürlich nicht den Interessen der Sklavenhalter, daß ihre Sklavinnen durch Heirat mit einem freien Mann frei wurden. Deshalb erlaubte das Gesetz in Rußland zwar Ehen zwischen Angehörigen verschiedener Klassen, bestimmte aber andererseits, daß eine Person, die einen Sklaven heiratete, selbst Sklave wurde. Die Entwicklung in Rußland verlief also entgegengesetzt zu der in Westeuropa.

Im Leben der russischen und der westeuropäischen Frauen gab es jedoch auch viele Gemeinsamkeiten. Kleine Mädchen wurden so wie auch in Westeuropa getötet, die Ehen wurden so arrangiert, daß Braut und Bräutigam sich vor der Hochzeit nicht sehen durften. Manchmal tauschten besonders verschlagene Eltern vor der Hochzeit die Braut oder den Bräutigam aus: Man hatte angeblich eine gesunde Tochter verlobt, die von den Eltern des Bräutigams begutachtet worden war, und nach der Hochzeit merkte der Bräutigam, daß er eine Bucklige bekommen hatte.

Die vornehme russische Frau lebte im Terem, dem palastartigen Hof der Fürsten. Nach der Eroberung der Fürsten-

Zwischen den russischen Ehegatten gab es genausowenig Zuneigung wie zwischen den westeuropäischen. Die Zuneigung konnte auch nicht entstehen, weil die Gatten außerhalb der Schlafenszeit getrennte Wege gingen. Die Frauen der oberen Klasse hatten nichts anderes zu tun, als Kinder zu gebären und sich herauszuputzen; in Rußland war ein Gesellschaftsleben, so, wie es in Westeuropa geführt wurde, unbekannt. Dicke Frauen galten als schön und waren ein Zeichen für Reichtum. Die russischen Frauen schminkten sich stark, was sowohl von der Kirche als auch von den ausländischen Reisenden mißbilligt wurde, den russischen Männern aber gefiel.

In Rußland glaubte man, den Verlauf einer Geburt dadurch verbessern zu können, daß man die Gebärende zuerst über die Beine ihres Mannes und dann über ein Krummholz steigen ließ. Die Geburt sollte auch dadurch erleichtert werden, daß die Frau zwischen den gegrätschten Beinen ihres Mannes hindurchkroch und er ihr dabei mit dem Hochzeitskleid auf den Rücken schlug. Nach dem Einsetzen der Wehen wurde die Frau im Zimmer herumgeführt, oder sie setzte sich auf den Schoß ihres Mannes, wenn die stärksten Wehen kamen. Wenn die Austreibungsphase begonnen hatte, ging die Frau in die Sauna, in ein besonderes Zimmer, in den Stall oder in die Scheune. Oft wollte die russische Gebärende im Augenblick der Geburt allein sein, auch wenn eine Hebamme oder Geburtshelferinnen zur Verfügung standen. Bei den oberen Klassen war es üblich, im Bett liegend zu entbinden. Die Bäuerinnen zogen eine kniende Stellung vor, bei der sie sich mit den Händen am Tisch abstützten oder an einem quer durchs Zimmer gezogenen Seil festhielten.

tümer durch die Tataren wurde in jedes reiche russische Haus ein Obergeschoß eingefügt, eine Art Turmzimmer, in dem die Frauen eingeschlossen wurden. Die vornehme Frau wurde im Terem geboren und verbrachte dort ihr ganzes Leben, wechselte lediglich von dem Terem ihres Vaters in den ihres Mannes. Sie entfernte sich aus dem Terem nur, um in die Kirche zu gehen, und auch das nur mit Genehmigung des Ehemannes. Manchmal durfte sie ihre nächsten Verwandten sehen und mit ihnen über den Haushalt und die Kinder sprechen. Sie mußte in jeder Angelegenheit nach dem Willen ihres Mannes verfahren. Wenn sie widerspenstig war, mußte der Mann ihr mit der Peitsche den nackten Rücken schlagen, aber nur innerhalb des Hauses, denn es gehörte sich nicht, die Frau eines hochgestellten Mannes durch eine öffentliche Strafe zu entehren.

Der Terem zwang die Russin ebenso gnadenlos zu Einsamkeit, Unwissenheit und Hilflosigkeit, wie es das griechische Gynäkeion und die byzantinischen Frauenräume getan hatten. Die Folgen waren Trunksucht und Zwietracht unter den Frauen.

Wie die westlichen Länder hatte auch Rußland seine Ketzer, die Altgläubigen. Ebenso wie die westlichen Häretiker schätzten die Altgläubigen die zu ihnen gehörenden Frauen. Und wie ihre westlichen Schwestern starben auch die altgläubigen Frauen für ihren Glauben als tapfere Märtyrerinnen.

Die radikalen sozialen Reformen Peters des Großen vereinten zum ersten Mal seit Jahrhunderten beide Geschlechter an einem Tisch. Die verblüfften und ängstlichen Bojarinnen wurden aus ihren Terems herausge-

Sofia (gestorben 1704) war
die Tochter des Zaren Aleksej
Michajlowitsch aus dem
Hause Romanow und seiner
ersten Frau Marja Miloslaws-
kaja. Sie war die erste Frau,
die sich seit Jahrhunderten
aus dem Dunkel der Terems
löste und in der russischen
Geschichte erschien. Als
Sofias Bruder, der Zar Fjo-
dor III., starb, übernahm Sofia
mit ihrem Geliebten, dem
Fürsten Golizyn, die Macht in
Rußland. Sofias Bruder Iwan
war schwachsinnig – eine
Eigenschaft, die in Rußland
als heilig galt. Ihr jüngerer
Bruder, der spätere Peter der
Große, war noch minderjährig. Sofia stützte ihre Macht
auf den konservativen Adel
Rußlands und auf das
gefürchtete Militär, die Stre-
litzen. Als Peter sich der
Volljährigkeit näherte, versuchte Sofia, ihn ermorden zu
lassen, was aber mißlang. Im
Jahre 1689 wurde sie nach
sieben Regentschaftsjahren
gestürzt und verbrachte den
Rest ihres Lebens als Gefangene im Kloster.

schleppt und in die Gesellschaft von wildfremden Männern gesetzt. Frauen, die nie von etwas anderem als von
Religion, von ihren Verwandten und ihren eigenen Kindern gehört hatten, sollten plötzlich geistreiche Gespräche führen. Außerdem sah der Mann ihnen gegenüber äußerst sonderbar, ja geradezu fratzenhaft aus: Peter hatte
die Bojaren durch einen Machtspruch gezwungen, sich
den Bart zu scheren, der als Symbol für die Herrschaft der
Männer galt.

Die Reformen Peters leiteten eine neue Periode in der Geschichte der russischen Frau ein. Im Laufe von zweihundert Jahren wagte sich die russische Frau der oberen und
mittleren Gesellschaftsklasse allmählich aus dem Terem
heraus, lernte lesen und schreiben, rief vornehme Gesellschaften ins Leben und begann, über gesellschaftliche
Dinge nachzudenken.

Auf das Dasein der Bäuerin hatten Peters Ideen keinen
Einfluß. Sie lebte nach wie vor als Teil ihrer Großfamilie,
einerseits in völliger Unterwerfung, andererseits durch
das System geschützt, solange sie dessen Regeln befolgte.
Schon von Geburt an bekam das Mädchen – ebenso wie in
Westeuropa – zu spüren, daß es für die Familie eine Belastung war: Es mußte bis zum Alter von zwölf Jahren ernährt werden, und wenn seine Arbeitskraft nützlich zu
werden begann, heiratete es und ging mitsamt der Mitgift
von zu Hause fort.

Keine einzige Frau, weder die bäuerliche Alte in ihrer Erd-
hütte noch die Großfürstin auf ihren seidenen Kissen, war
Bürgerin des russischen Reiches. Die Steuerreform Peters
des Großen basierte auf dem Leistungsprinzip. Die Bauern zahlten Steuern, die höheren Stände leisteten dem
Staat Dienste. Die Frau tat weder das eine noch das andere, war also keine Staatsbürgerin.

Anfang des 19. Jahrhunderts wurde die Literatur der westlichen Länder allmählich unter den gebildeten Klassen
Rußlands bekannt. Die Wellen der westeuropäischen Revolution der Gefühle spülten auch bald über das uferlose
Mütterchen Rußland hin; die Spitzen der Gesellschaft
übernahmen die neue Denkweise, nach der die Ehe ein
Liebesverhältnis sein konnte, bei dem die Frau eine Partnerin ihres Mannes war, nicht seine Sklavin.

Den Lebensinhalt der russischen Frau, ganz gleich, ob sie
hoch- oder niedriggestellt war, bildete die Ehe. Die Gesellschaft akzeptierte keine alleinstehenden Frauen. Die
Töchter von Bauern wurden oft schon vor der Geschlechtsreife mit Mitgliedern von Großfamilien verheiratet. Die mittleren Klassen dagegen begannen allmählich, das westeuropäische Ehemodell zu übernehmen, bei
dem spät geheiratet wurde und viele Menschen unverheiratet blieben.

Für die Wahl des Ehegatten waren dieselben Dinge ausschlaggebend wie in den westlichen Ländern: Stellung
und Vermögen. Der Mann konnte seine soziale Stellung
nicht durch eine Heirat verbessern: er zog seine Frau auf
das Niveau seiner eigenen Klasse herab. Die Oberschicht
wäre zahlenmäßig zu stark angewachsen und hätte an
Wertschätzung verloren, wenn sie jeden Mann akzeptiert
hätte, dem die alte Jungfer einer vornehmen Familie auf-
gehalst werden konnte. Eine Frau dagegen konnte durch
ihren Mann in eine beliebig hohe soziale Stellung aufstei-
gen. Nach der patriarchalischen Auffassung schloß der
Wert des Mannes auch die Frau ein, die er zur Gattin zu
nehmen geruhte.
Obwohl die Frauen der höheren Klasse aus dem Terem
herabgestiegen waren, führten die beiden Geschlechter
auch in der Ehe ihr eigenes Leben. Die Familie war in
zwei Bereiche aufgeteilt, in den Bereich des Mannes und
in den der Frau. Beide Bereiche verfügten über ihre eigene Machtstruktur und überschnitten sich kaum. Die Kinder verbanden diese beiden Bereiche. Nach der älteren
Auffassung schuf die Ehe keine neue Familie, sondern er-
gänzte lediglich die bereits vorhandene des Ehemannes.
Allmählich entwickelte sich jedoch in der Mittelklasse der
Begriff der Kernfamilie, die aus Mann, Frau und Kindern

bestand und von der übrigen Angehörigen der beiden Ehegatten getrennt zu sehen war.

Die wichtigste Aufgabe der Frau war die Mutterschaft. Es ziemte sich nicht für die Mutter, zu sanft zu ihren kleinen Kindern zu sein. Sie hatte die Aufgabe, ihren Kindern Tugenden beizubringen und sie zu tadeln, wenn sie unartig waren. Die Bezeugung von Liebe, Liebkosungen und Verwöhnung waren Sache der Amme oder des Kindermädchens.

Wenn der Sohn ungefähr sieben Jahre alt war, begann seine Erziehung durch die Männer, und sein Verhältnis zur Mutter änderte sich. Jetzt nahm die Mutter gewissermaßen die Stelle der Amme ein. Die Mutter verstand und verwöhnte den Sohn, akzeptierte ihn so, wie er war, liebte ihn geduldig und opferte sich für ihn auf. Der Sohn hatte die Pflicht, seine Mutter zu respektieren und ihre Wünsche zu erfüllen. Er mußte seiner Mutter dankbar sein, die ihn mit Schmerzen geboren hatte. Zur Belohnung fungierte die Mutter als Vermittlerin zwischen dem Sohn und anderen Menschen. In der russischen Familie war es üblich, einen Dritten als Fürsprecher zu verwenden.

Von der Regel, nach der die Mutter ihren Sohn nicht kritisieren durfte, gab es eine Ausnahme. Sogar die Mutter des Zaren hatte das Recht, bei der Wahl der Ehefrau ein Wort mitzureden. Das Arrangieren von Ehen war traditionell Sache der Frauen.

Die Mutter verfügte im Hinblick auf ihre Tochter über die gesamte Macht und trug auch die Verantwortung für sie und ihre Heirat. Die Tochter war so stark auf ihre Mutter fixiert, daß sie geradezu ein Teil von ihr war. Die Tochter hatte ihrer Mutter gegenüber absolut offen zu sein, sie durfte keine eigenen Gedanken haben, von Geheimnissen ganz zu schweigen. Die Mutter hatte die Pflicht, die Tochter zu einer guten Ehefrau und Mutter heranzubilden. Die ständige Unterweisung ließ keinen Raum für Zärtlichkeit. Die Beziehung zwischen Mutter und Tochter bedeutete vollkommene Unterwerfung auf der einen Seite, strenge Verfügungsgewalt auf der anderen. Wenn eine Frau einen Gegenstand für ihre Liebe brauchte, war dafür der Sohn da, für den die Mutter nicht mehr verantwortlich war und der deshalb von der Mutter nach Herzenslust verwöhnt werden konnte.

Im 18. Jahrhundert, in der Periode der Europäisierung, wurde Rußland fast siebzig Jahre lang von Frauen regiert. Einen Vorgeschmack auf die Frauenherrschaft hatten die Russen bereits im 17. Jahrhundert bekommen, als die Halbschwester Peters des Großen, Sofia Aleksejewna, die Zügel des Reiches in der Hand gehalten hatte.

Die zweite Frau Peters des Großen, Kaiserin Katharina I. (1684–1727), stammte aus Livland und hieß Martha Ska-

wronskaja. Zu Beginn des Nordischen Krieges heiratete
sie den schwedischen Dragoner Johan Kruse. Der Krieg
riß die schöne und sympathische Martha mit sich fort wie
so viele andere wehrlose Frauen. Nach einigen Zwischen-
stationen wurde Martha die Geliebte des Fürsten
Menschikow, des intimsten Freundes Peters des Großen.
Der Zar verliebte sich blindlings in Martha und machte sie
zunächst zu seiner Geliebten und später zu seiner Gattin.
Martha trat zum orthodoxen Glauben über und nahm den
Namen Katharina Aleksejewna an. Sie gebar mehrere
Kinder, von denen nur die Töchter Anna und Elisabeth das
Erwachsenenalter erreichten. Im Jahre 1724 ließ Peter
Katharina zur Kaiserin krönen – ein nie dagewesener Akt
in der russischen Geschichte. Nach Peters Tod im Jahre
1725 wurde Katharina zur Herrscherin über das Reich
ausgerufen. Zwei Jahre regierte die ausgesprochen unbe-
liebte Herrscherin nach den Launen ihres Geliebten, des
Fürsten Menschikow.
Nach dem Tod Katharinas I. bestieg den russischen Thron
der zwölfjährige Enkel Peters des Großen, der jedoch drei
Jahre später an den Pocken starb. Männliche Romanows
waren nicht mehr vorhanden, also mußte man sich mit
weiblichen begnügen. Zur Kaiserin von Rußland wurde
Anna Iwanowna ausgerufen, die Tochter Iwans, des
schwachsinnigen Bruders Peters des Großen, und Herzoginwitwe von Kurland. Durch sie meinte der Adel, die verhaßten Reformen Peters des Großen rückgängig machen
zu können. Anna übernahm jedoch selbst die Macht und
herrschte zehn Jahre lang mit Hilfe ihres Geliebten Biron
und ihrer deutschen Günstlinge.
Vor ihrem Tod bestimmte die Kaiserin Anna Iwanowna das
neugeborene Kind Iwan, den Sohn ihrer Nichte, zu ihrem

Elisabeth, Kaiserin von Rußland (gestorben 1762)

Nachfolger. Die Mutter Iwans, Anna Leopoldowna, kam im Alter von 22 Jahren mit ihrem Mann und ihrem kleinen Sohn nach Rußland. Aber schon nach einem Jahr war sie eine gestürzte Regentin und wanderte nach Cholmogory im unbarmherzigen Nordrußland in lebenslängliche Gefangenschaft. Ihr kleiner Sohn Iwan wurde nach Schlüsselburg gebracht. Iwan muß ein außergewöhnlich kräftiges Kind gewesen sein, denn er lebte 23 Jahre unter schrecklichen Verhältnissen, bis er auf Befehl von Katharina der Großen ermordet wurde. Der »Gefangene von Schlüsselburg« erregte Verwunderung und ließ Sagen entstehen, denn er war ja ein vollkommen sündenfreier Jüngling, der ohne jede Berührung mit dem Bösen der Welt aufgewachsen war.

Nach dem kleinen Iwan VI. bestieg Elisabeth, die Tochter Peters des Großen und Katharinas I., den Thron (gestorben 1762). Nach dem Tod ihres Vaters hatte sie 15 Jahre lang weit entfernt vom Zentrum der Macht gelebt. Anscheinend war sie nicht verheiratet worden, damit sie und ihre Kinder keine Gefahr für die Machthaber werden konnten. Als Kaiserin behielt Elisabeth ihren vorherigen Lebensstil bei, indem sie sich einerseits hysterisch amüsierte, andererseits in ekstatische Religiosität versank. Die Regierungsgeschäfte überließ sie ihren russischen Günstlingen. Elisabeth war eine Kaiserin, die den Altrussen gefiel. Sie war beim Volk sehr beliebt, für das russische Reich war ihre Regierungszeit jedoch ausgesprochen schwer und unglücklich. Elisabeth hatte mit ihrem Liebhaber, dem Grafen Razumowski, drei Kinder, die jedoch bald starben. Zu ihrem Thronerben bestimmte Elisabeth den Sohn ihrer geliebten Schwester Anna, Karl Peter Ulrich.

Im Jahre 1762 jedoch bemächtigte sich des russischen Thrones eine kleine deutsche Prinzessin, in deren Adern kein Tropfen russischen, geschweige denn romanowschen Blutes floß. Aus der unbedeutenden Fürstin Sophie Friederike Auguste des kleinen deutschen Fürstentums Anhalt-Zerbst wurde Katharina die Große. Ihre Lebensgeschichte gehört zu den sonderbarsten Frauenschicksalen, die es jemals gegeben hat.

Sophie kam im Alter von fünfzehn Jahren nach Rußland. Sie trat sofort zum orthodoxen Glauben über und nahm den Namen Katharina Aleksejewna an, so wie es Katharina I. auch getan hatte. Kaiserin Elisabeth verheiratete Katharina mit ihrem Thronfolger. Die Ehe wurde besonders unglücklich. Karl Peter Ulrich, der spätere Zar Peter III., war ein psychopathischer Sadist, der nie wirklich erwachsen wurde. Der Vater des einzigen legalen Kindes von Katharina, des künftigen Zaren Paul I., war ihr Geliebter Sergei Saltykow.

Nach Elisabeths Tod bestieg Peter III. den Thron, aber

Katharina die Große, Kaiserin
von Rußland (gestorben 1796)

schon nach sechs Monaten hatte er sich so verhaßt gemacht, daß es für Katharina ein Leichtes war, die Macht an
sich zu reißen. Peter wurde gefangengesetzt und getötet.
Katharinas lange Regierungszeit brachte Rußland dem
übrigen Europa näher. Sie hoffte, aus Rußland einen
freien und gebildeten Staat nach den Vorstellungen der
Aufklärungsphilosophen zu machen. Die Voraussetzungen waren so ungünstig, daß sie diesen Traum nicht verwirklichen konnte. Aber sie machte aus Rußland eine europäische Großmacht.
Katharina war eine sehr gebildete und bemerkenswert
talentierte Schreiberin. Sie unterhielt enge Verbindung zu
den europäischen Aufklärungsphilosophen, unter anderem zu Voltaire. Privat lebte sie wie die Könige der damaligen Zeit. Sie hatte viele junge, schöne Liebhaber, »Gene-
raladjutanten«. Anders als die gekrönten Häupter Europas
besaßen ihre Geliebten so gut wie keine Macht. Sie waren
nur zu ihrem Vergnügen da.
Katharina vertrug sich ausgesprochen schlecht mit ihrem
einzigen Sohn Paul, der wie aus einer Laune des Schicksals charakterlich an Katharinas Ehemann Peter III. erinnerte. Paul war erst nach dem Tod der alten Kaiserin imstande, seinen Haß gegen die Mutter auszudrücken: in der
Regierungsform wurde die männliche Thronfolge vorgeschrieben. Nie wieder durfte eine Frau den russischen
Thron erben.

Die neue Familie

Ich, ein Mensch

Zu Beginn der Neuzeit war die europäische Familie ein kurzzeitiger Zusammenschluß ihrer Mitglieder, offen vor allem in bezug auf die Verwandtschaft, aber auch in bezug auf die umgebende Gemeinschaft. In der Mitte des 18. Jahrhunderts trat in den Familien eine sichtbare Veränderung ein. Der offene Zusammenschluß verwandelte sich in die geschlossene Kernfamilie. Diese Entwicklung hatte sich seit dem Ende des Mittelalters in zwei einzigartigen Merkmalen der europäischen Kultur gezeigt: im wachsenden Interesse der Menschen an Kindern und in ihrem wachsenden Verlangen nach einer privaten Sphäre. Die erste Phase der Entstehung der Kernfamilie war der Aufstieg des patriarchalischen Systems, der Vaterrechtlichkeit, in den protestantischen Ländern Europas.

Die Ordnung einer patriarchalischen Gesellschaft beruht darauf, daß sich die Frau ständig unterwirft und ihr Tun und Lassen samt ihren Gedanken ständig überwacht werden. Bei der Aufsicht über die Frau werden sowohl körperliche Mittel wie Bewachung und Züchtigung angewandt als auch psychologische Mittel wie die Behauptung, daß eine sexuell freie Frau »schlecht« sei. In der patriarchalischen Gemeinschaft haben sich die Frauen die Wertvorstellungen des Unterdrückers so vollkommen zueigen gemacht, daß sie sich gegenseitig beaufsichtigen.

Weil das ganze System auf der Anbindung und Unterdrückung der Frau basiert, müssen die Menschen einen großen Teil ihrer Zeit und ihrer Energie darauf verwenden, die Frau zu bewachen. Das sexuelle Verhalten der Frau ist für die Gesellschaft von erstrangiger Bedeutung, und seine Regelung gehört zu den wichtigsten Aufgaben des Systems.

Vereinfacht gesagt, bestand die mittelalterliche Gesellschaft aus einer Reihe von Familien, die der Familie des Königs ihre Treue beweisen mußten. Zu Beginn der Neuzeit wandelte sich die europäische Gesellschaft von einem Bund der Familien zu einem Bund der Untertanen des Königs. Die Verwandten wurden zu Bürgern. Die Zentralgewalt – der König und seine Verwaltungsmaschinerie – kümmerte sich um immer mehr Angelegenheiten, für die früher die Verwandtschaft zuständig gewesen war, wie zum Beispiel um die Sicherheit der Untertanen und die Armenhilfe. Als Gegenleistung erwartete die Krone von den Bürgern Gehorsam. Während die Familie als ein gesellschaftlicher Faktor an Bedeutung verlor, verringerte sich zugleich auch ihr Einfluß auf die Mitglieder.

Im Mittelalter waren die Menschen auf Wallfahrten,

Zu Beginn der Neuzeit war der Familienvater gleichzeitig König und Pfarrer. Die Familie mußte sich seiner geistigen und körperlichen Verfügungsgewalt unterordnen.

Kreuzzügen, Feldzügen und zum Zweck der Ansiedlung gewandert. Zu Beginn der Neuzeit wurden die Menschen noch beweglicher, sie zogen von einem Wohnort zum anderen, hauptsächlich vom Lande in die Stadt, und die Verbindungen zur alten Heimat brachen oft ganz ab. Die Verwandten verloren die Umsiedler aus den Augen, und die Umsiedler mußten allen zurechtkommen.

Die Verwandten hatten keine Verfügungsgewalt mehr über die jungen Angehörigen, die sich selbst ernähren konnten, mit einem fremden Menschen an einem anderen Ort eine Familie gründeten und ihr Heimatdorf vielleicht nie wiedersahen. Wenn die Familie ihre Rechte an einem Mitglied verlor, das fortgezogen war, hörte sie auch auf, die Verantwortung für dessen Handlungen und dessen Wohlergehen zu tragen. Der Onkel eines in London, Paris oder Stockholm verführten Dienstmädchens machte sich nicht auf eine Reise von vielen Meilen, um die Schande der Nichte zu rächen.

Die Zentralgewalt, die Krone, beschleunigte diese Entwicklung. Die Treue des Untertanen gehörte dem König, und nur dem König, er hatte sogar sein Leben für König und Vaterland zu opfern. Für die Menschen der Neuzeit nahmen nicht mehr die Verwandten die wichtigste Stelle ein, sondern der Staat und die Kernfamilie, die aus zwei Generationen bestand.

Die Entwicklung der Kernfamilie begann mit der protestantischen Reformation im 16. Jahrhundert. Die Veränderung war zwar zunächst gering und ging sehr langsam vor sich. Es blieben mehr Dinge beim alten als sich änderten – aber etwas änderte sich doch.

Die Reformation begünstigte die Ehe als die einzig richtige Lebensform des Christen. Das Heim und die häuslichen Tugenden stiegen im Wert. Das Heim wurde für die Menschen die zweite Kirche, in der der Familienvater wie ein Pfarrer in der Kirche Hausandachten hielt.

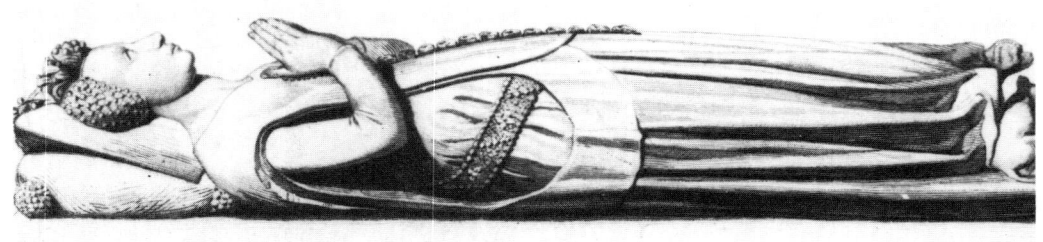

In der sexualfeindlichen Welt des Mittelalters hatte die Ehe den Zweck, Kinder zu zeugen und Unzucht zu vermeiden. Die Protestanten bereicherten die Ehe durch Gefühle: geistige Partnerschaft, gegenseitige Hilfe, Trost, Freundschaft und Zuneigung.

Die Ehe war ein Bund, »dem beide Gatten gern zustimmten, um gemeinsam als aufrichtige Freunde zu leben, sich gegenseitig zu helfen und zu trösten, Unlauterkeit zu vermeiden und ihre Kinder in der Furcht des Herrn zu erziehen«.

Von den Ehegatten wurde erwartet, daß sie sich liebten. Das bedeutete jedoch nicht, daß die jungen Menschen ihren Ehepartner selbst wählen durften. Man glaubte, daß die Liebe während der Ehe entstehen würden, wobei unter Liebe keine romantische Liaison oder Leidenschaft, sondern harmonische Zuneigung verstanden wurde.

Immer noch arrangierten die Eltern die Ehe, aber es wurde für angemessen gehalten, daß die künftigen Ehegatten sich wenigstens einmal vor der Trauung sahen. Bei dieser Gelegenheit hatte der Bräutigam im allgemeinen die Möglichkeit, den vorgesehenen Bund zu verweigern, wenn er der Braut gegenüber eine unüberwindliche Abneigung empfand. Das war das erste Zugeständnis in einer Angelegenheit, die zweihundert Jahre lang die größten Meinungsverschiedenheiten zwischen den Generationen verursachen sollte.

Die äußeren Umstände begünstigten die Entstehung einer festen Kernfamilie. Der Verzicht auf die Gewanneinteilung führte dazu, daß die Dorfgemeinschaft die einzelnen Bewohner und ihr Vermögen immer weniger kontrollierte. Jeder Bauer konnte selbst entscheiden, wann er was auf seinem Feld anbaute, während früher das ganze Dorf die Entscheidungen gemeinsam getroffen hatte. Für die organisierte Heimindustrie, bei der die Familie in ihrem eigenen Häuschen arbeitete – indem der Mann webte, die

Die mittelalterlichen Darstellungen eines einzelnen Menschen sind mit der Religion und dem Tod verbunden. Als Skulptur hatte der zu Füßen seines Schutzheiligen liegende Bischof, der eine Schenkung gemacht hatte, nicht unbedingt dieselben Gesichtszüge wie bei Lebzeiten, und die Grabmäler sollten auch gar nicht ein Abbild des Toten sein, sondern seine Stellung in der Gesellschaft verdeutlichen. Erst die Renaissance begann, den lebendigen Menschen darzustellen, und die Grabmäler wirkten nicht mehr wie Schemen. Ein Beispiel ist das konventionelle, steife Grabmal der 1432 verstorbenen Herzogin Anne von Bedford. Etwa 150 Jahre später starb Valentine Balbiano, deren Denkmal lebendig, schön, sogar sinnlich ist und viel über die dargestellte Person aussagt. Ein rührendes Detail sind die Hündchen, die die beiden Damen auf ihrem letzten Weg begleiten.

Frau spann und die Kinder ihnen zur Hand gingen –, hatte die Kernfamilie als eine Produktionseinheit große wirtschaftliche Bedeutung.

Der Vater blieb der Gebieter über Frau und Kinder. Ebenso war der Herrscher des Reiches, der König, der Vater seiner Untertanen. Die Bürger konnten ihren König nicht wählen, so wie auch die Kinder ihren Vater nicht wählen konnten. Sie hatten sich demütig dem Willen des Vaters und des Königs unterzuordnen und zu glauben und zu verstehen, daß der Herrscher zum Besten seiner Untertanen handelte, so wie auch der Vater immer auf den Vorteil seiner Kinder bedacht war.

Unerläßliche Voraussetzung für eine glückliche Ehe war der Gehorsam der Frau. Daneben gehörte es zu ihren heiligen Pflichten, ihren Mann zu lieben und zu hegen, gleichgültig, wie sein Charakter war.

Die vom Gesetz und von der Religion geforderte absolute Machtstellung des Vaters und die von der Religion gleichzeitig vorausgesetzte Gefühlsehe standen zueinander in unlösbarem Widerspruch.

Wollte der Vater seinen Machtanspruch durchsetzen, mußte er den Willen des Kindes brechen. Die Religion befürwortete diese Art von Erziehung, weil für sie die Kinder von Geburt an als böse und störrisch galten. Die Bosheit drückte sich im Ungehorsam des kleinen Kindes aus und mußte durch Prügel ausgetrieben werden. Die Unterwerfung setzte sich bis ins Erwachsenenalter fort: auch ein erwachsener Sohn durfte zum Beispiel den Hut nicht in Gegenwart des Vaters aufbehalten, so wie auch nur Leute mit besonderer Erlaubnis in Gegenwart des Königs einen Hut tragen durften. Die verheirateten Töchter, die selbst

Sculpté par Germ. Pilon.

schon Mütter waren, blieben stehen oder knieten, wenn sie ihre Mütter besuchten.

Die rücksichtslose Unterwerfung der Kinder mit grausamen Mitteln war teilweise auf die ständige Spannung zurückzuführen, die in der alten, traditionellen Gesellschaft zu spüren war. Ohne strenge soziale Ordnung hätte die Gesellschaft nicht bestehen können. Der Wille des einzelnen mußte sich dem der Gemeinschaft beugen, und die Eltern forderten ihrerseits Beweise der Unterwerfung von ihren Kindern und Dienstboten. Jede Äußerung eines freien Willens bedeutete eine Bedrohung für die gemeinschaftliche Ordnung, die die Lebensgrundlage bildete.

Die Mißhandlung von Kindern war ein Verhaltensmuster, von dem man sich nur schwer lösen konnte. Die Eltern, als Kinder selbst geschlagen, gaben die Schande und den Haß auf sich selbst an ihre eigenen Kinder weiter. Die wichtigsten Gründe für ihr aus heutiger Sicht pathologisches Verhalten lagen jedoch sicherlich in der historischen Situation, in den Bedürfnissen der damaligen Zeit. Die Kinder mußten zu willenlosen Kreaturen erzogen werden, damit sie bei den wichtigsten Entscheidungen ihres Lebens, bei der Wahl des Berufs und des Ehegatten, den Eltern bedingungslos gehorchten. Die Eltern, in erster Linie der Vater, trafen die Entscheidungen für ihre Kinder zum Vorteil der Familie.

Aber während der größte Teil Europas auf die frühere, traditionelle Weise lebte, ging etwas in den Gemütern der Menschen vor, das durch die Forderung des protestantischen Glaubens nach persönlicher Frömmigkeit, nach der Moral und dem Gewissen des einzelnen allmählich an die Oberfläche stieg. Es war ein Gedanke, der im Gegensatz zum Vaterrecht und zur traditionellen Denkweise stand: die Idee von der freien Wahl des Individuums und von seinem Recht, nach Glück zu suchen. Es war die Revolution der Gefühle.

Im 18. Jahrhundert reifte in der europäischen Mittelschicht ein neuer Gedanke heran: Jeder Mensch ist ein einzigartiges Individuum, dessen Recht auf Meinungsäußerung, Privatleben und freien Willen durch nichts als die Gesetze der Natur beschränkt werden darf. Jeder Mensch hat ein Recht auf Leben, Freiheit, Glück und Besitz.

Heute gehört der Individualismus, der Wert des einzelnen, zu den Grundwerten des europäischen Menschen.

Die meisten früheren und heutigen Kulturen betrachteten und betrachten die Freiheit des Individuums nicht als etwas Positives. Im Gegenteil: ebenso wie vor Jahrtausenden in den Kulturen der großen Flußtäler wird die Freiheit des Individuums in einigen Kulturen noch heute nur als unerträglicher Egoismus verstanden, der das Überleben von anderen Menschen gefährdet.

'Amore,
due cuor
e .

Ein italienisches Bild, das die Wirkung der Liebe zeigt: sie macht aus zwei Herzen eins. Das wurde im 18. Jahrhundert zum Ideal der bürgerlichen Familie.

Die Freiheit des Individuums und die damit fest verbundene Forderung nach Demokratie sind einzigartige Erscheinungsformen der europäischen Kultur.

Vielerlei Faktoren in der europäischen Kultur der Neuzeit wirkten sich auf die Entstehung des individualistischen Menschen aus: der individuelle Held der Renaissance, die Sorge der Protestanten um die Rettung der eigenen Seele, der zurückgehende Einfluß der Kirche, die Erfindungen, die dem Menschen halfen, die zuvor unbarmherzige Natur wenigstens einigermaßen zu beherrschen sowie die Genußsucht nach dem Motto: Es ist besser, sich in diesem Leben zu vergnügen als auf das nächste zu warten, der Glaube an die Vernunft, den die Aufklärung hervorbrachte.

Die Menschen der oberen und mittleren Gesellschaftsschichten hatten sich schon gegen Ende des Mittelalters nach einem Privatleben gesehnt. Das zeigte sich an den Wohnungen, in denen Aufenthalts- und Schlafräume allmählich voneinander getrennt wurden: *salle* und *chambre*, Saal und Kammer. Auch am Verhalten der Menschen wurde das deutlich. Es konnten nicht mehr alle körperlichen Bedürfnisse im Beisein anderer befriedigt werden. In Europa erschienen zahllose Anleitungen zu gutem Benehmen: anfangs waren sie für Erwachsene konzipiert, später, als man sich immer mehr für Fragen der Erziehung begeisterte, auch für Kinder.

Die Beschäftigung des gläubigen Menschen mit seiner Beziehung zu Gott, die für die Protestanten so wichtig war, gab den Anstoß zu einer sehr persönlichen Tätigkeit – zum Schreiben von Tagebüchern. Immer mehr Menschen konnten lesen und schreiben; dadurch wurde das Vertrauen der Menschen zu sich selbst und zu ihren eigenen Fertigkeiten gestärkt. Der neue Mensch verstand, daß er nicht gezwungen war, vor Hunger, Angst, Unterdrückung, Armut und Krankheiten zu resignieren. Die Pockenimpfung, die eine der schlimmsten Plagen der Neuzeit bezwang, war ein erstes Zeichen dafür, daß der Mensch die Natur beherrschen konnte.

Die neue Philosophie und die neue Wirtschaftstheorie bezogen in der Frage nach dem persönlichen Glück gleichartige Positionen. Der Wohlstand des einzelnen mehrte den gemeinsamen Wohlstand, und die allgemeine Tugend und der allgemeine Wohlstand profitierten von der privaten Suche nach Glück.

Zu Beginn des 18. Jahrhunderts hatte sich die geistige Atmosphäre der europäischen Gesellschaft gewandelt. Ein auffallendes Merkmal der zwei vorangegangenen Jahrhunderte war eine beklemmende, feindselige Atmosphäre gewesen.

Zu Beginn der Neuzeit stand die Fähigkeit des Menschen,

positive Gefühle, Vertrauen und Zuneigung zu empfinden, noch am Beginn ihrer Entwicklung.

Im Jahre 1727 schrieb Daniel Defoe: »Eine Ehe ohne Liebe ist wie ein Karren vor dem Pferd.« Nach Defoe durfte die Ehe aus der Ehefrau nicht die oberste Dienerin des Hauses machen. Die Liebe kenne keinen höheren und keinen niedrigeren Rang, keinen hohen Gebieter und keine widerwillige Unterwerfung. Diese Auffassung hätte einige Jahrzehnte früher einen offenen Aufstand bedeutet.

Dreißig Jahre zuvor hatte John Locke vorsichtig die Meinung geäußert, daß die Ehe ein freiwilliger Vertrag für die Anschaffung und Erziehung von Kindern wäre und daß deshalb eine übermächtige Position des einen Partners nicht notwendig sei. Es genüge, daß der Klügere und Stärkere, also der Mann, die Familie führt.

Im Jahre 1699 mißbilligte der konservative John Sprint eine neue Mode: die Ehefrauen sprachen ihren Mann mit Vornamen an, als ob sie ihn nicht höher schätzten als einen Diener. Bis dahin hatte die Frau ihren Mann mit »Herr Soundso« oder »Verehrter Herr Soundso« angeredet. Die Frauen, die sich in eine Diskussion über diese Sache eingelassen hatten, versicherten, daß es sich um eine Zärtlichkeit handele, nicht um eine Erniedrigung des Mannes.

1784 besuchte der französische Herzog La Rochefoucauld, der Stildiktator seiner Zeit, England. Dort gab es für ihn mancherlei zu bestaunen: »Mann und Frau sind immer zusammen und besuchen gemeinsam die Gesellschaften. Selten trifft man einen von beiden allein an. Selbst die reichsten Leute halten sich nur vier oder sechs Kutschpferde, weil sie immer zusammen ausfahren. Wir in Paris finden es lächerlich, mit der Ehefrau auszugehen, aber hier gilt es als noch lächerlicher, wenn man es nicht tut. Die Ehepaare scheinen sich gut zu vertragen, und besonders die Ehefrauen strahlen eine Zufriedenheit aus, die mir sehr gefällt.«

Die Denkweise, die von gegenseitiger Liebe und Freundschaft der Gatten in der Ehe ausging, entstand im 18. Jahrhundert in der englischen Mittelschicht und bewirkte, daß sich das Geschäft »Ehe« zu einer Partnerschaft, die Verhinderung der Unzucht zu sexueller Liebe und die Unterdrückung zu einer Freundschaft der Ehepartner wandelte.

»Meiner Tochter Margery vermache ich 60 Schafe, und ich gebe sie Edward, dem Sohn von Reynold Shaftoe aus Thockerington, zur Frau.« So arrangierte im Jahre 1599 William Shaftoe in seinem Testament die Ehe seiner Tochter. Dazu hatte niemand etwas zu sagen, am wenigsten Margery selbst.

»Die Kinder sind eigentlich Waren, Eigentum ihrer Eltern, so daß sie sich niemandem zu eigen geben können, ohne

B. Vautiér

Der Gedanke der auf gegenseitiger Zuneigung beruhenden Kernfamilie sickerte nur sehr langsam vom Mittelstand zur Arbeiterklasse und zu den Bauern durch. Auf dem Lande wurde auch im vorigen Jahrhundert die Wahl des Ehegatten noch nicht aufgrund persönlicher Gefühle getroffen. Obwohl die jungen Leute sehr regen Umgang miteinander haben konnten, wurde die endgültige Entscheidung im allgemeinen gemeinsam mit den Eltern getroffen, und ausschlaggebend waren dabei wirtschaftliche Aspekte.

diejenigen zu bestehlen, die ein Anrecht auf sie haben.« So wurde noch in der Mitte des 17. Jahrhunderts das Recht der Eltern verteidigt, mit ihren Kindern Geschäfte zu machen.

Der Widerspruch zwischen der ehelichen Liebe und der unbeschränkten Verfügungsgewalt der Eltern trat im 18. Jahrhundert im Verhalten der Menschen offen zutage. Die führenden Denker predigten ihrem Publikum das ganze Jahrhundert hindurch, wie wichtig die gegenseitige Zuneigung für eine erfolgreiche Ehe sei. »Diejenigen Ehen, denen eine lange Bekanntschaft vorausgeht, sind die stabilsten und glücklichsten. Leidenschaft und Zuneigung müssen fest wurzeln und Kräfte sammeln, bevor sie durch die Ehe besiegelt werden«, schrieb die modernste Zeitschrift Englands, »The Spectator«. Nur noch in den Kreisen der vornehmsten Aristokratie konnte es geschehen, daß junge Leute aus wirtschaftlichen Motiven verheiratet wurden, ohne sich vorher zu kennen. Die romantische Liebe, die früher ebenso wie eine plötzliche Leidenschaft als psychische Krankheit gegolten hatte, wurde die achtbare Basis einer Ehe.

In der Praxis bildeten die Traditionen und die neuen Gedanken zunächst ein verwirrendes Netz von Regeln. Die Eltern mußten zeigen, daß sie ein Bestimmungsrecht über ihre Kinder hatten, das jedoch andererseits zum Wohle des Kindes und nicht der Familie oder der Verwandtschaft ausgeübt werden mußte. Die Kinder konnten eine andere Auffassung von ihrem Wohl haben und der umgebende Verwandten- und Freundeskreis noch eine dritte. Es ziemte sich für die Kinder zwar nicht mehr, nur wegen des Geldes zu heiraten, aber andererseits mußten die Eltern bei den Eheverhandlungen auf den Vorteil ihrer Kinder bedacht sein.

In der zweiten Hälfte des 17. Jahrhunderts wollte der reiche Kaufmann John Verney heiraten. Er suchte entschlossen nach einer reichen Frau, um sein Vermögen zu mehren.

Ein betagter und wohlhabender Herr wollte Verney seine 19jährige Tochter geben. Über die wirtschaftlichen Aspekte der Ehe wurde man sich einig, aber der Vater war nicht gewillt, dem zukünftigen Bräutigam seine Tochter zu zeigen. Als Verney den Verdacht äußerte, daß mit dem Mädchen etwas nicht in Ordnung sei, war der Vater bereit, eine Gelegenheit zu arrangieren, bei der Verney die junge Frau sehen konnte. Das Mädchen selbst wußte nichts von der ganzen Sache. John Verney fand, daß die Ehekandidatin nicht besonders schön, aber doch erträglich aussah und daß ihr Vater es sich leisten könnte, eine größere Mitgift zu zahlen. Zuletzt scheiterte der Heiratsplan doch noch an finanziellen Meinungsverschiedenheiten.

Sechs Jahre später verhandelte der sparsame und penible Verney wieder über eine Ehe mit einem 15jährigen Mädchen, in das er sich mitten in den Eheverhandlungen Hals über Kopf verliebte. Der Vater des Mädchens stellte unmögliche Bedingungen und legte der Sache allerlei Hindernisse in den Weg, so daß Verney in seiner Verzweiflung zu scheitern fürchtete und seine Geliebte um eine Locke als Andenken bat. Die finanziellen Verhandlungen wurden jedoch zu einem guten Abschluß geführt, die Ehe konnte geschlossen werden, und sie wurde glücklich.

Innerhalb von wenigen Jahren hatten sich John Verneys Einstellung zur Ehe und seine Erwartungen vollkommen geändert. Der Sprung von dem traditionellen Ehegeschäft zur Liebesehe war bereits gegen Ende des 17. Jahrhunderts möglich.

Im 18. Jahrhundert stellte in Banbury in England ein Rechtsanwalt namens Aplin den armen, aber intelligenten Jüngling Richard Bignell in seiner Kanzlei ein. Auch Aplins Tochter arbeitete in der Kanzlei, und die jungen Leute verliebten sich ineinander. Bignell hielt um die Hand des Mädchens an, aber Aplin wies ihn voller Verachtung ab. Als Aplin erfuhr, daß die beiden heimlich geheiratet hatten, jagte er seine Tochter aus dem Hause und verbot ihr, jemals wieder Kontakt zu ihm aufzunehmen.

Die Bewohner Banburys mißbilligten aus Herzensgrund das Verhalten – des Vaters! Hundert Jahre zuvor wäre die

Mary Granville (gestorben 1788)

Tochter aus der Stadt vertrieben worden. Die Einwohner ließen die Kanzlei von Aplin links liegen und wandten sich mit ihren Rechtssachen demonstrativ an Bignell.

In der Gedankenwelt des Mittelalters hatte die Liebesehe einen bleibenden Platz gefunden. Ein Beispiel für die Auffassungen der oberen Klasse in der ersten Hälfte des 18. Jahrhunderts ist die Geschichte von Mary Granville.

Mary Granville stammte aus einem edlen Geschlecht, war intelligent und lebhaft, liebreizend und arm wie eine Kirchenmaus. Als zum ersten Mal um ihre Hand angehalten wurde, war sie 15 Jahre alt. Die Eltern des jungen Mannes verboten ihrem Sohn jedoch kategorisch eine Ehe mit dem mittellosen Mädchen, dessen Eltern bei Hofe in Ungnade gefallen waren. Der Jüngling verfiel in Trübsinn, verlor das Sprachvermögen, schrieb tagaus tagein an Mary und über Mary und starb schließlich.

Mit 17 Jahren besuchte Mary den Gutshof ihres Onkels. Eingeladen war auch der von der Verwandtschaft vorgeschlagene Heiratskandidat Alexander Pendarves. Herr Pendarves war sechzig Jahre alt und außerordentlich vermögend. Die arme Mary fand den alten Herrn scheußlich. Herr Pendarves war dick, dunkelhäutig, schmuddelig, und der reichliche Genuß von Schnupftabak hatte sein Gesicht verfärbt. Mary verabscheute ihren Freier, obwohl er ein freundlicher und friedlicher Mann war. Die Verwandten hielten Marys Widerstand für kindisch und dumm. Schließlich sprach Marys Onkel ein Machtwort. Er hielt Mary eine lange und rührende Rede über seine väterliche Liebe zu ihr, erinnerte sie an die elenden Verhältnisse ihres Vaters, an ihre eigene Armut und daran, wie unmöglich es für sie war, jemals glücklich zu werden, wenn sie sich weigerte, ihren Verwandten zu gehorchen, die nur den einen Wunsch hatten, ihr zu helfen. Herr Pendarves liebte Mary aus ganzem Herzen, er würde Mary mit Reichtum umgeben, er war ein großartiger Mensch, und Mary war eine verachtenswerte Person, wenn sie die Heirat nur deshalb verweigerte, weil Herr Pendarves nicht mehr jung und stattlich war.

Diesem Drängen konnte ein zum Gehorsam erzogenes 17jähriges Mädchen nicht standhalten. Alle versicherten ihr, daß es ihre Pflicht der Verwandtschaft gegenüber war einzuwilligen, und ihre Eltern, bei denen Mary in ihrer Verzweiflung Zuflucht suchte, freuten sich über einen so vorteilhaften Handel.

Mary Granville war sieben Jahre mit Alexander Pendarves verheiratet. Einige Jahre nach der Hochzeit begann Herr Pendarves stark zu trinken. Der Schnaps und die Gicht machten die Ehe nicht besser, auch nicht die lüsternen Männer, von denen Mary ständig umgeben war. Alle hielten es für selbstverständlich, daß die zu einer Ehe ohne

Eine ideale Familie aus dem 17. Jahrhundert. Coques

Liebe gezwungene junge Frau zum Ehebruch bereit war. Mary war es nicht, denn sie verabscheute die Männer im allgemeinen und ihren Ehemann im besonderen.

Als Herr Pendarves starb, stellte sich heraus, daß er kein Testament gemacht hatte und Mary das riesige Vermögen nicht erbte.

Ein paar Jahre nach Pendarves Tod traf Mary einen ihrer früheren Verehrer, Lord Baltimore, der ihr versicherte, sie seit fünf Jahren zu lieben. Mary hatte schon während ihrer Ehe diesen stattlichen und sympathischen jungen Mann gut leiden können. Mary war Witwe und Baltimore ohne Familie, so daß die Heirat nur ihre eigene Angelegenheit war. Sie beschlossen, noch ein paar Tage darüber nachzudenken.

Bei der vereinbarten Begegnung mit Mary brach Lord Baltimore einen Streit vom Zaun, tat beleidigt und ging davon. Etwas später heiratete er eine reiche Erbin.

Die Geschichte zeigt zum einen, wie wenig Gewicht auf den eigenen Willen der jungen Leute gelegt wurde, wenn es um den Vorteil der Familie ging. Sie zeigt aber auch, daß Mary sich nicht mehr widerstandslos in ihr Schicksal ergeben hatte. Und wider Erwarten hatte sie ihren Ehemann auch nicht betrogen. Als sie dann Witwe und bereit war, einen Mann zu heiraten, den sie anscheinend liebte, mußte sie auf ihn verzichten, weil er eine vorteilhafte Ehe anstrebte und sie dafür nicht wohlhabend genug war.

Das Los des Kindes

Gustave Doré

Von der Mitte des 19. Jahrhunderts an war der Tod eines Kindes auch den Menschen in den ärmsten Familien nicht mehr gleichgültig. Obwohl immer noch fast ebenso viele Kinder starben wie hundert Jahre zuvor, erzeugte ihr Tod bei den Eltern tiefe Trauer. Schließlich wurde der durch den Tod von Kleinkindern verursachte Schmerz so groß, daß die Menschen bereit waren, Geldmittel für die Bezahlung von Ärzten und Hebammen in Stadt und Land bereitzustellen.

Ein Wandel in der Einstellung der Mütter zu ihren Kindern war erst dann möglich, als Millionen und aber Millionen Mütter von zehn Generationen anfingen, das von ihnen geborene Wesen als den Mittelpunkt ihrer Gefühle und ihres Wirkens zu betrachten. Das konnte nicht geschehen, solange man den Hunger fürchten mußte, sondern erst, als man relativ sicher sein konnte, daß es auch ein Jahr später noch etwas zu essen geben würde. Erst dann konnte der Mensch seine Aufmerksamkeit und seine Energie auch auf etwas anderes richten als auf das alles beherrschende Problem des Überlebens.

In der traditionellen Gesellschaft war die Mutter genötigt, vielerlei Dingen vor dem Wohl ihres Kindes den Vorrang zu geben. In der heutigen Familie und Gesellschaft steht das Wohl des Kindes – zumindest theoretisch – im Vordergrund.

Dieser Wandel in der Einstellung der Menschen und vor allem der Mutter zum Kind ist so gewaltig, daß es für den heutigen Menschen schwierig ist, sich das Kind der früheren Jahrhunderte vorzustellen: ein hungriges, ängstliches, geschlagenes, bedrängtes Wesen, dessen irdisches Dasein oft nur kurze Zeit währte.

Der französische Lehrer der Naturgeschichte J. J. Juge erzählte im Jahre 1808 über seine Kindheit: »Zu Hause konnten die Kinder auch nicht die geringste Liebkosung vom Vater oder von der Mutter erwarten. Die Angst war das Prinzip, auf dem die Erziehung basierte. Wer auch immer den Kindern das Lesen beibrachte, auf jeden Fall zog er ihnen das Hemd bis zu den Schultern hoch, nahm das Buch in die eine Hand und die Rute in die andere, bereit, beim geringsten Fehler sofort zuzuschlagen.« Die Kindheit Juges war wie die vieler anderer verlaufen: drei Jahre bei einer Amme, danach in der Obhut der Dienstboten, und im Schulalter wurde der Junge gegen ein Kind von Freunden seiner Eltern ausgetauscht.

Und wie wurden die Enkel des alten Lehrers betreut? »Kinder, die ständig unterhalten und umarmt werden, erfahren nie bösen Willen. Ihre schönen kleinen Körper entwickeln sich schnell, weil sie auf sauberen Bettüchern ohne Wickel und umsorgt liegen dürfen.«

Im 18. Jahrhundert begann in den Beziehungen zwischen Eltern und Kindern eine Entwicklung, die das Kind als Individuum respektiert und die die Grundlage für die Persönlichkeit des heutigen Menschen bildet. Diese Entwicklung begann in England und griff allmählich auf den Kontinent, zunächst auf Frankreich und Skandinavien, dann auf Mitteleuropa und schließlich auf Rußland über.

In der Mitte des 19. Jahrhunderts wurden in Frankreich noch jährlich 33 000 Kinder ausgesetzt. In Moskau wurden in der zweiten Hälfte des 18. Jahrhunderts innerhalb von zwanzig Jahren fast 38 000 Kinder in Findelheimen abgegeben. 30 000 von ihnen kamen um. Noch hundert Jahre später bot sich dem Besucher eines Moskauer Findelheimes ein grauenhafter Anblick: »Am Ende des Raums war ein Stapel, auf dem die Leichen von zweihundert Babys wie Sardinen aufgeschichtet lagen, die darauf warteten, im Frühling begraben zu werden.«

In Rußland wurde wahrscheinlich noch in der Mitte des 19. Jahrhunderts jedes achte Kind ermordet.

Die hohe Sterblichkeit war auch ein Zeichen für die Ignoranz der Eltern. Die kleinen Seelen kamen nicht nur durch Hunger und Krankheiten um, sondern auch durch schlechte Pflege und Vernachlässigung. Von den Müttern der Stadt Laval in Frankreich wurde gesagt: »Hier pflegen sie ihre Kinder mit apathischer Gelassenheit. Still halten sie sie auf dem Schoß, still gehen sie mit ihnen spazieren, still erfüllen die Mütter und Dienstmädchen ihre Pflicht, aber mehr tun sie nicht. Sie singen nicht, sie sprechen nicht zu den Kindern, sie versuchen nicht, die Sinne des Kindes anzuregen. Sie sind zu faul, um seine Gefühle durch Heiterkeit oder kleine mütterliche Zärtlichkeitsbezeugungen zu entwickeln.«

Im 18. Jahrhundert starben in der Umgebung von Rouen 19 Prozent der Kinder, die zu Hause bleiben durften, 38 Prozent der Kinder, die zu einer Amme geschickt worden waren, und 90 Prozent der bei einer Amme untergebrachten Findelkinder. Zur gleichen Zeit starb in Rußland die Hälfte der jährlich geborenen 500 000 Kinder im Alter von unter drei Jahren. Fast hundert Jahre später starben von den innerhalb eines Jahres in Moskau geborenen 4600 Knaben 1300 im ersten Lebensjahr. In Norwegen, wo das Klima härter war, betrug die Säuglingssterblichkeit nur ein Drittel der Sterblichkeitsrate in Rußland.

Am Ende des 18. Jahrhunderts begann die Säuglingssterblichkeit in England und Frankreich allmählich zu sinken. In Mitteleuropa und Rußland sank sie nicht, sondern stieg eher noch. Die Überlebenschancen der Kinder verbesserten sich entscheidend erst, als Hygiene und Medizin gegen Ende des 19. Jahrhunderts einen bedeutenden Aufschwung nahmen.

Bereits im 17. Jahrhundert hatten viele englische Ärzte die Mütter eindringlich aufgefordert, ihre Kinder selbst zu stillen. Die Brüste der Mutter sind für das Kind da, verkündeten sie, und die Milch der eigenen Mutter ist die beste Nahrung für das Kind.

Als das Stillen ein Symbol für Modernität und Mutterliebe wurde, verbreitete sich der Brauch in England rasch. So äußerte eine englische Aristokratin nach einem geringschätzigen Blick über den Kanal: »In allen Gesellschaftsschichten entsetzen sich bei uns die Mütter bei dem bloßen Gedanken, ihr Kind einer Amme zu geben; das aber ist die Sitte bei den Franzosen, unabhängig von ihrem Stand.« Ein deutscher Reisender bemerkte im Jahre 1784 erstaunt: »Sogar die Frauen der Oberschicht stillen ihre Kinder selbst.«

Der Brauch, die eigenen Kinder selbst zu stillen, weil man die Bedürfnisse der Kinder verstand und sie beschützen

Jan Steen

Die bürgerliche Familien-
idylle erlebte ihre Blütezeit in
der niederländischen Malerei
des 17. Jahrhunderts. Die
Mittelschicht lebte in gesicherten Verhältnissen und
hielt Heim und Gott in Ehren.
Zwischen den Ehegatten
herrschten Beziehungen von
herzlicher Wärme – Ausländer wunderten sich über die
Fähigkeiten und die Selbständigkeit der Holländerinnen in
geschäftlichen Dingen. Die
Kinder scheinen die Freude
der Familie zu sein. Musik,
Spiel und gutes Essen gehörten zum holländischen Fami-
lienglück dazu.

und ihnen helfen wollte, verbreitete sich in der Mittelklasse: in den Familien der Ärzte, Lehrer, Künstler und Kaufleute, in denen auch sonst das Idealbild des bürgerlichen
Heimes kultiviert wurde. Unter den übrigen gesellschaftlichen Schichten breitete sich der Brauch sehr langsam
aus.

Die Bäuerinnen hatten ihre Kinder immer selbst gestillt,
aber sie hatten gleichzeitig andere Kinder zum Stillen angenommen, wobei das eigene Kind oft an einer Ziege saugen, Suppe essen oder verhungern mußte.

Vielen Babys wurde dadurch das Leben gerettet, daß sie
nicht am zweiten oder dritten Lebenstag aufs Land in oftmals entsetzliche Verhältnisse gebracht wurden. Aber
ebenso wichtig wie ausreichende und saubere Nahrung
waren Nähe und Geborgenheit für Mutter und Kind. Obwohl das Kind die meiste Zeit von einem Kindermädchen
betreut wurde, war die Mutter ständig mit ihm in Berührung und konnte seine Entwicklung verfolgen.

Eine weitere wichtige Veränderung in der Pflege von
Kleinstkindern war, daß sie nicht mehr bis zur Bewe-
gungslosigkeit gewickelt wurden. Obwohl die Vollwickel
dem Kind nicht eigentlich schadeten, hinderten sie doch
die Mutter oder die Pflegerin daran, das Kind zu liebkosen
und mit ihm zu spielen. Die Ärzte waren gegen das Wik-

361

keln, weil die Ammen die gewickelten Kinder an einen Haken an der Wand zu hängen pflegten. In England wurde das Wickeln schon gegen Ende des 18. Jahrhunderts aufgegeben, in Frankreich in der Mitte des 19. Jahrhunderts, in Deutschland noch später, und in Rußland wurden die Kinder noch Anfang des 20. Jahrhunderts gewickelt.

Immer mehr Familien behielten ihre Kinder zu Hause, wenn sie im Schulalter waren, und stellten einen Hauslehrer ein, dessen Arbeit sie selbst kontrollieren konnten. In den Schulen wurde das Schlagen der Kinder zu einem seltenen und erschütternden Ereignis.

Für den englischen Philosophen John Locke war das Kind wie eine leere Tafel, eine Tabula rasa, die erst durch die elterliche Erziehung beschrieben wurde. Im Jahre 1693 forderte Locke die Eltern auf, ihr Kind in Furcht zu erziehen, solange es noch klein und ohne Verständnis war. Ein größeres Kind dagegen sollte sanft und freundlich angeleitet werden, weil geistige Beeinflussung ein wirksameres Erziehungsmittel sei als Zwang und Schläge.

Während die Menschen im Mittelalter den Kindern gleichgültig gegenüberstanden, äußerte sich das zu Beginn der Neuzeit erwachte Interesse im 16. und 17. Jahrhundert in einer extremen Einschränkung der kindlichen Persönlichkeit, die erst im 18. Jahrhundert bisweilen durch ein verständnisvolles Mitgefühl ersetzt wurde. In England erschienen die ersten Kinderbücher und Spielwarenläden.

Je toleranter man den Kindern gegenüber wurde, um so lauter wurden andererseits die Klagen über verwöhnte Kinder. Man befürchtete, daß durch die Mutterliebe Tausende von Söhnen der englischen Aristokratie verdorben würden, und meinte deshalb, daß sie nicht bei der Mutter bleiben, sondern in der Schule zusammen mit ihren Kameraden unterrichtet werden sollten. Während die Erziehungstheoretiker der ersten Hälfte des 18. Jahrhunderts die Eltern wegen ihrer Gleichgültigkeit und Strenge tadelten, warnten die Fachleute hundert Jahre später davor, jeder Laune des Kindes nachzugeben. Eine auffallende Wandlung hatte sich vollzogen.

»Bestrafe deinen Sohn in seinen frühen Jahren, und er wird deine Seele schmücken, wenn du alt bist. Erspare dem Kind keinen Schlag, denn der Stock erschlägt es nicht, sondern tut ihm gut; wenn du den Körper schlägst, ersparst du der Seele den Tod... Wenn du deinen Sohn liebst, bestrafe ihn oft, damit er später deine Seele erfreut. Bestrafe deinen Sohn, wenn er klein ist, und er wird deine Stütze sein, wenn er ein Mann ist, und selbst die Lasterhaften werden dich loben und deine Feinde dich beneiden. Erziehe dein Kind in Furcht, und es wird dir Segen und Frieden bringen.«

Obwohl man vom blindwütigen Verprügeln der Kinder in englischen Schulen bereits im 18. Jahrhundert abgekommen war, behielten der Stock und die Peitsche anderswo in Europa noch lange ihre Bedeutung als wichtigste Lehrmittel. Auch heute noch ist in vielen Ländern Mitteleuropas die körperliche Züchtigung in den Schulen erlaubt.

P. Ritscher

Zu den deutlichsten Anzeichen für einen Sinneswandel gehörte die neue Einstellung der Ammen zu ihren Pflegekindern. Die früher vernachlässigten Kinder wurden liebevoll betreut und der Kontakt zu ihnen auch dann noch aufrechterhalten, wenn sie schon zu ihren Eltern zurückgekehrt waren. Das Bild zeigt die kleine Tochter eines wohlhabenden Hauses, die mit der Kinderfrau ihre frühere Amme besucht. Der gleichaltrige Pflegebruder spielt auf dem Fußboden. Selbst diejenigen Ammen, die gegen ein von den Behörden gezahltes Entgelt Säuglinge stillten, die in Findelhäusern abgegeben worden waren, begegneten ihren Pflegekindern mit Liebe.

So empfiehlt es der »Domostroj«, das russische Handbuch für die Haushaltsführung aus dem 16. Jahrhundert.

Als das übrige Europa bereits die Kunst des Mitfühlens erlernt hatte, schienen die russischen Eltern immer noch völlig unempfindlich für die Bedürfnisse und Gefühle der Kinder zu sein.

Im Jahre 1780 machte Sergej Aksakows Mutter den Fehler, selbst ihr Kind an die Brüste der Amme zu legen und es selbst in den Schlaf zu wiegen. Ein Verwandter hielt ihr sofort vor, daß eine so übertriebene Liebe ein Verbrechen an Gott war, der die arme Mutter sicher bestrafen würde. Als das Kind dann starb, hatte die Mutter ihre Lektion gelernt: ihre weiteren kleinen Kinder pflegte sie nicht mehr selbst. Der »Domostroj« warnte auch die Väter davor, ihren Kindern zuzulächeln oder mit ihnen zu spielen, denn wer in kleinen Dingen schwach war, mußte in großen Dingen leiden.

»Die Russen sind von klein auf mit dem Leiden vertraut. Sie gewöhnen ihre Kinder an extreme Hitze und Kälte, an Hunger, Durst und Plackerei. Sie waschen die Neugeborenen in kaltem Wasser und wälzen sie in Eis und Schnee, und wenn die Kinder das nicht aushalten, sondern sterben, sind sie den Müttern keine Träne wert.«

Ausländische Reisende entsetzten sich auch über die rus-

365

sische Sitte, ein Kleinkind in die Sauna mitzunehmen und es dort mit einem Birkenbündel zu beklatschen.

Die russische Gesellschaft war streng patriarchalisch, die Macht des Vaters über die Kinder war unbeschränkt. Der Zar war der Vater seines Volkes und hatte die Macht über das Leben seiner Kinder ebenso wie der Vater in der Familie. Die beiden größten russischen Zaren, Iwan der Schreckliche und Peter der Große, töteten beide ihren ältesten Sohn.

In der Mitte des 18. Jahrhunderts ging in Rußland das gleiche vor wie in Westeuropa: Ärzte und Pädagogen versuchten, die Menschen für das Kind zu interessieren, fanden aber kaum Widerhall. Die Ratschläge der Ärzte, das Wickeln zu unterlassen, das Kind zu beaufsichtigen, sauberzuhalten und feste Nahrung zu vermeiden, kamen in den entlegenen Gouvernements nicht an. Die Kinder bekamen Zärtlichkeit von ihrer Amme, der Njanja.

Die Chancen des Kindes, eine tolerante und einsichtige Erziehung zu bekommen, hingen eigentlich vom Zufall ab.

Das Schicksal der auf außergewöhnliche Weise erzogenen und selbständigen Menschen in Rußland ist interessant. Sie wurden die russische Intelligenz des 19. Jahrhunderts, in deren Kreisen die Revolution heranreifte. Sie waren Individuen und keine Teilchen der traditionellen Gesellschaft.

Der Vater des Anarchisten Michail Bakunin war ein zärtlicher und freundlicher Mann, der seine Kinder mit grenzenloser Wärme liebte. Lenins Vater machte sich die Mühe, seine Kinder das Schachspiel zu lehren, und spielte oft mit seinen Söhnen. Wenn in einer Gesellschaft, in der die Grausamkeit als Kraft gilt und die Güte als Schwäche, die Grausamkeit durch Güte ersetzt wird, sind die Folgen unabsehbar.

»Der Familienvater muß sich tagsüber mit den schwierigen Problemen des Geschäftslebens auseinandersetzen. Er kann sich erst zu Hause entspannen. Alle versammeln sich um ihn. Er schmunzelt über die Spiele der Kinder: er kann stolz darauf sein, daß er seine Kinder gut kennt, und er freut sich über ihre Kenntnisse und Fertigkeiten. Ein Abend mit der Familie bedeutet für ihn das reinste und vollkommenste Glück.«

Dieses Lob des häuslichen Glücks aus der Feder des Präfekten Villeneuve zeigt uns, was dem französischen Patriarchen im Jahre 1820 widerfahren war. Der Chef war zum Familienvater geworden. Wahrscheinlich war er ebenso selbstherrlich wie zuvor, doch waren die Herrschaftsmittel jetzt sanfter, der Gebieter verwendete jetzt Zuckerbrot statt Peitsche.

»Noch vor der Großen Revolution hielten sich die Men-

Für eine menschlichere Gesellschaft kämpften diejenigen, die trotz heftigen Widerstandes die häusliche Züchtigung aus der Gesetzgebung streichen wollten. Obwohl man meinte, das gesamte gesellschaftliche System werde zusammenbrechen, wenn der Hausherr seine Dienstboten nicht mehr verprügeln darf, wurde die häusliche Züchtigung doch bis Anfang des 20. Jahrhunderts fast überall abgeschafft.

schen mehr draußen als drinnen auf, und die Männer verbrachten einen großen Teil ihrer Zeit in Cafés, Diskussionsrunden und bei verschiedenen Vergnügungen. Auch heute gehen die Menschen zu solchen Veranstaltungen, aber Familienväter zeigen sich dort nur selten.« So drückt Villeneuve die Tatsache aus, daß sich die Kernfamilie von der umgebenden Gesellschaft so wirksam abkapselte, daß die traditionelle Dorfgemeinschaft allmählich nicht mehr funktionierte.

Diesen Menschen reichten die Vorhänge des Pfostenbettes als Schutz ihrer Intimsphäre nicht mehr aus. In den Häusern, wo die Menschen früher durch alle Zimmer gelaufen waren, wurden jetzt Korridore gezogen. Die Neugier der Dienstboten war der neuen Familie äußerst lästig und das nicht ohne Grund, denn bei den skandalartigen Scheidungsprozessen fungierten gerade die allgegenwärtigen Dienstboten als Zeugen. Wo das Dienstmädchen vor einem oder zwei Jahrhunderten nackt im selben Bett mit der Herrschaft geschlafen hatte, warnte Anfang des 18. Jahrhunderts ein Handbuch des guten Benehmens: »Du hast dich doch nicht etwa in unziemlicher Weise im Beisein deiner Herrschaften ausgezogen?«

In früheren Zeiten galten die Dienstboten fast als Familienmitglieder.

Die neue Familie war introvertiert, sie verbannte das Dienstmädchen vom Fußende des Bettes der Herrschaft in eine kleine Kammer hinter der Küche. In wohlhabenderen Häusern wurden die Dienstboten in einer anderen Etage untergebracht.

Zur Entstehung der Kernfamilie trugen zwei neue Phänomene bei: die Beziehung zwischen Mutter und Kind und die Liebesehe. Von diesen beiden war die Mutter-Kind-Beziehung die wichtigere. Die beiden Beziehungen konnten auch im Widerspruch zueinander stehen.

In der neuen Familie hatten die Frauen mehr Zeit für ihre Kinder als früher. Von der Mutter wurde erwartet, und es war auch ihr Wunsch, die Pflege und Erziehung der Kinder selbst zu beaufsichtigen, auch wenn ihr dafür Dienstboten zur Verfügung standen. Aber auch der dem neuen Eheideal entsprechende Ehemann verlangte, daß sie immer für ihn da war. So mußte die Frau oft schmerzhafte Entscheidungen zwischen den Forderungen und Bedürfnissen des Mannes und denen der Kinder treffen – und dieses Problem ist noch heute aktuell.

Bei der Liebesehe ging es in Wirklichkeit um die Liebe des Mannes. Nach der damaligen und auch heute noch lebendigen Denkweise war die Werbung Sache des Mannes. Er konnte bestimmen, auf wen er seine Gefühle richtete. Die Frau konnte nur unter den sich bietenden Kandidaten wählen – sie konnte nicht die Initiative ergreifen. Und das

Das tragende Element der Kernfamilie war die Beziehung zwischen Mutter und Kind. Die Mutter bildete den Mittelpunkt der Familie. In den nordischen Ländern wurde die Stellung der Mutter dadurch gestärkt, daß sie ihre Kinder zu Hause unterrichtete. Die schwedische Familie hört zu, wie die Mutter aus dem Kleinen Katechismus von Luther vorliest, der für die Landbevölkerung der nordischen Länder fast drei Jahrhunderte lang die Quelle des Wissens bildete.

eheliche Glück hing, wie früher auch, von der Anpassungsfähigkeit der Frau ab – die bekanntlich nahezu grenzenlos ist.

Die Beziehungen der Kernfamilie zur Umwelt waren kühl. Es zeugt vom Einzug des Kernfamiliendenkens im Bauerndorf, daß keine gemeinsamen Feste, Abendgesellschaften und Karnevals mehr veranstaltet wurden. Hatten die Leute früher offiziellen und inoffiziellen Vereinen gleichaltriger und gleichgeschlechtlicher Freunde angehört, brachen nun ihre Beziehungen zu den Menschen außerhalb der Kernfamilie ab. Die Beziehungen zu den näheren Verwandten dagegen wurden oft besser.

Die Menschen der Neuzeit tauschten also ihre traditionellen Gemeinschaften, die Verwandtschaft und das Dorf, gegen die stabile, geschlossene Familie ein. Aufgabe der Familie war es, die geistigen und körperlichen Bedürfnisse aller ihrer Mitglieder zu befriedigen und vor allem ihre Sehnsucht nach Nähe und Zuneigung zu stillen.

Diese Entwicklung verlief nicht ohne Komplikationen, weder schnell noch gleichzeitig. Sie setzte in der ersten Hälfte des 18. Jahrhunderts bei der Mittelschicht der englischen Städte ein und erreichte ihren vollen Umfang und ihren Höhepunkt in den sechziger Jahren unseres Jahrhunderts in Europa.

Zur Entstehung der Kernfamilie trugen der Wohlstand, der ein Ergebnis der Marktwirtschaft war, und das Erwachen des Individuums bei. Die Kernfamilie war ein Luxus der gutsituierten städtischen Bürger. Dazu zählten die kleinen Kaufleute, Buchhalter, Handwerker, eine Gruppe von Menschen, die zäh an ihrem geringen Besitz festhielten. Für sie war eine gute Partie ebenso wichtig wie für die höchste Aristokratie des Reiches. Die Zusammenlegung von zwei kleinen derartigen Vermögen konnte zu einem

Floß werden, das den Kutscher und die Uhrmacherwitwe in dem bodenlosen Meer der armen Leute über Wasser hielt.

Wie der kleine Mann in der Übergangszeit umhergetrieben wurde, zeigt die Geschichte von Thomas Wright, der nach Glück suchte.

Thomas Wright, ein armer landloser Methodist, begann seine Suche nach Glück zu nächtlicher Stunde bei einem Mädchen. Gemütlich wurden die Zusammenkünfte nicht, denn das Mädchen war nicht gesprächig und Thomas in anderer Hinsicht nicht sehr erfolgreich. Später wurde das Mädchen schwanger von einem anderen Mann, der zur Heirat genötigt wurde, und die unglückliche Ehe endete mit dem Tod des Mädchens.

Beim zweiten Mal traf Thomas eine noch schlechtere Wahl. Seine Auserwählte bekam von einem Gesellen ein Kind, aber ihre Eltern ließen sie nicht heiraten. Das Kind wurde geboren und starb bald darauf, so wie es unehelichen Kindern zu ergehen pflegte. Das Mädchen heiratete, aber nicht Thomas.

Thomas versuchte es noch mit ein paar anderen Mädchen und einer Witwe, aber ohne Erfolg, und verliebte sich dann in ein Fräulein Birkhead. Weil das Mädchen erst elf Jahre alt war, sollte Thomas einige Jahre warten, und in dieser Zeit freite er um ein anderes Mädchen. Als Fräulein Birkhead 19 Jahre alt wurde, hielt Thomas um ihre Hand an, und das Paar brannte nach Schottland durch, weil sich

Die Bewunderung und Verhätschelung der Kinder gehörten im 19. Jahrhundert zum guten Ton. Sehr weit reichte die Geduld jedoch nicht. Hier ist ein »Malheur« passiert; der Herr, eben noch voller Bewunderung, ist verärgert, die Mutter reißt die Kleine zornig fort, das entsetzte Kindermädchen – von dem das Kind in Wahrheit betreut wird – eilt mit wehenden Röcken herbei, um den Stein des Anstoßes aus dem Blickfeld der feinen Herrschaften zu entfernen.

Gustave Doré

Von der neuen Familie wurde
erwartet, daß sie viel Zeit
gemeinsam verbrachte, im
Gegensatz zu der traditionellen Familie, deren Mitglieder
sich in der Gesellschaft von
ihresgleichen wohler fühlten.
Es entstand sogar ein neues
Hobby: Reisen und Ausflüge,
um bekannte Orte zu besichtigen.
Einen krassen Gegensatz bildeten die Chancen im Leben
der Kinder eines Londoner
Lumpenhändlers einerseits
und der verwöhnten Tochter
eines Gentleman anderer-
seits. Der Gentleman konnte
seinen Kindern die bestmögliche Erziehung angedeihen
lassen. Für den Lumpenhänd-
ler war es unmöglich, alle
Kinder am Leben zu halten.
Sie mußten sich so bald wie
möglich selbst ernähren.

die Eltern des Mädchens der Ehe ihrer Tochter mit einem Habenichts heftig widersetzten.

Richtig böse wurden sie jedoch, als sie ihrem Schwiegersohn hundert Pfund leihen mußten, damit sich die Familie irgendwo niederlassen konnte. Die junge Frau gebar sieben Kinder, von denen drei früh starben, und sie begann, pro Woche einen Gallon Rum zu trinken. Nach elf Ehejahren starb die Frau im Jahre 1777 an der Tuberkulose.

Nachdem er vier Jahre lang Witwer gewesen war, wurde es Thomas klar, daß er wieder heiraten mußte. Seine Freunde forderten ihn auf, eine ältere Witwe zu nehmen, die den Haushalt führen, aber keine Kinder mehr gebären würde. Aber die Ideen der neuen Zeit hatten in Thomas' Kopf Wurzeln geschlagen. Er wollte immer noch glücklich werden.

Thomas heiratete ein fünfzehnjähriges Mädchen. Die Familie wuchs und mit ihr die Geldsorgen, aber nun konnte Thomas endlich sagen, daß die Ehe all die Schwierigkeiten wert war.

Das körperliche Verlangen

In der traditionellen Gesellschaft gehörte die körperliche Liebe in die Ehe und nur in die Ehe. Die Gemeinschaft, das Dorf oder die Verwandtschaft, wachte unablässig und gnadenlos über das sexuelle Verhalten ihrer Mitglieder. Überwacht wurden vor allem die Frauen, aber auch die Ehemänner behielt man genau im Auge.

Zwei bis fünf Prozent der Kinder wurden unehelich geboren. Diese Zahl ist sehr niedrig und zeugt von einer relativ geringen sexuellen Betätigung außerhalb der Ehe.

In der bäuerlichen Ehe wurde Geschlechtsverkehr vor allem im Frühling und Sommer, von April bis Juli, und am häufigsten im Juni ausgeübt. Dazu trugen vielleicht das zunehmende Licht, die erwachende Natur und das warme Wetter bei, das den Menschen erlaubte, sich draußen aufzuhalten. Der März war wegen der Fastenzeit ein ruhiger Monat. Die Enthaltsamkeit im August und September erklärt sich sicherlich durch die harte Erntezeit, in der die Familienmitglieder an verschiedenen Orten arbeiteten. Mit der Verstädterung hörte diese jährliche Periodizität auf.

Außereheliche Beziehungen konnten die Bauern pflegen, die mit ihren Mägden schliefen. Wenn die Magd schwanger wurde, jagte man sie aus dem Haus.

Manchen jungen Männern gelang es, einen ausreichenden Betrag zu sparen, um Liebe zu kaufen. Auch das war nicht ganz einfach. Es gab zwar Dirnen in den Städten, aber der Weg dorthin war weit und das einzige Fortbewegungsmittel die eigenen Beine. Freizeit gab es wenig, so daß die Planung und Durchführung einer Vergnügungsreise sowohl strapaziös als auch nervenaufreibend sein konnte. Die Möglichkeiten, im eigenen Dorf Befriedigung zu finden, waren gering. Es gab vielleicht im Dorf eine Frau mit lockerem Lebenswandel, die Gegenstand der allgemeinen Entrüstung war. Aber eine solche Person duldete die Dorfgemeinschaft im allgemeinen nicht lange in ihrer Mitte.

Viele Faktoren schränkten in der traditionellen Gesellschaft die sexuellen Aktivitäten ein. Sauberkeit war ein unbekannter Begriff, und Frauen und Männer wurden von verschiedenen Hautkrankheiten geplagt. Auch ansonsten waren die Menschen oft und lange krank.

Die Schwangerschaft war ein Schreckgespenst für viele von den Geburten entkräftete Frauen. Mit der Angst vor der Schwangerschaft war die Angst vor dem Ehebruch des Mannes verbunden: die Frau war ja wegen der Schwangerschaft, anschließender Stillzeit und langwieriger gynäkologischen Entzündungen oft über zwei Jahre lang tabu.

Der sexuelle Genuß war nach den Postulaten des Christentums eine Sünde und alles, was damit verbunden war, unrein. Weil die Natur und der Körper des Menschen jedoch nicht imstande sind, die Sexualität völlig zu verleugnen, wurden die Menschen von Ängsten und Schuldgefühlen geplagt.

Die Unterernährung, an der viele Bauern in Europa litten, minderte das sexuelle Verlangen der Männer so gut wie gar nicht, während sie den Sexualtrieb der Frauen fast vollkommen lähmte. Die extrem harte Arbeit hat sicherlich so an den Kräften des Menschen gezehrt, daß ihr sexuelles Interesse nachließ. Die wiederholten Aufrufe der Medizin zum Maßhalten werden den Bauern kaum erreicht haben. Er mußte sich notgedrungen zurückhalten.

Dagegen gelang es den Ärzten, die Lebemänner der höheren Stände durch ihre altertümliche Auffassung vom Sperma zu erschrecken: die übermäßige Produktion von Sperma schwächte angeblich die Gesundheit des Mannes, und außerdem gab es von dem Sperma nur eine bestimmte, geringe Menge, so daß es nicht verschwendet werden durfte.

Der außereheliche sexuelle Genuß war ein Hobby der wohlhabenden Herren. Ihnen standen die Prostituierten der Städte zur Verfügung, aber je vornehmer der Herr war, um so weniger hatte er mit Dirnen zu tun. Statt dessen

Auf dem Lande wurde die Partnersuche der jungen Leute streng überwacht, aber wenn sie begannen, ernsthaft miteinander zu verkehren und sich vielleicht auch verlobten, ließ die Kontrolle der Gemeinschaft nach. Der Geschlechtsverkehr zwischen Verlobten galt als selbstverständlich. Oft wurde erst geheiratet, wenn die Braut schwanger oder das Kind schon geboren war. Das Kind galt nicht als Bankert, und seine Eltern wurden nicht moralisch verurteilt.

hatte der Gentleman eine Geliebte, die er oft mit größerem Luxus umgab als seine Frau.

Die Geliebten konnten Töchter von ehrbaren, aber verarmten bürgerlichen Familien sein, die eine gute Erziehung genossen hatten schön waren und Geschmack besaßen, jedoch keinen finanziellen Rückhalt. Eigentlich handelte es sich um Polygamie. Als Regel galt, daß die ausgehaltene Geliebte aus einem niedrigeren Stand kommen mußte. Der Ehefrau kam es nicht zu, sich mit den Geliebten ihres Mannes zu befassen, und die liebe Freundin mußte bereit sein, sofort zu verschwinden, wenn der Liebhaber ihrer überdrüssig war.

Nach der Doppelmoral der Zeit wurde das Recht des Mannes auf Ehebruch nur durch seine finanziellen Mittel oder seine Gesundheit eingeschränkt. Ganz anders verhielt es sich mit der Ehefrau. Das von ihr geborene Kind mußte vom Ehemann gezeugt sein. Obwohl die Frau nach der allgemeinen Auffassung lüsterner war als der Mann, mußte sie bei der Hochzeit Jungfrau und nach der Hochzeit monogam sein. Um diesen Anspruch zu gewährleisten, wandte die Gesellschaft gegenüber den Frauen alle möglichen Mittel der Repression, der Unterwerfung und Demütigung an.

Der königliche Hof war ein Garten der sexuellen Freiheit oder ein Hort der Ausschweifungen, je nach Blickwinkel. In England, in Frankreich, an den deutschen Fürstenhöfen, in Skandinavien, in den riesigen Palästen Rußlands versammelte sich um den Herrscher eine große Schar reicher und schöner Müßiggänger, die ihren Tag mit Klatsch über die Liebesabenteuer der anderen und mit eigenen Liebesaffären ausfüllte.

Reichtum und Stand befreiten die allervornehmsten Damen von den Fesseln, die ihre schlechter gestellten Schwestern ständig tragen mußten. Die sexuelle Freiheit galt jedoch nicht für die unverheirateten Mädchen. Eine Ehe, auch eine rein formale, war Voraussetzung für die Karriere einer cleveren und eleganten aristokratischen Frau, und der Gipfel der Karriere war ein Platz im Bett des Königs.

Nach der verfeinerten Auffassung war die Ehe nicht mit sexuellen Freuden verbunden. Die fand der Gentleman bei seiner Geliebten. Die Ehefrau mußte Ersatzbefriedigung durch die Gesellschaft ihrer Geschlechtsgenossinnen, durch Kartenspiele und als glänzender Mittelpunkt der Gesellschaft finden. Die sexuellen Pflichten des Ehemannes beschränkten sich auf das Zeugen eines Erben. Die gnädige Frau wurde oft aufs Land, auf den Landsitz der Familie, geschickt, wo sie unter Aufsicht von Nachbarn und Dienstboten die Kinder erwartete, gebar und pflegte. Der Ehemann vergnügte sich in der Stadt mit sei-

Viele Prostituierte in den Städten waren ehemalige Dienstmädchen, die von dem Hausherrn, dem Sohn oder einem Verwandten des Hauses verführt worden waren. Wenn das Verhältnis bekannt wurde oder daraus ein Kind entstand, wurde das Mädchen ohne Empfehlung auf die Straße geschickt und konnte keine neue Stelle mehr bekommen.

Ein vornehmes Paar auf dem Morgenspaziergang
Gainsborough

Die sexuelle Unbekümmertheit der Aristokratie konnte so extreme Formen annehmen wie in der Familie des Herzogs von Devonshire gegen Ende des 18. Jahrhunderts. Zu der Familie gehörten der Herzog selbst, die Herzogin Georgiana und ihre drei gemeinsamen Kinder. Außerdem lebten im Hause noch zwei Kinder des Herzogs und deren Mutter, Elisabeth Foster, die eine lebenslange Freundin der Herzogin war. Das Kind des Herzogs und einer Charlotte Spencer sowie das Kind der Herzogin und des Lords Grey wurden anderswo erzogen. Der hohe Adel betrachtete seine sexuellen Gewohnheiten als sein Privileg und die Kritik daran als ungehobelte Einmischung. Die Liebesehe und die dazugehörigen Tugenden wie Treue, gegenseitige Zuneigung und Wertschätzung des häuslichen Lebens waren in den Augen der Aristokratie kennzeichnend für das stillose und langweilige Leben der Mittelschicht.

ner ausgehaltenen Geliebten. Die Ehefrau durfte ihre Verärgerung nur in einem Fall zum Ausdruck bringen: Es gehörte sich nicht, die kleine Freundin in das gemeinsame Heim der Familie zu bringen.

Das Modell des sexuell freien Vaters und der sexuell geknebelten Mutter setzte sich in der nächsten Generation fort. Der adlige Jüngling übte die Liebe mit den Dienstmädchen und vielleicht auch mit der Gouvernante des Hauses. Diese Frauen waren vom guten Willen ihres Arbeitgebers abhängig, es war leicht, sie unter Druck zu setzen und zu bedrohen, und wenn es Schwierigkeiten gab, konnten sie ohne Empfehlungsschreiben aus dem Dienst entlassen werden, wonach vielen nur noch die Prostitution blieb.

Die Tochter einer vornehmen Familie dagegen wurde wie der schrecklichste Mörder bewacht. Ihre Tugendhaftigkeit war gleichbedeutend mit der Ehre der Familie. Das kleinste Mißtrauen konnte die Chancen des Mädchens auf dem Heiratsmarkt zunichte machen – und für den Heiratsmarkt wurde sie ja aufgezogen. Das Mädchen wurde nie mit einem Vertreter des anderen Geschlechts allein gelassen, sie durfte nie ohne Begleitung auf die Straße gehen und keinen Briefwechsel mit einem Mann führen. Ein Blick, ein Lächeln konnte ihr den Ruf einer leichtfertigen Frau einbringen. Tausend unsichtbare Fäden regulierten ihren Gesichtsausdruck, ihre Bewegungen, Gesten und sogar ihre Gedanken.

Kennzeichnend für das sexuelle Verhalten der oberen Gesellschaftsschichten im 18. Jahrhundert waren hemmungsloses Beutemachen, Ausnutzen des Partners, oberflächliche Schmeichelei, in schöne Phrasen gekleideter Leichtsinn und Zynismus. Sowohl Männer als auch Frauen sammelten Eroberungen. Der Liebhaber, der ans Ziel seiner Wünsche gelangt war, konnte seine frühere Geliebte in der Öffentlichkeit äußerst grausam behandeln. Von den Liebesbeziehungen wurde keine Nähe und kein Vertrauen erwartet, vielmehr handelte es sich um eine Art Gesellschaftsspiel mit Verführung, Sieg und Verlassen.

Die bürgerliche Mittelschicht, die Beamten, Anwälte, Ärzte, Wissenschaftler, Lehrer und Pfarrer, kamen auf die Idee, Ehe und Sexualität miteinander zu verbinden. Die Ehepartner der Kernfamilie hatten einander – wenigstens theoretisch – freiwillig, aufgrund der Liebe, gewählt. Zur Liebe gehörte auch das sexuelle Verlangen, das bei den Partnern der Kernfamilie nur aufeinander gerichtet sein durfte. Die sexuelle Freiheit der Männer aus den oberen Klassen erstreckte sich nicht auf Väter und Ehemänner in den Kernfamilien der Mittelschicht. Das war der fruchtbare Boden für die viktorianische Denkweise, die Entstehung einer scheinheiligen Doppelmoral, bei der der Mann tun durfte, was er wollte, solange er es nicht öffentlich tat.

Die west- und nordeuropäischen Bauerngemeinschaften hatten ihre eigenen Methoden, die Sexualität der jungen Menschen zu regulieren. Die jungen Männer besuchten die heiratsfähigen Mädchen eines nach dem anderen. Nach den Regeln lagen sie im Bett des Mädchens, plauderten und streichelten sich, aber der Geschlechtsverkehr war nicht erlaubt, und die Kleider durften nicht ausgezogen werden. Die Gruppe der Jugendlichen kontrollierte die Einhaltung der Regeln. Auf diese Weise konnten sich die jungen Leute kennenlernen und herausfinden, ob sie zusammenpaßten, ohne Angst vor einer Schwangerschaft haben zu müssen.

In der Zeit vom Ende des 18. Jahrhunderts bis zur Mitte des 19. Jahrhunderts stieg die Zahl der unehelichen Kinder und schwangeren Bräute unter den Angehörigen der untersten Gesellschaftsschichten in Europa rapide an. Die Tochter des Landarbeiters, das Dienstmädchen, die Schneiderin, die Textilarbeiterin ließen sich leichter als früher auf eine sexuelle Beziehung ein.

Ein Grund für die größere sexuelle Freizügigkeit besteht darin, daß der Wert der Jungfräulichkeit geringer geachtet wurde. Bei der Eheschließung hatte die Jungfräulichkeit ja einen Tauschwert: Der Bräutigam gab der Braut wirtschaftliche Sicherheit, die Braut dem Mann ihre Unberührtheit. Die in der zweiten Hälfte des 18. Jahrhunderts explosionsartig anwachsende Klasse der Land- und Fabrikarbeiter konnte sich kaum ernähren. Unter diesen Bedingungen waren Gesundheit und Arbeitsfähigkeit der Braut wertvolle Eigenschaften, die Jungfräulichkeit dagegen nutzlos.

Die jungen Leute hatten andere Wertvorstellungen als die ältere Generation: anstelle von Tugendhaftigkeit und Entsagung wurde die Romantik geschätzt. Die Suche nach Arbeit trennte den jungen Menschen von seinem Heimatdorf und dessen Traditionen. Er war entwurzelt und begann, nach einem Partner Ausschau zu halten. Die Sexua-

Das Tor ist weit, das ins Verderben führt. Tugendhaftigkeit und Fleiß hielten ein Mädchen auf dem ehrbaren, langweiligen, aber sicheren Weg. Ein lebenslustiges Mädchen konnte sich eine Weile amüsieren, aber das endete immer mit Tränen. Stets fand sich ein wachsames Auge, und jeder bekam den gerechten Lohn für seine Taten. Die christlich-bürgerliche Moral forderte von den guten Menschen frommen Gehorsam gegenüber den Regeln der Gesellschaft. Wer sie nicht einhielt, wurde ausgeschlossen.

lität war ein Genuß um des Genusses willen geworden, ein Glück, auf das der einzelne Mensch ein Recht hatte.

Das Gesetz folgte der Änderung der Denkweise. In der ersten Hälfte des 19. Jahrhunderts hörte eine uneheliche Schwangerschaft auf, ein strafbares Verbrechen zu sein. Das bedeutete jedoch nicht, daß die Lage der unehelichen Mutter leichter geworden wäre. Die uneheliche Schwangerschaft bedeutete meistens eine wirtschaftliche Katastrophe, nämlich den Verlust des Arbeitsplatzes. Für das Bürgertum war die Tugendhaftigkeit der Frauen eine Voraussetzung für den Zusammenhalt der Familie, und die Familie war heilig. Es lag im Interesse des Bürgertums, daß die alleinstehende Mutter und ihr Bankert gnadenlos bestraft wurden, damit die jungen bürgerlichen Frauen sahen, welche Folgen der Sündenfall hatte.

Der traditionellen Gesellschaft gelang es recht gut, die Sexualität ihrer Mitglieder je nach Bedarf zu regulieren. Der Bedarf variierte jedoch stark.

In England war die Furcht der Gemeinden, für uneheliche Kinder aufkommen zu müssen, so groß, daß eine gebärende Mutter bisweilen über die Gemeindegrenze gebracht und auf dem Feld ausgesetzt wurde, wo sie dann umkam. In vielen Ländern wurde eine uneheliche Mutter ausgepeitscht, und eine Frau, die mehrere Kinder geboren hatte, zur Zwangsarbeit in der Spinnstube verurteilt. Es gab verschiedene Prangerstrafen: die uneheliche Mutter mußte am Pranger stehen, wurde in den Stock gelegt oder mußte bei der Aussegnung in der Kirche ohne Kissen auf dem Boden knien und ohne den Schutz des Pfarrers in die Sakristei gehen, wobei die Kirchenbesucher sie beschimpfen und bespucken durften.

Wenn jemand bereit war, eine uneheliche Mutter zu heiraten, durfte die Frau im allgemeinen bei der Hochzeit keine Krone tragen, und an manchen Orten mußte sie ein besonderes Zeichen der Schande, zum Beispiel eine rote Mütze, tragen. Den Vater des Kindes traf zumeist keine Strafe. Dahinter standen weniger Moralvorstellungen als vielmehr ein Versuch der Gesellschaft, die Schar der hilflosen Pflegekinder so klein wie möglich zu halten. In Deutschland waren die Beschränkungen in einigen Gemeinden so rigoros, daß Personen, die keine Hoffnung hatten, sich jemals einen eigenen Hof oder eine Hütte anzuschaffen, nicht heiraten durften, weil ihre Kinder aller Voraussicht nach der Gesellschaft zur Last fallen würden. Aber neue Bedürfnisse schufen neue Verhaltensweisen. In der zweiten Hälfte des 18. Jahrhunderts herrschte in Deutschland Mangel an Arbeitskräften, vor allem an Dienstboten.

»Die gefallene Frau wird von der öffentlichen Meinung nicht verurteilt, und sie empfindet auch selbst so gut wie keine Schande. Die Mädchen wiegen ihre Kinder auf den Armen und prahlen damit, daß sie ihre Jungfernschaft verloren haben, und verspotten sogar diejenigen, die ihre Fruchtbarkeit noch nicht unter Beweis gestellt haben. Wenn es ans Heiraten geht, stehen die Mädchen, die noch nicht schwanger waren, hinter denjenigen zurück, die bereits ein Kind haben. Denn der Bräutigam zieht eine Braut vor, die bereits Kinder hat und das Haus bald mit Arbeitskräften füllen kann.

Obwohl das verführte Dienstmädchen sein Kind bei sich hat, hört es nicht auf, auf dem Bauernhof zu arbeiten, und auch nicht, für seine Kinder zu sorgen. Ein Beispiel ist das Mädchen, das siebenmal schwanger wurde; nun hat sie sieben großartige Söhne, die gedrängt werden, als Knechte auf den Höfen zu arbeiten. Sie hat sie alle selbst betreut und daneben als Dienstmädchen gearbeitet. Und obwohl ihr Arbeitgeber sie und ihre Kinder ernähren mußte, brauchte sie nie zu befürchten, daß sie ihren Arbeitsplatz verlieren würde.«

So geschehen im Jahre 1802 in der Steiermark. Der Arbeitskräftemangel milderte das Reglement und die moralischen Maßstäbe zugunsten derjenigen, die die Gesellschaft brauchte.

Entscheidend für das Schicksal eines unehelichen Kindes waren sein Geschlecht und der Stand seines Vaters.

Am besten hatten es natürlich die anerkannten königlichen Bankerte, deren Leben sich nicht wesentlich von dem der legalen Prinzen oder Prinzessinnen unterschied. Den Thron konnten sie natürlich nicht erben und auch keine königliche Ehe schließen. Aber meistens wurde ihnen ein hoher Ehrentitel gewährt und ein angemessenes

Einkommen, damit sie in standesgemäßer Pracht leben konnten. Viele von ihnen wurden mit staatlichen Aufgaben betraut.

Eine große Anzahl von außerehelichen Kindern wurde als ein Beweis für die Kraft und Männlichkeit des Vaters gewertet. Nach der Auffassung der Zeit mußte ein vornehmer Vater für die Erziehung und die Karriere seiner unehelichen Söhne sorgen und für die Töchter, deren Position viel schwächer war als die der Söhne, zumindest eine Ehe arrangieren. Für die Töchter bedeutete das meistens, daß ein unter luxuriösen Verhältnissen aufgezogenes Mädchen wegen ihrer unbestimmten Herkunft einen Mann aus einer ganz anderen Gesellschaftsschicht heiraten mußte.

Ein vornehmer, in gesicherten Verhältnissen aufgewachsener Bankert war jedoch eine Ausnahme unter den nichtehelichen Kindern. Diese waren meistens das Ergebnis von zweierlei Beziehungen: ein Mann von hohem Stand verführte eine Frau von niederem Stand, oder aber ein Mann und eine Frau von gleichem Stand liebten sich, aber wenn es ernst wurde, machte sich der Mann aus dem Staub. Die Flucht vor der Verantwortung war leicht in der neuen, unruhigen Gesellschaft.

Uneheliche Geburten waren in der Stadt häufiger als auf dem Land, mit Ausnahme von England. Zu der großen Anzahl von unehelichen Kindern in den französischen Städten trug vielleicht bei, daß die Frauen vom Lande ihre unehelichen Kinder in die Stadt brachten und dort aussetzten. In den Städten gab es viel mehr alleinstehende Frauen als auf dem Lande: Scharen von Dienstmädchen, für einen Hungerlohn arbeitende Näherinnen, Wäscherinnen und Büglerinnen. Eine uneheliche Schwangerschaft führte meistens zum Verlust des Arbeitsplatzes und zu einem elenden, erbärmlichen Leben auf der Straße.

Das uneheliche Kind einer armen Mutter hatte wahrscheinlich eine geringere Lebenserwartung, wenn es überhaupt lebend geboren wurde. Ein beträchtlicher Teil der unehelichen Schwangerschaften endete mit der Geburt eines toten Kindes. Ein großer Teil der lebend Geborenen wurde verstoßen und starb in Findelheimen, ein Teil starb, weil die Mutter das Kind nicht ernähren und pflegen konnte, und der Rest kam durch zu harte Arbeit in zu jungen Jahren um.

Ein Beispiel für einen vornehmen Bankert, dessen Leben durch seine Herkunft kaum beeinflußt wurde, ist Margarete von Parma (gestorben 1586), die uneheliche Tochter Kaiser Karls V. und der flämischen Handwerkerstochter Johanna van der Gheynst. Margarete wurde mit vierzehn Jahren mit Alessandro de Medici verheiratet, der bald ermordet wurde. Ihre zweite Ehe schloß Margarete mit dem unehelichen Sohn Papst Pauls III., Ottavio Farnese. Die Ehe scheiterte, und die Ehegatten lebten getrennt. Margaretes Halbbruder, der spanische König Philipp II., ernannte sie zur Statthalterin der Niederlande. Margarete von Parma mußte gegen die Unabhängigkeitsbestrebungen der holländischen Protestanten kämpfen. Sie hatte als Statthalterin keinen Erfolg und verzichtete nach drei Jahren auf ihr Amt.

Dem
neuen Tag
entgegen

Lohnarbeit

Die im vorigen Jahrhundert erfolgte Industrialisierung rief die größte Veränderung in der Lebensweise der Menschen nach dem Beginn der kontinuierlichen Landwirtschaft vor etwa elftausend Jahren hervor. Das Leben der Frauen änderte sich jedoch sehr langsam.

Die Lohnarbeit war der europäischen Frau vor der Industrialisierung keineswegs fremd. Mit Ausnahme der wohlhabendsten Klassen der Gesellschaft blieben die Frauen in Europa bei ihrem jahrhundertealten Verfahren und verdienten hier und dort ein paar Münzen, um das unsichere Leben ihrer Familie zu unterstützen. Sie leisteten ihr Leben lang Lohnarbeit.

Ein dreijähriges Mädchen konnte Seidengarn sortieren. Einer Vierjährigen wurde die Spitzenklöppelei beigebracht. Eine Fünfjährige fertigte zehn Stunden am Tag Haarnadeln an. Eine Sechsjährige lernte schon spinnen und spann dann vierzig Jahre lang: Garn für den Vater, der in der Ecke des Häuschens webte, Garn für den Unternehmer, der Wolle brachte und Garn für die großen Webereien der Stadt abholte. Und wenn sie heiratete, gebar sie Kinder, führte ihren Haushalt und spann jeden freien Augenblick. Die wenigen Münzen, die sie durch ihre Arbeit verdiente, machten den entscheidenden Unterschied zwischen der Armut und dem äußersten Elend aus. Die Bäuerin verkaufte Milchprodukte und Eier auf dem Markt, und während sie auf die Kunden wartete, spann sie.

Die Arbeit der Mutter und Ehefrau war für das Überleben der Familie unabdingbar, aber vor dem Gesetz gab es sie überhaupt nicht.

Als in den rauchigen, engen Städten Fabriken gebaut wurden, ging die Arbeit der Frauen weiter. Etwas änderte sich jedoch: der Ehemann verließ den in der Ecke des Häuschens stehenden Webstuhl und wanderte in der Morgendämmerung in die mehrere Kilometer entfernte Fabrik. Der Vermittler brachte der Frau anstelle der Wolle Stoff. Die Spindel blieb zum ersten Mal liegen und das Spinnrad stehen. Die Frau begann, aus fertig zugeschnittenen Stoffteilen Kleidung zu nähen. Die älteste Tochter kümmerte sich um die kleinen Geschwister, half ihrer Mutter beim Nähen und kochte das Essen. Wenn die nächste Tochter alt genug war, um mit der Arbeit zu beginnen, ging die älteste aus dem Haus, um ihren Lebensunterhalt zu verdienen.

Francesca wurde zu Beginn des 19. Jahrhunderts im österreichisch-ungarischen Mähren als Tochter eines Bauern geboren. Von ihrer Mutter lernte sie die Haushaltsführung und die Landwirtschaft, in der Schule lernte sie lesen,

Nach dem Ende des Mittelalters beschränkte sich die Erwerbstätigkeit der Frauen nur mehr auf kurzfristige, schlechtbezahlte Gelegenheitsarbeiten, die keine Fachkenntnisse voraussetzten.

schreiben, rechnen und nähen. Mit elf Jahren wurde Francesca in die nächste Stadt in Dienst geschickt. Sie arbeitete in mehreren Häusern als Dienstmädchen, erlernte den Beruf einer Schneiderin und sparte etwas Geld. Den größten Teil ihres Lohnes schickte sie jedoch nach Hause, wie es üblich war. Fünfzig Jahre früher hätte sie Geld für ihre Mitgift gespart, bis sie fünfundzwanzig Jahre alt gewesen wäre, und hätte dann durch Vermittlung eines Brautwerbers einen Bauern geheiratet.

Aber Francesca gab sich nicht mehr mit dem Leben der vorherigen Generationen zufrieden. Sie beschloß, in die Reichshauptstadt Wien zu gehen. Zu jener Zeit lösten sich Hunderttausende von jungen Frauen überall in Europa vom Dorf und vom Elternhaus, um in der Stadt ihr Auskommen zu suchen.

In Wien erhielt Francesca sofort eine Stelle als Dienstmädchen. Das war die natürliche Art und Weise, das Leben in der fremden Umgebung zu beginnen: das Haus der Dienstherrschaft war wie ein Zuhause.

Die Dienstmädchen machten im vorigen Jahrhundert die größte Berufsgruppe außerhalb der Landwirtschaft aus. Ein Drittel der europäischen Frauen arbeitete im Laufe ihres Lebens irgendwann als Dienstmädchen.

Die Arbeit eines Dienstmädchens vereinigte auf sich die beiden Merkmale, die auch später für die Lohnarbeit der Frauen charakteristisch waren: die Arbeit war zeitlich begrenzt, man erarbeitete sich die Mitgift, und nur wenige blieben ihr Leben lang in diesem Beruf, der traditionell und familiennah war. Außerdem war die wirtschaftliche Lage des Dienstmädchens relativ gut. Obwohl ihr Lohn geringer war als bei einer Fabrikarbeiterin, blieb er ihr doch wegen der Vollverpflegung im Hause nahezu ungekürzt erhalten.

Francesca hatte jedoch nach ein paar Jahren genug von der Arbeit als Dienstmädchen. Die Tage waren lang, sie stand um fünf Uhr auf, um Feuer anzuzünden, und konnte erst spät nachts in ihr Bett in der Ecke der Küche kriechen. Die Herrschaften wachten über jede ihrer Bewegungen und verlangten von ihr solche Eigenschaften wie Sauberkeit, Schnelligkeit und Gewissenhaftigkeit. Die Maßstäbe der neuen Mittelklasse waren für ein Bauernmädchen unverständlich, und sie ärgerte sich, weil sie nicht imstande war, sie einzuhalten.

Francesca ging zu einem Weber in die Lehre, und später wurde sie Handschuhmacherin bei einem Kleinunternehmer. Die Handschuhindustrie war eine ertragreiche Kleinindustrie: die fertig zugeschnittenen Handschuhteile wurden den Mädchen ins Haus geliefert, und sie nähten sie dann zum Stückpreis zusammen. Da Francesca kein Zuhause hatte, wohnte sie in einer Pension. In dieser Zeit lernte sie einen jungen Mann kennen, der ebenso wie sie vom Lande kam. Er war Schranktischler. Francesca zog zu ihm, aber sie konnten nicht heiraten, weil die Wiener Behörden eine Ehe nur zuließen, wenn das junge Paar nachweisen konnte, daß es über genügend Mittel verfügte, um eine Familie zu ernähren.

Francesca nähte weiter und sparte für die Ehe. Das erste Kind wurde geboren, aber es dauerte noch drei Jahre, bis das Geld für die Heirat beisammen war. Francesca bezahlte die Hochzeit und die Aussteuer, die Wäsche und die Möbel.

Francesca, die Bauerntochter, war also in der Stadt eine Arbeiterfrau geworden. Kinder wurden geboren, und Francesca versorgte sie, aber im Korb wartete immer ein Stapel Handschuhteile darauf, zusammengenäht zu werden. Abends, wenn der Mann und die Kinder schliefen, nähte Francesca noch eine Weile bei Kerzenlicht.

Francesca war noch auf dem Land verwurzelt, und ihre Denkweise entsprach im Grunde noch der ländlichen Denkweise. Aber das Lebensmodell der Töchter der vom Lande zugezogenen Arbeitereltern sah schon anders aus. Das Umfeld der Töchter von Arbeiterfamilien war von Anfang an anders als das ihrer Mütter. Sie lebten in der Stadt und waren von Stadtbewohnern umgeben – von denen allerdings ein Drittel vom Lande stammte. Die Arbeiter der Städte wohnten eng in ungesunden finsteren Kellerräumen. In Reims, der Krönungsstadt der französischen Könige, einem blühenden Zentrum der Textilindustrie, lebte ein Drittel der Stadtbewohner in geräumigen und komfortablen Wohnungen und ein Drittel in absoluter Armut, ohne zu wissen, wovon die nächste Mahlzeit bezahlt werden sollte.

In den Städten gab es mehr Frauen als Männer, denn vom Lande kamen ständig mehr Mädchen, um als Dienstmädchen oder in der Industrie zu arbeiten. Annähernd die Hälfte der Stadtbewohner war alleinstehend, ledig, verlassen oder verwitwet. Die Familien waren klein und bestanden aus etwa vier Personen. Nur in wenigen Familien lebte noch eine Großmutter, die der Mutter helfen konnte. Es gab überhaupt wenig alte Menschen.

Die Wirklichkeit, in der die Arbeiterfamilie lebte, war ganz anders als das Idealbild, das die Mittelklasse sich von der Gesellschaft machte. Unverheiratete und Witwen, uneheliche Kinder, Prostituierte und arbeitende Frauen paßten nicht in dieses Bild. Am allerwenigsten konnte man sich eine Familie vorstellen, die von der Mutter allein ernährt wurde. In der bürgerlichen Idealgemeinschaft waren die Männer nie arbeitslos oder krank und verließen auch nicht die Frau.

Die Tochter aus einer Arbeiterfamilie konnte als Dienstmädchen arbeiten oder in die Fabrik gehen. In der Fabrik bekam sie einen besseren Lohn als bei anderen Stellen, obwohl den Frauen nur halb soviel gezahlt wurde wie den Männern. Der Arbeitslohn der Frauen stieg schneller als der durchschnittliche Männerlohn, machte aber trotzdem um die Wende des 20. Jahrhunderts nur etwa dessen Hälfte aus. Weil die alleinstehende Fabrikarbeiterin meistens zu Hause wohnte, zahlte sie ihren Eltern für den Unterhalt. Das restliche Geld wurde teils gespart, teils für eine neuartige Lebensform ausgegeben: für Vergnügungen und Kleider.

Die Frau übernahm gern eine Arbeit, die ihren traditionellen Tätigkeiten entsprach: Stoffherstellung, Zubereitung und Verteilung von Speisen und Getränken, Dienen, Pflegen und Unterrichten. Im Jahre 1841 waren die meisten erwerbstätigen Frauen in England Dienstmädchen. Mit großem Abstand folgten Näherinnen, Textilarbeiterinnen, Wäscherinnen, Landarbeiterinnen, Lehrerinnen, Putzfrauen und Kindermädchen.

Der Lohn für alle diese Arbeiten war schlecht, nicht weil die Arbeit leicht oder einfach gewesen wäre, sondern weil sie von einer Frau gemacht wurde.

In der Industrie gab es mehr Arbeit für Frauen, als in der Mitte des 19. Jahrhunderts die Beschäftigung von Kleinkindern in den Fabriken in vielen Ländern verboten wurde. Früher hatten die Fabrikanten an den großen Maschinen Männer arbeiten lassen, denen die Kinder, die billigsten Arbeitskräfte, zur Hand gingen.

Die Fabrikarbeiterin begann ihre Arbeit als Kind und heiratete ungefähr im Alter von 22 Jahren, jünger als ihre Schwestern in anderen Berufen. Nach der Heirat mußte die Arbeiterin die Doppelbelastung der Frau in ihrer ganzen Härte erleben. So wie für die Arbeit als Dienstmädchen war auch für die Fabrikarbeit die Ehelosigkeit Voraussetzung.

Die Geschichte der europäischen Frau war in ein Stadium getreten, in der Arbeit und Zuhause zwei verschiedene Dinge und räumlich voneinander getrennt waren. Zwischen ihnen konnte ein Weg von Stunden liegen.

Zwischen Arbeit und Zuhause war ein unvereinbarer Widerspruch entstanden.

Nach der Geburt von zwei Kindern blieb die Frau eines Arbeiters zu Hause, um ihren Mann und die Kinder zu versorgen. Der Unterschied zu ihrer Mutter bestand darin, daß es keine Heimindustrie mehr gab, denn Kleider und Handschuhe wurden in den Fabriken gefertigt. Die Mutter der Arbeiterfamilie trug nicht mehr durch Geld zur Ernährung der Familie bei, so wie es die Frau in der traditionellen Landwirtschaft oder in der Heimindustrie getan hatte. Und das blieb nicht ohne Folgen für ihre Stellung.

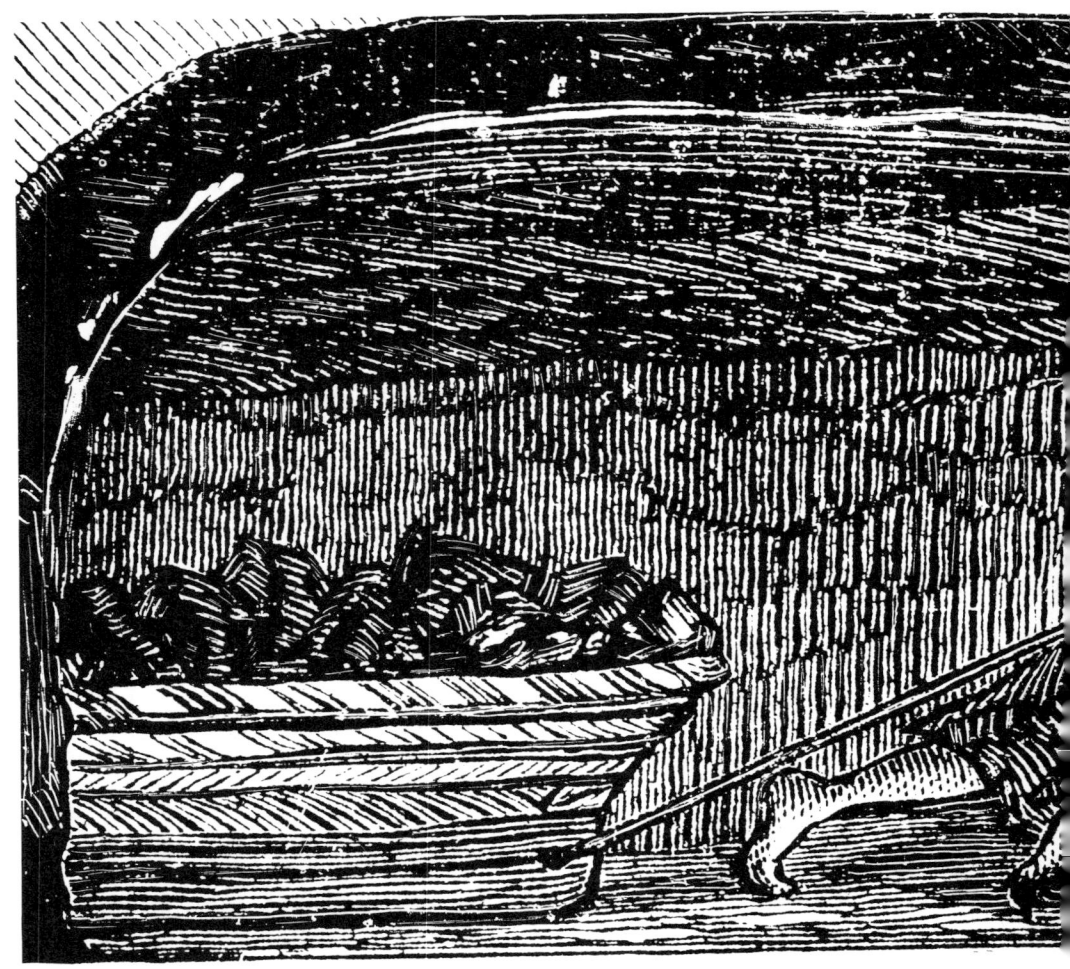

Man begann, die Erwerbstätigkeit als eine vorübergehende Phase im Leben der Frau zu betrachten. Sie bedeutete nicht mehr eine lebenslange Anstrengung, geschweige denn eine Karriere, sondern einige Jahre relativ selbständigen Lebens mit reichlich Geld, bevor ein Hausstand und eine Familie gegründet wurden. Deshalb lohnte es sich für die Frauen nicht, einen Beruf zu erlernen.

Diese Denkweise hatte schwerwiegende Folgen für das Wesen der Frauenarbeit. Die Arbeit der Frauen wurde nie als ebenso notwendig und wichtig betrachtet wie die der Männer. Dies trug auch dazu bei, daß die Frauen keine Berufsverbände für ihre Branchen gründeten und sich bei Streiks nicht sonderlich engagierten. Anlaß für einen sozialen Aufstand der Frauen war immer das Brot: das Brot für die eigenen Kinder in der Französischen Revolution, im verrückten Jahr 1848 und während der Pariser Kommune. Aber die Fabrikarbeiterinnen hatten noch keine Familie, für die sie auf die Barrikaden gegangen wären.

Die Grubenarbeit der Frauen war eine extreme Form der mit der Industrialisierung einhergehenden Ausbeutung. Die Arbeit bestand aus schwerem Tragen oder Ziehen und Schieben tief drinnen in der Erde in ewiger Dunkelheit: auf dem rechten Bild beleuchten Öllampen die Frauen, die ihre schweren Kohlenkörbe die Leiter hinaufschleppen. Die Arbeit der Frauen in den Gruben war jedoch nichts Neues. Die Frauen in den Bergbaugebieten haben unter der Erde gearbeitet, seitdem es Gruben gibt.

Die Männer verwehrten den schlechtbezahlten Frauen den Zugang zu den Gewerkschaften, damit sie das allgemeine Lohnniveau nicht drückten. So hatten die Frauen keine Möglichkeit, mit Hilfe der Gewerkschaften um ihren Lohn zu kämpfen. In der ersten Zeit der Gewerkschaftsbewegung gab es in den Textilgewerkschaften unter den führenden Persönlichkeiten einige Frauen, die aber bald von den Männern verdrängt wurden.

In keinem Land fiel es auch nur einer Gewerkschaft ein, für die Frauen, anstatt sie auszuschließen, den gleichen Lohn für gleiche Arbeit zu fordern.

Die Zeitgenossen standen der Erwerbstätigkeit der Frauen, vor allem der Mütter, äußerst negativ gegenüber. Das ganze Bild stand in einem grotesken Widerspruch zum Ideal. Wie konnte eine familienorientierte, sensible und schwache Frau große und gefährliche Maschinen bedienen und ihr Brot selbst verdienen? »Was bleibt vom Heim übrig, wenn seine Dienerin und Gebieterin nicht da

Die Textilindustrie war bei den Frauen der beliebteste Industriezweig, doch konnten sie mehr als nur Seide, Wolle und Baumwolle herstellen. Frauen arbeiteten in vielen Bereichen, obwohl sie nie zu einer Berufsausbildung zugelassen wurden und auch die Gewerkschaften nichts von ihnen wissen wollten. Sie arbeiteten lange Tage in der Parfümerie von Nizza, in deutschen Druckereien und schwedischen Kerzenfabriken sowie in vielen anderen Betrieben überall in Europa. In der ersten Hälfte des 19. Jahrhunderts stellten Frauen und Kinder annähernd die Hälfte aller Arbeitskräfte in der Industrie.

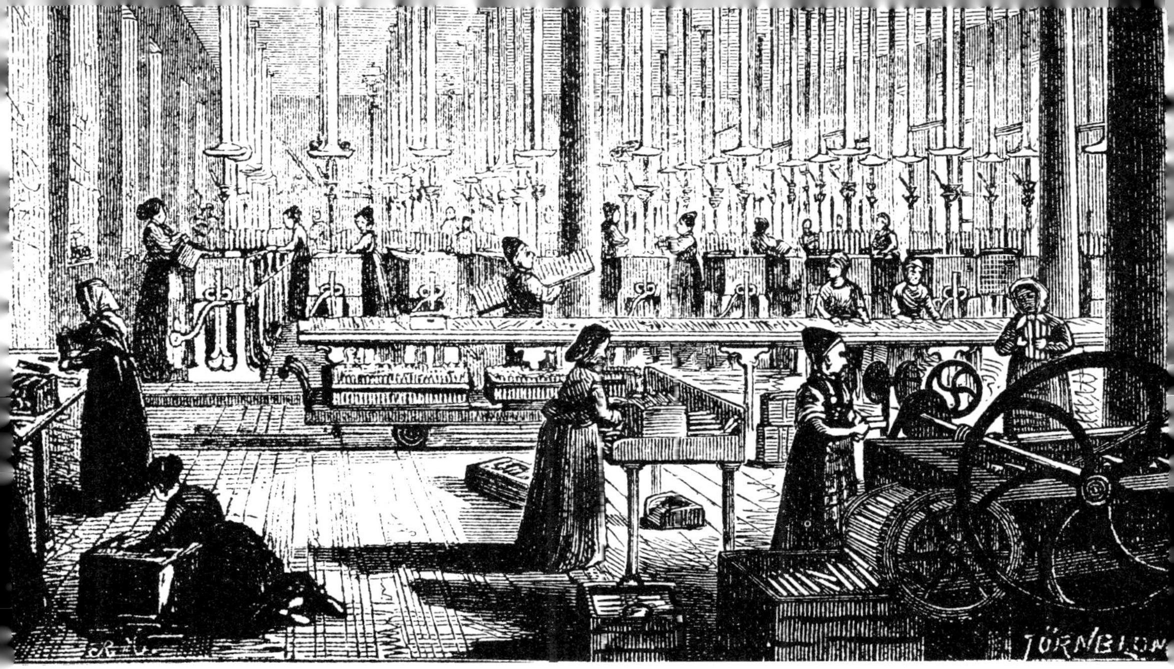

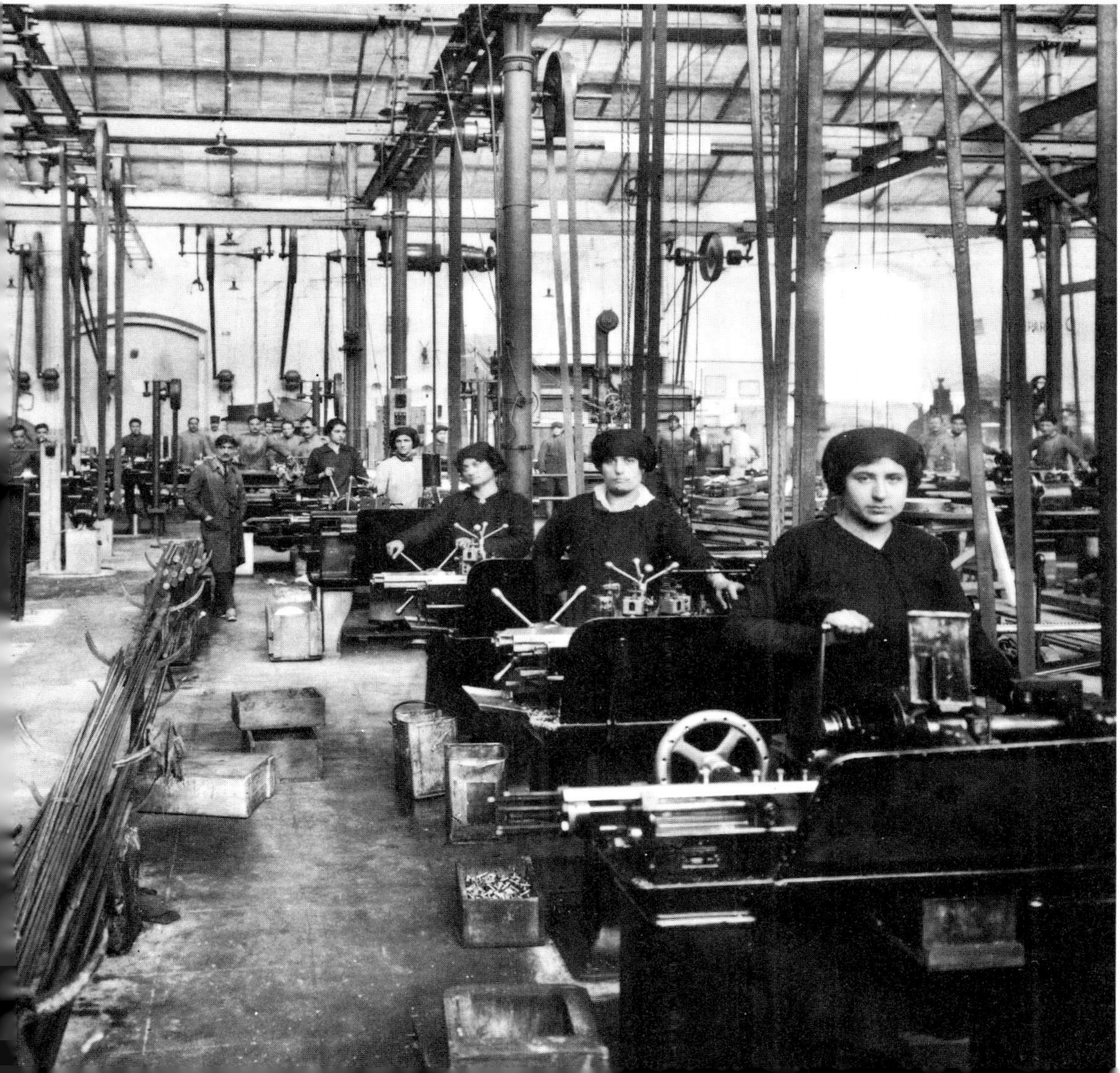

ist?« wurde sentimental gefragt. Die Dienerin und Gebieterin arbeitete 14 Stunden am Tag, und diejenigen, die deswegen Krokodilstränen vergossen, brauchten die Früchte dieser Arbeit.

Man war sicher, daß junge Frauen, die zum ersten Mal in der Geschichte eigenes Geld zur Verfügung hatten, auf faule, parasitäre Männer hereinfallen würden. Außerdem war die ganze Sache moralisch bedenklich und würde zur sexuellen Verkommenheit der Frauen führen.

Die Mädchen hatten eigentlich sehr wenig Geld zur persönlichen Verfügung, weil sie ihren Lohn teils den Eltern gaben, teils sparten. Viele waren bei der Hochzeit schwanger, aber das war eine alte Tradition aus der Zeit des Landlebens.

Noch in der Mitte des 19. Jahrhunderts versuchten viele Frauen, auch noch als Ehefrauen und Mütter das Haushaltsbudget der Familie aufzubessern, obwohl sie ihre Arbeitsplätze als Dienstmädchen oder Fabrikarbeiterinnen nicht mehr behalten durften. In der ersten Hälfte des 19. Jahrhunderts schlug die Forderung nach Sauberkeit wie ein Blitz in die Mittelklasse ein, und die Frauen der armen Familien begannen, Fußböden zu wischen und zu scheuern und die Kleider der Reichen zu waschen, zu bügeln und zu stärken.

Einige brachten einen Mieter, einen jungen Mann oder eine junge Frau, in der Ecke des Zimmers unter und verköstigten ihn gegen Bezahlung. Einige betreuten Kostgänger, andere nahmen Kinder in Pflege. Aber in dem Maße, wie sich in den Dienstleistungsberufen neue Arbeitsplätze für junge Frauen mit einem Mindestmaß an Ausbildung auftaten, verringerten sich die Arbeitsmöglichkeiten der Ehefrauen, und ihnen blieben nur die verachtetsten, schwersten und am schlechtesten bezahlten Arbeiten übrig.

Die jungen Paare wohnten vor allem zu Beginn der Ehe in der Nähe der Eltern oder Verwandten eines der beiden Ehegatten und erhielten oft sogar beträchtliche Unterstützung von ihnen. Wenn die wirtschaftliche Lage es erforderte, konnte die junge Ehefrau noch nach der Geburt des ersten Kindes zur Arbeit gehen und ihre Mutter bitten, das Kind zu betreuen. Nach dem zweiten Kind blieb sie im allgemeinen zu Hause, und je weiter das Jahrhundert fortschritt, um so häufiger hatte sie nur noch die Aufgabe, sich um Wohnung und Familie zu kümmern.

»Wenn etwas Besonderes gekauft werden muß, zum Beispiel ein Paar Stiefel für eines der Kinder, dann bekommen die Kinder und ich kein Abendessen – oder wir trinken nur eine Tasse Tee und essen ein Stück Brot, aber Jim nimmt immer sein Mittagessen mit zur Arbeit, und ich erzähle ihm nichts davon.« Der Vater war seiner Familie oft

Gustave Doré

»Meine Mutter hatte ein elendes Leben. Das Wasser war weit entfernt, es mußte in Eimern herbeigetragen und oft den Berg hinaufgeschleppt werden. Das Brennholz mußte sie selbst schlagen und zersägen. Wir lebten auf einem Kleinpachthof des Werks. Oh Gott, wieviel Wasser geschleppt werden mußte! Für die Tiere und für den Haushalt und für die Wäsche... Mutter stand in der Quelle, die vereist war. Die Eisstücke klirrten im Spülwasser. Ich konnte nicht dorthin gehen, weil meine Hände erfroren waren. Aber sie mußte dorthin gehen und die Wäsche spülen. Und dann packte sie sie ins Traggestell. Und die Laugen...«

fremd. Er aß allein, bekam besseres Essen, und seine Freizeit verbrachte er mit Freunden auf der Straße oder in der Kneipe.

Die Welt der Arbeiter war eine Männerwelt. Der Industriearbeiter war geneigt, seine Männlichkeit und Kraft herauszustreichen – und verachtete infolgedessen die Frau. Zeitgenössische Darstellungen berichten von ständigen Streitigkeiten, bei denen es besonders um Geld ging, weil die Männer keine Vorstellung davon hatten, was das Leben kostete, und das Verständnis für diese Frage ihren männlichen Wert verringert hätte.

Oft mißhandelten die Männer nach reichlichem Genuß von Alkohol ihre Familien, so daß die Ehefrau und die Kinder bei Nachbarn oder Verwandten Zuflucht suchen mußten. Weil eine Scheidung nicht möglich war und die Frau keinerlei rechtlichen Schutz genoß, heirateten viele Arbeiterinnen, vor allem wenn sie verwitwet waren, nicht mehr, sondern lebten einfach mit den Männern zusammen. Der Mittelklasse war das ein Beweis für die lockere Moral der Arbeiterfrauen.

Um die Jahrhundertwende wurde die Lage der Frau vor allem in der Arbeiterklasse Englands sehr schwierig. Die Arbeiterfrau hatte das traditionelle Recht verloren, über die Geldausgaben der Familie zu bestimmen. Jetzt gab der Mann ihr ein Haushaltsgeld, mit dem sie auskommen mußte. Ihr Leben war im Vergleich zu der Zeit, als sie noch nicht verheiratet war, deprimierend: Damals hatte sie Geld und Freunde und allerlei Vergnügungen und Aufmunterungen. Nun hatte sie kein Geld, traf kaum jemals andere Menschen, außer vielleicht die Nachbarin, die die gleichen Sorgen hatte; Kinder hatte sie nicht mehr so viele wie die früheren Generationen, aber auch von ihnen starb immer mal eines und verursachte große Trauer – die Mutter der Arbeiterklasse nahm den Tod eines Kleinkindes nicht mehr so gelassen hin, wie sie es früher tun mußte. Keine der Erwartungen, die die junge, fröhliche Fabrikarbeiterin als junges Mädchen gehabt hatte, war in Erfüllung gegangen.

In Europa entwickelte sich eine neue Denkweise, die allmählich auch zur Arbeiterschaft vordrang. Der eigene Vorteil und der persönliche Genuß rückten in den Mittelpunkt des Denkens. Zu Beginn des Jahrhunderts erreichte diese Einstellung die Männer und die jungen Leute. Die Mütter setzten ihre traditionelle, aufopfernde Arbeit noch fort, als ihre Familie schon längst individualistisch geworden war. Als nur noch wenige Kinder geboren wurden, die Haushaltsarbeit weniger wurde, der Mann es nicht zuließ, daß sie außerhalb des Hauses arbeitete, als sie anfing, darüber nachzudenken, ob sie sich wohlfühlte, langweilte sie sich und wurde frustriert.

Die sozialistischen Theorien, auf denen die Zukunft der Arbeiterschaft aufgebaut wurde, sahen keine Mitwirkung des Vaters bei der Erziehung der Kinder und der Versorgung der Familie vor. Die Frauen und Mütter wollte man in die produktive Arbeit einbeziehen, weil man meinte, daß nur dadurch ihre Lage verbessert werden könnte. Der Staat sollte die Kinder erziehen und dafür sorgen, daß die Bedürfnisse der am Produktionsprozeß beteiligten Bevölkerung befriedigt wurden.

Kein Staat in keinem Wirtschaftssystem ist bisher reich genug gewesen, um auf die kostenlose Versorgungsarbeit der Frauen zu verzichten.

Die Arbeit kann in zwei Teile gegliedert werden: in die Erzeugung oder Produktion und die Erneuerung oder Reproduktion. Ihre ganze Geschichte hindurch haben die meisten Frauen in der Produktion gearbeitet: in der Landwirtschaft, in handwerklichen Berufen, in der Heimindustrie. Aber praktisch alle Frauen haben sich an der Reproduktion beteiligt: an der Geburt und Erziehung der neuen Generation, an der täglichen Versorgung der Gesellschaft, an der Essenzubereitung und der Reinhaltung. Die Reproduktion ist traditionell nicht als produktive Arbeit, ja, oft nicht einmal als Arbeit angesehen worden, weil dafür kein Lohn gezahlt wurde und weil es Frauen waren, die diese Arbeiten verrichteten.

Die Industrialisierung hatte letztendlich weniger Einfluß auf die Frauen der Arbeiterklasse als allgemein angenommen worden ist. Sie bot jungen unverheirateten Frauen viele neue Arbeitsplätze, aber sie ließ die Frauen nicht zur beruflichen Lehre und Ausbildung zu.

Ganz neu im Leben der erwerbstätigen Frauen war, daß sie dem Vorbild der Mittelklasse nacheiferten: nach der Heirat widmete sich die Frau einzig und allein ihrer Familie. Sie wurde Dienerin ihres Mannes und ihrer Kinder, so wie es die Frau in der Kernfamilie der Mittelklasse war. Ihre jahrhundertealte Rolle als Miternährerin der Familie war für eine Weile beendet.

»Im Sommer arbeitete ich beim Transport von Mergel im Dienst eines Bauern für dreißig Öre am Tag, mit eigenem Proviant. Es war klar, daß jede Öre zu Hause für Kleidung und Essen gebraucht wurde. Beim Mergeltransport mußten wir Jungen, die ihn fuhren, morgens vor sechs Uhr das Wasser aus der Mergelgrube entfernen, bevor die Männer kamen, um den Mergel aufzuladen. Wir mußten ab fünf Uhr das Wasser schöpfen und dann bis acht Uhr abends die Mergelkarren fahren.«

Die Kinder haben immer gearbeitet. Sie mußten arbeiten. Die Agrargesellschaft wäre ohne die Kinderarbeit nicht ausgekommen, und niemand kam auf die Idee, daß die Kinder ihre Zeit untätig verbringen sollten. Die ganze Ge-

Mitte des 19. Jahrhunderts begannen sich die Berufe zu entwickeln, in denen es auch für ein Fräulein von Stand schicklich war, sein Brot zu verdienen. Lehrerin, Postangestellte und Krankenschwester waren ehrenwerte Berufe. In der Telefonzentrale konnte auch die Tochter aus besserem Hause arbeiten.

schichte von einem Jahrhundert zum anderen ist voll von Kinderarbeit, langen Arbeitstagen und äußerster Anstrengung für ein Stückchen Brot.

Die Arbeitsleistung eines achtjährigen Kindes fiel durchaus ins Gewicht, und von den Sechzehn- bis Achtzehnjährigen wurde die Kraft und die Ausdauer eines Erwachsenen erwartet. Aber schon die Kinder unter acht Jahren mußten zum Einkommen der Familie beitragen, wo sie konnten. In der Landwirtschaft und der Heimindustrie gab es viele Aufgaben, die von Kindern erledigt werden konnten. Oft hüteten sie Tiere und kleinere Kinder, oder sie sammelten und pflückten etwas.

Die Verlagerung der Kinderarbeit am Ende des 18. Jahrhunderts von den Häuschen in die Fabriken war eine selbstverständliche Fortsetzung der vorausgegangenen Arbeit. Als die Webstühle durch Webmaschinen ersetzt wurden, kroch der Dreijährige unter die Maschine, um dort Fasern zu sammeln, so wie er es früher im Hause seiner Eltern getan hatte. Als die Mutter von der Landwirtschaft in die Fabrik ging, wurde das Baby vom Ackerrain mitgenommen und neben die Spinnmaschine gesetzt.

Violet Johnson lebte in Manchester mit ihrer Mutter, ihrem Stiefvater und zwei kleineren Schwestern. Die Geschwister waren fünf und ein Jahr alt. Zwischen ihnen hatte es noch zwei weitere Kinder gegeben, die aber gestorben waren. Violets Mutter hatte tagsüber die zwei kleinen Kinder der Nachbarin in Pflege. Der Nachbar hatte sich in der Fabrik die Hand verletzt, nun mußte seine Frau arbeiten gehen, und niemand wußte, wann der Mann wieder gesund sein würde.

Violet konnte sich überhaupt nicht an ihren Vater erinnern, der an Typhus gestorben war, als sie noch ganz klein war. Ihr Stiefvater war an Tuberkulose erkrankt, er hustete und klagte nachts, konnte aber noch arbeiten. Die Familie mußte Geld verdienen, denn der Lohn des Stiefvaters reichte kaum zum Leben und für die Medikamente aus. Violet betreute lange Zeit die Kleinen und trug den Wäschekorb, wenn die Mutter Wäsche zum Waschen bekommen hatte. Schließlich nahm sie eine Arbeit in einer Spinnerei an, als sie acht Jahre alt war und schon etwas buchstabieren konnte. Sie war 105 Zentimeter groß und wog ungefähr zwanzig Kilo (wie heute die vier- bis fünfjährigen Kinder). Ihre Altersgenossen außerhalb der Fabriken waren zehn Zentimeter größer und viel kräftiger als sie.

Als Baby war Violet, die bei der Geburt sehr klein gewesen war, unruhig gewesen, und die Mutter hatte ihr jeden Tag »Dr. Wilkinsons Beruhigungssirup« gegeben. Der enthielt soviel Opium, daß Violet den ganzen Tag schlief.

Violets Vater starb kurz nach ihrer Geburt. Die Mutter mußte arbeiten gehen, um sich selbst, Violet und das neue Kind, das sie erwartete, zu ernähren. Durch den Beruhigungssirup schlief Violet trotz des Maschinenlärms. Die Mutter konnte alle sechs Stunden eine Pause machen, um Violet etwas zu essen zu geben. Die Muttermilch hatte nie ausgereicht, und irgendwann war sie ganz versiegt. Zum Glück hatte Violet wenig Appetit. Sie erwartete von niemandem Aufmerksamkeit, nicht einmal vom Tod.

Die Baumwollspinnerei war von Dampf erfüllt, heiß und feucht. Violet und ihre zwergenhaften, von Rachitis verkrümmten Kameraden arbeiteten dort stumm drauflos – es war verboten, sich zu unterhalten, und beim Lärm der Maschinen hätte man auch nichts verstanden – von halb fünf Uhr morgens bis halb neun Uhr abends. Zwischendurch hatte sie zwei Pausen von jeweils knapp einer Stunde. In der Mittagspause aß Violet den von Zuhause mitgebrachten Proviant, Brot und Käse. Sie hatte auch Hunger, denn sie ging morgens um halb vier Uhr aus dem Hause, ohne etwas gegessen zu haben. In der Nachmittagspause ruhte Violet sich nur aus. Nach einem vierzehnstündigen Arbeitstag ging sie drei Kilometer nach Hause, trank eine Tasse Tee und aß ein Stück Brot, half der Mutter noch eine Weile beim Bügeln von feinen Taschentüchern und legte sich dann neben ihre Schwestern zum Schlafen nieder, um am nächsten Morgen nach drei Uhr wieder aufzustehen.

Noch in den siebziger Jahren des 19. Jahrhunderts waren die in den Fabriken arbeitenden Kinder in England kleiner und kränker als die schwarzen Sklavenkinder auf den Baumwollfeldern der amerikanischen Südstaaten. Und anderswo in Europa war die Situation keinesfalls besser. In Frankreich wurden die fünfjährigen Kinder gezwungen, fünfzehn Stunden am Tag ohne Unterbrechung zu arbeiten.

All das hatte es auch schon früher gegeben. Nun traten Sklaverei und Elend, Not und gnadenlose Ausbeutung ins Blickfeld der ehrbaren Leute. Auch deren Denkweise stand im Begriff, sich zu ändern. Immer mehr Menschen

Obwohl der Einsatz von Kindern als Arbeitskräfte immer eine Selbstverständlichkeit gewesen war, mußten die Kinder durch die systematische, im Zwangstakt erfolgende Arbeit in der Fabrik für ihren Unterhalt weit härter arbeiten als in der uneffektiven Agrargemeinschaft. Die Arbeitswoche der Kinder in den Werken und Gruben dauerte sechs Tage. Der Arbeitstag war in den verschiedenen Industriezweigen unterschiedlich lang, in der Textilindustrie im allgemeinen am längsten. Die längsten Arbeitstage der Kinder waren viel länger als die durchschnittlichen Arbeitstage der Erwachsenen.

fühlten sich für ihre Nächsten verantwortlich und verpflichtet, etwas für die Unglücklichen zu tun.

Die Gesetzgebung, die nach und nach die Verwendung der
Kinder als Arbeitskräfte in der Industrie verbot, entwik-
kelte sich im 19. Jahrhundert nur langsam und ständig behindert vom heftigen Widerstand der Arbeitgeber.

Das Leben der Kinder in der Fabrik hing vollkommen von
dem Besitzer oder Verwalter sowie vom Vorarbeiter des
Werks ab. Der Arbeitgeber hatte das traditionelle Recht
auf Hauszucht über seine Dienstboten, zu denen in vielen
Ländern noch im 19. Jahrhundert auch die Arbeiter zählten. Für Ungehorsam gab es Prügel, und die Einweisung
in die Bedienung der Maschinen war von Ohrfeigen begleitet. Zur Verfügungsgewalt des Hausherrn gehörte es
außerdem, daß er die Arbeitszeit und die Schwere der Arbeit bestimmte.

Die Gewerkschaften schenkten in ihren ersten Zeiten der Kinderarbeit kaum Beachtung, außer daß sie wegen der schlechten Bezahlung verärgert waren, weil die Arbeitgeber lieber billige Kinder beschäftigten als die teuren Männer, die dadurch arbeitslos blieben.

Auch die Eltern widersetzten sich der Beschränkung der Kinderarbeit.

Ein fleißiges Kind konnte im Akkord beinahe die Hälfte von dem Lohn eines erwachsenen Mannes verdienen. Das konnte für die Familie den Unterschied zwischen wenig Nahrung und Hunger bedeuten. Kinder und Eltern suchten mit vereinten Kräften nach Mitteln und Wegen, um die Altersbeschränkungen und sonstigen Vorschriften für die Kinderarbeit zu umgehen.

Einige Fabrikanten erwiesen sich als Wohltäter. Der Quäker James Finlayson zum Beispiel gründete in Finnland in der Stadt Tampere eine Baumwollfabrik. Er selbst und seine Nachfolger, die Anhänger der Goßner-Mission waren, versuchten im Werk ihre philanthropischen Ideen von der Verbesserung der materiellen und geistigen Situation der armen Kinder zu verwirklichen. Im Werk wurden eine Schule und ein Kinderheim gegründet. Der Arbeitstag der Kinder unter fünfzehn Jahre dauerte acht Stunden.

Im Werk wurden 25 Prozent mehr Kinder eingestellt, als der tatsächliche Arbeitskräftebedarf erfordert hätte. Die Besitzer wollten die Kinder beschäftigen, damit sie nicht herumlungerten, ungebildet blieben und Dummheiten machten. Den Kindern wurde Arbeit, eine Erwerbsmöglichkeit und christliche und ethische Unterweisung geboten, und sie wurden beaufsichtigt.

Wenn wir uns heute über die Ausbeutung der Kinder entsetzen, müssen wir uns auch fragen, welche Alternative das in der Fabrik arbeitende Kind gehabt hätte. Es war kein umhegtes Geschöpf wie seine Altersgenossen aus bürgerlichem Haus, sondern eine verhungernde Göre von der Straße, die mit dem Laufen auch schon das Stehlen lernte, um sich am Leben zu erhalten. Bis zum Anfang des 20. Jahrhunderts hatte es sich in den meisten westeuropäischen Ländern durchgesetzt, daß Kinder in die Schule gehen konnten und mußten, ohne die Verpflichtung, in der Freizeit ihren Lebensunterhalt zu verdienen. In der Landwirtschaft wurden Kinder noch lange auch für schwere Arbeiten herangezogen, ohne daß ihre Arbeitsstunden gezählt worden wären.

Die Industrialisierung bewirkte bei der Verwendung der Kinder als Arbeitskräfte die erste Veränderung seit Jahrtausenden. Infolge der Industrialisierung, des allgemeinen Anstiegs des Lebensniveaus und des Wandels der Denkweise wurde im Bereich der abendländischen Kultur auf die Kinderarbeit verzichtet.

Es war die Arbeit der Kinder
in den Bergwerken, über die
die Öffentlichkeit sich am
meisten empörte, obwohl
Kinder und Frauen schon seit
Jahrhunderten in den unter-
irdischen Stollen geschuftet
hatten. In den Gruben waren
die Arbeitstage meistens kürzer als zum Beispiel in der
Textilindustrie, aber die
Arbeit war schwerer und mit
tiefgreifender Angst verbunden: die Kinder schilderten,
welches Entsetzen sie jedesmal packte, wenn sie in den
schwarzen, mehrere hundert
Meter tiefen Schacht hinabge-
lassen wurden, wie furchterregend der Gedanke war, sich
in den endlosen Gängen zu
verirren, wie unsäglich sich
ein Sechsjähriger anstrengen
mußte, wenn er den Kohlen-
karren zog und sich vor den
Schlägen des Vorarbeiters
fürchtete. Die Grubenarbeit
vereinigte auf sich alle
Unmenschlichkeiten der In-
dustriearbeit. Sie geriet auch
als erste in den Brennpunkt
der Kritik, als die radikalen
Erneuerer ihre erschreckenden Erkenntnisse den auf-
rechten Menschen zu Be-
wußtsein brachten, so daß
diese nicht mehr die Augen
davor verschließen konnten.

Die zarte Lilie

»Und wo die wirkliche Frau auch immer hingeht, ihr Heim umgibt sie. Über ihr leuchten vielleicht die Sterne, das Glühwürmchen im nachtkalten Gras ist ihre einzige Feuerstelle, aber das Zuhause ist dort, wo sie ist. Und eine edle Frau ist von ihrem Hause umgeben: herrlicher als ein Dach aus Zedernholz und mit Rotglut gestrichene Wände strahlt es sein stilles Licht weithin auch für diejenigen aus, die sonst obdachlos wären.«

Mit diesen Worten errichtete ein Schriftsteller des 19. Jahrhunderts, John Ruskin, einen häuslichen Altar. Er war ein Menschenfreund und protestierte heftig gegen die Rücksichtslosigkeit und Gleichgültigkeit, mit der die Menschen in den Fabriken ausgebeutet wurden. Aber wenn es um die Frau ging, folgte Ruskin der Linie von Aristoteles, Augustinus, Thomas von Aquin und unzähligen anderen großen Geistern der Menschheit. Die patriarchalische Wahrheit hinderte ihn daran, das unterdrückte Leben der Frau zu sehen, obwohl er die Unterdrückung der Arbeiter sehr genau wahrnahm.

»Ihre Charaktere sind unterschiedlich. Die Kraft des Mannes ist zupackend, fortschrittlich, verteidigend. Er ist eindeutig ein Handelnder, Schöpfer, Entdecker, Verteidiger. Sein Verstand dient der Überlegung und der Entdeckung, seine Aktivität dem Abenteuer, dem Krieg und der Eroberung... Aber die Kraft der Frau dient der Regulierung, nicht dem Kampf, ihr Verstand eignet sich nicht für Erfindungen und Schöpfungen, sondern zur Ausführung und Planung einer entzückenden Ordnung. Sie sieht die Qualität aller Dinge, ihre Bedürfnisse und geeigneten Unterbringungsorte. Ihre große Aufgabe ist das Lob; sie ist nicht Konkurrentin, sondern unfehlbare Schiedsrichterin. Ihre Stellung in der Welt schützt sie vor allen Fährnissen und Versuchungen. Bei seiner harten Arbeit in der großen Welt trifft der Mann auf Gefahren und Schwierigkeiten – ihm begegnen Mißerfolge, Kränkungen, unvermeidbare Irrtümer; oft wird er verletzt und muß sich unterordnen, oft wird er irregeführt, und immer verhärtet er sich.«

Das 19. Jahrhundert wird überall in Westeuropa nach der englischen Königin Viktoria das viktorianische Zeitalter genannt. Es war die Zeit eines erstaunlichen Selbstbetrugs. Kaum jemals war das Ideal der Gesellschaft so weit von der Wirklichkeit entfernt. Selbst mit der entsetzlichen Armut, der nie gekannte Ausmaße annehmenden Prostitution, den Scharen von hungernden alleinstehenden Frauen und den immer lauter protestierenden gelehrten

In der viktorianischen Ehe lebte die Frau für den Mann, nicht als seine Stütze, denn dafür war sie zu schwach, sondern als seine Trösterin und diejenige Person, die zärtlich um ihn besorgt war. Auf dem englischen Gemälde hat der Mann gerade eine Trauernachricht bekommen, und die Ehefrau zeigt ihm ihr Mitgefühl. Der Mann steht aufrecht, obwohl er erschüttert ist, und die Frau lehnt sich an ihn an.

George Elgar Hicks

und selbständigen Frauen vor Augen wurden es die Viktorianer nicht müde, unaufhörlich von dem sicheren Glück der Familie und von der Frau als Schutzengel des Heimes zu reden.

Jeder ordentliche Mann hatte ein Zuhause, in das er nach einem schweren Arbeitstag heimkehren konnte. Das Zuhause war wie eine kleine Schatulle, vollgestopft mit Möbeln, bestickten Kissen, schweren Samtvorhängen und Spitzengardinen, die die Sonne daran hinderten, jemals diese Stätte der Glückseligkeit zu erhellen.

In diesem Heim wohnten die Dienstboten, von denen es einen bis vier, je nach den Vermögensverhältnissen der Familie, gab. Dort wohnten die Kinder, die nun gehegt und gepflegt wurden wie nie zuvor. Man hatte vier oder sechs Kinder. Der Tod raffte nicht mehr so viele dahin wie noch hundert Jahre zuvor, aber doch immer noch ein bis zwei Kinder pro Familie. Anders als früher verursachte der Tod eines Kindes jetzt tiefe Trauer. Da dieser Fall immer noch recht oft eintrat, hatte das Familienleben eine traurige, sentimentale Grundstimmung, und man erinnerte sich immer wieder der kleinen Geschwister, die Gott zu sich genommen hatte.

Die Seele des Hauses war die Ehefrau, die Mutter. Sie beteiligte sich nicht unbedingt selbst an den Hausarbeiten, im Gegenteil, die Handbücher für die vornehmen Damen verurteilten streng die Verwandlung der Hausfrau in eine Köchin oder Wäscherin. Die Hausfrau hatte die Aufgabe, anwesend zu sein und darüber zu wachen, daß die Schränke voll und die Wäschestücke gestopft waren, daß das Kindermädchen den Kindern zur rechten Zeit etwas zu essen gab und bei geeignetem Wetter mit ihnen spazierenging. Vor allem mußte die Frau ihren von der Arbeit heimkehrenden Mann erwarten, ihn zärtlich begrüßen und sich seine Sorgen anhören.

Die Frauen betrachteten sich kaum als Menschen, klagte die berühmteste Frau des Jahrhunderts, Florence Nightingale. Die Frau wird geliebt und respektiert, sagte John Ruskin, solange sie zu Hause bleibt.

Zu Hause war die Frau ein Engel, der über die teuren Familienbande wachte, sie vor äußeren Gefahren schützte, den Quell der Liebe klar und sprudelnd erhielt, ihrem Mann eine untertänige und bewundernde Gattin, ihren Kindern ein Vorbild hoher Moral und ihren Dienstboten eine freundliche, aber gestrenge Herrin war. Das Zuhause bildete einen Zufluchtsort vor den Schrecken der Welt, und die Ehefrau stand für all das, was in der Außenwelt fehlte: Sanftmut, Frömmigkeit, Tugendhaftigkeit, Zuneigung.

Eine solche Frau, eine vollkommene Ehefrau und Mutter, war ein Geschöpf der Phantasie des Mannes, in das vom Mann erarbeitete Heim gesetzt, an den vom Mann bezahlten Kamin, um die vom Mann beschafften Kohlen anzufachen und die vom Mann gezeugten Kinder mit Hilfe der vom Mann besoldeten Dienstboten zu erziehen. Die vollkommene Ehefrau war nichts ohne ihren Mann, und das mußte sie schon als kleines Mädchen lernen.

Das viktorianische Zeitalter bürdete der Frau eine ganz neue Pflicht auf. Indem sie das Leben zu Hause erhebend und veredelnd beeinflußte, hob sie zugleich das moralische Niveau der gesamten Menschheit. So wurde die Frau als eine moralisch höherstehende Person angesehen als der Mann – in erster Linie deshalb, weil die Frau als eine vollkommen unsexuelle Person betrachtet wurde, während der Mann ständig seinen wilden Leidenschaften ausgeliefert war. Gleichzeitig dachte man aber auch an die niederen Eigenschaften der Frau, an ihre körperliche und geistige Schwäche, an die Launenhaftigkeit ihres Charakters, an ihre Passivität. Die Frau konnte ohne männlichen Schutz nicht tugendhaft bleiben.

Von dem tiefen Haß und der Verachtung, die im Mittelalter die patriarchalische Einstellung den Frauen gegenüber bestimmt hatte, gelangte man auf unbegreifliche Weise zu der merkwürdigen Theorie des 19. Jahrhunderts, nach der die Frau, die schwach, schüchtern und bescheiden

Eine gute Hausfrau war für die Finanzen der Familie verantwortlich. Von ihr wurde eine an Geiz grenzende Sparsamkeit erwartet; viele junge Frauen hatten bis zu ihrer Heirat überhaupt nie Geld gesehen und konnten nicht damit umgehen. Die Folge konnte sein, daß die Familie schlimm verschuldete, die Frau von ihrem Mann der Verschwendung geziehen wurde und es zu endlosen Streitereien kam, denn der Ehemann verstand noch weniger davon, wie teuer das Leben war. Die Frau mußte die Anschaffungen der Familie an das Einkommen des Mannes anpassen, obwohl sie oft nicht einmal wußte, wieviel der Mann verdiente.

Die häusliche Idylle veränderte sich im Laufe des Jahrhunderts: zu Beginn des 19. Jahrhunderts spielen der Hausherr, seine Frau und ein paar altjüngferliche Schwestern bei Kerzenlicht Karten. Fünfzig Jahre später verbringt das Ehepaar beim Schein der elektrischen Lampe einen Abend zu zweit – der Mann liest, und die Frau macht natürlich Handarbeiten.

und dazu erzogen war, sich der Führung anderer zu unterwerfen, tatsächlich für die Moral der Menschheit verantwortlich gemacht wurde.

Sogar die Hexenverfolgungen lassen sich als Phänomen leichter erklären als die Unterdrückung durch Verherrlichung: Die Frau wurde auf den Sockel gehoben und dann unterdrückt, damit sie auf dem Sockel blieb.

Nicht genug damit, daß die Frau die moralische Verantwortung für die Menschheit trug; im Laufe der Zeit wurde dieses Geschöpf, dem selbst jegliche gesetzlichen und wirtschaftlichen Rechte fehlten, auch noch sozial für alles verantwortlich gemacht, was ihr Mann in der »bösen Außenwelt« tat.

Zum ersten Mal im Laufe ihrer Geschichte wurden die Frauen der Mittelklasse zur Untätigkeit ermutigt. In früheren Jahrhunderten hatten sie Konten geführt, Kunden bedient, Vorräte verwaltet, Angestellte beaufsichtigt und für Logis und Mahlzeiten der Lehrlinge gesorgt.

Als die Wohnung und der Arbeitsplatz getrennt und die Geschäfte des Mannes umfangreicher wurden, blieb die Frau auf der Privatseite. Das Leben und die Arbeit des Mannes und der Frau entfernten sich voneinander.

Die Männer schafften im Geschäft, in der Industrie, in der Wissenschaft, in Schule und Verwaltung, damit ihre Frauen untätig bleiben konnten. Die müßige, möglichst dekorative Frau, die die traditionellen Fertigkeiten einer vornehmen Dame, das Klavierspiel und die Aquarellmalerei, beherrschte, war die kostbarste Zierde des Mannes. Das Ideal der untätigen Frau wurde bestimmend für die ganze Gesellschaft, so daß auch der Facharbeiter das Ziel hatte, die ganze Familie von der Arbeit fernzuhalten. Die Frau der Arbeiterklasse wurde zwar nicht als Engel, als zarte Lilie oder sensibler Schutzgeist der Familie betrachtet, dennoch wurde auch sie allmählich von der öffentlichen Meinung verurteilt, wenn sie einer Erwerbstätigkeit nachging.

Nur Dekoration ihres Hauses zu sein genügte bei weitem nicht allen Frauen. Die Sinnlosigkeit und Leere ihres Lebens war für manche Frauen so bedrückend, daß sie in hilflose Lethargie verfielen oder an Krankheiten und hysterischen Gefühlskrämpfen litten. Einige stürzten sich in das Abenteuer heimlicher Verhältnisse, andere begannen zu schreiben. Die häufigste und allgemein gebilligte Methode, den Lebenskreis zu erweitern, war die Wohltätigkeit.

Sogar John Ruskin gestattete den Frauen ein bißchen Wohltätigkeit, natürlich keine großen Reformen, denn die hätten die Frauen in enge und gefährliche Berührung mit der bösen Außenwelt gebracht. Aber es schickte sich für die Frauen, Arme in ihren Wohnungen zu besuchen, ihnen Brot und von der eigenen Köchin zubereitete Sülze zu bringen und ihren Kindern niedliche Häubchen zu nähen. Die Wohltätigkeit war insofern eine erträgliche Beschäftigung, als sie gleichsam die hegenden und pflegenden Aufgaben der Frauen fortführte und die Männerwelt nicht bedrohte.

Die Wohltätigkeit war im 19. Jahrhundert eine gewaltige Massenbewegung der Frauen. Man schätzte, daß um die Wende vom 19. zum 20. Jahrhundert in England etwa eine halbe Million Frauen aktiv Wohltätigkeit ausübten.

Die Wohltätigkeitsvereine der Frauen wurden jedoch auch heftig kritisiert. Einige Leute meinten, daß die laienhafte Barmherzigkeit niemandem wirklich helfen könne und vielleicht sogar schädlich sei, weil ihretwegen die notwendigen Reformen unterlassen würden. Man mißbilligte das Verhalten jener Frauen, die sich dazu herabließen, aus ihrer Höhe Brosamen auf den Tisch des Arbeiters zu streuen. Und während der Ehemann murrte, sammelte die Arbeiterfrau die Brosamen sorgfältig zusammen und setzte sie ihrem Mann vor, der sich nie auch nur die Mühe machte, danach zu fragen, was das Leben kostete.

Die Mildtätigkeitsbesuche mit dem Lebensmittelkorb waren jedoch nur eine Seite. Die Frauenvereine versuchten zugleich, ihren Schützlingen Arbeit zu besorgen und für die Kinder der Armen Schulen zu gründen.

Für einige Kritiker war die Wohltätigkeit eine »Verwöhnung des Gesindels«, die Fütterung der Faulen, eine Verhätschelung des Abschaums der Gesellschaft und eine unnötige und lächerliche Arbeit, weil die Armen selbst an ihrem Zustand schuld waren und ihr eigenes erbärmliches Leben, die Trunksucht, die Gewalttätigkeit, der Schmutz und die Unsittlichkeit die Armut verursachten.

Gustave Doré

In den Elendsvierteln der Großstädte waren der Wohltätigkeit keine Grenzen gesetzt. Die dort hausenden Menschen waren meistens arbeitslos und krank, in Elend und Gleichgültigkeit abgeglitten und hatten keine Hoffnung auf Besserung ihrer Lage. Ihre Kinder wurden unehelich in Schmutz und Hunger geboren, und über die Hälfte von ihnen starb noch im Säuglingsalter. Die öffentliche Sozialfürsorge war veraltet und vollkommen unfähig, die riesigen, durch die Verstädterung entstandenen Probleme zu lösen.

Gustave Doré

Die Kinderkrankenhäuser waren ein bevorzugtes und allgemein akzeptiertes Feld für die freiwillige Betätigung der Frauen. Krankenhäuser wurden in vielen Städten gegründet, wo es zuvor keinerlei Möglichkeiten der Pflege kranker Kinder gegeben hatte. Der Betrieb in den Kinderkrankenhäusern wurde meistens durch Schenkungen und freiwillige Arbeit aufrechterhalten.

Die Wohltätigkeitsvereine entstanden im allgemeinen als örtliche Zusammenschlüsse, verbreiteten sich dann aber rasch über das ganze Land. Sie boten den Frauen die Möglichkeit, gemeinsam aktiv zu sein, große Veranstaltungen und Menschenmengen auf die Beine zu bringen, ihr wirtschaftliches Denken zu schulen und einmal aus den eigenen vier Wänden herauszukommen. Ein Grund für den heftigen Widerstand der konservativen Kreise war sicherlich die Furcht, daß die Frau, wenn sie ihren goldenen Käfig erst einmal verlassen hatte, nicht mehr dorthin zurückkehren würde. Und genauso geschah es.

Obgleich mit der Wohltätigkeit viel oberflächliche und modische Nutzlosigkeit verbunden war, gelang es ihr trotzdem auf vielfache Weise, die Politik der Regierungen zu beeinflussen. Die Behandlung jugendlicher Krimineller, die Reform der Armenhäuser und die Verbesserung der Wohnverhältnisse der Armen wurden durch die Ideen der Frauen initiiert.

Die von Frauen gegründeten Wohltätigkeitsvereine zeigten ein erstaunliches Verantwortungsgefühl. Die Frauen bewiesen seltenen Mut und Toleranz, als sie begannen, die elendsten Opfer des Patriarchats, die Prostituierten, zu verteidigen, für sie Heime zu gründen und sie zu einem besseren Leben anzuleiten.

Die Knaben wurden mit zehn Jahren in die Schule geschickt. Die pädagogischen Handbücher jener Zeit empfahlen, die Töchter zu Hause zu unterrichten, weil die Mädchen keine Erziehung für sich selbst brauchten, sondern nur, um gute Ehefrauen zu werden. Die Mädchen sollten mehr zum Fühlen als zum Verstehen, zur Frömmigkeit und nicht zum Verständnis der Theologie erzogen werden. Weil das Mädchen kein Konversationslexikon werden sollte, brauchte es keine Unterweisung in Geographie oder Geschichte.

Obwohl der Hausunterricht empfohlen wurde – allein schon deshalb, damit die jungen Mädchen nicht zu viel von der Welt sahen –, brachten die Eltern ihre Töchter gern in Internatsschulen unter. Solche Schulen gab es in der ersten Hälfte des 19. Jahrhunderts mehrere in jeder Stadt, sie waren jedoch von sehr unterschiedlichem Niveau. Meistens erbte oder mietete ein unverheiratet gebliebenes Schwesternpaar oder eine alleinstehende Frau mit guter Erziehung ein Haus, in dem die Schule dann betrieben wurde. Als Lehrer wurden für einen Hungerlohn irgendwelche Leute eingestellt, an die keinerlei Anforderungen hinsichtlich ihrer Kompetenz gestellt wurden. Die Lehrer gaben lediglich der nächsten Generation die Kenntnisse weiter, die sie selbst zu Hause bekommen hatten. In besonders vornehmen und teuren Schulen war vielleicht eine Mademoiselle als Französischlehrerin tätig.

Im allgemeinen waren die Schulen jedoch arm, sie mußten mit den Schulgeldern der Schülerinnen auskommen und an allem mußte gespart werden. Aus diesem Grunde bekamen die Kinder wenig und schlechtes Essen, die Gebäude wurden nicht geheizt, und der Unterricht war minderwertig.

Auf die Theoriefächer wurde in keiner Schule Wert gelegt. Manchmal stellte es sich heraus, daß man die Schule absolvieren konnte, ohne richtig lesen, geschweige denn schreiben gelernt zu haben. Die religiöse und moralische Erziehung, deren Bedeutung den künftigen Müttern besonders eingeschärft wurde, beschränkte sich auf den sonntäglichen Kirchgang. Über die Einteilung der Haushaltmittel bekamen die künftigen Hausfrauen nichts zu hören. Der Mond hätte ihretwegen aus Käse sein und Rom in China liegen können.

Was mußte denn eine junge Frau unbedingt lernen?

Sie mußte tanzen können. Sie mußte ein Instrument, meistens Klavier oder Harfe, spielen. Sie mußte mit Aquarellfarben liebliche kleine Landschaften malen können. Sie mußte einige modische Balladen singen können, ob sie nun eine Singstimme hatte oder nicht.

Aber vor allem mußte sie die weibliche Kunst erlernen, einen Mann zu bezaubern. Diese Kunst zu beherrschen erforderte harte Arbeit. Die erste und wichtigste Forderung war eine schmale Taille. Sie wurde durch ein Korsett erreicht. Die zweite war eine gute Haltung. Der dritte weibliche Reiz war die blasse Mattigkeit. Sie wurde durch frugale und minderwertige Kost, durch langsamen Gang – das Korsett verhinderte rasche Bewegungen – und durch sorgfältigen Schutz vor frischer Luft erreicht.

All das hatte den Zweck, die junge Frau für die schwere Prüfung vorzubereiten, die sie erwartete, wenn sie mit achtzehn Jahren in die Gesellschaft eingeführt wurde. Es galt dann, einen Ehemann zu finden, und weil alle das gleiche Ziel verfolgten und es fast ein Drittel mehr Frauen als Männer gab, war die Konkurrenz groß.

Und was war mit den Frauen, die wirklich etwas lernen, sich entwickeln und eine höhere Schulbildung erlangen wollten? Wo konnten sie den gewünschten Unterricht bekommen?

Nirgends. In den Schulen lernten die Mädchen nicht einmal, wie man sich sein Brot verdient. Der Zugang zu den Universitäten war Frauen verwehrt. Ihnen blieb nur der Privatunterricht, der teuer war. Viele Frauen erwarben umfangreiche Kenntnisse durch ein Selbststudium, indem sie alles lasen, was ihnen in die Hände fiel, und indem sie einen Kreis von Gleichgesinnten um sich scharten, mit

Bei den oberen Klassen machte im 19. Jahrhundert das gesellschaftliche Leben einen wichtigen Teil des Betätigungsfeldes der Frauen aus. Die gesellschaftlichen Fähigkeiten der Frau hatten Einfluß auf zwei wichtige Dinge: auf den Erfolg ihres Mannes und auf die Ehen ihrer Kinder. Den größten Teil der Geselligkeiten bildeten verschiedene Einladungen und Feste, aber auch der Freiluftsport entwickelte sich zu einem Teil des gesellschaftlichen Lebens. Als für Frauen geeignet galten solche ruhigen Sportarten wie langsames Reiten und Schlittschuhlauf sowie einige dezente Spiele wie Krocket und Tennis.

Gustave Doré

dem sie sich über das, was sie beschäftigte, unterhalten konnten. Solche Frauen, die oft unverheiratet waren, wurden sofort als unweiblich abgestempelt – sie studierten, weil sie keinen Mann bekommen hatten.

Der entschlossene Ansturm der Frauen auf die Universitäten begann in Europa in der Mitte des 19. Jahrhunderts. Den Männern war das Streben der Frauen nach Bildung äußerst fatal. Dennoch hatten in den achtziger Jahren des 19. Jahrhunderts die meisten Universitäten kapituliert. Frauen durften wenigstens mit Ausnahmegenehmigung studieren, und sie erreichten akademische Grade in allen wissenschaftlichen Disziplinen, von der Astrologie bis zur Medizin.

John Stuart Mill, ein bedeutender Denker, äußerte sich in seinen Schriften sehr pessimistisch über die Folgen der Schulbildung für die Zukunft der Frauen, wenngleich er sie als »Menschen« anerkannte: »Soziale und natürliche Gründe machen es unwahrscheinlich, daß die Frauen gemeinsam gegen die Macht der Männer revoltieren. Ihre Stellung ist einstweilen insofern anders als die der übrigen unterdrückten Klassen, als ihre Herren von ihnen mehr verlangen als nur Dienst. Die Männer wollen nicht nur den Gehorsam der Frauen, sie wollen auch ihre Gefühle. Alle Männer, mit Ausnahme der allerbarbarischsten, wollen, daß die ihnen am nächsten stehende Frau nicht gezwungenermaßen, sondern freiwillig ihre Sklavin sei; und nicht nur eine Sklavin, sondern auch eine Gespielin. Deshalb haben sie keine Mittel gescheut, um deren Sinne zu versklaven... Alle Frauen werden von Kindheit an dazu erzogen zu glauben, daß ihr Charakter im Idealfalle dem des Mannes entgegengesetzt sei: daß sie keinen eigenen Willen hätten und sich nicht selbst beherrschen, sondern sich unterwerfen und in die Verfügungsgewalt anderer begeben wollten... Viele der besten Mütter, Gattinnen und Hausfrauen wissen sehr wenig von sexuellen Freuden und kümmern sich kaum darum. Die Liebe zu ihrem Zuhause, zu den Kindern und den häuslichen Pflichten sind die einzigen Leidenschaften, die sie kennen.

Im allgemeinen sehnt sich eine tugendhafte Frau selten nach sexueller Befriedigung. Sie ergibt sich der Umarmung ihres Ehemannes hauptsächlich, um ihm zu gefallen; und wenn sie sich nicht so heftig nach Mutterschaft sehnte, wäre es ihr lieber, die Annäherungen ihres Mannes unterblieben... eine Ehefrau will nicht einer Geliebten gleichen.«

Die viktorianische Ritterlichkeit träumte von einer zitternd blassen, durchscheinend unschuldigen Frau, die warmherzig, liebevoll, zärtlich und vollkommen unsexuell war.

John Stuart Mill

402

Die Kirche behielt ihre Stellung sowohl im Leben der vornehmen als auch der einfachen Leute. Für die oberen Klassen war der Kirchgang oft ein gesellschaftliches Ereignis, wobei von der Dame des Hauses erwartet wurde, daß sie zutiefst religiös war, jedoch nicht in unschicklicher Weise fanatisch. Für das einfache Volk waren die Fahrten zur Kirche besondere Ereignisse, bei denen sich weit voneinander entfernt wohnende Bekannte trafen und über Geschäfte und Ehen verhandelt wurde. Die Botschaft der Staatskirchen war nicht für alle befriedigend, so daß viele Menschen aus allen Gesellschaftsschichten sich verschiedenen Erweckungsbewegungen anschlossen. Auf dem Bild die Konfirmation einiger junger Leute in der schwedischen Kirche von Floda.

»Wenn der Sinn eines Mädchens nicht rein ist – wenn ihre eigenen Sinne so vernebelt sind, daß sie das Böse nicht schon fühlt, bevor sie es erklären kann –, wenn sie nicht davor zurückschreckt, ohne zu wissen, warum sie es tut – dann gnade ihr Gott!«

Eine feine Dame, eine ehrbare Frau, hatte sich heftig nach der Mutterschaft zu sehnen, aber die dazu führenden Vorgänge wurden mit dem Rat »Augen zu und ans Vaterland denken« abgetan. Die jungen Frauen kamen ins Hochzeitsbett, ohne die geringste Ahnung von Sexualität oder Zeugung zu haben.

Nach der viktorianischen Auffassung war in den Frauen ein Stückchen von der Unschuld des Paradieses erhalten geblieben – eine Ansicht, die im Vergleich zur Auffassung der Kirchenväter eine völlige Kehrtwendung bedeutet – aber das Juwel der Unschuld mußte beschützt und bewahrt werden, denn die Frau hatte einen schwachen Charakter, der ohne Aufsicht der Versuchung erlag.

Die ursprüngliche Unschuld wurde bewahrt, indem das Kind streng bestraft wurde, wenn es seine natürliche Sexualität zeigte. Wenn es seine Geschlechtsorgane berührte, wurde ihm hart auf die Finger geklopft, denn auch die zärtlichste Mutter wollte ihr Kind vor dieser schrecklichen Krankheit bewahren. Die Selbstbefriedigung verursachte angeblich entsetzliche Leiden und führte schließlich zur Geisteskrankheit. Um das zu verhindern, wurden die Hände des Kindes an den Seiten oder am Kopfende des Bettes festgebunden. Ein junger Mensch mußte vor der überall lauernden Sexualität bewahrt werden: selbst die unschicklich nackten Beine des Konzertflügels wurden mit einem Tuch verhüllt, und die von Männern und Frauen geschriebenen Bücher in gesonderten Schränken aufbewahrt.

Die ehrbare Gesellschaft verhielt sich so, als gäbe es keine Sexualität. Im Verborgenen blühten die Bordelle, die Kinderprostitution, die sadistischen und masochistischen pornographischen Dienstleistungen, all das, was aus dem Gesichtskreis verdrängt wurde. An der Oberfläche hüteten die süßen, unschuldigen Ehefrauen ihre Puppenheime, der Ehemann saß in der Kirche neben seiner Frau, spendete für die Wohltätigkeit und sprach über den Schutz der Familie. Abends stieg er in seine Kutsche und fuhr drei Straßenecken weiter zu seiner im Luxus lebenden Geliebten oder ging ins Bordell, kaufte sich ein kleines schwarzes Mädchen und peitschte es halb tot.

Die gehemmten Mütter erzogen gehemmte Töchter. Eine Frau wachte über die Sexualität der anderen effektiver, als es die Männer hätten tun können – sie mußten an der einzigen Tugend festhalten, die bei ihnen größer war als bei den Männern. Und nichts war so erschreckend wie das

Als die Lebenserwartung der Menschen allmählich stieg, entstand in der Gesellschaft eine neue Bevölkerungsgruppe: die Alten. Alleinstehende, alte Frauen machten einen immer größeren Anteil der Stadtbevölkerung aus. Die alten Frauen bevölkerten die Armenhäuser. Deren Bewohner lebten in Schmutz, Enge und Zwietracht bei nahezu militärischer Zucht.

Schicksal einer gefallenen Frau. Denn obwohl das Opfer der Verführung immer unschuldig war und hilflos wie ein Kind, mußte es die gesellschaftlichen Folgen des Falls tragen. Eine, die die Grenze überschritten hatte, wurde aus dem Kreise der ehrbaren Menschen ausgestoßen.

Eine Hure war die Widerspiegelung der Ängste und Wünsche der gehemmten Menschen, sie durfte man hassen und durch sie alle Frauen, auch diejenigen, deren Tugendhaftigkeit überwältigend war.

»Wohnt in allen Frauen die heimliche Neigung, eine Hure zu werden?«

»Ja, alle sind Huren oder möchten es sein, und nur der Stolz oder die Angst hält die meisten zurück, und jedes Mädchen, das sich einmal hingibt, ist von dem Moment an eindeutig eine Hure. Wenn sich der Nebel einmal verzogen hat, ist sie mit von der Partie, so, als wäre sie es seit zehn Jahren.«

Das viktorianische Zeitalter konnte eine erwachsene Frau nicht definieren. Die Schriftsteller des 19. Jahrhunderts kannten die unschuldige Kindfrau und verspotteten die alte Jungfer – oder fürchteten sie, denn eine unverheiratete Frau war gleichzeitig unabhängig von einem Ehemann.

Die Tugend der sich unterwerfenden Frau war dem viktorianischen Mann so wichtig, daß daraus geradezu eine Religion gemacht wurde. »Es gibt in der Welt keinen Krieg und keine Ungerechtigkeit«, sagte John Ruskin, »für die ihr Frauen nicht verantwortlich wäret, nicht, weil ihr sie verursacht habt, sondern weil ihr sie nicht verhindert habt.«

Für die »natürlichen« Eigenschaften der Frau, den Wunsch, akzeptiert zu werden, die Fähigkeit, zu täuschen und die Gefühle der anderen zu erraten, wurde eine wissenschaftliche Grundlage gefunden: Die Unterschiede

Die sentimentale Hauptströmung des 19. Jahrhunderts war die Romantik. Die Frau der Romantik war ein angebetetes, feenhaftes Wesen, hilflos und zart wie eine Lilie und unfähig, ohne den starken Arm eines Mannes zurechtzukommen. Der elegante Gentleman des Bildes bemerkt anscheinend überhaupt keinen Widerspruch zwischen seiner ätherischen Geliebten und den kräftigen Ruderinnen im Boot.

zwischen Frauen und Männern sind darauf zurückzuführen, daß die Zellen des Mannes Energie abgeben, während die Zellen der Frau Energie schaffen und lagern. Diese Theorie von Patrick Geddes über die Verschiedenheit von Männern und Frauen dominierte bis 1903. Danach führte man die Charakterunterschiede der Geschlechter auf hormonelle Funktionen zurück.

Eine beliebte Theorie über das Wesen der Frau schuf der Gründer der modernen Psychologie, der Österreicher Sigmund Freud. Nach seiner Auffassung wirkt sich auf das geistige Wesen der Frau entscheidend der Penisneid aus: von klein auf fühlt sich das Mädchen schlechter als der Knabe, weil es keinen Penis hat. Freud hat seine Theorie in keiner Weise wissenschaftlich begründet, sie paßte jedoch gut zu der Denkweise der von Männern beherrschten Gesellschaft. Sie wurde akzeptiert, ohne daß gefragt worden wäre, warum gerade das Mädchen auf den Penis des Jungen neidisch sein sollte und wie ein kleines Mädchen überhaupt wissen konnte, daß ein Junge einen Penis hat, in einer Gesellschaft, in der kein ehrbarer Mensch sich jemals nackt zeigte, schon gar nicht in Gegenwart des anderen Geschlechts.

Freuds Forschungsobjekte waren die in jeder Weise eingeengten und unterdrückten, aus bürgerlichen Kreisen stammenden Frauen der letzten Jahre des 19. Jahrhunderts. Der Vater der psychiatrischen Medizin ging in dieselbe Falle wie fast alle seine Vorgänger: Die Frau war für ihn ein fremdes Wesen, und er ließ die nahezu unerträglichen Fesseln unberücksichtigt, die die Gesellschaft den Frauen angelegt hatte. Freud deutete die Unruhe und Verzweiflung, die sich bei den Frauen in Form von psychischen und körperlichen Symptomen bemerkbar machte, ausschließlich aufgrund ihrer Kindheitserlebnisse.

Ebenso fand der große Naturwissenschaftler Charles Darwin, daß durch die Theorie von der natürlichen Auslese die Minderwertigkeit der Frauen im Vergleich zu den Männern bewiesen wurde. Weil sich die Männer in Wissenschaften und Künsten mehr Verdienste erworben hatten als die Frauen, mußten ihre geistigen Fähigkeiten zwangsweise denen der Frauen überlegen sein. Als die Vertreterinnen der Frauenbewegung nachwiesen, wie unmöglich es für eine Frau war, ihren wissenschaftlichen oder künstlerischen Neigungen in einer Gesellschaft nachzugehen, die sie als eine gebärpflichtige Haushälterin betrachtete, die kaum lesen lernen durfte, wurden sie als unweibliche Geschöpfe beschimpft, die ihren Platz nicht kannten.

Richard Redgrave: Die arme Lehrerin

In der ersten Hälfte des 19. Jahrhunderts war der Beruf der Gouvernante praktisch der einzige, der für eine vornehme Dame geeignet war. Die Stellung der Gouvernante war schwierig: sie war kein Familienmitglied, gehörte aber auch nicht zu den Bediensteten. Sie war weder am Tisch der Herrschaft noch an dem der Diener willkommen. Sie hatte keine Hoffnung auf Besserung ihrer Lage, weil ihr Lohn schlecht war. Zum Lohn gehörten auch Unterkunft und Verpflegung, das Geld mußte für das Alter gespart werden.

Von Eva zum Menschen

Caroline Norton war der Prototyp der reizenden englischen Aristokratin. Sie entstammte einer guten und politisch bedeutenden Familie, schrieb mit Erfolg Romane und Gedichte und war Mutter von drei Söhnen. Ihr Mann verlangte von ihr, ihre verwandtschaftlichen Beziehungen spielen zu lassen, um seine Karriere zu fördern – eine Forderung, der Caroline natürlich nachkam. Der Wunsch des Mannes wurde erfüllt, und der Innenminister Lord Melbourne wurde ein guter Freund des Ehepaares.

Die Ehe war nicht besonders gut, und im Jahre 1836 beantragte Carolines Mann die Scheidung und eine Abfindung von 10 000 Pfund. Caroline wurde vorgeworfen, sie habe ein Liebesverhältnis mit dem Wohltäter der Familie, Lord Melbourne, gehabt. Die Klage wurde abgewiesen, weil die beiden Dienstboten, auf deren Zeugenaussagen sich der ganze Antrag stützte, höchstwahrscheinlich bestochen worden waren. Hinter der ganzen Inszenierung wurde eine politische Intrige und die Habgier Nortons vermutet.

Caroline Norton, ein in liebevoller Unwissenheit erzogener Schöngeist, war zum ersten Mal in ihrem Leben mit harten Tatsachen konfrontiert. Sie begriff, daß eine Frau, die wegen Ehebruchs angeklagt wird, sich nicht verteidigen und nicht einmal einen Rechtsanwalt in Anspruch nehmen kann.

Caroline und ihr Mann wurden nicht geschieden. Caroline hätte nachweisen müssen, daß er sich des Inzestes oder der Bigamie schuldig gemacht hatte. Eine Trennung von Tisch und Bett, die keine neue Heirat möglich machte, wäre ihr zugestanden worden, wenn sie ihrem Mann einen Ehebruch und Grausamkeit hätte nachweisen können. Aber Caroline, gegen die der Mann vor dem Scheidungsprozeß gewalttätig geworden war, konnte keine Grausamkeit nachweisen, weil sie nach einer Flucht vor der Rohheit ihres Mannes zu ihm zurückgekehrt war.

Caroline Norton war eine Person, die es nicht geben konnte: eine geschiedene verheiratete Frau. Ihr begann klarzuwerden, wie die wirkliche Stellung der Ehefrau vor dem Gesetz war, wenn der Mann nicht ihr Beschützer, sondern ihr Feind war.

Caroline schrieb Bücher, um sich zu ernähren, und außerdem gab ihr das Erbe ihres Vaters Sicherheit. Dennoch war sie vollkommen wehrlos: das Gesetz erlaubte ihr nicht, sich zu verteidigen, wenn sie ausgeraubt, betrogen oder verleumdet wurde, sie konnte nicht einmal über ihre eigenen Arbeiten Verträge schließen und auch kein Testament machen.

Caroline Norton (gestorben 1877) war Schriftstellerin und eine Schönheit der Hautevolee, die die rechtlose Stellung der viktorianischen Frau am eigenen Leibe erfahren mußte.

Wenn sie aber selbst ein Verbrechen beging, wurde sie kraft Gesetzes bestraft. Das Sorgerecht für ihre Kinder gehörte ausschließlich dem Vater, sie durfte sie nicht einmal sehen, obwohl kein Gericht sie für ein Verbrechen verurteilt hatte.

»Ich habe nie an die verrückte und lächerliche Lehre geglaubt, die für die Gleichberechtigung eintrat. Ich bin sogar der Meinung (weil nach der allgemeinen Auffassung die Ehefrau unter ihrem Mann steht), ... daß ich unter Herrn Norton stehe. Ich bin ein bewölkter Mond neben dieser Sonne. Man soll mir dann aber auch (und das ist alles, worum ich bitte) dieselbe Stellung gewähren wie seinen sonstigen Untergebenen! Die Stellung seiner Haushälterin, die er nicht ungestraft verleumden kann... oder die seines Lehrlings, den er nach dem Gesetz nicht mißhandeln darf, oder die seines Küchenjungen, dem er für seine Arbeit Geld geben muß... Geben Sie mir wenigstens ein Gesetz, das mich schützt.«

Die mächtige Familie Caroline Nortons, ihre eigene Begabung und ihre Stellung als beliebte Autorin bewirkten, daß ihr Hilferuf weiter drang als die Klagen vieler anderer Frauen in derselben Situation. Carolines Kraft und ihre Hartnäckigkeit hatten schließlich erheblichen Einfluß auf die Änderung der englischen Scheidungsgesetzgebung.

Caroline Nortons Kampf dauerte zwei Jahrzehnte und war erst beendet, als das Gesetz in Kraft trat. Eine Reihe von skandalumwitterten, in der Presse ausführlich erörterten Ereignissen erregte ungeheures Aufsehen und öffnete vielen Frauen die Augen dafür, wie recht- und schutzlos sie vor dem Gesetz waren.

»Sei glücklich, lieber Leser, wenn du nicht zufällig dem Geschlecht angehörst, dem alle guten Dinge verboten sind, dem die Freiheit verboten ist und dem fast alle Tugenden abgesprochen werden. Sei glücklich, wenn du zu denen gehörst, die klug sein dürfen, ohne daß das ein Verbrechen ist.«

So schrieb die Intellektuelle und Frauenverteidigerin Marie de Gournay im 16. Jahrhundert in ihrem Buch »Kummer der Frauen«. Dreihundert Jahre später war die Situation insofern anders, als die Frau nach der allgemeinen Auffassung fast nur Tugenden hatte, sich aber wegen ihrer Intelligenz und ihres Wissensdurstes immer noch schämen mußte.

Im 19. Jahrhundert war die Frau von zweierlei Art. Sie war ein überirdisch uneigennütziger, häuslicher Engel oder eine in der Fabrik schuftende runzlige Arbeiterin. Sie war ein schüchternes Mädchen, das glaubte, die Kinder entstünden aus einem Kuß, oder eine von Syphilis zerfressene Straßendirne auf Männerfang. Sie war eine süße, unwissende Puppe oder eine belesene Gesellschaftswissen-

Florence Nightingale

Florence Nightingale in Üsküdar

»Es war tröstlich, Florence auch nur vorbeigehen zu sehen. Zu manchen sprach sie ein paar Worte, vielen anderen nickte und lächelte sie zu, aber das konnte sie nicht bei allen tun; wir lagen dort zu Hunderten, sehen Sie, aber wir küßten ihren Schatten, wenn er auf uns fiel, und legten uns befriedigt aufs Kissen zurück.« So rührend schildert ein verwundeter Soldat die vielleicht berühmteste Frau ihres Jahrhunderts, Florence Nightingale (gestorben 1910). Florence Nightingale wurde als Reformerin der Krankenpflege und vor allem der Militärkrankenpflege bekannt. Ihre Großtat während des Krimkrieges in den fünfziger Jahren des 19. Jahrhunderts in Üsküdar, wo es ihr gelang, die Sterblichkeitsrate des Lazaretts von 42 auf zwei Prozent zu senken, war nur ein Teil ihrer gewaltigen organisatorischen Arbeit. Florence hatte einen besonders heftigen Kampf gegen die Ärzte auszufechten, von denen viele die Krankenschwestern für dummes, schmutziges und trunksüchtiges Pack hielten, das auszubilden sich nicht lohnte.

schaftlerin. Sie war eine elegante junge Dame, die ihre Zeit auf rauschenden Ballnächten verbrachte, oder eine unermüdliche Wohltäterin in den Slums. Sie war eine zarte, in Ohnmacht fallende Lilie oder Kohlenträgerin im Bergwerk. Sie war die vergötterte Mutter der Familie oder eine verhungernde alte Jungfer.

Aber von der Öffentlichkeit wurde ihr nur ein Rahmen zugebilligt: Die richtige Frau war eine unschuldige Jungfrau der Mittelklasse, die durch Heirat zur zentralen Figur einer Familie wurde und sich für die anderen aufopferte. Frauen anderer Art gab es nicht und durfte es nicht geben. Die Kluft zwischen Ideal und Wirklichkeit war so gewaltig, daß nur wenige sie nicht bemerkten. Viele wandten den Kopf ab, weil es sich so leichter und bequemer lebte, aber immer mehr und mehr Frauen begannen, an den Gittern ihrer Käfige zu rütteln.

Zu den größten praktischen Problemen der Frauen des 19. Jahrhunderts gehörte der Broterwerb, der eigentlich nur auf zweierlei Weise möglich war: entweder mußte man schwere, unterbezahlte Arbeit leisten oder sich verkaufen, lebenslang in einer Ehe oder abwechselnd an mehrere Männer. Die Ehe war von der Gesellschaft sanktioniert und entsprach dem, was die Frauen vom Leben erwarteten. Alle Möglichkeiten des Lebensunterhalts waren unsicher: bei der Lohnarbeit drohten Arbeitslosigkeit und Krankheit, in der Ehe die Witwenschaft und die Möglichkeit sitzengelassen zu werden, bei der Prostitution Alter, Krankheit und Gewalttätigkeit.

Je nach Land war ein Viertel oder ein Fünftel der europäischen Frauen alleinstehend, ledig oder verwitwet. Sie brauchten Arbeit, um sich und gegebenenfalls auch ihre Kinder zu ernähren. Eine Frau der Arbeiterklasse konnte ihre wenigen Pfennige in der Fabrik oder als Dienstmädchen verdienen. Was aber tat die guterzogene Tochter einer besseren Familie, die ledig geblieben war? Sie konnte weder eine Ausbildung noch einen Arbeitsplatz bekommen.

Heinrich Bauer war Teilhaber eines soliden Weinimportgeschäfts. Nach seinem Tode stellte sich heraus, daß seine in erster Linie durch unbedeutende Glücksspiele entstandenen privaten Schulden einen großen Teil des ohnehin recht bescheidenen Erbes auffraßen. Die Hinterbliebenen der Familie waren die Witwe, ein Sohn und drei Töchter, von denen die älteste 23, die jüngste 12 Jahre alt war.

Der Sohn, Martin Bauer, war als Sekretär in einer Speditionsfirma in Lübeck tätig. Die Familie verkaufte ihr komfortables Haus und zog in eine Dreizimmer-Parterre-Wohnung in der Nähe von Martins Arbeitsplatz. Ein Zimmer wurde von Martin bewohnt, der jetzt der Ernährer der Familie war, das zweite von Hilde und Thyra und das dritte, das gleichzeitig als gemeinsames Wohnzimmer diente, von der Mutter und der jüngsten Tochter Anne. In der kleinen Küche hauste die alte Dienerin der Familie, die ohne Lohn im Dienst bleiben wollte, weil sie keinen Ort hatte, wo sie hätte hingehen können. Die finanzielle Situation wurde jedoch bald so ernst, daß die alte Frau der Armenfürsorge überlassen werden mußte.

Alle vier Frauen lebten von Martins geringem Gehalt. Hilde und Thyra suchten unentwegt nach einer Stellung als Gouvernante oder Gesellschafterin, aber weil beide kein Französisch gelernt hatten, wollte niemand sie einstellen. Hilde versuchte, einen Posten als Haushälterin auf einem Landgut zu bekommen, aber ohne Empfehlungen und Erfahrung war das unmöglich.

Frau Bauer und ihre Töchter lernten, fast ohne Geld auszukommen. Nur Martins Zimmer wurde geheizt. Die Nahrung bestand hauptsächlich aus Tee und Zwieback, warmes Essen gab es mittags, wenn Martin seine Mittagspause hatte, und die Mahlzeiten waren sehr bescheiden, Fleisch gab es vielleicht einmal sonntags. Die Frauen wendeten ihre Kleider und wendeten sie noch ein zweites Mal, wenn sie verschlissen waren. Alle Fürsorge galt Martin, von dessen Arbeit und Gesundheit das Leben der ganzen Familie abhing.

Thyra hatte eine schöne Handschrift, und sie bekam manchmal Schreibarbeiten. Die Arbeit wurde schlecht bezahlt, und zusätzlich wurden noch Kosten durch die Kerzen verursacht. Thyras Einkommen deckte nicht einmal ihre eigenen Lebenshaltungskosten, war aber trotzdem eine Hilfe.

Als Hilde achtundzwanzig war, starb die Frau eines alten väterlichen Freundes. Der Witwer, ein minderbemittelter Lehrer, bat Hilde, ihn zu heiraten; seine drei Kinder brauchten eine Mutter. Hilde war ohne Zögern einver-

Flora Tristan (gestorben 1844) war eine Frau, die sowohl für den Sozialismus als auch für die Frauenrechte eintrat. Ihr tragisches Schicksal ist beispielhaft für den Mut und die Ausdauer der Pioniere: Floras Arbeitgeber heiratete sie und mißhandelte sie dann, und als sie nach drei Schwangerschaften und ständigen Prügeln floh, schoß der Mann auf sie. Flora überlebte und widmete ihr ganzes Leben der Organisierung der internationalen Arbeiterbewegung. Unermüdlich reiste sie um die ganze Welt, um für ihre Ideen einzutreten. Sie wurde verspottet und verachtet und starb als einsame, traurige und völlig entkräftete Frau im Alter von 41 Jahren.

standen, obwohl der Mann ihr ziemlich fremd war. Der Lehrer konnte der Familie nicht helfen, ernährte aber wenigstens sie. So blieben Martin außer seinem eigenen nur noch drei Münder zu stopfen.

Martin Bauer hatte natürlich keine Möglichkeit, zu heiraten und eine eigene Familie zu gründen.

Im Leben der Familie Bauer trat eine entscheidende Verbesserung ein, als die Post begann, Frauen einzustellen, und Thyra eine Stelle am Postschalter bekam. Zur gleichen Zeit ging Anne in ein Lehrerinnenseminar. Durch die Aufnahme eines Darlehens und die Vermietung eines Zimmers gelang es der Familie, Annes Studium zu finanzieren. Thyra verliebte sich in einen Postbeamten, aber die Ehe war unmöglich, jedenfalls solange Anne noch studierte und vielleicht auch danach, denn nach der Heirat würde Thyra ihre Arbeit aufgeben müssen, und das Gehalt ihres Liebsten reichte nicht für zwei Personen.

Anne machte ihr Examen als Lehrerin, bekam eine Stelle und nahm ihre Mutter bei sich auf. Das Gehalt einer Lehrerin machte nur den Bruchteil des Gehalts eines Lehrers aus, und Anne hatte auch keine Rente zu erwarten. Als sie merkte, wie unmöglich es für sie war, sich selbst und ihre Mutter zu ernähren und gleichzeitig noch für ihre alten Tage zu sparen, schloß sie sich dem neuen Verband an, dem viele ihrer Kolleginnen bereits angehörten. Es war ein Frauenverband, der für das Wahlrecht der Frauen eintrat.

Die europäische Frauenbewegung entstand weitgehend aus einem praktischen Zwang heraus.

Ganz gleich, wohin die aktiven Frauen sich auch wandten, überall stießen sie auf eine Mauer aus Ablehnung und Widerstand. Diese Mauer konnte nicht umgangen werden und nicht überschritten werden. Sie mußte gebrochen werden.

In der Arbeiterbewegung erging es den Frauen ebenso wie in anderen neuen Volksbewegungen, ob es dabei nun um Religion oder um gesellschaftliche Dinge ging. Nach aktiver und selbstloser Mitarbeit sowie grenzenloser Begeisterung in der Anfangszeit wurden die Frauen in das Hinterzimmer abgedrängt, wo sie Kaffee kochen durften, während die Männer Beschlüsse faßten.

Die Gewerkschaften betrachteten die Frauen als lästige Parasiten. Als die unterbezahlten Frauen den Männern die Arbeitsplätze wegzunehmen drohten, begannen die Gewerkschaften, die Frauen vom Arbeitsmarkt zu vertreiben, anstatt für sie den gleichen Lohn wie für die Männer zu fordern.

Die revolutionären sozialistischen Bewegungen nahmen die Gleichberechtigung der Frauen in ihr Programm auf. Schon das bloße Vorhandensein des Programms war ein bedeutender Fortschritt, obwohl die Gleichberechtigung im allgemeinen auch innerhalb der Bewegung reine Theorie blieb. Selbst der radikalste Mann schreckte vor der Gleichberechtigung zurück, wenn sie bedeutete, daß er auf seine persönliche Dienerin verzichten sollte. Lenins Frau Nadeschda Krupskaja, auch sie eine professionelle Ganztagsrevolutionärin, brachte es einmal in den Tagen der Verbannung fertig, ihren Mann anzufahren und ihm zu sagen, daß Marx von den Frauen keine Kochkünste verlangt hätte. Karl Marx wird sich kaum jemals Gedanken darüber gemacht haben, woher das Essen auf seinem Tisch kam, denn seine Frau Jenny war eine ideale deutsche Hausfrau, die ihren Mann perfekt versorgte.

Die Frauen der Mittelklasse, die sich den revolutionären Bewegungen anschlossen, mußten auf ein fertiges Frauenbild verzichten und alle Auffassungen davon, wie eine Frau zu sein hatte und wie ihre Beziehung zum Mann auszusehen hatte, auf den Kopf stellen. Die Männer akzeptierten die Frau keineswegs ohne weiteres als Kampfgefährtin, und wenn sie noch so fleißig und intelligent war. Das Leben so mancher Frau, die sich für die Gesellschaft aufgeopfert hatte, war sehr unglücklich und voller Widersprüche. Die offene Kluft zwischen den Forderungen der Umwelt, dem von der Mutter übernommenen Lebensmodell, den Erwartungen des Ehemannes und der eigenen Sehnsucht nach Freiheit wurde vielen Frauen unerträglich.

Die Frauen der sozialistischen Bewegungen wie Clara Zetkin und Rosa Luxemburg verstanden die Revolution als ein demokratisches, menschliches Ereignis. Sie befürworteten die Demokratie und die Unterweisung der Massen, nicht die Herrschaft einer kleinen, elitären Gruppe. Sie waren Mitglieder der internationalen Friedensbewegung und setzten sich für die Rechte der Frauen ein. Die meisten waren in erster Linie Revolutionäre und erst in zweiter Frauen.

Unter ihnen herrschte absolut keine Einigkeit. Sie haßten, verachteten und beneideten einander.

Eines aber hatten Königin, Professorin und Dienstmädchen gemeinsam: vor dem Gesetz standen Florence Nightingale wie Marie Curie auf gleicher Stufe mit Kindern und Schwachsinnigen.

Die Frauenbewegung entstand zweifellos aus einer unendlichen Frustration der Frauen heraus. Was eine Frau auch immer tat, immer standen zehn Männer vor ihr und erklärten sowohl privat als auch öffentlich, daß so etwas nicht »schicklich«, »weiblich« oder »fein« war.

Die Frauenbewegung hatte viele Formen, sie war in sich uneins, erlebte Höhen und Tiefen, war ständig in Bewegung und Wandel begriffen wie die Gesellschaft selbst. Sie

Die Schwedin Fredrika Bremer (gestorben 1865) war eine unabhängige, kultivierte, begabte Frau, die ihr Leben lang dafür gearbeitet hat, die Mauern niederzureißen, hinter denen das weibliche Geschlecht gefangengehalten wurde. Fredrika wuchs in einer traditionellen Familie auf, in der die Gefühlsbeziehungen zwischen Kindern und Eltern kühl und distanziert waren. Sie hielt sich selbst für häßlich und unbedeutend, erwies sich aber im Laufe der Jahre als begabte Schriftstellerin. Sie erhielt überall in der Welt viel Anerkennung. Als sie begann, über die schlechte Situation der Frauen zu schreiben, schlug die Bewunderung in Tadel um. Fredrika Bremer durfte jedoch die Verwirklichung vieler – uns heute bescheiden dünkender – Reformen miterleben, wie unter anderem die Verabschiedung eines Gesetzes, nach dem die Frau mit 25 Jahren volljährig wurde. Fredrika Bremer starb hochgeachtet, und an ihrem 100. Geburtstag wurde zu ihrem Andenken eine Medaille geprägt.

Hinrichtung von Sofia Perowskaja, der Mörderin des Zaren Alexander II., im Jahre 1881. Wenn Frauen sich vollkommen von der Gesellschaft lossagten, konnten sie ebenso zum Terror greifen wie die Männer. Die Frauen waren dazu erzogen worden,sich aufzuopfern, und ein revolutionärer Terrorist hatte praktisch immer eines gewaltsamen Todes zu sterben. Viele Frauen glaubten, sich für ein großes Ziel zu opfern – so, wie sich in der Französischen Revolution auch Charlotte Corday vorgestellt hatte, Hunderttausenden das Leben zu retten, indem sie einen Menschen ermordete.

war bürgerlich, sozialistisch oder anarchistisch. Die einen forderten eine Verbesserung der wirtschaftlichen Lage der Frauen, die anderen eine höhere Schulbildung, die dritten das Wahlrecht für die Frauen. Manche fanden, daß über das Wahlrecht zu sprechen, erst dann sinnvoll sei, wenn alle Frauen lesen konnten, andere wieder, daß die Frauen überhaupt nicht zur Wahlurne gehen sollten, weil sie dadurch nur in die unmenschliche Welt der Männer hineingezogen würden. Einige wollten die Frau ausdrücklich als Mutter schützen, ganz gleich, ob das Kind einen Vater hatte oder nicht. Einige wollten die Ehe abschaffen, andere sie stärken.

Unter den vielerlei, untereinander zerstrittenen Richtungen und Gruppierungen der Frauenbewegungen konnte jede Frau für sich etwas Passendes finden. Wer den blutigen Kampf suchte, schloß sich den Suffragetten an. Wer auf friedliche Weise Einfluß nehmen wollte, fand den Weg zur Frauenbewegung der Gebildeten: eine hervorragend konzipierte, vornehme vernünftige und vor allem hartnäckige Bewegung. Als eine Art Dachverband könnte man den 1888 gegründeten Internationalen Frauenrat mit seinen vielen Millionen Mitgliedern betrachten, aber außerhalb dieser Organisation waren mindestens ebenso viele Frauen in verschiedenen Bewegungen tätig.

Die Frauenbewegung mit ihren unterschiedlichen Richtungen basierte wie auch die Friedensbewegung und die Arbeiterbewegung auf einer internationalen Idee. Der übermäßig aufgebauschte Muttermythos des 19. Jahrhunderts hatte die Frauen dazu gebracht, sich als eine besondere Menschengruppe, als Mütter, zu verstehen. Nun erweiterte die Frauenbewegung dieses Bewußtsein über die Mutterschaft hinaus, so daß es alle Seiten der weiblichen

Identität umfaßte. Der Prozeß der Bewußtwerdung vollzog sich nur langsam und ängstlich, traf auf heftigen Widerstand und wurde auch von den Frauen nur widerstrebend angenommen. Aber er vollzog sich, und danach konnte die Gesellschaft nicht mehr dieselbe sein wie zuvor.

Die praktischen Reformen verwirklichten sich schneller als die politischen. In den sechziger Jahren des 19. Jahrhunderts waren die nordischen Länder bahnbrechend, als sie die Mündigkeit und das gleiche Erbrecht für Frauen einführten. Im Jahre 1882 erhielten die verheirateten Frauen in England das Recht auf ein eigenes Vermögen. In Norwegen durfte die Frau im Jahre 1888 ihre Einkünfte selbst behalten. Um die Wende des 20. Jahrhunderts wurden auch die staatlichen Ämter allmählich für Frauen zugänglich. Je weiter südlich ein Land in Europa lag, um so langsamer war dort das Tempo der Reformen.

Obwohl von der Mitte des 19. Jahrhunderts an jedermann verstand, daß der Widerstand gegen das Wahlrecht für Frauen nichts anderes als Verzögerungstaktik war, schien der Zeitpunkt für die Gewährung dieses Rechtes zuletzt nur noch vom Zufall abzuhängen. In Schweden und Finnland erhielten die unverheirateten Frauen mit Vermögen in den sechziger Jahren des 19. Jahrhunderts das kommunale Wahlrecht, das in Finnland allen Frauen mit Vermögen im Jahre 1872 gewährt wurde, während die verheirateten Frauen das Recht erhielten, über ihr Vermögen und ihre Einkünfte selbst zu verfügen. Im Jahre 1884 erhielten in England alle Männer das allgemeine Wahlrecht. Auch einem Analphabeten wurde eher zugetraut, Abgeordnete für das Parlament wählen zu können als einer akademisch gebildeten Frau.

Die finnischen Frauen erhielten im Jahre 1906 als erste in Europa das Stimmrecht für die staatlichen Wahlen. Das geschah beinahe unbemerkt: Das Land war ein Teil des russischen Reiches und kämpfte heftig um seinen autonomen Status. Bei einer Reform der Staatsverfassung wurde ein Einkammerparlament geschaffen. Um für die nationale Front eine möglichst breite Unterstützung zu bekommen, wurde das allgemeine und gleiche Wahlrecht eingeführt.

Vor dem Ersten Weltkrieg oder während des Krieges erhielten die Frauen in Norwegen, Dänemark und Island das Wahlrecht. In den anderen europäischen Ländern durften die Frauen gewissermaßen als Dank für ihre Anstrengungen während des Krieges in den zwanziger Jahren zum ersten Mal wählen. Es ist erschütternd, daß gerade die Kriege, für deren Abschaffung die Friedensbewegung der Frauen tätig war, den Frauen die staatliche Gleichberechtigung brachten.

In Seneca Falls, USA, wurde im Jahre 1848 die amerikanische Frauenbewegung gegründet. Ihren Anfang hatte sie eigentlich mit einem europäischen Ereignis genommen. Im Jahre 1840 kamen zwei weibliche amerikanische Delegierte nach England, um an einer Sitzung des Internationalen Kongresses für die Abschaffung der Sklaverei teilzunehmen. Ihnen wurde der Zugang zum Sitzungssaal verwehrt, weil sie Frauen waren. Mit der Erkenntnis, daß die Stellung der Frauen und der Sklaven deutliche Übereinstimmungen aufwiesen, reisten die Frauen zornig nach Hause und organisierten die Frauenbewegung.

Im Jahre 1871 beteiligten sich die Frauen an der Pariser Kommune ebenso aktiv wie seinerzeit an der Revolution von 1794. Zu den berühmtesten Kommunardinnen gehörte die Anarchistin Louise Michel (gestorben 1905). Sie war eine glänzende Rednerin und warmherzige Frau, die in selbstloser Weise Wohltätigkeit übte. Während der Pariser Kommune organisierte sie das weibliche Ambulanzpersonal.

Ende des 19. und Anfang des 20. Jahrhunderts öffnete sich den Frauen ein Beruf nach dem anderen. Die Frau konnte Ingenieurin, Architektin oder Apothekerin werden – am längsten widersetzten sich Juristen, Geistliche und Offiziere dem Eindringen der Frauen in ihre Domänen. Die Juristen gaben ihren Kampf vor dem Zweiten Weltkrieg auf, der Krieg zwang viele Länder, auch Frauen für organisatorische Aufgaben in die Armee aufzunehmen, und nach dem Krieg konnten Frauen in den meisten protestantischen Glaubensgemeinschaften Pfarrerinnen werden.

Die politischen Rechte der Frauen wurden keineswegs zuerst in den Ländern Wirklichkeit, in denen die Frauenbewegung am stärksten war. Die Frauenbewegung der nordischen Länder war wenig entwickelt und sehr gemäßigt. Es ist schwer zu sagen, welche Rolle es spielte, daß die Frauen in den nordischen Ländern wegen der Armut und Rückständigkeit nach wie vor wesentlich zur Ernährung der Familie beitrugen. Das Ideal der müßigen Ehefrau hatte sich nur in der Oberschicht und in der oberen Mittelklasse verwirklichen können, jedoch war ihr Anteil an der gesamten Bevölkerung relativ klein.

»Das Wahlrecht ist die letzte Festung des Mannes in dem Kampf, bei dem eine demütigende und gefährliche Tyrannei seine männlichen Rechte auszuhöhlen droht. Demütigend, weil sie von dem höheren Geschlecht verlangt, daß es sich dem niedrigeren unterwirft. Gefährlich, weil sie, bis zu einem gewissen Punkt gelangt, durch physische Gewalt gestürzt wird... Die Männer mögen sich der Waffen bedienen, die die Natur ihnen gegeben hat, denn ein blau-

Emmeline Pankhurst (gestorben 1928) war eine kämpfende Suffragette, eine Befürworterin des Wahlrechts für Frauen, die ihre Anhängerinnen zu neuartigen Aktivitäten führte. Die Suffragetten fanden, daß sie nicht an die Gesetze gebunden seien, solange sie nicht wahlberechtigt waren, und dementsprechend benahmen sie sich. Ihre Aktionen um die Jahrhundertwende erregten ungeheures Aufsehen und wurden übel vermerkt. Es ist schwer zu sagen, inwieweit sie die Gewährung des Wahlrechts beeinflußten. Im Ersten Weltkrieg arbeiteten Emmeline Pankhurst und ihre Tochter Christabel, die auch Frauenrechtlerin war, aktiv, um die Kriegführung Englands zu unterstützen. Die andere Tochter, Sylvia, dagegen schloß sich der Friedensbewegung der Frauen an und wollte nicht zur Kriegführung beitragen.

es Auge, auch wenn es die Tochter Evas vorübergehend verunstaltet, ist das einzige Mittel, um die verlorenen Rechte des Mannes zu retten.«

So hat die englische Zeitung »Saturday Review« den ängstlichen Zweifeln vieler Männer im Zusammenhang mit dem Wahlrecht der Frauen Ausdruck verliehen. Es passierte jedoch nichts Weltbewegendes. Die Frauen steckten in die Wahlurne einen Stimmzettel, der die vorhandenen Machtstrukturen unterstützte. Oft bestand die einzige Veränderung darin, daß der Ehemann anstelle der einen jetzt zwei Stimmen zu vergeben hatte.

Das Wahlrecht änderte die Situation der Frau nicht, aber der Kampf um das Wahlrecht tat es. Während des Kampfes begann die Frau, sich als eine eigenständige Person zu verstehen. Die Frau begann zu begreifen, daß sie ein Recht auf eigenes Leben, eine eigene Meinung, eigenes Vermögen, auf Ausbildung und auf einen Beruf hatte.

Die vollkommene wirtschaftliche Abhängigkeit vom Mann war in der Geschichte der Frau das schwerste Hindernis auf dem Wege zu ihrer Selbständigkeit. Die Schulbildung und der Zugang zum Beruf sprengten diese Fessel. Der Eintritt ausgebildeter weiblicher Arbeitskräfte in das Arbeitsleben hatte entscheidenden Anteil an dem gewaltigen Anstieg des Lebensstandards in Europa.

Das bedeutendste Ergebnis des Emanzipationskampfes war jedoch die allgemeine Einsicht, daß die Frau die Welt ganz anders erlebt als der Mann. Zehntausend Jahre lang war die Welt so gewesen, wie die Männer sie haben wollten, und nach den Prinzipien regiert worden, die die Männer für gut befanden.

Nun entdeckten die Frauen und auch viele Männer, daß die Auffassung des Mannes von der Welt keineswegs der Auffassung aller Menschen entsprach. Erst nach dieser Einsicht konnte die Frau sich verständlich machen und aufhören, das andere Geschlecht zu sein.

Ich
und Er

Zu Hause

Die am weitesten verbreitete und häufigste Arbeit der Welt ist die Hausarbeit. Sie ist immer und überall, auf dem Land und in der Stadt, im Palast und in der Hütte geleistet worden.

Die Hausarbeit war private, reproduktive und unsichtbare Arbeit im Gegensatz zu der öffentlichen, produktiven und höher bewerteten Arbeit. Sie war erst dann zu sehen, wenn sie nicht gemacht wurde, wenn die Frau starb oder krank wurde.

Die Wirtschaftstheorien haben im allgemeinen die in den Haushalten geleistete Arbeit nicht berücksichtigt. Es gilt als selbstverständlich, daß sie gemacht wird, und die Kosten dafür sind so gering, daß sie bei der Volkswirtschaft nicht berücksichtigt zu werden brauchen. Die reproduktive Arbeit galt traditionell als kostenlose Arbeit, die von den Frauen ohne Lohn für die Gesellschaft geleistet wurde. Das Produzieren von Dienstleistungen im Haushalt galt im allgemeinen überhaupt nicht als Arbeit, sondern als »natürliche« Tätigkeit der Frauen.

Die sozialistische Wirtschaftstheorie, die die Frau vom Herd erlösen und in die produktive Arbeit eingliedern wollte, ging davon aus, daß während der Erwerbstätigkeit der Frauen außerhalb des Hauses der Staat für die Reproduktion sorgt: die Kinder betreut und für Essen und Sauberkeit sorgt.

Die praktische Erprobung in der Sowjetunion zeigte jedoch, daß der Staat nicht für die Reproduktionsarbeit aufkommen kann, sie muß kostenlos bleiben.

Die Hälfte der Weltbevölkerung leistet Hausarbeit, und die meisten Frauen leisten sie ihr Leben lang. Jeder Mensch ist von den Ergebnissen der Hausarbeit umgeben. Trotzdem ist die Hausarbeit und ihre Entwicklung sehr wenig beachtet worden.

Für die Hausarbeit ist im Prinzip die gesamte zur Verfügung stehende Zeit aufgewendet worden. In einer Familie, in der die Mutter durch ihre Berufstätigkeit entweder in der Heimindustrie durch Spinnen oder Nähen oder durch eine Arbeit außer Haus, in der Fabrik oder mit Wäschewaschen, Geld verdiente, blieb für die Hausarbeit sehr wenig Zeit. In diesem Fall wurden die meisten Arbeiten einfach vernachlässigt. Wenn die Frau zu Hause war und auch als in diesem Jahrhundert allerlei Gerätschaften der Hausfrau zu Hilfe kamen, wurde für den Haushalt trotzdem alle nur mögliche Zeit aufgewendet: je mehr Zeit die Frau für den Haushalt zur Verfügung hatte, um so höher wurden die Ansprüche, so daß die Menge der Arbeit

In der früheren Gesellschaft gab es viele Dienstboten. Ein größerer Haushalt und ein Bauernhof brauchten unbedingt Dienstboten, weil die Arbeit anders nicht zu bewältigen war. Die strengen Gesindevorschriften der nordischen Länder banden den Knecht oder die Magd für ein Jahr an ein Haus; in der Verdingwoche im Herbst konnten sie den Dienstherrn wechseln. Die Arbeit der Dienstboten wurde verachtet, die Arbeitstage waren lang, obwohl ihr Lohn relativ gut war, wenn man berücksichtigt, daß Kost und Logis frei waren. Die Dienstboten waren oft jung und ungeschickt und gingen fort, wenn sie gerade etwas eingearbeitet waren. Die Beziehungen zwischen Gesinde und Herrschaft waren oft schlecht, die Dienstboten stahlen, und die Herrschaften hielten sie in elenden Verhältnissen, gaben ihnen schlechtes Essen und eine enge Dachkammer zum Wohnen.

eigentlich nicht geringer wurde, obwohl die Arbeit nicht mehr so schwer war.

In der Stadt erforderten die Hausarbeiten weniger Zeit als auf dem Lande, weil fast alles fertig gekauft werden konnte. Aber auch das ließ der Frau praktisch keine Freizeit. Um dem Bäcker das Brot bezahlen zu können, mußte sie das Geld dafür im Dienst eines anderen verdienen. Wenn dagegen das Gehalt ihres Mannes so gut war, daß sie zu Hause bleiben konnte, wurde von ihr erwartet, daß sie alles selbst machte und nicht das von ihrem Mann schwer verdiente Geld für den Kauf von Waren ausgab.

Der Arbeitstag der Frau war immer länger als der des Mannes. Ob es sich nun um eine Arbeiterfrau oder um eine Bäuerin handelte – immer mußte sie vor ihrem Mann aufstehen und ihm das Frühstück bereiten. Wenn der Mann sein Abendbrot aß, seine Pfeife rauchte, sich mit Freunden unterhielt oder in die Kneipe ging, setzte die Frau ihre Arbeit noch fort und ging meistens erst nach ihrem Mann schlafen.

Vom Beginn der Neuzeit an gibt es vor allem aus der Mittelklasse und der Arbeiterschaft Informationen über Männer, die ihren Frauen oft bei den Hausarbeiten halfen. Nur die Wäsche war eine Arbeit, die sich für den Mann unter keinen Umständen schickte.

Im 19. Jahrhundert ging die Beteiligung der Männer an der Hausarbeit auf ein verschwindend geringes Maß zurück. Ein Grund dafür war vielleicht die Tatsache, daß man kaum noch männliche Diener hatte: Die Staaten brauchten die männliche Bevölkerung für ihre Kriege, was so weit ging, daß zum Beispiel in England für die Einstellung eines Dieners eine besondere Steuer bezahlt werden mußte, und die Diener wurden viel besser bezahlt als die Dienstmädchen. Die Hausarbeit wurde ganz und gar den Frauen überlassen.

In der Arbeiterklasse kam es für den Mann überhaupt nicht in Frage, Hausarbeiten zu verrichten. Die Beteiligung an der Hausarbeit war ein Zeichen für die Schwäche des Mannes. Der Mann der Arbeiterklasse bewies seine Männlichkeit, indem er zusah, wie seine hochschwangere Frau die Kohlen schleppte und das Holz hackte. Der Verhaltenskodex war streng und wurde nur in äußerster Not verletzt.

Richard Jones aus Wales erzählt in der zweiten Hälfte des 18. Jahrhunderts, daß seine Mutter in einem schlechten Jahr, als die Familie kein Geld und kein Getreide hatte und ein Hungerwinter sowie der sichere Tod einiger Familienmitglieder zu erwarten stand, zu ihrem Mann sagte: »Ich schließe mit dir einen Vertrag. Ich werde im kommenden Winter das Brot für uns beide und für die Kinder verdienen, wenn du neben der Pflege des Pferdes, der Kühe und

Das Schlagen mit dem Bleuel und das Treten waren die primitivsten Methoden des Wäschewaschens. Gewaschen wurde meistens in kaltem Wasser, im Fluß oder im See, manchmal im Bottich, und es wurde keine Seife verwendet. Die Wäsche wurde gemeinsam gewaschen, und der Waschtag konnte ein lustiges und geselliges Erlebnis sein, war jedoch schwere Arbeit. Das kalte Wasser verursachte Erfrierungen und Rheumatismus an Händen und Füßen.

Jean-Baptiste Chardin

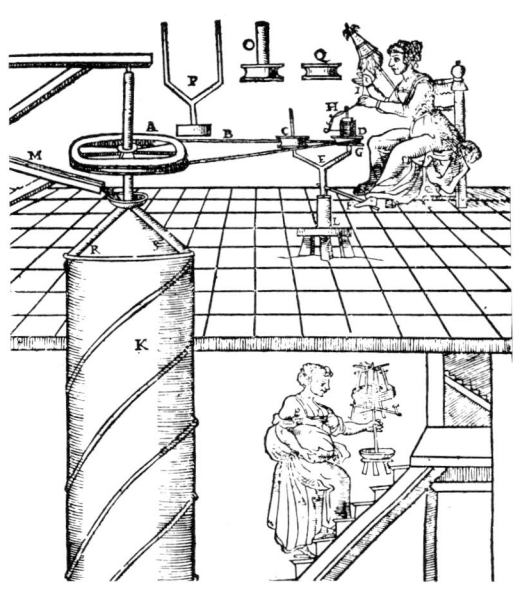

Die Beschaffung des Wassers
für den Haushalt war mit
unendlicher Mühe verbun-
den. Die Frauen trugen Hunderte von Millionen Wasser-
tonnen auf dem Land und in
den Städten. Oft herrschte
Mangel an Wasser: auf dem
Land wurden die Brunnen
verschmutzt, und in der Stadt
stand man Schlange beim
Wasserkutscher oder bei der
städtischen Wasserleitung. Sowohl für die Zubereitung des
Essens als auch für die
Hygiene bedeutete es eine
entscheidende Verbesserung,
als Wasserleitungen bis in die
Küchen gelegt wurden.

Die schwersten körperlichen
Arbeiten der Frauen waren
Tragen, Heben, Hacken oder
Wringen. Zur Erleichterung
fast aller schweren Arbeiten
gab es schon im 16. Jahrhundert Geräte, deren Verwendung leicht und einfach war.
Wegen der allgemeinen
Armut konnten sich die
mechanischen Geräte jedoch
nicht durchsetzen: ihre Anfer-
tigung war teuer, die Arbeitskraft der Frauen dagegen
annähernd kostenlos.

der Schweine auch die Wäsche wäschst und die Betten und den Hausputz machst. Die Butter mache ich selbst.« Die Tränen liefen dem Vater über die Wangen, als er fragte, wie die Mutter die Familie zu ernähren gedachte. »Ich werde stricken«, sagte die Mutter. »Wir haben Wolle. Wenn du sie hechelst, werde ich spinnen.« Und so machten sie es; der Vater versorgte das Vieh und machte die Hausarbeit, während die Mutter strickte. Sie schlief pro Nacht nur vier oder fünf Stunden, denn sie hatte sich vorgenommen, drei Strümpfe am Tag zu stricken, und damit erhielt sie die Familie den schrecklichen Winter über am Leben.

Auch anderen Männern erging es bisweilen so wie Richards Vater. Die Männer waren arbeitslos, während die schlechtbezahlten Frauen in der Fabrik Arbeit bekamen. Aber die Situation galt immer als unnatürlich.

Nicht einmal die sozialistischen Wirtschaftstheorien berücksichtigten die Arbeit der Männer bei der Reproduktion. Erst in unserer Zeit, wo die Frauen sowohl produktive als auch reproduktive Arbeit leisten, ist man darauf gekommen, daß sich auch die Männer an der Hausarbeit beteiligen können.

Zwei Grundvoraussetzungen für die Hausarbeit sind Wasser und Feuer, deren Beschaffung in den vergangenen Jahrhunderten weder mühelos noch einfach war. Die Aufgaben, die wir heute durch einen Knopfdruck oder eine Drehung des Wasserhahns erledigen, machten früher einen großen Teil der Hausarbeit aus.

Das Wasser mußte herein- und hinausgetragen werden, und getragen wurde es in der Regel von der Frau. Man hat ausgerechnet, daß die Frau 12 bis 14 Liter Wasser auf einmal tragen konnte, und je nach der Größe des Haushalts mußte sie es mehrmals am Tag holen. Ein eigener Brunnen war eine Seltenheit; meistens gab es im Dorf einen gemeinsamen Brunnen, oder das Wasser wurde aus dem See oder dem Fluß geholt. Auf die Qualität des Wassers wurde nicht besonders geachtet, außer wenn Gerüchte behaupteten, daß Juden, Zigeuner oder Hexen die Brunnen vergiftet hätten. Dann ging die Bevölkerung für ihr reines Wasser auf die Barrikaden, und es konnte passieren, daß sie in ihrem blinden Haß die Sündenböcke bis auf den letzten Mann ausrottete.

Da das Wassertragen schwer und zeitraubend war, wurden alle nur möglichen Arbeiten ans Wasser verlegt. Der Wasserverbrauch im Haushalt blieb geringer, wenn die Wäsche draußen gewaschen werden konnte, das Geschirr überhaupt nicht gespült und der Fußboden, anstatt aufgewischt zu werden, mit Sand bestreut wurde.

Im Norden, wo die Beschaffung des Wassers im Winter äußerst schwierig war, wurde die schmutzige Wäsche im allgemeinen den Winter über für die große Frühjahrs-

Pehr Hilleström

Die persönliche Hygiene der Menschen war dürftig. Waschmöglichkeiten waren kaum vorhanden, vor allem nicht für Dienstboten. Die Menschen wurden von Hautkrankheiten und Ungeziefer geplagt. Das junge Mädchen auf dem Bild versucht einen Floh zu fangen, bevor es sich schlafen legt.

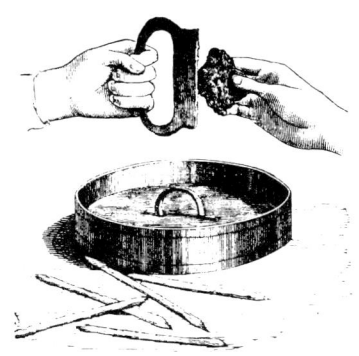

Das Feueranzünden war eine mühselige Angelegenheit, bevor in den zwanziger und dreißiger Jahren des 19. Jahrhunderts die Streichhölzer erfunden wurden. Man versuchte, das Feuer in der Stube am Ausgehen zu hindern, indem man es für die Nacht vorsichtig mit Asche bedeckte, so daß die Kohlen am Morgen meist noch glühten. In vielen Städten gab es wegen der Brandgefahr Bestimmungen darüber, wann das Feuer angezündet werden durfte und wann es gelöscht werden mußte. Es war üblich, sich vom Nachbarn Glut zu holen, obwohl der Umgang mit offenem Feuer in den Städten verboten war. Zum Funkenschlagen wurden ein Eisen, ein Feuerstein, eine Zunderbüchse und Holzspäne gebraucht. Der Funke entstand dadurch, daß das Eisen viele Male gegen den Feuerstein geschlagen wurde. Das Anzünden des Feuers dauerte mindestens drei Minuten. Im allgemeinen trug jedermann einen Feuerzeugbeutel mit allem Zubehör bei sich.

wäsche aufbewahrt. Nur die Kleider, die man brauchte, wurden im Eisloch gewaschen. Die große Frühjahrswäsche war ein gefürchtetes und unangenehmes Ereignis, sie dauerte meistens mehrere Tage, und keine Frau blieb von Rheumatismus und Erfrierungen verschont, wenn sie stundenlang im kalten Wasser gestanden hatte, um die Wäsche zu spülen.

In wohlhabenden Familien wurde die Wäsche öfter gewaschen, alle drei oder fünf Wochen, bis der Sauberkeitsfanatismus Anfang des 19. Jahrhunderts den wöchentlichen Waschtag mit sich brachte, der meistens ein Montag war. Die einzigen technischen Hilfsmittel waren ein Bleuel, mit dem die Wäsche geklopft wurde, und ein Waschbrett, auf dem sie geschrubbt wurde.

Als Waschmittel wurde alter Urin verwendet, der kostenlos war, oder Lauge, die gekauft werden mußte. Die Holländer stärkten ihre Wäsche schon im 16. Jahrhundert, und von dort aus verbreitete sich diese Kunst im übrigen Europa. Die Holländer waren auch sonst berühmt für ihre Sauberkeit. Die empörten Franzosen nannten sie »Gefangene ihrer Sauberkeit«.

Die Sauberkeit war ein relativer Begriff. Die Römer gingen in die Bäder zu ihrem Vergnügen, und die öffentlichen Bäder blieben das ganze Mittelalter hindurch in Betrieb. Es gab Bäder, in die die ganze Familie gemeinsam gehen konnte – damals lief man splitterfasernackt durch die Stadt, um die Wärme und das Wasser des Bades zu genießen. Andere Bäder hatten jeweils eigene Öffnungszeiten für Frauen und Männer. In manchen Badeanstalten war gar nicht die Körperreinigung die Hauptsache: Männer und Frauen badeten gemeinsam in riesigen Fässern, Diener brachten ihnen Speisen und Wein, und alle vergnügten sich bestens. Vor allem wegen dieser Art von Bädern hat eine Stadt nach der anderen ihre Badeanstalten als unsittliche Einrichtungen geschlossen. Daß man der Sittenlosigkeit so plötzlich gewahr wurde, lag an der Syphilis, die im 16. Jahrhundert in Europa um sich zu greifen begann.

In den folgenden drei Jahrhunderten waren die Menschen nach unseren Begriffen schmutzig. Das spielte jedoch kaum eine Rolle, weil alle gleich ungepflegt waren. Die Reichen übertönten ihren Geruch durch Parfüm, die Armen kümmerten sich nicht darum, und alle Leute hatten Ungeziefer.

Die Bedeutung von Reinlichkeit und Sauberkeit als Maßstab des moralischen Niveaus des Menschen begann gegen Ende des 17. Jahrhunderts klarer zu werden. Damals fing die europäische Hausfrau an, unentwegt zu scheuern, zu fegen, zu wischen und zu polieren.

Als die Wohnung der Familie eine fensterlose Hütte war, die an dem einen Ende eine Tür und an dem anderen eine Luke als Rauchabzug hatte, und ein paar Steine oder Baumstümpfe als Stühle und Heu und Stroh als Betten dienten, spielte das Saubermachen keine große Rolle. Die mittelalterlichen Dörfer und Städte waren richtige Misthaufen. Die Städte der Neuzeit waren bis zum Ende des 19. Jahrhunderts schmutzig, ebenso die Höfe der Bauernhäuser, aber innerhalb ihrer vier Wände versuchten die Frauen, sich mit etwas Schönheit zu umgeben, was unter den damaligen Verhältnissen mit der Sauberkeit gleichzusetzen war. Das war um so schwieriger, als immer Mangel an Wasser herrschte.

Das Saubermachen war eine moralische Pflicht des Menschen. Diese Pflicht war wie eine Religion; wer sie nicht erfüllte, war ein schlechter Mensch. Und am ekelhaftesten waren die Wanzen, gegen die anzukämpfen für die Frauen ein hoffnungsloses Unterfangen war. Wegen des moralischen Charakters der Arbeit mußte man sich schrecklich viel Mühe mit den Dingen geben, die zu sehen waren: die Möbel und das Silber mußten ständig poliert, die Treppen geweißt, die Vorhänge gewaschen werden. Das aber, was man nicht sah, war nicht so wichtig: die Küchen waren oft in einem erbärmlichen Zustand und hoffnungslos unpraktisch. Obwol reihenweise Wäscherinnen zur Verfügung standen, wuschen die meisten Frauen die Wäsche ihrer Familie selbst, weil ihnen diese Arbeit moralische Befriedigung gab. Das Saubermachen war überhaupt eine dankbare Arbeit, weil die Ergebnisse den geistigen Wert derjenigen, die sie ausführte, erhöhten. Ein sauberer Mensch war ein guter Mensch, und die Wohnung einer Dirne mußte einfach schmutzig sein.

Der Charakter des Reinemachens änderte sich in entscheidender Weise gegen Ende des 19. und Anfang des 20. Jahrhunderts, als Wasserleitungen und Staubsauger üblich wurden. Seinen moralischen Wert hat es jedoch behalten.

Das Feuer hatte im Haushalt dreierlei Aufgaben: es spendete Wärme und Licht und garte das Essen. Ursprünglich befand sich die Feuerstelle, die oft nur eine Vertiefung im Erdboden war, mitten im Raum. In der Decke gab es eine kleine Öffnung für den Abzug des Rauches. Ein schlichtes Feuer blieb es auch dann, als es in eine Nische in der Wand verlegt wurde. Ein Schornstein – der noch im 16. Jahrhundert als ein Komfort betrachtet wurde, der die Jugend verweichlichte – zog den größten Teil des Rauches, gleichzeitig aber auch die Wärme ab. Wer vor dem offenen Kamin saß, fühlte sich wie am Lagerfeuer im Wald: die eine Seite wurde ganz heiß und die andere blieb eiskalt.

In finnischen Bauernhäusern hatte man als Wärmequelle

In der mittelalterlichen Küche brennt ein offenes Feuer, auf dem Essen gegart wird. Die warme Luft steigt auf und dreht den Spieß, an dem ein stattlicher Vogel gebraten wird. Die kleine Helferin wäscht in einem Kübel das Geschirr und spült es in einem anderen.

Das junge Mädchen buttert in der Milchkammer. Es kirnt in einem Butterfaß, unter dem Fenster ist eine Buttermaschine mit Kurbel zu sehen. Die Butter war ein wichtiges landwirtschaftliches Erzeugnis, das auf armen Bauernhöfen kaum jemals gegessen, sondern verkauft wurde. Im Norden gehörte die Butter zu den Naturalabgaben, als die Steuern noch in Form von Naturalien bezahlt wurden.

426

Noch im 19. Jahrhundert bildeten die Getreideerzeugnisse, Brot und Brei, die wichtigste Nahrung des Menschen. Dieser Holzschnitt aus dem Jahre 1502 zeigt das Backen von Brot auf dem Lande. In der Kochhütte sind ein offenes Feuer und ein Backofen, ein Teigtrog und ein langer Tisch zu sehen, auf dem die fertigen Brote abgelegt werden. Der Mann knetet den Teig, die Frau schiebt die Brote in den Ofen.

In dieser Küche aus dem 15. Jahrhundert trinkt der Hausherr Wein aus dem Krug, während er auf das Essen wartet. An der Wand hängen geschlachtete Hühner. Die Hausfrau brät einen Vogel und begießt ihn vor der in die Wand eingelassenen Feuerstelle.

einen großen Ofen aus Steinen, der mit Holz geheizt nd zum Glühen gebracht wurde, so daß es in der Stube mitunter so warm war wie in der Sauna. Die Ärzte beklagten, daß die Leute sich den Tod holten, wenn sie verschwitzt in einem dünnen Hemd aus der warmen Stube hinaus in die Kälte liefen, um auszutreten.

In der zweiten Hälfte des 18. Jahrhunderts besuchte die englische Schriftstellerin und Frauenrechtlerin Mary Wollstonecraft die nordischen Länder und sah dort Kachelöfen. Diese Erfindung war schön, der Kachelofen war sparsam, weil er relativ wenig Holz verbrauchte, es genügte, ihn nur zweimal täglich zu heizen, er gab außerordentlich viel Wärme ab und blieb lange warm. Mary Wollstonecraft aber schrieb: »Ich mag das Feuer, am liebsten das Verbrennen von Holz. Und ich bin überzeugt davon, daß wegen des Luftzugs, den die Flammen verursachen, das offene Feuer die beste Heizungsart für Wohnungen ist.« So blieben die Engländer mit Inbrunst dabei, die Außenluft zu heizen.

Außer der Wärme gab das Feuer auch Licht. Die Häuser waren ja dunkel, die Fenster klein, und die Fensterläden wurden meistens geschlossen, damit die Kälte nicht hereinkam. Der häufigste Fensterschutz war die Haut einer Tierblase, durch die etwas Licht hereinkam.

In der Hütte einer armen Familie war die Glut der Feuerstätte während der dunklen Jahreszeit die einzige Beleuchtung. Es gab auch andere, relativ billige Lichtquellen: seit der Antike wurden kleine Öllampen verwendet, schmale Schalen mit Öl und einem Binsenkerndocht. Aus Binsen wurden auch die englischen Binsenkerzen hergestellt, indem man Binsenkerne in Fett tauchte. Ihre Flamme war schwach und flackerte, aber wenn sie die richtige Länge hatten, konnten sie in ihrer Klammer fast eine Stunde lang brennen.

Vor allem im Norden, wo es jede Menge Holz gab, wurden Kienspäne als Lichtspender benutzt. Der Kienspan war ein langes Stück Holz, das in eine Klammer oder in eine Wandritze gesteckt und angezündet wurde. Wenn in der arktischen Dunkelheit eine Arbeit verrichtet wurde, die hohe Präzision verlangte, mußten die Kinder danebenstehen und den Kienspan halten. Die Herstellung der Kienspäne war Männerarbeit, während die Kerzen von Frauen gezogen wurden.

Die Talglichter waren die billigsten, aber auch die schlechtesten Kerzen. Sie mußten alle paar Minuten geputzt werden, weil sonst das Licht rasch schwächer wurde. Sie stanken und rußten, aber es gab kaum Alternativen: Die Bienenwachs- und Waltrankerzen waren so teuer, daß nur die reichsten Leute sie sich leisten konnten, und auch sie nur bei Festen.

Obwohl das Haus eine Feuerstelle hatte, wurde das Essen, besonders unter primitiveren Verhältnissen, oft außerhalb des Hauses gekocht. Für die Essenszubereitung konnte eine besondere Kochhütte vorhanden sein oder nur ein einfacher Lehmofen. In den Burgen der Fürsten gab es schon im Mittelalter große Küchen mit mächtigen Feuerstellen, Töpfen, Spießen und riesigen Backöfen. Man kannte drei Arten der Speisenbereitung: Kochen, Rösten und Backen. Der Kochtopf war für die Armen da, der Rost für die Reichen.

Die mittelalterliche Küche war eine Fortsetzung der römischen Kochkunst. Es wurden viele Gewürze verwendet, teilweise auch deshalb, weil die Lebensmittel oft muffig schmeckten. Die Genießer des Mittelalters liebten große Mengen von Essen und riesige Fleischstücke. Beliebt waren ganze geröstete Tiere vom Vogel bis zum Ochsen.

Der englische Historiker Giraldus Cambrensis berichtet von einem Abendessen in der Bischofsstadt Canterbury, bei dem niemand mehr Gemüse essen konnte, als es serviert wurde, weil es schon so viele »verschiedene Sorten von geröstetem, gekochtem, gefülltem und getrocknetem Fisch und so viele Saucen gegeben hatte, die von den geschickten Köchen aus Eiern und Pfeffer kreiert worden waren, daß niemand mehr Hunger hatte«.

Ganz anders war die von einer irischen Bäuerin zubereitete Mahlzeit etwa siebenhundert Jahre später, im Jahre 1813: »Ich lasse das Wasser kochen, bevor ich das Mehl in den Topf gebe; wenn das Wasser ordentlich kocht, schütte ich eine Handvoll Mehl nach der anderen hinein, bis ich finde, daß es genug ist, und rühre die ganze Zeit um. Dann hänge ich den Topf am Haken etwas höher, mache den Deckel für eine halbe Stunde zu und rühre hin und wieder um.«

Die Franzosen machten aus dem Kochen eine Kunst, aber das war eine Kunst für eine kleine Minderheit. Für die meisten Menschen war nicht die Qualität des Essens wichtig, sondern die Quantität. Und ob es sich nun um üppiges oder einfaches Essen handelte, das Kochen war diejenige Hausarbeit, die am meisten Zeit beanspruchte. Das Einmachen im Herbst war ein gewaltiger Trubel: das Einkochen von Obst, das Kochen von Brühen, das Trocknen, Räuchern und Schlachten mit allen Nebenarbeiten erledigten Männer und Frauen gemeinsam, während die Zubereitung des Essens für die Mahlzeiten ausschließlich Aufgabe der Frauen blieb. Auch für die Milchprodukte und für das Geflügel waren die Frauen zuständig.

Neben den eigentlichen Hausarbeiten fertigten die Frauen die Kleider für die Familie an, angefangen mit der Schafschur über das Spinnen und Weben bis zum Nähen der Röcke und Hosen. Daneben betreuten sie die Kinder,

In den nordischen Ländern war der Brei die wichtigste warme Speise. Die Breischüssel stand mitten auf dem Tisch, und alle aßen gemeinsam daraus mit Holz- oder Hornlöffeln. Der Traum der Volksmärchen von großem Reichtum ist der Traum von einer Unmenge Brei und keineswegs von einem Filetsteak, was ein Zeichen für den ständigen Hunger ist: die Qualität des Essens war nicht so wichtig, wenn nur genug davon da war.

Die Wasserleitung und das elektrische Licht waren die beiden technischen Fortschritte, die die Hausarbeit am meisten veränderten. Die Wasserleitung beendete das jahrtausendelange Wassertragen und holte viele Arbeiten, die früher draußen am Wasser erledigt worden waren, ins Haus, während sich die Frau zugleich auch sonst immer mehr ins Haus zurückzog. Das elektrische Licht änderte auch den Tagesablauf der Familien. Früher war das Mittagessen, die Hauptmahlzeit des Tages, bei Tageslicht zubereitet und mittags eingenommen worden. Als unendlich viel Licht zur Verfügung stand, wurde die Hauptmahlzeit des Tages auf den Abend, die Zeit nach der Beendigung des Arbeitstages, verschoben. Auf dem Bild bestaunen Stadtbewohner in der Mitte des vorigen Jahrhunderts das Wunder des elektrischen Lichts.

Die Feuerstätte eines reichen Hauses war eine riesige Anlage, in der auch ein großer Kessel Platz hatte und ein ganzes Schwein am Spieß gebraten werden konnte. Das offene Feuer heizte die Küche auf und rauchte immer etwas. Wegen der Hitze war es schwierig, mit Speisen in der Nähe der Feuerstelle umzugehen. Der im 19. Jahrhundert erfundene Herd stellte eine außerordentliche Verbesserung dar. Dieser prächtige Herd hat einen Warmwasserbehälter, Platten zum Kochen und Braten, einen Backofen sowie eine Wärmekammer zum Warmhalten. Er verbraucht sehr wenig Holz, und der Hersteller garantiert, daß er nicht raucht.

oft hatte die Mutter so viel zu tun, daß die kleineren Kinder von den größeren beaufsichtigt werden mußten. Die ordentlichen Hausfrauen produzierten alles selbst: Luthers Frau, Katharina von Bora, hatte einen eigenen Fischteich, aus dem sie den Speiseplan der großen Familie bereicherte.

Die Hausarbeit, das Anfertigen von Kleidern und die Betreuung der Kinder waren jedoch sekundär neben der wichtigsten Arbeit, der Heimindustrie. Wenn die Frau Heimarbeit bekommen konnte wie Spinnen, Nähen, Spitzenklöppeln oder Sticken, hatten diese Arbeiten Vorrang, da sie Geld einbrachten.

Die Möglichkeiten einer Frau, Lob und Wertschätzung zu bekommen, waren gering. Eine gute Hausfrau wurde jedoch von Männern und Frauen respektiert. Das blitzsaubere Haus, die mit Sorgfalt zubereiteten Speisen und die ordentlich gekleidete Familie waren Zeichen für den Erfolg der Frau, während Wohlstand und Macht Zeichen für den Erfolg des Mannes waren.

In einer Gesellschaft, in der der Platz der Frau ausnahmslos und ohne Alternative zu Hause war, fühlte sie sich in ihrem Reich sicherlich wohl, opferte gern ihre Zeit und ihre Kräfte dafür und erfreute sich an den Ergebnissen ihrer Arbeit.

Und draußen

Obwohl das Zuhause als der natürliche Aufenthaltsort der Frau galt und die für Frauen bestimmte Literatur ausschließlich von der in der Familie lebenden Frau handelte, gab es in der Gesellschaft der Vergangenheit zahlreiche Frauen, die kein Zuhause besaßen. Von ihnen wußte das offizielle Frauenbild nichts; sie standen außerhalb der Gesellschaft, »draußen«.

Der äußerste Gegensatz zu dem Aufenthalt zu Hause war der Krieg. Theoretisch hatten die Frauen mit dem Krieg nichts zu tun. Der Krieg war Männersache, für die einige von ihnen von klein auf ausgebildet wurden.

In der Praxis allerdings waren die Frauen bei der Kriegführung unentbehrlich. Ohne die Reproduktionsarbeit der Frauen hätte keine Armee marschieren können.

Jeder Armee – deren Mitglieder oft Söldner waren – folgte ein Troß. Die Anzahl der zum Troß gehörenden Leute überstieg die Anzahl der Soldaten erheblich, sie konnte sogar ein Vielfaches davon betragen. Die meisten Troßleute waren Frauen und Kinder. Da wanderten die Frauen und Geliebten der Soldaten, die Prostituierten und die Bankerte, die Frauen und die Dienstmädchen der Offiziere, die Zugtiere mit den Fuhrwerken, das Schlachtvieh und alle möglichen Haustiere hinter der Armee her.

Wenn die Armee im Feld lagerte, entstand an dieser Stelle eine Stadt mit Tausenden von Einwohnern. Die Frauen sorgten für die Mahlzeiten und für die Kleidung, gebaren und betreuten ihre Kinder, verkauften sich und schlugen sich um die Männer, so wie sich die Männer um die Frauen schlugen.

Diese Frauen konnten nicht damit rechnen, jemals ein Zuhause zu haben, sie gehörten ebenso wie die Söldner zum Abschaum der Gesellschaft. Wenn ein Mann seine Frau, die zum Troß gehörte, verstieß, mußte sie sich schnellstens einen neuen Beschützer suchen. Der Mann bekam seinen Sold, Verpflegung und Kleidung, und die Frau erhielt einen Teil davon, wenn sie das Essen zubereitete, die Kleidung des Mannes flickte und ihm und vielleicht auch anderen Männern sexuelle Dienste leistete. Das war ein elendes und primitives Leben, aber auch in dieser Gesellschaft der Verfluchten gab es eine Rangordnung: die angetraute Ehefrau war etwas Besseres als die Prostituierte.

Vor dem 19. Jahrhundert war die Armee nicht imstande, einen wirklich funktionierenden Sanitätsdienst zu organisieren. Bei großen Schlachten konnten Tausende von Toten und Verwundeten auf dem Feld bleiben. Wenn die Son-

Albert Edelfelt

Das Ideal der finnischen Troßfrau entwarf J. L. Runeberg in seinem Gedicht »Lotta Svärd«. Lotta war treu, tapfer, zuverlässig, unermüdlich fleißig und immer gut gelaunt.

Russische Soldaten foltern Christinnen. Einige der Opfer sind aufgeschnitten, ihr Herz ist aus der Brust gerissen und an den Baum gehängt worden. Andere Opfer hängen am Ast, und die Soldaten schießen mit Pfeilen auf sie. Derlei Grausamkeiten wurden meistens den Ungläubigen angelastet. Die christlichen Armeen verhielten sich im Krieg jedoch ganz genauso barbarisch.

Auf den Kampfplätzen des 16. bis 19. Jahrhunderts war die Frau anzutreffen, die ihren verwundeten Mann trug und stützte und ihm zu trinken reichte. Offiziell mißbilligte die Armee die Troßfrauen und wollte sie loswerden. In der Praxis jedoch brauchte sie die Troßfrauen ebenso notwendig wie diese die Armee.

ne über dem Kampfplatz unterging, kamen die Leichenfledderer und rissen den Verwundeten die Kleider vom Leib. Aber es kamen noch andere: die Troßfrauen suchten ihre Männer. Die eigene Frau oder eine Prostituierte war die einzige, von der ein Söldner im Fall seiner Verwundung Pflege und Betreuung erwarten konnte.

Im Krieg herrschte das Recht des Stärkeren. Kein Gesetz schützte die Frau unter Kriegsbedingungen: sie war eine Ware, eine Beute, Eigentum des Siegers, die auch stellvertretend leiden mußte.

Es ist ein uralter Brauch, eine eroberte Stadt für drei Tage den Plünderungen der Armee zu überlassen. Das Schicksal der Frauen bei diesen blutigen Orgien war unbeschreiblich. Die katholische Kirche bemühte sich besonders darum, daß die erbeuteten Frauen in ihrer Angst vor Schande und Folter nicht Selbstmord begingen. Selbstmord war die schlimmste aller Todsünden, weil er nicht bereut werden konnte. Es wird berichtet, daß die mitleidigsten Männer der siegreichen Armee von Haus zu Haus gingen, um die Frauen möglichst rasch zu töten, bevor sie in die Hände der von der Gewalt berauschten Eroberer fielen.

Der Ausdruck »ein schlimmeres Schicksal als der Tod« hat in einer Welt der unbegrenzten Gewalt in Hinsicht auf die Frauen seine Gültigkeit.

Die Schwedin Maria wurde im Jahre 1838 geboren. Ihr Vater war ein ehemaliger Kätner, der schon vor Marias Geburt ins Gefängnis kam, weil er zum dritten Mal gestohlen hatte, und der dort nach einigen Jahren verstarb. Auch Marias Mutter war eine Diebin, die nach fünfmaligem Diebstahl zu einer lebenslangen Gefängnisstrafe verurteilt wurde und im Gefängnis umkam. Die Kinder, Maria und ihre sieben Geschwister, wurden in verschiedene Familien in Pflege gegeben. Viermal bekam das Mädchen neue Pflegeeltern. Mit zwölf Jahren, also relativ früh, wurde sie konfirmiert. Danach ernährte sie sich teilweise durch ein eigenes Einkommen, teilweise von der Armenhilfe. Mit sechzehn Jahren bekam sie eine Stelle als Magd. Mit achtzehn Jahren wurde sie zum ersten Mal bei einem kleinen Diebstahl ertappt. Danach bestand ihr Leben aus Diebstählen, Landstreicherei und Gefängnisaufenthalten. Sie konnte keine ordentliche Arbeit und keine Lebensbasis mehr finden. Sie starb mit achtundzwanzig Jahren bei der Zwangsarbeit im Gefängnis.

Maria war eine typische Kriminelle. Sie stammte aus einer armen Familie, die zerbrochen war, und sie hatte bei immer neuen Pflegeeltern gelebt. Von Kindheit an hatte sie sich selbst versorgen müssen, und den Rahmen ihres Lebens bildeten Armut und Wurzellosigkeit. Von Anfang an

Der einbeinige Soldat hat ein
modisch großes Suspenso-
rium. Seine Frau verdiente
vielleicht eine Kleinigkeit
hinzu, indem sie dem Publikum aufspielte.

Ein Armeelager. Die Männer
unterhalten sich und trinken
Wein, die Frauen bereiten
unter der Aufsicht des Pro-
viantmeisters das Essen zu.

Troßfrau

hatte Maria nicht einmal leidliche Möglichkeiten, ihr Leben erträglich zu gestalten.

Die Kriminalität der Frauen hatte, seitdem es überhaupt statistische Angaben darüber gibt, immer sehr viel geringere Ausmaße als die der Männer. Frauen begehen etwa zehnmal weniger Verbrechen als Männer. Die geringe Kriminalität der Frauen bestärkte die Philosophen des 19. Jahrhunderts in ihrer Ansicht, daß die Frau von Natur aus gut, zärtlich und unschuldig sei. Eine kriminelle Frau war ein unnatürliches Wesen, ähnlich einer Geisteskranken, oder ihre Kriminalität wurde durch körperliche Leiden wie die Menstruation bewirkt.

Wahrscheinlich jedoch liegt diese Tatsache darin begründet, daß die Frau sich strenger an die Vorschriften der Gesellschaft hielt als der Mann. Die anpassungswillige Frau tat, was von ihr erwartet wurde, und gab die übernommenen Vorschriften weiter an ihre Kinder. Es war für die Frau sehr schwierig, gegen die gegebenen Regeln zu verstoßen. Die Frauen, die ein Verbrechen begangen hatten, fühlten sich schuldig und bereuten ihre Tat tief.

Meistens vergingen sich die Frauen gegen das Eigentumsrecht. Ein typisches Frauendelikt war die Hehlerei; die Familie stahl, und die Frau mußte die Sachen verstecken, ob sie es wollte oder nicht. Oft ging es bei einem Verbrechen um das Überleben, so wie im 14. Jahrhundert bei Agnes aus Weldon, die mit ihren drei Kindern acht Korngarben stahl. Bei einem Gewaltverbrechen wie Raubmord hatte die Frau meistens einen Helfer, aber sie konnte auch selbst jemanden mit Messer oder Beil töten. Meistens war das Opfer dann ein Mitglied der eigenen Familie.

Die Gerichte behandelten Frauen milder als Männer, obwohl das Gesetz für beide die gleichen Strafen vorsah. Eine Ausnahme bildete der Hochverrat, für den der Mann zerstückelt und die Frau verbrannt wurde. Bei der Frau wurde der Mord am eigenen Mann als Hochverrat gewertet, weil in der Weltordnung der Mann der König der Frau war.

Eine Frau hatte die Möglichkeit, die Vollstreckung des Todesurteils durch die Mitteilung aufzuschieben, daß sie schwanger sei. Wenn eine von ehrbaren Frauen durchgeführte Untersuchung die Schwangerschaft bestätigte, wurde die Gefangene erst getötet, wenn das Kind geboren war, denn das Gesetz der Kirche verbot die Tötung eines ungeborenen Kindes. Da die Gefängnisse meistens Gemeinschaftsgefängnisse waren und die Frauen und Männer dort frei zusammenlebten, war es sicherlich leicht, schwanger zu werden; vielleicht ließ es sich auch gar nicht vermeiden, weil kein Gesetz die Frau im Gefängnis schützte. Die Engländerin Matilda Hereward wurde im Jahre 1301 gemeinsam mit ihrem Mann wegen Raubmor-

Frauen beteiligten sich selten an den eigentlichen Kriegshandlungen, obwohl auch Soldatinnen – in Männerkleidung – bekannt sind. Die Heldin des italienischen Freiheitskampfes Anita Garibaldi (gestorben 1849) war als Adjutantin ihres Mannes tätig. Anita hat die Vereinigung Italiens nicht miterlebt, aber es wurde für sie eine Reiterstatue errichtet. Mit hocherhobener Waffe in der Hand und einem Säugling im Arm stellt sie die neue Frau des 19. Jahrhunderts dar, die nicht mehr bereit war, am heimischen Herd auf die Rückkehr des Mannes zu warten.

Unbarmherzig bestrafte die Gesellschaft eine Frau, die ohne Billigung der Gemeinschaft eine sexuelle Beziehung aufnahm. In beinahe jeder Kirche gab es den »Huren-« oder »Schandstuhl«. Die Kirchenbesucher durften die im Stuhl sitzende Frau im Vorbeigehen bespucken und beschimpfen. Die schwedischen Stadtsteine wiegen 26 Kilogramm. Sie wurden der – oftmals schwangeren – Frau um den Hals gehängt, wenn sie an einen Karren gebunden aus der Stadt gejagt wurde und der Henker dabei mit der Peitsche auf ihren nackten Rücken einschlug. Die patriarchalische Gesellschaft wollte durch das abschreckende Beispiel zeigen, wozu Ungehorsam führt. Die Männer, die Mittäter, brauchten weder im Schandstuhl zu sitzen noch Steine zu tragen.

des zum Tode durch Erhängen verurteilt. Der Mann wurde gehängt, aber Matilda war fast drei Jahre lang immer schwanger.

Nach der europäischen Rechtsauffassung muß der Ankläger die Schuld des Angeklagten nachweisen. Der Angeklagte ist so lange unschuldig, wie seine Schuld nicht erwiesen ist. Diese Auffassung gilt bereits seit Jahrhunderten. Es gibt jedoch drei Ausnahmen, und diese Ausnahmen betreffen Frauen und ihre Sexualität.

Eine der Hexerei beschuldigte Angeklagte mußte beweisen, daß sie keine Hexe war.

Das Opfer einer Vergewaltigung mußte beweisen, daß es das Verbrechen nicht durch das eigene Verhalten herausgefordert hatte.

Eine wegen Kindesmordes angeklagte Frau mußte beweisen, daß das Kind schon bei der Geburt tot gewesen war.

Der Kindesmord wurde zum ersten Mal im Jahre 318 verboten. In den darauffolgenden über tausend Jahren kümmerte sich jedoch kaum jemand um dieses Gesetz. Im 16. und 17. Jahrhundert begann die Gesellschaft, sich mit dem Kindesmord zu befassen.

Kindesmorde wurden am meisten dort begangen, wo am wenigsten uneheliche Kinder geboren wurden, wo also die Zucht der Kirche am strengsten und die Einstellung zu der unverheirateten Mutter am intolerantesten war. Für die Tochter einer ordentlichen Familie bedeutete eine uneheliche Schwangerschaft den sozialen Untergang und für ein armes Mädchen den finanziellen Ruin, weil es das Kind meistens nicht ernähren konnte. War ein uneheliches Kind getötet worden, wurde die Mutter zum Tode verurteilt, handelte es sich um ein ehelich geborenes Kind, hatte die Mutter höchstens den Tadel des Pfarrers zu befürchten.

Die Gesellschaft versuchte mit strengsten Mitteln, außereheliche Beziehungen zu verhindern, denn das uneheliche Kind stellte für die Gemeinschaft eine erhebliche Belastung dar.

Die Verantwortung für den Bankert, seine Geburt und seinen eventuellen Tod trug die Mutter. Ihre Sünde kam ans Tageslicht und war leicht zu beweisen. Der Anteil des Mannes wurde bagatellisiert: in Schweden war die Aussage von zwei Augenzeugen des Geschlechtsverkehrs erforderlich, bevor die Vaterschaft eines Mannes bestätigt werden konnte, und in Frankreich wurde im Napoleonischen Gesetz ein für allemal verboten, auch nur nach dem Vater eines unehelichen Kindes zu suchen.

Kindesmord war neben Hexerei das häufigste Verbrechen, für das Frauen zum Tode verurteilt wurden. Als die Todesstrafe für Kindesmord in der Mitte des 19. Jahrhunderts abgeschafft wurde, konnte man feststellen, daß die

Richard Redgrave

Das uneheliche Kind der Tochter war eine Schande für die ganze Familie und wurde in Familien, die sich für »besser« oder für »ehrbar« hielten, nicht geduldet. Die Gemeinschaft billigte das Verstoßen der Tochter, die sich einer Verfehlung schuldig gemacht hatte, obwohl das mit größter Wahrscheinlichkeit zur Prostitution der Tochter oder zum Tod des Kindes führte. Das Gemälde zeigt den Vater als unbarmherzigen Patriarchen, die Mutter verwirrt und unschlüssig und die Geschwister verzweifelt, aber niemand wagt es, sich dem Vater zu widersetzen, wenn er seine junge Tochter und seinen kleinen Enkel in die Kälte hinausjagt.

Frauen sich nach Verbüßung ihrer Gefängnisstrafe sehr gut an die Gesellschaft anpassen, heiraten und ein ehrbares Leben führen konnten. Die Kindesmorde gingen beinahe ganz zurück, als der Lebensstandard so weit stieg, daß die Mutter ihr Kind ernähren konnte, und als eine außereheliche Schwangerschaft für die Mutter keine unüberwindliche Schande mehr bedeutete.

Sofia Albertina war die uneheliche Tochter einer alleinstehenden Magd. Mit 14 Jahren folgte sie dem Vorbild ihrer Mutter und wurde schwanger. Sie wurde nach Stockholm in das Magdalenenheim, eine Wohltätigkeitsanstalt für gefallene Frauen, geschickt. Sofia Albertina riß jedoch aus und kehrte zu ihrer Mutter nach Härnösand zurück. Mit Unterstützung der Armenhilfe gebar sie ihr Kind, das nur acht Monate alt wurde. Als Fünfzehnjährige begann sie ihr unstetes Wanderleben zwischen Norrland und Stockholm. Sie hatte keinen Arbeitsplatz und keine Wohnung und wurde mehrmals wegen Landstreicherei festgenommen. Als sie bei einem Diebstahl erwischt wurde, kam sie zum ersten Mal ins Gefängnis. Mit 25 Jahren verurteilte man sie erneut zu drei Jahren Zwangsarbeit. Nach ihrer Entlassung kam sie in ein Krankenhaus und verschwand aus den Akten.

Sofia Albertina war eine Prostituierte, die so vollkommen außerhalb der Gesellschaft stand, daß ihr Name in den Kirchenbüchern gestrichen wurde. Damit hörte sie auf, eine von der Gesellschaft anerkannte Person zu sein.

»Entfernt die Huren, und das Laster erhält freien Lauf... Die Huren der Stadt sind wie die Kloaken des Palastes. Wenn man die Kloaken entfernt, ist bald der ganze Palast auf ekelhafte Weise verunreinigt.«

So beschrieb der Kirchenlehrer Augustinus jene Frauen, die von den Männern außerhalb der Ehe zur Befriedigung ihrer sexuellen Bedürfnisse benutzt wurden. Die Prostitu-

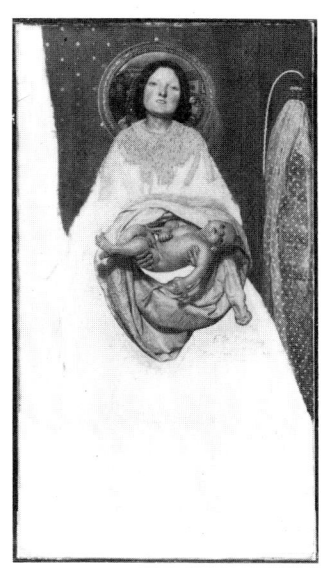

Ford Madox Brown

Das englische Gemälde
»Nehmen Sie Ihren Sohn,
Herr« drückt anschaulich die
Einstellung der viktorianischen Gesellschaft zu einer
sündigen Frau aus: obwohl
sie eigentlich furchteinflö-
ßend und aufregend war,
wurde sie auch gern als ein
unschuldiges Opfer gesehen.
Der Künstler hat in seinem
unvollendeten Bild aus der
Kurtisane eine Art Madonna
gemacht. Der Spiegel hinter
der Frau bildet einen Glorien-
schein, und das Kind scheint
gerade ihrem Schoß zu entspringen.

tion war schon zur Zeit der Römischen Republik legali-
siert worden: die Behörden führten ein Verzeichnis der
Frauen, die sich verkaufen durften, wenn sie ein Zeichen
trugen, welches sie von ehrbaren Frauen unterschied.

Der Wert einer Frau, die dem Patriarchen allein gehörte
und vollkommen tugendhaft war, konnte nur dann voll
zur Geltung kommen, wenn es einen Gegensatz zu ihr
gab: die Dirne. Die Prostitution war ein wesentlicher Bestandteil der von Männern beherrschten, sexualfeindlichen Kultur. Beim Kauf einer Hure ging es im Grunde
nicht um die Sexualität, sondern um die Unterwerfung
und buchstäblich um den Beweis der männlichen Übermacht. Das Gesetz und die Religion verboten den Erwerb
von Sklaven, aber dennoch konnte der Mann sich eine
Frau kaufen. Der Haß und die Verachtung gegenüber den
Prostituierten bewiesen, daß die Gesellschaft die Sexualität nicht als eine Quelle der Freude, sondern als etwas
Schmutziges und Menschenunwürdiges betrachtete.

Die Prostitution blüht in den Städten, wo es genug Kunden
gibt. In den großen Städten des Römischen Reiches gab es
viele Prostituierte, und die Freudenhäuser waren eine
Selbstverständlichkeit. Im Mittelalter war die Bevölkerungsdichte gering, es gab nur wenige Städte, und sie waren klein. Die alten Gesetze der Germanen und die re-
striktive Einstellung des Christentums verringerten zweifellos die Prostitution. In Hungerjahren mußten sich jedoch sicherlich viele Frauen verkaufen, um zu überleben.
In jeder etwas größeren Stadt mit einigen tausend Einwohnern gab es einige Bordelle. Die Prostituierten wurden toleriert, damit die anständigen Frauen von den Begierden der Männer verschont blieben. Die Ordnungsvor-
schriften der Städte enthielten Bestimmungen über die
Kleidung und das Betragen der Dirnen. In manchen Städten organisierten sich die Prostituierten nach dem Vorbild
der Zünfte in eigenen Berufsgruppen. Die Zünfte der Prostituierten wurden den anderen Zünften jedoch niemals
gesetzlich gleichgestellt.

Obwohl die Kirche und die Behörden der Prostitution im
Prinzip ablehnend und voller Verachtung gegenüberstanden, wußten dennoch beide Nutzen daraus zu ziehen. Vögte und Richter erhoben von den Prostituierten unter der
Androhung, ihnen das Gewerbe zu verbieten, wenn sie
nicht zahlten, vielerlei Steuern und Gebühren. Die Kirche
trieb von ihnen auch den Zehnten ein, und es gab sogar
hohe Geistliche, die selbst Bordelle besaßen.

Charakteristisch für das Mittelalter war die große Zahl
fahrender Leute, die ziellos von Ort zu Ort zogen und als
kleine Diebe, Bettler, Dirnen und Volksbelustiger ihr Auskommen suchten. Zu einer solchen Gruppe konnten sin-
gende und spielende Frauen, Gauklerinnen und Tänze-

In der alten Gesellschaft mußte der Mensch entweder über ein gewisses Vermögen verfügen oder von jemandem beschützt werden, überdies mußte er einen festen Wohnsitz haben. Wenn er diese Bedingungen nicht erfüllte, war er ein Landstreicher. Die Landstreichergesetze wurden besonders streng auf Frauen angewandt, die sich ihren Lebensunterhalt durch den Verkauf ihres Körpers verdienten. Sie waren mittellos, unwissend und hilflos. Die Behörden behandelten sie wie Schwerverbrecher. Sie meinten, daß die Landstreicherinnen Laster und Verderben verbreiteten. Der Kunde einer Prostituierten wurde nicht festgenommen, er war kein Verbrecher. Das Verkaufen war ein Verbrechen, das Kaufen keines.

rinnen gehören. Aber in schlechten Zeiten mußten zweifellos auch sie ihr Brot mit der Prostitution verdienen.

Mit der zunehmenden Bildung und dem steigenden Lebensstandard erschienen berühmte, gelehrte und intelligente Freudenmädchen, Kurtisanen, die an die griechischen Hetären erinnerten und nicht mit gewöhnlichen Prostituierten verglichen werden können. Die Kurtisanen wählten ihre Kunden, die oft königlicher Abstammung und immer reich waren, selbst aus. Sie betätigten sich künstlerisch und waren Mittelpunkt großer und gebildeter Gesellschaften, so wie zum Beispiel die berühmten Kurtisanen der italienischen Renaissance Imperia und Tullia d'Aragona. Sie brachten es häufig zu beträchtlichem Vermögen und beendeten ihre Karriere meistens durch eine reiche Heirat oder durch die Ausbildung einer Nachfolgerin. Die Karriere einer berühmten Kurtisane hing nicht so sehr von ihrer Schönheit oder ihrer sexuellen Anziehungskraft ab, als vielmehr von ihrer Intelligenz und ihrer Fähigkeit, mit Menschen umzugehen.

Aus dem Tagebuch des Henkers von Nürnberg aus dem Jahre 1583: »Maria Kürssnerin, eine junge Dirne, die Tochter eines Hausmeisters, ein Mädchen, das viel gestohlen hat, eine stattliche junge Person, mit der der junge Dietherr zu tun gehabt hat; Elisabet Gütlerin, eine Badedienerin; Katherine Aynerin, die Frau eines Schmieds und eine üppige Person; alle drei sind Kinder von Bürgern dieser Stadt und Dirnen, mußten hier am Pranger stehen und wurden aus der Stadt geprügelt. Eine so gewaltige Menschenmenge eilte herbei, um das mitanzusehen, daß mehrere Menschen unter dem Frauentor zu Tode getrampelt wurden. Hinterher wurden Maria die Ohren abgeschnitten, und sie wurde gehängt.«

Die Reformation ließ den Griff der Gesellschaft um ihre Kloake für hundert Jahre noch fester werden. Die Freudenhäuser wurden verboten und die Prostituierten zu Verbrecherinnen erklärt. Für die Ursache der Prostitution hielt man die Genußsucht und die Faulheit der Frauen.

Die Frommen mißbilligten das Aussehen der Frauen und ihr Bemühen, sich über das Existenzminimum hinaus auch noch andere Dinge anzuschaffen: schöne Kleider, Schmuck, Parfüm, Schoßtiere, all den Luxus, der den Frauen und Töchtern der Reichen von selbst zufiel.

»Die Hure ist zugleich Händlerin und Ware... Man erkennt sie im allgemeinen an ihrer Aufmachung: an den Locken (ihre Haare sind ebenso kraus wie ihre Gedanken), an der Schminke, an den nackten Brüsten. Meistens stirbt sie in großer Armut. Der Reichtum, den sie erwirbt, ist wie ein Haus im Land der Goten, aus Schnee gebaut und ohne Bestand... Sie stirbt oft an einer ekelhaften Krankheit. Ich meine die Krankheit, die in früheren Zeiten nicht bekannt war, sondern vor gut hundert Jahren entstand und ihren Namen in Neapel erhielt.«

In so düsteren Farben malt der Engländer Thomas Fuller das Schicksal der Prostituierten und das nicht ohne Grund. Die Verbreitung der Syphilis in Europa wirkte sich auf die Stellung der Prostituierten mindestens ebenso aus wie die Vorstellung der Reformatoren vom sittlichen Staat. Die Syphilis begann sich in der zweiten Hälfte des 15. Jahrhunderts auszubreiten. Nach einer frühen Theorie hat Christoph Kolumbus sie aus Amerika mitgebracht. Wahrscheinlicher ist, daß sie ursprünglich eine afrikanische Hautkrankheit bei Kindern war, die sich in Europa zu einer Geschlechtskrankheit auswuchs. Zu Anfang verbreitete sich die Krankheit mit rasender Geschwindigkeit auch ohne Geschlechtsverkehr. Der Primäreffekt, eine offene Wunde, befand sich oft in der Nähe des Mundes, und weil die übliche Art, sich zu begrüßen, ein Kuß war, konnte sich auch die tugendhafteste Hausfrau mit der Krankheit anstecken. Die Syphilis hat ihre Erscheinungsform mehrmals verändert, aber sehr bald wurde sie mit Sünde und Unreinheit verbunden, und man vermutete, daß die Prostituierten, die mit Dutzenden, ja, Hunderten von Männern zu tun hatten, die Krankheit verbreiteten. Mit der Syphilis wurde die Prostitution mehr als nur eine Kloake, in die man die Sünde ausgießen konnte. Sie wurde zu einer beträchtlichen Gefahr für die Hygiene der Gesellschaft. Und sie war um so schrecklicher, als die Opfer oft völlig unschuldig waren: die Familie eines Vaters, der die Bordelle besuchte, wurde angesteckt, die syphiliskranke Ehefrau hatte Fehlgeburten und gebar kranke Kinder.

In der Mitte des 17. Jahrhunderts begann man in Europa, Frauengefängnisse oder Spinnstuben für Prostituierte und sonstige Verbrecherinnen einzurichten. Dort behandelte man die Gefangenen, die möglicherweise Syphilis hatten,

Die berühmten und erfolgreichen Kurtisanen führten ein
luxuriöses Leben. Auf dem
Bild sind ein prächtiger Palast
und alle Zeichen der Lebensfreude dargestellt: Speisen
und Wein, Musik und Literatur sowie Sexualität. Nur
wenige Frauen konnten es zu
solchem Wohlleben bringen.

Das Freudenhaus oder Bor-
dell war ein Haus, dessen
Wirtin – oft eine frühere
Dirne – Prostituierte beschäftigte. Die Kunden kamen zu
den Mädchen und bezahlten
bei der Bordellmutter. Das
Mädchen selbst bekam oft
nur Essen und Kleidung. In
dem Freudenhaus aus dem
15. Jahrhundert sieht man die
im Mittelalter so beliebte
Badewanne. In dem Bordell
aus dem 16. Jahrhundert warten die Frauen gemeinsam
mit ihren Kindern auf Kund-
schaft und spinnen und spielen dabei. Auf dem Bild aus
dem 18. Jahrhundert führt die
Bordellmutter den Kunden
die Reize ihrer Mädchen vor.

Die Prostituierte muß sich durch ihre Kleidung von anderen Frauen unterscheiden. Die Kunden mußten sie erkennen, um ihr ein Angebot machen zu können, und die ehrbaren Leute mußten sie von anderen ehrbaren Leuten unterscheiden können. Mitte des 16. Jahrhunderts schrieb der Papst den römischen Dirnen eine stark verhüllende Kleidung vor. Das Freudenmädchen aus Venedig geizt dagegen nicht mit seinen Reizen.

Vecellio

William Hogarth

Gustave Doré

William Holman Hunt

Der Beginn der Karriere eines Freudenmädchens im 18. Jahrhundert: Ein unschuldiges Mädchen kommt vom Land in die Großstadt und gerät sofort in die Fänge einer Kupplerin. Der Erfolg ist sicher, wenn das Mädchen jung und gesund ist, und die Kunden geben sich die Klinke in die Hand.

Die Romantiker des viktorianischen Zeitalters liebten die Idee von dem Freudenmädchen, das sein früheres Leben aufgibt und den schmalen Pfad der Tugend betritt. »Das erwachende Gewissen« zeigt eine ausgehaltene Geliebte, die plötzlich, dem Liebhaber auf dem Schoß sitzend, einen Sinneswandel erlebt. Das Gemälde läßt erkennen, daß die Wohnung der Frau luxuriös, aber erdrückend ist. Der Mann singt weiter, ohne zu verstehen, was in der Frau vorgeht.

Im 19. Jahrhundert kam es in Mode, Jungfrauen zu verführen, vielleicht durch den Irrglauben, daß man die Syphilis durch die Vergewaltigung eines unschuldigen jungen Mädchens loswerden konnte. Als Folge dieser Mode erlebte die Kinderprostitution in den dunklen Gassen der Großstädte eine traurige Blütezeit. Mit kleinen Mädchen wurde international beinahe offen gehandelt, bis mildtätige Damen der Mittelklasse wie Josephine Butler darauf aufmerksam wurden und die Gesetzgeber zum Eingreifen veranlaßten. Ehrbaren Frauen, die versuchten, die Lage der Prostituierten und besonders der Kinder zu verbessern, wurde unschickliches Verhalten und Mangel an Schamhaftigkeit vorgeworfen.

NINON DE LENCLOS
Née à Paris Morte le 17 Octobre 1705
âgée de 90 ans.

Das Bild zeigt Ninon de Lenclos, die berühmteste französische Kurtisane des 17. Jahrhunderts, die ein Liebling der Könige und des Adels war. Ninon war eine ausgesprochen gebildete Frau und soll außerdem warmherzig und voller Liebreiz gewesen sein.

hauptsächlich mit Quecksilber, dessen Nebenwirkungen oft ebenso gefährlich waren wie die Krankheit selbst. Die Gefangenen mußten einfache Kleider tragen und von Suppe, Brot und Wasser leben. Während sie arbeiteten, wurde ihnen aus religiösen Büchern vorgelesen. Für die kleinsten Vergehen wurden sie ausgepeitscht. In manchen Anstalten ließen die Wärter der Spinnstuben gegen Bezahlung Zuschauer den Auspeitschungen beiwohnen.

Im Laufe der Zeit waren die Prostituierten der öffentlichen Gewalt, der Polizei, immer gnadenloser ausgeliefert. Die Prostitution wurde so lange geduldet, wie die Polizei Nutzen davon hatte.

»Wenn der Polizeichef Geld brauchte, ließ er den Bordellwirtinnen und selbständigen Mädchen eine Warnung zukommen, daß die Mädchen, über die sich jemand beschwert hatte, festgenommen würden: damit waren diejenigen gemeint, die ihm im vorangegangenen Monat kein Geld geschickt hatten ... Jeden Monat wurden 300 bis 400 Frauen festgenommen. Wer Geld hatte, kam frei. Die Kranken kamen ins Krankenhaus, der Rest für drei bis sechs Monate ins Gefängnis ... Unschuldige Mädchen wurden mit den anderen zusammen hineingesteckt. Vor Gericht hatten die beschuldigten Frauen keinen Verteidiger, und sie mußten sich das Urteil kniend anhören.«

Aus Angst vor der Syphilis führten viele Staaten Register der Prostituierten. Die Mädchen mußten eine Karte haben, die sie der Polizei auf Verlangen vorzuzeigen hatten. Alle zwei Wochen mußten sie sich auf Syphilis untersuchen lassen. Ihrem Gewerbe durften sie nicht am Tage nachgehen – sie konnten sogar beim Einkaufen festgenommen werden. Sie waren praktisch vollkommen der polizeilichen Willkür ausgeliefert.

»Eine Polizeirazzia braucht man nicht zu beschreiben. Fast jeder hat auf den Boulevards schon so etwas gesehen. Das ist eine Massenverhaftung, eine Jagd. Die Polizisten bilden eine Kette und greifen an. Die Frauen fliehen, schreien, stürzen, verletzten sich und klammern sich in panischer Angst an die Bäume oder an den nächsten Passanten ... Mit aufgelösten Haaren, staubig und schmutzig, mit zerrissenen Röcken und Blusen versuchen sie zu entkommen und werden getreten, gestoßen und an den Haaren gezerrt.«

Für die Prostitution war kennzeichnend, daß die Frauen aus den unteren Gesellschaftsklassen kamen, während die Männer aus der Mittelklasse und der Arbeiterschaft stammten. In Paris waren Anfang des 19. Jahrhunderts die meisten Prostituierten zu diesem Gewerbe gekommen, weil sie arm und von ihrem Mann verlassen worden waren oder weil sie einen Liebhaber verloren hatten, der sie ausgehalten hatte. Etwa ein Viertel der Mädchen war unehelich geboren, die meisten stammten aus der Arbeiter-klasse, und mehr als die Hälfte von ihnen konnte nicht ein-mal den eigenen Namen schreiben.

Die Prostituierten waren meistens jung, zwischen 15 und 25 Jahren alt, sie hatten keine Schulbildung und keine Familie, die sie unterstützt hätte.

Selten durfte eine Prostituierte das Geld, das sie verdiente, selbst behalten. Meistens kontrollierte sie ein Kuppler, ein Zuhälter, der zugleich ihr Liebhaber war. Zur französischen Dirnenromantik gehörte die leidenschaftliche und verhängnisvolle Liebe des Mädchens zu seinem Zuhälter. Die Karriere der Prostituierten war kurz: viele starben jung, andere heirateten, die dritten fanden eine Arbeit, durch die sie sich ernähren konnten.

Die Prostitution ist ein Problem, das die patriarchalische Gesellschaft nicht zu lösen vermag. Auch die freieste Sexualmoral kann sie nicht abschaffen. In der patriarchalischen Gesellschaft gibt es immer Männer, die einen Menschen kaufen wollen. Ebenso gibt es in ihr immer Frauen, die sich aus wirtschaftlichen oder psychischen Gründen verkaufen. Augustinus hatte Recht, als er von einer Kloake sprach: die Prostitution ist eine traurige Erscheinungsform des Selbsthasses der patriarchalischen Gesellschaft.

Shakespeares Schwestern

»Bücher von Frau Behn sind vielleicht noch in wurmstichigen Bibliotheken alter Landhäuser zu finden, aber generell hat die anständige Gesellschaft sie schon vor ein paar Generationen verworfen. Wenn Frau Behn überhaupt gelesen wird, dann kann es nur aus lauter Liebe zur Unanständigkeit und Schamlosigkeit geschehen... die Werke von Frau Behn standen schon zu ihrer Zeit in skandalösem Ruf... Es ist wahr, diese Tatsache hat nicht verhindert, daß sie in der Westminster Abbey begraben wurde, aber es ist bedauerlich, daß ihre Bücher nicht zusammen mit ihrer Leiche vermodert sind. Daß sie jetzt aus der Vergessenheit hervorgeholt werden, in die sie zum Glück geraten waren, ist wirklich unverzeihlich.«

So schrieb die englische Zeitschrift »Saturday Review« im Jahre 1862.

Wer war Aphra Behn, und womit hat sie so scharfe Worte verdient?

Aphra Behn war in der zweiten Hälfte des 17. Jahrhunderts eine beliebte englische Bühnenschriftstellerin. Im

Die Kunst braucht nicht nur Schöpfer, sondern auch Publikum. Den Frauen war traditionell die Rolle des Publikums, der Zuschauerin, Zuhörerin und Bewunderin oder der Muse vorbehalten. Im prachtvollen Treppenhaus des schwedischen Nationalmuseums sieht man einige Herren und viele vornehme Damen. Ganz unten steht ein bäuerliches Ehepaar, das die Wunder der Hauptstadt be-

sichtigt. Die Tradition ist so verwurzelt, daß auch heute noch der größte Teil des Publikums bei kulturellen Veranstaltungen aus Frauen besteht. Während die Damen die Ausstellungsstücke des Museums besichtigen, gingen ihre Männer zu Trabrennen oder Boxkämpfen. Auch diese Tradition, das Interesse der Männer an der Körperkultur, besteht heute noch fort.

Laufe von 17 Jahren schrieb sie 17 Theaterstücke, die beim Publikum außerordentlich beliebt waren. Sie war eine Abenteurerin: sie soll nach Westindien gereist sein, sich an einem Sklavenaufstand beteiligt und später einen Indianerstamm kennengelernt haben, der noch nie einen Weißen gesehen hatte, und sie soll eine Spionin des Königs Karl II. gewesen sein. Sie empörte sich gegen die Sklaverei und die Unterdrückung der Frauen. Neben den Dramen schrieb sie 13 Romane zu einer Zeit, in der in England noch keine Romane geschrieben wurden.

Wenn sie ein Mann gewesen wäre, würde ihr wunderbares Leben zur Tradition der Nation gehören wie Robin Hood. Aber schon zu ihren Lebzeiten stichelten die konkurrierenden männlichen Autoren, daß eine Frau, deren Name in der Öffentlichkeit bekannt ist, ihren »Ruf« verloren habe. Die spätere Literaturforschung versuchte sogar zu beweisen, daß es sie eigentlich gar nicht gegeben habe. Die Werke von Aphra Behn waren »gewagt«, von sexueller Offenheit. Das waren auch die Stücke der männlichen Autoren, wie es die Mode der Zeit verlangte. Aphra Behn hatte keine klassische Erziehung genossen, zu der Latein und Griechisch gehörten. In ihren Stücken wimmelte es nicht von Göttern der Antike und von unendlichen, tödlich langweiligen Hinweisen auf die Sagen des Altertums, was jedoch die zeitgenössischen Kritiker von einem guten Drama erwarteten.

Aber das schlimmste war, daß Aphra Behn in ihren Stükken das zum Ausdruck brachte, was wir heute den weiblichen Aspekt nennen: die Tatsache, daß Frauen die Dinge anders erleben als Männer. In einer von Männern beherrschten Gesellschaft beschrieb sie die Männer aus dem Blickwinkel einer Frau. Das galt als Anmaßung, obwohl Aphra Behn ihre Sache so vorzubringen versuchte, daß die Männer unter ihrem Publikum nicht verprellt wurden, denn von ihnen hing ihre wirtschaftliche Existenz ab. Die gegensätzlichen Kräfte in den Werken Aphra

Behns waren einerseits ihr Wunsch, ernsthaft vom Leben der Frauen in einer sie einengenden Welt zu berichten, und andererseits ihr ebenso starker Wunsch, dem Publikum zu gefallen. Nach ihrem Tod wurde sie schnell vergessen. Erst die Frauenbewegung unseres Jahrhunderts hat Aphra Behn als ein typisches Beispiel dafür gewertet, wie es einer Frau ergeht, die sich nicht den gesellschaftlichen Regeln unterwirft.

In der Kultur ist den Frauen im Laufe der Geschichte hauptsächlich die Rolle des Modells und der Konsumentin zugeteilt worden. Die unsterbliche Schönheit Simonetta Vespuccis inspirierte Botticelli dazu, die Primavera zu malen, und die Damen der französischen Salons verschafften vielen auch bescheidenen Talenten einen Namen. Als Modell und als Publikum war die Frau ein Objekt, das keinen Anteil an der schöpferischen Arbeit selbst hatte.

Dennoch gab es die schöpferische Frau. Nur war es für die Frauen unendlich viel schwieriger, ihre künstlerischen Fähigkeiten zu entwickeln, und deshalb sehen wir von ihnen in der Geschichte weniger als von den schöpferischen Männern – aber doch mehr, als allgemein angenommen wird. Außerdem ist die Kunst der Frauen anders als die der Männer. Weil alle Kunst immer nach den Vorstellungen der Männer definiert worden ist, wurde die Art der Frauen, sich auszudrücken, nicht als Kunst akzeptiert. Stickereien, Strickwerk, Lederarbeiten, Blumenarrangements: die Kunst der Frauen wird im Alltag verwendet, sie nutzt sich ab, verschwindet und bleibt nicht erhalten wie ein Gemälde an der Wand. Außerdem hat sie einen anderen Namen. Der Bayeux-Teppich, eine riesige Tapisserie mit Darstellungen der Schlacht bei Hastings, die ganz und gar von Frauen hergestellt wurde, wird schlicht als Wandteppich bezeichnet. Dagegen ist eine im 11. Jahrhundert zur gleichen Zeit auf Holz gemalte oder geschnitzte Madonna in der Kirche ein Kunstwerk.

Die Stickerinnen des Bildteppichs und die Maler der romanischen Madonna machten noch keinen Unterschied zwischen Kunst und Handwerk. Die Madonna wurde in der Werkstatt unter der Aufsicht des Meisters gemalt oder geschnitzt. Sie war ein Auftragswerk. Genaue Regeln bestimmten ihre Form. Insofern war sie weniger zur Kunst zu rechnen als die wilde Schlacht auf dem Bayeux-Teppich.

Für diese beiden Werke galt, daß sie von mehreren Personen gemeinsam gefertigt wurden. Nach dem klassischen Altertum brachte erst die Renaissance wieder einen individuellen Künstler hervor. Die Kunstwerke des Mittelalters waren Gemeinschaftswerke.

In einer Werkstatt für sakrale Kunst konnte es sehr gut weibliche Lehrlinge geben. Frauen konnten auch Meiste-

Sofonisba Anguissola (gestorben 1625). Zeitgenössische Dichter priesen Sofonisbas Begabung, Bildung und Schönheit. Sofonisba wurde mit 24 Jahren zur Hofmalerin Philipps II. von Spanien berufen. Sie malte meistens Porträts, aber die besten Arbeiten von ihr sind friedvolle Familienbilder. Sofonisba heiratete erst mit 45 Jahren – vielleicht wollte sie das Malen aufgeben. Die Ehegatten ließen sich in Sizilien nieder, wo der Mann bald verstarb. Auf einer Schiffsreise in die Heimat ihrer Kindheit, nach Cremona, verliebte sich Sofonisba in den Kapitän des Schiffes und heiratete ihn. Den Rest ihres Lebens verbrachte sie in Genua als Mittelpunkt eines kultivierten Kreises von Künstlern und Gelehrten. Dazu gehörte auch Anthonis van Dyck, der wahrscheinlich das obige Porträt der stattlichen und angesehenen Sofonisba gezeichnet hat.

rinnen werden. Noch im Hochmittelalter gab es keine Vorschriften, die der Frau untersagt hätten, in ihrem Beruf die höchste Stufe zu erreichen. Wir können nicht wissen, ob die Himmelskönigin von der Hand eines Mannes oder einer Frau geschnitzt ist. Das spielt auch keine wesentliche Rolle. Wir nehmen nur an, daß es sich bei dem Künstler um einen Mann handelt, weil wir es gewohnt sind, so zu denken.

Die Nonnenklöster waren Orte, an denen die Frauen die beste Möglichkeit hatten, sich den Wissenschaften oder den Künsten zu widmen. Die mächtigen und reichen Nonnenklöster des Hochmittelalters waren nicht nur religiöse und politische, sondern auch wissenschaftliche und künstlerische Institutionen. Begabte Nonnen wurden begünstigt und ausgebildet, denn sie brachten ihrem Kloster Ruhm, so wie die Schriftstellerin Hrotsvith von Gandersheim, die Äbtissin und Komponistin Hildegard von Bingen und Herrad von Landsberg, die Verfasserin eines Konversationslexikons und Äbtissin des Klosters Hohenburg.

Gegen Ende des Mittelalters reduzierten sich die Möglichkeiten der Frauen, schöpferisch zu arbeiten, auf ein Minimum. Die Zünfte verboten die Aufnahme von weiblichen Lehrlingen in die Werkstätten der Künstler, die aufblühenden Universitäten nahmen keine Studentinnen auf, und die Nonnenklöster, die letzten Zufluchtsstätten der Frauenkultur, verarmten und verfielen. Außerdem begann die Renaissance, den Künstler als ein Individuum zu sehen. Dieses Individuum konnte keine Frau sein, denn zu jener Zeit war den Frauen bereits ihr Platz innerhalb der Familie zugewiesen worden.

Dank der Unterstützung durch ihre Familien blieb dennoch einigen Frauen die Möglichkeit, sich mit Hilfe ihrer Kunst selbst zu ernähren. Die meisten Künstlerinnen der Renaissance und des Beginns der Neuzeit stammen aus Familien, in denen der Vater Maler, Graveur, Verleger oder sonstwie künstlerisch tätig war. Die Tochter einer solchen Familie konnte die für den Beruf einer Künstlerin notwendige Ausbildung erhalten.

Ein charakteristisches Beispiel ist im 16. Jahrhundert die Familie Anguissola aus Cremona. Signore Amilcare und Signora Bianca ließen ihren sechs Töchtern eine gute Erziehung angedeihen. Die jungen Mädchen erhielten Unterricht von den besten Lehrern. Alle sechs waren gute Malerinnen, aber Europa, Minerva und Lucia starben jung. Anna, Elena und Sofonisba malten Porträts und Familienbilder. Sofonisba wurde eine auch außerhalb des Landes bewunderte Künstlerin.

»Es ist erstaunlich, daß es den Frauen immer gelungen ist, in allen Tätigkeiten, denen sie sich gewidmet haben, berühmt zu werden, wie zahlreiche Beispiele zeigen«, bemerkt Giorgio Vasari in seinen Künstlerbiographien, als er von der Bildhauerin Properzia dei Rossi schreibt, und bedauert zugleich, daß sie wegen der Intrigen der Männer für ihre Arbeiten nur schlecht bezahlt wurde. »Wie wunderbar ist es doch, daß Frauen, die imstande sind, lebendige Männer hervorzubringen, sie auch malen können!« ruft er bei Sofonisba Anguissola aus.

Viele Künstlerinnen waren zu ihrer Zeit sehr beliebt und konnten sich durch ihre Arbeit ernähren. Manch eine organisierte ihre Geschäfte ebenso erfolgreich wie ihre vernünftigsten männlichen Kollegen: die Dame des Hauses malte, und der Ehemann kümmerte sich um den Verkauf der Bilder.

Königliche Familien und Fürstenhäuser bestellten ihre Porträts bei solchen erfolgreichen Künstlerinnen wie Rosalba Carriera, Angelika Kauffmann und Elisabeth Vigée-Lebrun. Unzählige Frauen malten unendlich viele Porträts, Blumenbilder und Stilleben zu bescheidenen Preisen und blieben unbekannt. Das Malen von Bildern war kein eigentlicher Beruf, weil Frauen keinen eigentlichen Beruf haben konnten. Das Malen wurde als Hobby betrachtet, durch das man seine Einkünfte etwas aufbessern konnte.

Rosalba Carriera (gestorben 1757) malte von italienischen, französischen und österreichischen Aristokraten elegante Porträts, die allerdings nach der Mode der Zeit etwas kitschig waren.

Ein bißchen Malerei, am liebsten mit Wasserfarben, und ein bißchen Musizieren, am liebsten mit Klavier oder Harfe, wurden im 18. Jahrhundert ein unabdingbarer Teil der Erziehung einer jungen Frau. Die Musik gehörte unbedingt zum Leben der Menschen. Auf Gemälden mit Familienidyllen ist fast ausnahmslos ein Musikinstrument zu sehen, oft ist ein Hauskonzert abgebildet. Aber für die Frauen war es nicht schicklich, jedes beliebige Instrument zu spielen. Trommel und Horn waren für Frauen nicht geeignet.

Im 19. Jahrhundert begann der Triumphzug der großen Sängerinnen. Sie wurden bewundert und vergöttert, gastierten in vielen Ländern, wurden mit Geld und Lorbeer überhäuft und hatten etwas erreicht, wovon die meisten anderen Frauen nur träumen konnten: sie waren frei, so zu leben, wie sie wollten. Das Leben einer Estradenkünstlerin bedeutete jedoch harte Arbeit und anstrengendes, ja sogar ödes, heimatloses Vagabundenleben. Viele Sängerinnen waren physisch und psychisch überlastet.

Die Solisten waren erstklassige professionelle Musiker, aber um an der Seite männlicher Kollegen Mitglied eines Orchesters zu werden, mußten Frauen eine Menge Vorurteile überwinden, und es erregte mißbilligende Verwunderung, als das Anfang des 20. Jahrhunderts schließlich gelang.

»Eine Frau, eine attraktive Frau, muß man stets bewun-

Angelika Kauffmann (gestorben 1807) war die Tochter eines Künstlers wie so viele andere Künstlerinnen. Schon in jungen Jahren schloß sie sich jener künstlerischen Richtung an, die klassische Themen und Darstellungsweisen bevorzugte. Mit 27 Jahren wurde sie zur Professorin der Englischen Akademie der Künste gewählt. Die Gemälde von Angelika Kauffmann sind frisch und fröhlich, besonders die Porträts. Andererseits neigte sie dazu, die Wahrheit zu beschönigen und alles mit viel Gefühl zu überziehen, so wie es damals üblich war. In London verliebte Angelika sich in einen Jüngling, der behauptete, ein schwedischer Graf zu sein. Als sich herausstellte, daß der Mann nur ein Diener des Grafen war, wurde die Ehe aufgelöst. Mit 40 Jahren heiratete Angelika den Künstler Zucchi aus Venedig und verbrachte den Rest ihres Lebens in Rom.

Elisabeth Vigée-Lebrun (gestorben 1842) war die Tochter eines Porträtmalers und träumte schon als Kind von der Karriere einer Malerin. Ihre Ehe mit dem Kunsthändler Lebrun scheiterte, aber Elisabeth wurde schon früh eine Modemalerin der Hofkreise und konnte sich durch ihre Arbeiten ernähren. Sie malte etwa zwanzig Porträts von der französischen Königin Marie Antoinette, das erste bereits mit 24 Jahren. Elisabeth Vigée-Lebrun bereiste alle europäischen Großstädte, einschließlich St. Petersburg, und porträtierte eine riesige Anzahl vornehmer Personen. Ihr Œuvre umfaßt mehr als 650 Porträts und etwa 200 andere Gemälde, darunter auch Landschaften. Sie war ihr Leben lang sehr fleißig und beliebt. Mit 80 Jahren schrieb sie ihre Memoiren.

Maria Sibylla Merian (gestorben 1717) entstammte einer schweizerisch-deutschen Familie von Graveuren und Künstlern und erhielt schon als Kind Kunstunterricht. Mit 18 Jahren heiratete sie den Kunstmaler Johann Graff. Die Ehe war nicht glücklich, aber das Ehepaar veröffentlichte gemeinsam ein großes Buch über Insektenpuppen. In Maria Sibylla Merian waren die Naturwissenschaftlerin und die Künstlerin auf einzigartige Weise vereint: sie untersuchte die Blumen und Insekten mit größter Sorgfalt und zeichnete sie mit äußerster Präzision. Nachdem sie Anna Maria von Schurman in deren religiöser Gemeinschaft besucht hatte, schloß sie sich den Labadisten an und vollzog die Trennung von ihrem Mann, indem sie sich zur Witwe erklären ließ. Sie ging nach Holland und mit Unterstützung des holländischen Staates nach Surinam in Südamerika, wo sie ein großes Werk über die einheimischen Insekten schrieb und mit Zeichnungen versah. Dabei half ihr ihre Tochter, der sie Zeichenunterricht gegeben hatte.

dern, außer wenn sie im Orchester spielt. Dort ist sie wirklich fehl am Platz, und jeder Dirigent stellt das fest, nachdem er ein paar Streitigkeiten und einige Beispiele für die weibliche Disharmonie miterlebt hat«, schrieb ein Dirigent. Und der Intendant der Großen Oper von Paris war der Meinung, daß Frauen sehr gut in Orchestern spielen können, die Konzerte geben, daß es im Theater aber um etwas anderes gehe: »Wir erwarten von unseren Musikern vier Stunden Arbeit täglich, von acht Uhr abends bis Mitternacht, und verlangen eine regelmäßige Teilnahme an den Proben. Das ist insgesamt eine Leistung, zu der eine Frau nicht fähig ist.« Außerdem stellte die gefährliche Situation, daß die jungen Musikerinnen und Musiker zusammenarbeiteten, ein Problem dar.

Obwohl die Frau zu Beginn der Neuzeit in ihrer Familie wie in einem Handarbeitskorb eingeschlossen war, gab es immer mehr Frauen, die so viel Kraft und Talent und eine so wohlwollende Familie hatten, daß sie sich eine wissenschaftliche Karriere aufbauen konnten. Über die wissenschaftliche Tätigkeit von Frauen ist nicht viel geschrieben worden. Einige bemühten sich aus Angst vor dem Spott der Welt, die Ratschläge der Handbücher für gutes Benehmen zu befolgen und ihre Leistungen zu verheimlichen. Und das nicht ohne Grund: als in Paris bekannt wurde, daß eine vornehme Dame astronomische Forschungen be-

trieb, schrieb ein Modedichter sofort eine Satire über eine dumme Frau, die die Nächte durchwachte, um die Sterne zu betrachten, und ihre Schönheit mit solchen Kindereien verdarb.

»Es gibt in der Welt kaum eine lächerlichere und verachtenswürdigere Person als eine gelehrte Frau«, beklagte sich im 18. Jahrhundert Lady Mary Wortley Montagu, eine der gebildetsten Frauen ihrer Zeit. »Die Laster braucht man nicht mehr zu verstecken, die Frauen schämen sich nur ihrer Gelehrtheit«, hieß es in Frankreich.

Die gebildeten Herren lästerten mit einer geradezu sadistischen Freude über die gelehrten Frauen. »Es gibt nur sehr wenig Frauen, die noch einen Wert besitzen, wenn sie ihre Schönheit verloren haben«, sagte ein berühmter Schlaukopf. Ein anderer forderte in einem Gedicht die gelehrten Frauen auf, ein Bordell aufzusuchen, um zu verstehen, worum es eigentlich geht, und in ihrer Erregung ihr Buch zusammenzuknüllen und als künstlichen Penis zu verwenden. Ein dritter verglich eine predigende Frau mit einem Hund, der auf den Hinterbeinen geht: »Das geht nicht gut, aber man muß sich wundern, daß es überhaupt geht.«

Die Intelligenz und Bildung einer Frau verstand nur eine andere Frau zu würdigen. Die Frauen schlossen untereinander dauerhafte und tröstliche Freundschaften. Sie kritisierten gegenseitig ihre Schriften, erörterten gemeinsam wissenschaftliche Probleme und halfen einander über die Schwierigkeiten hinweg. Sie mußten früh lernen, daß sie den Männern nicht vertrauen und sich nicht an sie wenden konnten. Einige hatten einen Vater, der sie unterstützte, wie die »holländische Minerva«, Anna Maria von Schurman, einige einen Bruder, wie die Astronomin Karoline Herschel. Einigen gelang es, Familie und Karriere miteinander in Einklang zu bringen, so wie die Mathematikerinnen Laura Bassi und Mary Somerville. Gaetana Agnesi schrieb im 18. Jahrhundert ihrem kleinen Bruder etwas zum Nachdenken: als Ergebnis zehnjähriger Arbeit entstand das Grundwerk der analytischen Mathematik.

Mary Somerville und Karoline Herschel waren die ersten weiblichen Mitglieder der Königlichen Gesellschaft Englands. Während sie ihre Forschungen betrieben – Karoline Herschel fand unter anderem acht neue Kometen am Himmel –, wurde im englischen Sprachraum von dem Buch »*Die wahre Pflicht der Frau*« eine Auflage nach der anderen gedruckt: »Versuche nicht, etwas zu wissen, was für dich unschicklich ist; suche nicht nach verbotenem Wissen; denn glücklicher ist diejenige, die wenig weiß, als diejenige, die zuviel weiß ... Es ist nicht Sache der Frauen ... die dunklen Quellen der Wissenschaft zu erforschen und die Sternenhaufen zu zählen ...«

Jenny Lind (gestorben 1887), die »schwedische Nachtigall«, stand schon mit zehn Jahren in Stockholm auf der Bühne. Ganz Schweden liebte ihren wunderbaren Sopran. Mit dreißig Jahren hatte sie Europa und Amerika erobert. Mit vierzig machte sie ihre letzten Konzerttourneen. Jenny Lind gehörte neben Florence Nightingale zu den meistbewunderten Frauen ihrer Zeit. Sie war verheiratet mit dem Pianisten Otto Goldschmidt, war überaus mildtätig und sehr religiös. Sie verfügte über alle viktorianischen Tugenden und ein einzigartiges Talent. Ihre Singstimme wurde von allen Kritikern gelobt, als Schauspielerin war sie jedoch nicht imstande, sich von ihrer eigenen Person zu lösen.

Mary Somerville

Anna Maria von Schurmann (gestorben 1678) war in ihrem Jahrhundert ein Wunder an Gelehrtheit. Sie hatte eine sorgfältige Erziehung genossen und beherrschte Hebräisch, Syrisch, Chaldäisch, Griechisch, Latein, Französisch, Deutsch und Englisch. Die Zeitgenossen zollten ihr hohe Anerkennung und kamen aus allen Teilen Europas angereist, um sie zu besuchen. Anna Maria von Schurmans Problem war ihre vielseitige Begabung – sie war auch eine ausgezeichnete Malerin. Sie konnte sich nicht entscheiden, was für sie am wichtigsten war, und wählte schließlich den Seelenfrieden. Ihre zur Mystik neigende Mentalität brachte sie dazu, sich der von der Kirche abgefallenen Gemeinschaft des französischen Erweckungspredigers Jean de Labadie anzuschließen. Sie schrieb das bedeutende religiös-philosophische Werk »Eukleria« zur Verteidigung der labadistischen Sekte. Als die Labadisten aus dem protestantischen Holland vertrieben wurden, folgte sie ihnen und konnte ihnen später die Erlaubnis beschaffen zurückzukehren. Sie selbst führte im Alter ein bescheidenes Leben in Friesland.

Laura Bassi (gestorben 1778) war Professorin für Physik an der Universität Bologna und der Stolz der Stadt: Sie war tief religiös, schrieb und publizierte Gedichte, war eine wunderbare Lehrerin, eine glückliche Ehefrau und Mutter von zwölf Kindern. Die Stadt Bologna ließ ihr zu Ehren eine Münze prägen.

Die Mathematikerin Maria Gaetana Agnesi (gestorben 1799) war ein Wunderkind. Sie hielt mit neun Jahren Vorlesungen auf Latein und beherrschte schon als junges Mädchen sieben Sprachen. Die Arbeit an ihrem Hauptwerk begann sie mit zwanzig Jahren und schrieb zehn Jahre daran. »Le Instituzioni Analitiche«, ein Lehrbuch der mathematischen Analyse, wurde ins Französische und Englische übersetzt. Ihr Vater war Professor für Mathematik an der Universität Bologna, und als er erkrankte, wurde das Amt der Tochter übertragen. Maria Agnesi war an Wissen und Ehre jedoch nicht mehr interessiert. Ganz Europa stand ihr offen, sie aber gab ihrem Seelenheil den Vorrang, verließ ihr Amt und weihte den Rest ihres Lebens, fünf Jahrzehnte, der Religion und der Wohltätigkeit.

Noch im 19. Jahrhundert hatte der Gedanke an eine gelehrte Frau etwas Erschreckendes und Lächerliches – jedenfalls wurde das den Leuten so suggeriert. Der Zeichner der obigen Karikatur nimmt an, daß eine Frau, wenn sie erst anfängt zu studieren, auch sonst männliche Verhaltensmuster befolgt, raucht und trinkt. Das rechte Bild zeigt die Frau und das Studium im richtigen Verhältnis. Der Pariser Student lernt, und seine Geliebte wäscht. Die Beziehung eines jungen Studenten oder Künstlers und seiner kleinen Freundin wurde in vielen Romanen, Theaterstücken und Opern romantisiert. Tatsächlich ging es aber darum, daß der Mann ohne Heirat eine Frau bekam, die ihm mit Liebe diente und ihn oft auch ernährte, sogar durch den Verkauf ihres Körpers. Wenn der Mann mit dem Studium fertig war oder als Künstler bekannt wurde, durfte die Jugendliebe sehen, wo sie blieb.

Für einige wurde die ungewöhnliche Lebenssituation so belastend, daß sie sich auf ihren Seelenfrieden konzentrierten. Gaetana Agnesi verzichtete auf die Bewunderung der Europäer und weihte mit dreißig Jahren ihr Leben der Religion und der Barmherzigkeit. Anna Maria von Schurman und die Naturwissenschaftlerin Sibylla Merian entschieden sich für die Gegenkultur: sie schlossen sich beide einer verfolgten Sekte an.

»Die Literatur ist nicht die Lebensaufgabe der Frau, und sie soll es auch nicht sein«, schrieb der berühmte englische Dichter Robert Southey der jungen Charlotte Brontë. Zum Glück waren Charlotte und ihre Schwestern Emily und Anne klüger als ihr Berater und setzten ihre schriftstellerische Arbeit fort.

Die Autorinnen des 19. Jahrhunderts brauchten nicht mehr das Schicksal der Aphra Behn zu erleiden. Sie waren energisch, bekannt, beliebt, und es waren ihrer viele. Ihre Arbeit war alles andere als leicht, und von den Männern konnten sie ebensowenig Ermutigung erwarten wie in den vergangenen Jahrhunderten.

»In allen Büchern über die Erziehung von Frauen ist ein wichtiger Umstand unberücksichtigt geblieben: Frauen, sogar junge Schulmädchen, müssen neben dem Studium

Hausarbeiten verrichten. Wenn ein Student heiratet, wird streng dafür gesorgt, daß er in Ruhe studieren kann. Sein Studium ist geheiligt... Bisher haben die Frauen im Kinderzimmer oder im Speisesaal geschrieben und oft gleichzeitig die Wiege geschaukelt. Sie müssen für den Haushalt sorgen und ihre Kranken pflegen, bevor sie sich ihren wissenschaftlichen oder künstlerischen Neigungen widmen können.«

So beschrieb die Amerikanerin Caroline Healey Dall kurz und bündig, was von der Frau erwartet wurde und wie die Erfüllung der Erwartungen die Chancen der Frau, sich eine Karriere aufzubauen, beeinträchtigte. Die feste Kernfamilie brauchte den häuslichen Engel, eine Person, die ständig zur Verfügung stand und keine eigenen Wünsche oder Meinungen hatte.

Mit der schriftstellerischen Arbeit der Frauen war jedoch Geld zu verdienen, wodurch sie leichter zu ertragen war. Die Arbeit wurde zu Hause gemacht, so daß die Frau von der verführerischen Berührung der Außenwelt verschont blieb und gleichzeitig für die Kinder und den Haushalt sorgen konnte, ohne daß das Leben des Ehemannes allzusehr gestört wurde. Außerdem schrieben viele Frauen wie George Eliot und George Sand unter einem männlichen Pseudonym. Für die viktorianische Gesellschaft war allein die öffentliche Erwähnung eines weiblichen Namens peinlich.

Die Hindernisse, die der wissenschaftlichen oder künstlerischen Laufbahn einer Frau im Wege standen, wurden bis zum Anfang des 20. Jahrhunderts allmählich abgebaut, als die Universitäten und Kunstakademien nach zähem Kampf den Frauen den Zutritt zu ihren Heiligtümern gewährten. Während Anna Maria von Schurman, das »Wunder des Jahrhunderts«, im 17. Jahrhundert die Vorlesungen der Universität Utrecht noch hinter einem Vorhang verfolgen mußte, wurde Marie Curie im Jahre 1906 zur Professorin der Pariser Sorbonne ernannt.

Die Zulassung der Frauen zu den höheren Lehranstalten bedeutete jedoch nicht, daß jedes kleine Mädchen seine Träume von der Karriere einer Wissenschaftlerin oder Künstlerin hätte verwirklichen können. Für die Ausbildung der Töchter wurde selten ebensoviel geopfert wie für die Ausbildung der Söhne, wenn die Tochter nicht außerordentlich begabt war. Die Ehe bedeutete einen entscheidenden Unterschied für die Karriere des Mannes und der Frau: durch die Heirat sicherte sich der Mann die tägliche Versorgung, während die Frau sich dadurch eine nahezu unerträgliche Arbeitslast aufbürdete.

Aber man lehrte die kleinen Mädchen ja auch, von etwas ganz anderem zu träumen: von dem Prinzen, der sie auf einem weißen Pferd in das Märchenschloß führt.

George Sand (gestorben 1876), französische Autorin der Romantik, hieß eigentlich Aurore Dupin, verheiratete Baronin Dudevant. George Sand schrieb an die hundert Romane, in denen sie die »wahre« Liebe im Gegensatz zu den aus wirtschaftlichen Erwägungen geschlossenen Ehen ihrer Zeit pries, sich über Natur und Religion ausließ und das Leben der Bauern idealisierte. Sie gestaltete ihr Leben ganz außergewöhnlich, kleidete sich gern wie ein Mann und rauchte Zigaretten. Ihre Liebesverhältnisse waren leidenschaftlich und berühmt: ihre bekanntesten Liebhaber waren der Dichter Alfred de Musset und der Komponist Frédéric Chopin. Die Literatur von George Sand war eng mit ihrer Zeit verbunden und ist der heutigen Zeit fremd. Damals hatte sie jedoch in Europa großen Einfluß. George Sand griff mit Leidenschaft die fortschrittlichen Ideen ihrer Zeit wie Menschenliebe, Sozialismus und Romantik auf. Ihre Romane waren vor allem bei den Frauen beliebt und verbreiteten unter mehreren europäischen Frauengenerationen die Auffassung der Autorin von dem Recht der Frauen, so wie die Männer als selbständige Personen zu leben.

Die Geschwister Anne, Charlotte und Emily Brontë. Das Porträt der Schriftstellerinnen hat ihr ebenso begabter, aber labiler Bruder gemalt, der sein eigenes Bildnis aus dem Gemälde entfernt hat. Anne, Charlotte und Emily lebten zurückgezogen, unterdrückt und einsam. Der Roman »Jane Eyre« von Charlotte beschreibt auf vielfältige Weise nicht nur ihr eigenes Leben, sondern allgemein die Chancen einer Tochter aus armer Familie im viktorianischen Zeitalter.

Die Karikatur »Schriftstellerin zu Hause« verdeutlicht den Spott, dem diese Frauen ausgesetzt waren. Eine schreibende Frau war natürlich eine schlechte Mutter und eine schlampige Hausfrau, und Mutterschaft und Haushaltsführung waren schließlich der Hauptzweck des Frauendaseins.

Getrennte Geschlechter

Die auffallendsten Wesensmerkmale der Beziehungen zwischen Frauen und Männern im Laufe der Geschichte waren die Fremdheit und das Mißtrauen.

Die beiden Geschlechter wurden von Anfang an getrennt erzogen. Mädchen und Knaben erhielten ganz unterschiedlichen Unterricht, der jeweils auch andere Ziele verfolgte. Die Knaben verbrachten ihre Jugend meistens im Internat, die Mädchen entweder in der Schule oder zu Hause. Die einzige Möglichkeit, mit dem anderen Geschlecht zusammenzukommen, ergab sich in den Ferien, und auch dann kam das nur selten vor, weil die Mädchen und Jungen auch in ihren Freizeitbeschäftigungen in entgegengesetzte Richtungen geführt wurden. Viele junge Menschen, besonders Mädchen, hatten vor ihrer Ehe kaum etwas mit dem anderen Geschlecht zu tun gehabt.

Auch als Erwachsene verbrachten die beiden Geschlechter die meiste Zeit voneinander getrennt. Die Arbeiten waren streng in Männerarbeiten und Frauenarbeiten eingeteilt, und auch die Umgebung war festgelegt: für die Männer war die äußere, öffentliche Seite des Lebens da, für die Frau das Zuhause und dessen nächster Umkreis. Er hatte die Aufgabe zu produzieren, sie die Aufgabe zu reproduzieren. Er war der Herrscher, sie die Dienerin.

Die Unterschiede zwischen den Geschlechtern waren so groß, daß Männer und Frauen geradezu als verschiedene Arten betrachtet wurden. Da es keine Kontakte gab, konnte auch kein Vertrauen entstehen.

Den jungen Männern war von klein auf beigebracht worden, daß Frauen launenhaft, unberechenbar, betrügerisch und durchtrieben seien. Die treue Liebe unzähliger Frauen zu ihren Ehegatten konnte diese weitverbreitete Meinung nicht erschüttern.

Bei den jungen Mädchen war alles komplizierter. Ihnen wurde schon früh anerzogen, die Männer zu respektieren, zu würdigen und ihrem Vater sowie dem künftigen Ehemann, der jeder beliebige Mann sein konnte, zu vertrauen.

Andererseits wurde jedem jungen Fräulein eingeschärft, daß das Jungfernhäutchen der wichtigste Körperteil der Frau war. Die Frau verlor ihren menschlichen Wert, wenn sie ihre Jungfräulichkeit außerhalb der Ehe einbüßte. Die Männer wußten das ebensogut wie die Frauen und versuchten trotzdem alles, um die Frau zum Verzicht auf ihre Tugend zu bewegen. Der Verführer stürzte seine Beute bewußt und willentlich ins Verderben. Ein junges Mädchen mußte ständig auf der Hut sein vor den lüsternen Intrigen der Männer.

Das ergab für die Frau ein unnatürliches Doppelbild vom Mann, der einerseits klug und gut war und dem sie ihr ganzes Leben anvertrauen sollte. Andererseits war derselbe Mann jederzeit bereit, die Liebe und das Vertrauen der Frau zu mißbrauchen und sie um einen Augenblick des Vergnügens willen zu vernichten.

Kennzeichnend für die Denkweise der Männer ist der folgende Leserbrief an eine Zeitschrift in der zweiten Hälfte des 18. Jahrhunderts.

»Dem Verfasser dieser Zeilen ist es gelungen, seine Liebste zu verführen. Nun quält er sich und wagt nicht, sie zu heiraten, denn er wird immer vermuten, daß diejenige, die von ihm erobert worden ist, auch von anderen erobert werden kann; und doch liebt er die Frau und verabscheut die Situation, in der er dabei ist, die Frau ins Verderben zu stürzen: Er wird trotz aller Tüfteleien immer dazu verurteilt sein, an der Tugend zu zweifeln, die in den Flammen seiner Liebe geschmolzen ist.«

Die Tugend der Frau, ob nun verloren oder noch vorhanden, war der wichtigste Faktor in den Beziehungen zwischen Mann und Frau. Sie war auch eine gesellschaftliche

Das traditionelle Ehesystem berücksichtigte nicht die Gefühle der Ehegatten. Von der Frau wurde erwartet, daß sie im Interesse der Legalität der Erben monogam blieb. Der Mann war nicht an die Einehe gebunden. In den obersten Gesellschaftsklassen, in denen der Mann es sich leisten konnte, mehrere Frauen auszuhalten, führte das System praktisch zur Polygamie. Das französische Königshaus entwickelte die Institution der Mätressen so weit, daß es von niemandem mehr in Frage gestellt wurde. Die hochadeligen Damen konkurrierten um die Stelle einer Mätresse wie um die Königinnenkrone – die sie nicht bekommen konnten, weil die Ehe des Königs eine außenpolitische Angelegenheit war. Die offizielle Mätresse, *maitresse en titre*, konnte für ihre Kinder, Verwandten und Freunde wirtschaftliche und politische Vorteile herausschlagen. Das Verhältnis des Königs mit der offiziellen Mätresse konnte Jahre oder Jahrzehnte dauern, und die daraus entstandenen Kinder erhielten eine hohe Stellung. Der König konnte auch seine offizielle Mätresse sowie seine Ehefrau mit einer anderen Geliebten betrügen. Das galt als Beleidigung der offiziellen Mätresse, während die Existenz der verschiedenen Geliebten des Königs nicht die Stellung der Königin als Ehefrau verletzte. Als die Kernfamilie gegen Ende des 18. Jahrhunderts allmählich als eine der wichtigsten Errungenschaften des Menschenlebens betrachtet wurde, erlebte die Institution der Mätresse einen Wesenswandel. Offizielle Mätressen wurden nicht mehr geduldet, und die Monarchen versuchten, ihre Verhältnisse im geheimen fortzuführen.

Anne de Pisseleu, Herzogin
d'Étampes, Mätresse Franz' I.
im 16. Jahrhundert

Diane de Poitiers, Herzogin
von Valentinois, Mätresse
Heinrichs II. im 16. Jahrhundert

Henriette de Balzac, Herzogin
d'Etrangues, Mätresse Heinrichs IV. im 16. Jahrhundert

Mätressen Ludwigs XIV. im
17. Jahrhundert:
Louise de La Vallière,
Athénais de Montespan,
Françoise de Maintenon

Mätressen Ludwigs XV.:
Marquise de Pompadour,
Gräfin Dubarry

Angelegenheit von erstrangiger Bedeutung: Die Tugend war der einzige Garant dafür, daß das Vermögen im Erbfall nicht in unberufene Hände geriet.

Die Doppelmoral machte die Beziehungen zwischen den Geschlechtern jedenfalls nicht besser. Obwohl die Frauen schon von Kind an lernten, ihre untergeordnete Stellung als natürlich zu betrachten, verstanden zumindest die aufgeklärten Frauen die Ungerechtigkeit ihrer Lage, rebellierten und haßten die Männer. Dort, wo der Frauenhaß der Männer an die Öffentlichkeit gelangte und die Billigung der Gesellschaft fand, gab es sicherlich auch den Haß der Frauen gegen die Männer, der jedoch nicht öffentlich geäußert werden konnte. Das System funktionierte mit eiserner Strenge, Ausnahmen wurden nicht geduldet.

Der Marquis von Halifax gab Ende des 17. Jahrhunderts seiner Tochter kluge, wenn auch zynische Anweisungen: »Die Welt ... ist ein wenig ungleichberechtigt, und unser Geschlecht scheint die dominierende Stellung innezuhaben und kann uns Vorteile verschaffen, indem es bei der Frau etwas als kriminell brandmarkt, was beim Mann höchstens gelinde Verwunderung erregt.« Das war die Art des Marquis, seiner Tochter klarzumachen, daß ein Verhalten, das einer Frau Schande und den Ruf einer Hure einbrachte, dem Mann zur Ehre gereichte und ein Beweis seiner Fähigkeiten war. »Denke daran, daß neben dem eigenen Sündenfall der Frau ihr größter Fehler der ist, den Sündenfall ihres Mannes zu bemerken. Tue so, als sähest und hörtest du nicht, was dein Mann tut.«

Der Wert der Tugendhaftigkeit einer Frau war so groß, daß von ihr erwartet wurde, eher auf ihr Leben als auf ihre Tugend zu verzichten. Sogar liebende Eltern sahen ihre Tochter lieber tot denn als eine gefallene Frau.

Da Männer und Frauen fast nichts miteinander zu tun hatten, fehlten ihnen die Voraussetzungen dafür, die Gedanken des anderen zu verstehen, und meistens hatten sie sich auch nichts zu sagen. Die Frauen, die sich für ihre Bildungsbestrebungen die Unterstützung gelehrter und intelligenter Männer erhofften, mußten sehr bald erfahren, daß Belesenheit und aufgeklärtes Denken keineswegs ein Garant für Unvoreingenommenheit waren.

Die Meinung gelehrter Frauen über Männer wird von einer französischen Salondame des 17. Jahrhunderts, der Schriftstellerin Madeleine de Scudéry so formuliert: »Ich weiß natürlich, daß es viele großartige Männer gibt, aber wenn ich sie mir als Ehemänner vorstelle, sehe ich sie immer als Herren, und weil Herren so leicht zu Diktatoren werden, fange ich an, sie zu verabscheuen. Dann danke ich Gott dafür, daß er mir diesen tiefen Widerwillen gegen die Ehe eingepflanzt hat.« Madeleine de Scudéry blieb unverheiratet.

Karin Månsdotter (gestorben 1612) war etwas über zehn Jahre alt, als der schwedische König Erich XIV. auf dem Markt auf sie aufmerksam wurde; es heißt, daß sie gerade Nüsse verkaufte. Das Mädchen wurde bald die Geliebte des Königs, die ihn später während seiner Geisteskrankheit pflegte. Erich verwarf seine großartigen Heiratspläne, die er im Ausland verfolgen wollte – er hatte unter anderem um die Hand der englischen Elisabeth angehalten – und heiratete seine Geliebte, die ihm eine Tochter und einen Sohn geboren hatte. Der Adel des Reichs wollte jedoch keinen verrückten König mit einer Frau aus dem Volk auf dem Thron sehen. Erich wurde von seinem Bruder Johann III. gestürzt. Karin folgte ihrem Mann in die Gefangenschaft und blieb bei ihm, bis das Ehepaar getrennt wurde. Erich starb, und der Sohn Karin Månsdotters und des Königs wurde seiner Mutter weggenommen und nach Polen gebracht. Karin Månsdotter verbrachte den Rest ihres Lebens in Finnland. Ihren Sohn, der jung starb, durfte sie nur einziges Mal sehen.

Louise de Kéroualle, die Herzogin von Portsmouth, und das Freudenmädchen Nell Gwynn waren Geliebte des englischen Königs Karl II. in der zweiten Hälfte des 17. Jahrhunderts. Das Mätressensystem des englischen Hofes wurde nie zu einer so offiziellen Institution wie in Frankreich.

Bianca Capello (gestorben 1587) stammte aus Venedig und brannte mit einem Kaufmannsgehilfen nach Florenz durch. Dort verliebte sich der Großherzog der Toskana, Francesco dei Medici, in sie, ließ ihren Mann ermorden und heiratete sie.

Die gebildeten Frauen, die Blaustrümpfe, wollten keinen Mann lieben, den sie nicht auch respektieren konnten. Kaum ein Mann gab sich die Mühe, den Respekt einer Frau zu erwerben – er mußte ihm ja ohnehin zufallen. Und die Männer kümmerten sich meistens nicht um die Leistungen ihrer Frauen, ganz zu schweigen davon, daß sie sie gewürdigt hätten. Im Gegenteil: die Furcht der Männer vor wissenschaftlichen und künstlerischen Neigungen der Frauen war so groß, daß sie sie meistens gnadenlos verspotteten; alles, was eine Frau von ihrem Mann an Unterstützung erwarten konnte, war, daß er ihr Studium nicht direkt behinderte.

Thomas Carlyle, der berühmte englische Historiker des 19. Jahrhunderts, lebte in einer konventionellen Ehe mit seiner Frau Jane. Jane hielt sich für relativ intelligent, fühlte sich aber in ihrer ewigen Einsamkeit albern und wertlos. Ihr Leben verrann in hoffnungslosem Kampf gegen das Ungeziefer, der so weit ging, daß alle Möbel wegen der Wanzen durch neue ersetzt werden mußten. Im Verlauf von zwanzig Jahren lernte sie an die vierzig Dienstmädchen an, bevor sie wieder gingen. Ihr Mann verschwendete keinen Gedanken auf sie, und Jane wäre vollkommen unglücklich gewesen, wenn sie nicht ihre geliebte Freundin gehabt hätte.

Geraldine Jewsbury war eine unverheiratete Schriftstellerin, Janes Vertraute, ihre Ermutigerin und Trösterin, die am liebsten ihr ganzes Leben mit Jane verbracht hätte. Aber Jane war an ihre langweilige Ehe gebunden, in der ihr nur die Begegnungen mit Geraldine und deren Briefe Freude bereiteten.

Jane hätte schreiben wollen, und Geraldine spornte sie an: »Bitte Herrn Carlyle nicht um Sympathie, laß ihn nicht Wasser in deinen Wein schütten. Du mußt deine Arbeit und deine Ziele selbst respektieren: Wenn die Menschen nur das täten, was die anderen für gut und nützlich halten, bliebe die Hälfte aller Arbeit in der Welt ungetan.«

Jane Carlyle wagte jedoch nicht, jemals auch nur eine kleine Erzählung zu schreiben, denn sie war sicher, daß ihr Mann – dessen Beruf das Schreiben war – ihre Geschichten lächerlich gefunden und überhaupt den ganzen Versuch sofort vereitelt hätte. Vermutlich kannte Jane Carlyle ihren Mann gut genug, um zu wissen, was sie zu erwarten hatte, und Thomas Carlyle war sicher keine Ausnahme unter den viktorianischen Ehemännern.

Im 19. Jahrhundert wurden die Unterschiede zwischen Männern und Frauen vielleicht noch deutlicher empfunden als je zuvor, zumal auch »wissenschaftliche« Erklärungen dafür gesucht und gefunden wurden. Der Mann war ein aktiver und denkender Mensch, die Frau lebte durch ihre Gefühle.

Thomas Faed

Die viktorianische Ehe war ein idealisierter Glückszustand, dessen Glanz nicht durch die graue Wirklichkeit getrübt werden durfte. Familie und Heim waren die Grundsteine der Gesellschaft, und deren Heiligkeit zu verletzen hieß, die Grundwerte der Gesellschaft in Frage zu stellen. Die Darstellung von Ehekonflikten war selten: Auf diesem englischen Gemälde besteht nur eine geringe Meinungsverschiedenheit zwischen den Liebenden, auf die sicherlich gleich die Versöhnung folgt; die Frau scheint schon bereit zu sein, sich wegen ihres Eigensinns zu entschuldigen.

Während der ganzen Geschichte wurden die Beziehungen zwischen Frauen und Männern durch die von den Eltern arrangierten Ehen abgekühlt, bei denen auch nicht im geringsten berücksichtigt wurde, ob die Ehegatten überhaupt zusammenpaßten. Dennoch wollten fast alle Frauen und Männer heiraten, weil das der einzige Weg war, von der uneingeschränkten Verfügungsgewalt der Eltern wenigstens einigermaßen unabhängig zu werden. Lady Mary Wortley Montagu und ihr Mann Edward heirateten nur aus diesem Grund, den sie sich im Verlauf eines langen Briefwechsels eingestanden hatten. Einige Monate nach der Hochzeit trennten sie sich, und jeder lebte für sich. Als Edward zum Botschafter in der Türkei ernannt wurde, ging Mary mit ihm, weil sie sich für die Türkei interessierte. Nach der Heimkehr lebten beide wieder getrennt, obwohl sie sich nie offiziell scheiden ließen.

»Fräulein Talbot ist meine unangefochtene Leidenschaft; ich denke jeden Tag an sie und träume jede Nacht von ihr, und auf die eine oder andere Weise gelingt es mir, sie immer zu erwähnen, ganz gleich, über welches Thema ich spreche.«

So schrieb im 18. Jahrhundert Elizabeth Carter, eine englische Pfarrerstochter, die die Werke des griechischen Philosophen Epiktet ins Englische übersetzte, einem Bekannten.

Arthur Hughes

Die romantische Liebe: die Bewunderung und Verehrung der Geliebten und die Sehnsucht nach ihr wegen ihrer geistigen und körperlichen Eigenschaften erlebte ihre erste Blüte zur Zeit der Ritterromantik. Geistige und körperliche Liebe wurde gegen Ende des Mittelalters voneinander getrennt, indem die Kirche von der idealen Liebe verlangte, allen geschlechtlichen Leidenschaften zu entsagen. Im 19. Jahrhundert erlebte die romantische Liebe eine Renaissance. Dazu gehörten allerlei Gesten, mit denen der Mann seine Verehrung zum Ausdruck brachte, wie Serenaden, Blumen und kleine Geschenke, während die Frau wartete und schmachtete; die Sexualität gehörte absolut nur zur Ehe. Die Viktorianer liebten es, die einzelnen Phasen der romantischen Liebe von der ersten Begegnung bis zum Heiratsantrag darzustellen. Diesem Prozeß wurde gern ein vergeistigter, sehnsuchtsvoller und etwas wehmütiger Anstrich gegeben. Die romantische Liebe endete mit der Ehe, in der Mann und Frau Vater und Mutter wurden, und die untrennbar zur romantischen Liebe gehörende Sehnsucht nach der Geliebten entfiel.

Die Liebesgeschichte von Elizabeth Carter ist ein großartiges Beispiel für eine emotionale Bindung, die in unserer Zeit als fremd, ja geradezu als anrüchig gilt, die aber damals ganz natürlich und bewundert war.

Die Lebensaufgabe der Elizabeth Carter bestand darin, ihren alten, kränkelnden Vater zu pflegen. Catherine Talbot war selbst schwach und oft krank. Elizabeth verliebte sich auf den ersten Blick in Catherine, und obwohl Catherine nicht so heftig und in ihren Gefühlen nicht so blind war wie Elizabeth, dauerte ihre Liebe bis zu Catherines Tod, fast dreißig Jahre lang. Mit ihr ging all die Freude und Spannung einher, die zu der leidenschaftlichen Beziehung zweier Menschen gehört. Wenn Elizabeth mit ihrer anderen Freundin Elizabeth Montagu verreiste, war Catherine halb im Scherz, halb im Ernst eifersüchtig. Die Frauen bewunderten die Intelligenz, die Sensibilität und die Tiefe des Gefühls der jeweils anderen. Sie bekamen voneinander das Mitgefühl und die Freude, die nur wenige Ehefrauen von ihren Männern bekamen.

Nach Catherines Tod wurde die Beziehung Elizabeths zu ihrer Freundin Elizabeth Montagu tiefer. Elizabeth Montagu lebte in einer elenden Ehe mit einem viel älteren Mann, den sie als Tölpel bezeichnete und mit dessen Kälte und Unfreundlichkeit sie sich abzufinden versuchte wie mit dem Wetter, das niemand beeinflussen kann. »Der

Zeichnung aus dem 16. Jahrhundert

B. Pinelli

Mann ist immer sauer«, beklagt sich Elizabeth Montagu
und wundert sich, wie sie an Skorbut leiden kann, wo ihr
Mann sie ständig in sauren Säften badet – es ist bezeichnend für die Ernährung jener Zeit, daß eine relativ wohlhabende Frau der Mittelklasse den Skorbut haben kann,
dessen Ursache Vitaminmangel ist.

Durch Elizabeth Carter wurde Elizabeth Montagu viel
Trost, Kameradschaft und intelligente Freundschaft zuteil. Die beiden Frauen planten oft, daß sie zusammenzie-
hen wollten, wenn beide von ihren Bindungen befreit wären, die eine von ihrem Vater, die andere von ihrem Ehemann. Die Männer erwiesen sich jedoch als recht zähle-
big, und als sie beide die Freiheit endlich erlangt hatten,
waren sie vielleicht schon zu alt, um noch ihren Lebensstil
zu ändern, und vielleicht waren auch ihre Gefühle so weit
abgekühlt, daß die räumliche Entfernung für sie doch das
richtige war.

Obwohl viele nahe Freundinnen planten, gemeinsam zu
leben und zu sterben, war so ein Leben nur äußerst selten
möglich. Die meisten konnten es sich finanziell nicht leisten – die Ehe war eine Versorgungsinstitution, mit der
man sich abfinden mußte. Viele fühlten sich ihrer Familie
gegenüber verpflichtet, und viele scheuten sicherlich vor
einem so ungewöhnlichen Schritt zurück.

In einer Welt, in der die Frauen von Männern keine
Freundschaft und keinen Respekt erwarten konnten,

Die gefallene Frau konnte erst dann zu einem Mythos werden, als man anfing, die Frau als ein dem Mann moralisch überlegenes Wesen zu betrachten. Die scheinheilige viktorianische Gesellschaft des 19. Jahrhunderts unterdrückte die Frau, indem sie ihre moralischen Eigenschaften in den Himmel hob. Um so erschütternder und erregender war die Vorstellung von einer gefallenen Frau, von der Mutter oder Tochter einer guten Familie, die sich ihren sexuellen Leidenschaften ergab und zugrunde ging. Die englischen Gemälde stellen die ganze ergreifende Geschichte dar: Der Mann erfährt von der Untreue seiner Frau, das Kartenhaus der Kinder stürzt ein. Auf dem zweiten Bild ist der Vater gestorben, und die in Armut geratenen Töchter betrauern ihr Schicksal und denken vielleicht an ihre Mutter. Auf dem dritten Bild starrt eine unglückliche Frau denselben Mond an wie die Töchter, das uneheliche Kind im Arm und den bei den Selbstmördern von London beliebtesten Ort vor Augen. Die Warnung und die Lehre sind klar: Lohn der Sünde waren Schande und Tod, nicht nur für die Sünderin, sondern auch für ihre Angehörigen. Die Ordnung der Gesellschaft hing so sehr von der Tugend der Frau ab, daß die Strafe für ihren Verlust so schrecklich wie möglich dargestellt werden mußte.

Augustus Leopold Egg

wandten sie sich einander zu und fanden »die Verbindung
der Seelen durch Dichtung und Philosophie«. Diese Verbindung der Seelen wurde in keiner Weise mißbilligt; im
Gegenteil, sie galt als ein edles und erhebendes Gefühl,
zumal die Freundin der Ehefrau oft als Garantin der sexuellen Enthaltsamkeit galt.

Die Männer konnten in der romantischen Freundschaft
der Frauen keine Bedrohung ihrer selbst sehen: eine
schöne Frau war ein bezaubernder Anblick, zwei schöne
Frauen waren doppelt so reizvoll. Die romantische
Freundschaft war eine gute Einrichtung, weil sie den Bedürfnissen der Frau als einem empfindsamen Wesen entgegenkam und die überzähligen Frauen ruhig hielt.

So durften die sonst so unterdrückten Frauen im Bereich
ihrer gegenseitigen Beziehungen fast vierhundert Jahre
lang nahezu alles tun, ohne daß sich ihre Bewacher dafür
interessiert hätten.

Man hat die romantischen Freundschaften der Frauen für
oberflächlich und die leidenschaftlichen Briefe, die sie
einander schrieben, lediglich für einen Ausdruck der blu-
menreichen Sprache ihrer Zeit gehalten. Diese Einstellung rührte einesteils daher, daß man die Frauen tieferer
Gefühle nicht für fähig hielt, am allerwenigsten ihrem eigenen Geschlecht gegenüber, und andernteils daher, daß
die späteren Forscher diese Gefühle entsprechend der
Denkweise des 20. Jahrhunderts für unschicklich hielten.
Die romantischen Freundinnen bedeuteten einander all

Das männliche Pendant zu
der gefallenen Frau war der
betrogene Mann. Er mußte
ebenso Spott und Schande
ertragen wie die gefallene
Frau; allerdings war der betrogene Mann nicht unbe-
dingt zugrunde gerichtet wie
die gefallene Frau. Weil es so
demütigend war, Hörner auf-
gesetzt zu bekommen, muß-
ten die Männer mit allen
Mitteln über die Treue ihrer
Frauen wachen. Auf dem Bild
aus dem 16. Jahrhundert hat
der Ehemann den Keusch-
heitsgürtel seiner Frau abge-
schlossen. Aber sie hat ihn
schon betrogen, denn dem
Ehemann wachsen Narren-
ohren aus dem Hut. Hinter
dem Bett wartet der Lieb-
haber, dem die Gesellschafterin einen Schlüssel zum
Keuschheitsgürtel übergibt.
Der symbolische Narr läßt
aus einem Korb einen
Schwarm Flöhe frei als Zeichen für die Unsauberkeit des
Hauses.

Liebeswerben und Überdruß.
Für das erotische Leben des
18. Jahrhunderts war eine
gefühllose Beutegier kennzeichnend. Die Verführung
kam einem Wettkampf gleich,
bei dem es um die Anzahl der
Opfer ging. Für die zynischen
Lebemänner war es ein Vergnügen, Frauen durch
Gefühle oder durch ein
uneheliches Kind zugrunde
zu richten, ein Verhalten, das
auf den ewigen Frauenhaß
zurückzuführen war. Auf den
Bildern »Vorher und nachher«
aus dem 18. Jahrhundert sind
die Begierde und die Gleichgültigkeit gegenüber der Frau
dargestellt. Dieselben Gentlemen, die die Frauen wie
Hündinnen behandelten, beschuldigten sie in ihren Gedichten des Leichtsinns und
der Unfähigkeit, tiefe Liebe
zu empfinden.

William Hogarth

das, was Liebende einander bedeuten. Sie sehnten sich
nacheinander, wenn sie getrennt waren, sie planten ein
gemeinsames Leben oder wenigstens einen gemeinsamen Tod, sie unterhielten sich über Themen, die beide interessierten, sie bewunderten und ermutigten sich gegenseitig. Sie waren eifersüchtig auf andere Frauen und auch
auf Männer, obwohl die Beziehungen zu Männern nur an
zweiter Stelle im Leben der Frau standen. Sie liebten und
quälten einander – und blieben dem Verhältnis jahre-, oft
jahrzehntelang treu.
Leidenschaftliche Freundschaften zwischen Frauen waren üblich oder ganz normal. Die Frauen träumten nicht
von erotischen Abenteuern, sondern von einer Zeit des
Glücks zusammen mit der lieben Freundin. Dieser Traum
enthielt alle positiven Seiten einer Beziehung zwischen
zwei Menschen, ohne die Schwierigkeiten und Unannehmlichkeiten, die zwischen Mann und Frau auftreten.
Von diesen Unannehmlichkeiten war die sexuelle Beziehung zu einem Ehemann, den man nicht gewählt hatte, in
einer Zeit, in der die meisten Frauen von klein auf lernten,
die Sexualität zu verabscheuen, nicht die geringste.
Den Zeitgenossen kam es jedenfalls nicht in den Sinn, in
der romantischen Freundschaft etwas Sexuelles zu vermuten. Die Frauen konnten Hand in Hand gehen, sich öffentlich streicheln oder küssen, sogar im selben Bett
schlafen, ohne daß ihre Beziehung als erotisch galt.
Wahrscheinlich waren nur sehr wenige dieser freund-
schaftlichen Verhältnisse auch sexueller Art. Im 17. und
18. Jahrhundert wurde den ehrbaren Töchtern der Mittel-

Die Pornographie ist ein uraltes Mittel, um die Frau als ein Objekt der sexuellen Begierde zu vergegenständlichen. Im Mittelalter war der Narr ein häufiges Motiv erotischer Bilder. Im 17. Jahrhundert und auch danach noch war das Verprügeln ein beliebtes Vergnügen. Vom 18. Jahrhundert an wurden die Gemüter durch die legendäre Lüsternheit der im Zölibat lebenden Mönche erregt. Die Demütigung der Frau war immer ein beliebtes Motiv, so wie auf dem Bild, wo ein nacktes junges Mädchen gezwungen wird, Kirschen aufzusammeln, während sich die Geistlichen, Gentlemen, Gelehrten und Männer aus dem Volk daran ergötzen. Die Schöne aus dem 19. Jahrhundert posiert in ihren verführerischen Wollstrümpfen auf einer Schaukel, und das Arrangement vom Anfang des 20. Jahrhunderts trägt sadistisch-lesbische Züge.

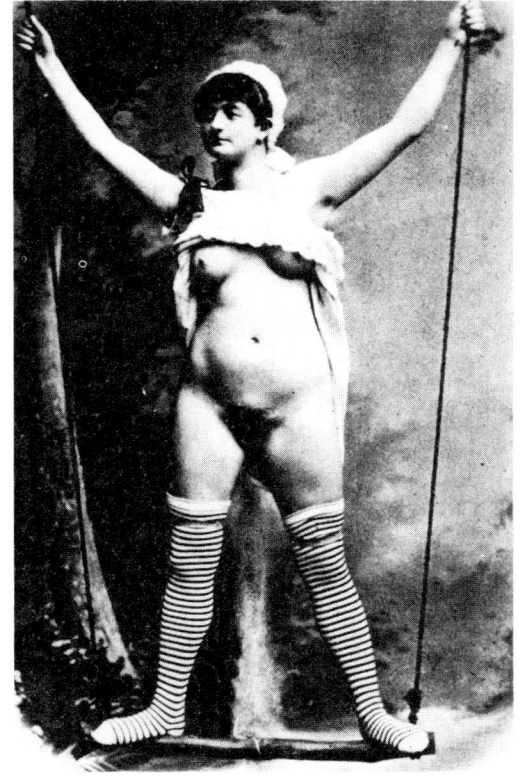
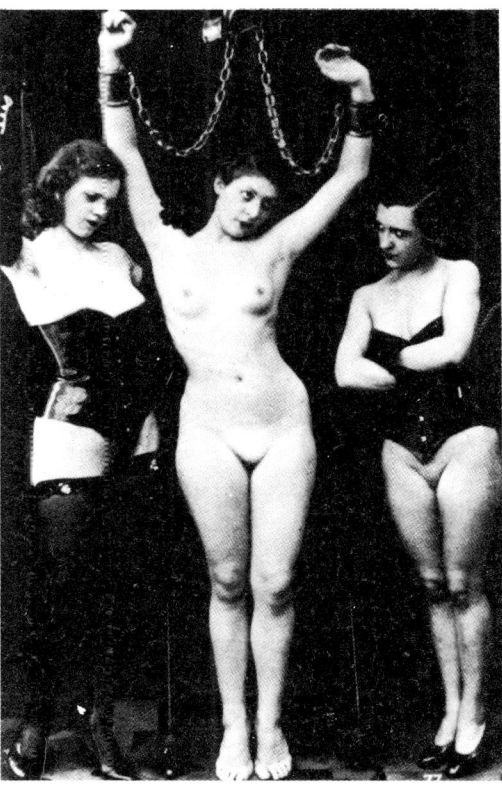

klasse schon in zartestem Alter eingeredet, sie hätten keine sexuellen Leidenschaften, und wenn doch, dann seien sie etwas Schmutziges, für das man sich schämen müsse. Auch die Männer glaubten, daß eine tugendhafte Frau keine erotische Lust kannte – der schwedische Autor August Strindberg schimpfte seine Frau eine Hure, als sie im Ehebett leidenschaftlich wurde.

Die romantische Freundschaft galt eher als Zeichen eines seriösen Charakters denn als Lesbiertum. Von lesbischen Beziehungen hatte die Gesellschaft nur ein sehr unklares Bild und keine fest umrissene Einstellung. Lesbische Liebe galt nicht als gefährlich, weil sie keine Folgen hatte, die das Erbrecht bedroht hätten.

Das Lesbiertum galt auch nicht als eine Bedrohung der Männlichkeit, denn eine Frau suchte die lesbische Liebe nur dann, wenn ihr keine Männer zur Verfügung standen. Lesben wurden mitleidig wie die Opfer einer Hungersnot betrachtet. Die Pornographie sah im Lesbiertum nur ein Mittel, das erotische Verlangen der Männer anzustacheln. Es handelte sich dabei nicht um die Liebe der Frauen, sondern um den Voyeurismus der Männer.

Die über lesbische Liebe schreibenden Männer – darüber schrieben nur Männer – konnten sich nicht vorstellen, was Frauen eigentlich miteinander machten. Sie konnten sich keine sexuelle Befriedigung ohne das Eindringen des Mannes in die Frau vorstellen. Nach kirchlicher Auffassung war die »weibliche Sodomie« nur möglich, wenn eine Frau über eine so stattliche Klitoris verfügte, daß sie eine andere Frau damit penetrieren konnte. Und es war fraglich, ob ein solches Phänomen überhaupt existierte.

Im Jahre 1811 kamen zwei Lehrerinnen einer vornehmen schottischen Schule vor Gericht. Die Großmutter einer ihrer Schülerinnen hatte sie »wegen ihres unsittlichen und verbrecherischen Verhaltens« angeklagt.

Wie es damals üblich war, schliefen die Mädchen jeweils zu zweit in einem Bett. Fräulein Marianne Woods schlief in einem der Schlafsäle im selben Bett mit einer Schülerin, und Fräulein Jane Pirie in einem anderen Schlafsaal mit einem sechzehnjährigen Mädchen. Beide Mädchen berichteten in ihren Zeugenaussagen von merkwürdigen Vorkommnissen: die beiden Fräulein hätten sich nachts gegenseitig besucht, wären aufeinandergestiegen und hätten das Bett so zum Schwanken gebracht, daß die Bettnachbarinnen nicht schlafen konnten. Außerdem hätten sie merkwürdige Sachen geflüstert, wie »Tu es, Liebling« oder »Du bist an der falschen Stelle« und dergleichen mehr.

Nach einem achtjährigen Prozeß wurden Fräulein Woods und Fräulein Pirie für unschuldig erklärt, und ihnen wurde Schadenersatz zugesprochen. Das hohe Gericht war

Die sich innig liebenden Freundinnen Madame de Staël und Madame Récamier waren Intellektuelle ihrer Zeit. Beide hatten mehrere Beziehungen zu Männern, die jedoch in ihrem Leben nebensächlich waren. Gleich nach der ersten Begegnung konnte Juliette Récamier nur noch an Madame de Staël denken. Germaine de Staël schrieb an Juliette: »Als ich Sie sah, hatte ich das Gefühl, von Ihnen geliebt zu werden wäre die Erfüllung meines Schicksals. Eigentlich würde es mir schon genügen, Sie nur zu sehen ... «

Die Vorstellungen von der lesbischen Liebe zwischen Frauen beruhen auf den erotischen Phantasien der Männer. Die Auffassungen des 18. und 19. Jahrhunderts vom Lesbiertum waren Konstruktionen der Männer, zusammengesetzt aus Angst, Haß, Voyeurismus und Erregung. Das Bild stammt aus einer Ende des 19. Jahrhunderts erschienenen Ausgabe der »Memoiren« von Casanova: der schlimmste Alptraum des Mannes ist wahr geworden, er sitzt verzweifelt mit dem Rücken zu den Damen, die sich miteinander vergnügen.

mit stichhaltigen Begründungen zu seiner Entscheidung gekommen: Es sei fragwürdig, ob es in den westlichen Ländern ein solches Verbrechen überhaupt gab, dessen die Fräulein beschuldigt wurden. Es gab kein Mittel, keinen Penis, mit dem das Verbrechen ausgeführt werden konnte. Zwei Menschen konnten sich nicht sexuell betätigen, wenn kein Mann dabei war.

Auch über den Charakter und das Betragen von Fräulein Woods und Fräulein Pirie hatten die Zeugen nur Gutes zu sagen. Sie waren zweifellos ehrbare Frauen, und wenn es Fräulein Woods und Fräulein Pirie gelungen war, den Verführungsversuchen lüsterner Männer zu widerstehen, war es vollkommen lächerlich anzunehmen, daß sie überhaupt sexuelle Leidenschaften besäßen und schon gar nicht solche, die auf Frauen gerichtet waren. Man konnte sich einfach nicht vorstellen, daß sich eine ehrbare Frau

sexuell betätigte, außer wenn sie ein Kind haben oder ihrem Ehemann gefallen wollte. Das sei, bemerkte einer der Richter, ebenso unwahrscheinlich, wie daß der Donner bei Gewitter die englische Nationalhymne spielen würde. Außerdem wußte man, daß zwischen Fräulein Woods und Fräulein Pirie eine heftige romantische Freundschaft bestand, ein edles und erhabenes Gefühl, das schließlich und endlich jede Möglichkeit der sexuellen Betätigung ausschloß.

Bis zum Ende des 19. Jahrhunderts konnten die Frauen ihre Beziehungen untereinander, auch die sexuellen, ohne den Stempel der Sünde pflegen, wie sie wollten – unter einer Bedingung. Sie mußten sich wie Frauen kleiden und wie Frauen auftreten. Alles war in Ordnung, solange sie sich nicht offen den Bräuchen und Rechten der Männer widersetzten. Auch wenn die Frauen in flagranti ertappt wurden, waren ihre Strafen mild. Im Jahre 1649 kamen Frau Norman und Mary Hammond in Plymouth vor Gericht und wurden wegen »ihres lasterhaften Verkehrs im Bett« angeklagt. Frau Norman wurde eine öffentliche Buße auferlegt, und Mary Hammond wurde überhaupt nicht bestraft. Zur gleichen Zeit und noch zweihundert Jahre danach wurden männliche Homosexuelle erhängt.

Im 16. Jahrhundert verkleidete sich eine Französin aus Frontaines als Mann und arbeitete sieben Jahre als Stallbursche. Dann bekam sie eine Stelle als Vorarbeiter eines Weinbergs, und weil ihre wirtschaftliche Lage nun gesichert war, heiratete sie eine Frau. Die Ehe dauerte zwei Jahre, bevor der von der Frau verwendete künstliche Penis entdeckt wurde. Sie wurde verurteilt und verbrannt.

Im Jahre 1720 wurde in Halberstadt Katharina Linck hingerichtet, die sich für einen Mann ausgegeben hatte. Sie hatte in vielen Armeen gedient, dann den Beruf eines Färbers ergriffen und geheiratet. Sie hatte aus Leder einen künstlichen Penis mit Hoden gefertigt und ihn beim Geschlechtsverkehr verwendet.

In den vierziger Jahren des 18. Jahrhunderts wurde Mary Hamilton ausgepeitscht, weil sie als Soldat aufgetreten war und ganze drei Frauen geheiratet hatte. In Frankreich kämpfte zur gleichen Zeit eine Henrica Schuria als Soldat, kehrte in ihre Heimat zurück – wo alle wußten, daß sie eine Frau war – und begann ein leidenschaftliches Verhältnis mit einer Witwe. Als das Verhältnis bekannt wurde, ließ man Henrica durch Hebammen untersuchen. Sie stellten fest, daß Henrica eine ungewöhnlich große Klitoris hatte. Obwohl einige sogar meinten, daß Henrica zum Tode verurteilt werden müßte, kam sie mit Auspeitschung und Vertreibung davon.

Die lesbische Liebe an sich erzeugte bei der Gesellschaft keinen Haß. Erst wenn sie mit Transvestitismus einher-

ging, bei dem eine Frau sich wie ein Mann kleidete und auch so auftrat, wurde sie streng geahndet. Es war gefährlich, den Rock mit der Hose zu vertauschen, denn es bedeutete, daß die Frau sich dieselbe Freiheit verschaffte, die der Mann hatte: zu wandern, berufstätig zu sein, eine Ehefrau zu wählen. Das Verbrechen bestand nicht in der sexuellen Abweichung sondern in der Inanspruchnahme männlicher Privilegien.

Die patriarchalische Gesellschaft begann erst dann die Gefährlichkeit der Freundschaft und Liebe zwischen Frauen zu begreifen, als die Frauen die ihnen zugewiesene Rolle in Frage stellten. Das Lesbiertum wurde erst mit der Frauenbewegung Wirklichkeit.

»Wie viele sind verdammt, weil kein ausreichend starker und autoritativer Mann in der Nähe war, um zu sagen: Vorsicht! Ein neues Laster droht, ein neuer Aussatz verbreitet sich unter euch! Weil sie nicht gewarnt wurden, konnten sie sich nicht wehren; das Laster nahm zu, der Aussatz breitete sich aus.«

Dieser Schmerzensschrei wurde in Frankreich ausgestoßen, während man in England eine neue Bedrohung des Familienglücks in Gestalt von Verhütungsmitteln heraufziehen sah. Die patriarchalische Gesellschaft hatte ein schwieriges Stadium erreicht.

Der französische Schriftsteller Honoré de Balzac äußerte wütend, daß er eher eine Frau mit Bart ertragen könne als eine, die glaubte, intelligent zu sein. Überall in Europa widersetzten sich die Ärzte der Schwangerschaftsverhütung. Die Frauen, die eine Zulassung zur Universität anstrebten, verursachten regelrechte Krawalle. Die deutsche Arbeiterbewegung begann eine riesige Kampagne, um die Frauen von der Berufstätigkeit abzuhalten, weil eine berufstätige Frau die Familie zerstöre. In der französischen Literatur wurden lesbische Liebe, Sadismus und Prostitution in einem Atemzug genannt.

471

J. R. Witzel

Das patriarchalische Denken wurde mit einer beunruhigenden Frage konfrontiert: Wenn die Frauen die Freiheit bekämen, die sie sich wünschten, warum würden sie dann heiraten?

Jedenfalls nicht aus sexuellen Gründen und offensichtlich auch nicht wegen der Kinder, denn der Kampf um die Empfängnisverhütung und die sinkenden Geburtenziffern zeigten, daß keineswegs alle Frauen Kinder haben wollten.

Und auch nicht um eines Zuhauses oder um der Kameradschaft willen: die Zeitgenossen fürchteten, daß eine Frau die befriedigendste Form des Zusammenlebens nur mit einer anderen Frau finden konnte. In diesem Gedanken waren die Frauen sogar bestärkt worden, als er noch als ungefährlich galt.

Die einfachste Antwort wäre natürlich gewesen: aus Liebe und Achtung. Diese Gefühle wären möglich geworden, wenn man die Geschlechter aneinander gewöhnt und ihnen beigebracht hätte, sich gegenseitig zu respektieren. Statt dessen widersetzte man sich der Frauenbewegung und den Frauenrechten mit allen erdenklichen Mitteln.

Ein Mittel war, die Freundschaft zwischen Frauen für gefährlich zu erklären. Die Frauen unterstützten sich gegenseitig in ihrem Kampf für die Freiheit. So wurde das, was früher edel und erhebend gewesen war, im Handumdrehen »unnormal«, als es die Machtstrukturen der patriarchalischen Gesellschaft zu bedrohen begann.

Von den siebziger Jahren des 19. Jahrhunderts an entdeckte die Psychologie eine als Folge von Verfall und Neurosen entstandene »angeborene Abart«: die Frau, die immer ein Mann hatte sein wollen und sich von Frauen angezogen fühlte. Diese Eigenschaft war nicht etwa Ausdruck des Bestrebens, sich von dem eingeschränkten, langweili-

Die Zuneigung romantischer Freundinnen basierte auf dem Respekt und der Bewunderung, die man angesichts der Intelligenz und des feinen Charakters eines geliebten Menschen empfinden kann – ein Phänomen, das in den Beziehungen zwischen Frauen und Männern praktisch unbekannt war. Ein Traum romantischer Freundinnen, der meistens nicht in Erfüllung ging, war, fern der bösen Welt miteinander zu leben. Wie weit die körperliche Liebe ein Bestandteil der romantischen Freundschaft war, ist schwer zu sagen; die Zeitgenossen jedenfalls kamen überhaupt nicht auf die Idee, die physische Liebe mit der romantischen Freundschaft in Verbindung zu bringen. Die gegenseitige Freundschaft und Liebe der Frauen wurde erst mit der Frauenbewegung zum unmoralischen Lesbiertum, als die emanzipierte Frau als bedrohlich und gefährlich empfunden wurde.

gen Leben einer Frau zu befreien. Sie war eine Krankheit. Die Sexologen bestätigten diesen Gedanken mit Freuden: das Lesbiertum war nicht viel anders als eine Geisteskrankheit. Die Theorie paßte ebenso hervorragend zu dem patriarchalischen Denken wie die Erfindung des Penisneids durch Freud.

In der zweiten Hälfte des 19. Jahrhunderts wurde ständig versucht, aktive Frauen an den Herd zurückzutreiben, indem man sie lesbischer Neigungen beschuldigte. Erst die Frauenbewegung der sechziger Jahre unseres Jahrhunderts konnte diesem Vorwurf begegnen, indem sie erklärte, daß die lesbische Liebe eine angenehme Beschäftigung sei.

Der üble Ruf des Lesbiertums stammt von den französischen Schriftstellern des 19. Jahrhunderts, die die Spießbürger ihrer Zeit aufschrecken wollten. Das Schockierendste, was sie sich vorstellen konnten, war ein sexuelles Verhältnis zwischen Frauen, und sie beschrieben es ihren Lesern in den denkbar düstersten Farben – kaum einer von ihnen wird wirklich etwas darüber gewußt haben. Das

Thema der Romane änderte sich: wo früher der grausame Verführer das junge Mädchen ins Verderben gestürzt hatte, da verlor nun ein junger Liebhaber die Auserwählte seines Herzens an eine rücksichtslose, lasterhafte Lesbierin. Als besonders empfänglich dafür wurden die Prostituierten beschrieben, weil die Männer sie schlecht behandelten. Das Lesbiertum galt als ein Laster der rauchigen, heruntergekommenen Kneipen, des Absinths und des billigen Parfüms, der Syphilis und der Tuberkulose.

Sehr viele Menschen schenkten den unsinnigsten Beschreibungen des Lesbiertums Glauben. Innerhalb von einigen Jahrzehnten wurde die sexuelle Liebe zwischen Frauen zu einer ebenso verfolgten und gefürchteten Erscheinung wie die Homosexualität der Männer.

Die gegenseitige Angst und das Mißtrauen spielten in der Geschichte der Beziehungen zwischen den Geschlechtern eine mindestens ebenso große Rolle wie die von den Reformatoren geforderte ideale Achtung und Harmonie – und alle harmonischen Beziehungen zwischen Mann und Frau beruhten auf der Voraussetzung, daß die Frau bereit war, sich zu unterwerfen. Die ganze Vorstellung von der Liebe und dem gemeinsamen Leben der Geschlechter ging davon aus, daß die Frau den Mann als ein höheres Wesen anerkannte.

Dieser Zustand kann sich erst dann ändern, wenn die Geschlechter gleichberechtigt zusammenleben und lernen, die Denkweise des anderen zu verstehen und die Ansichten des anderen zu respektieren.

Mein eigener Körper

Im Laufe der Geschichte hat der Körper des Mannes dann im Mittelpunkt des Interesses gestanden, wenn er Soldat werden sollte oder für ein Verbrechen bestraft wurde. Im übrigen gehörte der Körper des Mannes ihm selbst, und er war absolut unantastbar; die kleinste kränkende Berührung genügte als Anlaß für ein Duell, das zum Tod des einen oder des anderen Kontrahenten führen konnte.

Der Körper der Frau hat nie ihr selbst gehört. Viele haben über ihn geherrscht, viele ihn gefordert. Er ist jahrtausendelang ein Gegenstand von Erörterungen, Aberglauben, Vorurteilen, Verachtung und Bewunderung, Peinigung und Verehrung gewesen. Sehr häufig ist die Frau überhaupt nicht als eine selbständige Person betrachtet worden. Ihr Körper war ein Mittel zur Fortpflanzung oder ein Gefäß, mit dem der Mann seine Begierden befriedigte.

Die freie Bewegung von Frauen und Kindern wurde durch Korsetts und Wickel behindert. Der kleine Herzog von Berry und seine Amme am französischen Hof gegen Ende des 17. Jahrhunderts sind auf ähnliche Weise gebunden, die Amme durch das Korsett, das als schön galt, und das Kind durch den Wickel, der als gesund galt.

»Obwohl die Dauer der Menstruation je nach Rasse, Charakter und Gesundheitszustand stark variiert, kann man sagen, daß die Frauen aus diesem Grund zwei Tage im Monat oder ungefähr einen Monat im Jahr krank sind. Während dieser Tage sind die Frauen zu geistiger und körperlicher Arbeit nicht geeignet. Sie leiden an Schlappheit und Depression, weshalb sie weder denken noch handeln können, und es ist äußerst fraglich, ob sie überhaupt verantwortliche Menschen sind, solange die Krise andauert... Michelet definiert die Frau als eine Invalidin. Das ist sie auch zweifellos im Vergleich zum Mann. Bei der intellektuellen Arbeit hat der Mann die Frau immer übertroffen und wird es immer tun, aus dem ganz offensichtlichen Grund, daß die Natur seine Gedanken und Beschäftigungen nicht immerfort unterbricht.«

Auch in der Familie des Verfassers des obigen Textes, eines berühmten Arztes, schleppte das Dienstmädchen Tag für Tag Wasser und Kohlen, und es kam dem Hausherrn gar nicht in den Sinn, ihr wegen der Menstruation zwei freie Tage im Monat zu geben. Dagegen war die Menstruation ein brauchbarer Grund, wenn man die Zulassung der Frauen zu den Universitäten oder ihren Zugang zum Berufsleben verhindern wollte.

Die Kenntnis der Menschen von der Fortpflanzung war gering und basierte auf den phantastischsten Geschichten und auf der Volkstradition. Auch als das Mikroskop eine rasche Entwicklung der Medizin ermöglichte, wurde hartnäckig an den alten Vorurteilen und an den angeblich auf der Wissenschaft basierenden Moralvorstellungen festgehalten.

Noch im 19. Jahrhundert waren viele Ärzte bereit, die Frau während der Menstruation als unrein zu betrachten. Ernsthaft wurde über die Frage diskutiert, ob das Fleisch das Salz auch ordentlich aufnehme, wenn die Köchin ihre Periode hat. Nach der »wissenschaftlichen« Auffassung war die Menstruation überflüssige Nahrung, die die Frau genossen hatte und die in Form von Blut wieder ausgeschieden wurde. Noch im Jahre 1878 behauptete ein bedeutender Arzt, daß die Menstruation einsetze, weil die Mädchen schneller wachsen als die Knaben.

Im Jahre 1845 entdeckte man, daß der Eisprung ohne äußeren Auslöser erfolgt. Früher hatte man gemeint, der Eisprung sei eine Folge des Geschlechtsverkehrs. Man glaubte, daß die beste Zeit für die Zeugung eines Kindes einige Tage vor und nach der Menstruation sei, also die Zeit, die wir heute als die unfruchtbaren Tage betrachten. Man glaubte, die Menstruation entspreche der Läufigkeit der weiblichen Tiere, für die man nur Abscheu und Widerwillen empfand. Die Menstruation war eigentlich eine Krankheit: in dieser Zeit sollte die Frau schwerverdauli-

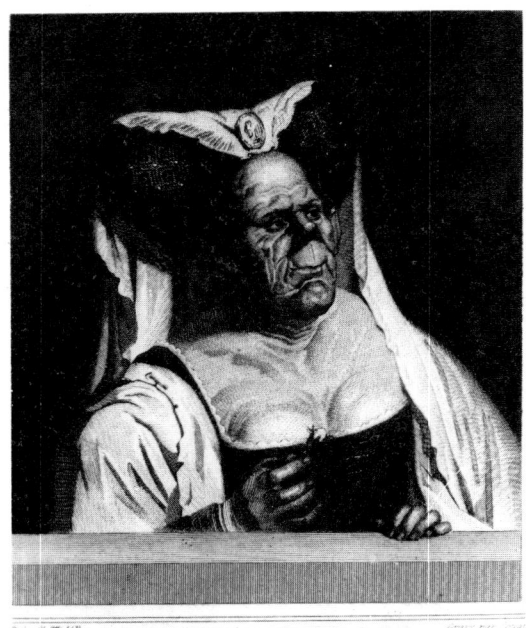

ches Essen, Tanzen in einem warmen Raum, alles Kalte und Nasse sowie plötzliche Gefühlsbewegungen vermeiden.

Berichte über die Einstellung der Frauen zur Menstruation liegen uns nicht vor.

In vielen Kulturen wird die Frau für die Zeit der Menstruation von der Gemeinschaft isoliert. In Europa bestanden noch im 18. Jahrhundert Zweifel daran, ob es für eine menstruierende Frau schicklich war, zum Abendmahl und überhaupt in die Kirche zu gehen. Einen Nachklang dieses alten Tabus gibt es vielerorts immer noch bei der Diskussion über die Frage, ob Frauen zum Priesteramt zugelassen werden sollen.

Unter ihren weiten Röcken, Unterröcken und Reifen trugen die Frauen keine Unterhosen – die vielen Stoffschichten wärmten genügend und verdeckten eventuelle Gerüche. Als Menstruationsbinden wurden verschiedene Arten von Windeln und Lappen benutzt, die gewaschen und wiederverwendet wurden. Die Wegwerfbinde, die im Jahre 1920 auf den Markt kam, bedeutete eine entscheidende Erleichterung bei der Beherrschung der Menstruation. Die Binde wurde nicht für Frauen erfunden; als nach dem Ende des Ersten Weltkrieges kein Bedarf an Wundverbänden mehr bestand, entdeckten geniale Geschäftsleute eine neue Verbrauchergruppe.

Die männlichen Ärzte bestimmten, was die Menstruation war und wie man sich zu ihr zu stellen hätte, und im Laufe der Neuzeit bemächtigten sie sich auch der Geburt, des zentralen Ereignisses der Frauenkultur.

Das Aussehen der Frau hat auf ihr Leben im Laufe der ganzen Geschichte stets mehr Einfluß gehabt als das Aussehen des Mannes auf dessen Leben. Weil die Frau vom Mann abhängig war, mußte sie versuchen, ihm auch äußerlich zu gefallen. Die Schönheit war für die Frau eine wichtigere Eigenschaft als jede andere mit Ausnahme der Tugend. Eine häßliche Frau war lächerlich oder bemitleidenswert. Eine schöne Frau konnte immer damit rechnen, daß ihre Schönheit irgendwelche Vorteile brachte.

Weiblichen Ärzten wurde bereits im 14. Jahrhundert verboten, ihren Beruf auszuüben. Die Hebammen und Kräuterfrauen fielen bei den Hexenverfolgungen dem allgemeinen Vernichtungsrausch zum Opfer. Im Handbuch der Hexentheorie »Der Hexenhammer« heißt es: »Der katholische Glaube hat keine gefährlicheren Feinde als die Hebammen.« Man vermutete, daß die Hebammen nicht nur bei der Entbindung halfen, sondern auch Abtreibungen vornahmen und die Frauen bei der Empfängnisverhütung berieten. Die Religion billigte jedoch keinerlei Eingriffe in den von Gott gewollten Fortpflanzungsprozeß. Deshalb »übertrafen die Hebammen alle anderen Menschen an Bosheit« und mußten vernichtet werden.

In der Neuzeit hatte die Hebamme deshalb einen schlechten Ruf: sie war trunksüchtig, geldgierig und schmutzig. Kein ordentlicher Mensch wollte Hebamme werden, diesen Beruf ergriffen nur ehemalige Verbrecherinnen und Prostituierte. Obwohl es unter den Hebammen zweifellos viele kenntnisreiche und geschickte Geburtshelferinnen gab, wie die französische Lehrbuchautorin Louise Bourgeois im 17. Jahrhundert, richtete sich ihr Ruf nach der unwürdigsten Vertreterin dieses Berufsstandes. Im 17. Jahrhundert begannen männliche Hebammen und Ärzte, den wohlhabenden Frauen bei der Entbindung zu

Die spanische Mode des 16. Jahrhunderts gab dem Körper der Frau die Form eines Stundenglases. Der Körper wurde in der Schulterpartie durch falsche Ärmel vergrößert, die von den Schultern herabhingen und riesig sein konnten. Der Hals war von einer Halskrause umgeben, deren Durchmesser einen halben Meter betragen konnte; der Kopf ruhte darauf wie auf einem Teller.

Vom Beginn der Neuzeit an wurde der Unterkörper der Frau durch verschiedene Staffagen modelliert. Auf dem Bild aus dem 16. Jahrhundert tragen die Frauen Masken und binden sich ein dickes, wurstförmiges Polster um den Leib, das die Hüften unnatürlich betont. Im 17. Jahrhundert werden Gestelle verkauft, die die Frauen unter dem Rock tragen. Im 18. Jahrhundert wird der Rock durch unglaublich breite Reifen gestützt: hinten ist der Rock flach, aber auf den Seiten ist er so breit, daß die Frau seitlich durch die Tür gehen muß. Im 19. Jahrhundert liegt die Taille weiter oben, und der Körper wird befreit, bald aber doch wieder in eine ballonartige Krinoline gezwängt. Die Krinoline wurde durch große, runde Reifen gestützt. Nach der Krinoline wurde der Rock mit Hilfe einer Turnüre hinten dick ausgefüllt, und dann kam ein schmaler, sich nach unten verbreiternder Rock.

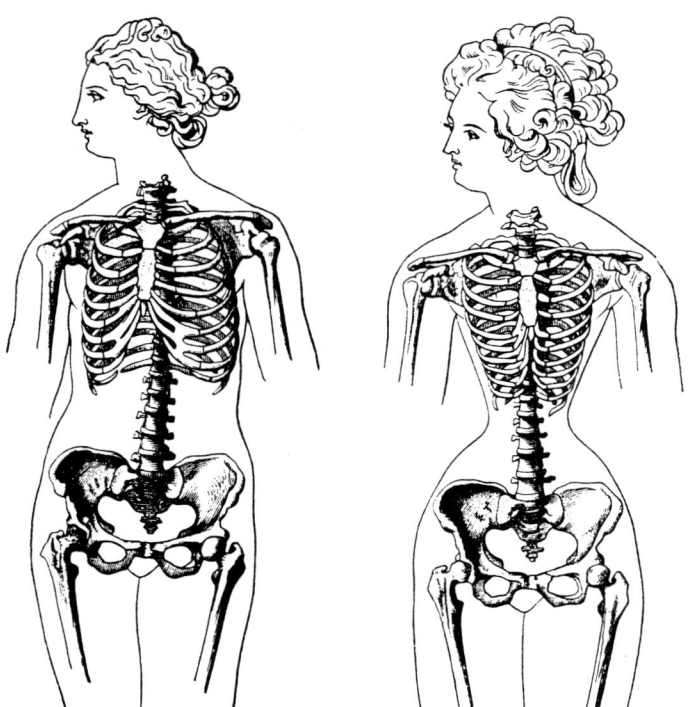

Nach der freien und lockeren Kleidung des Mittelalters begann man, den Körper der Frau immer unnatürlicher zu verformen. Die Frau wurde mit Korsett und Krinoline gefesselt, während ihr ohnehin schon geringer Anteil am öffentlichen Leben gleich Null wurde und sie selbst zu Hause nur noch Dienerin ihres Mannes war. Der Oberkörper der Frau wurde durch ein Korsett geformt, das mit Bändern fest geschnürt wurde, damit die Taille möglichst schmal wirkte. Der Busen wurde je nach der Mode durch das Korsett entweder plattgedrückt oder hochgehoben. Meistens galten die Brüste als wichtige Geschlechtsmerkmale und wurden betont. Zu Beginn der Neuzeit konnten die Männer

helfen. Die Geburt verlor zunehmend den Charakter eines sozialen Ereignisses, den sie früher gehabt hatte. Die übertriebene Schamhaftigkeit des 19. Jahrhunderts machte aus der Entbindung ein »unschickliches« Ereignis, auf das im Gespräch nur indirekt angespielt werden konnte.

Mit der Wertschätzung für Florence Nightingale und die Krankenschwestern kam es auch zu einer Neubewertung des Berufs der Hebamme. Die allgemeine Besorgtheit wegen der Kindersterblichkeit und die anspruchsvolle Ausbildung der Hebammen führten dazu, daß die Wehmütter in den Dörfern bald der Vergangenheit angehörten.

Die Behandlung der Frauenkrankheiten war ebenso vom Aberglauben geprägt wie die der anderen Krankheiten. Die Gebärmuttersenkung, die häufig bei Frauen mit mehreren Kindern auftrat, wurde wohl auch auf die vielen Schwangerschaften und Fehlgeburten, vor allem aber auf die übermäßige Feuchtigkeit der Genitalien zurückgeführt. Das Leiden wurde gemäß der traditionellen Theorie von der »wandernden Gebärmutter« behandelt: die Frau mußte wunderbare Düfte schnuppern, damit die Gebärmutter nach oben stieg. Unten mußte sie sich mit übelriechenden Salben einreiben, damit diese die Gebärmutter nach oben trieben. Die Därme durften nicht gespült werden, aber das Erbrechen tat gut. Außerdem wurde ein Ball verwendet, der in die Scheide geschoben wurde und die

frei die Brüste einer jeden Frau streicheln, obwohl die Handbücher für das gute Benehmen die Frauen vor zu viel Duldsamkeit warnten, weil dergleichen zu Vertraulichkeiten führen könnte. Im 18. Jahrhundert war am französischen Hof das große Dekolleté Mode, wie es die Geliebte Ludwigs XIV., die Herzogin von Fontanges, auf dem Bild zeigt. Die Mutigsten entblößten bei ihrem Feststaat eine Brust oder beide. Schwindler bereicherten sich, indem sie Frauen Salben verkauften, die angeblich die Brüste größer und fester machten. Wegen der großen sexuellen Bedeutung der Brüste war es nicht verwunderlich, daß viele Frauen sich weigerten, ihre Kinder zu stillen, um ihren Busen schön zu erhalten.

Gebärmutter an ihrer richtigen Stelle hielt. Der Ball diente auch zur Empfängnisverhütung.

Im 19. Jahrhundert glaubte man, daß die meisten Frauenkrankheiten ihren Ursprung in der Gebärmutter hätten. Die Pessare, die es in vielfältigen Formen gab, wurden als Heilmittel bei allen möglichen Krankheiten von Entzündungen bis zur Unfruchtbarkeit verwendet. Obwohl in pornographischen Publikationen das Pessar als ein Verhütungsmittel angepriesen wurde, behaupteten viele Ärzte allen Ernstes, daß es keinerlei Einfluß auf die Befruchtung habe.

»Meine Herren, als Ärzte sind wir oft Wächter der weiblichen Tugend. Unsere Patienten vertrauen uns ihre delikatesten Probleme an; wir kennen die Geheimnisse vieler Familien. Die Menschen vertrauen uns, respektieren uns, lieben uns sogar, weil wir uns den Traurigen und Kranken mit Sorgfalt und Freundlichkeit zuwenden. Können wir jetzt schweigen, wo man versucht, in unseren glücklichen Familien unmoralische Sitten einzubürgern, die von Natur aus ekelhaft und erniedrigend sind? Als Ärzte, als moralische und christliche Männer wollen wir uns jedem widersetzen, der etwas so Schmutziges, Gemeines und Ekelhaftes vorschlägt.«

Was war das für eine abscheuliche Unsitte, die da absichtlich in den begüterten, wohlbehüteten Familien der Mittelklasse verbreitet werden sollte?

Zu Beginn des 19. Jahrhunderts legte der Volkswirtschaftler Thomas Malthus seine Bevölkerungstheorie vor: die Bevölkerung wird stets schneller wachsen als die zur Verfügung stehende Nahrungsmenge. Malthus selbst wußte keinen anderen Rat zur Beseitigung dieses Problems als späte Heirat und Enthaltsamkeit im Ehebett. Aber die Bevölkerungstheorie brachte zum ersten Mal die Frage der Empfängnisverhütung in die öffentliche Diskussion.

Der christliche Glaube betrachtete sowohl die Verhinderung einer Befruchtung als auch den Schwangerschaftsabbruch als Sünde. Es ist möglich, daß die Kräuterfrauen des Mittelalters einige Mittel zur Verhütung der Schwangerschaft kannten wie den in Essig getränkten Wollbausch, der in die Scheide geschoben wurde. Durch die Hexenverfolgungen gingen die wirksamen wie die unwirksamen medizinischen Kenntnisse der Frauen nahezu vollständig verloren.

Aus Tierdarm gefertigte Kondome waren schon im 17. Jahrhundert bekannt, jedoch sollten sie ihren Träger vor allem vor Geschlechtskrankheiten schützen. Trotzdem gehörten sie nicht zu den medizinischen Mitteln, sondern wurden von Pornographiehändlern verkauft. Im 19. Jahrhundert waren mit Ausnahme der Antibabypille schon alle heute verwendeten Verhütungsmittel bekannt: das Kondom aus Gummi, das Pessar und ein Gegenstand, der in die Gebärmutter eingeführt wird. Da aber Religion und Medizin die Empfängnisverhütung strikt ablehnten, wurden einschlägige Informationen nur durch die Produzenten pornographischer Artikel verbreitet und erreichten so nur einen kleinen Teil der Bevölkerung. Das am häufigsten gebrauchte Verhütungsmittel war der Koitus interruptus, der sehr unzuverlässig war.

Die Empfängnisverhütung war nicht nur eine Frage der Moral. Viele Ärzte verknüpften sie auch mit der Hygiene. »Der sexuelle Mißbrauch und die gemeinsame Selbstbefleckung der Ehegatten« verursachte nicht nur Kinderlosigkeit und Krebs, sondern auch Nymphomanie und Geisteskrankheiten, die zum Selbstmord führten.

Hinter dem Widerstand gegen die Verhütungsmittel steckte jedoch die entscheidende Frage: Wie konnte man die Treue der Frauen kontrollieren, wenn die Sünde keine Spuren hinterließ? Sogar unverheiratete Frauen könnten ungestraft von der verbotenen Frucht essen. Die Medizin stellte den Männern eine besorgniserregende Frage: Wie kannst du sicher sein, daß nicht gerade deine zukünftige Frau die Freuden des Leibes mit einem anderen Mann genossen hat?

Die Volkszählung im Jahre 1911 in England zeigte, daß die Ärzte selbst keine Angst vor der gegenseitigen »Befleckung der Ehegatten« hatten, die zu einer Geisteskrankheit führten. Die Ärzte hatten die kleinsten Familien.

Die Frau machte sich im 15. Jahrhundert durch eine Kopfbedeckung, im 17. Jahrhundert durch eine Fontagne und im 18. Jahrhundert durch hohe, gepuderte Frisuren größer. Wenn man groß wirken wollte, trug man hohe Absätze, und wenn die Mode Zierlichkeit gebot, trug man winzige Pantoffeln oder Sandalen.

Die Anhänger der Geburtenregelung mußten wie religiöse Märtyrer für ihre Sache vor Gericht Zeugnis ablegen und sogar ins Gefängnis gehen. In den USA wurde die Empfängnisverhütung in der zweiten Hälfte des 19. Jahrhunderts für ungesetzlich erklärt, in vielen europäischen Ländern, zum Beispiel in Frankreich, zu Anfang des 20. Jahrhunderts. Als wichtigster Grund dafür wurde die Sorge um die Abnahme der Bevölkerung angegeben. Da das Verbot der Empfängnisverhütung jedoch nur die illegalen Abtreibungen und keineswegs die Bevölkerung vermehrte, ist anzunehmen, daß dahinter der uralte Wunsch steckte, die Frau daran zu hindern, über ihren eigenen Körper zu verfügen. Eben darum handelt es sich auch bei der Einstellung zum legalen Schwangerschaftsabbruch, dem bis auf den heutigen Tag mit den verschiedensten religiösen, moralischen und bevölkerungstheoretischen Argumenten Widerstand entgegengesetzt wird. Und doch hat man immer sehr wohl gewußt, daß die Alternative zum legalen Schwangerschaftsabbruch nicht das Kind, sondern der illegale Eingriff eines Kurpfuschers ist.

Das Recht der Frau zu entscheiden, ob sie gebären will oder nicht, ist immer eingeschränkt worden. Das Abtreibungsverbot der Kirche hatte keine große Bedeutung, als der Kindesmord das hauptsächliche Mittel zur Verlangsamung des Bevölkerungswachstums war, um das sich weder ein kirchliches noch ein weltliches Gericht kümmerte. In Nürnberg wurde bis zum Jahre 1499 kein einziger Kindesmörder verurteilt. Im Laufe der beiden folgenden Jahrhunderte stieg der Anteil der Kindesmörder an allen zum Tode Verurteilten auf knapp ein Fünftel. Das bedeutete aber nicht, daß die ehrbaren Nürnberger im Mittelalter keine Kleinkinder zu Engeln gemacht hätten. Die Einstellungen änderten sich, und vielleicht verschwanden auch die alten Kenntnisse von der Empfängnisverhütung.

Kurpfuscher, die Abtreibungen vornahmen, »Engelmacher«, gab es überall. Ihre Dienste wurden um den Preis ihres Lebens von Frauen aller Gesellschaftsschichten in Anspruch genommen. Daß sie auf die Hilfe von Kurpfuschern angewiesen waren, verdeutlicht in krassester Weise die beschränkten Möglichkeiten der Frauen, über ihren Körper selbst zu verfügen.

Zu der Zeit, wo die Frau noch als Besitz ihres Vormundes oder Ehemannes betrachtet wurde, nahm man es mit der Vergewaltigung von Frauen sehr genau. Im schwedischen Landrecht aus dem Jahre 1442 heißt es: »Wenn jemand eine Frau mit Gewalt beschläft und auf frischer Tat ertappt wird und zwölf Männer dies bezeugen, hat der Amtsrichter sofort den Botschaftsstab einzukerben und eine Gerichtsverhandlung anzuberaumen und den Mann zum Tode durch Enthaupten zu verurteilen; er soll es nicht auf

Mariazo di Padova

Das Gesicht und die Haare wurden durch Farben verändert. Die berühmten blonden Haare der Venezianerinnen entstanden dadurch, daß die Haare mit Kräuterabsud gewaschen und an der Sonne getrocknet wurden.

In vielen Ländern war die Aufklärung über Empfängnisverhütung gesetzlich verboten. Diese deutschen Anzeigen für Verhütungsmittel sind von Pornographiehändlern aufgegeben worden. Während die Überbevölkerung der Erde immer augenfälliger wurde, war die Einstellung zur Empfängnisverhütung ähnlich wie die zur Unzucht oder zur Onanie. Die römisch-katholische Kirche billigt auch heute noch als einziges Verhütungsmittel nur die sogenannten unfruchtbaren Tage.

später verschieben. Wer für den Mann ein Lösegeld annimmt, soll vierzig Mark Bußgeld an den König zahlen und das Lösegeld herausgeben; davon soll eine Hälfte die Frau und die andere der König bekommen. Wenn der Mann nicht in flagranti bei der Tat ertappt wird, derer die Frau ihn beschuldigt, indem sie behauptet, daß er mit Gewalt seinen bösen Willen durchgesetzt habe, oder sagt, daß der Mann mit ihr gekämpft habe, aber seinen Willen nicht habe durchsetzen können, und wenn es zu sehen ist, daß die Kleidung des Mannes oder der Frau zerrissen ist und sie blaue Flecke oder Wunden haben, oder wenn Schreie und Hilferufe zu hören sind, haben die Schöffen des Gerichts die Angelegenheit zu klären und zu untersuchen. Wenn sie den Mann für schuldig erklären, hat er den Friedensschwur verletzt.«

Die Frau brauchte also für die Verhandlung einer Anklage wegen Vergewaltigung eindeutige Beweise. Der Mann konnte durch ein Lösegeld von dem Todesurteil freigekauft werden. Meistens wurde das Lösegeld von den Verwandten aufgebracht. Das Lösegeld für eine Vergewaltigung war das gleiche wie für die Verführung eines ehelich geborenen Mädchens. So gesehen handelte es sich nicht um eine Gewalttat gegen eine Frau, sondern darum, daß der Besitz ihres Vormundes eine Wertminderung erlitt.

Andererseits enthält die Gesetzesstelle über die Vergewaltigung einen Paragraphen, der zu der Denkweise der Zeit in krassem Gegensatz steht: »Wenn jemand eine Frau vergewaltigt und die Frau ihn auf der Stelle tötet und zwölf Männer dies bezeugen, wird die Frau nicht bestraft.«

Die Frau hatte also eine »Ehre« zu verteidigen. Sie durfte ihren Vergewaltiger legal töten, wenn sie es unmittelbar nach der Vergewaltigung tat. Hier handelt es sich nicht mehr um einen Gegenstand, sondern um einen Menschen, der gekränkt worden ist.

Ein durch Vergewaltigung gezeugtes Kind stellte zu der Zeit, als die Abtreibung verboten war, ein Problem dar. Das Kind hatte unter der Schande zu leiden wie jedes andere uneheliche Kind. Es beerbte niemanden, und das Gesetz sagte nichts darüber aus, wer verpflichtet war, für ein solches Kind aufzukommen. Vermutlich wurden diese Unglücklichen ausgesetzt oder durch mangelhafte Betreuung umgebracht.

Die Vergewaltigung ist auch heute noch ein besonderes Verbrechen insofern, als die Beweislast beim Opfer liegt. In der Vergangenheit war es für ein Dienstmädchen zum Beispiel unmöglich, den Hausherrn der Vergewaltigung zu beschuldigen, denn sie konnte nicht beweisen, daß sie den Mann nicht zu der Tat provoziert hatte, wenn er das behauptete. Das Gesetz kannte auch keine Nötigung und Bedrohung bei Vergewaltigung.

485

Im Jahre 1853 gebar die
englische Königin Viktoria ihr
achtes Kind, Leopold, den
Herzog von Albany. Die
Geburt verlief insofern ungewöhnlich, als dabei der Königin Chloroform verabreicht
wurde. Viktoria sagte, daß es
ein gesegnetes Mittel und
seine Wirkung wunderbar
und beruhigend war. Ihr Arzt
teilte mit, daß sich die Königin schneller von der Geburt
erhole als jemals zuvor. Trotz
der Erfahrungen der Königin
widersetzten sich vor allem
die Geistlichen der Linderung
der Geburtsschmerzen. Sie
hielten das Chloroform für
eine Intrige des Satans, die
den Frauen anscheinend hilft,
aber schließlich die Gesellschaft verhärtet und Gott um
die heftigen Schreie bringt,
die in den Augenblicken des
Schmerzes an ihn gerichtet
werden. Viktoria, die eine
außerordentlich religiöse
Frau war, entschied als Oberhaupt der anglikanischen Kirche anders, und unzählige
Frauen folgten ihrem Beispiel.
Die Linderung der Geburtsschmerzen verbreitete sich
jedoch langsam, und es gibt
immer noch nicht überall in
Europa die Möglichkeit der
schmerzlosen Entbindung.

Der Ehemann hat immer das Recht gehabt, seine Frau zu
vergewaltigen und zu mißhandeln. Auch heute noch ist
die Vergewaltigung kein Verbrechen, wenn sie vom Ehemann begangen wird oder wenn das Opfer keine Anklage
erhebt. Die Gesellschaft gewährt der Frau immer noch
keine absolute körperliche Unantastbarkeit, die es zu respektieren gilt.
Im Weltmaßstab gesehen, können nur sehr wenige Frauen
selbst über ihren Körper verfügen, und vielerorts müssen
sie dieses Recht ständig verteidigen. Es sieht so aus, als
könnte nur eine wirtschaftliche Katastrophe, eine gewaltige Überbevölkerung des Erdballs, der Frau zu dem Recht
verhelfen, selbst zu entscheiden, ob sie Kinder gebären
will oder nicht.
Das Recht auf den eigenen Körper ist ein so entscheidender Faktor bei der Selbständigwerdung der Frau, daß der
auf seine Macht bedachte Patriarch ihr dieses Recht nur
unter Zwang einräumt.

Du, meine Schwester

Der Beitrag des Christentums zu der einzigartigen Stellung der europäischen Frau unter allen Kulturen der Welt ist bedeutend.

Das Christentum geht von der geistlichen Gleichberechtigung aller Menschen aus. Es fordert von jedermann persönliches Bemühen um das eigene Heil. Bei aller Intoleranz und allem Frauenhaß verhält es sich zur Frau doch wie zu einem denkenden Menschen, der selbst für seine Seele verantwortlich ist. Diese Auffassung von der Frau als einem intelligenten, verantwortlichen Menschen reifte langsam im Verlauf von fast zweitausend Jahren heran. Sie ließ sich verwirklichen, als sich die europäische Frau im Laufe des 19. Jahrhunderts von der Vormundschaft des Mannes befreite. Es ist möglich, wenn auch nicht sicher, daß die Ägypterin keinen Vormund hatte. Von den Kreterinnen wissen wir es nicht. Sicher ist, daß die Europäerin des 20. Jahrhunderts ein mündiger Mensch ist – vielleicht zum ersten Mal in der Geschichte der Frau.

Was dachten sie, meine fremden Schwestern in ihren Schlössern, Rauchstuben oder Kammern? Was überlegten sie, wenn sie spannen, Bier brauten, ein eigenes oder fremdes Kind stillten? Habe ich überhaupt eine Möglichkeit, sie zu verstehen?

Sie schwiegen jahrhundertelang. Sie galten als Töchter des Satans, deretwegen der Erlöser der Welt sterben mußte. Sie waren Gegenstände, mit denen ihre Familien Tauschhandel trieben. Sie hatten die Aufgabe, zu arbeiten und zu gebären. Die Stille wurde nur wenige Male gebrochen: als Anna Komnena, die byzantinische Prinzessin, die Geschichte ihres Vaters schrieb, als Beatrice, die Gräfin von Dia, ihrem Geliebten sang, als Guillaumette Benet, eine Bäuerin aus den Pyrenäen, um ihre Tochter trauerte.

Ihre Taten sprechen für sie. Sie sind leidenschaftlich in ihrem Glauben, bereit, im Feuer und im Wasser für ihren Gott zu sterben. Sie gebären ein Kind und begraben es, trauern eine Weile und gehen wieder an die Arbeit, denn der Hunger kennt kein Trauerjahr. Sie sind flink genug, um sich zu bücken und hier und dort ein paar Pfennige aufzulesen, Eier zu verkaufen und Wolle zu kaufen, Garn zu verkaufen und Schuhe zu kaufen. Sie kochen, versorgen, flicken, nähren, waschen. Von ihrer Rührigkeit hängt das Leben der Familie ab.

Sie können ebenso böse sein und murren, betrügen und schlagen wie ihre Ehemänner. Obwohl sie unterdrückt sind, sind sie für ihre Männer unersetzlich: zu Hause, bei der Arbeit und im Geschäft. Wenn sie jung sind, sind sie

schwache, arme Frauen, aber wenn sie älter werden, sind
sie mächtige Stammütter.

Und später, wenn ihre Stimme in Büchern, Briefen und
Tagebüchern vernehmlich wird? Wie ist die Frau in ihren
vier Wänden, was ist sie für eine Gattin und Mutter? Was
erwartet, wünscht und fürchtet sie?

Sie erwartet die Ehe, einen gutmütigen Mann und wirtschaftliche Sicherheit. Sie wünscht sich Kinder, hat aber
Angst vor Geburten. Sie will eine fleißige und demütige
Ehefrau sein, und meistens fällt es ihr leicht, ihren Mann
zu lieben und zu respektieren, weil sie schon früh dazu
erzogen worden ist. Und wenn sie tut, was von ihr erwartet
wird, Kinder gebiert und sich um den Haushalt kümmert,
hilfsbereit, freundlich und sparsam ist, wird sie von ihrem
Mann und ihrer Umgebung respektiert. Sie ist mit ihrem
Los zufrieden, genießt ihre Arbeit, ihr Heim und ihre Kinder.

Ich kann es nicht mit Sicherheit wissen, aber ich glaube,
daß meine Schwester vom Leben das bekommt, was sie
sich erhofft – sie erhofft ja nicht viel. Ständig ist sie von
Krankheit, Tod und Armut bedroht, aber dieses Schicksal
teilt sie mit allen anderen und kann sich keine andere Welt
vorstellen.

Ich glaube, daß meine Schwestern, die sich anpassen, ihr Leben so gut meistern, wie es ihre äußeren Umstände, ihre finanzielle Lage und ihre Stellung erlauben. Es ist müßig zu fragen, ob sie glücklich sind. Sinn des Lebens ist es nicht, glücklich zu sein, sondern zu überleben und seine Pflichten gegenüber der Gemeinschaft zu erfüllen.

In Schwierigkeiten geraten diejenigen, die sich nicht anpassen, diejenigen, die nach etwas anderem verlangen: nach Wissen, Unabhängigkeit, eigenem Willen, diejenigen, die die Welt anders sehen und von ihr auch anderes erwarten.

Solchen Menschen war es immer beschieden zu leiden, ob sie nun Männer oder Frauen waren. Um den Preis ihres Leidens ist Europa nach und nach menschlicher geworden, so daß es sich dort besser leben läßt. Die moderne Europäerin genießt eine Freiheit der Gedanken und des Körpers, von der ihre Urgroßmütter nicht einmal träumen konnten und die für ihre Schwestern in anderen Teilen der Welt noch heute unerreichbar ist.

Dafür danke ich allen meinen Schwestern in der Vergangenheit und besonders denjenigen, die sich nicht angepaßt haben.

Literatur

Agonito, Rosemary: History of Ideas on Woman. A Source Book. G. P. Putnam's Sons. New York 1977

Albertus, Magnus: De secretis mulierum etc. Amslelod 1655

Ariés, Philippe: Barndomens Historia. Gidlunds. Avesta 1982

Auerbach, Nina: Woman and the demon: the life of a Victorian myth. Harvard University Press 1982

Bainton, Roland H.: Women of the Reformation in Germany and Italy. Minneapolis 1971

Bardi, Louis: Galerie du palais Pitti. I-IV. Florence 1842

Beauvoir, Simone de: Das andere Geschlecht. 1981

Boccone, P.: Osservazioni naturali. Bologna 1684

Bodin, Jea: De Magorum Daemonomania. Vom ausgelassenen wütigen Teufelsheer, Allerhand Zauberern, Hexen vnnd Hexenmeistern, Vnholden, Teuffelsbeschwerern, Warsagern, Schwartzkünstlern, Vergifftern, Augenverblendern, usw. Getruckt zu Strassburg, bei Bernhart Jobin 1591.

Bonaciolus, Ludovicus: De formatione foetus. Lugduni Batavorum 1639

Boulding, Elise: The Underside of History. A View of Women through Time. West view Press. Boulder, Colorado 1976

Branca, Patricia: Women in Europe since 1750. London 1978

Brantome Pierre: Les Dames galantes. Jena 1886

Bridenthal, Renate - Koonz, Claudia: Becoming visible: Women in European History. Houghton Mifflin Company, USA 1977

Bullough, Vern: Sexual variance in society and history. University of Chicago Press Phoenix Edition 1980. New York 1976

Bullough, Vern: The subordinate sex: a history of attitudes toward women. Urbana 1973

Burton, Elizabeth: The Early Victorians at Home. Arrow Books 1974

Carlsson, Lizzie: »Jag giver dig min dotter«. Trolovning och äktenskap i den svenska kvinnans äldre historia. Skrifter utgivna av institutet för rättshistorisk forskning grundat av Gustav och Carin Olin. Rättshistorisk Bibliotek. Åttonde bandet. Lund 1965

Catrell, V.A.C. – Lenman, Bruce – Parker, Geoffrey: Crime & The Law. Europa Publications 1980

Charvet, John: Feminism. Modern ideas series. Dent 1982

Cuisenier, Jean (ed): The family life cycle in European societies. Mouton. The Hague 1977

D'Onofria, Cesare: La Papessa Giovanna, Roma e Papato tra storia e leggenda, Romana Sovieta Editrice. Roma 1979

Daly, Mary: The Church and the Second Sex. Harper Colophon Books. USA 1975

Davidson, Caroline: A Woman's Work is Never Done. A History of Housework in the British Isles 1650–1950. Chatto & Windus. London 1982

Douglas, Mary: Purity and danger – an analysis of concepts of pollution and taboo. Routledge & Kegan Paul. New York 1980

Duby, Georges: Medieval Marriage. Two Models from Twelfth-Century France. The Johns Hopkins University Press. USA 1978

Ehrenreich, Barbara – English, Deirdre: Witches, Midwiwes and Nurses. A history of woman healers 1972. Writers and Readers Publishing Cooperative

Elias, Norbert: The History of Manners. The Civilizing Process Vol 1. Power & Civility. The Civilizing Process Vol 2. Pantheon Books. New York 1982

Faderman, Lillian: Surpassing the Love of men. Romantic Friendship and Love between Women from the Renaissance to the Present. Morrow and Company. New York 1981

Fahrenkamp Hans J.: Wie man eyn teutsches Mannsbild bey Kräfften hält. Heimeran. München 1975

Figes, Eva: Patriarchal Attitudes. Women in Society. Virago. London 1981

Fisher, Elizabeth: Woman's Creation. Sexual Evolution and the Shaping of Society. Wildwood House. London 1980

Flandrin, J. L.: Families in former times: kinship, household and sexuality. Cambridge 1979

Flinn, Michael W.: The European Demographic System. The Harvester Press 1981

Foucault, Michel: The History of sexuality. Volume one. An Introduction. Pelican Books. Suffolk 1981

Fraser, Antonia: The Weaker Vessel. Woman's lot in seventeenth century England. Weidenfeld and Nicolson. London 1984

Freud, S.: Vorlesungen zur Einführung in die Psychoanalyse. Wien 1916

Fuchs, Eduard: Das erotische Element in der Karikatur. Berlin 1904

Gabelentz, Hans von der: Die Biblia pauperum und Apokalypse der Grossherzoglichen Bibliothek zu Weimar. Strassburg 1912

Galeries Historiques de Versailles I-XIII. Paris 1837–44

Gaunt, David: Familjeliv i Norden. Gidlunds. Malmö 1983

Gillis, John R.: Youth and History. Tradition and Change in European Age Relations from 1770 to the Present. Academic Press, USA 1981

Goody, Jack et al (ed): Family and inheritance: rural society in Western Europe 1200–1800. Cambridge University Press 1979

Griffin, Susan: Pornography and silence. The Women's Press. London 1981

Harding, M. Esther: Woman's Mysteries Ancient and Modern. A Psychological Interpretation of the Feminine Principle as Portrayed in Myth, Story, and Dreams. Harper Colophon Books. Harper & Row. USA 1976

Harris, Marvin: Kulttuurien synty. Kirjayhtymä. Vaasa 1982

Heikkinen, Antero: Paholaisen liitolaiset. Noita- ja magiakäsityksiä ja -oikeudenkäyntejä Suomessa 1600-luvun jälkipuoliskolla (n. 1640–1712). Historiallisia tutkimuksia julkaissut Suomen Historiallinen Seura LXX VIII. Helsinki 1969

Hogarth, Williams: Sämtliche Werke. 1. Band. S.l. 1841

Holum, Kenneth G.: Theodosian Empresses. Women and Imperial Dominion in Late Antiquity. University of California Press 1982

Hunt, David: Parents and Children in History: the Psychology in Family Life in Early Modern France. Harper Torchbooks, USA 1972

James, Edward: The Origins of France. From Clovis to the Capetians 500–1000. St. Martins Press. New York 1982

Kelly, Amy: Eleanor of Aquitaine and the four Kings. Harvard University Press. Cambridge, Massachusetts 1963

Kybalova, Ludmila – Herbenova, Olga – Lamarova, Milena: The Pietorial Encyclopedia of Fashion. Paul Hamlyn. London 1968

Lacroix, Frédéric: Les Mysteres de la Russie. Paris 1845

Laslett, Peter: Bastardy and its comparative history. Edward Arnold. London 1980

Laslett, Peter: Family life and illicit love in earlier generations. Cambridge 1977

Laslett, Peter (ed): Household and family in past time. Cambridge University Press. New York 1972

Laslett, Peter: The World we have lost. Methuen. London 1971

Le Roy Ladurie, Emmanuel: Montaillou. Penguin Books 1978

Lombardi, Martina – Somaré, Marilea: Oggi Sposi. Amore, intresse e »ragion di Stato«,

riti, moda, gastronomia, doti, protagonisti, scandali e storie di cinquecento anni di matrimonio. Arnoldo Mondadori Editore 1983

Lyttkens, Alice: Kvinnan finner en fö3jeslagare. Den svenska kvinnans historia från forntid till 1700-tal. Bonniers. Stockholm 1972. Kvinnan börjar vakna. Den svenska kvinnans historia från 1700 till Fredrika Bremer. Bonniers. Stockholm 1973. Kvinnan söker sin väg. Den svenska kvinnans historia från liberalismen till nutid. Bonniers. Stockholm 1974

Massari, Stefania: Giulio Bonasone. I-II. Edizioni Quasar. Roma 1983

Massobrio Giovanna & Portoghesi, Paolo: La Donna Liberty. Editori Laterza 1983

Mause, Lloyd de (ed): The history of childhood. Psychohistory Press. New York 1974

Mazzotta, Gabriele: Nuove edizioni: Essistere come donna. Milano 1983

Millet, Kate: Sexual Politics. Virago Press. London 1977

Mitchell, Juliet: Woman's Estate. Penguin Books. Suffolk 1981

Mitterauer, Michel & Sieder Reinhard: The European Family. Patriarchy to Partnership from the Middle Ages to the Present. Basil Blackwell Oxford 1982

Morewedge, Rosemarie Thee (ed): The role of Woman in the Middle Ages. Albany, N.Y. 1975. State University of New York Press

Neuls-Bates, Carol: Women in music. An anthology of source readings from the Middle Ages to the peresent. Harper & Row 1982

O'Donoghue, Bernard: The Courtly Love Tradition. Manchester University Press 1982

O'Faolain, Julia and Martines, Lauro: Not in God's Image. Virago. London 1979

Outhwaite, R.B. (ed): Marriage and Society. Studies in Social History of Marriage. Europa Publications 1981

Ozment, Steven: When Fathers Ruled. Family Life in Reformation Europe. Harvard University Press 1983

Panofsky, Doran and Erwin: Pandora's Box. The Changing Aspects of a Mythical symbol. Harper & Row. New York 1965

Power, Eileen: Medieval women. Cambridge 1975

Rabb, T.K. – Rotberg, R.I.: Family in history: interdisciplinary essays. New York 1973. Harper Torchbooks

Ransel, David L. (ed): The family in imperial Russia. Urbana 1978. University of Illinois Press

Reeves Sanday, Peggy: Female Power and Male dominance. On the origins of sexual in equality. Vermont Cambridge University Press 1981

Reiter, Rayna R.: Toward an Anthropology of Women. Monthly Review Press. New York and London 1975

Reitzenstein, Ferd. Frhr. v.: Das Weib in der Natur- und Völkerkunde I. Anthropologische Studien von Weiland Dr. Heinrich Ploss und Dr. Max und Paul Bartels. Neufeld & Henius Verlag. Berlin 1927

Reitzenstein, Ferd. Frhr. v.: Das Weib in der Natur- und Völkerkunde III. Anthropologische Studien von Weiland Dr. Heinrich Ploss und Dr. Max und Paul Bartels. Neufeld & Henius Verlag. Berlin 1927

Rogers, Katharine M.: The Troublesome helpmate. A History of Misogyny in Literature. University of Washington Press 1966

Rosaldo, M. Z. – Lamphere, L. (ed): Women, culture and society. Stanford 1974

Rosenberg, Adolf: Geschichte des Kostüms. I-VIII. Berlin

Ruether, Rosemary & McLaughlin (eds): Women of Spirit: female leadership in the Jewish and Christian traditions. New York. Simon and Schuster. 1979

Runciman, Steven: Byzantine Style and Civilization. Penguin Books 1981

Rösslin, Eucharius: Rosengarten (1513). Alte Meister der Medizin und Naturkunde in Faksimile. Ausgaben und Neudrucken nach Werken des 15.–18. Jahrhunderts. München 1910

S. Brigida di Svezia, Napoli 1630

Schochet, Gordon J.: Patriarchalism and Political Thought. The Authoritarian Family and Political Speculation and Attitudes Especially in Seventeeth Century England. Basil Blackwell. Bristol 1975

Segalen, Martin: Love and Power in the Peasant family. Basil Blackwell 1983

Seidlitz, Waldemar von: Allgemeines Historisches Porträtwerk. Berühmte Frauen. München 1884

Shorter, Edward: The Making of the Modern Family. Fontana/Collins 1979

Spender, Dale: Women of ideas (and what men have done to them). Rout & Kegan Paul 1982

Stone, Lawrence: The Family, Sex and Marriage in England 1500–1800. Penguin Pelican Books 1979

Straub, A. & Keller, G.: Herrade de Landsberg: Hortus Deliciarum. Strassburg 1899

Stuart, Susan (ed): Women in Medieval society. University of Penssylvania Press. Philadelphia 1976

Sundin, Jan (red): Kontroll och kontrollerade. Formell och informell kontroll i ett historiskt perspektiv. Forskningsrapporter från Historiska institutionen i Umeå. 1. Umeå 1982

Tanner, J. M.: A History of the Study of Human Growth. Cambridge University Press 1981

Taylor, Gordon Rattray: Sex in History. The Vanguard Press. New York 1953, 1970

Thiel, Erika: Geschichte des Kostüms. Die europäische Mode von den Anfängen bis zur Gegenwart. Henschelverlag Kunst und Gesellschaft. Berlin 1963

Trevor-Roper, H. R.: The European Witch-Craze of the 16th and 17th centuries. Penguin Books. Peregrine 1978

Vicinus, Martha (ed): Suffer and be still: women in the Victorian age. Indiana University Press. Bloomington 1972

Waas, Emil: Kuckucksuhr mit Wachtel. Reklame der Jahrhundertwende. DTV. München 1967

Wall, Richard – Robin, Jean – Lasslett, Peter: Family Formas in historic Europe. Cambridge University Press 1983

Warner, Marina: Alone of All Her Sex. The Myth and Cult of the Virgin Mary. Quartet Books. London 1978

Warner, Marina: Joan of Arc. The Image of Female Heroism. Penguin Books 1983

Wohl, Anthony S.: The Victorian family. Croom Helm. London 1978

Wood, Charles T.: The Quest for Eternity Manners and Morals in the Age of Chivalry. University Press of New England 1983

Wood, C. and Sutters, B.: The Fight for Acceptance. A History of Contraception. Medical and Technical Publishing Co Ltd. Aglesbury 1970

Wrigley, E. A.: Population and History. McGraw-Hill 1979

Namenregister

Abélard, Pierre 164, 165
Abraham 130
Achab 46
Actildis 80
Adalbert, Sohn des Berengar 180
Adalbruc 80
Adam 44, 170, 173, 289
Adelardus Korbinian 94
Adelheid, deutsche Kaiserin 178, 180, 181
Agilulf 74
Agnes, Gräfin 178
Agnes, Frau des Earl von Oxford 99, 100
Agnes von Meran 103
Agnes, Frau eines Messerschmieds 156
Agnes aus Weldon 434
Agnesi, Gaetana 451, 452, 453
Agrippa d'Aubigné 162
Aischylos 32
Aksakow, Sergej 363
Alatrudis 178
Alberic 180
Alboin, König der Langobarden 67, 68
Albsuinda 68
Alexander VI., Papst 189
Aleksej Michailowitsch Romanow, russ. Zar 341
Alexios I., byz. Kaiser 66
Alfonso von Bisceglia, Herzog 190
Alice, Lady 169, 170
Amalaberga 74
Amman, Jost 262
Anastaise 162
Anastasja, Tochter Jaroslaws des Weisen 337
Andreas I., König von Ungarn 337
Andreas II., König von Ungarn 110
Andreas Capellanus 148, 150
Anguissola, Amilcare 447
Anguissola, Anna 447
Anguissola, Bianca 447
Anguissola, Elena 447
Anguissola, Europa 447
Anguissola, Lucia 447
Anguissola, Minerva 447
Anguissola, Sofonisba 447, 448
hl. Anna, Mutter der Maria 128, 130, 132
Anna, engl. Königin 302, 304
Anna, byz. Prinzessin 336

Anna, Tochter Jaroslaws des Weisen 337
Anna, Tochter Peters des Großen 344, 345
Anna Iwanowna, russ. Zarin 344
Anna Komnena, byzant. Prinzessin 66, 67, 487
Anna Leopoldowna 345
Anne, Herzogin von Bedford 350
Annikki 130
Anthemius 62
Aphrodite 30
Aplin 356, 357
Appius Claudius 34
d'Aragona, Imperia 438
d'Aragona, Tullia 438
Arcadia 64
Arcadius 64
Arduinus 177
Aregunda 90
Aristippos 86
Aristophanes 33
Aristoteles 29, 30, 31, 167, 205, 213, 230, 257, 313, 315, 394
Arrius 168
Artaldus 178
Artus 79, 152
Astarte 12
Astell, Mary 316, 317, 320
Athaulf, westgot. König 61
Athenais 65
Athene, Pallas 23, 49
Aude die Schöne 79
hl. Augustinus 55, 56, 256, 284, 315, 394, 436, 444
Augustus, röm. Kaiser 37, 38
Aynerin, Katharine 438
Azzolino, Decio 305

Baal 46
Babylon, die Hure 56
Bacchus 39
Bacon, Francis 199, 290
Bakunin, Michail 364
Balbiano, Valentine 350
Balduin von Flandern 98
Baltimore, Lord 353
Balzac, Henriette de, Herzogin d'Etrangues 457
Balzac, Honoré de 471
hl. Barbara 106, 110
hl. Basilius 117
Bassi, Laura 451, 452
Battoni 59
Bauer, Anne 410, 411
Bauer, Heinrich 410

Bauer, Hilde 410
Bauer, Martin 410, 411
Bauer, Thyra 410, 411
Beatrice, Gräfin von Dia 149, 487
Beatrice (bei Dante) 188
Beauharnais, Alexandre de 333
Beauharnais, Marie-Joseph-Rose de (Joséphine), 1. Frau Napoleons 333, 334
Beham, Hans Seb. 246
Behn, Aphra 444, 445, 446, 453
Bembo, Pietro 189
Benedikt von Nursia 117, 120
Benet, Guillaumette 487
Benincasa, Caterina 114
Berengar, Landgraf von Ivrea 180
Berg, Adam 299
hl. Bernhard von Clairvaux 134, 142
Berry, Herzog von 475
Bertacher 71
Bertha von Schwaben 180
Bertrada, Frau des karoling. Königs Pippin d. J. 89
Bianceflora 150, 152
Bignell, Richard 356, 357
Bilha 46
Birger, König von Schweden 98
hl. Birgitta von Schweden 109, 112, 181
Birkhead, Fräulein 367
Biron 344
Blanka, Königin von Frankreich 132
Boccacio 170
Bodin, Jean 209
Boilet, Colette 130, 132
Bonasone, Giulio 25, 27
Bora, Katharina 289, 429
Borezkaja, Marfa 337
Borgia, Cesare 190
Borgia, Lucrezia 189, 190, 192
Borgia, Rodrigo 189
Borgias, die 191
Bosse, Abraham 259
Botticelli 184, 446
Bourgeois, Louise 262, 477
Brahe, Henrik 247
Bremer, Fredrika 412
Brontë, Anne 453, 455
Brontë, Charlotte 453, 455
Brontë, Emily 453, 455
Brown, Ford Madox 437
Bruno, Giordano 199
Burckmair, Hans 225

Abbildungsnachweis

Archivi Alinari, Florenz
Biblioteca Apostolica Vaticana
Bibliothèque Nationale, Paris
Bildarchiv Preußischer Kulturbesitz, Berlin
Nationalamt für Antiquitäten, Helsinki
National Gallery, London
Nationalmuseum, Stockholm
National Portrait Gallery, London
Nordiska Museet, Stockholm
Photographie Giraudon, Paris
Royal Academy of Arts, London
Szépmüvészeti Múzeum, Budapest
Tate Gallery, London
Universitätsbibliothek Helsinki
Victoria and Albert Museum, London

CIP-Kurztitelaufnahme der Deutschen Bibliothek

Utrio, Kaari:
Evas Töchter : d. weibl. Seite d. Geschichte /
Kaari Utrio. [Aus d. Finn. von Vilma
Vaikonpää, bearb. von Dr. Angela Plöger].
- 1. Aufl. - Hamburg: Zürich: Rasch und
Röhring, 1987.
Einheitssacht.: Eevan tyttäret: naisen,
lapsen ja perheen historia <dt.>
ISBN 3-89136-136-X

Copyright © Oy Amanita Production Ltd 1984
by Kustannusosakeyhtiö Tammi, Helsinki
Titel der finnischen Originalausgabe:
Eevan tyttäret
Eurooppalaisen naisen, lapsen ja perheen historia
Copyright © 1987 by Rasch und Röhring Verlag, Hamburg
Schutzumschlaggestaltung: Studio Reisenberger
Satzherstellung: Fotosatz Otto Gutfreund, Darmstadt
Druck- und Bindearbeiten: Mainpresse Richterdruck, Würzburg
Printed in Germany

Joseph.

Catharina.   Barbara.